KB201633

합격을 위한 기적 같은 선물
또기적 합격자료집

혼자 공부하기 외롭다면?
온라인 스터디 참여

모든 궁금증 바로 해결!
전문가와 1:1 질문답변

1년 내내 진행되는
이기적 365 이벤트

도서 증정 & 상품까지!
우수 서평단 도전

간편하게 한눈에
시험 일정 확인

합격까지 모든 순간 이기적과 함께!
이기적 365 EVENT

QR코드를 찍어 이벤트에 참여하고 푸짐한 선물 받아가세요!

1 기출문제 복원하기

이기적 책으로 공부하고 시험을 봤다면 7일 내로
문제를 제보해 주세요!

2 합격 후기 작성하기

당신만의 특별한 합격 스토리와 노하우를 전해
주세요!

3 온라인 서점 리뷰 남기기

온라인 서점에서 책을 구매하고 평점과 리뷰를
남겨 주세요!

4 정오표 이벤트 참여하기

더 완벽한 이기적이 될 수 있게 수험서의 오류를
제보해 주세요!

※ 이벤트별 혜택은 변경될 수 있으므로 자세한 내용은 해당 QR을 참고해 주세요.

한 번에 합격, 자격증은 이기적

이렇게 기막힌 적중률

오직 스터디 카페 멤버에게만
주어지는 특별 혜택!

이기적 스터디 카페

이기적 스터디 카페 🔍

모두에게 당신의 합격 스토리를 들려주세요
합격 후기 EVENT

합격하고 마음껏 자랑하세요.
후기를 남기면 네이버페이 포인트를 선물로 드려요.

N Pay

네이버페이
포인트 쿠폰

20,000원

5,000원

 블로그에 자랑 남기기

개인 블로그에
합격 후기 작성하고 20,000원 받기!

20,000원
네이버페이 포인트 지급

▲ 자세히 보기

 카페에 자랑 남기기

이기적 스터디 카페에
합격 후기 작성하고 5,000원 받기!

5,000원
네이버페이 포인트 지급

▲ 자세히 보기

※ 자세한 참여 방법은 QR코드 또는 이기적 스터디 카페 '이기적 이벤트' 게시판을 확인해 주세요.
※ 이벤트에 참여한 후기는 추후 마케팅 용도로 활용될 수 있으며 혜택은 변동될 수 있습니다.

가장 가까이 만날 수 있는 선생님 N
CS리더스관리사 선생님 공식채널

남지윤 선생님 채널에서는!

- ⊗ 저자가 직접 1:1 질문답변 진행

- ⊗ 이론부터 문제풀이까지! 완벽한 유료강의

- ⊗ 다양한 구매인증 혜택 제공

◀ 선생님 채널 바로가기

CS리더스관리사를 준비하는 사람들 🔍

합격을 위해 모두 드려요.
이기적 합격 솔루션!
이기적이 여러분을 위해 준비했어요

저자가 직접 알려주는, 무료 동영상 강의

공부 전략과 암기법, 주로 출제되는 함정까지!
핵심만 모아서 전달드리는 무료 동영상 강의와 함께 하세요.

시험 직전 핵심이론만 빠르게! 핵심이론 요약집

방대한 이론을 줄이고 정리하여 핵심만 담았습니다!
시험 전날까지도 활용 가능한 핵심이론 요약집으로 빠르게 점검하세요.

한눈에 보는, 빈출 용어 정리 노트

헷갈리는 개념, 자주 나오는 용어만 골라 담았습니다.
자투리 시간에도 술술 넘겨보는 초간단 정리 노트!

출제 경향 완벽 파악! 최신 기출문제 시험지

가장 최신의 기출문제를 확인해 보세요!
최근 출제 경향을 반영한 기출문제로 실전 감각을 익혀보세요.

※ 〈2026 이기적 CS리더스관리사 기본서〉를 구매하고 인증한 회원에게만 드리는 자료입니다.

◀ 모든 혜택 한 번에 보기

또, 드릴게요! 이기적이 준비한 선물
또기적 합격자료집

또, 드릴게요! 이기적이 준비한 선물
또기적
합격자료집
이기적 구매인증자료

Youngjin.com Y.

도서구매자
신청 시
100% 증정

PDF
파일 제공

1 ## 시험에 관한 A to Z 합격 비법서
책에 다 담지 못한 혜택은 또기적 합격자료집에서 확인

2 ## 편리하고 똑똑한 디지털 자료
PC · 태블릿 · 스마트폰으로 언제든 열람하고 필요한 부분만 출력 가능

3 ## 초보자, 독학러 필수 신청
혼자서도 충분한 학습 플랜과 수험생 맞춤 구성으로 한 번에 합격

※ 도서 구매 시 추가로 증정되는 PDF용 자료이며 실제 도서가 아닙니다.

◀ 또기적 합격자료집 받으러 가기

CS리더스관리사

기본서

차례

▶ 핵심 이론 특강

이론의 핵심만 빠르게 학습할 수 있는 핵심 이론 특강을 17p의 QR 코드로 접속하여 무료로 시청할 수 있습니다. 자세한 설명을 담은 'CS리더스관리사 이론 강의 전강'을 수강하고 싶다면 CS자격연구소(https://koreacslab.com/)에서 저자 직강을 수강하실 수 있습니다(유료).

PART 01

CS 개론

구매 인증 PDF

핵심이론 요약집
이론을 정리한
핵심이론 요약집을
PDF로 제공해 드립니다.

최신 기출문제 시험지
최신 시험의 기출문제를
PDF로 제공해 드립니다.

빈출 용어 정리 노트
시험에 자주 출제되는
빈출 용어를 정리하여
PDF로 제공해 드립니다.

'CS리더스관리사를 준비하는 사람들' 네이버 카페에서 제공
저자 선생님이 직접 운영하는 'CS리더스관리사를 준비하는 사람들' 네이버 카페를 방문해 보세요!
1:1 질문답변 및 도서 구매 자료와 최신 기출문제 시험지 등 다양한 학습 자료를 제공해 드립니다.
https://cafe.naver.com/cssmatstudy

이 책의 구성

STEP 01

시험에 나오는 핵심 이론으로 학습

교수님이 정리한 이론을 통해 핵심만 간추려서 학습할 수 있습니다. 또한 다양한 TIP을 수록하여 문제 풀이 노하우를 얻을 수 있습니다.

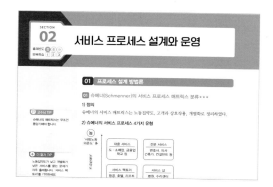

핵심 이론

기출문제를 철저히 분석하여 핵심만을 간추린 이론입니다.

중요도 표시 ★★★

중요한 이론을 ★ 한 개부터, ★★★ 세 개까지 표시하였습니다.

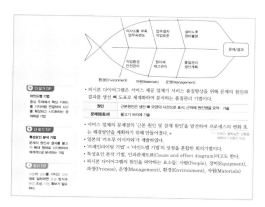

🅱 다양한 TIP

[교수님 TIP], [암기 TIP], [더 알기 TIP]을 통해 이론마다 기억해두면 좋을 다양한 TIP이 삽입되어 있습니다.

STEP 02

예상문제로 유형 파악

이론 학습 후 해당 유형의 문제를 바로 풀어볼 수 있도록 하였습니다. 자신의 실력을 체크해 보세요.

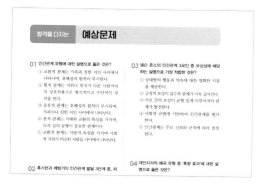

예상문제

해당 이론에서 나올 수 있는 문제를 바로 풀어서 문제 풀이 감각을 익힐 수 있도록 구성하였습니다.

정답 & 해설

해설로 문제의 출제 포인트를 확인하고 복습해 보세요.

기출문제 300선으로 실력 다지기

자주 출제되는 기출문제를 파트당 100문제씩, 총 300문제를 풀면서 파트별로 집중적으로 문제 풀이를 해보세요.

실전 모의고사로 최종 마무리

실전 모의고사 5회분을 통해 최종 실력 점검을 할 수 있습니다. 최신 출제 경향이 담긴 문제를 실전처럼 풀어보세요.

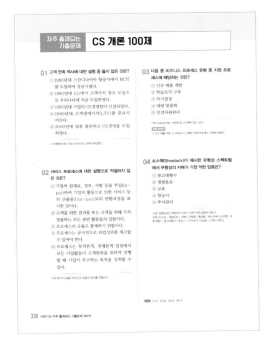

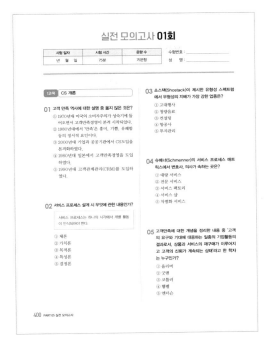

기출문제

기출문제를 통해 파트별 빈출 유형을 확실히 이해할 수 있습니다.

모의고사

최신 출제 경향을 반영한 모의고사 문제를 통해 시험 감각을 키워보세요.

시험의 모든 것

01 응시 자격 조건

남녀노소 누구나 응시 가능

02 원서 접수하기

- 한국정보평가협회(www.kie.or.kr)에서 인터넷 접수
- 연 12회 시행

03 시험 응시

- 신분증과 수험표, 컴퓨터용 사인펜 지참
- 시험은 OMR 답안지에 컴퓨터용 사인펜으로 마킹하여 답안을 작성하는 PBT(paper based test) 형식으로 진행됨

04 합격자 발표

시험 결과는 시험일로부터 약 5일 후에 발표되며, 한국정보평가협회 홈페이지에서 확인 가능

01 CS리더스관리사란?

CS리더스관리사는 고객 서비스(Customer Service, CS) 분야의 전문가를 양성하기 위한 민간 자격증입니다. 기업에서 고객만족 경영(CS경영)을 실행하고 고객 서비스 품질을 향상시키는 역할을 수행할 수 있는 전문 인력을 인증하는 시험입니다.

02 응시자격

제한 없음

03 응시료

70,000원

04 학점 인정

구분	해당 전공	인정 학점
전문학사	경영, 관광경영, 마케팅정보	6학점
학사	경영학, 관광경영학, 호텔경영학	6학점

※ CS Leaders(관리사) 자격 취득자는 위 전공에 해당할 경우, 전공필수 학점으로 인정됩니다.

05 검정 방법

검정방법		필기시험 (객관식 75문항 / 75분 / 5지선다형)
합격결정기준	합격	전 과목 평균 100점 만점에 60점 이상
	불합격	전 과목 평균 100점 만점에 60점 미만
	과락으로 인한 불합격	3과목 중 단일 과목 획득 점수 40점 미만

06 합격자 발표

시험일로부터 약 5일 후, 한국정보평가협회 홈페이지에서 확인 가능합니다.

PART 01 **CS 개론** 고객 서비스의 기본 개념과 이론적 배경을 학습하는 영역   25문항

이 파트에서는 CS(고객 서비스)의 개념을 이해하고, 고객 만족을 위한 서비스 전략과 이론을 익힙니다. 고객의 행동을 분석하고, CRM(고객 관계 관리)과 서비스 리더십에 대한 개념도 다룹니다. CS의 기초적인 원리를 숙지하는 것이 중요하며, 다양한 사례를 통해 실무 적용 능력을 키워야 합니다.

01 서비스 프로세스와 고객만족 관리	중	15%
02 고객만족 이론과 경영전략	중	14%
03 고객 이해와 행동분석	중	13%
04 CRM 전략과 고객관계관리	중	15%
05 인간관계와 의사소통 이론	중	13%
06 서비스의 기초와 분류체계	중	14%
07 서비스 리더십과 경쟁전략	중	16%

PART 02 **CS 전략론** 서비스 품질 관리 및 마케팅 전략을 학습하는 영역   25문항

서비스 품질을 유지하고 고객 만족도를 극대화하는 전략을 다룹니다. 서비스 차별화, 실패 및 회복 전략, 고객 만족도 측정 시스템 등을 익히고, 트렌드 분석 및 시장 분석을 통해 실무에서 활용할 수 있는 전략적 접근 방식을 학습합니다.

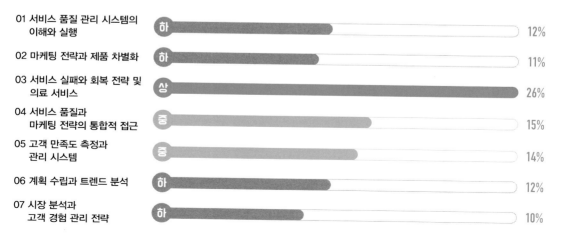

01 서비스 품질 관리 시스템의 이해와 실행	하	12%
02 마케팅 전략과 제품 차별화	하	11%
03 서비스 실패와 회복 전략 및 의료 서비스	상	26%
04 서비스 품질과 마케팅 전략의 통합적 접근	중	15%
05 고객 만족도 측정과 관리 시스템	중	14%
06 계획 수립과 트렌드 분석	하	12%
07 시장 분석과 고객 경험 관리 전략	하	10%

PART 03 **고객관리 실무론** CS 실무에서 활용되는 고객 관리 전략을 학습하는 영역 25문항

콜센터 운영 관리, 고객 불만 처리 전략, 비즈니스 매너, 프레젠테이션, 소비자 보호 정책 등을 포함합니다. 실무에서 필요한 고객 대응 기술을 익히고, 고객 경험을 개선하는 방법을 학습합니다.

01 콜센터 운영 관리와
    성과 향상 전략 — 상 — 20%

02 CS 커뮤니케이션과
    고객불만 관리 전략 — 상 — 18%

03 비즈니스 매너와
    글로벌 에티켓 — 중 — 15%

04 프레젠테이션과
    기업교육 전략 — 중 — 14%

05 소비자 권리와 보호 정책 — 상 — 17%

06 개인정보 보호법과
    관리 체계 — 중 — 16%

Q&A

※시험에 대해 가장 궁금해하시는 내용을 모았습니다.

Q CS리더스관리사 자격증을 취득 후 진로는 어떻게 되나요?

A CS리더스관리사 자격증을 취득하면 고객 서비스 및 CS 교육 관련 분야로 진출할 수 있습니다. CS 관련 직무인 고객 응대, 서비스 기획, 교육 등에서 전문성을 인정받을 수 있으며, 특히 서비스 마인드가 중요한 백화점, 병원, 금융업, 항공사 등에서는 가산점을 받을 가능성이 높습니다. 또한, 고객 응대 및 서비스 개선 경험을 쌓아 관리자급 직무로 성장할 수도 있습니다.

Q 단기간에 합격하려면 어떻게 공부해야 하나요?

A 단기간 합격을 목표로 한다면, 기출 문제 분석 → 주요 개념 정리 → 문제 풀이 반복 순서로 학습하는 것이 효과적입니다. 특히, 기출 문제를 통해 자주 나오는 개념을 먼저 익히고, 실전 문제를 풀면서 문제 해결 능력을 키우는 것이 중요합니다.

Q 시험에서 시간을 효율적으로 배분하는 방법은?

A 시험 시간 관리는 전략적으로 접근해야 합니다. 시험 시간 동안 무작정 한 문제에 오래 매달리기보다는 난이도를 빠르게 판단하고, 쉬운 문제부터 먼저 푸는 것이 중요합니다. 시간이 오래 걸릴 것 같은 문제는 체크해두고, 마지막에 다시 푸는 전략을 활용하는 것이 효과적입니다.

Q 암기해야 할 부분이 많은데, 효과적인 암기법이 있나요?

A 교재에는 교수님의 암기 팁과 함정에 빠지기 쉬운 포인트가 함께 정리되어 있습니다. 이 부분을 미리 숙지하면 시험장에서 실수를 줄이고, 암기시간을 단축할 수 있습니다. 단순 암기보다는 개념과 사례를 연결하여 이해하는 방식이 효과적입니다.

Q 시험의 최근 출제 경향과 변화하는 트렌드는 무엇인가요?

A 기존에는 서비스 이론과 개념 위주의 문제가 많았지만, 최근에는 고객 경험 관리, 디지털 CS 트렌드, 서비스 회복 전략 등 실무 적용 능력을 묻는 문제가 증가하는 추세입니다. 출제 방식 역시 변화하고 있는데, 단순 개념 암기 문제보다 실제 업무 상황에서 적절한 대응을 선택하는 문제가 많아졌습니다. 시험 준비 시에는 이론과 실무 사례를 병행하여 학습하고, 기출 문제 분석을 통해 최신 출제 경향을 파악하는 것이 중요합니다.

저자의 말

안녕하세요, 저는 이 교재를 만든 대한CS직업연구소의 남지윤 교수입니다.

CS리더스관리사 자격증 준비를 시작하시는 분들이라면 아마 가장 큰 고민이 이것이겠죠.

고민 1. 과연 단기간에 이 많은 내용을 암기할 수 있을까?

고민 2. 이 파트에서는 주로 어떻게 시험에 나오지?

고민 3. 특히 단골로 출제되는 내용들을 알고 싶다.

저는 수험생 여러분들의 입장에서 함께 고민을 해 보았습니다. 그리고 위 3가지를 해결할 수 있는 교재를 만들기로 마음 먹고 그대로 녹여 냈습니다. 이 책의 가장 큰 특징은 중간중간 나오는 꿀팁들의 향연입니다. [암기 TIP], [교수님 TIP], [더 알기 TIP]! 중간중간 펼쳐보시면 바로 아실겁니다. 이런 팁들을 교재에 녹여낸 작업들도 기출시험을 분석하여 만든 정성가득한 표시입니다.

이 교재와 함께 활용하면 좋은 것은?

바로 '인강' 활용을 꼭! 함께 해주세요. 인강에서는 교재를 만든 제가 직접 핵심만 콕콕 찝어 안내드립니다. 줄줄 읽는 인강 수업이 아닙니다. 어떻게 접근해야 하고 암기하면 좋을지, 함정은 주로 어디에서 나오는지 핵심만 모아 전달드립니다. 그리고 네이버 카페 'CS리더스관리사를 준비하는 사람들'로 오시면 최신 기출문제도 받으실 수 있습니다.

이 교재는 고득점 목적이 아닌, 철저히 '합격'만을 위해 만들어진 교재입니다. CS에 관련된 더 깊은 내용을 공부하고 싶으시다면 잠시 다른 책을 보고 오셔도 좋습니다. 하지만 단기간에 '합격!'을 위해 꼭 필요한 내용만 모아서 공부하고 싶으시다면 이 교재로 저와 함께 합격에 성공하시길 바랍니다.

이 교재와 함께하신다면 당신은 반드시 '합격' 합니다.

저자 남지윤

① 무료 강의: CS리더스관리사 핵심 이론 특강

CS리더스관리사 도서를 구매하신 분들에게 제공되는 특별 혜택! 핵심 이론만 빠르게 학습할 수 있는 무료 특강을 통해 중요한 개념을 단시간에 익히세요.

[대한CS자격연구소] 유튜브 채널

② 유료 강의: 이론서와 모의고사 교재 전체를 다루는 체계적인 학습 & 실전 대비

단순 개념 정리가 아닌 시험에서 바로 적용할 수 있는 실전 전략까지 완벽하게 준비할 수 있습니다.

koreacslab.com

PART

01

CS 개론

파트 소개

CS 개론은 고객만족(Customer Satisfaction) 경영의 기초를 다루는 부분으로, 서비스 프로세스와 고객만족 관리에 관한 핵심 개념들을 소개합니다. 이 과목은 CS 경영의 시대별 발전 과정부터 서비스 프로세스의 설계와 운영, 구매단계별 고객관리 방법까지 체계적으로 학습하도록 구성되어 있습니다.

서비스 프로세스와
고객만족 관리

학습 방향

CS경영과 서비스 프로세스의 기본 개념을 이해하고 구매 단계별 고객관리 전략을 습득한다. 서비스 품질 향상을 위한 다양한 도구와 기법을 활용하여 고객만족 경영을 실현할 수 있는 실무 역량을 개발한다.

출제빈도

SECTION 01	상	35%
SECTION 02	상	40%
SECTION 03	중	25%

CS경영과 서비스 프로세스 기초

01 CS고객만족 시대별 개념 및 경영

01 CS고객만족 시대별 개념 ★

▼ CS고객만족 시대별 개념

시대	CS고객만족 개념
1970년대	• 만족은 소비하는 과정과 경험 전체에 대한 평가 • 인지된 제품 퍼포먼스(서비스)가 기대 이상일 때 발생 • 1977년 미국 리서치 회사 J.D. 파워가 자동차 회사 순위를 고객 만족 평가 기준으로 발표한 것이 시초
1980년대	• 만족은 흥미·기쁨·유쾌함 등의 정서적 요인 • 소비자 만족이란 복합적 심리 상태를 의미 ┐기대에 대한 불일치를 경험한 경우 　　　　　　　　　　　　　　　　　　가지게 되는 감정과 소비 • 사전 기대와 소비 후 인지된 퍼포먼스(서비스) 사이의 지각 불일치 평가에 대한 반응 • 스칸디나비아 항공사에서 MOT 도입 • 일본 도요타에서 고객만족경영 도입
1990년대 (우리나라: 도입 및 성장기) ★	• 만족은 '기대' 대비 '구매 후의 평가'로 인한 심리 • 만족은 불일치&지각된 성과 등, 일련의 경험에 대한 평가 결과로 인한 정서 • 만족은 '선택된 대안이 적어도 기대에 합의하는가' 혹은 '그것을 뛰어넘는가'에 대한 평가 • 기업과 공공기관에서 CS 도입을 본격화 • 기업의 CS경영팀이 신설 • 고객관계관리(CRM), A/S가 도입 • LG에서 고객 가치 창조를 우리나라에 처음 도입 • 사이버 고객 만족에 관한 관심이 증대
2000년대 (우리나라: 완성기)	• 고객 감동경영을 도입 • 업종 불문하고 CS경영을 도입 • 고객생애가치(LTV)를 중요시하게 됨

└── '삼성'으로 혼동하지 않도록 유의.
　　'LG → 삼성 → KT, 철도청' 순으로 도입됨

🅑 교수님 TIP

각 연도와 해당 내용 연결 문제가 자주 출제되며, 특히 1990년대가 자주 출제됩니다.

01 서비스 프로세스의 개념과 원칙

1) 서비스 프로세스의 개념 및 중요성

- 서비스 프로세스는 기업의 다양한 <u>재료</u>를 투입 후 다양한 활동(Process)을 통해 _{Input: 사람, 설비, 자료, 방법, 환경 등}
  결과물을 생성하는 과정이다.
- 서비스 프로세스를 통해 업무의 흐름, 업무에 소요되는 투입 대상과 투입 자원을
  파악할 수 있다. _{Output: 제품, 서비스}
- 서비스 프로세스의 <u>산출물</u>은 서비스와 제품이다. _{'성과(결과)'보다 '과정'을 중요하게 여긴다.(×)}
- 프로세스는 과업 성과(결과물)를 향상시킬 수 있어야 한다.
- 서비스 프로세스는 상품 자체 또는 전달시스템의 '유통적 성격'을 의미한다.
- '기업의 활동 패턴을 표시'는 기업의 기본적 활동을 표시한 것이고 프로세스 단계&
  직원 능력을 가시화(유형화)한 것이다.

2) 서비스 프로세스의 역할

- 시스템 관련 불만 원인을 분석하고 대응하기 위해 서비스 프로세스가 필요하다.
- 프로세스의 규율은 '창의성과 효율성' 제고를 위함이어야 한다. _{통제를 위한 프로세스의 규율(×)}
- 고객이 체험하는 '서비스 전달 시스템'은 고객이 서비스를 판단하는 '중요한 증거'이다.
- 전달 과정에 영향을 미치는 서비스 특성은 무형성, 이질성, 비분리성, 소멸성이다.
- 서비스 프로세스의 '표준화'는 소비자에게 기업 이미지를 각인시키는 데 도움을 준다.
- 목적론적, 전체론적 입장에서 진행될 때 목적을 달성할 수 있다.

3) 서비스 프로세스 설계 시 고려사항(린 쇼스택, Lynn Shostack)

- 고객의 입장이 되어 초점을 맞추고 계획되어야 한다.
- 설계 시 종업원과 고객을 모두 고려해야 한다.
- 서비스 무형성을 고려한 방법론을 제시한다(사실, 정확성, 객관성에 근거).

4) 서비스 프로세스 원칙

- 평가는 고객이 결정한다.
- 평가 내용은 상대적이다. _{절대적(×)}
- 가격 대비 성과와 고객 기대관리를 해야 한다.
- 고객 개별 니즈에 적응하는 효율적인 방법은 일선 직원이나 지원시스템을 활용하
  는 것이다.
- 고객의 기대관리와 고객 개별 니즈에 적응하는 것이 중요하다.
- 모든 의사결정 시 고객을 고려해야 한다.

서비스 프로세스 설계와 운영

01 프로세스 설계 방법론

01 슈메너(Schmenner)의 서비스 프로세스 매트릭스 분류 ★★★

1) 정의

슈메너의 서비스 매트릭스는 노동집약도, 고객과 상호작용, 개별화로 정리하였다.

2) 슈메너의 서비스 프로세스 4가지 유형

> **교수님 TIP**
>
> 슈메너의 매트릭스는 무조건 통암기해야 합니다.

> **더 알기 TIP**
>
> 노동집약도가 낮고 개별화가 낮은 서비스를 묻는 문제가 자주 출제됩니다. '서비스 팩토리'를 기억하세요.
> 매트릭스 분류 기준을 묻는 문제가 자주 출제됩니다. '노동집약도, 상호작용, 개별화'를 기억하세요.

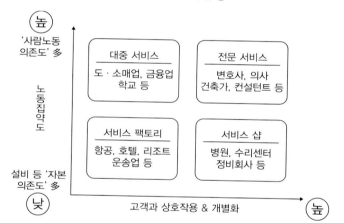

> **더 알기 TIP**
>
> **서비스 특성 이해하기**
>
> 1. 개별화(Customization)
> 커피전문점에서 "아이스 아메리카노에 시럽 두 번 추가하고, 얼음은 적게 넣어주세요."라고 주문하면 바리스타가 고객의 취향에 맞춰 음료를 만들어 줍니다. 이것이 바로 '개별화'입니다. 고객 한 명 한 명의 특별한 요구사항을 반영해서 서비스를 제공하는 것입니다. 반면 모든 손님에게 동일한 규격으로 제공되는 패스트푸드점의 햄버거는 개별화가 낮은 경우입니다.
>
> 2. 상호작용(Interaction)
> 병원에서 의사선생님과 상담할 때는 의사가 증상을 물어보면, 환자는 아픈 곳을 설명하고, 의사는 다시 더 자세한 질문을 합니다. 이렇게 계속되는 대화가 바로 '높은 상호작용'입니다. 반면 영화관은 티켓을 구매하고 자리에 앉아서 영화를 보기만 하면 되는 '낮은 상호작용'의 예입니다.
>
> 3. 노동집약도(Labor Intensity)
> 의사의 진료 서비스는 환자를 문진하고, 검사를 수행하며, 진단을 내리고, 치료 계획을 수립하고 직접 시행하기까지 의사의 전문적인 노동과 지식이 필수적입니다. 이것이 바로 '높은 노동집약도'입니다. 반면 무인 세차장은 기계가 대부분의 일을 하고 사람의 노동력이 거의 필요 없는 '낮은 노동집약도'의 예입니다.

1) 정의

마이클 해머는 비즈니스 프로세스를 "고객을 위한 결과물 또는 고객을 위해 가치를 창출하는 모든 관련 활동들의 집합"이라고 정의한다.

2) 비즈니스 프로세스 유형

핵심 프로세스 ★	• 외부 고객에게 제공하는 최종 제품과 서비스 • 최종 제품과 서비스로 기업의 수익을 창출하고 고객에게 가치를 제공하는 일련의 작업을 수행하는 프로세스 예 제조, 공급, 무역의 최적화, 제품 공급 운영 최적화
지원 프로세스 ★	• 조직 내부에서 진행되며, 다른 프로세스가 제대로 진행되도록 지원 • 고객에게 직접적 가치를 전달하지는 않음 예 관리, 재무회계, 교육훈련 등
변혁 프로세스	조직의 미래 경쟁력을 구축해 가는 프로세스 예 신제품 개발, 학습조직 구축
경쟁 프로세스	• 경쟁자보다 우수한 고객가치를 제공 • '고객 만족'에 초점 예 경쟁자와 비용으로 경쟁 시, 더 낮은 비용으로 생산
기반 프로세스	• 고객에게 필요한 최소한의 가치만 제공 • 상향 평준화로 인해 가격과 디자인이 경쟁 요소가 되었고, 제품의 품질은 기본적 요소로서 기반 프로세스가 됨

---

02 프로세스 운영 전략

01 서비스 프로세스의 표준화와 개별화

1) 표준화

• 모든 고객에게 동일한 프로세스의 서비스를 제공하는 것으로 주로 제품의 생산과정에서 많이 활용되고 있다.
• 동일한 서비스를 모든 고객에게 제공하기 때문에 대량 생산에 유용하다.

2) 개별화

• 고객 개개인의 니즈에 맞는 맞춤 서비스를 제공한다.

02 서비스 프로세스의 재설계의 5가지 노력 방안

• 가치 창출에 기여하지 않는 단계는 제거한다.
• 셀프 서비스로 전환한다.
• 고객에게 서비스를 직접 전달한다.
• 일괄 서비스를 제공한다.
• 서비스 프로세스의 물리적 측면을 재설계한다.

구매단계별 고객관리

01 구매 전 고객관리

01 구매 전 과정: 대기관리 ★

1) 구매 전 과정 특징

- 서비스 특성인 '소멸성, 비분리성'으로 인해 대기 상황이 필연적으로 발생된다.
- 서비스 특성상 '예측'이 어렵다.

2) 데이비드 마이스터 대기관리 기본원칙 8가지

① 아무 일도 안 할 때 대기가 더 길게 느껴진다.
② 구매 전 대기가 더 길게 느껴진다.
③ 대기는 혼자 기다리면 더 길게 느껴진다.
④ 언제 서비스를 받을지 모른 채 무턱대고 기다리면 대기는 더 길게 느껴진다.
⑤ 원인을 모르는 대기는 더 길게 느껴진다.
⑥ 불공정한 대기는 더 길게 느껴진다.
⑦ 가치가 적을수록 대기는 더 길게 느껴진다.
⑧ 근심이 있는 경우 대기가 더 길게 느껴진다.

3) 데이비드 마이스터의 대기시간에 영향을 주는 요인 ★

① 기업의 완전통제 요인: 공정성, 설명, 확실성, 편안함, 대기 단계

구분	예시
공정성	먼저 방문하신 순서대로 처리해드리겠습니다.
설명	지금 시스템 점검 중이라 10분 정도 소요됩니다.
확실성	고객님 순서까지 앞으로 3명 남았습니다.
편안함	대기 중 편하게 앉아서 기다리세요.
단계	접수 → 대기 → 상담 순으로 진행됩니다.

> **P 교수님 TIP**
>
> ②, ③은 시험에 자주 출제됩니다.

> **🕐 암기 TIP**
>
> **공설확편단**
> 공부 설명하면 확실히 편하단!

② 기업의 부분통제 요인: 점유, 불만

구분	설명	예
점유	대기 중 할 일 제공하기	메뉴판 보기, 잡지 읽기, TV 시청
불만	고객 불만 최소화하기	친절한 응대, 신속한 처리

③ 고객 _{고객이 스스로 통제하는 요인} 통제 요인: 고객의 태도, 대기목적 가치, 대기 단위

구분	설명	예
태도	고객의 기분과 성격	오늘 기분이 좋아서 괜찮습니다.
대기목적 가치	기다릴 만한 가치	맛있다고 소문난 식당이라 기다릴 수 있습니다.
대기 단위	개인 또는 단체	친구랑 같이 있어서 심심하지 않습니다.

02 대기관리 실행방안

1) 대기관리 방법

생산관리 방법 (운영시스템의 변화로 실제 대기 시간 감소)	• 예약 • 커뮤니케이션 활용: 혼잡 또는 한가한 시간을 SMS로 안내 • 공정한 대기시스템: 번호표, Express Line 활용, 대기선 활용 • 대안 제시: ARS, ATM, 자동이체, 전화 등을 활용
고객인식 관리 방법★ (실제 시스템의 변화 없이 고객의 체감시간 감소)	• 예상 대기 시간 안내 • 서비스가 시작되었다는 느낌 전달: 코디, 도우미가 접수 대행 및 상담 시작 • 고객 유형에 따른 대응: 고객창구 업무별로 처리, VIP 고객은 VIP 룸으로 안내 • 이용되지 않는 자원 숨기기: 일하지 않는 직원이나 미사용 시설은 숨기기

2) 대기열 유형 특징

다중 대기열	• 서비스 현장에서 어떤 대기열에서 기다릴지 선택할 수 있음 • 다른 대기열이 짧아지면 이동할 것인지 결정해야 함 예 옆줄이 짧아지면, 옆줄의 가장 뒤에 서서 대기 가능
단일 대기열	• 전체 대기 시간을 줄일 수 있음 • 어느 줄에 설지 고민할 필요가 없음 • 끼어들기 문제 해소 가능 • 대기 시간이 누구에게나 공정성을 보장 • 원하는 서비스 직원을 선택할 수 없음 ─── 예 번호표 대기 • 줄이 길어지면 고객 이탈 문제가 발생할 수 있음

3) 대기행렬 모형 ★★★

대기행렬은 마치 물이 흐르는 것처럼 아래와 같은 순서로 진행된다.

▼ 단일 채널 – 단일 단계 대기 시스템

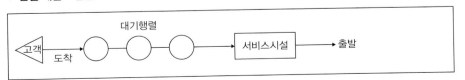

암기 TIP

점불
점심 먹다가 불만

암기 TIP

태가단
태평한 가격에 단체 손님

교수님 TIP

대기관리 방법을 구분하는
문제가 자주 출제됩니다.
• 생산 관리: 고객이 대기를
시작하기 '전'에 대기를 줄
이기 위해 해볼 수 있는 활
동들
• 고객인식 관리: 고객이 이
미 대기를 시작한 '후'에 해
볼 수 있는 활동들

▼ 단일 채널 – 복수 단계 대기 시스템

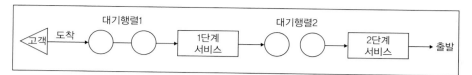

▼ 복수 채널 – 단일 단계 대기 시스템

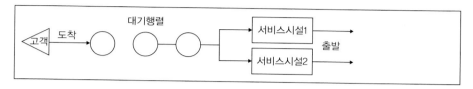

▼ 복수 채널 – 복수 단계 대기 시스템

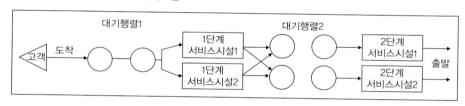

02 구매과정 관리

01 구매 과정: M.O.T(Moment of Truth, 진실의 순간) ★★★

1) MOT(고객접점관리)의 개념

▼ MOT 사이클

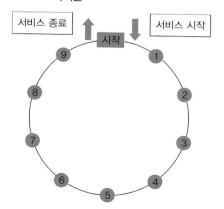

▼ 카페의 고객접점관리 및 M.O.T

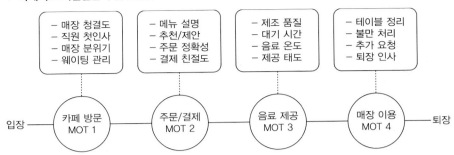

- MOT(Moment of Truth): 스페인의 투우 용어인 '모멘또 델라 베르닫(Moment De La Verdad)'에서 유래된 '진실의 순간'은 고객이 기업의 종업원 또는 특정 자원과 접촉하는 순간을 의미한다. 즉, 피하려고 해도 피할 수 없는 순간, 실패가 허용되지 않는 순간, 중요한 순간이란 의미다.
- 마케팅 학자 리처드 노먼이 해당 이론을 처음 만들었다.
- MOT를 경영에 도입한 사람은 스칸디나비아(SAS) 항공사의 얀 칼슨이다.
- 얀 칼슨이 제시한 서비스에서의 중요한 응대 시간은 '1회 15초'이다.
- 고객의 입장에서 서비스를 처음 접하는 순간부터 마무리될 때까지 전체 과정을 그려 본 것이다.
- 고객이 서비스를 받는 여러 자원과 직 · 간접적으로 만나는 모든 순간을 포함한다.
- 고객은 서비스를 받는 모든 과정에서 평가하기 때문에 MOT 관리는 중요하다.
- MOT는 계량적 평가가 어렵다.
- MOT 차트는 3개의 칸으로 이루어지는데, 왼쪽에는 고객 만족을 일으키는 '플러스 요인'을, 그리고 오른쪽에는 불만족을 일으키는 '마이너스 요인'을 적는다.

🅱 교수님 TIP

'회사'의 입장이 아닌, '고객'의 입장에서 과정을 그린다.

➕ 더 알기 TIP

고객이 물건을 구매 후 직접 사용하는 순간은 MOT가 아니다.

플러스 요인 예시	표준적인 기대 예시	마이너스 요인 예시
직원이 벨을 3번 울리기 전에 받고, 친절하게 응대하며 문제를 바로 해결해줬다.	문의전화를 할 때, 교환 연결 없이 바로 해결이 가능하다.	오랫동안 기계음이 가고 여러 번 직원 교환을 거친 후에 문제해결을 할 수 있다.

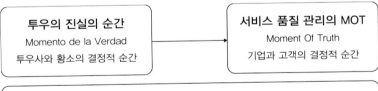

2) MOT 차트 분석

① 서비스 접점 진단

고객 관점에서 각 접점별 만족도 및 불만사항을 분석한다.

② 서비스 접점 유닛 설계

고객 접점별 특성 파악 후 유닛(구성 단위) 및 요소를 구분한다.

③ 서비스 접점 사이클 세분화

각 고객과의 접점 단위를 세분화하여 분석한다.

④ 접점 시나리오 만들기

MOT 차트를 활용하여 문제점과 개선점을 각 접점마다 찾아 시나리오를 구성한다. 차트 모양이 T를 닮아 'T 차트'라고도 불린다.

⑤ 행동하기

수정 보완할 수 있어야 하고, 작성된 표준안대로 훈련하고 행동한다.

3) 서비스 표준안 작성시 고려사항

• 관찰 가능, 객관적 측정이 가능해야 한다.
• 간단, 정확, 구체적으로 작성해야 한다.
• 고객 요구 분석 후 작성해야 한다.
• 경영자, 직원, 고객간의 상호 이해를 바탕으로 작성해야 한다.
• 경영자를 포함한 모든 직원이 받아들여야만 한다.

4) MOT와 관련된 법칙★

① 깨진 유리창의 법칙, 지저분한 트레이★
• 작은 문제 방치가 서비스 전체 붕괴로 이어진다.
• 고객이 서비스의 불만이 생겨 고객센터에 불만을 이야기했을 때, 직원이 불친절한 응대를 하면 그 기업의 전반적 이미지가 부정적으로 바뀔 수 있다는 법칙이다.

② 곱셈의 법칙★
• 서비스 만족도는 각 요소의 '합'이 아닌 '곱'으로 결정된다.
• 각 서비스 부분에서 좋은 점수를 받았더라도 마지막 단계의 마무리가 '0'이면 결과는 '0'이 된다. 즉, 모든 접점을 다 잘해야 한다.
• 한 가지 실수가 전체 만족도를 마이너스로 만든다.
  예 100(좋은 서비스)×-1(나쁜 서비스)=-100(전체 불만족)

③ 100-1=0의 법칙★

100가지의 서비스 접점 중 단 하나의 접점에서 불만을 느끼는 순간 전체 결과에 대해 불만족한다는 법칙이다.

④ 통나무 물통의 법칙★
• 통나무 물통은 여러 개의 나뭇조각을 이어 붙여 만들기 때문에, 한 조각이라도 깨지거나 높이가 낮으면 그 부분의 높이만큼만 물을 담을 수 있다.
• 고객 서비스도 가장 안 좋았던 서비스를 유독 기억을 잘하고 그 기업을 평가할 때 잣대로 삼는 경향을 의미한다.

⑤ 썩은 사과 한 알의 법칙
• 표면적 의미는 바구니 속 하나의 썩은 사과가 다른 사과들을 썩게 만든다는 것이다.
• 한 고객이 부정적 서비스를 경험하면, 그 영향력이 주변으로 퍼져 기업 전체의 이미지를 손상시킬 수 있다는 법칙이다.

⑥ Ten-Ten-Ten 법칙

고객 유지에 10달러의 비용이 들고, 고객을 잃는 건 10분이 걸리며, 고객을 다시 유
치하는 데 10년이 소요된다.

02 서비스 접점관리

1) 솔로몬(Solomon)과 구트만(Gutman)의 서비스 접점 특징★

솔로몬과 구트만의 연구에 따르면, 서비스 접점은 고객과 서비스 제공자 간의 양자관
계를 기반으로 정보교환과 상호작용을 통해 이루어지는 중요한 순간이다. 이 접점에
서는 목표지향적인 직무훈련을 통해 만족스러운 서비스를 제공하려 노력하지만, 동
시에 제공 가능한 서비스의 범위 내에서 제한성을 가지고 있다. 즉, 서비스는 고객과
서비스 제공자 사이의 인간적인 상호작용을 통해 효과적으로 정보를 교환하면서도,
주어진 서비스 범위 내에서 목표를 달성할 수 있는 전문성을 갖춰야 한다.

🅱 교수님 TIP

**솔로몬과 구트만의 서비스
접점 5가지 특징 정리**
① 양자관계: 고객과 서비스
제공자가 함께 참여할 때
성립된다.
② 정보교환: 접점은 고객과
서비스 제공자 간의 정보
를 교환하는 과정이고 정
보교환을 서비스 접점의
목적으로 둔다.
③ 상호작용적: 인간적인 상
호작용이 있어야 한다.
④ 목표지향적: 만족스러운
서비스를 위해 직무훈련
을 통해 목표를 이룰 수
있도록 해야 한다.
⑤ 제한성: 제공되는 서비스에
따라서 제한을 받는다.

2) 서비스 접점의 유형 ★

원격 접점	• 고객과의 직접적인 대면 접촉이 없더라도 품질에 대한 고객의 긍정적 인식을 형성하고 강화할 수 있음 • 직접적인 인적 접촉 없이도 고객이 기업과 접촉하는 것으로, 서비스 물리적 증거, 시스템, 기술적 프로세스가 품질 판단의 근거가 됨 • 유형적 증거와 기술적 프로세스를 통해 서비스 품질 판단의 기준을 제공하며, 체계적인 통제가 가능 📌 ATM, 키오스크, 자동판매기, 인터넷 주문·반품, 우편물, 청구서 등
전화 접점	• 음성, 직원의 지식, 고객 문제해결 능력이 서비스 품질의 기준이 되며, 이러한 요소들로 인해 품질 통제가 어려운 특징을 가짐 • 주로 콜센터, 공공서비스, 보험회사 등에서 가장 많이 발생하는 접점 유형으로, 상호작용에 있어 높은 가변성이 존재함
대면 접점	• 서비스 제공자와 고객이 직접 만나서 이루어지는 접점 • 서비스 품질을 파악하고 판단하기 가장 복잡한 접점서비스의 유형적 단서와 고객 자신의 행동이 서비스 품질에 중요한 영향을 미침

03 구매 후 과정

구매 전 과정 대기관리	→	구매 과정 M.O.T	→	구매 후 과정 피시본 다이어그램
서비스 대기시간 고객 관리		결정적 순간 서비스 접점		원인–결과 분석 서비스 개선

1) 피시본 다이어그램 특징

▼ 피시본 다이어그램

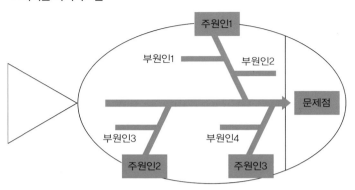

▼ 피시본 다이어그램 예시

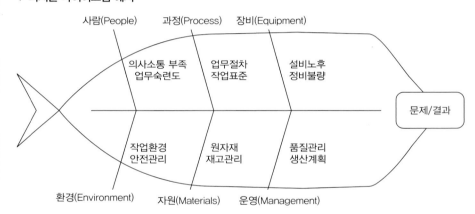

➕ 더 알기 TIP

마인드맵 기법

중심 주제에서 핵심 키워드를 가지처럼 연결하여 사고를 확장하고 시각화하는 문제해결 기법

➕ 더 알기 TIP

특성요인 분석 기법

문제의 원인과 결과를 물고기 뼈대 형태로 시각화하여 체계적으로 분석하는 기법

🕐 암기 TIP

사람이 장비를 가지고 과정대로 일하려면 운영 방식과 환경 조성, 자원 확보가 필요하다.

- 피시본 다이어그램은 서비스 제공 업체가 서비스 품질향상을 위해 문제의 원인과 결과를 생선 뼈 도표로 체계화하여 분석하는 품질관리 기법이다.

원인	근본원인은 생선 뼈 모양의 사선으로 표시, 근처에 원인명을 요약 · 기술
문제점(효과)	물고기 머리에 기술

- 서비스 업체의 문제점의 '근본 원인 및 잠재 원인'을 발견하여 프로세스의 변화 또는 해결방안을 계획하기 위해 만들어졌다. ★　　　└ 미래의 불확실한 상황을 예측하기 위함이 아님
- 일본의 '카오루 이시카와'가 개발하였다.
- '브레인라이팅 기법' + '마인드맵 기법'의 장점을 혼합한 회의기법이다.
- 특성요인 분석 기법, 인과관계도표(Cause and effect diagram)라고도 한다.
- 피시본 다이어그램의 원인을 파악하는 요소들: 사람(People), 장비(Equipment), 과정(Process), 운영(Management), 환경(Environment), 자원(Materials)

2) 피시본 다이어그램 5단계 실행과정

① 1단계: 문제 정의 및 명확화(현재 발생하고 있는 문제 현상 재확인)

② 2단계: 주요원인 범주화

③ 3단계: 잠재원인 브레인스토밍

④ 4단계: 주요원인 범주의 세부사항 검토

⑤ 5단계: 근본원인 확인

🕐 암기 TIP

피시본 다이어그램의 '목적'을 떠올려 보세요. '문제점을 찾아 근본원인을 발견'입니다.

(1단계) 문제점을 찾아서 주요원인을 (2단계) 범주화하고 (3단계) 브레인스토밍을 통해 열린 생각을 한 뒤, (4단계) 세부사항 검토로 점점 분석을 구체화하여 원인을 좁혀간다. 그럼 최종적으로 (5단계) 근본원인을 발견하게 된다.

---

02 프로세스 개선을 위한 품질기능전개(QFD ; Quality Function Deployment)

1) 품질기능전개(QFD)의 개념과 특징

> 고객의 요구 → 기업의 생산물
> 반영 → 고객만족 극대화

- 고객이 원하는 것을 실제 서비스나 제품으로 만들어내는 체계적인 품질 관리 방법이다. 고객의 니즈와 제품의 디자인 요소를 체계적으로 연결하고, 이를 구체적인 품질 특성으로 변환하는 방법이다. 이렇게 변환된 품질 특성은 제품 설계와 생산 과정에서 단계별로 실행되며, 이를 통해 고객이 원하는 품질을 효과적으로 구현할 수 있다.
- 개발 초기단계부터 고객을 참여시켜서 고객의 니즈를 반영한다.
- QFD가 가능하게 하기 위해서는 모호한 고객 니즈가 구체적이고 실행 가능하도록 '문서화'한다. └ 품질의 집(HOQ ; House Of Quality)을 이용하여 문서화
- QFD는 고객의 요구사항(Quality)을 파악하여, 이를 각 부서(Function)가 협력하여 실제 서비스로 구현하고 전체 조직에 적용(Deployment)하는 품질 관리 방법이다.

🇧 교수님 TIP

고객이 생각하지 못한 제품을 창조하는 아이디어를 우선하는 것이 아닙니다. 고객 니즈 반영이 최우선입니다.

Quality(품질)	고객이 원하는 요구사항이나 특성
Function(기능)	조직 내 각 부서(마케팅, 제조, 엔지니어링)의 역할과 협력
Deployment(전개)	계획한 내용을 실제로 실행하고 확산하는 과정

- QFD의 발전 과정은 다음과 같다.

연도	주요 발전 내용
1960년대	일본의 '아키오 요지'가 QFD를 최초로 연구 시작
1972년	미쓰비시 중공업의 고베조선소에서 최초로 실무 적용
1980년대 초	미국의 GM, Ford와 IT 기업 3M, HP에서 QFD 개발
1983년	미국품질학회지 게재 및 시카고 세미나를 통한 전파
1995년	국내 대기업 도입 및 적용(삼성전자, 삼성SDI, 현대엘리베이터, 현대자동차, 쌍방울 등)

2) 품질기능전개의 장점

- 설계 변경 감소, 제품 개발 기간 단축, 판매 후 하자 발생 감소, 품질보증 비용 감소 등의 이점이 있다. └ 마케팅 부서부터 생산 부서까지
- 부서간의 밀접한 협력을 통해 팀워크가 향상된다.
- 고객의 요구 사항에 대한 이해 증대로 제품 개발 시간을 줄일 수 있다.
- 신제품 및 새로운 서비스의 우선순위를 정할 수 있다.
- 품질의 집(HOQ)을 이용하여 모든 과정을 문서화할 수 있다.
- 개발단계 중간에 문제점 발생 시 품질의 집을 적용시켜 수정하고, 이를 반복해서 적용 가능하다.
- 팀원들의 의견을 체계적으로 통합하여 제품과 서비스의 방향성을 도출하는 시스템을 제공한다.
- 고객의 요구사항을 기술적 속성으로 변환하여 상관관계를 파악할 수 있다.
- QFD를 통해 시장품질 정보를 체계적으로 축적하여 마켓쉐어 확대를 실현할 수 있다.

🄑 교수님 TIP

품질기능전개의 장점으로 원가 절감과 제품 가치를 동시에 추구한다.(×)
→ 가치공학의 목적입니다. QFD의 목적이 아닙니다.

🄑 교수님 TIP

3S
단순화(Simplification), 표준화(Standardization), 전문화(Specialization)

3) 품질기능전개 실행의 생산성 향상을 위한 3S 운동

구분	목적	설명
단순화(Simplification)	핵심 제품에 집중 가능	수익성이 낮거나 손실이 발생하는 제품을 줄여가는 과정
표준화(Standardization)	일관된 품질 유지 가능	제품의 품질, 기능, 부품, 작업 방법 등에 대한 기준을 정하는 것
전문화(Specialization)	업무 숙련도 향상	업무 담당자가 특정 공정에 집중하고 효율적으로 분업하는 것

4) 품질기능전개의 4가지 한계

- 현재 상황 정리의 한계: QFD가 미래 전략이 아닌 현재 상황을 단순 정리하는 수준에 그칠 수 있다.
- 기술 및 고객 관련 한계: 기술특성 선택 과정에서 고객 요구의 중요도가 왜곡될 수 있으며, 고객 요구사항과 기술특성 간의 연관관계 파악이 어려울 수 있다.
- 고객 정의의 한계: 현재 정의된 고객층이 지속적으로 유효하다고 보기 어려워 신제품 개발에 제한이 있을 수 있다.
- 고객 의견의 모호성: 고객의 소리가 정성적이고 주관적인 언어로 표현되어 명확한 기준 설정이 어려울 수 있다. └ 어떠한 수치로 측정하거나 표현할 수 없는 성질

01 품질의 집(HOQ ; House Of Quality) 활용 ★★★

▼ **품질의 집 구조도**

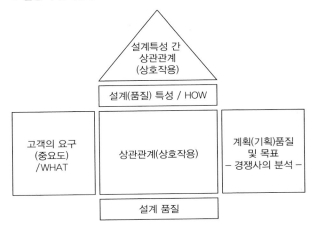

- 품질의 집은 QFD의 핵심 도구로, 고객 중심의 품질 관리를 실현하고 시장조사에서 밝혀진 고객의 요구 및 목소리(고객의 속성)를 기술자들에게 전달하기 위해 만들어진 매트릭스 형태이다.
- 여러 가지 품질특성 간의 상관관계를 평가하기 위함을 목적으로 한다.

> **🅑 교수님 TIP**
>
> 'HOQ 구성 요소에 속하지 않는 것을 고르시오.' 또는 '품질의 집 구조의 빈칸에 어떤 요소가 들어가야 하는지' 묻는 질문이 잘 나옵니다. 즉, 품질의 집(HOQ) 구성요소 전체 암기 및 위치를 모두 기억해야 합니다.

01 2000년대 고객만족(CS) 개념 설명에 해당하는 것은?

① 스칸디나비아 항공사의 MOT 도입
② 굿맨 이론의 등장으로 고객들의 정서적인 불만 요소를 정량적으로 지수화하였다.
③ 일본 SONY사의 고객만족 도입
④ 업종 불문하고 CS경영을 도입
⑤ 잭 웰치 GE사 최고경영자 등극

02 다음 중 서비스 프로세스의 중요성에 대한 설명 중 관련이 없는 것은?

① 서비스 프로세스는 기업의 다양한 재료(Input : 사람, 설비, 자료, 방법, 환경 등)를 투입 후 다양한 활동(Process)을 통해 결과물(Output : 제품, 서비스)로의 과정이다.
② 서비스 프로세스는 프로세스는 과업성과(결과물)를 향상시킬 수 있어야 한다.
③ 고객의 태도에 영향을 주지 않는 선에서 직원과의 상호작용을 통해 추후 무리하게 거래 여부가 결정되지 않도록 주의한다.
④ 서비스전달자의 처리능력과 서비스 프로세스의 단계는 고객에게 가시적으로 보여지는 데 기인하고 있다.
⑤ 서비스 프로세스는 상품 자체를 의미 및 전달 시스템의 '유통적 성격'을 의미한다.

03 슈메너가 제시한 서비스 프로세스 매트릭스 중 서비스 팩토리에 해당하지 않는 것은?

① 낮은 노동 집중도
② 항공, 화물운송업 등 업종
③ 낮은 상호작용
④ 호텔, 리조트 업종
⑤ 높은 개별화 서비스

04 다음 중 비즈니스 프로세스 유형 중 '핵심 프로세스'에 대한 설명은?

① 외부고객에게 제공하는 최종 제품과 서비스이다.
② 고객에게 직접적 가치를 전달하지는 않는다.
③ 조직 미래의 경쟁력을 구축해 가는 프로세스이다.
④ 경쟁자와 비용으로 경쟁시, 낮은 비용으로 생산한다.
⑤ 고객에게 필요한 최소한의 가치만 제공한다.

05 서비스 프로세스와 관련하여 아래 내용에 대해 설명하는 것은?

> 대량 생산에 유용한 방식이며, 모든 고객에게 동일한 프로세스의 서비스를 제공하는 것으로 주로 제품의 생산과정에 많이 적용되고 있다.

① 객관화   ② 개성화
③ 표준화   ④ 가치화
⑤ 개별화

06 데이비드 마이스터 대기관리에 대한 설명 중 옳지 않은 것은?

① 구매 전 대기가 더 짧게 느껴진다.
② 대기는 혼자 기다리면 더 길게 느껴진다.
③ 원인을 모르는 대기는 더 길게 느껴진다.
④ 불공정한 대기는 더 길게 느껴진다.
⑤ 대기는 가치가 적을수록 더 길게 느껴진다.

07 대기관리 방법 중 '고객인식' 관리 방법에 해당하지 않는 것은?

① 서비스가 시작되었다는 느낌을 주기 위해 코디가 접수 대행을 시작한다.
② 일하지 않는 직원이나 시설은 숨긴다.
③ 예상 대기시간을 안내한다.
④ ATM을 활용한다.
⑤ 고객창구는 업무별로 처리한다.

08 고객접점관리(MOT)에 대한 설명으로 옳지 않은 것은?

① 얀 칼슨이 제시한 서비스에서 중요한 응대 시간은 1회 15초이다.
② MOT '진실의 순간'은 12시 방향부터 시작한다.
③ 고객의 입장에서 서비스를 처음 접하는 순간부터 마무리될 때까지 전체 과정을 그려본 것이다.
④ 고객이 서비스를 받는 여러 자원과 직·간접적으로 만나는 모든 순간을 포함한다.
⑤ MOT 차트는 3개의 칸으로 이루어져서 왼쪽에는 고객만족을 일으키는 '플러스 요인' 그리고 오른쪽에는 불만족을 일으키는 '마이너스 요인'을 적는다.

09 피시본 다이어그램 단계별 흐름에 대한 설명 중 옳지 않은 것은?

① 1단계 : 문제의 명확한 정의
② 2단계 : 문제의 주요 원인 범주화
③ 3단계 : 경영관리 향상 전략수립
④ 4단계 : 주요원인 범주의 세부사항 검토
⑤ 5단계 : 근본 원인 확인

10 품질기능전개(QFD)의 장점에 대한 설명 중 옳지 않은 것은?

① 고객의 요구사항에 대한 이해 증대로 제품 개발 시간을 줄일 수 있다.
② 품질의 집(HOQ)을 이용하여 모든 과정을 문서화할 수 있다.
③ 원가 절감과 제품 가치를 동시에 추구한다.
④ 신제품 및 신서비스의 우선순위를 정할 수 있다.
⑤ 고객의 요구사항을 기술적 속성으로 변환하여 상관관계를 파악할 수 있다.

정답 & 해설

01	④	02	③	03	⑤	04	①	05	③
06	①	07	④	08	②	09	③	10	③

01 ④

오답 피하기

①, ③, ⑤는 1980년대 설명이며, ②는 1970년대 설명이다.

02 ③

직원과의 상호작용 과정에서 생기는 전달 프로세스가 고객의 태도에 영향을 주며 향후 거래여부에 영향을 주는 변수로 작용한다.

03 ⑤

높은 개별화 서비스가 아닌 낮은 개별화 서비스이다. 서비스 팩토리는 고객과의 상호작용이 적으므로 '낮은 상호작용'에 해당이 되고 표준화된 서비스 제공을 목표로 하여 개별화 수준이 낮다.

04 ①

오답 피하기

② 지원 프로세스, ③ 변혁 프로세스, ④ 경쟁 프로세스, ⑤ 기반 프로세스에 해당하는 설명이다.

05 ③

개별화는 고객의 개개인의 니즈에 맞는 맞춤 서비스를 제공한다.

오답 피하기

① 서비스 제공 시 주관적 요소를 배제하고 객관적으로 평가하는 과정이다.
② 고객 맞춤형 서비스 제공을 의미한다.
④ 제품과 서비스의 가치를 높이는 개념이다.
⑤ 고객 개개인의 니즈에 맞춘 맞춤형 서비스 제공을 의미한다.

06 ①

기대감과 불확실성 때문에 구매 전 대기가 더 길게 느껴진다.

07 ④

ATM 활용은 '생산관리' 방법에 해당한다.

오답 피하기

① 고객인식 관리방법에 해당한다.
② 고객의 불만을 줄이기 위한 방법으로 고객인식 관리에 포함된다.
③ 고객이 대기 시간을 예측할 수 있도록 돕는 고객인식 관리 방법이다.
⑤ 고객의 대기 경험을 개선하는 고객인식 관리방법이다.

08 ②

MOT는 1시 방향부터 시작한다.

09 ③

3단계는 '잠재원인 브레인스토밍'에 해당한다.

10 ③

원가 절감과 제품 가치를 동시에 추구하는 것은 QFD의 목적이 아닌 '가치공학'의 목적이다.

CHAPTER

02

고객만족 이론과
경영전략

학습 방향

고객만족의 이론적 기초와 고객만족경영의 발전 과정을 체계적으로 이해한다. 다양한 심리 이론과 감성경영의 원리를 학습하여 현대 기업환경에서 효과적인 고객만족 전략을 수립하는 능력을 배양한다.

출제빈도

SECTION 01	상	40%
SECTION 02	상	35%
SECTION 03	중	25%

고객만족의 이론적 기초

🕐 암기 TIP

- 웨스트브룩과 뉴먼+결과에 초점
- 룩. 먼 결과 → 눈먼 결과

- 앤더슨+과정에 초점
- 슨 과정 → 쓴 과정

- 햄펠+기대의 일치
- 펠 기대 일치 → 헐~ 기대일치

- 밀러+기대수준, 성과수준
- 러 성과수준 → 네 성과수준

- 굿맨+재구매
- 맨 재구매 → 맨~날 재구매

- 올리버+성취반응, 욕구 충족
- 버 성취반응 → 버섯 취 반응, 욕구 충족

- 코틀러+즐거움, 실망감
- 틀러 즐거움 실망감 → 틀니 즐거움 실망감

01 고객만족의 개념과 특성

01 고객만족에 관한 학자들의 정의 ★★

인지적 상태로 보는 고객만족의 정의는 구매자가 치른 대가에 대한 보상이 적절한지 부적절한지에 관한 구매자의 느낌이다.

학자	정의
웨스트브룩과 뉴먼	• 고객만족을 결과에 초점을 두고 개념화 • 고객의 호의적 경험감정 → 고객만족, 고객의 비호의적 경험감정 → 불만
앤더슨	• 고객만족을 과정에 초점을 두고 개념화 • 고객의 만족과 불만족을 하나의 과정으로 이해
햄펠	제품의 실제 성과와 기대의 일치정도
밀러	제품의 기대수준과 지각된 성과수준과의 상호작용
굿맨	기업활동의 결과, 재구매, 고객 신뢰가 계속되는 상태
올리버	소비자의 성취반응, 소비자의 욕구 충족과 소비자 판단
코틀러	사람들의 기대치와 제품 자각 성능과 비교하여 나타나는 즐거움이나 실망감

02 고객만족 특징 ★★

🕐 암기 TIP

고객만족 특징에 대한 설명을 제시하고, 해당 학자를 찾는 문제가 많이 출제됩니다. '학자-핵심 키워드' 위주로 암기해주세요.
- 올슨&도버-신념
- 올리버-불확인
- 올스하브스키-종합적 · 영속적
- 파라수라만&자이다믈&베리-우수함 · 탁월함
- 웨스트브룩-동기를 주는 원천
- 웨스트브룩&라일리-경험
- 테스트&윌턴-성과 간의 차이

태도로서 만족	올슨&도버	기대를 속성 발생에 대한 확률이라고 가정할 때, 신념은 태도 형성의 기초를 형성시키는 것일 뿐만 아니라, 만족의 결정에 대한 적용 수준의 역할도 있음
	올리버	만족은 구매 후 태도에 선행하고 있고 거기에 영향을 줌. 또한 불확인을 중심으로 하는 뜻밖의 일과 생각지 못한 변수를 포함하지만, 태도에는 불확인의 개념은 포함되지 않음
품질평가로서 만족	올스하브스키	지각품질은 몇 가지 점에 대한 제품의 전체적인 태도와 유사한 개념이며, 일시적이 아닌 보다 종합적이고 영속적인 의미를 가짐
	파라수라만&자이다믈&베리	서비스의 지각 품질은 기업의 전체적인 우수함 혹은 탁월함에 대한 소비자의 판단으로 만족은 구매 또는 소비 후 지각 품질에 선행하고 서비스 지각 품질에 영향을 줌
감정적 반응으로서 만족	웨스트브룩	감정적 처리 과정은 인간 행동에 동기를 주는 원천이며, 정보처리와 선택에 영향을 주는 요인
	웨스트브룩&라일리	고객만족은 구매한 제품이나 서비스, 구매행동, 소매점, 쇼핑 및 시장에서 발생하는 전반적인 행동과 관련된 경험에 의한 정서적 반응
	테스트&윌턴	만족은 소비자의 사전 기대와 소비 후 지각된 제품과의 실제 성과 간의 차이에서 생기는 반응

1) 고객만족의 3대 핵심요소

하드웨어(물리적 요소)	주차시설, 매장 인테리어, 고객지원센터, 기업 이미지
소프트웨어(시스템)	A/S, 서비스 프로세스, 예약, 해피콜, 부가서비스
휴먼웨어(직원)	직원의 친절 응대, 용모, 서비스 마인드, 조직문화

2) 고객만족의 직접적, 간접적 요소

직접적 요소	제품	• 하드웨어적 가치: 품질, 기능, 가격 등 • 소프트웨어적 가치: 디자인, 사용의 편리성, 향기 등 • 하드웨어적&소프트웨어적 가치로 '핵심제품 만족'으로 이어짐
	서비스	점포의 분위기, 직원의 복장 및 서비스, A/S
간접적 요소	기업 이미지	사회공헌 활동, 환경보호 활동 → 긍정적 평판과 신뢰성

3) 고객만족의 결정요소 분석

① 제품과 서비스
가격수준, 품질, 개인적 친분, 고객화 수준의 관계가 있다.
② 고객 감정
서비스를 받기 전·후 감정은 서비스의 인식에 영향을 준다.
③ 서비스의 성공과 실패의 분석(서비스 귀인)
고객은 서비스에 대해 만족 또는 불만족을 했을 때, 그 원인을 분석하고 평가한다.
④ 공평성
다른 고객과 비교해서 '공평한 서비스를 받았는지'의 정도가 만족에 영향을 준다.
⑤ 구전★★★
가족, 친구, 동료에 의한 구전이 영향을 준다.

구전의 정의		• 개인의 경험 기반 대면 커뮤니케이션 • 직·간접 경험의 비공식적 교환 활동 • 특정 주제에 관한 긍정/부정적 정보 교환
구전의 특성	형태	• 언어적 커뮤니케이션에 국한되지 않음 • 일대일 커뮤니케이션 중심
	전파력	• 빠른 속도로 많은 사람에게 전파 • 잠재고객 상실 및 매출감소 위험 있음(개인 또는 집단 간의 개인적 영향력)
	신뢰성	• 생생한 개인 경험 기반으로 높은 신뢰도 • 기업 창출 정보가 아니어서 더욱 신뢰받음
	효과	• 다른 매체보다 효과가 큼 • 준거집단의 추천이 재방문으로 이어짐
구전의 활용		• 비상업적 정보원으로 활용 • 구매 관련 위험 감소에 도움 • 제품 구매, 가격 정보 획득에 유용

교수님 TIP
• '고객만족 결정 요소' 관련 문제는 설명을 보고 '어떤 요소'에 대한 설명인지 찾는 문제가 자주 출제됩니다. 특히 '서비스 귀인' 요소에 대한 설명이 자주 나오는 편이에요.
• '공평성' 요인에 대한 설명 중 함정문제로 자주 나오는 것은?
서비스 제공자의 차별화된 서비스(×) → 서비스 제공자의 공평한 서비스(○)

02 고객만족 관련 이론

01 고객만족 기초심리 이론

공정성 이론 귀인 이론 인지부조화 이론 교환 이론 기대불일치 이론

1) 공정성 이론(Equity Theory)★★

- 공정성 이론이란 교환을 할 때 개인이 투입(비용, 시간, 노력 등)한 만큼 서비스 제 공자가 공정하게 행동함으로써 공정한 결과(제품, 서비스 품질 등)를 받기를 기대 하고, 자신들의 성과를 최대화할 수 있다고 지각하는 것을 의미한다.
- 개인은 서비스 제공자가 공정하게 행동하는 것으로 자신들의 성과를 최대화할 수 있다고 지각하는 것(Walster & Berscheid, 1978)이 공정성 이론의 목표다.
- 공정성 이론의 기초 이론은 페스팅거의 인지부조화 이론과 호만스의 사회 교환 이 론이다.
- 애덤스(1965)에 의해 이론이 정립되었다.
- 조직구성원은 자신의 편익/투입 비율을 자신과 준거인의 투입/산출 비율이 일치할 때 만족한다.

  └─ 보통 같은 조직 내의 동료, 비슷한 직급의 다른 회사 직원, 또는 과거의 자신
- 불균형 시 반응은 다음과 같다.

자신의 비율이 작을 때	편익 증대 요구 또는 투입 감소(예 생산량 감축)
자신의 비율이 클 때	투입 증대(예 노력 증가)

- 공정성의 3가지 분류는 다음과 같다.

도출 결과의 공정성	• 투입과 도출에 대한 평가가 우선시 • 요구, 평등성, 기여 등의 요소
절차상의 공정성	• 절차나 규칙의 개념, 결과에 영향을 주는 정보의 공유 정도 • 의사 결정자의 정보 사용, 일관성, 윤리성, 정확성, 정보의 수집, 의사결정 영향력에 대한 신념 등의 요소
상호작용의 공정성	• 직원과 고객간의 소통, 인간적&물리적(기계적) 측면 포함 • 의사소통 방법, 우호성의 정도, 예의, 정직, 존경, 흥미 등의 요소

2) 귀인 이론(Attribution Theory)★★

- 귀인 이론이란 사람들이 어떤 행동을 했을 때, 왜 그런 행동을 했는지 원인을 추론 하는 것을 말한다. 고객은 서비스를 받은 후 만족 또는 불만족을 느낀 이유를 분석 하며 이는 만족에 영향을 끼친다.
- 하이더가 처음 제기하였고, 하이더의 연구에 근거하여 켈리가 분석 후 실질적으로 시작된 이론이다.
- 하이더, 켈리가 말하는 귀인 이론을 정리해보면, 우리는 어떤 사람의 행동이 그 사 람의 내부적 요인에서 비롯된 것인지, 아니면 외부 환경이나 상황에 의한 것인지를 구분할 수 있는 기준을 갖게 된다는 것이다.

더 알기 TIP

사회 교환 이론
사람들은 행동할 때, 자신이 투자한 원가나 투자액에 비해 얼마나 많은 보상과 가치를 얻을 수 있는지를 따져본다. 쉽게 말해, 사람들은 손해를 보고 싶지 않기 때문에 이윤이 생기는 방향으로 행동한다. 이 과정에서 사람들 간의 상호작용이 반복되고 자연스럽게 상호질서가 형성된다.

암기 TIP

귀인 이론은 귀속시킨다. 원인을!

	기분	외부 환경이나 상황에 따라 쉽게 변할 수 있음
	선호도	주변 환경이나 경험에 의해 형성되고 변할 수 있음
	바람	외부 상황이나 환경에 따라 달라질 수 있는 일시적인 욕구
	난이도	과제나 상황 자체의 특성이므로 개인의 통제를 벗어난 외적 요인
외적 귀인	운수	개인이 통제할 수 없는 우연이나 행운을 의미
	역할	사회나 조직에서 주어지는 것으로, 개인의 의지와 무관하게 정해질 수 있음
	일의 성격	업무나 과제 자체의 특성을 나타내므로 개인이 쉽게 바꿀 수 없는 외적 요인
	능력	개인이 가진 고유한 재능이나 실력을 의미
	의도	개인의 내적 동기나 목적을 나타냄
내적 귀인	노력	개인이 스스로 조절하고 투입할 수 있음
	태도	개인의 마음가짐이나 행동 방식을 나타냄
	성격특성(기질)	개인의 고유한 성격이나 타고난 기질을 의미

- 귀인 이론을 결정하는 세 가지 요인을 종합적으로 고려하면, 어떤 행동의 원인이 개인의 내적 특성에 있는지 아니면 외부 환경이나 상황 때문인지를 더 정확하게 판단할 수 있다. ★★

차별성	• 개인의 행동이 여러 상황에서 일관되게 나타나는지, 아니면 특정 상황에서만 나타나는지를 의미 • 차별성이 높으면 그 행동은 특정 상황에서만 발생하는 것으로 볼 수 있음
일치성(합의성)	• 유사한 상황에 처한 다른 사람들도 같은 방식으로 반응하는지를 나타냄 • 일치성이 높다면 많은 사람들이 비슷한 상황에서 유사하게 행동함을 의미
지속성	• 개인의 특정 행동이 시간이 지나도 계속해서 유지되는지를 판단하는 요인 • 지속성이 높으면 그 행동이 일시적이 아닌 장기적으로 나타나는 패턴임을 의미

- 기업의 활용 목적은 고객이 만족할 수 있는 귀인을 제공하여 신규 고객 창출과 재구매를 유도하는 것이다.
- 위너의 세 가지 귀인 이론의 범주화 체계는 다음과 같다. ★★

인과성의 위치	서비스 실패의 원인이 자신에게 있는지 상대방이나 상황에 있는지를 추론
안정성	어떤 행동이 일시적인지, 영원한 것인지, 반복적인 것인지, 실수에 의한 것인지에 따라 원인추론
통제성	원인이 의도적인 것인지, 비의도적인 것인지를 추론

└─ 통제 가능한   └─ 통제 불가능한

🄱 교수님 TIP

위너의 3가지 귀인 이론은 설명을 보고 해당되는 요인을 찾는 것이 많이 출제됩니다.

3) 인지부조화 이론(Cognitive Dissonance Theory) ★★

- 페스팅거(Festinger)가 제시한 이론으로, 사람이 자신의 태도와 행동 간의 불일치 및 불균형 상태가 발생하면 심리적으로 불편함이 생기게 된다. 이를 해소하기 위해 기존의 태도와 행동을 바꾼다는 이론이다. 즉 개인의 차원에서 인지부조화를 극복해 인지조화(인지협화)를 얻는 것이다.

- 인지부조화의 예시
  - 이솝우화의 '여우와 포도': 여우가 포도를 먹고 싶었지만 먹지 못하자 '포도 맛은 엄청 실 것이다.'라며, 합리화를 통해 심리적 부조화를 줄이고자 한 것을 인지부조화의 예시로 들 수 있다.
  - 흡연의 합리화: 흡연자들이 금연을 하는 것보다 흡연을 하는 행동을 정당화함으로써 인지 부조화를 줄이려고 하는 것 또한 인지부조화의 예시 중 하나다.

4) 사회 교환 이론(Social Exchange Theory)

호만스(Homans)가 제시한 이론으로, 사람들은 자신이 지불한 투자액에 비해 이윤이 있어야 행동을 취하며 최대한의 이익을 기대한다는 이론이다.

교수님 TIP

인지부조화 이론, 사회 교환 이론은 앞서 언급된 공정성 이론의 기초 이론입니다.

5) 기대불일치 이론(Expectancy Disconfirmation Theory) ★

- 고객이 서비스에 대한 기대와 성과간의 차이에 의해 만족과 불만족이 생긴다고 보는 이론이다.
- 순응 수준 이론은 기대불일치 이론의 뒷받침이 되는 이론이다.
- 대조 이론, 비교 수준 이론, 동화 – 대조 이론, 인지적 불협화 이론, 일반화된 부정성 이론 등이 기대불일치 이론에서 파생된 이론이다.

고객과 서비스 간 차이	결과
고객의 기대 〉 제품&서비스	고객 불만(부정적 불일치)
고객의 기대 = 제품&서비스	고객 만족(단순 일치)
고객의 기대 〈 제품&서비스	고객 감동(긍정적 불일치)

6) 고객불평행동 모델의 인지적 과정(리친스, Richins)

- 세 가지 인지적 과정으로 소비자 불평 행동을 정리한 후, 하나의 과정으로 보는 이론이다.

대체안 평가	고객은 문제가 생겼을 때 다른 선택지가 있는지 고민함
만족&불만족 평가	고객은 현재 제품이나 서비스에 대해 얼마나 만족 또는 불만족하는지 판단함
귀인 평가	고객은 문제의 원인이 어디에 있는지 생각함

- 이 세 과정이 순차적으로 일어나는 것이 아니라, 하나의 통합된 과정으로 발생한다고 본다. 고객은 이 세 가지 측면을 동시에 고려하면서 불평 행동을 할지 말지, 어떤 방식으로 불평할지를 결정하게 된다.

고객만족경영의 발전

01 고객만족경영의 기초

01 고객만족경영(CSM ; Customer Satisfaction Management)의 등장배경과 필요성

1) 고객만족경영 등장 배경(마이네트)
- 생산자 중심에서 소비자 중심으로 변화하게 되었다.
- 인터넷의 발달로 소비자의 주권의식이 확산되었다.
- 제품의 동질화&다양한 제품이 등장하며 제품의 가치만으로는 고객만족이 힘들게 되었고, 고객 니즈에 맞는 고품질 서비스 요구가 증가하게 되었다.
- 공급에 비해 수요 현상이 감소하게 되었다.
- 글로벌화가 진행되었다.
- 서비스에 대한 고객 기대가 증가하게 되었다. ─ 기대수준은 자신이 경험한 최고의 친절, 서비스, 품질에 의해 결정
- 서비스의 소프트웨어 요소를 중요시 여기게 되었다.
  └─ 서비스가 하드웨어적(시설 · 장비 등) 요소에서, 감성 중심의 소프트웨어적(고객 응대 · 공감 등) 요소로 이동

2) 고객만족경영의 필요성
- 기업환경의 변화: 개방화, 국제화, 인터넷의 발달, 시장 성숙화 등 글로벌 시장이 되었다.
- 소비자 행태의 변화: 소비자 욕구와 가치변화, 시간가치 중시, 소득증대 등의 변화로 생존 차원의 필수적 소비에서 선택적 소비 형태로 변화했다.
- 고정고객 확보: 기업이 제공하는 상품과 서비스에 만족한 고객은 지속적으로 해당 기업을 이용하는 충성 고객이 된다.
- 마케팅 효율성 향상: 고객의 기호 변화를 정확히 예측함으로써 불필요한 투자를 방지하고, 효과적인 마케팅 전략을 수립할 수 있다.
- 가격 우위와 수익성 증대: 고객 만족은 프리미엄 가격 책정을 가능케 하여, 장기적 관점에서 높은 이윤 창출로 이어진다.
- 구전 효과를 통한 홍보: 만족한 고객의 긍정적인 구전은 효과적인 광고 수단이 되어, 마케팅 비용 절감과 동시에 신규 고객 유치에 기여한다.

3) 고객만족경영에 대한 마이클 해머의 3C
마이클 해머 교수는 '리엔지니어링 기업혁명'에서 3C 모델을 통해 기업은 고객만족을 위한 종합적인 전략을 수립하고 실행할 수 있다고 말한다.
① Customer(고객만족)
현재 시장은 고객이 주도하고 있어 고객 확보가 어려워졌다. 이러한 상황에서 기업은 고객 중심으로 변화해야 생존할 수 있다.

② Change(끊임없는 혁신)

오늘날의 기업은 빠르게 변화하는 시장에 맞춰 신속하고 유연하게 대응해야 한다. 이를 위해 기업은 자사 중심에서 벗어나 고객, 인간, 그리고 고객 가치 창조에 초점을 맞추는 방향으로 변화해야 한다.

③ Competition(글로벌 무한경쟁)

세계화로 인해 경쟁이 더욱 치열해졌고, 이에 따라 고객의 영향력이 커졌다. 고객은 이제 다양한 선택권을 가지게 되어 기업에 대해 더 큰 영향력을 행사할 수 있게 되었다.

02 고객만족경영의 패러다임의 변화 및 흐름

1) 고객만족경영의 패러다임의 변화

2) 고객만족경영의 흐름 ★★★

19980년대 (도입기)	타율적, 소극적	• 판매 증진을 위한 보조 수단으로 활용 • 제품 중심의 기본적인 친절 서비스 제공
1990년대 (성장기)	자율적, 적극적	• 기업과 공공기관에서 고객만족 개념 도입 • 전사적 고객만족 활동 시작 • 데이터베이스 마케팅과 CRM(고객관계관리) 도입 • CS경영팀 신설 및 A/S 서비스 강화 • 사이버(온라인) 고객만족에 대한 관심 증가
2000년대 (완성기)	생활화, 선도역할	• CRM 경영의 일반화 • 기업의 사회적 책임 강조 • 고객생애가치(CLV) 극대화 추구 • 내부고객(직원), 외부 고객, 글로벌 고객까지 고려한 포괄적 접근

02 고객만족관리의 전략

01 고객만족관리의 중요성 및 필요성 ★★★

1) 고객만족관리의 중요성

- 서비스에 만족한 고객은 긍정적 구전을 통해 효과적인 광고 수단이 되며, 이는 단순한 매체광고보다 더 큰 영향력을 가진다. 또한 만족한 고객의 재방문과 재구매는 기업의 수익 창출로 이어진다.
- 반면에 고객 불만은 부정적 구전을 발생시키고 고객 이탈을 야기하여, 기업에 상당한 부정적 영향을 미치게 된다. 따라서 고객만족관리는 기업의 성공과 지속적인 성장을 위해 매우 중요한 요소이다.

기업 경영 개선	• 불필요한 투자 방지: 고객 기대 변화 예측 가능 • 안정적 수익 확보 및 장기 성장: 고객의 제품 선호도 상승 • 적정가격 유지 및 고부가가치 상품 판매 기반 마련
비용 절감 및 이익 증대	• 판매원 시간 · 노력 절감: 고객의 자발적 재구매 연결 • 단기적 거래비용 증가, 장기적으로는 감소 • 고정 고객층 이탈 방지로 안정적 이익 확보(기업의 궁극적인 목적은 영업이익 발생) • 신규 고객 유치 비용은 기존 고객 유지 비용의 약 4배 수준
효과적인 마케팅	• 구전효과: 주변 사람들에게 구매 유도 • 긍정적 구전 〉 단순 매체광고 • 고객만족 → 고정고객 확보 → 반복구매 • 호의적 구전 → 신규 고객 창출 • 판촉비용 절감 → 기업이익 증대
고객 관계 강화	• 단골고객 증대로 기업과 고객 간 공생 관계 형성 • 경제성장으로 고객 욕구 진화 및 기대 수준 상승에 대응 필요
고객 불만 관리의 중요성	• 불만족 → 고객 이탈 → 기업 이미지 손상 • 불만족 고객 90%, 신속 대처 시 높은 재거래율 • 고객 불만 → 비애호도 → 고객 이탈 → 기업에 큰 영향 • 이미지 회복을 위한 추가 노력 필요

교수님 TIP

① 수치 관련 함정
  • 신규 고객 창출비용 : 기존 고객 유지비용 비율 = 4:1
  • 불만족 고객의 90%가 신속 대처 시 높은 재거래율 보임
② 단기 vs 장기 효과
  • 단기: 고객만족을 위한 비용 증가
  • 장기: 거래비용 감소, 안정적 수익 확보
③ 구전효과의 중요성
  • 긍정적 구전 〉 일반 매체광고
④ 공생 관계의 개념
  • 고객만족 → 단골고객 증대 → 기업과 고객 간 공생 관계

구전효과의 영향력을 과소평가하는 함정에 빠지지 마세요.

단순한 거래 관계가 아닌 공생 관계임을 기억하세요.

2) 재구매와 브랜드 애호도(Brand Loyalty) 형성

① 재구매 의도
고객이 상품이나 서비스를 경험한 후 다시 그것을 사용하고 싶어 하는 감정 상태를 말한다. 이는 곧 상표 충성도로 이어진다.

② 브랜드 애호도
개인이 특정 상표에 대해 갖는 충성심을 의미한다. 고객만족도가 높아지면 브랜드에 대한 충성도가 증가하고, 가격에 대한 민감도는 낮아진다. 또한 기업에 대해 호의적인 평판을 형성하게 된다.

02 총체적 고객만족 경영 및 혁신의 성공과 실패

1) 총체적 고객만족 경영(TCS ; Total Customer Satisfaction) 요소

내부혁신역량 요소	지식, 정보기술, 인사조직, 프로세스, 변화관리, 전략적 성과관리
시장 경쟁력 요소	상품력, 브랜드, 이미지, 가격경쟁력, 고객관리

2) 고객만족혁신의 성공 요인 ★★★

리더십	• 최고경영자가 혁신에 대해 적극적이고 긍정적인 태도로 참여 • 효과적인 의사결정을 통해 조직의 업무 효율 증가
조직 문화	• 유연한 조직 구조와 활발한 의사소통을 통해 혁신에 대한 공감대를 형성하고, 창의적 사고를 장려 • 혁신 추진 조직을 구성, 적절한 평가와 보상 시스템 운영

교수님 TIP

리더십
최고경영자의 태도와 참여가 혁신 성공의 열쇠

교수님 TIP

조직 문화
유연성, 소통, 창의성이 혁신 문화의 기반

자원 지원	• 물리적 · 심리적 보상을 통해 직원들을 격려하고, 최고경영자의 지원 아래 자원을 효율적으로 분배하고 관리 • 인재 육성과 경영혁신 시스템화를 통해 지속적인 발전을 도모
프로세스 기법	리엔지니어링, TQM, 6시그마, 지식경영, 아웃소싱, 벤치마킹 등 다양한 경영혁신 프로세스 기법을 상황에 맞게 적용
고객과 시장	• 고객 중시, 시장 중심 마인드로 시장 동향을 조사하고 경쟁업체를 벤치마킹 • 시장 세분화와 효과적인 마케팅 전략을 통해 현재 고객을 만족시키고, 잠재 시장을 선행적으로 탐구

3) 고객만족의 실천 과제(최계봉, 1999)

고객만족은 기업 전체가 고객 중심의 문화와 시스템을 구축하고, 내부고객부터 외부고객까지 전방위적으로 만족을 추구할 때 실현될 수 있다.

기업문화 혁신	고객만족 지향적 기업문화 구축과 역피라미드 조직구조 도입(고객이 최상위)
조직 구성원의 참여	모든 구성원의 적극적 참여 필요와 고객만족 성과에 대한 명확한 측정과 보상 시스템 구축
최고경영자의 역할	• 고객만족을 경영 목표로 하는 패러다임 수용 • 내부 조직구성원과 고객만족 목표 공유
고객정보관리 체계	고객만족 지수화, 지속적인 개선활동을 위한 정보관리 체계 구축
내부고객 만족	외부고객 만족을 위해 내부고객(직원) 만족 선행 필요

4) 고객만족혁신을 위한 고려사항(정병헌, 2005)

고객만족혁신은 고객접점 직원의 가치 인식, 서비스업의 특성 이해 그리고 유연한 조직 구조를 통해 이루어질 수 있다.

고객접점	근무자 인식 고객을 직접 대하는 접점 근무자들에 대한 인식 변화가 필요
서비스업 특성 이해	서비스업에서의 원가와 이익 개념을 특별히 고려
유연한 조직 구조	정태적 조직보다는 최일선 직원 지원이 가능한 역동적 조직구조, 규율, 절차가 필요

5) 고객만족혁신의 실패 요인(이정학, 2007)

전사적 합의 부족	기업 전체가 혁신에 대한 합의점을 찾지 못함
자원 부족	혁신에 필요한 물적, 인적 자원이 충분하지 않음
기회 포착 실패	적절한 시기에 혁신 기회를 잡지 못함
비용 중심 접근	고객지향보다 기업 측면의 비용 절감을 과도하게 강조

01 미국 노드스트롬 백화점 사례★★★

1) 노드스트롬의 경영 방식

① 경영철학

고객봉사주의와 최고의 서비스, 품질, 가치, 구색을 제공한다.

② 4대째 이어오는 가족경영

가족경영으로 변하지 않는 경영철학을 유지한다.

③ 역피라미드 조직

- 노도스트롬의 권한부여는 '역피라미드'로 구성되어 있다.
- 고객이 가장 큰 권한을 가지고 다음이 직원이다.
- '윗 사람과 상의해 봐야 한다'는 말은 노드스트롬 매장에서는 들을 수 없다.
- '무조건적인 반품'도 매장 홍보쯤으로 생각한다.

▼ **노드스트롬의 역피라미드 조직**

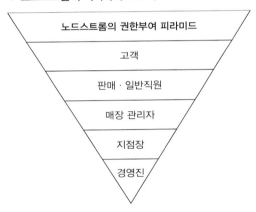

노드스트롬의 권한부여 피라미드

고객

판매 · 일반직원

매장 관리자

지점장

경영진

2) 노드스트롬의 내부고객 만족경영(인재 정책)

① 종업원의 채용과 내부 승진 원칙

- 학력이나 경력 대신 일에 대한 자부심과 배려심이 있는 사람을 뽑고자 한다.
- 관리자는 외부에서 영입이 아닌, 사기 향상을 위해 내부 승진 원칙을 지키고 있다.

▼ **노드스트롬의 사원 모집 광고**

– 인재를 찾습니다 –

- 판매사원, 그리고 그들을 돌 볼 사람, 이끌어 갈 인재와 따라 갈 인재
- 자신의 일에 자부심을 가지고 열심히 일하는 사람
- 자신을 소중히 여기고 남을 기쁘게 해주는 사람
- 정직하고 근면하며, 배려심이 있는 헌신적인 사람
- 자신의 성공뿐만 아니라 상대방의 성공도 바라는 사람
- 비전을 가지고 그것을 성취하는 삶을 살아갈 사람

② 권한과 동기부여

외부고객보다 내부고객을 먼저 섬겨라	일을 결정할 수 있는 권한을 부여하고, 권한을 잘 사용하고 있는지 확인하기 위해 '현장배회경영'을 실시
모든 규칙과 규정을 없애라	"모든 상황에서 스스로 최선의 판단을 내리시오. 그 외 다른 규칙은 없습니다."는 직원들의 능력에 대한 신뢰를 바탕으로 한 노드스트롬의 기업문화를 보여줌
개인 사업자 같은 종업원 및 인센티브 제공	• 현장에 일어나는 모든 상황의 결정 권한을 위임하고, 판매에 따른 커미션을 부여 • 각종 포상제도 신설, 소매업계 최초 판매수수료 제도를 도입
종업원 지주제도	은퇴연금 운영을 통해 장기근속 퇴직자에게 1백만 달러의 연금을 지급
동기부여와 인센티브	높은 동기를 지닌 사원들은 '영웅적'인 일이며, 이는 곧 월등한 고객서비스로 이어짐
최고 판매사원	• 실적 우수자에 대한 보상책으로 각 매장별로 매출 목표를 초과 달성한 판매 직원에게 부여 • 'Pace Setter'라고 새겨진 업무용 명함과 자사 매장 제품에 대한 연간 33%가 할인되는 신용카드를 지급

3) 노드스트롬의 외부고객 만족경영★★

① 조건 없는 100% 반품
• 어떤 경우라도 고객에게 'No'라고 하지 않는다.
• "고객은 항상 옳다"는 지침 아래 고객이 찾는 물건이 없을 때는 경쟁업체에 가서라도 구해 제공한다.
• 2%의 비양심 고객 때문에 98%의 선량한 고객을 희생시켜서는 안 된다.
• 고객의 실수로 하자가 생겨도, 구입 후 몇 년을 신은 신발을 가져와도 무조건 반품해준다.

② 다양한 제품 구색
• 고객이 찾는 제품은 노드스트롬을 방문함으로써 쉽게 구할 수 있도록 한다.
• '모든 사람을 위해 모든 것을 구비한 백화점'이라는 평판을 확립했다.
• 다양한 가격대 제품을 진열해 판매 효율을 극대화시킨다.

③ 개인별 고객수첩
┌ 고객의 개인정보 및 니즈가 입력된 수첩
• 최고의 종업원들은 고객수첩을 잘 활용하여 판매로 연결시킨다.
• 고객관계마케팅(CRM)의 일환으로 매우 중요시하게 여긴다.
예 리츠칼튼 호텔의 고객 기호카드 활용 및 서비스 제공

④ 신뢰할 수 있는 가격 정책
┌ 경쟁사 대비 최저가이다.(×)
• 경쟁사들보다 가격이 비싸지 않다. '최저가'라는 의미는 아니에요.
• 자사 제품이 경쟁사보다 비싸면 직원 권한으로 차액만큼 즉시 할인을 제공한다.

⑤ 백화점과 별도의 할인매장 운영&매력적인 휴식 공간
• 가족 단위 고객을 고려하여, 엄마와 어린 아들, 아빠와 어린 딸이 함께 이용할 수 있는 가족 화장실을 설치하였다.
• 매장에는 칸막이를 없애 전시된 상품을 한눈에 파악할 수 있도록 구성하였다.

4) 노드스트롬의 SWOT 분석

- SWOT 분석은 조직의 강점(Strengths), 약점(Weaknesses), 기회(Opportunities), 위협(Threats)을 체계적으로 분석하여 전략적 의사결정을 돕는 기법이다.

[내부 환경 분석: 강점(S), 약점(W) / 외부환경 분석: 기회(O), 위협(T)]

SO 전략(강점–기회)	강점을 사용해 시장의 기회를 활용하는 전략
ST 전략(강점–위협)	강점을 사용해 시장의 위협을 피하기 위한 전략
WO 전략(약점–기회)	약점을 극복해 시장의 기회를 활용하는 전략
WT 전략(약점–위협)	약점을 최소화하여 시장의 위협을 피하는 전략

- 노드스트롬의 SWOT 분석은 다음과 같이 정리할 수 있다.

S(강점)	• 외부고객: 다양한 제품과 가격, 조건 없는 반품 • 내부고객: 권한부여, 판매수수료제, 내부승인
W(약점)	• 판매 수수료제&내부승진에 따른 스트레스 • 전국적 마케팅 노력의 부족 • 공통적 업무 기능에 집중화하지 못함
O(기회)	• '트레이딩 업' 현상 — 소비자들이 더 높은 품질과 가격의 제품을 선호하는 경향 • 할인유통업 성장을 통한 할인점 '노드스트롬 랙'의 성장 • 인터넷쇼핑몰 등 인터넷상거래제도 성장
T(위협)	대형할인마트의 등장, 심화되는 가격 경쟁

02 월마트 사례 ★

1) 월마트의 고객만족 경영

더 저렴한 가격, 효율적 물류관리, 고객만족주의	월마트는 상품 가격을 낮추기 위해 자체 물류 시스템을 구축하여 비용을 절감하고, 고객에게 실질적인 혜택을 제공함으로써 고객만족을 최우선 가치로 설정하고 이를 경영 전반에 반영함
원가우위전략 사용 → 고객접촉지점 최소화, 자원지점의 최대화	원가 절감을 위해 불필요한 고객 접촉을 줄이고, 상품 보관·유통·물류 등 자원의 효율적 운영을 극대화함으로써 가격 경쟁력을 확보
노드스트롬처럼 무제한 반품 제도 도입	고객이 제품에 만족하지 않을 경우, 조건 없이 반품을 허용하는 제도를 통해 고객 신뢰를 구축하고 재방문율을 높임
직원이 미소짓지 않을 경우 고객이 1달러를 가져감	'고객 만족은 직원 태도에서 시작된다'는 철학 아래, 직원 서비스 태도 개선 캠페인을 운영하며 고객 응대 품질을 높임
내부고객 만족도 UP → 수평적 리더십 구현, 회사이익 분배	직원 복지와 만족도를 높이기 위해 성과 공유와 수평적 조직문화를 도입하여 종업원의 몰입도를 높이고, 장기적으로 고객 만족에도 긍정적인 영향을 가져옴

> **📙 교수님 TIP**
>
> 월마트 사례에서는 특히 "원가우위전략"에 대한 문제가 많이 출제됩니다. 특히, "고객접촉지점 최소화, 자원지점 최대화"를 기억해주세요. 즉, 직원과 고객이 만나는 접점을 줄이고(인건비 감소 가능), 대신 고객이 셀프로 편하게 구매할 수 있도록 자원과 만나는 지점을 최대화하는 것입니다.

감성경영의 이해

01 감성경영의 기초

01 감성경영 개념 및 특성

1) 감성경영의 개념

- 감성경영이란 고객이나 직원의 감성에 그들이 좋아하는 자극이나 정보를 전달함으로써 기업 및 제품에 대한 호의적인 반응을 일으키는 경영방식을 의미한다.
- 대니얼 골먼에 의해 대중화되었다.
- 80% 감성지수(EQ) + 20% 지능지수(IQ) = 효과적 리더십
- 감성 리더십과 감성 마케팅은 하나로 운영될 때에 '전체적 감성경영'으로 성공할 수 있다.
- 감성 리더십을 통해 직원들에게 지속적인 관심과 격려로 '피그말리온 효과'를 가져온다.
    └ 긍정적 기대나 관심으로
      인해 능률이 오르는 현상

2) 감성지능 5가지 요소

자아인식	자신감, 자신의 감정인식, 자기평가
자기조절/규율	기분을 통제하는 능력, 신뢰성, 성실성, 혁신성
동기부여	성취욕, 실패에 직면해도 낙관주의, 조직에 대한 헌신, 추진력
감정이입/공감	타인의 감성적 기질 이해, 다른 문화 간의 민감성, 부하에 대한 공감력
대인관계/사회적 스킬	친근한 관계 구축 능력, 커뮤니케이션, 리더십, 변화추진력

3) 감성경영의 등장배경

고용 환경의 불안정성	명예퇴직과 구조조정으로 인해 고용 환경이 불안정해지면서, 조직은 경쟁자들과의 신뢰를 우선시하는 경영 방식의 도입
감성의 중요성	인간 행동의 강력한 유발 요인인 감성은 '20%의 이성과 80%의 감성'이라는 말처럼, 기쁨, 즐거움, 혐오, 우회, 분노와 같은 내면의 감정들이 행동을 유발하는 중요한 단서의 작용
현대사회의 변화	현대사회는 정보통신과 인터넷 시대를 지나면서, 조직보다는 자기(ego) 중심의 창조적 가치관이 형성되었고, 외적 보상, 조직윤리, 정치보다는 창조적 정보와 미적 감각에 대한 관심의 집중
한국의 문화적 특성	한국은 '정'과 '한'의 감정 중심 문화를 가진 나라로, 서구보다 감성경영의 성공 가능성의 우위성
소비시장의 변화	소비시장이 성숙기에 진입하면서 완전히 새로운 제품 개발이 어려워졌고, 이에 따라 '감정'을 차별적 요소로 활용하게 되면서 소비자의 감정적 차원에서 상품의 특성을 찾으려는 시도의 확산

4) 감성경영 전략에서 경영자의 주요 고려사항(장영환, 2005)

- 개인과 공동체의 조화: 개인주의적 성향과 공동체 의식 사이의 균형있는 조화를 추구해야 한다.
- 리더십의 균형: 리더는 개인적 차원에서 권위와 화합을 적절히 조화시켜 이끌어야 한다.
- 의사소통 문화: 조직 내에서 깊이 있는 사고와 토론이 자유롭게 이루어지는 문화를 조성해야 한다.
- 조직 문화의 발전: 가족주의를 기반으로 하되, 조직의 간소화와 경영 가족주의를 시도하고, 발전된 자본주의 정신을 함양해야 한다.
- 세대 맞춤형 리더십: 시대 변화에 따른 세대별 감성과 이성의 구성 비율 차이를 고려하여, 유연성 있는 리더십 환경을 조성해야 한다.

5) 한국인 특성과 맞는 감성경영

- 시대 변화에 따른 세대별 감성과 이성의 구성비율이 다를 수 있기에 유연성 있는 리더십이 필요하다.
- 가족주의를 바탕으로 한 경영가족주의를 시도, 건전한 자본주의 정신 함양, 조직의 간소화가 필요하다.
- 권위와 화합의 조화를 시키려는 리더의 노력이 필요하다.
- 깊은 사고와 토론의식이 필요하다.

01 고객만족에 대해 학자들과 그들의 정의에 대한 내용 중 일치하지 않는 것은?

① 앤더슨: 고객만족은 과정에 초점을 두고 개념화하고 고객의 만족과 불만족을 하나의 과정으로 이해한다.

② 햄펠: 고객만족은 제품의 실제 성과와 기대의 일치 정도이다.

③ 올리버: 고객만족은 소비자의 성취 반응, 소비자의 욕구 충족과 소비자가 판단한다.

④ 웨스트브룩과 뉴먼: 고객만족은 사람들의 기대치와 제품 자각 성능과 비교하여 나타나는 즐거움이나 실망감이다.

⑤ 굿맨: 고객만족을 결과에 초점을 두고 개념화 및 고객의 호의적 경험감정이다.

02 다음 고객만족 특징에 대한 설명은 어느 학자의 주장인가?

> 서비스의 지각 품질은 기업의 전체적인 우수함 혹은 탁월함에 대한 소비자의 판단으로 만족은 구매 또는 소비 후 지각 품질에 선행하고 서비스 지각 품질에 영향을 준다.

① 파라수라만&자이다믈&베리

② 올스하브스키

③ 웨스트브룩&라일리

④ 테스트&윌턴

⑤ 올슨&도버

03 다음 고객만족 3대 요소 중 하드웨어에 속하는 것은?

① A/S

② 해피콜

③ 고객지원센터

④ 직원의 친절

⑤ 조직문화

04 구전에 대한 설명 중 옳지 않은 것은?

① 직·간접 경험의 비공식적 교환 활동

② 일대다 커뮤니케이션 중심

③ 기업 창출 정보가 아니어서 더욱 신뢰받음

④ 다른 매체보다 효과가 큼

⑤ 잠재고객 상실 및 매출감소 위험 있음

05 공정성 이론(Equity Theory)에 대한 설명으로 옳지 않은 것은?

① 공정성 이론은 교환을 할 때, 개인이 투입(비용, 시간, 노력 등)한 만큼 서비스 제공자가 공정하게 행동함으로써 공정한 결과(제품, 서비스 품질 등)를 받기를 기대하는 것이다.

② 공정성 이론은 애덤스에 의해 정립하였다.

③ 기초이론은 페스팅거의 인지부조화 이론, 호만스의 교환이론이다.

④ 절차나 규칙의 개념, 결과에 영향을 주는 정보의 공유 정도는 '도출결과'의 공정성에 해당된다.

⑤ 자신과 준거인의 투입/산출 비율이 일치할 때 만족한다.

06 고객만족경영(CSM)의 패러다임의 변화에 대한 설명 중 옳지 않은 것은?

① 기업중심 → 고객중심
② 획득전략 → 개발, 유지, 공유 전략
③ 고객의 평생가치 → 현재 기업가치
④ 제품기반 → 고객의 경험, 가치 기반
⑤ 매스마케팅 → 일대일 마케팅

07 고객만족관리의 중요성에 대한 설명 중 옳지 않은 것은?

① 신규고객 창출 비용이 기존고객 유지비용보다 2배 더 크게 든다.
② 고정 고객층 이탈 방지로 안정적 이익 확보가 가능하다.
③ 단기적 거래비용은 증가하지만, 장기적으로는 감소한다.
④ 효과적인 마케팅으로 긍정적 구전효과는 단순매체광고 효과보다 크다.
⑤ 불만족 고객 90%는 신속 대처 시 높은 재거래율을 보인다.

08 총체적 고객만족 경영(TCS ; Total Customer Satisfaction) 요소 중 '시장경쟁력' 요소에 해당하는 것은?

① 변화관리
② 정보기술
③ 성과관리
④ 고객관리
⑤ 인사조직

09 노드스트롬의 경영방식에 대한 설명 중 옳지 않은 것은?

① 최고의 종업원들은 고객수첩을 잘 활용하여 판매로 연결시킨다.
② 노드스트롬의 제품들은 '최저가'를 고집한다.
③ 고객의 실수로 하자가 생겨도, 구입 후 몇 년을 신은 신발을 가져와도 무조건 반품해 준다.
④ 어떤 경우라도 고객에게 'No'라고 하지 않는다.
⑤ 은퇴연금 운영을 통해 장기근속 후 퇴직한 자는 1백만 달러의 연금을 지급하고 있다.

10 감성경영에 대한 설명 중 옳지 않은 것은?

① 감성경영은 고객이나 직원의 감성에 그들이 좋아하는 자극이나 정보를 전달함으로써 기업 및 제품에 대한 호의적인 반응을 일으키는 경영방식이다.
② 감성 리더십과 감성 마케팅은 하나로 운영될 때 '전체적 감성경영'이 성공할 수 있다.
③ 감성 리더십을 통해 직원들에게 지속적인 관심과 격려로 '피그말리온 효과'를 가져온다.
④ 효과적 리더십은 80%의 지능지수(IQ)와 20%의 감성지수(EQ)가 있을 때이다.
⑤ 감성기능 5가지 요소 중 동기부여에 해당하는 것은 성취욕, 실패에 직면해도 낙관주의, 조직에 헌신, 추진력이다.

01 ⑤	02 ①	03 ③	04 ②	05 ④
06 ③	07 ①	08 ④	09 ②	10 ④

01 ⑤

굿맨 : 고객만족은 기업활동의 결과, 재구매, 고객 신뢰가 계속되는 상태이다.

02 ①

파라수라만, 자이다믈, 베리(Parasuraman, Zeithaml, Berry)의 고객만족 특징에 대한 설명이다.

03 ③

고객이 직접 서비스를 받을 수 있는 물리적인 시설로 하드웨어에 해당한다.

오답 피하기

① 소프트웨어에 해당하며, 사후 서비스를 통해 고객 만족도를 높이는 요소이다.
② 소프트웨어에 해당하며, 고객 만족도를 조사하고 개선하기 위한 피드백 과정이다.
④ 휴먼웨어에 해당하며, 고객과의 직접적인 상호작용을 통해 만족도를 높이는 요소이다.
⑤ 휴먼웨어에 해당하며, 기업 내부의 철학과 가치관이 서비스 품질에 영향을 준다.

04 ②

구전(Word of Mouth)은 기본적으로 일대일 커뮤니케이션 방식이며, 고객이 직접 경험한 내용을 전달하는 것이 핵심이다.

오답 피하기

① 고객 간 경험을 공유하는 비공식적인 방식이다.
③ 기업이 직접 제공한 정보가 아니라, 실제 경험자의 의견이므로 신뢰도가 높다.
④ 구전 마케팅은 고객의 신뢰도를 높이는 중요한 전략이다.
⑤ 부정적인 구전이 발생할 경우, 기업의 이미지 및 매출에 직접적인 영향을 줄 수 있다.

05 ④

공정성의 3가지 분류는 다음과 같다.

도출결과의 공정성	투입과 도출에 대한 평가가 우선시된다. 고객이 무엇을 얻었는지에 대한 개념이다(요구, 평등성, 기여).
절차상의 공정성	절차나 규칙의 개념, 결과에 영향을 주는 정보의 공유 정도를 의미한다(의사결정자의 정보 사용, 일관성, 윤리성, 정확성, 정보의 수집, 의사결정 영향력에 대한 신념).
상호작용의 공정성	직원과 고객간의 소통, 인간적&물리적(기계적) 측면을 포함한다(의사소통 방법, 우호성의 정도, 예의, 정직, 존경, 흥미).

06 ③

현재 기업가치 → 고객의 평생가치로 패러다임이 변화하였다.

07 ①

신규고객 창출 비용이 기존고객 유지비용보다 4배 더 크게 든다.

08 ④

고객관리는 시장경쟁력을 높이기 위한 핵심 요소이며, 고객을 유지하고 충성도를 높이는 과정이다.

오답 피하기

① 내부혁신역량에 해당하며, 조직 내 변화를 효과적으로 관리하는 능력을 의미한다.
② 내부혁신역량에 해당하며, IT 기반의 고객 분석 및 서비스 개선을 의미한다.
③ 내부혁신역량에 해당하며, 조직의 성과를 측정하고 개선하는 과정이다.
⑤ 내부혁신역량에 해당하며, 조직 내 인력 관리를 의미한다.

09 ②

경쟁사들보다 가격이 '비싸지 않은 것'이지 '최저가'는 아니다. 고품질 서비스와 차별화된 고객 경험을 제공하는 것이 핵심이다.

10 ④

80%의 감성지수(EQ) + 20%의 지능지수(IQ) = 효과적 리더십

CHAPTER

03

고객 이해와
행동분석

학습 방향

고객의 개념과 분류체계를 이해하고 다양한 고객 유형별 특성을 파악한다. 고객의 구매행동과 의사결정 과정을 분석하여 효과적인 고객 대응 전략을 수립한다. MBTI 유형별 고객 특성을 이해하여 맞춤형 서비스를 제공할 수 있는 능력을 함양한다.

출제빈도

SECTION 01	상	45%
SECTION 02	상	35%
SECTION 03	중	20%

고객의 개념과 분류

01 고객의 기본 이해

01 고객의 정의와 특성

1) 고객의 기본 정의

- 기업이나 조직과 직·간접적 거래를 맺는 모든 주변인을 의미한다.
- 여러 번의 상호작용을 통해 관계가 형성되는 사람을 의미한다.
- 기업에 고객생애가치의 실현으로 수익을 창출해주는 사람을 의미한다.
- 평면적·전통적 관점에서는 재화나 서비스를 구매하는 사람을 의미한다.

2) 고객의 특성별 분류

구매 행동 측면	• 습관적으로 자사의 물품을 구매하는 사람 • 자사의 서비스를 이용하는 사람 • 일정기간 동안 상호접촉과 커뮤니케이션을 하는 사람 • 반복구매를 통한 고객생애가치 수익 창출하는 사람
단골고객의 특징	• 높은 친밀감을 가지고 있음 • 애용가치를 지니고 있음

└─ 단골고객은 고객 로열티와는 다른 개념임을 기억하세요.

F3 교수님 TIP

고객 vs 구매자
- 고객: 상호접촉, 반복구매를 하는 사람
- 구매자: 단순접촉, 반복구매를 하지 않는 사람

02 고객의 기본 분류체계

1) 참여관점에 따른 분류 ★★★

체리피커	케이크 위에 체리만 골라먹는 사람, 즉 얌체 같은 고객을 의미함. 기업이 주는 특별 혜택만 누리고 그 후로는 찾지 않는 고객이며, 디마케팅의 대상이 되는 고객
한계고객	구매량이 적은 등 여러 요인으로 기업의 이익실현에 방해가 되는 고객으로, 고객의 활동이나 가치를 중지시킴. 디마케팅 대상이 되는 고객 ⑩ 고객명단에서 제외, 해약유도
블랙 컨슈머	기업을 상대로 거짓으로 피해를 본 것처럼 만든 후 보상을 요구하거나, 상품의 작은 하자에 불만을 제기한 후 과도한 피해 보상금을 요구하는 고객을 의미
의견선도고객	제품이나 서비스를 구매하는 것 보다, 평판·심사·모니터링 등에 영향을 미치는 집단

└─ ⑩ 소비자 보호단체, 기자, 평론가, 전문가 등

얼리 어답터	제품이 출시될 때 가장 먼저 구입하여 평가를 내림. 일반 고객들은 얼리 어답터들이 작성한 평가 및 후기를 보고 구매 결정에 참고함
의사결정고객	직접 제품이나 서비스를 구입하지 않았지만, 직접고객(1차고객)의 선택에 큰 영향을 미치는 고객
법률규제자	소비자보호 관련 운영에 적용되는 법률을 만드는 의회나 정부를 의미
단골고객	기업의 제품 또는 서비스를 지속적으로 사용하지만, 지인들에게 추천은 하지 않는 고객. 기업에 대한 높은 친밀감과 애용가치를 가지고 있음 ┐ 고객 로열티와는 다른 개념
옹호고객	단골고객의 행동을 보이는 동시에, 차이점은 지인에게 적극적으로 추천하는 고객
직접고객	제품 또는 서비스를 제공자로부터 구매하는 고객
간접고객	최종 소비자 또는 2차 소비자를 의미 평범한 제품 구매 → 스스로 제품 변화 및 변형 → 새로운 제품으로 변화
메타슈머	일반 제품을 사서 나만의 방식으로 업그레이드하는 창의적인 소비자를 의미
경쟁자	기업의 전략과 고객관리에 있어 중요한 인식을 제공하는 특별한 고객층
잠재적 경쟁자	서비스 제공 과정을 직접 생산하고 외부 조달 대신 내부에서 해결하는 고객. 즉 서비스를 외부에서 사지 않고, 스스로 해결하려는 고객을 의미. 서비스 제공 과정의 일부 또는 전체를 스스로 수행함 단순한 소비자가 아닌, 기업과 함께 가치를 만들어가는 특별한 고객군

2) 프로세스적 관점에 따른 분류

내부고객	동료, 직원
중간고객	도매상, 소매상
외부고객	구매자

03 고객분류 모델

1) 그레고리스톤의 고객 분류 ★★★

경제적 고객 (절약형 고객)	• 본인이 투자(시간, 돈, 노력) 대비 최대의 효용을 얻으려는 고객 • 이 유형의 고객을 잃으면 초기 경보신호라고 봐야 함
윤리적 고객 (도덕적 고객)	• 기업의 윤리적 행동이 중요하다고 보는 고객 • 사회적 이미지가 깨끗하고 윤리적이어야 함
개인적 고객 (개별화 추구 고객)	• 개인간의 교류를 선호하는 고객(자기인정 서비스) • CRM(고객관계관리) 활동을 활성화해야 함
편의적 고객	• 자신이 서비스를 받는 데 있어서 편의성을 중요시하는 고객 • 본인의 편의를 위해 추가 비용 지불 의사가 있는 고객 ⑩ 백화점, 마트의 배달 서비스

2) 가치체계 기준 분류

사내고객 (가치생산고객)	중간고객 (가치전달고객)	최종고객 (가치구매고객)
상사&부하 부서&부서 동료&동료	기업&협력업체 기업&유통업체 기업&대리점	기업&최종구매자

이 개념이 중요한 이유는 "모든 단계의 고객이 만족해야 최종적으로 좋은 서비스가 나올 수 있다"는 원리 때문입니다. 예를 들어볼게요.

- 사내고객(직원들)이 불만족하면, 제품 품질이 떨어질 수 있다.
- 중간고객(대리점/판매자)이 불만족하면, 고객응대가 불친절해질 수 있다.
- 결국 최종고객이 나쁜 서비스를 경험하게 되고, 만족도가 떨어지게 된다.

따라서 이 세 단계의 고객 모두를 케어해야 합니다. 단순히 최종고객만 신경 쓰는 것이 아니라. 전체 가치 사슬에서 각 단계의 고객들이 만족할 수 있도록 관리해야 합니다.

고객 행동의 이해

01 고객 구매행동 분석

01 고객 구매행동 이해

1) 구매의사결정 과정

구매의사결정 과정은 다음과 같다.

> 욕구인식 → 정보탐색 → 대안평가 → 구매 → 구매 후 행동

1단계: 욕구인식	서비스를 구매하는 과정은 고객의 구체적 요구(want)와 욕구(need)에서 시작	
2단계: 정보탐색	• 정보탐색의 두 가지 주요 정보원	
	인적 정보원	가족, 친구, 지인의 조언
	비인적 정보원	광고, 인터넷 리뷰, 제품 설명서 등
	• 정보탐색의 원천 종류	
	개인적 원천	친구, 가족, 동료 등
	상업적 원천	광고, 인터넷, 판매원, 포장
	공공적 원천	대중매체, 소비자단체
	경험적 원천	제품 실제 사용, 조사
	• 정보탐색의 특징	
	위험 관리	위험을 줄이는 수단으로 활용 및 구매 의사결정에 직접적 영향
	고객 특성별 차이	• 정보원천의 영향력은 고객마다 다름 • 특히 관여도가 중요한 요소
3단계: 대안평가	브랜드와 상품을 기준으로 해서 이용할 수 있는 대안을 평가	
4단계: 구매 (의사결정 영향 요인)	• 구매시 결정을 방해하는 요인은 친한 지인들의 부정적 반응, 다른 구매자의 후기, 직원의 불친절, 고객 자신의 문제 등이 있음 • 가격 할인, 포인트 · 무료 쿠폰 사용, 시설의 개방 등은 구매시 위험을 감소시킬 수 있는 방법 • 의사결정 단계에서 가족 구성원은 의사 결정자, 영향력 부여자, 정보 수집자, 구매 담당자, 소비자의 역할을 함 • 시간적 요인(구매 허용 시간), 인적 요인(구매 동반자의 영향), 물리적 요인(배달 가능 여부), 소비자의 경제적 요인(현금, 구매 예산)은 구매 의도에 영향을 미침	

🅑 교수님 TIP

소비자들은 인적 정보원에 더 많이 의존하는 경향이 있습니다.

🅑 교수님 TIP

관여도가 높을수록 → 정보탐색량이 증가

🅑 교수님 TIP

'방해요인'과 '위험감소 방법'에 해당되는 요소를 구분할 수 있어야 합니다.
예 '다른 구매자의 후기'는 구매 시 결정방해 요인에 속한다. (○)

	• 지각된 위험을 줄이기 위한 소비자 행동 ★★
	– 신뢰할 수 있는 사람에게 정보를 구하기
	– 과거에 만족했거나 수용할 만한 것으로 기억하는 브랜드를 구매
	– 유명한 브랜드를 찾기
	– 상품 보증이 강한 제품을 구매
	– 소량 구매 후 대량 구매
	– 보증 기간이 긴 브랜드를 구매
5단계: 구매 후 행동	• 구매 후 행동은 재구매&재거래의 의도에 큰 영향을 줌 • 이 단계에서 고객들은 '인지부조화'를 경험하고, 기업은 고객들의 '인지부조화'를 감소시키려고 노력함 • 기업은 고객들이 정확한 결정을 했다는 확신 및 안도를 줘야 함

➕ **더 알기 TIP**

인지부조화

고객은 합리적 결론이 자신의 생각&믿음과 부딪힐 때, 합리적 결론보다는 부조리할지라도 자신의 기존 생각과 믿음을 선택하려는 경향

2) 고객 구매행동의 영향요인

① 문화적 요인

• 문화는 한 개인의 욕구와 행동을 결정하는 가장 기본적인 요소이다.

• 사람은 태어나고 성장하면서 가족 및 다른 사회계층 및 집단으로부터 가치관, 선호성, 지각, 행동을 습득하고 학습한다.

• 문화의 특성 ★★

학습성	• 문화는 삶의 초기부터 배우기 시작 • 문화는 타고나는 것이 아님 ┌ 문화는 본능이 아닌 학습으로 익히는 것
공유성	• 많은 사람이 인정해야 문화적 특성으로 인정 • 문화는 대다수 구성원이 함께 공유해야 함

만족성	• 문화는 두 가지 욕구를 모두 만족시켜야 함
	   – 학습된 욕구
	   – 기본적(생리적) 욕구

규범성과 연대성	• 규범성: 일상생활의 기준이 됨 • 세 가지 욕구 해결의 지침: 생리적, 사회적, 개인적 욕구 • 연대성: 외부사회 집단의 영향, 함께 지켜야 할 약속
지속성과 동태성	• 사회구성원들이 공유한 관습이 지속되기를 바라는 성질 • 다음 세대로 계승하려는 특성

② 사회적 요인

• 준거집단은 1차 준거집단, 2차 준거집단으로 나눌 수 있다.

1차 준거집단	친지, 동료, 가족, 이웃, 친구
2차 준거집단	종교, 전문가 단체, 학교, 정당, 회사

➕ **더 알기 TIP**

집단에서 가장 큰 영향을 가지는 역할

의견 선도자(Opinion leader)

- 준거집단에 영향을 주는 유형은 3가지가 있다.

구분	설명	예시
실용적(규범적) 영향	소비자가 보상을 받고 싶거나 처벌을 피하고 싶어서 다른 사람의 기대에 따르는 것	상사의 기대에 맞춰 특정 브랜드를 선택
정보적 영향	준거집단으로부터 받은 정보를 신뢰성 있는 정보로 받아들이며, 특히 전문가의 의견이나 사회비교를 통해 의사결정에 영향을 받는 것	의사의 추천 및 전문가 리뷰를 보고 건강식품을 선택
가치표현적 영향	특정 집단에 소속되고 싶거나 소속됨을 보여주고 싶을 때 발생하며, 그 집단의 규범, 가치, 행동을 따르면서 자아 이미지를 강화하고 존경하는 사람들과 일체감을 느끼려는 것	좋아하는 연예인이 쓰는 제품을 구매

③ 개인적 요인(예 생활방식, 연령, 직업, 개성 등)
④ 소비자 심리(예 동기부여, 지각, 학습, 기억)

3) 고객의 특성 파악

고객가치 정보 ★★	고객 분류	고객 등급을 나누는 기준 예 S등급부터 D등급까지 분류	한 고객의 지출 가능한 소비에서 특정 기업의 제품이나 서비스에 지불하는 비중
	계약 정보	고객의 구매 활동 관련 모든 정보 예 고객 지갑 점유율, 구매 빈도 및 회수, 구매 상품명, 시기, 금액, 고객 평생 가치, 매출채권 관련	
	구매력 정보	고객의 경제력 관련 정보 예 재산 상태, 소득 변화 추이, 소득수준, 소득원천	
인구통계적 정보	고객 프로필 정보	이름, 주소, 전화번호, 회사명, 부서명, 직위, 출신학교, 기념일	
	관계정보	가족관계, 친한 친구, 가입 커뮤니티, 고객 소개 정보, 기타 관계 정보	
고객 니즈 및 성향 정보	고객의 선호 및 성향 정보	성격, 특기, 의사결정 스타일, 취미, 기호, 커뮤니케이션 스타일, 문화·예술적 소양	
	고객 니즈 정보	상품에 대한 니즈	

➕ 더 알기 TIP

실제 예시로 이해하기
- 분류: VIP 회원(S등급)
- 계약: 월 2회 구매, 50만 원 지출
- 구매력: 연봉 5천만 원, 부동산 보유

4) RFM 모델 기법

RFM 모델(Recency, Frequency, Monetary)은 고객을 세분화하고 충성도를 평가하는 데 사용되는 고객 분석 기법이다. 고객의 구매 행동을 정량적으로 분석해서, 구입 가능성이 높은 고객을 분석하는 기법이다.

Recency(최근성)	고객이 마지막으로 구매한 시점
Frequency(구매 빈도)	고객이 일정 기간 동안 구매한 횟수
Monetary(구매 금액)	고객이 일정 기간 동안 지출한 총 금액

01 고객 욕구의 이해 및 이론

1) 매슬로우의 인간 욕구 5단계

하위단계의 욕구가 만족되어야 다음 단계의 욕구가 생긴다고 보는 이론이다.

1단계	생리적 욕구	생물학적 유지와 직접적으로 관련되어 있는 욕구, 인간의 욕구 중 가장 강하고 기본적
2단계	안전 욕구	개인이 환경 내에서 정돈, 질서, 확실성, 예측성 등을 알맞게 보장받기 위한 욕구
3단계	소속감&애정 욕구	공동체 소속감 또는 이성 간의 교제, 결혼을 갈구하게 되는 욕구
4단계	존경의 욕구	내적으로 자율 성취와 타인으로 인정받고 싶어하는 욕구
5단계	자아실현 욕구	자기 계발을 통한 성장과 잠재력 극대화를 이루어 자아 완성 욕구

2) 허츠버그 동기–위생 이론

직무 만족에 영향을 주는 요인을 두 가지로 구분하였다.

동기요인	해당 요인이 있으면 만족도가 높아짐 ── 인정을 받고 승진의 기회가 있을 때 ⃝ 인정, 성취, 승진, 책임, 일 자체, 성장 가능성
위생요인	해당 요인이 없으면 불만족이 생김 ── 임금이 낮고 작업조건이 나쁠 때 ⃝ 임금, 작업조건, 대인관계, 안전, 감독, 조직의 방침

02 발전된 욕구이론

1) 알더파의 ERG 이론★★★

허츠버그 이론과 매슬로우의 인간 욕구 5단계 설을 더 확장한 이론이다.

생존(존재) 욕구 (Existence Needs)	생리적 욕구, 안전의 욕구, 물리적 욕구, 임금, 굶주림
관계 욕구 (Relatedness Needs)	소속&애정 욕구, 존경의 욕구 일부, 타인과 만족스러운 대인관계
성장 욕구 (Growth Needs)	존경의 욕구, 자아실현의 욕구, 잠재된 능력

➕ 더 알기 TIP

매슬로우 이론과 알더파의 ERG 이론의 차이점

- 매슬로우 이론은 하위 욕구가 충족되어야 다음 욕구가 생긴다고 보지만, 알더파의 ERG 이론은 여러 욕구를 동시 경험할 수 있다고 보고 있다.
- 매슬로우 이론에서는 충족된 욕구는 더 이상 동기부여가 되지 않는다고 보지만, 알더파의 ERG 이론에서는 상위 욕구 달성이 어려울 때 대신 하위 욕구를 더욱 강하게 추구하는 좌절–퇴행 현상이 나타난다고 보고 있다.

2) 맥그리거의 X · Y 이론

맥그리거의 X 이론은 인간의 낮은 수준의 욕구, Y 이론은 높은 수준의 욕구를 설명하는 이론이다.

구분	X 이론	Y 이론
행동특성	본능적	인본주의적
중요가치	개인	집단
인생관	염세적	낙관적
일에 대한 태도	싫어함	하고 싶어 함
동기부여	강제적	자발적 협력
인간 본질	악함	선함

SECTION

03

출제빈도 상 중 하
반복학습 1 2 3

MBTI를 통한 고객분석

01 MBTI의 기본이해

01 MBTI의 개념과 목적 ★★★

1) MBTI 개념

• 마이어스–브릭스 유형 지표(MBTI ; Myers–Briggs Type Indicator)는 브릭스와 마이어 모녀에 의해 개발되었다.
• 칼 융(Carl Jung)의 성격유형 이론을 근거로 개발한 심리검사이다.
• 성격 유형은 총 16개이며, 개인은 4가지 이분법적 선호 지표(에너지 방향, 인식 기능, 판단 기능, 생활 양식) 각각에서 하나의 범주에 속한다.
• 장점을 위주로 구분하는 것이 특징이다.

2) 목적 및 유의사항

• 좋고 나쁨이 아니라 서로 다름을 인정하기 위해서다.
• 변명이나 합리화가 아닌, 성장하기 위해서이다.
• 해석을 통해 내담자가 다양한 상황에서 융통성 있게 행동할 수 있도록 안내해야 한다.
• 누구에게나 장·단점이 있다는 것을 받아들인다.
• 검사자는 검사의 제한점과 장점을 알고 있어야 한다.
• 해석은 내담자가 다양한 상황에서 융통성 있게 행동할 수 있도록 안내해야 한다.
• MBTI의 검사·해석 시 전문적 지식이 부족한 사람들에 의해 진행되는 경우가 종종 있다.
• MBTI 검사의 대중성과 결과해석의 단순함으로 종종 MBTI를 과신하는 사람들이 있다.

3) MBTI의 4가지 선호경향 및 특성

사람은 자신의 성향에 따라 에너지 방향, 인식 기능, 판단기능, 생활양식의 선호경향에 따라 둘 중 하나의 범위에 속한다.

	외향형 (Extraversion)	내향형(Introversion)
에너지 방향	• 폭넓은 대인관계, 사교적, 정열적 • 경험 후 이해 • 외부활동에 적극성 • 말로 표현하는 것을 좋아함 ⑩ 에너지가 밝고 리액션 좋은 외향적 고객	• 깊이 있는 대인관계, 조용하고 신중함 • 이해 후 경험 • 내부활동에 집중 • 글로 표현하는 것을 좋아함 ⑩ 에너지가 차분한 내성적 고객

	감각형 (Sensing)	직관형(iNntuition)
인식 기능	• 실제경험 중시, 현재 초점, 철저함 추구 • 나무를 보려는 경향 • 팩트 위주로 묘사하고 인식함 ⑩ 쇼핑할 때 제품을 꼼꼼하게 보고 실용성과 안전함을 위해 브랜드를 선호하는 고객	• 영감에 의존, 미래 초점, 신속 추구 • 숲을 보려는 경향 • 아이디어가 많음 ⑩ 제품이 당장 필요 없어도 나중에 필요할 것을 대비해 다양한 기능을 선호하는 고객
	사고형 (Thinking)	감정형(Feeling)
판단 기능	• 객관적 사실에 관심, 논리적 • 규범, 원칙 중요 • 맞다, 틀리다 • 지적 논평 ⑩ 구매판단 시 객관적 쇼핑정보를 활용해 비교·분석하여 혼자 쇼핑하는 것을 선호하는 고객	• 사람 중시, 나에게 주는 의미 중시 • 상황적, 포괄적 • 좋다, 나쁘다 • 우호적 협조 ⑩ 구매판단 시 친구들과 쇼핑을 선호하고 친구들의 의견과 직원의 친절한 태도에 영향받는 고객
	판단형 (Judging)	인식형(Perceiving)
생활 양식	• 미리 계획, 체계적, 분명한 목적과 방향 • 신속한 결론 • 통제와 조정을 잘함 ⑩ 쇼핑생활 스타일이 계획적이고 쇼핑시간도 정확하게 지키려는 고객	• 융통성이 있음, 자율적, 목적 변화 가능 • 상황에 맞추는 개방성 • 이해로 수용 ⑩ 충동구매적인 쇼핑생활 스타일이며, 꼭 필요해서 구매를 하기보다는 궁금해서 경험하고자 구매하는 경우가 많은 고객

02 MBTI와 고객행동

1) MBTI 유형별 특성과 구매행동 분석

구분	유형	행동 단서	구매 특성
에너지 방향	외향형(E)	빠른 말씨, 말하면서 생각, 판매원 대화 중 끼어들기 특성	쇼핑을 즐거운 과정으로 인식, 신상품 욕구 높음, 판매원 상호작용 선호
	내향형(I)	말하기 전 생각에 집중, 짧은 문장, 조용한 목소리, 차분한 반응	혼자서 상품 구매 선호, 만족 제품 재구매 성향
인식 방향	감각형(S)	'무엇'과 '어떻게' 질문, 실용적 용도 중시	실용적이고 쓸모 있는 제품 선택, 브랜드 선호
	직관형(N)	'왜'로 시작하는 질문, 미래 가능성에 관심	다양한 가능성의 제품 선호
판단 방향	사고형(T)	판매원 지식 시험, 타인 구매에 영향받지 않음, 논리적 의사결정	자신의 판단으로 구매, 혼자 쇼핑, 객관적 정보수집
	감정형(F)	판매원과 인간관계 중시, 타인 구매에 관심	친구/동료 의견 수렴, 판매원의 태도가 구매에 영향
행동 양식	판단형(J)	약속시간 준수 또는 일찍 도착	계획적 쇼핑, 제품 세부사항 중시
	인식형(P)	약속시간에 늦음 또는 잊어버림, 압박에 부정적	쇼핑을 호기심 충족 과정으로 인식, 충동구매 성향

2) 4가지 기질별 핵심 특징

SJ 기질 (Sensing Judging)	전통주의자형/ 보호자적	• 유형: ISTJ, ISFJ, ESTJ, ESFJ • 안정감, 소속감, 책임감을 가장 중요시 • 봉사정신이 투철함 • '내가 안 하면 누가 하겠어' 마인드 • 적합직업: 공무원, 간호사, 설교자, 교사, 봉사 관련 직종
SP 기질 (Sensing Perceiving)	경험주의자형/ 장인 기질	• 유형: ISTP, ISFP, ESTP, ESFP • 자유로움을 최우선 가치로 둠 • 관대하고 융통성 있는 성격 • 순간의 경험을 중시, 장기계획에 무관심 • 적합직업: 연기자, 기업가, 운동선수, 각종 도전적 직업
NF 기질 (iNtuition Feeling)	이상주의자형	• 유형: INFP, INFJ, ENFP, ENFJ • 따뜻한 마음과 돌봄 능력 탁월 • 인간관계를 매우 중요시 • '남들과 다르게 살고 싶다' 성향 • 적합직업: 예술가, 판매원, 타인에게 영감을 주는 직업
NT 기질 (iNtuition Thinking)	합리주의자형	• 유형: INTP, INTJ, ENTP, ENTJ • 지식정보 욕구가 강하고 능력과 성취를 중시 • 논리적 사고방식을 가지고 있고 경쟁심이 강하고 자신의 전공분야에만 집중 • 적합직업: 과학자, 건축가, 발명가, 엔지니어

01 고객의 특성 및 분류에 대한 설명 중 옳지 않은 것은?

① '고객'은 단순 접촉이나 반복구매가 없는 사람으로 보는 반면, '구매자'는 상호접촉과 반복구매가 있다.

② 단골고객은 고객 로열티와는 다른 개념이다.

③ '체리피커 고객'은 기업이 주는 특별 혜택만 누리고 그 후부터는 찾지 않는 고객, 디마케팅의 대상이 되는 고객이다.

④ 제품이나 서비스를 구매하는 것보다, 평판·심사·모니터링 등에 영향을 미치는 집단을 '의견선도고객'으로 본다.

⑤ 직접 제품이나 서비스를 구입하지 않았지만 직접고객(1차고객)의 선택에 큰 영향을 미치는 고객을 '의사결정 고객'이라고 한다.

02 그레고리 스톤의 고객 분류 중 개인적 고객에 해당하는 설명은?

① 본인이 투자(시간, 돈, 노력) 대비 최대의 효용을 얻으려는 고객

② 사회적 이미지가 깨끗하고 윤리적이어야 함

③ 자신이 서비스를 받는 데 있어서 편의성을 중요시하는 고객

④ CRM(고객관계관리)활동 활성화해야 함

⑤ 고객을 잃으면 초기 경보신호라고 봐야 함

03 가치체계 기준 분류 중 '중간고객'에 해당하는 것은?

① 상사&부하

② 기업&유통기업

③ 부서&부서

④ 기업&최종 구매자

⑤ 동료&동료

04 고객의 구매의사결정 과정에 대한 설명 중 옳지 않은 것은?

① 구매의사 결정 과정은 욕구인식 → 정보탐색 → 대안평가 → 구매 → 구매 후 행동 단계이다.

② 서비스를 구매하는 과정은 고객의 구체적 요구(want)와 욕구(need)에서 시작한다.

③ 소비자는 가족, 친구 등 인적 정보원보다 인터넷 리뷰 등 비인적 정보원에 더 많이 의존한다.

④ 의사결정 단계에서 가족 구성원의 역할 중 의사결정자, 영향력, 정보수집자가 있다.

⑤ 구매 후 행동 단계에서 고객들은 '인지부조화'를 경험한다.

05 지각된 위험을 줄이기 위한 소비자 행동 설명 중 옳지 않은 것은?

① 신뢰할 수 있는 사람에게 정보 구함
② 과거에 만족했거나 수용할 만한 것으로 기억하는 브랜드 구매
③ 상품 보증이 강한 제품 구매
④ 긴 보증기간의 브랜드 구매
⑤ 대량 구매 후 소량 구매

06 고객 구매행동의 영향요인 중 '문화적' 요인에 대한 설명 중 옳지 않은 것은?

① 문화는 한 개인의 욕구와 행동을 결정하는 가장 기본적인 요소이다.
② 삶의 초기부터 배우기 시작하는 것은 '만족성'이다.
③ 사람은 태어나서 성장하면서 가족 및 다른 사회계층 및 집단으로부터 가치관, 선호성, 지각, 행동을 습득하고 학습한다.
④ 많은 사람이 인정해야 문화적 특성으로 인정하는 것은 '공유성'이다.
⑤ 사회구성원들이 공유한 관습과 다음 세대로 계승하려는 특성은 '지속성과 동태성'에 해당한다.

07 고객 특성파악에 대한 설명 중 옳지 않은 것은?

① 고객가치정보로 고객분류, 계약정보, 구매력 정보가 있다.
② RFM 모델 기법(Recency, Frequency, Monetary) 중 Monetary는 고객이 구입한 총 금액을 말한다.
③ 구매 상품명, 고객 평생가치는 '계약정보'에 해당한다.
④ 고객지갑점유율 및 매출채권 정보는 '구매력 정보'에 해당한다.
⑤ 고객 니즈 정보는 상품에 대한 니즈에 대한 정보다.

08 고객욕구의 이해 및 이론에 대한 설명 중 옳지 않은 것은?

① 매슬로우의 인간욕구 5단계 중 '내적으로 자율 성취와 타인으로 인정받고 싶어하는 욕구'는 소속감 및 애정욕구 단계에 해당하는 것이다.
② 매슬로우의 인간욕구 5단계 중 5단계는 자아실현 욕구 단계이다.
③ 허츠버그 동기-위생 이론 중 '임금, 작업조건'은 위생요인에 해당한다.
④ 알더파의 ERG 이론은 하츠버그 이론과 매슬로우의 욕구 5단계설을 더 확장한 것이다.
⑤ 알더파의 ERG 이론 중 존경의 욕구, 자아실현의 욕구, 잠재된 능력은 성장요구에 해당한다.

09 맥그리거의 X·Y 이론에 대한 설명 중 X 이론과 Y 이론의 연결이 잘못된 것은?

① 행동특성에서 X 이론은 본능적, Y 이론은 인본주의적이다.
② 중요가치에서 X 이론은 개인, Y 이론은 집단이다.
③ 인생관은 X 이론은 염세적, Y 이론은 낙관적이다.
④ 동기부여에서 X 이론은 자발적 협력, Y 이론은 강제적이다.
⑤ 인간본질은 X 이론에서는 악하고, Y 이론은 선하게 본다.

10 MBTI에 대한 설명 중 옳지 않은 것은?

① 마이어스–브릭스 유형 지표(MBTI ; Myers–Briggs Type Indicator)는 브릭스와 마이어 모녀에 의해 개발되었다.
② 칼 융(Carl Jung)의 성격유형 이론을 근거로 개발한 심리검사이다.
③ 깊이 있는 대인관계와 조용하고 신중한 유형은 '사고형'에 해당한다.
④ 해석을 통해 내담자가 다양한 상황에서 융통성 있게 행동할 수 있도록 안내해야 한다.
⑤ MBTI 유형별 특성과 구매행동 분석에서 '무엇'과 '어떻게' 질문, 실용적 용도 중시하는 것은 '감각형'이다.

01	①	02	④	03	②	04	③	05	⑤
06	②	07	④	08	①	09	④	10	③

01 ①

'구매자'는 단순 접촉이나 반복구매가 없는 사람으로 보는 반면, '고객'은 상호접촉과 반복구매가 있다.

오답 피하기

② 단골고객은 자주 방문하는 고객을 의미하지만, 반드시 로열티(충성도)가 높은 고객은 아니다.
③ 기업의 이익과 관계없이 혜택만 챙기는 고객을 의미한다.
④ 소비자 보호단체, 평론가, 기자 등 영향력이 큰 집단을 의미한다.
⑤ 최종 구매 결정에 영향을 미치는 고객을 의미한다.

02 ④

오답 피하기

①, ⑤는 경제적 고객, ②는 윤리적 고객, ③은 편의적 고객에 대한 설명이다.

03 ②

오답 피하기

①, ③, ⑤는 사내고객, ④는 최종고객에 해당한다.

04 ③

소비자들은 비인적 정보원보다 가족, 친구, 지인의 조언 등 인적 정보원에 더 많이 의존하는 경향이 있다.

05 ⑤

소량 구매 후 대량 구매로 지각된 위험을 줄인다. 처음에는 적은 양을 사서 테스트한 후 만족하면 더 많이 구매하는 것이 일반적인 소비 행동이다.

06 ②

삶의 초기부터 배우기 시작하는 것은 '학습성'이다.

07 ④

고객지갑점유율 및 매출채권 정보는 '계약정보'에 해당한다.

08 ①

매슬로우의 인간욕구 5단계 중 '내적으로 자율 성취와 타인으로 인정 받고 싶어하는 욕구'는 4단계인 존경의 욕구단계에 해당하는 것이다.

09 ④

동기부여에서 X 이론은 강제적, Y 이론은 자발적 협력이다.

10 ③

깊이 있는 대인관계와 조용하고 신중한 유형은 '내향형'에 해당한다.

04

CRM 전략과
고객관계관리

CRM의 기본 개념과 특성을 이해하고 고객관계관리의 핵심 원리를 파악한다. CRM 시스템 구축 및 운영 전략을 학습하여 고객과의 장기적 관계 형성 방법을 습득한다. 디지털 환경에서의 e-CRM 활용 방안을 숙지하여 고객만족과 기업 경쟁력 향상에 기여할 수 있는 역량을 함양한다.

출제빈도

SECTION 01	상		40%
SECTION 02	상		35%
SECTION 03	중		25%

CRM의 기본 이해

01 CRM의 개념과 특성

01 메타그룹(글로벌 리서치 · 컨설팅 기관)의 CRM

1) CRM(Customer Relationship Management, 고객관계관리)의 프로세스 정의

고객에 관한 지식을 지속적으로 듣고, 추출하고, 대응하는 일련의 프로세스를 말한다.

2) CRM의 목적 정의

기업이 고객 니즈, 기대치, 행동을 더 잘 이해하게 하고, 이를 통해 사업 기회나 변화에 기민하게 대처할 수 있도록 도와주는 경영활동을 말한다.

> **B 교수님 TIP**
>
> **CRM 프로세스**
> 즉, 고객의 소리를 듣고 반영하는 과정을 의미합니다.

02 CRM의 개념 및 관점

1) CRM의 8가지 핵심 개념

> **B 교수님 TIP**
>
> 순서대로 완벽하게 암기해두세요.

고객점유율 중심	• 시장점유율보다는 고객점유율을 우선시 • 고객 확보보다는 고객 유지에 비중
평생고객가치 극대화	• 장기적 고객 관계 유지를 통해
One-to-One 마케팅	고객과 기업의 상호가치 공유
선별된 고객 관리	'수익 창출'이 핵심
전사적 접근과 커뮤니케이션	• 고객 확보, 유지, 수익성 향상 • 지속적인 커뮤니케이션 • '고객 행위 이해'가 중요
고정고객 중심	신규 고객 〈 고정고객
평생 가치 중시	• 단발적 마케팅 × • 평생 가치 ○
맞춤형 마케팅	• 불특정 다수를 대상으로 하는 매스 마케팅 × • 최적 채널, 최적 시기에 제공 • 고객에게 맞춤 마케팅으로 접근

03 CRM의 관점과 원리

1) CRM의 3가지 관점★

마케팅 관점	핵심	신규 고객 확보 + 기존고객 유지
	목표	고객 수익성 증대
정보기술 관점	과정	데이터 수집 → 분석 → 가공 → 통합
	목표	개인 맞춤 마케팅
전략적 관점	주체	판매자 + 서비스제공자
	목표	장기적 고객관계 관리

2) CRM의 원리

① 기본 원리

신규 고객 확보 → 우수고객 유지 → 고객가치 증진 → 잠재고객 활성화 → 평생 고객화를 통해 고객을 유지 및 관리한다.

② 돈 페퍼스와 마사 로저스(Don Peppers, Martha Rogers)의 CRM 원칙★

잠재고객 확인	핵심 내용	예상 잠재고객의 확인과 규명
	실무 적용	우리 기업의 상품이나 서비스를 구매할 가능성이 있는 고객군을 파악
고객가치 차별화	핵심 내용	고객 욕구와 고객가치 조건으로 차별화
	실무 적용	고객 욕구 및 고객이 기업에 주는 가치 기준을 분류
고객 상호작용	핵심 내용	각 고객의 개별 욕구에 대한 지식 향상을 위해 고객과 상호작용
	실무 적용	고객과의 지속적 소통과 개별 고객 욕구 파악 및 기업의 고객이해도 향상을 목표
고객화 서비스	핵심 내용	제품 · 서비스 · 메시지의 고객화
	실무 적용	개별 고객 맞춤 제품 및 고객별로 차별화된 서비스 제공과 개인화된 메시지 전달

🕐 암기 TIP

4단계로 암기합니다.
① 잠재고객 찾고 → ② 가치로 나누고 → ③ 대화로 이해하고 → ④ 맞춤으로 제공한다.

04 CRM 특징★★

1) CRM의 특징(최정환&이유재, 2001)

고객 중심적 경영	• 고객과의 관계 관리로 기업에게 초점을 맞추는 고객 중심적 경영 방식 • 개별 고객과 생애에 걸쳐 거래를 유지하는 것
생애 중심 관계	• 고객의 생애 전체에 걸쳐 관계를 구축하고 강화시킴 • 고객과의 직접적인 접촉을 통한 쌍방향 커뮤니케이션
전사적 프로세스	단순히 마케팅에만 역점을 두는 것이 아니라, 기업의 모든 내부 프로세스의 통합을 요구
과학적 관리	정보기술에 기초를 둔 과학적인 제반 환경의 효율적인 활용을 요구

🕐 암기 TIP

4단계로 외워보세요.
① 고객 중심으로 경영하고 → ② 평생 관계 구축하며 → ③ 전체 통합 관리하고 → ④ 과학적 소통한다.

2) CRM의 특징(CIO magazine, 2000)

프로세스 통합 혁신	• 기업의 업무 프로세스의 통합과 혁신을 추구 • 마케팅, 세일즈, 서비스, 고객접점 등의 통합을 통해 고객정보를 보다 다양하고 적극적으로 활용
고객접점 효율성	고객과 접하는 프로세스 전체의 효과와 효율성을 추구
장기적 관계 수익	장기적인 관계에서 고객과의 관계를 통해 기존고객을 유지하면서 새로운 수요를 창출하여 수익을 증대시키는 것을 목표
평생가치 극대화	고객세분화를 통해 신규 고객을 창출하고, 기존고객을 유지하여 평생고객화 등의 지속적인 사이클을 통해 고객의 평생가치를 극대화

02 CRM의 가치와 중요성

01 CRM의 장점과 중요성

1) CRM의 장점

	핵심내용	효과 측정이 용이한 특정 캠페인
측정과 분석의 효과	연계내용	마케팅 비용을 부가가치 창출 고객에 따라 사용 가능(광고비 절감)
	실무의미	효율화와 성과 측정의 실현
고객 맞춤 관리	핵심내용	표적화가 용이한 고객 요구 중심의 초점
	연계내용	개별 고객과의 접촉을 최대화하는 채널 이용률의 개선
	실무의미	맞춤형 전략의 개별 고객 수립
경쟁력의 서비스화	핵심내용	서비스로 확보하는 기업경쟁력, 가격이 아닌 방식
	실무의미	경쟁우위의 차별화된 서비스 확보

2) CRM의 중요성을 강조한 연구 결과
- 신규 고객 확보 비용은 기존 고객에게 제공하는 서비스 비용의 5배 수준이다.
- 상위 20%의 고객 1인 매출은 나머지 80% 고객 매출과 비슷하다.
- 보통의 회사들은 매년 약 15~20% 정도의 고객을 손실한다.
- 고객 유지율은 몇 퍼센트만 증가해도 25~100%까지 이윤 증가가 가능하다.
- 불만 호소를 위해 회사에 연락하는 고객은 불만족한 고객의 10% 미만이다.
- 불만족한 고객의 91%는 다시는 재구매 의사가 없으며, 최소 9명에게 불만을 전달한다.

교수님 TIP

군집화

데이터 마이닝 기술 중 'A 상품을 구매한 고객은 미래의 특정 시기에 B 상품을 구매할 것'을 예측하는 알고리즘

더 알기 TIP

CRM 분석 도구는 다음과 같다.
① 데이터 웨어하우스(Data Warehouse): 다양한 채널을 통해 고객의 정보를 축적·통합하여 고객 니즈 분석을 지원하는 중앙 저장소
② 데이터 마이닝(Data Mining): 데이터와 데이터 사이의 숨겨진 규칙과 정보를 찾아 고객 접근에 활용

02 CRM 성공 요인과 실패 요인

1) CRM 성공을 위한 3대 요인과 실행전략

조직 문화적 요인	전사적 고객중심 문화 구축	• 임직원들의 CRM 이해와 필요성에 대한 인식이 필요 • 최고 경영층의 적극적 지원과 확신이 필요 • 조직구성원과의 지속적 소통과 교육이 필요 • 제품판매보다 고객관계 중심으로 전환되어야 함 • CRM은 경영층부터 실무진까지 모든 임직원이 그 개념과 필요성을 충분히 이해하고 적용 방법을 인식하고 있어야 만 진정한 고객 중심의 조직문화가 구축될 수 있음
전략적 요인	고객중심 전략 수립	• 명확한 목표(비전)와 전략을 설정 • 기업 특성에 맞는 전략을 구축 • 고객중심 성과평가 체계를 구축
	고객가치 전략	• 신규 고객을 유치하는 것도 중요하지만, 기존 고객을 유지 하는 데 더 많은 노력과 자원을 투입 ┌ 차별화 마케팅이 아닌 • 고객점유율 중심으로 접근(제품 판매보다 고객관계에 초점) └ 차별화 서비스 • 매스 마케팅 대신 맞춤 마케팅, 차별화 서비스를 제공
시스템적 요인	체계적 시스템 구축	• 고객 유지율 측정, 고객 성장률 관리, 브랜드 선호도 평가 등을 통해 장기적 관점의 CRM을 수립 • 직접적 접촉 중심의 쌍방향 소통을 지향 ┌ 간접적 접촉(×) • 전체 프로세스를 통합·관리 ┌ 프로세스를 분산(×)
	고객관리 전략	• 고객 통합 베이스를 구축 • 하우스 홀딩 분석을 활용 • 우량고객 전환 프로그램을 활용
	협력 체계	• 적절한 파트너십 구축 ┌ 경쟁사와의 협력(×)

2) 성공적인 CRM 구현의 4단계(스탠리 브라운)★★

1단계: 전략적 계획 수립	• 명확한 목표 설정 및 기업 전략과의 조율 • 가시적 성과 지표 설정★
2단계: 조직 준비	• 충분한 교육 예산을 확보하고 지속적인 훈련 프로그램을 운영하여 교육 훈련에 투자 • 유능한 직원이 참여하도록 유도하고, 전 부서의 적극적인 참여를 장려
3단계: 실행 체계 구축	• 과도한 전문화를 지양하고, 비판적인 자세로 적절한 방법론을 선택★ • 인터페이스를 점검하고, 데이터 전환 및 전송을 철저히 관리
4단계: 지속적 관리	• 이해관계가 상충하는 부서와 지속적으로 소통하여 조직의 영향력을 효과적으로 관리 • 프로젝트를 모니터링하고, 위기의식을 조성하여 진행 속도를 가속화★

3) CRM 실패 요인 5가지 핵심 정리(Gartner Group)★★★

① 부분적 적용의 문제

CRM을 전사적 관점이 아닌 일부 부서나 단일 채널에만 적용하여 다양한 채널에 대응하지 못하고, 정보시스템팀과 업무팀 간의 협업이 이루어지지 않는다.

② 전략 부재의 문제

명확한 전략과 체계적 계획 없이 시작하며, 장기적 IT 전략을 고려하지 않은 채 기능만을 고려한 포인트 솔루션에 의존하고 단기적 관점으로만 접근한다.

③ 데이터/기술 관리의 문제

고객, 상품, 거래 내역 등 방대한 데이터를 제대로 활용하지 못하고, 기술 숙련도에 대한 고려가 부족하다.

④ 시스템 구현의 문제

문제가 있는 프로세스를 그대로 자동화하고, 불필요하게 복잡하고 비용이 많이 드는 기능을 과도하게 구현한다(사용자 입장을 고려하지 않는 다양한 기능과 많은 정보를 시스템에 반영하는 것).

⑤ 잘못된 중심점의 문제

고객과 사용자 관점이 아닌 기업 중심적 사고로 접근하여, 현업의 실질적인 요구사항을 제대로 반영하지 못한다.

🅕 교수님 TIP

Gartner Group이 제시한 이 5가지 실패 요인은 기업들이 CRM을 도입할 때 흔히 저지르는 실수들을 정리한 것입니다. 좀 더 쉽게 설명드리면,

① 부분적 적용의 문제
- 잘못된 예: 고객서비스팀만 CRM을 사용한다.
- 올바른 방향: 영업, 마케팅, 고객서비스 등 모든 부서가 함께 사용해야 한다.

② 전략 부재의 문제
- 잘못된 예: "남들이 하니까 우리도 CRM을 도입해보자."
- 올바른 방향: 왜 필요한지, 어떻게 활용할지 명확한 계획을 세워야 한다.

③ 데이터/기술 관리의 문제
- 잘못된 예: 고객 데이터를 수집만 하고 제대로 활용하지 않는다.
- 올바른 방향: 수집된 데이터를 분석하고 실제 마케팅에 활용해야 한다.

④ 시스템 구현의 문제
- 잘못된 예: 비효율적인 업무 프로세스를 그대로 전산화한다.
- 올바른 방향: 업무 프로세스를 개선하면서 시스템을 구축해야 한다.

⑤ 잘못된 중심점의 문제
- 잘못된 예: 기업 입장에서 편한 방식으로 시스템 구축한다.
- 올바른 방향: 고객과 실제 사용자의 입장을 고려해야 한다.

즉, 이러한 실수들을 피하고 반대로 실행했을 때 CRM이 성공적으로 운영될 수 있다는 의미입니다.

CRM 구축과 운영

01 CRM 도입 기반

01 CRM 등장배경과 필요성

1) CRM 등장배경

등장배경을 시장구조의 혁신적 변화, 고객 행동의 근본적 변화, 정보기술의 혁신적 변화, 마케팅 패러다임의 전환 총 4가지로 정리하면 다음과 같다.

시장구조의 혁신적 변화	제품과 경쟁 측면	• 기업 경쟁력에서 제품 품질 향상의 한계로 인해 신경제 체제에서 품질만으로는 더 이상 경쟁력 확보가 어려워짐 • 시장 개방의 가속화로 지역적 제한이 무너지면서 전세계가 하나의 시장으로 변화하고 고객은 전세계의 시장에 쉽게 접근 가능하게 됨
	고객과 비용 측면	• 개별 니즈의 중요성이 대두되며 시장의 세분화가 더욱 필요해졌고, 고객별 맞춤 대응이 필수 • 신규 고객 확보에 드는 마케팅 비용이 기존고객 유지 비용의 최소 3배 이상 소요
	시장 권력의 이동	공급 초과로 소비자의 시대 도래. 고객의 선택권이 크게 증가하게 되면서 고객의 협상력 강화
	기업 패러다임의 변화	매출 중심 → 수익 중심으로 변화
고객 행동의 근본적 변화	다양성과 라이프 스타일	• 고객 니즈의 다양화와 인구통계적 특성에 따라 니즈가 세분화 • 기업의 대응이 점점 더 어려워지고 있음
	생활패턴의 진화	• 산업화와 도시화, 정보화의 영향으로 생활방식이 완전히 달라지고, 기업의 비즈니스 운영 방식도 변화 예 365일 24시간 운영하는 대형할인 매장, 패스트푸드 지점 • 멀티미디어 채널로 정보 공유가 활발해지고 제품과 서비스 정보 획득이 용이해지면서 고객 지식수준이 향상
	고객 만족 기준의 진화	• 제품 품질만으로는 만족도를 결정하지 못하고, 품질 이상의 가치를 요구함에 따라 기업과의 관계적 측면도를 중요시하게 됨 • 기대 수준의 지속적 상승과 즉각적인 제품 비교 능력이 향상되면서 고객 만족이 더욱 어려워지게 됨 • 기업 경쟁 가속화로 수많은 대체상품을 쉽게 발견하게 되고, 그에 따른 선택권 증가와 고객 충성도(로열티)가 감소

> **B 교수님 TIP**
>
> "최소 3배 이상"이라는 표현 꼭 기억하세요.

'많이 팔아야 돈을 번다' 사고 방식 → '어떻게 팔아야 돈을 벌지' 사고 방식

> **+ 더 알기 TIP**
>
> 예 편의점 사례
> • 매출 중심 사고: 무조건 많은 상품을 진열하고 판매
> • 수익 중심 사고: 자주 찾는 상품 위주로 진열, 재고 관리

	네트워크 환경의 변화	관계 형성 방식의 큰 변화 및 발전 형태가 달라지면서 기업·고객 관계의 새로운 형태가 발생
정보기술의 혁신적 변화	개인 정보기기의 확산	PC, Interactive TV, 핸드폰, PDA 보급과 직접적 커뮤니케이션 증가, 고객 간 상호 교류 편리, 마케팅의 일대일 지향과 다중채널 지향
마케팅 패러다임의 전환	5가지 핵심 지향점	고객 지향성, 관계 지향성, 일대일 지향성, 고객점유율 지향성, 다중 채널 지향성

2) 의미 없는 데이터베이스 자료 ★★

구분	설명	예시
상표에 대한 충성심을 보이지 않는 제품	브랜드 가치나 고객 충성도를 측정할 수 없음	일반 문구류, 일회용품
정보수집에 많은 비용이 드는 자료	수집 비용이 데이터 활용 가치보다 높은 경우	소액 상품의 고비용 설문조사
평생 단 한 번 구입하는 제품	재구매가 없어 지속적 관계 형성 불가	웨딩드레스, 특수 용품
단위 당 판매가 작은 비용	관리 비용이 수익을 초과하는 경우	저가 소모품
정기적 타산이 맞지 않는 경우	지속적인 손실이 발생하는 거래	과다 할인 판매

3) CRM이 꼭 필요한 6가지 산업 유형

구분	설명	예시
대면 서비스업	고객과 직접적인 접촉이 이루어지는 서비스업	병원, 호텔, 미용실
고객접촉 민감 산업	접촉 빈도가 높거나 낮아서 고객에게 잊힐 위험 있는 업종	• 고빈도: 커피전문점 • 저빈도: 보험업
고객가치 중심 산업	고객 1인당 생애가치가 큰 산업	전자, 자동차, 금융업
디지털 기반 산업	e-비즈니스가 가능한 산업	온라인 쇼핑몰, 배달 서비스
유사제품 경쟁 산업	제품 차별화가 어려운 산업	생필품, 통신서비스
영업인력 유동 산업	영업인의 이동이 많아 고객관리가 어려운 경우	보험설계사, 부동산중개업

02 CRM 구성

1) 분석 CRM

- 분석 CRM은 양질의 데이터를 수집, 확보하는 것에서 출발한다.
- 마케팅, 영업, 서비스 측면에서 고객정보를 활용하기 위해 고객데이터를 추출, 분석하는 시스템이며, 분석 시스템으로 데이터 웨어하우스, 데이터 마이닝, OLAP 등이 있다.
- 고객세분화, 제품 콘셉트의 발견, 고객 프로파일링, 이벤트 계획과 캠페인 관리, 프로모션 기획에 대한 아이디어 도출이 가능하다.

2) 운영 CRM

- 전방조직의 고객 접점인 마케팅과 영업 및 고객서비스 등을 연결하는 거래업무 지원 통합프로세스이다.
- 고객 접점을 자동화하여 고객관리를 효율화하는 것이 목적이다.
- 예 영업활동 자동 시스템(SFA), CTI(Computer Telephone Integration)

3) 협업 CRM

- 기업 내부 조직과 공급망인 고객과의 지속적 협력과 정보를 나누는 것을 중점, 온라인과 오프라인, 대면과 비대면 접촉을 통해 고객관계 획득 강화를 위한 협업 등의 방식이 있다.
- 고객 친밀도 증대, 고객유지율 증대 및 신규 고객 창출이 목적이다.
- 솔루션: 팩스, FOD, 우편, 비디오, E-Mail, 콜센터 전화 등이 있다.

02 CRM 실행 프레임워크

01 CRM 전략 수립과 시스템 구축

1) CRM 전략수립 6단계

🎓 교수님 TIP

CRM을 잘 만들어서 적용하기 위해서는 전략을 먼저 수립하고 그 방향대로 시스템을 잘 구축해야 합니다. 즉 집을 지을 때처럼, CRM도 '설계(전략)'가 먼저이고 '시공(구축)'이 다음입니다!
- 전략 수립 = 어떤 집을 지을지 계획하기
- 시스템 구축 = 실제로 집을 짓는 과정

1단계: 환경분석	• 기업중심의 환경분석이 아닌, 고객 중심의 환경분석 • 시장환경 변화에 따른 고객 반응 • 자사 제품의 고객 만족도 및 경쟁사의 고객 전략 • IT 시스템의 현황	
	시장매력도에 영향을 주는 요인	
	시장 요인	매출의 계절성 및 순환성, 시장의 규모, 성장성
	산업 요인	신규진입자의 위협, 경쟁자의 수준, 공급업자의 협상력
	환경 요인	경제, 정체, 사회적 환경, 법률적, 기술적, 인구통계적 환경
2단계: 고객분석	• 고객분석은 '고객평가'와 '고객 세분화'로 분류 • 고객평가: 차별화된 고객 서비스를 제공하기 위함 • 고객 세분화: 고객과 장기적 관계 구축을 위함(인적특성, 심리적, 구매행동 변수에 따른 세분화)	
	고객평가방법 ★★	
	RFM 점수	거래빈도, 구매금액, 최근성에 따른 측정 점수
	커버리지 점수	얼마나 다양한 종류의 상품을 구매했는지 점수를 매기는 것, 교차판매 가능성 추정, 충성도의 지표
	수익성 점수	기억의 수익에 기여하는 점수(순이익, 매출액, 거래기간)
	위험성 점수	기업에 대한 특정고객의 부정적 영향성 점수
3단계: CRM 전략 방향 설정★	• 고객확보를 위한 활동: 이벤트, 캠페인, 외부업체와 제휴, 홍보 등 다양한 마케팅 활동 • 고객 관계 개선 위한 활동: 고객의 정보를 바탕으로 고객 서비스 대응 • 구매금액 늘리기 위한 활동(고객단가 증대): 추가판매, 교차판매, 재판매 • 구매빈도 증대: 다양한 사용 방법 개발	

4단계: 고객에 대한 오퍼(Offer) 결정	• 고객의 특성에 따라 어떤 마케팅 오퍼를 제공할 것인지 결정 즉, 고객에게 '무엇을 줄 것인가'를 결정하는 것 • 고객 특성: 거래 이력, 구매 실적, 기념일, 고객 기초 정보 등			
	마케팅 제안(Offer) 시 제공되는 혜택	금전적 혜택	직접혜택	사이버머니, 사은품, 캐시백 제공
			간접혜택	제휴업체 할인, 상품 점검 및 수리, 신상품 출시 시 평가 고객으로 활용
		비금전적 혜택		정보충족 욕구, 자기존중 욕구
	거래를 위한 부가적인 혜택	수익성 점수	사전 유인 방법	저가상품 무료 제공으로 매장 유인,할인 쿠폰 지급
		위험성 점수	사후적 보상	항공사 마일리지에 따른 무료 항공권 제공,매출액에 따라 마일리지 제공
5단계: 개인화 설계	• 기본적 인적 사항 정보(연령, 성별, 직업, 거주지)와 구매 특성 정보 및 심리적 특성(구매주기, 구매가격, 선호구매상품유형 등)을 분석하여 맞춤 개인화 설계를 진행 • 쌍방향 커뮤니케이션 유지			
6단계: 커뮤니케이션 설계	• 고객에게 필요한 서비스를 '어떻게' 전달할 것인지 고민 · 설계 하는 것 • 인터넷(e-mail, 문자, SNS)과 우편 및 전화의 전달 방법 중 선택 • 효과적 소통을 위해 단순히 전달보단, 공감을 부르는 '표현'과 '포장'에 초점			

2) CRM 시스템 구축의 5단계

1단계: 기업의 특성에 맞는 고객전략 수립	• 단계 목적: 기업 특성에 맞는 맞춤 전략 수립 • 핵심 활동: 고객이 선호하는 구매 채널 파악
2단계: 인프라 구축 단계	• 핵심 시스템: 데이터 웨어하우스, 백 오피스, 프론트 오피스 • 주요 활동: 새로운 커뮤니케이션 채널 확립과 고객분석
3단계: 데이터 마이닝을 통한 고객분석과 마케팅 실시	• 분석 목적: 고객성향 파악과 구매창출 • 타겟 설정: 잠재고객층과 충성고객층 구분
4단계: 고객분석 결과를 실질적으로 판매 · 활용하는 단계	• 핵심 활동: 교차판매, 추가판매, 재구매 유도 • 최종 목표: 평생고객가치의 극대화
5단계: 고객 유지를 위한 서비스와 피드백 관리	• 관리 포인트: 유대강화, 이탈감소, 우수고객 전환 • 핵심 목표: 기존고객을 우수고객으로 육성

3) CRM의 발전 방향

• 고객과의 대화를 통해 기업이 변화하고 발전할 수 있는 방향으로 나아가야 한다.
• 지식의 획득과 활용이 가능한 성공적인 CRM을 지향해야 하며, 특히 자산, 기술, 고객관계와 관련된 지식을 중심으로 효과적으로 관리해야 한다.
• 고객의 지식을 기업 운영의 기본 전제로 삼고, 고객 가치가 상승함에 따라 기업이 활용할 지식의 관점에서 고객의 의미를 새롭게 인식해야 한다.
• 단순히 불평이나 불만을 해결하는 고객지원센터를 운영하는 것이 아니라, 고객의 지식을 적극적으로 활용하고 이를 발전시킬 수 있는 고객 주도형 정규 업무를 개발해야 한다.

e-CRM의 이해와 적용

01 e-CRM의 발전

01 e-CRM의 이해와 특징

1) e-CRM의 등장과 발전

- 1990년 후반에서 2000년 초반부터 도입되었으며, 고객 정보의 수집과 활용을 인터넷 기반으로 수행하는 e-Business의 한 형태로 발전해왔다.
- 기존의 고객관리시스템을 인터넷을 통해 재구성하여, 분산되어 있던 여러 채널을 하나로 통합하였다.
- 고객의 요구 처리 과정에서 업무 프로세스를 단순화하고, 고객 만족도를 극대화하는 동시에 관련 비용을 효율적으로 절감하였다.

2) e-CRM의 핵심 특징 ★★★

① 시스템 구축 측면
- e-CRM 모델 구축 시에는 대규모 초기 투자가 요구되나, 이후 신규 고객의 진입과 관리에 드는 비용은 거의 발생하지 않는다.
- 웹 프로그래머, 이메일 발송, 웹 콜센터 등 인터넷을 통한 단일 통합 채널의 구축이 가능해졌다.
- 기존의 복수 채널 운영으로 인한 불필요한 관리비용이 절감되었다.

② 고객 정보 관리 측면
- 채널 간 접속으로 인한 고객 정보 관리의 오류 발생 가능성이 감소되었다.
- 구매이력, 방문 횟수, 관심 분야 등 고객의 모든 행위를 다양한 정보로 기록하고 활용할 수 있다.
- 커뮤니케이션과 마케팅의 다양성을 보여주며, 장기적 수익창출을 위한 전략적 고객화를 목표로 한다.
- 주문처리 속도는 빨라지고 절차는 단순해졌다.
- 고객관리에 드는 비용은 거의 없다.

③ 실시간 대응 측면
- 고객 요청시 언제든지 온라인에 접속하여 처리할 수 있어 단순한 절차와 실시간 처리가 가능하다.
- 즉각적이고 통합적인 재고 관리가 가능하며, 재고 관리비용과 불량 재고에 대한 리스크 감소가 가능하다.

02 e-CRM의 효과 및 CRM과 비교

1) e-CRM 도입의 효과

① 비용 효율성
- 공급 업체 간 경쟁 심화로 구매자 비용이 절감된다.
- 비즈니스 과정들이 상호 연결되어 세부과정 간의 시간 지연이 제거되고 신속화가 가능하다.
- 장기적 시스템의 개발로 시간과 운영비용이 감소한다.

② 업무 처리 효율성
- 즉각적이고 통합적인 재고 관리가 가능하다.
- 시간과 공간의 제약 없이 이용할 수 있다.
- 주문 처리 속도가 빨라지고 정보의 정확성이 향상된다.

③ 서비스 품질 향상
- 불만이나 추가적인 서비스 요구가 즉각적으로 접수되고 처리된다.
- 고객접점에서의 거래 비용이 감소한다.
- 체계적인 업무처리와 정보에 대한 접근이 용이해진다.

2) CRM과 e-CRM 비교★

항목	CRM	e-CRM
서비스	텔레마케팅(TM)을 통한 고객과 소통	동영상, 음성, 고객의 관심 분야
고객접점	방문, 콜센터, DM	인터넷 통한 단일 통합 채널
공간	시간적 · 지역적 한계	시간제한 없음, 글로벌 가능
중점요소	영업 자동화	차별화, 개인별 맞춤 서비스

03 e-CRM 요인 및 전략

1) e-CRM 구성요인

e-Marketing	• 인터넷 안에서 진행하는 광고, 설문조사, 이메일, 문자 마케팅 • 인터넷 시장조사 및 인터넷을 통한 서비스 가격의 결정 정보 분석
e-Sales	• 온라인 상의 판매를 지원하는 활동 • 지원활동: 포인트, 할인 정보, 이벤트 등 정보 제공 • 고객이 전 구매과정을 셀프로 진행
e-Community	• 고객 간의 정보교환, 고객과 기업 간의 정보교환의 공간 • 웹사이트를 통해 동호회 활동 제공 및 기업의 다양한 정보 안내
e-Security	• 바이러스 및 해킹으로부터 사이트를 방문한 고객을 보호하기 위한 장치 마련(전자보안 서비스) • 인터넷 상 서비스 결제 시 거래인증 장치 제공
e-Service	• 인터넷에서 고객의 문의 및 불만사항 해결을 위한 고객 서비스 센터 제공 및 고객유형에 따른 맞춤 서비스 제공 • A/S, 환불, 사이트 이용방법, 장바구니 기능, 주문 절차 등 매뉴얼 제공

🅱 교수님 TIP

e-Sales
'할인 정보' 지원이 포함되는 활동이지만, e-Sales가 '할인만' 하는 활동은 아닙니다. 'Sales' 단어에 혼동하면 안 돼요.

2) e-CRM 전략

① 고객접근 전략

고객에게 강요하거나 통제하는 인상을 주지 않도록 하는 것이 고객 접근 전략의 중요한 요소다.

② 주요 마케팅 전략

전략 유형	핵심 내용
퍼미션 마케팅	• 세스 고딘(Seth Godin)이 제시한 개념 • 고객에게 기업이 접근하는 것을 허락받는 것
옵트 인 메일	• 회원가입 후 별도의 광고 수신 허가를 받는 서비스 • 일반적 이메일 광고 반응률의 3~5배를 보임
정크 메일	• 수신 허락 없이 불특정 다수에게 일방적 전달

3) 고객유지 전략

일대일 마케팅을 통해 고객정보를 데이터베이스하여 고객 맞춤 서비스를 제공하며, 고객과의 지속적인 관계 유지를 위한 네 가지 핵심 서비스다.

인센티브 서비스	충직한 회원을 위한 특별 혜택 제공
개인화 서비스	• 저렴한 비용으로 일대일 마케팅 실현 • 지속적인 방문 유도를 위한 기본 전략
원스톱 쇼핑 서비스	모든 구매 과정을 한 곳에서 해결함으로써 고객 편의성 극대화
레커멘데이션 서비스	고객에게 상품을 추천하는 서비스

4) 고객만족 전략 ★

① 어드바이스 서비스(Advice Service)

고객이 상품을 구매하는 과정에서 혼란을 느낄 때, e-CRM을 통해 즉각적인 도움을 제공하는 전략이다. 특히 구매 결정 시점에서 고객의 불안감을 해소하는 데 중점을 둔다.

② 서스펜션 서비스(Suspension Service)

고객이 개인 홈페이지에서 관심 상품과 필요한 기능을 자유롭게 추가하고 기록할 수 있도록 지원하는 서비스로, 쇼핑의 편의성을 높이는 것이 핵심이다.

③ 매스 커스터마이즈 서비스(Mass-Customize Service)

고객 개개인의 선호도와 요구 사항을 반영한 맞춤형 제품을 제공하는 서비스로, 개별 고객의 특성을 고려한 맞춤화가 특징이다.

④ 저스트 인 타임 서비스(Just-In-Time Service)

고객의 상황과 필요에 맞춰 시간과 장소에 구애받지 않고 적절한 서비스를 제공하는 방식으로, 상황에 맞는 맞춤형 대응이 핵심이다.

⑤ 리마인드 서비스(Remind Service)

고객의 구매 이력, FAQ 활용, 출석 기록 등을 분석하고, 중요한 기념일을 등록하도록 유도하는 방식으로, 이러한 정보를 바탕으로 구매를 자연스럽게 촉진하는 서비스를 제공한다.

5) 고객창출 전략

① 커뮤니티 서비스(Community Service)

게시판 등의 소통 공간을 통해 이용자들 간의 자유로운 정보 교환을 촉진하는 서비스로, e-CRM을 활용하여 고객들의 자발적인 참여를 이끌어낸다.

② 인비테이션 서비스(Invitation Service)

현재 고객들이 자발적으로 다른 사람들에게 사이트를 소개하도록 유도하는 서비스로, 신뢰를 기반으로 한 자연스러운 고객 확장을 목표로 한다.

04 관계 마케팅의 이해

1) 관계 마케팅 특징

- 기업은 고객을 단순한 소비자가 아니라 동반자로 인식해야 한다.
- 마케팅 전략에서 기존 고객을 유지하는 것이 신규 고객을 창출하는 것보다 더 중요한 비중을 차지한다.
- 마케팅의 목표는 단순한 거래 성과보다 고객과의 관계 형성에 초점을 맞춰야 한다.
- 품질 측면에서는 기술적 품질보다 기능적 품질을 더욱 중시해야 한다.
- 규모의 경제에서 범위의 경제로 전환하여, 고객에게 다양한 제품을 선보이거나 장기간 관계를 유지하는 전략을 강화해야 한다.
- 마케팅 성과를 평가하는 지표는 기존의 시장 점유율에서 고객 점유율로 변화해야 한다.
- 기업이 장기적 관계를 통해 고객 충성도를 높이면, 고객의 가격 민감도가 낮아질 수 있다.
- 기업은 고객의 장기적인 생애가치(CLV ; Customer Lifetime Value)를 중요하게 고려해야 한다.
- 내부 마케팅은 효과적인 외부 마케팅을 실행하기 위한 선행 요건으로 작용해야 한다.
- 마케팅의 초점은 기존의 방식에서 벗어나 제품 차별화 전략을 강화하는 방향으로 변화해야 한다.

2) 매스 마케팅과 관계 마케팅 비교

항 목	매스 마케팅	관계 마케팅
접근 방법	융단폭격식	미사일식
매출 관점	시장 점유율	고객 점유율
성과 관점	단기적 성과중심	장기적 관계중심

➕ 더 알기 TIP

시장점유율(Market Share)
- 일정 기간에 전체 시장에서 차지하는 자사제품의 비율을 말한다.
- 얼마나 많은 사람들이 우리 제품을 구매하고 있는지를 나타내는 지표이다.

고객점유율(Customer Share)
- 한 고객이 특정 업종에서 구매하는 총 금액 중 자사 제품의 구입비율을 말한다.
- 즉, 한 고객이 얼마나 충성 고객이 되어주는지를 보여주는 지표이다.

🄫 교수님 TIP

CRM의 관점 이해하기_기업의 일반적인 두 가지 접근법
- 전통적 관점: 시장에서 단순히 "가치가 있는 고객"과 "그렇지 않은 고객" 구분
- 현대적 관점: 비용 대비 가치가 있는 고객에게 집중적인 투자
- 주의할 점: 시장점유율만을 중시하면 정작 가치 있는 고객에게 적절한 서비스를 제공하지 못할 수 있다. 따라서 개별 맞춤 서비스 제공이 필수적이다.
- 많은 고객 확보보다는 충성 고객 확보에 집중하는 것이 더 중요하다.

01 CRM에 대한 설명 중 옳지 않은 것은?

① 신규고객보다 고정고객을 더 중심으로 가진다.
② 고객과 기업의 상호가치를 공유한다.
③ 고객점유율보다는 시장점유율을 더 우선시한다.
④ 고객 확보보다는 고객 유지에 비중을 둔다.
⑤ 불특정 다수를 대상으로 하는 매스 마케팅보다 고객 맞춤 마케팅으로 접근한다.

02 CRM 원칙 및 특징에 대한 설명 중 옳지 않은 것은?

① 기업의 업무 프로세스의 통합과 혁신을 추구한다.
② CRM은 모든 고객을 추구하는 것이다.
③ 기업의 업무 프로세스의 통합과 혁신을 추구한다.
④ 고객세분화를 통해 신규고객을 창출하고, 기존고객을 유지하여 평생고객화 등의 지속적인 사이클을 통해 고객의 평생가치를 극대화시킨다.
⑤ 장기적인 관계에서 고객과의 관계를 통해 기존고객을 유지하면서 새로운 수요를 창출하여 수익을 증대시키는 것을 목표로 한다.

03 CRM 연구 결과에 대한 설명 중 옳지 않은 것은?

① 신규고객 획득 비용의 2배가 기존고객에게 제공하는 서비스 비용이다.
② 상위 20%의 고객 1인 매출은 나머지 80% 고객 매출과 비슷하다.
③ 고객 유지율은 몇 퍼센트만 증가해도 25~100%까지 이윤 증가가 가능하다.
④ 보통의 회사들은 매년 약 15%~20% 정도의 고객을 손실한다.
⑤ 불만 호소를 위해 회사에게 연락하는 고객은 불만족한 고객의 10% 미만이다.

04 다음은 고객만족 전략 중 어디에 해당하는 것인가?

> 개인 홈페이지에서 관심 상품과 필요한 기능들을 자유롭게 추가하고 기록할 수 있도록 지원하는 서비스로, 고객의 쇼핑 편의성을 높이는 것이 핵심이다.

① 서스펜션 서비스(Suspension Service)
② 매스 커스터마이즈 서비스(Mass-Customize Service)
③ 저스트 인 타임 서비스(Just-In-Time Service)
④ 리마인드 서비스(Remind Service)
⑤ 어드바이스 서비스(Advice Service)

05 CRM 실패 요인에 대한 설명 중 옳지 않은 것은?

① 명확한 전략과 체계적 계획 없이 시작하며, 장기적 IT 전략을 고려하지 않은 채 기능만을 고려한 포인트 솔루션에 의존할 경우

② 고객, 상품, 거래내역 등 방대한 데이터를 제대로 활용하지 못하고, 기술 숙련도에 대한 고려가 부족 할 경우

③ 문제가 있는 프로세스를 그대로 자동화하고, 불필요하게 복잡하고 비용이 많이 드는 기능을 과도하게 구현할 경우

④ 고객과 사용자 관점이 아닌 기업 중심적 사고로 접근한 경우

⑤ CRM을 전사적 관점이 아닌 다양한 채널에만 적용할 경우

06 CRM 등장배경에 대한 설명 중 옳지 않은 것은?

① 신경제 체제에서는 품질만으론 더 이상 경쟁력 확보가 어려워졌다.

② 마케팅 비용은 신규고객 확보에 드는 비용이 기존고객 유지의 5배이다.

③ 공급 초과로 소비자의 시대 도래와 고객의 선택권이 크게 증가하였다.

④ 기업패러다임이 매출중심에서 수익중심으로 변화하였다.

⑤ 정보 공유가 활발해지고 제품과 서비스 정보 획득이 용이해지면서 고객 지식수준이 향상되었다.

07 CRM 구성 중 분석 CRM에 해당하는 것은?

① OLAP

② CTI

③ SFA

④ FOD

⑤ E-MAIL

08 CRM 전략수립 6단계에 대한 설명 중 옳지 않은 것은?

① CRM 전략수립 단계 중 4단계는 '고객에 대한 오퍼결정'이다.

② 고객분석은 '고객평가'와 '고객 세분화'로 나누어 움직인다.

③ 고객평가는 차별화된 고객 마케팅을 하기 위함이다.

④ 거래빈도, 구매금액, 최근성에 따른 측정 점수를 RFM 점수라고 한다.

⑤ 마케팅 제안 시 제공되는 금전적 직접 혜택에 캐시백도 해당된다.

09 e-CRM 특징에 대한 설명 중 옳지 않은 것은?

① 주문처리 속도는 빨라지고 절차는 단순해졌다.
② 고객관리에 드는 비용은 거의 없다.
③ 즉각적이고 통합적인 재고 관리가 가능하며, 재고 관리비용과 불량 재고에 대한 리스크 감소가 가능하다.
④ 고객접점에서의 거래 비용이 감소한다.
⑤ 영업자동화에 중점요소를 둔다.

10 CRM 성공 요인에 대한 설명 중 옳은 것은?

① 제품 판매보다 고객관계에 초점을 둔다.
② 차별화 마케팅을 통해 고객점유율 중심으로 접근한다.
③ 간접적 접촉 중심의 쌍방향 소통이다.
④ 전체 프로세스를 분산시켜 진행한다.
⑤ 경쟁사와 적절한 협력을 통해 발전시킨다.

01	③	02	②	03	①	04	①	05	⑤
06	②	07	①	08	③	09	⑤	10	①

01 ③

CRM은 시장점유율보다는 고객점유율을 우선시한다.

02 ②

고객 데이터베이스를 구축하고 유지 및 조사하여 분석한다. 모든 고객을 추구하는 것이 아니다. 고객 데이터를 분석하여 가치 있는 고객을 중심으로 관리한다.

03 ①

신규고객 획득 비용의 5배가 기존고객에게 제공하는 서비스 비용이다.

04 ①

오답 피하기

② 매스 커스터마이즈 서비스(Mass-Customize Service)는 고객 개개인의 선호도와 요구사항을 반영한 맞춤형 제품을 제공하는 서비스로, 개별 고객의 특성을 고려한 맞춤화가 특징이다.
③ 저스트 인 타임 서비스(Just-In-Time Service)는 고객의 상황과 필요에 맞춰 시간과 장소에 구애받지 않고 적절한 서비스를 제공하는 방식으로, 상황에 맞는 맞춤형 대응이 핵심이다.
④ 리마인드 서비스(Remind Service)는 고객의 구매 이력, FAQ 활용, 출석 기록 등을 분석하고, 중요한 기념일을 등록하도록 유도하는 방식으로, 이러한 정보를 바탕으로 구매를 자연스럽게 촉진하는 서비스를 제공한다.
⑤ 어드바이스 서비스(Advice Service)는 고객이 상품을 구매하는 과정에서 혼란을 느낄 때, e-CRM을 통해 즉각적인 도움을 제공하는 전략이다. 특히 구매 결정 시점에서 고객의 불안감을 해소하는 데 중점을 둔다.

05 ⑤

CRM을 전사적 관점이 아닌 일부 부서나 단일 채널에만 적용할 경우 실패 요인이 될 수 있다. 기업 전체적인 관점에서 운영해야 효과적이다.

06 ②

마케팅 비용은 신규고객 확보에 드는 비용이 기존고객 유지의 최소 3배 이상이다.

07 ①

분석 CRM에는 데이터 웨어하우스, 데이터 마이닝, OLAP 등이 있다.

오답 피하기

CTI, SFA는 운영 CRM에 해당하고, FOD, E-MAIL은 협업 CRM에 해당한다.

08 ③

고객평가는 차별화된 고객서비스를 제공하기 위함이다.

09 ⑤

영업자동화에 중점을 두는 것은 CRM이다. e-CRM은 차별화, 개인별 맞춤 서비스에 중점을 둔다.

10 ①

오답 피하기

② 차별화 서비스를 통해 고객점유율 중심으로 접근한다.
③ 직접적 접촉 중심의 쌍방향 소통이다.
④ 전체 프로세스를 통합·관리한다.
⑤ 적절한 파트너십 구축은 하되 경쟁사와의 협력은 절대 하지 않는다.

CHAPTER

05

인간관계와
의사소통 이론

학습 방향

인간관계의 다양한 유형과 발달과정을 이해하고 효과적인 의사소통 기법을 습득한다. 대인지각의 특성과 왜곡현상을 분석하여 원활한 인간관계 형성에 필요한 역량을 키운다. 심리분석 이론을 통해 갈등 상황을 효과적으로 해결하는 전략과 기법을 활용할 수 있는 능력을 함양한다.

출제빈도

SECTION 01	상	30%
SECTION 02	중	20%
SECTION 03	상	30%
SECTION 04	중	20%

인간관계의 기본 이해

01 인간관계의 발달과정

01 인간관계 유형 및 이론

1) 인간관계 유형

① 공유적 관계
가족이나 친한 지인 사이에서 나타나며, 호혜성의 원칙이 무시된다.
② 교환적 관계
└─ 동등한 것을 서로 교환하는 원칙
거래·교환의 특성을 지니고 득과 실의 균형이 중요한 관계이며, 호혜성의 원칙이 요구된다.
③ 횡적 관계
사회적 지위나 위치가 서로 비슷한 사람끼리의 상호작용이며, 자발적인 속성을 가진다.
④ 종적 관계
지위나 위치가 다른 사람끼리의 상호작용이며, 형식적이고 수단적 성격이 강하다.

2) 휴스턴과 레빙거의 인간관계 발달 3단계

① 첫인상 형성 단계(면식 단계)
두 사람이 직접 만나거나 대화하지 않고, 단순히 관찰을 통해 서로를 알아가는 초기 단계이다.
② 피상적 역할 단계(접촉 단계)
• 처음으로 직접적인 교류가 시작된다.
• 이 단계에서 관계 유지를 위해서는 '공정성'과 '호혜성'이 핵심 요소가 된다.
• 친밀감이나 상호의존성이 깊어지기는 어렵다.
③ 친밀한 사적 단계(상호의존 단계)
• 관계가 깊어지면서 서로 의존하는 모습이 나타난다.
• 개인적인 수준에서 깊은 교류가 이루어진다.
• 이 단계에서는 호혜성의 원칙을 초월하게 된다.

3) 알트만과 테일러의 사회적 침투 이론

첫인상 단계 ➡ 접근 단계 ➡ 탐색적 애정 교환 단계 ➡ 애정 교환 단계 ➡ 안정적 교환 단계

4) 넬슨 존스의 인간관계 3요인

보상성	긍정적인 보상이 커질수록 관계가 더욱 깊어짐
상호성	서로 간의 보상이 균형있게 이루어져야 관계가 발전함
규칙	서로의 행동과 약속에 대한 명확한 지침을 의미

5) 호손 실험의 이해

① 배경
- 1920년 엘튼 메이요(Elton Mayo)가 주장한 실험으로, 조직 생산성 향상엔 인간의 정서적 요인이 핵심이라는 점을 강조한다.
- 종업원의 생산성 향상에 영향을 주는 요인은 단순히 작업 환경이나 임금이 아니라, 조직에 대한 감정, 태도, 그리고 인간관계 등의 사회적 요인도 중요한 동기 유발 요인이라는 점이 밝혀졌다.
- 종업원의 감정과 태도는 조직 내 인간관계에 의해 크게 영향을 받으며, 개인의 능력보다 비공식적 조직의 규범이 더 중요한 역할을 한다는 점이 강조되었다.

② 핵심 의의
- 지도자의 중요성: 공식적 · 비공식적 지도자 모두 동등하게 중요하다.
- 능률과 감독: 전체적인 감독 조건이 능률 향상의 핵심이다.
- 조직 간 관계: 경영자와 비공식적 조직은 상호 영향을 주고받는다.
- 조직의 보호 기능: 노동자는 비공식적 조직을 통해 경영자의 자의적 결정으로부터 자기보호가 가능하다.

02 자아 이해의 모델

1) 조하리의 창(Johari's window)

① 정의
인간관계 진단 방법인 조하리의 창 이론은 조셉 러프트(Joseph Luft)와 해리 잉햄(Harry Ingham)이 각자 이름의 앞부분을 합성해 만든 용어다.

② 진단기준

구분		피드백 얻는 정도	
		내가 알고 있는 정보	내가 모르고 있는 정보
자기 공개 정도	타인이 알고 있는 정보	〈공개된 영역(개방형)〉 • = 나도 알고, 남도 안다 • 가장 바람직한 유형 • 원만한 인간관계 • 자기표현과 경청을 잘함 • 지나치면, 주책스럽고 경박스러워 보일 수 있음	〈맹목 영역(자기주장형)〉 • = 나는 모르는데, 남은 안다 • 자신감 충만, 솔직하고 시원 • 독단, 독선적(타인 반응에 둔감) • 다른 사람의 말에 경청 노력

타인이 모르고 있는 정보	〈숨겨진 영역(신중형)〉 • = 나는 아는데, 남은 모른다 • 현대인에게 가장 많은 유형 • 자신의 이야기를 잘 안 함 • 속이 깊고 신중함 • 다른 사람과 더 넓고 깊이 있는 교류 필요	〈미지 영역(고립형)〉 • = 나도 모르고, 남도 모른다 • 소극적, 혼자 있는 것 좋아함 • 고집이 세고 주관이 지나치게 강함 • 긍정적 태도 필요

2) 존 포웰(John Powell)의 자아개방 5단계

1단계: 상투적인 표현의 단계(일상적 회화 수준)	• 가장 표면적인 수준으로, 일상적인 인사나 사회적 관습에 따른 대화가 이루어짐 • 개인적인 감정이나 정보 개방 없이, 형식적인 표현이 주를 이룸 예 "안녕하세요?", "오늘 날씨 좋네요.", "좋은 하루 보내세요!"
2단계: 사실 정보들을 교환하는 단계 (정보를 주고받는 단계)	• 사실을 공유하는 단계로, 감정 없이 객관적인 정보를 주고받음 • 업무, 뉴스, 일상적인 사건 등에 대한 이야기가 포함
3단계: 생각과 판단을 이야기하는 단계	• 상대방의 반응을 보며 '내가 아는 바로는', '내가 보기에는'과 같이, 의견을 조심스럽게 이야기하는 단계 • 다음 단계로 진행되기 전까진 진실한 자아 개방적 의사소통이라고 볼 수 없는 단계
4단계: 느낌, 감정, 직관의 단계	• 자신의 느낌이나 감정까지 나누는 단계의 대화 • 이 단계에서는 마음을 나누는 대화가 이루어짐
5단계: 최상의 의사소통 단계(진실의 단계)	• 가장 깊은 수준의 의사소통 단계로, 개인의 내면을 숨김없이 공유하는 단계 • 서로 간의 이해관계나 느낌이 이상적으로 교감할 수 있는 단계로, 상대방과 깊이있는 대화가 성립

인간관계의 역동성

01 부적응적 인간관계

01 부적응자 이론 및 인간관계

1) 머튼(Merton)의 부적응자 아노미 이론

① 아노미의 개념

머튼은 아노미를 '문화적 목표'와 '제도적 수단' 사이에서 발생하는 격차라고 정의한다. 예를 들어, 성공이라는 목표와 그것을 달성하기 위한 합법적 방법 사이의 괴리를 의미한다.

② 인간 욕구의 본질

인간의 욕구는 순수하게 개인적인 것이 아니라, 사회문화적 맥락 속에서 형성되고 결정된다고 보았다. 이를 바탕으로 5가지 부적응 유형을 제시하였다.

③ 아노미와 행동의 관계

머튼 이론의 핵심은 어떤 부적응 유형이 가장 일반적인지를 구분하는 것이 아니다. 대신, 문화적 목표와 제도적 수단 사이의 괴리(아노미)가 일반적인 행동을 유발한다는 점을 강조한다.

④ 부적응 5가지 유형

동조형	문화적 목표와 제도적 수단을 모두 수용(부적응에서 제외)	문화○, 제도○
혁신형	• 문화적 목표는 수용하지만 제도적 수단은 거부 • 횡령, 사기, 강도	문화○, 제도×
의례형	• 문화적 목표는 거부하지만 제도적 수단은 수용 • 공무원의 복지부동	문화×, 제도○
패배형	• 문화적 목표와 제도적 수단을 모두 거부 • 약물중독자, 은둔자, 방랑자	문화×, 제도×
반역형	• 문화적 목표와 제도적 수단을 모두 거부하고 기존의 것을 변화시키려는 유형 • 혁명가, 사회운동가	문화×, 제도×, 새로운 것○

⑤ 아노미 이론의 한계점

- 문화의 다양성 무시: 문화의 다양성과 단일의 추구하는 문화의 다양성을 무시하고 있다.
- 개인적 차이 설명 부족: 일탈행위의 중동적 일탈이나 개인적 반응의 차이를 충분히 설명하지 못하고 있다.
- 일시적 범죄 설명력 부족: 문화적 목표와는 상관없이 일시적으로 발생하는 범죄에 대하여 설득력이 떨어진다.

- 특정 계층 범죄 설명 한계: 중산층이나 상류 계층에서 발생하는 비행이나 범죄에 대하여 설명하지 못한다.
- 범죄 유형별 설명력 차이: 재산 범죄에 대해서는 타당한 논리이지만 폭력 범죄(살인 범죄)에 대한 설득력이 낮다.

2) 부적응적 인간관계

회피형(고립형)	경시형	인간관계 무시, 고독을 즐김
인간관계 폭이 제한적	피상형	불안과 낮은 자존감으로 인간관계 맺기를 두려워 함
피상형	실리형	현실 이득이 있을 때만 관계를 맺는 업무중심적 관계
	유희형	즐기기 위한 관계, 진지한 주제는 피함
미숙형	소외형	관계에 적극적이고자 하지만 따돌림을 당함
	반목형	사람들과 자주 부딪히고 갈등을 만듦
인간관계 탐닉형	의존형	타인에게 전적으로 의지하고 애정을 계속 확인하려고 함
	지배형	자신을 중심으로 세력을 만들고자 하며 주도적 역할을 하려고 함

겉으로만 원만한 것으로 보이는 인간관계. 관계의 폭은 넓지만 깊이는 낮음

대인관계를 잘 맺고자 하지만 기술이 부족

인간관계를 강박적으로 추구하고자 함

3) 접촉경계 혼란 장애

내사 (Introjection)	무비판적으로 타인의 신념과 기준을 받아들여 자신의 것처럼 수용하는 현상. 특히 부모의 가치관이나 도덕률을 과도하게 내면화하여, 타인의 행동양식과 신념, 감정, 평가를 자신의 것이 아님에도 그대로 수용하게 되는 특징을 보임
투사 (Projection)	개인의 감정이나 욕구를 타인의 것으로 잘못 지각하며, 책임을 타인에게 전가하는 현상
반전 (Retroflection)	타인을 향한 감정 표현을 억제하고 대신 자신에게로 돌리는 현상. 타인에 대한 분노를 표출하지 못하고 대신 자신을 공격하거나 고문하는 형태로 나타남
융합 (Confluence)	관계를 맺은 두 사람이 각자의 독자성은 무시한 채, 동일한 가치관 안에서 살아간다고 믿는 심리 상태를 의미
편향 (Deflection)	내적 갈등이나 외부 자극에 대한 부담을 피하고자 자신의 감각을 둔화시켜, 원래의 감흥을 억압하는 방어기제
자의식 (Egotism)	자신을 지나치게 관찰하고 의식하는 상태로, 타인의 반응에 과도하게 신경 쓰며 자신의 행동을 외부 관찰자의 시점에서 끊임없이 감시하고 통제하는 특성

02 인간관계 갈등 요소 및 개선 방안

1) 인간관계에서 갈등을 일으키는 요소
상호의존성, 상반되는 목표, 한정된 자원, 표출된 행동의 충돌, 개입에 의한 좌절 등이 있다.

2) 인간관계 개선을 위한 수직 화살표 기법
자신의 부정적 사고가 가진 의미를 스스로 질문하면서 역기능적 신념을 발견하는 방법론을 말한다.

SECTION 03

대인지각과 의사소통

출제빈도 상 중 하
반복학습 1 2 3

---

01 대인지각의 이해

01 대인지각의 의미와 왜곡 현상

1) 대인지각의 개념

① 대인지각의 의미
- 주변적 관계와 타인들에 대해 형성되는 인상을 파악하는 과정이다.
- 사회적 행동을 이해하기 위한 기초적 기능이다.
- 단편적이고 간접적 정보로도 고유의 특성을 찾아내는 능력을 말한다.

② 대인지각의 특징
- 어떤 측면의 평가가 다른 측면까지 확대되는 후광효과가 있다.
- 자신의 심리적 상태를 상대방에게 투사하는 경향이 있다.
- 상대를 정확히 인지하는 능력의 개인차가 존재한다.
- 첫인상에서 받은 정보로 규정하는 초출 효과가 현저하다.

2) 대인매력의 유사성의 요인(돈 바이른)

사고, 경제적 기반, 능력, 신체적 특징, 태도, 배경, 문화 등이 있다.

3) 대인지각 왜곡유형

① 긍정 · 부정, 장점 · 단점 관련 효과★

후광 효과	한 사람이 가진 긍정 또는 부정의 특성 요인으로 인해(외모, 학력, 사교성 등) 그 사람에 대한 전체적인 평가에 영향을 주는 것
악마 효과	싫은 사람이라는 인상이 형성되면 그 사람의 다른 측면까지 부정적으로 비춰지는 것

② 매력적인 사람과 함께 있을 때 효과★

방사 효과	매력적인 사람과 함께 있으면 사회적 지위나 자존심이 고양되는 효과
대비 효과	너무 매력적인 상대와 함께 있으면 그 사람과 비교되어 평가절하되는 것

> **📚 교수님 TIP**
>
> 헷갈릴 수 있는 효과를 묶어 표를 만들었습니다. 같은 표에 있는 효과끼리 혼동되지 않게 암기해 주세요.

③ 최근 및 나중(시점)에 인지된 정보로 인한 인상지각 효과★

초두(초기) 효과	처음 제시된 정보나 인상이 나중에 보여진 정보보다 더 큰 영향을 끼치는 효과

최근(최신) 효과
└ 초두 효과와 반대
	• 최근에 제시된 정보가 더 큰 영향을 주는 것
	• 최신효과가 적용되는 상황
	  – 가장 최근에 받아들인 정보가 이전 정보들보다 더욱 현저하게 부각되는 경우
	  – 이전에 수집했던 정보들이 체계적으로 정리되어 동기화된 상태인 경우
	  – 처음 제시된 정보가 너무 오래 전이라 이미 기억에서 망각된 상태인 경우
	  – 평소에는 좋은 이미지로 알려진 연예인에게 갑자기 불미스러운 스캔들이 발생한 경우

대조 효과	최근에 주어진 정보와 비교하여 판단하는 경향
빈발 효과	첫인상이 안 좋더라도, 그 후 반복해서 긍정적인 행동과 태도가 보여지면 점점 좋은 인상으로 바뀌는 효과

④ 타인과 비교를 통해 인지되는 효과

중심화 경향	판단을 할 때 극단적으로 판단을 하기보다, 중간 정도로 적당히 평가 하려는 경향
투영 효과	판단을 할 때 자신과 비교하여 남을 평가하려는 경향
관대화 경향	타인을 긍정적으로 평가하고자 하는 경향
최소량의 법칙	그 사람의 평가가 장점보다 '단점'에 의해 결정되는 경향

⑤ 고정관념 관련 효과

스테레오 타입	한두 가지 사례만 보고 대상 전체를 평가하려는 경향
범주화의 고정관념	같은 범주의 집단에 있는 사람이라면 다 비슷할 것이라고 생각하는 경향

교수님 TIP

대조 효과와 대비 효과, 두 가지를 혼동하면 안 됩니다.

암기 TIP

스테레오 타입
작은 걸 보고 → 전체를 판단

암기 TIP

범주화의 고정관념
전체를 보고 → 작은 걸 일반화하여 판단

02 효과적인 의사소통

01 의사소통 개념 및 하버마스의 이상적 소통 기준

1) 의사소통의 기본 개념

- 의사소통은 라틴어 'communis'에서 유래했으며, 이는 '함께 나누다' 또는 '공유하다'라는 의미를 담고 있다.
- 서로가 이해할 수 있는 언어나 상징(symbol) 등의 도구를 통해 개념을 공유하는 과정이다. 이러한 과정을 통해 인간관계를 형성하고 유지하는 활동이 이루어진다.
- 의사소통의 과정은 정보 전달자(Sender) → 정보 암호화(Encoding) → 전달 수단(Channel) → 정보 해석(Decoding) → 정보 수신자(Receiver) 순으로 진행된다.

2) 이상적인 의사소통 상태를 특정 짓는 준거(하버마스)

이해 가능성	의도를 명확하게 전달하고, 불필요한 전문용어 사용을 피해 모든 사람이 이해할 수 있어야 함
진지성	의사소통 과정에서 속임수나 거짓이 없어야 함

타당성	전달하는 내용이 상황 · 문맥에 적절히 부합해야 함
진리성	주고받는 메시지는 사실에 기반한 진실이어야 함 맥락에 맞게(○)

02 의사소통의 유형과 기술★★

1) 의사소통 유형

상향적 의사소통	• 개념: 조직의 하부에서 상부로 정보가 전달되는 소통방식 • 전달수단: 보고서, 내부 결재, 직원 여론 조사, 개별 면접, 인사 상담, 제안 및 결의체 제도 • 장점: 쌍방향 소통으로 하향적 의사소통의 문제점 개선 가능 • 단점: 부정적 내용이나 반대 의견이 걸러지는 '선택적 여과' 발생
하향적 의사소통	• 개념: 상급자에서 하급자로 향하는 정보 전달 방식 • 목적: 업무 지시, 절차 안내, 조직목표 전달 • 전달수단: 게시물, 뉴스레터, 구내방송, 편람, 강연, 기관지 • 장점: 구성원 사기 진작과 조직 내 소통경로 확립 • 단점: 일방적이고 획일적 소통으로 의견수렴 어려움, 비밀유출 위험, 상사 거부감으로 인한 소통 왜곡의 가능성
수평적 의사소통	• 개념: 동일 계층이나 비상하관계 간의 소통 • 방식: 조직 내 동료 간 또는 부서 간 소통 • 전달수단: 직상사 제도, 회의, 위원회, 회람, 통보 • 장점: 집단적 문제해결, 협력증진, 임무조정, 정보공유

포도덩굴 의사소통	• 개념: 친교, 학연, 지연 등을 통한 비공식적 소통
	• 장점
	  – 정보 전달 속도가 매우 빠름
	  – 하급자의 태도, 감정, 아이디어 등 가치 있는 정보 획득 가능
	  – 공식 소통으로는 알기 어려운 유익한 정보 제공
	  – 하급자들의 스트레스 해소 통로 역할
	• 단점
	  – 정보가 전달되는 과정에서 내용 왜곡 가능성 높음
	  – 무책임한 정보 전달 시 관리자의 통제가 어려움
	  – 부정확한 정보로 인한 조직 명예 훼손의 가능성
	  – 조직의 와해를 초래할 수 있는 위험성 존재

➕ 더 알기 TIP

두 가지 비공식적 의사소통
포도덩굴 의사소통, 유언비어

2) 의사소통 장애요인★★

선택적 지각/ 지각상의 차이	• 개인은 자신의 신념과 이해 체계에 부합하는 정보만을 선별적으로 받아들이려는 경향이 있음 • 고정관념, 상동적 태도, 후광효과 등이 이에 해당
가치판단(고정관념)	• 수신자가 메시지 전체를 받아들이기 전에 자신의 가치기준으로 미리 판단하려는 성향 • 기존에 형성된 고정관념으로 메시지를 평가하는 경향
감정 상태	• 지나친 흥분이나 분노 상태에서는 효과적인 소통이 어려움 • 부정적 감정이 클수록 의사소통의 장애 발생 가능성 증가
정보의 여과	• 하급자들이 불리한 정보는 숨기고 긍정적 정보만 상급자에게 전달 • 자신의 성과를 유리하게 평가받기 위한 의도적 정보 선별
준거의 틀	• 전달자와 수신자가 각각 다른 입장에서 서로 다른 기준 적용 • 개인별 상황과 관점의 차이로 인한 소통 장애

위신 관계	• 조직 내 권력, 계급, 직급 차이가 자유로운 소통을 방해 • 수직적 관계로 인한 의사소통의 제약
집단의 응집력	• 집단 내 응집력이 강할수록 독특한 내부 언어 발달 • 외부인과의 소통 시 장애 요인으로 작용
투사	• 개인이 수용하기 어려운 사고, 감정, 행동을 타인이나 환경의 탓으로 돌리는 과정 • 객관적 소통을 방해하는 심리적 방어기제

3) 효과적인 부탁의 기술

① 한 발 들여놓기 기법

처음에는 상대방이 부담 없이 들어줄 수 있는 작은 요청을 하고, 이후 상대방이 이를 수용하면 점차적으로 요청의 수준을 높여가는 방식이다. 즉, 작은 요청부터 시작하여 큰 요청으로 발전시키는 기법이다.

② 얼굴 부딪히기 기법

처음부터 자신이 실제로 원하는 것보다 더 큰 것을 요청한 후, 상대방이 이를 거절하면 점차 요청 수준을 낮추어 원하는 수준에서 합의를 이끌어내는 방식이다. 즉, 큰 요청에서 시작하여 작은 요청으로 조정하는 기법이다.

③ 실리의 기법

상대방에게 한꺼번에 많은 것을 요구하면 부담을 느낄 수 있기 때문에, 큰 요청을 여러 개의 작은 요청으로 나누어 점진적으로 부탁하는 방식이다. 이를 통해 상대방의 부담을 줄이면서도 원하는 바를 효과적으로 달성할 수 있다.

4) 의사소통 채널의 충실도

• 채널의 충실도란 정보 전달 과정에서 발생하는 모호성과 불확실성을 해소할 수 있는 정도를 의미한다.
• 채널별 충실도 순위는 다음과 같다. ★

• 충실도의 정도에 따른 특성은 다음과 같다.

높은 충실도	다중적, 빠른 피드백, 정확하지만 시간 다소 소요
낮은 충실도	단순성, 느린 피드백, 빠르지만 정확도 낮음

심리분석과 갈등해결

01 교류분석(TA)의 이해

01 교류분석(TA ; Transaction Analysis) 특성 및 인간관

1) TA 개념 및 특성★

- 미국의 정신과 의사인 에릭 번(Eric Berne)이 개발하였다.
- 교류분석은 분석 이론과 욕구 이론으로 구성되며, 분석 이론은 구조 분석, 교류 분석, 게임 분석, 각본 분석을 포함하고, 욕구 이론은 스트로크, 시간의 구조화, 대인 관계를 포함한다.
- 교류분석에서 중요하게 여기는 관점은 '지금 이 순간'으로, 과거와 타인은 변할 수 없으며, 바꿀 수 있는 것은 오직 자기 자신뿐이라고 본다. 따라서 상대를 변화시키는 것이 아니라, 자신을 변화시키는 것을 배우는 학문이다.
- 타인에게 요구가 많아질수록 심리적으로 미숙한 상태라고 판단한다.
- 인간은 자율적인 존재이며 긍정성을 지니고 있으며, 변화할 수 있는 존재로 보는 인간관을 가지고 있다.

2) 교류분석(TA) 목적

① 자기에 대한 이해
자기 자신을 깊이 이해함으로써 심신(心身)을 보다 잘 통제할 수 있게 된다.
② 타인에 대한 이해
자율성을 높여 주기 위해서, 자신이 선택하는 행동에 대한 책임을 지는 태도가 성장하며 발달한다.
③ 자신과 타인의 관계 이해
좋지 않은 인간관계에 빠지지 않고 원활한 의사소통을 통해 마음의 스트로크를 경험하여 자신의 자존감을 보다 잘 확립해 나갈 수 있다.

3) 교류분석(TA) 인간관

자율성	• 모든 인간은 자율성을 지닌 존재이며, 자발적으로 정서를 표현하고 타인과 친밀한 관계를 맺을 수 있는 능력을 보유한 기본 특성을 가지고 있음 • 자율성의 발달 　– 유년기: 부모의 명령과 금지로 자율성이 일시적으로 억제됨 　– 성장기: 억제된 자율성을 스스로 회복하며 점차 증대 　– 본질: 생리적이고 선천적인 특성으로, 내면에 잠재된 회복 능력 존재
긍정성	• 태어날 때부터 모든 행동과 행위에서 긍정적 성향을 지님 • 현실을 지향하는 건강한 심리구조 보유와 신체와 정신의 건강을 추구하는 내면의 욕구 인정 　└ 예 인간은 모두 왕자 · 공주로 태어난다.

변화 가능성	• 초기 생애의 결정사항도 새로운 선택으로 변화가 가능하다는 발달적 특성을 가짐 • 과거 결정에 대한 재검토를 통해 새로운 삶의 방향 설정과 친밀감을 바탕으로 초기 생활 태도의 변화 실현

02 TA 분석 이론과 욕구 이론

1) 분석 이론 (구조, 교류, 게임, 각본)

① 구조 분석

구조 분석에서는 인간의 마음이 부모의 마음(P), 어른의 마음(A), 아이의 마음(C) 총 3가지 자아로 구성되어있다고 본다.

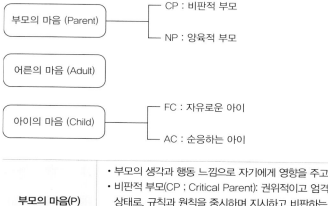

부모의 마음(P)	• 부모의 생각과 행동 느낌으로 자기에게 영향을 주고 있는 말이나 행동에 포함 • 비판적 부모(CP ; Critical Parent): 권위적이고 엄격한 부모의 역할과 같은 마음 상태로, 규칙과 원칙을 중시하며 지시하고 비판하는 태도 • 양육적 부모(NP ; Nuturing Parent): 따뜻하고 보살피는 어머니와 같은 마음 상태로, 공감하고 보호하며 칭찬과 격려를 통해 상대방을 양육하는 태도
어른의 마음(A)	• 감정에 지배되지 않고 냉정한 부분 ⌐냉정하다고 해서 정신적으로 성숙하다는 의미는 아님 • 사실 중심, 논리적, 이성적, 문제에 대한 해결책을 찾으려고 함
아이의 마음(C)	• 어린 시절 실제로 느낀 행동이나 감정이 나타나는 상태, 본능, 직관적이고 순응적 • 자유로운 아이(FC ; Free Child): 감정적, 본능적, 호기심, 충동, FC가 풍부한 것이 건강한 것 • 순응하는 아이(AC ; Adapted Child): 소극, 겸손, 모방, 눈치를 봄, '자유로운 나'를 억압하여 마치 어른인 것처럼 행동

• 건강하고 통합적인 성격 발달을 저해하는 요소로는 자아의 오염과 배타가 있다.

자아의 오염	• 두 개의 자아가 섞여서 부정적 자아를 만듦 • 강한 편견, 망상, 환상 등
자아의 배타	• 자아 상태의 경계가 경직되어 자아 상태 간의 교류가 차단되어 극단적인 모습을 보임 • 지나치게 논리적, 감정표현 없는 로봇 인간, 반사회적 행동 등

② 교류 분석(대화 분석)★

상보 교류	• 기대한 반응이 돌아오는 교류 • 평행 교류, 무갈등 교류 / 즐겁고 생산적인 대화 / 기분 좋은 대화
교차 교류	• 기대한 반응이 돌아오지 않는 교류 • 갈등 교류 / 대화가 어색해지며 중단 / 부정적 인간관계

➕ 더 알기 TIP

내사(Introjection)

게슈탈트 심리치료에서 말하는 접촉 경계 혼란(Contact Boundary Disturbances)의 한 형태로, 어린 시절 부모나 교사와 같은 권위자로부터 사고방식과 규범을 깊이 검토하지 않고 그대로 받아들이는 것을 의미한다. 이는 자신의 가치관과 외부에서 주어진 가치관을 혼동하게 만들며, 자율성과 자기 결정 능력을 저하시킬 수 있다.

⬡ 어른에게 버릇없는 사람이 되면 안 된다. 남자는 슬퍼도 울음을 참을 줄 알아야 한다. 여자는 항상 조신한 행동을 해야 한다.

이면 교류	• 속마음과 다른 표현의 대화 교류 • 숨겨진 교류, 표면적 대화 뒤에 숨겨진 진짜 메시지, 본심을 안 후 부정적 인간 관계가 되기도, 감동을 받기도 함

③ 그 외 분석: 게임 분석, 각본 분석 등

2) 욕구 이론

① 스트로크
- 인간의 타고난 욕구인 자극 갈망은 '스트로크'가 채워준다.
- 스트로크는 타인에 의한 존재의 인정을 확인하는 행위이다.
- 긍정적 스트로크가 없다면 부정적 스트로크라도 있는 것이 낫다고 본다.

② 시간의 구조화
- 주어진 인생의 시간을 어떻게 구조화하느냐에 따라 삶의 방향이 결정된다.
- 시간을 구조화하는 방법에는 폐쇄, 의례, 담소(소일), 활동, 게임, 친밀이 있다.

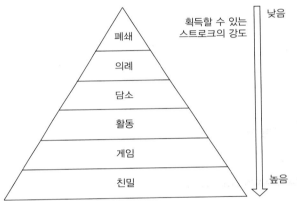

폐쇄	• 타인과 관계를 맺지 않으므로 배척받을 위험도 낮음 • 자기에게 스스로 스트로크를 주려는 자기애적 모습으로 나타남 • 몸은 사람들과 있어도 공상을 하는 등 마음은 다른 곳에 있어 교류하지 않음
의례	• 관습적 행사에만 의례적으로 참여 → 최소한의 스트로크 간신히 유지 • 타인의 반응이 예측 가능한 안전한 시간 구조화 방법
담소(잡담)	직업, 육아, 취미 등 일상의 무난한 화제를 대상으로 대화가 깊이 들어가지 않고 즐거운 스트로크의 교환을 하는 상태
활동	• 특정한 목적 달성을 위해 타인과 교류하는 것 • 창조적이고 생산적인 교류, 실용적인 시각 구조화 형태
게임	• 표면적 메시지와 심리적 메시지가 일치하지 않는 교류(이면교류) • 어린 시절 부모와 원활하지 않은 경우: 긍정적 행동을 통해 원하는 만큼 스트로크를 얻을 수 없던 사람이 많음 → 부정적 스트로크 교환
친밀	• 이용하려는 의도가 없는 솔직한 감정의 교류 • 서로 신뢰하고 순수한 배려를 함 • 스트로크가 가장 큼

③ 인생태도★

I'm OK - You're OK 자기 긍정, 타인 긍정	• 협력, 공존, 함께하다 • 합리적, 객관적
I'm OK - You're not OK 자기 긍정, 타인 부정	• 상대방 배제, 독선, 배타적 • 타인을 가치 없다고 생각
I'm not OK - You're OK 자기 부정, 타인 긍정	• 자책, 좌절, 회피 • 우울증, 자살충동
I'm not OK - You're not OK 자기 부정, 타인 부정	• 불신, 포기, 극도로 부정 • 정신적 문제 발생할 수 있음

④ 인간관계 촉진 요인
정서적 지지와 공감, 자기 공개, 즐거운 체험의 공유, 현실적 도움의 교환 등이 있다.

03 인지적 재구성법 및 갈등해결 전략

1) 인지적 재구성법(ABC 모델)
• 인간관계 개선 방법 중 자신에게 부정적 사고가 의미하는 것을 자문함으로써 역기능적 신념을 찾는 방법이다.
• 감정을 구체화(Consequence) → 선행사건 기술(Activating Event) → 불쾌한 사고 내용 찾음(Belief)

2) 사이먼(Simon)과 마치(March)의 갈등해결 전략

문제해결	갈등 당사자 간에 기본적인 목표의 공유와 합의
설득	목표는 서로 다르지만 목표의 공유 또는 합의 가능성 인정
협상	어떤 공통된 문제에 대하여 당사자 상호간에 합의를 형성함으로써 상충하는 이익을 조정해 나가는 과정
정략	접촉 당사자들이 협상의 장이 형성되어 있지 않다고 생각하는 상황에서 유리한 후원자를 동원해 유리한 타결을 모색하는 방식

01 인간관계 유형에 대한 설명으로 옳은 것은?

① 교환적 관계는 가족과 친한 지인 사이에서 나타나며, 호혜성의 원칙이 무시된다.

② 횡적 관계는 지위나 위치가 다른 사람끼리의 상호작용으로 형식적이고 수단적인 성격을 띤다.

③ 공유적 관계는 호혜성의 원칙이 무시되며, 가족이나 친한 지인 사이에서 나타난다.

④ 종적 관계는 거래와 교환의 특성을 가지며, 득과 실의 균형이 중요한 관계이다.

⑤ 교환적 관계는 자발적 속성을 가지며 사회적 지위가 비슷한 사람들 사이에서 나타난다.

02 휴스턴과 레빙거의 인간관계 발달 3단계 중, 피상적 역할 단계(접촉 단계)의 특징으로 옳은 것은?

① 두 사람이 서로 대화를 하지 않고 관찰만으로 관계를 유지한다.

② 공정성과 호혜성의 원칙이 중요하며, 친밀감이 깊어지는 단계이다.

③ 개인적 수준의 깊은 교류가 이루어지며 상호의존이 나타난다.

④ 서로를 알아가는 초기 단계로 간단한 관찰로 관계가 형성된다.

⑤ 처음으로 직접적인 교류가 시작되며, 공정성과 호혜성이 요구된다.

03 넬슨 존스의 인간관계 3요인 중 보상성에 해당하는 설명으로 가장 적합한 것은?

① 상대방의 행동과 약속에 대한 명확한 지침을 제공한다.

② 긍정적 보상이 클수록 관계가 더욱 깊어진다.

③ 서로 간의 보상이 균형 있게 이루어져야 관계가 발전한다.

④ 사회적 규범에 기반하여 인간관계를 평가한다.

⑤ 인간관계는 주로 신뢰와 규칙에 따라 결정된다.

04 대인지각의 왜곡 유형 중 '후광 효과'에 대한 설명으로 옳은 것은?

① 긍정적 특성이 다른 측면의 평가에도 긍정적 영향을 미치는 현상이다.

② 매력적인 상대와 함께 있을 때 사회적 지위가 평가절하되는 효과이다.

③ 최근에 제시된 정보가 인상의 형성에 큰 영향을 미치는 현상이다.

④ 자신의 심리적 상태를 타인에게 투사하는 현상이다.

⑤ 특정 집단의 고정된 이미지를 개인에게 적용하는 경향이다.

05 인간관계 부적응 유형 중 회피형에 해당하지 않는 것은?

① 경시형 – 인간관계를 무시하며 고독을 즐긴다.
② 불안형 – 불안감과 낮은 자존감으로 관계 맺기를 두려워한다.
③ 실리형 – 현실적인 이득이 있을 때만 관계를 맺는다.
④ 고립형 – 인간관계의 폭이 매우 제한적이다.
⑤ 타인과의 교류를 최소화하며 자기 보호를 우선시한다.

06 조하리의 마음의 창 중 '숨겨진 영역'에 해당하는 특징은?

① 나는 모르는데 남은 아는 정보가 포함된다.
② 자신의 이야기를 잘 하지 않으며 속이 깊고 신중하다.
③ 나도 알고 남도 아는 정보로 인간관계가 원만하다.
④ 소극적이며 혼자 있는 것을 좋아하는 특성이 있다.
⑤ 자신감이 충만하여 솔직하고 시원스러운 성격이다.

07 대인지각 왜곡 효과 중 '초두 효과'의 특징으로 옳은 것은?

① 최근에 제시된 정보가 가장 크게 영향을 미친다.
② 처음 제시된 정보가 이후에 제시된 정보보다 더 큰 영향을 미친다.
③ 매력적인 사람과 함께 있으면 사회적 지위가 낮아진다.
④ 자신과 비교하여 타인을 평가하려는 경향이다.
⑤ 시간이 지나면서 부정적 인상이 긍정적으로 변화하는 것이다.

08 교류분석(TA)에서 '어른 마음'의 특징으로 올바른 설명은?

① 어린 시절의 감정과 행동이 지배적인 상태이다.
② 논리적이고 이성적으로 문제 해결에 집중한다.
③ 공감과 보호, 칭찬 등의 양육적 태도를 보인다.
④ 권위적이고 비판적인 태도를 가진다.
⑤ 자유롭고 본능적인 감정을 표현하는 상태이다.

09 스트로크(Stroke)에 대한 설명으로 옳지 않은 것은?

① 인간은 자극을 갈망하며 이를 스트로크로 충족한다.
② 긍정적 스트로크가 없다면 부정적 스트로크라도 받으려 한다.
③ 스트로크는 타인에 의해 존재를 인정받는 행위이다.
④ 스트로크는 부정적인 경우 인간관계에서 필요하지 않다.
⑤ 긍정적 스트로크는 인간관계에 있어 매우 중요한 요소이다.

10 하버마스의 이상적 의사소통 기준으로 옳지 않은 것은?

① 모든 사람이 이해할 수 있도록 명확하게 의도를 전달한다.
② 메시지는 반드시 사실에 기반한 진실이어야 한다.
③ 상대방을 설득하기 위해 일부 과장된 내용을 포함할 수 있다.
④ 의사소통 과정에서 거짓이나 속임수가 없어야 한다.
⑤ 상황과 문맥에 적절히 부합하는 내용을 전달해야 한다.

정답 & 해설

| 01 | ③ | 02 | ⑤ | 03 | ② | 04 | ① | 05 | ③ |
| 06 | ② | 07 | ② | 08 | ② | 09 | ④ | 10 | ③ |

01 ③

오답 피하기

① 교환적 관계는 거래와 교환이 중심이 되며, 득과 실의 균형이 중요한 관계이다. 가족과 지인 사이에서 나타나는 것은 공유적 관계이다.

② 횡적 관계는 지위나 위치가 비슷한 사람들 간의 자발적 상호작용이다. 지위가 다른 사람끼리의 상호작용은 종적 관계이다.

④ 종적 관계는 지위가 다른 사람들 간의 상호작용으로 형식적이고 수단적 성격을 가지며, 교환적 관계는 거래적 특성을 가진다.

⑤ 교환적 관계는 자발적 속성이 아니라 거래적 속성을 가지며, 득과 실의 균형이 중요한 관계이다.

02 ⑤

피상적 역할 단계는 관계 초기에 서로가 직접적인 교류를 시작하며, 공정성과 호혜성이 중요한 단계이다.

오답 피하기

① 면식 단계에 해당하는 설명이다.

② 친밀한 사적 단계(상호의존 단계)에 해당하는 설명이다.

③ 상호의존 단계에서는 깊은 교류와 상호의존이 나타난다.

④ 면식 단계는 관찰을 통해 서로를 알아가는 단계이다.

03 ②

오답 피하기

① 규칙에 해당하는 설명이다.

③ 상호성에 해당하는 설명이다.

④ 사회적 규범은 인간관계 요인 중 규칙과 관련있다.

⑤ 규칙과 상호성에 포함되는 설명이다.

04 ①

오답 피하기

② 대비 효과. ③ 최근(최신) 효과. ④ 투사의 정의. ⑤ 고정관념과 관련된 설명이다.

05 ③

실리형은 인간관계의 깊이는 얕지만 폭이 넓은 피상형에 해당하며, 회피형과는 다르다.

06 ②

숨겨진 영역은 자신은 알지만 타인은 모르는 정보로 구성되며, 신중하고 자신의 이야기를 잘 하지 않는 현대인들에게 많이 나타난다.

오답 피하기

① 맹목 영역. ③ 공개된 영역. ④ 미지 영역. ⑤ 맹목 영역에 해당한다.

07 ②

초두 효과는 처음 받은 정보가 이후의 정보보다 더 강한 영향을 미치는 현상을 말하며, 최근 효과와 반대된다.

오답 피하기

① 최근에 제시된 정보가 가장 큰 영향을 미치는 것은 최근 효과이다.

③ 매력적인 사람과 함께 있으면 사회적 지위가 낮아지는 것은 대비 효과이다.

④ 자신과 비교하여 타인을 평가하는 경향은 투영 효과이다.

⑤ 시간이 지나면서 부정적 인상이 긍정적으로 변화하는 것은 빈발 효과이다.

08 ②

어른 마음은 논리적이고 이성적이며, 감정에 치우치지 않고 문제를 해결하려는 태도를 의미한다.

오답 피하기

① 아이 마음에 해당한다.

③ 양육적 부모 마음에 해당한다.

④ 비판적 부모 마음에 해당한다.

⑤ 자유로운 아이 마음에 해당한다.

09 ④

부정적 스트로크라도 긍정적 스트로크가 부족한 상황에서는 인간관계에서 중요할 수 있다.

10 ③

하버마스의 의사소통 기준은 진리성과 진지성을 강조하며, 속임수나 과장된 내용은 배제된다.

06

서비스의 기초와
분류체계

서비스의 다양한 정의와 특성을 이해하고 효과적인 서비스 제공을 위한 기초 개념
을 습득한다. 코틀러와 러브락의 서비스 분류체계를 통해 서비스 유형을 분석하고
현대 서비스 산업의 특징과 발전 방향을 파악한다.

출제빈도

SECTION 01	상	40%
SECTION 02	하	25%
SECTION 03	중	35%

서비스의 기본 개념

01 서비스의 정의

01 서비스 다양한 정의

1) 서비스의 정의

레티넨 Lehtinen	고객만족을 제공하려는 고객 접촉 인력이나 장비의 상호작용 결과 일어나는 활동 또는 일련의 활동으로 소비자에게 만족을 제공하는 것
코틀러 Kotler	서비스는 어떤 사람이 상대방에게 제공할 수 있는 활동이나 혜택으로 무형적이며 소유될 수 없는 것으로 물리적 생산물과 결부될 수도 있고 그렇지 않을 수도 있음
베리 Berry	제품은 객관적 실체인 반면, 서비스는 무형활동이므로 구매를 하는 것의 본질이 유형적인지 무형적인지의 여부로 판단
베송 Bessom	자신이 수행할 수 없거나 하지 않는 활동, 만족 그리고 혜택으로 판매할 수 있는 것을 의미
라스멜 Rathmell	서비스란 시장에서 판매하는 무형의 제품으로 정의를 내리며, 손으로 만질 수 있는지 없는지에 따라 유형의 상품, 무형의 상품으로 구분

2) 서비스의 경제학적, 경영학적 정의

경제학적 정의		• 비생산적인 노동 • 비물질적인 재화
경영학적 정의	활동론적 정의	판매를 목적으로 제공되거나 또는 상품 판매와 연계해 제공되는 모든 활동, 편익 및 만족(수송, 호텔, 신용 서비스, 오락 등)
	속성론적 정의 ★	시장에서 판매되는 무형 상품(무형재, 소유권 이전이 없는 재산)
	상호관계론적 정의	서비스는 무형적 성격을 띤 일련의 활동으로 고객과 서비스 종업원의 상호관계에서 발생해 고객의 문제를 해결해 주는 것
	봉사론적 정의	인간이 제공하는 봉사적 서비스를 기계로 대체하는 방법 (서비스의 표준화, 기계화를 통한 생산성 향상)

02 서비스의 발전 단계

1) 크리스토퍼의 서비스의 3단계

① 사전 서비스(Before Service)
- 상담업무, 사전준비업무, 제안업무 등을 통해 고객을 맞이하기 위한 준비 서비스를 의미한다.
- 잠재고객과의 접촉을 통한 새로운 수요 창출이 가능하다.
- 수요 예측 및 맞춤 서비스 제공이 가능하다.

예 예약 서비스, 주차 안내원, 상품 안내 게시판, 후기, 공지된 회사정책, 시스템

② 현장 서비스(On Service)
- 고객이 매장에 들어오는 순간부터 현장서비스 진행 및 서비스의 본질이다.

예 주문 절차 편리성, 재고 관리 수준, 상품 대체성, 백오더 이용 가능성 등

③ 사후 서비스(AS ; After Service)
- 고객 유지와 관리 측면에서 매우 중요하다.
- 클레임을 미연에 방지할 수 있고 사후 서비스의 질에 따라 기업 이미지가 달라질 수 있다. 사후 서비스는 거래 전 또는 거래 시점에서 계획해야 한다.

예 고객 불평 처리 부서, 포장, 보증, 수리 ——— 거래가 끝나는 시점에서 계획하는 것은 아니다.

2) 린 쇼스택(lynn shostack)의 유형성 스펙트럼 모델

- 제품과 서비스를 단절된 개념이 아닌 연속적인 스펙트럼 상에 위치시킨 것으로, 기업의 제공물(제품과 서비스)은 유형적(물리적) 요소와 무형적 요소의 조합으로 구성되어 있다고 본다.
- 대부분의 제공물은 이 두 극단 사이 어딘가에 위치하며, 유형 요소와 무형 요소를 혼합하여 고객에게 가치를 제공한다.
- 유형성 스펙트럼의 예시는 다음과 같다.

유형 ←——————————————————————————————→ 무형

소금	청량 음료	세제	자동차	화장품	패스트 푸드점	광고 대행사	항공사	투자 관리	컨설팅	교육

- 소금 · 청량음료는 완전한 유형재로, 순수한 물리적 제품이며 서비스 요소가 거의 없다.
- 패스트푸드점은 음식(유형)과 서비스(무형)가 혼합적으로 제공되는 형태이다.
- 컨설팅 · 교육은 완전한 무형 서비스로, 전적으로 사람의 행위이며 물리적 요소가 거의 없다.

교수님 TIP

전부 다 외우기 힘들다면, 유형성에 가까운 '소금', '청량음료' / 무형성에 가까운 '교육', '컨설팅'만이라도 꼭 암기해야 합니다.

서비스 분류체계

01 학자들의 서비스 분류 및 서비스 특성

01 코틀러와 러브락의 서비스 분류

1) 코틀러(Kotler)의 서비스 분류

순수 유형재	제품에 서비스가 없는 것 예 비누, 소금, 라면 등
유형재가 주 + 서비스 약간 동반	유형재가 메인이고, 서비스는 판매 정도에 영향을 줌 예 자동차, 컴퓨터, 카메라
유형재와 서비스 비율 50:50	유형재와 서비스가 동등 수준으로 구성 예 레스토랑 (음식 + 서비스)
서비스가 주 + 유형재 약간 동반	서비스를 받는 것이 메인이고, 유형재는 약간 부가 예 항공 서비스 (서비스 + 기내식 · 음료)
순수 서비스	오로지 서비스만 제공되는 것 예 아이 돌보기, 심리 테라피, 마사지 등

2) 러브락(Lovelock)의 서비스 분류

① 서비스 행위 특성에 따른 분류

구분	서비스 수혜자	
	사람	사물
점유서비스 행위의 유형적 성격	[신체 지향적 서비스] 의료, 미장원, 음식점, 이용원, 여객운송, 호텔	[재물 및 물적 소유지향적 서비스] 화물운송, 청소, 장비수리 및 보수
서비스 행위의 무형적 성격	[정신 지향적 서비스] 교육, 광고, 방송, 극장	[무형자산 지향적 서비스] 은행, 법률서비스, 회계, 증권, 보험

② 서비스 조직과 고객 관계 유형에 따른 분류

구분	회원 관계	비회원(불특정) 관계
계속적 거래	보험, 은행, 전화가입, 대학등록	방송국, 경찰보호, 고속도로
간헐적 거래	장거리 전화, 지하철 회수권	렌터카, 우편서비스, 유료도로

③ 수요-공급 성격에 따른 분류

구분	수요 변동 폭	
	높음	낮음
최대 피크 수요 충족 가능	전기, 전화, 경찰 및 소방	보험, 법률서비스, 세탁소
최대 피크 수요 충족 불가	회계 및 세무, 호텔, 극장	위와 비슷하지만 불충분한 수용 능력을 가지고 있는 서비스

④ 서비스 전달 방식에 따른 분류

구분	단일 창구의 서비스 제공 통로	복수 창구의 서비스 제공 통로
고객이 서비스 조직에 갈 때	극장, 이발소	버스, 법률 서비스
서비스 조직이 고객에게 올 때	잔디 깎기, 살충 서비스	우편배달, 자동차 긴급 수리
고객과 서비스 조직이 떨어져서 거래할 때	신용카드 회사, 지역 케이블 TV	방송 네트워크, 전화회사

⑤ 서비스 상품의 특성에 따른 분류

구분	서비스 설비 · 시설 의존	
	높음	낮음
사람에 의존 정도 높음	호텔, 병원	회계, 경영 컨설팅
사람에 의존 정도 낮음	지하철, 렌터카	전화

3) 서비스 기업과 제조 기업의 차이

- 규모의 경제를 실현하기가 어렵다. 서비스의 특성 중 동시성, 소멸성으로 인해 대량생산이 힘들다.
- 진입장벽이 상대적으로 낮아서 모방이 쉽고, 특허를 보호하기 힘들고, 노동집약적이다.
- 수요변동이 심한 편이다.
- 고객 충성도 확보가 중요하다.
- 내부고객 만족을 우선시해야 한다.

02 서비스 특성

1) 서비스의 특성 6가지

비분리성	이질성	즉흥성 및 불가역
변화성	무형성	소멸성

비분리성 └ 서비스의 특성은 분리성이다.(×)	• 서비스는 제공자에 의해 제공되는 동시에 소비됨 • 생산과정에 고객이 참여함 → 고객들 분위기가 또 하나의 서비스가 될 수 있음 • 대량생산이 어려움 → 직원 교육 강화를 강화하는 방안 필요	
이질성 └ 서비스의 특성은 동질성이다.(×)	• 대부분 사람이 제공하므로 같은 서비스가 존재하기 어려움 • 균질성은 낮고, 표준화는 어려워서 서비스 품질 보증이 어려움 • 고객층에 맞는 개별화 전략 필요 • 서비스 청사진 준비 및 불평 처리 시스템을 구축	
즉흥성 및 불가역성	• 한 번 제공된 서비스는 취소나 반환이 불가능 • 고객 불만족시 보상과 사죄로만 대응할 수 있음	
변화성 └ 서비스는 동일하 게 제공된다.(×)	서비스의 품질은 제공하는 직원에 따라서도 달라지지만, 시간, 장소, 전달하는 방식에 따라서도 달라짐	
소멸성	• 서비스는 재고로 보관할 수 없음 • 소멸성 극복을 위해 가격 차별화 및 서비스 제공물을 변경하고, 수요와 공급의 균형을 맞춰야 함	
무형성	• 특허로써 보호받기 어려움 • 모방하기 쉬움 • 가격 설정이 어려움 • 구전을 통한 이미지 관리	

➕ 더 알기 TIP

불가역성
한번 진행된 과정이나 상태를 되돌릴 수 없음을 의미, 즉 역주행이 불가하다는 뜻

2) 그 외 서비스의 특징

- 서비스는 생산과 소비가 동시에 일어나기에, 고객들로 인해 형성되는 분위기도 중요한 서비스의 내용으로 작용할 수 있다.
- 서비스는 일련의 행위나 과정으로서, 대부분의 경우에는 소유권의 이전을 수반하지 않는다.
- 제품 혁신에서는 소재와 공정기술이 민감한 요소로 작용하는 반면, 서비스 혁신에서는 정보와 커뮤니케이션 기술이 민감하게 작용한다.
- 제품의 품질 평가는 시간이 소요되는 것에 비해, 서비스 품질의 평가는 일반적으로 즉각적으로 이루어 진다.

3) 서비스의 유형 분류

① 유형적 서비스 – 사람의 신체 대상(People Processing)
- 물리적 접촉을 통해 신체를 대상으로 제공되는 서비스이다.
- 모든 서비스 중에서 고객 참여도가 가장 높은 특징을 보인다.
- 현장에서 직원의 태도와 업무능력이 가장 중요한 요소이다.
㉤ 이발소, 병원, 마사지 등
② 유형적 서비스 – 유형물 대상(Possession Processing)
- 대상이 사람이 아닌 일반 제품이나 고객 소유물에 대해 유형적 서비스를 제공한다.
- 서비스 전후에만 참여하는 간접적인 고객 참여도를 보인다.
㉤ 세탁, 택배, 수리, 소포 등
③ 무형적 서비스 – 정신 영역 대상(Mental Stimulus Processing)
- 정신적 서비스를 고객이 제공받는 형태이다.
- 지식, 감정, 마인드 등 서비스를 받는 사람의 정신적 영역에 영향을 주는 서비스이다.

- 전문적 서비스가 대부분을 구성한다.
- 예 교육, 연예, 공연, 전시, 오락 등
④ 무형적 서비스 – 무형자산 대상(Information Processing)
- 데이터, 돈, 기록 등의 무형자산을 대상으로 한다.
- 사회가 정보화되면서 가장 빠르게 발전하는 서비스 영역이다.
- 직원의 전문성과 신뢰성에 기초한 이미지 관리가 중요하며, 직원 훈련이 핵심 과제
  이다.
- 고객 참여가 가장 낮은 특징이 있다.
- 예 은행, 회계, 법률, 증권, 보험, 컨설팅 등

현대 서비스의 발전

01 서비스 업종별 분류 및 관광 서비스

01 서비스 산업 업종별 분류 및 원스톱 서비스

1) 서비스 산업 업종별 분류

분류	업종
생산자 서비스	통신, 방송, 부동산, 회계, 법률, 경영 컨설팅, 광고, 인쇄물 및 창작, 컴퓨터 관련 서비스, 금융, 보험, 부동산
개인 서비스 (소비자 서비스)	• 개인적 · 사회적 서비스로서 생활의 질을 높이기 위해 개인에게 제공하는 서비스 • 음식점 및 숙박, 출판 및 문화 서비스, 오락 서비스, 사회 단체
유통 서비스	도소매, 운수 및 보관
사회 서비스	교육, 의료 및 보건, 사회 복지, 공공행정 및 국방

2) 원스톱 서비스(토털 서비스)

① 개념
- 고객이 단일의 장소에서 한 번에 원하는 모든 업무를 처리할 수 있도록 제공한다.
- 서비스를 일관성 있게 설정하고, 단일의 장소에서 제공한다.
- 단일의 담당자 또는 담당 부서를 고객에게 할당한다.

예 항공사

② 특징

서비스 운영 시스템	가시적 부분: 접점 종업원, 장비 비가시적 부분: 후방 종업원, 지원 시스템
서비스 전달 시스템	서비스 전달 방법: 가시적 부분 감소, 셀프 서비스 증가 추세 예 ATM기, 셀프 주유소, 자동판매기 등
서비스 마케팅 시스템	기업마다 큰 차이가 있음 예 광고, 대중매체, 전단지, 세일즈 콜 등

02 관광 서비스

1) 정의

기능적 정의	세심한 봉사 정신
비즈니스적 정의	가치를 낳는 행위
구조적 정의	무형적 행위 또는 편익의 총체

(박정중, 2000)

2) 특성

- 관광 서비스는 주변 환경과 연계성을 가지고 있다.
- 타 관광 서비스 상품과 상호보완적이다.
- 계절의 지배를 받으므로 수요가 불규칙 → 성수기와 비수기에 대한 가격 차이가 생긴다.
- 인적 서비스(가장 중요한 자원)에 대한 높은 의존성을 지님 → 이질성을 야기시킨다.
- 고객이 직접 참여를 통해서만 서비스 창출이 가능하다.
- 인적 + 물적 서비스가 혼합되어 있다.
- 무형성, 동시성, 소멸성을 가지고 있다.
- 모방이 쉽다는 무형성 특징을 지닌다.

3) 중요성

- 차별화된 고급 서비스가 요구된다.
- 고급 서비스 이미지가 있기 때문에 전문화된 최고급 숙련 서비스가 요구된다.
- 물리적 시설 서비스보다 '만족과 감동을 주는 서비스'를 더 선호한다.

01 서비스에 대한 정의로 옳은 것은?

① 코틀러는 서비스를 유형적인 활동으로 정의하며 물리적 생산물과 결부되지 않는다고 본다.

② 베송은 서비스란 자신이 직접 수행할 수 있는 활동, 만족, 혜택을 말한다고 정의한다.

③ 베리는 서비스를 무형활동으로 간주하며, 구매의 본질이 유형적인지 무형적인지에 따라 판단해야 한다고 보았다.

④ 라스멜은 서비스는 유형적 상품으로 시장에서 판매되는 모든 재화로 정의하였다.

⑤ 레티넨은 고객 접촉 인력이나 장비의 상호작용 결과로 발생하는 활동이라고 정의하였다.

02 크리스토퍼의 서비스 3단계 중 '현장 서비스(On Service)'의 특징으로 옳지 않은 것은?

① 고객이 매장에 들어오는 순간부터 현장 서비스가 시작된다.

② 주문 절차의 편리성이 현장 서비스의 대표적 요소 중 하나이다.

③ 재고관리 수준과 상품 대체 가능성은 사전 서비스에 해당한다.

④ 현장 서비스는 고객과 직접적으로 만나는 서비스의 본질이다.

⑤ 고객이 매장에 들어오는 순간부터 제공되는 모든 서비스 활동을 포함한다.

03 러브락의 서비스 분류 중 '서비스 조직과 고객 관계 유형'에 따른 설명으로 옳은 것은?

① 회원 관계와 계속적 거래는 장거리 전화나 우편서비스와 같은 형태를 포함한다.

② 비회원 관계와 간헐적 거래는 보험이나 대학등록과 같은 형태를 포함한다.

③ 회원 관계와 계속적 거래는 보험, 은행, 전화 가입, 대학 등록이 대표적이다.

④ 비회원 관계와 계속적 거래는 지하철 회수권이나 렌터카와 같은 서비스가 포함된다.

⑤ 회원 관계는 항상 간헐적 거래 형태를 가진다.

04 서비스 특성에 대한 설명으로 옳지 않은 것은?

① 서비스는 비분리성을 가지며 생산과 소비가 동시에 이루어진다.

② 서비스는 이질성을 가지며, 표준화된 품질 유지가 어렵다.

③ 서비스는 소멸성을 가지며 재고로 보관할 수 있다.

④ 서비스는 즉흥성과 불가역성을 가지며 제공된 서비스는 반환이 불가능하다.

⑤ 서비스는 무형성을 가지며 특허 보호가 어렵다.

05 린 쇼스택의 유형성 스펙트럼 모델에 따라 '유형성'에 가장 가까운 서비스는?

① 컨설팅
② 화장품
③ 패스트푸드점
④ 항공사
⑤ 교육

06 코틀러의 서비스 분류에 따라 '서비스가 주가 되고 유형재가 약간 동반'되는 사례로 옳은 것은?

① 비누
② 레스토랑
③ 항공 서비스
④ 심리 테라피
⑤ 카메라

07 서비스 유형 분류 중 '유형적 서비스 – 유형물 대상(Possession Processing)'에 해당하지 않는 것은?

① 택배
② 세탁
③ 수리
④ 병원
⑤ 소포

08 다음 중 러브락의 '서비스 전달 방식' 분류에 따라 단일 창구 서비스로 분류되는 예는?

① 우편배달
② 잔디 깎기
③ 신용카드 회사
④ 이발소
⑤ 방송 네트워크

09 다음 중 관광 서비스의 특성에 대한 설명으로 옳은 것은?

① 관광 서비스는 고객이 직접 참여하지 않아도 창출 가능하다.
② 관광 서비스는 계절의 영향을 받지 않는다.
③ 관광 서비스는 무형성, 동시성, 소멸성 등의 특성을 가진다.
④ 관광 서비스는 인적 서비스보다는 물적 서비스에 높은 의존성을 가진다.
⑤ 관광 서비스는 개별적인 서비스 상품의 독립성을 가진다.

10 서비스의 특성 중 '즉흥성 및 불가역성'에 대한 설명으로 옳지 않은 것은?

① 한 번 제공된 서비스는 반환이 불가능하다.
② 제공된 서비스는 취소될 수 없다.
③ 서비스 제공 이후 만족도를 높이기 위해 사과나 보상이 중요하다.
④ 고객 불만족 시 재고 관리로 대처할 수 있다.
⑤ 서비스의 즉흥성은 고객의 요구에 따라 변화될 수 있다.

01 ⑤	02 ③	03 ③	04 ③	05 ②
06 ③	07 ④	08 ④	09 ③	10 ④

01 ⑤

레티넨은 서비스란 고객 접촉 인력이나 장비의 상호작용 결과 발생하는 활동으로 정의하였다.

오답 피하기

① 코틀러는 서비스가 무형적이고 소유될 수 없는 것으로 물리적 생산물과 결부될 수도 있고 그렇지 않을 수도 있다고 보았다.

② 베송은 서비스란 자신이 직접 수행할 수 없거나 하지 않는 활동, 만족, 혜택으로 판매할 수 있는 것을 의미한다.

③ 베리는 구매의 본질이 유형적인지 무형적인지 여부로 서비스를 판단해야 한다고 정의하였다.

④ 라스멜은 서비스를 시장에서 판매하는 무형의 제품으로 정의하며, 유형 상품과 무형 상품을 구분하였다.

02 ③

③은 사전 서비스의 내용이 아니라 현장 서비스의 대표적인 특징에 해당한다.

현장 서비스는 고객이 매장에 들어오는 순간부터 시작되며, 주문 절차, 재고관리 수준, 상품 대체 가능성 등이 포함된다.

03 ③

회원 관계와 계속적 거래에는 보험, 은행, 전화가입, 대학 등록과 같은 지속적인 서비스가 포함된다.

오답 피하기

① 장거리 전화나 우편서비스는 비회원 관계와 간헐적 거래에 해당한다.

② 보험이나 대학등록은 회원 관계와 계속적 거래에 해당한다.

④ 지하철 회수권이나 렌터카는 간헐적 거래에 해당하며, 회원 관계가 필요하지 않을 수 있다.

⑤ 회원 관계는 간헐적 거래뿐만 아니라 계속적 거래도 포함한다.

04 ③

서비스는 소멸성 때문에 재고로 보관할 수 없으며, 수요와 공급 균형을 맞추는 것이 중요하다.

05 ②

화장품은 유형성에 가까운 서비스이다. 컨설팅과 교육은 무형성에 해당하며, 패스트푸드점은 유형성과 무형성이 혼합된 서비스로 중간에 위치한다. 항공사는 무형성 쪽에 가깝다.

06 ③

항공 서비스는 서비스가 중심이며, 기내식이나 음료 같은 유형재가 부가적으로 제공된다.

오답 피하기

① 비누는 순수 유형재이다.

② 레스토랑은 유형재와 서비스의 비율이 50:50이다.

④ 심리 테라피는 순수 서비스이다.

⑤ 카메라는 유형재가 중심이고 서비스가 약간 동반된다.

07 ④

병원은 유형적 서비스 중 사람의 신체 대상(People Processing)에 해당하며, 택배, 세탁, 수리, 소포는 유형물 대상에 속한다.

08 ④

이발소는 고객이 서비스 조직에 직접 방문하여 단일 창구를 통해 서비스를 받는 사례에 해당한다.

09 ③

관광 서비스는 무형성, 동시성, 소멸성과 같은 특성을 가진다.

오답 피하기

① 관광 서비스는 고객이 직접 참여를 통해 창출된다.

② 관광 서비스는 계절의 영향을 받아 성수기와 비수기가 존재한다.

④ 관광 서비스는 인적 서비스 의존도가 높아 이질성을 가진다.

⑤ 관광 서비스는 다른 관광 상품과 상호보완적이다.

10 ④

서비스는 소멸성과 즉흥성을 가지므로 재고 관리로 대처할 수 없다.

07

서비스 리더십과
경쟁전략

리더십의 기본 개념과 서비스 리더십의 특성을 이해하고 실무에 적용할 수 있는 역량을 기른다. 다양한 리더십 유형과 서비스 경쟁전략을 학습함으로써 고객 만족을 이끌어내는 효과적인 서비스 리더십을 개발한다.

출제빈도

SECTION 01	상	40%
SECTION 02	하	25%
SECTION 03	중	35%

리더십의 본질

01 리더십의 기초

01 리더십의 개념적 이해

1) 리더십의 유래

- 리더십(Leadership)이라는 용어는 19세기부터 사용되었으며, 체계적인 연구는 20세기에 시작되었다.
- '가다(to go)'라는 의미를 가진 '라탄(Lathan)'이 리더십의 어원이다.

2) 리더십의 정의

- 카츠와 칸(Katz&Kahn, 1978): 기계적으로 수행하는 일상적 명령 이상의 결과를 이끌어낼 수 있는 영향력이다.
- 캠벨(Campbell, 1980): 새로운 기획을 창출하기 위하여 자원의 역량을 집중시켜 나가는 활동이다.
- 라이츠(Reitz, 1987): 원하는 목표를 달성하기 위해 영향을 끼치는 과정이다.
- 주란(Juran, 1978): 총체적품질경영(TQM)에서 성공에서 최고경영장의 리더십 부재는 가장 결정적인 장애물이다.

3) 리더십의 이론

서비스 리더십은 내부고객간(직원)의 수평적 상호작용을 통해 내부고객이 만족을 느끼고, 그 만족이 외부고객에게 좋은 서비스를 통해 전달된다는 이론이다.

특성론	• 리더에게는 공통된 특성이 있음 • 리더십은 천부적으로 타고 태어난다는 이론 • 신언서판(身言書判)
변혁론	리더는 자신에게 맞게 상황 자체를 변혁하고 개선해야 함
비전론 (카리스마 리더십)	리더는 조직의 높은 성과와 비전을 제시하고 달성하기 위해 노력함
상황론	• 리더의 행동방식과 스타일은 상황에 따라 달라질 수 있음 • 허쉬(Hersey)와 블랜차드(Blanchard)의 공헌 − 리더십 생애주기 이론 제시 − 하급자의 성숙도에 따른 리더십 스타일 조정 필요성 주장
행위론	• 리더의 행동유형은 후천적 학습이 가능 • 배움을 통해 좋은 리더가 될 수 있음

02 현대적 리더십의 발전

1) 프레드릭 라이헬드(Frederick F. Reichheld)의 충성 리더십의 5가지 원칙

① 설득은 실질을 통해 이루어져야 한다.

② 신중한 선정이 고객과 종업원 모두에게 필요하다.

최선의 서비스는 진정한 가치를 지닌 고객에게 제공되어야 하며, 고객이나 종업원에게는 '선택 받았다'는 의미가 매우 중요하다.

③ 경청은 열심히, 발언은 분명히 해야 한다.

고객이나 협력체의 의견은 피드백 채널을 통해 경청하며, 종업원의 의견이나 비판은 수렴하여 적절한 피드백으로 답해야 한다.

④ 보상은 성과에 따라 적절히 이루어져야 한다.

오랜 관계를 맺어온 단골 고객에게는 신규 고객보다 더 많은 혜택이 부여되어야 한다.

⑤ 조직은 단순하게 유지되어야 한다.

조직의 목표를 효율적으로 달성하기 위해서는 종업원의 의사결정이 단순화되도록 해야 한다.

2) 워렌 베니스(Warren Bennis)의 리더와 관리자의 차이

리더	관리자
혁신주도	책임수행
창조/개발	모방/유지
인간에 초점	시스템과 구조에 초점
신뢰에 기초	통제 위주
장기적 안목	단기적 안목
수평적 관점	수직적 관점
'무엇을, 왜'로 질문	'언제, 어떻게'로 질문
현 상태에 도전	현 상태를 수용
옳은 일을 함(What)	일을 옳게 함(How)
사람을 다스림	사람을 거느림

서비스 리더십

01 서비스 리더십의 기본구조

01 서비스 리더십의 구성

1) 서비스 리더십의 중요 요소

① C.M.S의 의미

서비스 리더로서 갖추어야 할 요소는 신념(Concept), 태도(Mind), 능력(Skill)이다.

② 공식: C × M × S = 고객만족

> **🅕 교수님 TIP**
>
> 빈출 개념입니다. 각 요소의 3가지 하위 요소와, 각 요소가 신체의 어느 부위에 해당되는지 암기하세요.

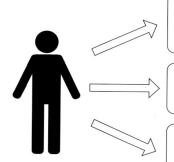

신념(Concept) : 머리에 해당 : 철학, 비전, 혁신
철학 : 서비스 리더십의 기초
비전 : 전체가 공유해 나가고자 함
혁신 : 현재를 어떻게 고쳐 나갈 것인가

태도(Mind) : 가슴에 해당 : 열정, 애정, 신뢰
파트너십을 형성하고 만족을 주고 싶은 마음 상태, 자세
→ 리더의 행동이 자연스럽게 고객 만족을 유도

능력(Skill) : 손발에 해당 : 창조, 운영, 관계능력
고객 욕구 파악 능력 + 욕구 충족 능력으로 구성
욕구충족에 필요한 능력 : 서비스 창조, 관리 운영, 관계 개선능력

2) 삼성 에버랜드의 서비스 리더십 구성 요소

신념(Concept)	• 기초를 세우는 서비스 리더십의 철학 • 공유와 방향성을 담은 전체의 비전 • 현재를 혁신적으로 개선해 나가는 방향성
태도(Mind)	열정, 애정, 신뢰를 바탕으로 한 파트너십 형성과 만족 추구의 자세
능력(Skill)	• 고객 욕구의 파악과 충족을 위해 필요한 능력 • 창조적 서비스 능력, 효율적 관리 운영 능력, 인간관계의 형성 및 개선 능력

3) 커트 라이먼(Curt Reimann)의 7가지 리더십 특성

회사를 염두해두고 리더십을 발휘(×)

고객에 대한 접근성	고객을 염두해두고 리더십을 발휘
솔선수범과 정확한 지식의 결합	리더는 무엇을 해야 하는지 잘 알며 솔선수범하는 모습을 보여야 함
일에 대한 열정	리더는 업무에 누구보다 열정을 가지고 있어야 함
도전적 목표	리더는 다소 달성하기 힘든 도전적 목표 세움
강력한 추진력	리더는 강력하게 추진하는 능력 가짐

기업문화의 변화	리더는 조직구성원들에게 기업이 추구하는 가치가 무엇인지 알려주고 원하는 방향으로 기업 문화를 바꿔 나감
조직화	리더는 모든 요소를 잘 조직화하여 실천

02 리더십 유형

1) 서번트 리더십(Servant Leadership)

- '섬기다'라는 의미의 서번트(Servant)와 리더십이 결합되어, 서번트 리더십은 부하를 섬기는 리더십을 의미한다(무조건적으로 섬기지 않는다는 점에서 '종'과 다르다).
- 부하를 조직의 목적 달성에서 가장 중요한 자원으로 본다.
- 고객만족 경영이 대두되면서 부각되었다.
- 부하와 리더의 관계는 지시의 관계가 아닌, 부하를 자신이 봉사해야 할 고객으로 바라보는 것이다. └─ 부하에게 순종을 강요하지 않는다.
- 리더의 역할은 업무 수행에 필요한 환경을 조성하고 장애를 제거함으로써 부하들이 잠재적 가능성과 가치 발휘하도록 도움을 주고, 구성원의 성장에 대해 헌신하는 것이다. └─ 개인의 성장(×)
- 그린니프는 고객 및 공동체를 우선으로 여기고 만족시키기 위한 헌신이라고 하였다.
- 그외 특징으로, 경청, 공감, 치유, 인식, 통찰력, 설득, 청지기 의식, 구성원 성장, 공동체 형성, 헌신 등이 있다.

2) 참여적 리더십(Participative Leadership)

- 조직 운영에 조직구성원들의 아이디어를 공유하고 적극적으로 활용하여 의사결정에 반영시키는 리더십이다.
- 하급자들이 책임질 수 있는 분야는 권한 위임을 한다.
- 상급 관리자가 본인의 권한과 책임을 포기하는 것은 아니다.

장점	• 참여를 통해 경영에 대한 사고와 기술들을 익힘 • 조직 활동에 더욱 헌신하게 만듦 • 개인적 가치, 신념 등을 고취 • 조직목표에 대한 참여 동기의 증대 • 집단의 지식과 기술 활용이 용이 • 자유로운 의사소통을 장려할 수 있음
단점	• 시간 소모가 큼 • 헌신적이고 선견지명을 가진 지도자를 갖기가 힘듦 • 책임 분산으로 무기력하게 됨 • 구성원들이 자격이 서로 비슷한 상황에서만 제한적으로 효과성 발휘 • 참여적 스타일을 배우기가 쉽지 않음 • 타협에 의한 어중간한 결정에 도달

3) 감성 리더십

- 감성 리더십이란 부하들과 공감대를 형성하여 호응을 얻는 리더십이다.
- 감성 지능이란 자신의 감정을 잘 다스리고 상대방의 입장에서 그 사람을 이해하며 좋은 관계를 유지할 수 있는 능력이다.

- 다니엘 골먼은 성공한 리더와 실패한 리더의 차이가 지능지수(IQ)보다 감성지능(EQ)에 의해 좌우된다고 하였으며, 위대한 리더를 '자신과 다른 사람들의 감정에 주파수를 맞출 수 있는 사람'이라고 설명하였다.
- 다니엘 골먼은 감성지능이 80%, 지능지수가 20%로 적절히 조화를 이룰 때 좋은 리더십을 발휘할 수 있다고 하였다.

➕ **더 알기 TIP**

감성지능 5가지 요소 ★★

자아의식(인식)	• 타인에게 미치는 영향을 인식하고 이해하는 능력 • 특징: 감정인식, 현실적이고 정확한 자기평가, 자기를 낮추는 유머
자기조절(통제)	• 기분이나 행동을 통제 혹은 조절할 수 있는 능력 • 행동을 하기 전 생각하고 판단을 보류하는 능력 • 특징: 자기통제, 성실감, 변화에 대한 개방성
동기부여	• 돈과 명예를 넘어서서 스스로 목표를 위해 일하는 열정과 능력 • 특징: 추진력, 조직에 대한 헌신, 실패에도 낙천적으로 생각
감정이입	• 다른 사람의 숨겨진 감정을 이해하고 그 상태에 따라 적절히 대처함 • 특징: 타인 이해, 공감력, 감수성, 고객의 욕구에 부응하는 서비스
대인관계(사교성)	• 인간관계를 구축하고 그 관계를 관리하는 능력 • 라포를 잘 형성하고 타인과 공통점을 잘 발견함 • 특징: 리더십, 설득력, 갈등 조정력

SECTION 03

서비스 경쟁전략

출제빈도 상 중 하
반복학습 1 2 3

---

01 경쟁우위 확보전략

01 서비스 기업의 경쟁

1) 원가우위전략

- 경쟁사보다 낮은 원가로 표준화된 상품을 가장 저렴하게 제공하는 전략은 규모의 경제와 박리다매를 활용하는 것이다.
- 공업화 절차를 강조하는 이유는 자본 투자를 줄이기 위함이다.
- 고객 접촉 지점을 최소화하고 지원 지점을 최대화하기 위해 셀프서비스, 자동화, 전산화를 활용한다.
- 서비스 절차를 표준화함으로써 지원 지점과 고객 접점 지점 모두에서 일관된 서비스를 제공할 수 있다.
- 그 외에도 분업, 직무 일괄 처리, 직무 교육, 요소별 아웃소싱 전략을 병행하여 운영할 수 있다.

> **➕ 더 알기 TIP**
>
> 서비스 품질은 경쟁자 제품과 비슷하거나 소비자가 이해할 수 있는 수준이어야 한다.

> **🅱 교수님 TIP**
>
> 고객 접촉 지점의 최소, 최대 표현을 잘 구분해서 기억해 두세요. 혼동하시면 안 됩니다.

2) 서비스의 지속적 경쟁우위(SCA ; Sustainable Competitive Advantage)

① 자격요건

- 고객에게 특별한 가치를 제공해야 한다.
- 대체 불가능성: 고객별로 개별화 전략을 사용한다.
- 희소성: 탁월한 자원과 능력으로 경쟁사로 전환을 방지한다.
- 모방이 어렵다: 경쟁우위를 지속적으로 가질 수 있고 전환비용, 서비스 차별화, 규모의 경제에서 특히 필요하다.

② 원천

> **➕ 더 알기 TIP**
>
> 미국의 월마트가 셀프서비스, 자동화, 전산화를 적용한 대표적인 기업이다.

> **🅱 교수님 TIP**
>
> 경쟁사보다 가치가 있다고 평가되어야 한다. (×)

경쟁전략 변화	특정 분야에 집중
경쟁자보다 높은 수준의 전략실행	기업 간의 제휴, 교차판매, 원가우위, 규모의 경제 실행
브랜드 자산	고객이 기업의 브랜드에 호감을 가지면 상품 가치는 증가함
고객 관계	기능적 서비스 품질이나 개별화 전략을 선택한 서비스는 고객관계라는 경쟁우위를 구축할 기회를 가짐
공간적 선점	고객에게 가장 편리한 최적 입지를 확보하는 것
정보기술	고객DB 구축, 전달, 처리, 검색 등 전자수단 활용
규모와 범위의 경제	표준화, 공업화로 원가우위, 교차판매 유도(예 항공사 간 제휴)

02 시장 대응전략

저지전략	보복전략	적응전략

1) 시장방어전략

① 저지 전략(Blocking)
- 목적은 새로운 경쟁사의 시장 진입을 막는 것이다.
- 시장 진입 비용을 증가시키거나, 진입 시 예상 수익을 감소시켜 방어한다.
- 이는 경쟁자에 대한 최대의 방어 전략이다.
- 저지 전략의 방법은 다음과 같다.
  - 서비스 보증은 고객 만족을 이끌어내어, 진입하려는 경쟁사에 압박을 준다.
  - 집중광고는 브랜드 이미지와 신뢰도를 향상시킨다.
  - 전환비용은 경쟁사로 이동하는 데 드는 비용을 의미하며, 고객 DB 구축, 마일리지 혜택, 개별화 전략을 통한 경험적 만족을 통해 경쟁사의 진입을 막는다.
  - 공간 또는 유통망을 선점하는 방식으로 입지 · 유통을 통제한다.

② 보복 전략(Retaliation)
- 목적은 시장에 진입한 경쟁사가 원하는 수익을 확보하지 못하게 하는 것이다.
- 새로운 서비스를 시도하기보다는 시장 점유율 유지를 위해 공격적으로 대응한다.
- 예를 들어 고객과의 장기 계약을 연장하거나, 장기 고객에게 요금 할인을 제공한다.

③ 적응 전략(Adaptation) ┈┈ 예 1년 가입 유지
- 목적은 경쟁사가 이미 시장에 진입했을 때, 이에 적응하면서 시장을 잠식하지 못하게 막는 것이다.
- 저지 전략과 보복 전략이 실패했을 때 적응 전략을 활용한다.
- 방법으로는 경쟁우위 개발, 패키지 확장, 서비스의 추가 및 수정을 들 수 있다.

2) 체험 마케팅 5가지 유형

감각 마케팅★	오감 자극 마케팅(향기, 컬러, 음향 마케팅 활용)
감성 마케팅★	• 고객의 이성보다는 감성 · 감정 체험에 참여하게 함 • 감정 체험에 참여하려는 고객 자발성 필요
인지 · 지성 마케팅★	• 고객에게 창조적인 인지력과 사고적(문제 해결) 체험을 제공 • 놀라움, 호기심, 흥미를 통해서 고객이 수렴적 또는 확산적 사고를 갖도록 함 • 주로 신기술 제품 선보일 때 많이 사용
행동 마케팅	고객의 육체적 체험과 라이프 스타일, 상호작용에 영향을 미치는 것을 목표
관계 마케팅	개인으로 하여금 이상적인 자아나 타인, 문화 등과 연결해줌으로써 고객의 자기 향상 욕구를 자극함

01 리더십의 정의에 대한 설명 중 옳은 것은?

① 카츠와 칸은 리더십을 자원의 역량을 집중시켜 새로운 기획을 창출하는 활동으로 정의했다.

② 캠벨은 리더십을 총체적 품질경영(TQM)에서 최고경영자의 부재가 가장 큰 장애물이라고 보았다.

③ 라이츠는 리더십을 원하는 목표를 달성하기 위해 영향을 끼치는 과정이라고 보았다.

④ 주란은 리더십을 기계적으로 수행하는 일상적 명령 이상의 결과를 이끌어내는 영향력이라고 보았다.

⑤ 리더십의 어원은 '라탄(Lathan)'으로, '협력하다'라는 의미를 가진다.

02 다음 리더십 이론에 관한 설명 중 변혁론에 해당하지 않는 것은?

① 리더는 상황에 맞게 행동방식과 스타일을 바꿀 수 있다.

② 리더는 상황 자체를 변혁하고 개선해야 한다.

③ 리더는 높은 성과와 비전을 제시하고 달성을 위해 노력해야 한다.

④ 리더십 스타일은 하급자의 성숙도에 따라 조정될 수 있다.

⑤ 리더십은 조직 문화를 바꾸고 새로운 방향성을 제시한다.

03 프레드릭 라이헬드의 충성 리더십 5가지 원칙에 대한 설명 중 옳지 않은 것은?

① 설득은 실질적인 내용을 통해 이루어져야 한다.

② 고객과 종업원 모두에게 신중한 선정이 필요하며, '선택받았다'는 의미가 중요하다.

③ 고객의 피드백을 수렴하고 종업원의 의견을 적절히 반영해야 한다.

④ 신규 고객에게는 기존 단골 고객보다 더 많은 보상을 제공해야 한다.

⑤ 조직은 목표를 달성하기 위해 단순하게 유지되어야 한다.

04 서비스 리더십의 C.M.S 구성요소에 대한 설명 중 옳지 않은 것은?

① 신념(Concept)은 기초를 세우는 서비스 리더십 철학이다.

② 신념은 전체의 비전을 공유하고 방향성을 제시한다.

③ 태도(Mind)는 열정과 애정, 신뢰를 바탕으로 한 파트너십을 형성한다.

④ 능력(Skill)은 고객의 욕구를 충족시키는 창조적 사고나 관리 능력과는 무관하다.

⑤ C.M.S는 신념, 태도, 능력의 조화를 통해 고객만족을 달성한다.

05 서번트 리더십에 대한 설명 중 옳은 것은?

① 부하와 리더의 관계는 명령과 지시를 중심으로 한다.

② 리더는 조직의 이익을 위해 부하의 희생을 요구한다.

③ 서번트 리더십은 부하를 자신이 봉사해야 할 고객으로 본다.

④ 서번트 리더십은 개인의 성장을 중시하며, 구성원의 성장은 부차적이다.

⑤ 그린리프는 서번트 리더십을 구성원의 잠재력을 개발하는 것이라고 정의하지 않았다.

06 감성 리더십의 구성 요소 중 감정이입에 대한 설명으로 옳은 것은?

① 자신의 기분과 행동을 통제할 수 있는 능력이다.

② 자신의 강점을 이해하고 현실적이고 정확한 자기평가를 하는 능력이다.

③ 돈과 명예를 넘어 스스로 목표를 위해 일하는 능력이다.

④ 다른 사람의 숨겨진 감정을 이해하고 적절히 대처하는 능력이다.

⑤ 갈등을 조정하고 타인과 관계를 유지하는 능력이다.

07 서비스의 지속적 경쟁우위(SCA) 조건에 대한 설명 중 옳지 않은 것은?

① 고객에게 특별한 가치를 제공해야 한다.

② 경쟁사와 비교해 더 가치가 있다고 평가되어야 한다.

③ 대체가 불가능한 개별화 전략을 사용해야 한다.

④ 경쟁우위를 유지하려면 모방이 어려워야 한다.

⑤ 탁월한 자원과 능력으로 희소성을 유지해야 한다.

08 시장방어전략 중 보복전략의 특징에 해당하지 않는 것은?

① 새로운 서비스 시도보다는 시장 점유율 유지를 위해 공격적으로 대응한다.

② 고객과의 장기 계약 연장이나 장기 고객 요금 할인을 제공한다.

③ 경쟁사의 시장 진입 비용을 증가시키는 것을 목표로 한다.

④ 경쟁사의 수익 확보를 방해하기 위한 전략이다.

⑤ 고객 유지를 위해 할인이나 추가 혜택을 제공한다.

09 체험 마케팅의 유형 중 관계 마케팅의 특징에 해당하는 것은?

① 고객의 이성보다는 감성적 체험을 강조한다.

② 고객의 오감을 자극하여 브랜드 경험을 제공한다.

③ 고객의 육체적 체험과 라이프 스타일에 영향을 미친다.

④ 고객의 자기 향상 욕구를 자극해 이상적인 자아와 연결한다.

⑤ 고객들에게 창조적인 사고와 문제 해결 체험을 제공한다.

10 원가우위전략의 특징 중 옳지 않은 것은?

① 경쟁사보다 낮은 원가로 표준화된 상품을 저렴하게 제공한다.

② 고객 접촉 지점을 최소화하고 지원 지점을 최대화한다.

③ 대량생산을 통해 규모의 경제를 달성한다.

④ 서비스 절차의 표준화를 통해 절차를 단순화한다.

⑤ 고객 접점 지점의 확대를 통해 고객 만족을 높인다.

| 01 ③ | 02 ④ | 03 ④ | 04 ④ | 05 ③ |
| 06 ④ | 07 ② | 08 ③ | 09 ④ | 10 ⑤ |

01 ③

라이츠는 원하는 목표를 달성하기 위해 영향을 끼치는 과정으로 리더십을 정의했다.

오답 피하기

① 카츠와 칸은 리더십을 기계적으로 수행하는 일상적 명령 이상의 결과를 이끌어내는 영향력으로 정의했다.
② 캠벨은 리더십을 자원의 역량을 집중시켜 새로운 기획을 창출하는 활동으로 정의했다.
④ 주란은 리더십이 총체적 품질경영(TQM)에서 최고경영자의 부재가 가장 큰 장애물이라고 보았다.
⑤ 리더십의 어원인 '라탄(Lathan)'은 '가다(to go)'라는 의미를 가진다.

02 ④

리더십 스타일을 하급자의 성숙도에 따라 조정하는 것은 상황론의 내용이다. 변혁론은 상황 자체를 변혁하고 개선하려는 리더십을 의미한다.

03 ④

오랜 관계를 맺은 단골 고객에게는 신규 고객보다 더 많은 혜택이 부여되어야 한다.

04 ④

능력(Skill)은 고객의 욕구를 충족시키기 위해 필요한 창조적 서비스 능력, 효율적 관리운영 능력, 인간관계 형성 및 개선 능력을 포함한다.

05 ③

오답 피하기

① 부하와 리더의 관계를 지시의 관계로 보지 않는다.
② 부하의 희생을 요구하지 않고 부하를 섬기는 리더십이다.
④ 개인의 성장이 아닌 구성원의 성장을 중시한다.
⑤ 그린리프는 서번트 리더십을 고객 및 공동체의 만족을 위해 헌신하는 리더십으로 정의했다.

06 ④

오답 피하기

① 자신의 기분과 행동을 통제하는 능력은 자기조절(통제)에 해당한다.
② 자신의 강점을 이해하고 자기평가를 하는 능력은 자아의식(인식)에 해당한다.
③ 돈과 명예를 넘어 스스로 목표를 위해 일하는 능력은 동기부여에 해당한다.
⑤ 갈등을 조정하고 관계를 유지하는 능력은 대인관계(사교성)에 해당한다.

07 ②

지속적 경쟁우위는 고객에게 특별한 가치를 제공해야 하며, 경쟁사와의 비교에서 가치를 평가하는 것이 아니다.

08 ③

경쟁사의 시장 진입 비용을 증가시키는 것은 보복전략이 아니라 저지전략의 특징이다.

09 ④

오답 피하기

① 감성 마케팅에 해당한다.
② 감각 마케팅에 해당한다.
③ 행동 마케팅에 해당한다.
⑤ 인지 · 지성 마케팅에 해당한다.

10 ⑤

원가우위전략은 고객 접점 지점을 최소화하고, 지원 지점을 최대화하는 전략이다.

PART

02

CS 전략론

파트 소개

CS 전략론은 고객 중심의 서비스 경영을 실현하기 위한 전략적 접근을 다루는 과목입니다. 서비스 품질 관리, 고객 만족 평가, 경험 관리, 차별화 전략 등 다양한 이론과 실무를 기반으로 고객가치 창출과 기업 경쟁력 강화를 목표로 합니다. 이론적 개념과 실제 적용 사례를 종합적으로 학습함으로써, 조직 내 고객만족 전략을 기획하고 실행할 수 있는 전문 역량을 함양할 수 있도록 구성되어 있습니다.

01

서비스 품질 관리
시스템의 이해와 실행

서비스 프로세스와 고객 접점 관리를 통해 고객만족을 높이는 전략을 학습한다. 서비스 설계, 운영, 품질 개선 도구의 개념과 적용 방법을 이해하여 고객 중심 서비스를 실현하는 능력을 기른다.

출제빈도

SECTION 01	중	65%
SECTION 02	하	35%

서비스 설계와 품질 관리 기초

01 서비스 청사진과 모니터링

01 서비스 청사진(Service Blueprinting)의 이해와 활용

1) 서비스 청사진의 특징 및 이점 ★★

- 린 쇼스택(Lynn Shostack)에 의해 개발되었다.
- 고객이 받게 되는 서비스 과정을 나타내며, 직원의 업무 수행 지침을 핵심 서비스 프로세스가 잘 드러나도록 시각화한 것이다. 이는 객관적이고 구체적인 방식으로 표현되며, 상품 개발 및 설계, 재설계 단계에서 유용하게 활용된다.
- 고객의 관점에서 설계된다. ─ 회사의 관점에서 설계(×)
- 서비스의 무형성, 이질성, 동시성과 같은 단점을 극복할 수 있도록 돕는다.
- 필요한 업무를 파악하고 업무 간의 연관성을 분석함으로써 생산성, 효율성, 수익성을 향상시킬 수 있다.
- 서비스 제공 과정에서 발생할 수 있는 실패 가능성을 사전에 파악하고 방지 및 복구 대책을 마련할 수 있다. 특히, 대부분의 실패 원인이 인적 요소에서 비롯되므로 이에 대한 대책이 중요하다.
- 종업원들이 고객 지향적인 사고를 가질 수 있도록 돕는다.
- 효과적인 서비스 설계에 공헌할 수 있다. ─ 장소 시설, 환경 부분을 개발한다.(×)
- 품질 개선을 위해 상의하달과 하의상달을 촉진하는 역할을 한다.
- 직원들에게 맞춤형 서비스 교육을 제공하는 데 활용할 수 있다.

> **교수님 TIP**
>
> 실패 원인 중 기계적 부분이 크지는 않다. → 인적 요소가 크다. (○)

2) 서비스 청사진의 구성 요소

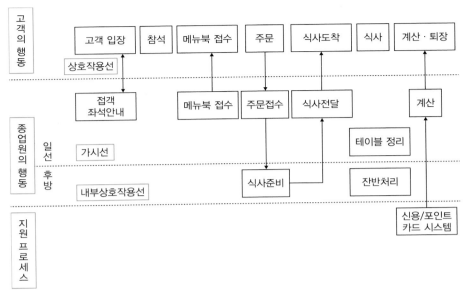

「성공하는 식당에는 이유가 있다」(2016, 교문사)

수평선★	상호작용선	고객과 일선 종업원 간의 직접적 상호작용이 일어나는 곳
	가시선	• 고객이 볼 수 있는 활동과 볼 수 없는 활동으로 구분 • 일선 종업원 활동과 후방에서 이루어지는 지원 활동 구분
	내부상호작용선	점진적 품질 개선 작업 강화할 수 있음
종업원 행동★	일선 종업원 행동	고객 눈에 가시적으로 보이는 활동 ⑩ 주차 안내, 안내원 상담, 주문 접수 등
	후방 종업원 행동	고객에게 직접적으로 보이지 않지만 일선 종업원 활동을 지원 ⑩ 카드 시스템, 상품배송, 주문, 주사를 준비하는 간호사
고객행동		서비스 구매, 소비, 평가의 과정에서의 고객 활동 ⑩ 병원 – 예약전화, 병원 선택, 의사 서비스 구매
지원 프로세스		고객과 접점에 있는 종업원들을 지원하기 위한 내부적 서비스 ⑩ 피자전문점 – 신용카드, 포인트 시스템, 서비스 직원 교육 담당자

🅑 교수님 TIP

일선, 후방 종업원 행동 모두 '외부'에서 이루어지는 활동입니다. 가끔 후방 종업원의 행동을 '내부'에서 이루어진다는 문장이 함정으로 잘 나옵니다.

3) 서비스 청사진의 작성 5단계

과정 도식화	서비스가 전달되는 과정을 그림으로 나타내는 단계
실패 가능점 확인	서비스 실패가 일어날 수 있는 접점을 분석해 방지하도록 하는 단계
경과시간의 명확화	각 단계의 서비스 제공에 필요한 시간을 명확히 작성
수익성 분석	실수 또는 서비스가 지연될 경우를 고려해 시뮬레이션을 돌려 수익성을 분석
청사진 수정	시장조사를 통해 청사진 수정이 가능하고, 이를 통해 서비스 실패를 줄일 수 있음

4) 서비스 디자인의 구성요소

서비스 디자인의 특징	시스템화, 유용성, 일관성, 지속성
서비스 디자인의 5원칙	사용자 중심, 이해관계자 모두가 참여하는 공동 창작, 반복적 개선, 증거 기반, 관점의 총체성
서비스 디자인 방법론의 아이디어 발상 기법	브레인스토밍을 통한 집단 발상, 마인드맵을 활용한 사고 확장

서비스 품질 모니터링 및 운영 시스템

01 서비스 모니터링 체계

01 서비스 모니터링의 기본 구조

1) 서비스 모니터링 목적

- 직원들의 잠재능력을 발견하고 개발하여 고객 만족을 극대화함으로써 회사의 수익을 향상시키는 것을 궁극적인 목표로 한다.
- 직원들의 평가 및 보상을 위한 성과를 평가한다. '통제'하기 위함이 아니다.
- 서비스 품질을 객관적으로 평가하여 개선 방향을 모색한다.
- 상담사가 조직의 정책을 정확히 따를 수 있도록 관리하고 지원한다.
- 경쟁자와 비교하여 회사의 성과를 객관적으로 평가하고 경쟁력을 강화한다.
- 서비스 변경 시 그 효과를 분석하고 검증하여 운영의 효율성을 높인다.
- 서비스 모니터링을 효과적으로 수행하기 위해 운영 프로세스를 구축한다. 이를 위해 모니터링 요원의 객관적인 평가를 위한 사전 교육을 진행하고, 장기적인 측면에서 지속적인 개선의 도구로 활용한다. 또한, 행동 지침이 되는 서비스 매뉴얼을 작성하고, 교육을 위한 기관을 구축하여 서비스 품질을 체계적으로 관리한다.

> **교수님 TIP**
>
> 서비스 모니터링은 회사 수익창출이 관리 수단이 되기도 하지만 가장 큰 목적은 아닙니다. 직원들 능력개발이 더 큰 목적입니다.

2) 서비스 모니터링 요소

신뢰성	• 동일 방법으로 누가 모니터링을 하더라도 비슷한 결과가 나와야 함 • 평가표는 세부적으로 되어 있어야 함
차별성	• 서로 다른 스킬 분야의 차이를 인정하고 반영 • 뛰어난 고객서비스와 스킬의 행동은 어떤 것이고, 그에 대한 격려와 보상은 어떻게 진행해야 하는지 도움을 줌
대표성	표본추출 테크닉으로 전체 서비스 특성과 수준을 측정할 수 있어야 함
타당성	• 고객의 평가와 모니터링 점수가 일치해야 함(고객들이 실제 대우받은 정도) • 고객 응대 시 중요한 요소가 모두 포함 되도록 포괄적이어야 함
유용성	• 모니터링 평가가 실용화할 수 있도록 함 • 정보는 조직과 고객에게 영향을 줄 수 있어야 가치를 발휘함
객관성	• 종업원의 장·단점을 발견하고 능력을 향상시킬 수 있는 수단으로 활용(종업원 통제가 목적이 아님) • 객관적 기준으로 평가해 누구든지 인정할 수 있어야 함

> **➕ 더 알기 TIP**
>
> **모니터링 평가표 3대 점검 요소**
>
> 신뢰성(계량성), 공정성, 유용성

3) 서비스 모니터링 유형★

- 모니터링 대상자는 고객 접점의 상담사이다.
- 모니터링 수행 및 책임자는 품질관리자(QAA ; Quality Assurance Analyst)가 담당한다.

Side-by-Side 모니터링★	• QAA는 상담사 옆에 앉아 고객과의 콜을 경청하는 방식 • 장점: 즉각적 피드백 및 코칭 가능 • 단점: 성과에 영향을 줄 수 있고, 상담사는 예민해져 업무에 부정적 영향을 미침. 평소 발견되기 힘들다. QAA는 많은 시간 투자를 하게 됨
Silent 모니터링★	• QAA는 다른 장소에서 상담사의 콜을 몰래 들을 수 있는 방식 • 장점: 상담사의 평소 모습 확인 가능 • 단점: 비생산적, 누군가 지켜본다는 두려움 생김
동료(Peer) 모니터링★	• 상담사가 동료의 콜을 모니터해서 피드백 제공하는 방식 • 장점: 권한부여&직무충실도가 좋은 환경을 지원, 관리자의 시간을 아낄 수 있음 • 단점: 동료의 모니터링을 수행하는 직원을 잘 선별해야 함
미스터리 콜	미스터리 쇼퍼가 고객을 가장해 콜을 해서 상담사의 모습을 모니터링하는 방식
콜 리코딩 or 콜 테이핑	콜 샘플을 녹음한 후 QAA가 무작위로 콜을 선택하여 모니터링하는 방식

4) 미스터리 쇼핑의 목적

- 미스터리 쇼퍼가 고객으로 위장하여 매장을 방문한 후, 직원의 친절도와 고객 응대 기술 등을 평가하고 개선점을 제안하기 위해 실시한다.
- 불량한 직원을 감시하는 것이 아니라, 응대 서비스의 개선을 통해 고객 만족을 극대화하는 것을 목표로 한다.
- 미스터리 쇼핑은 체계적인 계획을 바탕으로 여러 매장을 방문하여 평가를 진행한다.
  - └ 꼼꼼하게 체크하기 위해 한 매장만 방문한다.(×)
- 서비스 표준안을 제공하고 효과적인 마케팅 전략을 수립하는 데 활용된다.
- 미스터리 쇼퍼는 신뢰성, 계획성, 관찰력, 융통성, 꼼꼼함, 정직성, 작문 능력, 객관성과 같은 역량을 갖추어야 한다.
  - └ 감성적 성향(×)

02 서비스 품질 평가 시스템

1) 서비스 보증이 필요한 경우

- 고객의 자아 이미지가 연관된 경우
- 상품구매에 관해 고객이 전문지식이나 자신감이 적을 경우
- 고객의 반복 구매가 기업에 큰 영향을 주는 경우
- 해당 산업이 품질에 대한 나쁜 이미지가 형성되어 있는 경우
- 구전에 의해 사업이 영향을 많이 받는 경우

2) 서비스 전달 시스템의 종류

① 기능 위주의 서비스 전달 시스템

서비스 전달 과정이 서비스의 생산을 위해 기능 위주로 배열되어 있는 전달 시스템이다. 표준화된 서비스를 대량 생산하는 데 적합하다.

예 카페테리아, 신체검사, 병원, 맥도날드

② 고객화 위주의 서비스 전달 시스템

고객의 욕구가 세부적으로 다를 경우 주로 사용된다. 기능 위주 서비스 전달 시스템보다 폭넓은 업무를 수행해야 한다. 서비스 제공자의 성격, 기분, 교육 수준에 따라 서비스 질이 달라질 수 있다.

◉ 미용실, 세탁업, 숙박시설 등

③ 프로젝트 위주의 서비스 전달 시스템

보편적으로 기간이 길고, 사업 규모가 크며, 사업 내용이 복잡하면서 일회성의 비(非)반복적인 사업에 많이 활용되는 서비스이다.

◉ 건축 프로젝트, IT 시스템 구축, 컨설팅 서비스 등

01 서비스 청사진의 특징에 대한 설명 중 옳은 것은?

① 서비스 청사진은 린 쇼스택에 의해 개발되었으며 장소, 시설, 환경 부분을 중점적으로 개발하는 데 활용된다.

② 서비스 청사진은 고객이 아닌 회사 관점에서 설계된다.

③ 서비스 청사진은 서비스의 무형성과 이질성을 극복할 수 있는 도구이다.

④ 서비스 청사진은 대부분 실패 요인이 기계적 부분에서 발생한다.

⑤ 서비스 청사진은 직원들이 업무를 통제하기 위한 수단으로 설계된다.

02 서비스 청사진의 구성요소 중 후방 종업원 행동에 대한 설명으로 적합하지 않은 것은?

① 고객에게 직접적으로 보이지 않는 활동이다.

② 일선 종업원 활동을 지원하는 역할을 한다.

③ 카드 시스템, 상품 배송 등이 포함된다.

④ 고객이 직접적으로 접하는 활동이다.

⑤ 주사를 준비하는 간호사의 활동도 이에 포함된다.

03 서비스 청사진 작성 단계에 대한 설명 중 옳지 않은 것은?

① 과정 도식화는 서비스가 전달되는 과정을 시각적으로 나타내는 단계이다.

② 실패 가능성 확인 단계에서는 서비스 실패가 일어날 접점을 분석한다.

③ 경과시간의 명확화 단계에서는 각 단계별로 서비스 제공 시간을 기록한다.

④ 청사진 수정은 서비스 실패를 줄이기 위해 시장조사 없이 이루어진다.

⑤ 수익성 분석 단계에서는 실수나 서비스 지연 가능성을 고려해 수익성을 평가한다.

04 서비스 모니터링의 목적에 대한 설명 중 틀린 것은?

① 직원들의 잠재 능력을 발견하고 개발하여 고객 만족을 극대화한다.

② 직원들을 통제하기 위한 관리 수단으로 활용한다.

③ 서비스 품질을 객관적으로 평가하기 위해 실시한다.

④ 서비스 변경 시 효과를 알아보기 위해 사용된다.

⑤ 경쟁사와 비교하여 회사 성과를 평가하는 데 도움을 준다.

05 서비스 모니터링 유형 중 Silent 모니터링에 대한 설명으로 옳은 것은?

① QAA가 상담사 옆에 앉아 고객과의 대화를 경청한다.
② 상담사가 동료의 콜을 모니터링하여 피드백을 제공한다.
③ 미스터리 쇼퍼가 고객을 가장해 상담사의 태도를 평가한다.
④ QAA가 상담사의 콜을 다른 장소에서 몰래 듣는다.
⑤ 콜 샘플을 녹음하여 QAA가 무작위로 선택해 모니터링한다.

06 서비스 품질 평가에서 서비스 보증이 필요한 경우에 해당하지 않는 것은?

① 고객의 자아 이미지가 제품과 연관된 경우
② 고객이 구매에 자신감이 없는 경우
③ 고객의 반복구매가 기업에 큰 영향을 주는 경우
④ 고객이 상품 구매 과정에서 전문가로 인정받는 경우
⑤ 구전에 의해 사업이 영향을 많이 받는 경우

07 서비스 전달시스템 중 기능 위주의 시스템에 해당하지 않는 것은?

① 카페테리아
② 신체검사
③ 병원
④ 미용실
⑤ 맥도날드

08 미스터리 쇼핑의 목적에 대한 설명으로 적합하지 않은 것은?

① 고객으로 위장해 매장을 방문해 직원의 친절도를 평가한다.
② 응대 서비스 개선을 통해 고객 만족을 극대화한다.
③ 꼼꼼히 체크하기 위해 한 매장만 방문하여 평가한다.
④ 서비스 표준안을 제공하고 마케팅 전략을 수립한다.
⑤ 쇼퍼는 계획성과 객관성을 기반으로 평가를 수행한다.

09 서비스 디자인의 특징에 해당하지 않는 것은?

① 시스템화와 유용성을 중시한다.
② 사용자 중심의 접근법을 따른다.
③ 이해관계자가 모두 참여하는 공동 창작 과정을 거친다.
④ 장소와 시설 개발이 서비스 디자인의 중심이다.
⑤ 지속성을 고려한 설계가 포함된다.

10 서비스 품질 모니터링 요소 중 타당성에 대한 설명으로 옳지 않은 것은?

① 고객의 평가와 모니터링 점수가 일치해야 한다.
② 모니터링 결과는 포괄적으로 고객 응대 요소를 포함해야 한다.
③ 평가 내용이 조직과 고객 모두에게 영향을 줄 수 있어야 한다.
④ 모니터링 평가가 조직 내에서 실용적으로 활용될 수 있어야 한다.
⑤ 고객이 실제로 받은 서비스 수준을 평가 기준으로 삼아야 한다.

01	③	02	④	03	④	04	②	05	④
06	④	07	④	08	③	09	④	10	③

01 ③

오답 피하기

① 린 쇼스택에 의해 개발되었지만 장소, 시설, 환경 개발이 아닌 서비스 프로세스 설계에 활용된다.
② 서비스 청사진은 고객 관점에서 설계된다.
④ 서비스 실패의 대부분은 기계적 요소가 아닌 인적 요소에서 발생한다.
⑤ 직원들의 업무 통제를 위한 도구가 아닌 고객 지향적 사고를 촉진한다.

02 ④

후방 종업원 행동은 고객이 직접적으로 접하지 않는 활동으로, 주사를 준비하는 간호사나 카드 시스템, 상품 배송과 같은 활동이 포함된다.

03 ④

청사진 수정은 시장조사를 통해 이루어지며, 서비스 실패를 줄이는 데 기여한다.

04 ②

서비스 모니터링은 직원들을 통제하기 위한 것이 아니라 직원들의 능력을 평가하고 개발하여 고객 만족을 극대화하기 위한 도구이다.

05 ④

Silent 모니터링은 QAA가 다른 장소에서 상담사의 콜을 몰래 들으며, 상담사의 평소 모습을 확인할 수 있다.

06 ④

고객이 상품 구매 과정에서 전문가로 인정받는 경우는 서비스 보증이 꼭 필요하지 않다.

07 ④

미용실은 고객화 위주의 서비스 전달 시스템에 해당한다.

08 ③

미스터리 쇼핑은 여러 매장을 방문하여 평가하며, 한 매장만 방문하는 것은 적합하지 않다.

09 ④

서비스 디자인은 장소와 시설 개발이 아니라 사용자 중심과 시스템화를 중점적으로 다룬다.

10 ③

평가 내용이 조직과 고객 모두에게 영향을 줄 수 있어야 한다는 것은 유용성에 해당하는 설명이다.

CHAPTER

02

마케팅 전략과
제품 차별화

학습 방향

서비스 차별화 전략은 틈새시장 공략, 고객 맞춤형 관리, 제품의 차별화 요소를 통해
경쟁 우위를 확보하는 데 중점을 둔다. 또한 고객 중심의 전략 수립 능력을 배양하
고, 다양한 서비스와 제품의 차별화 방식에 대한 이해를 심화해야 한다.

출제빈도

SECTION 01	중	35%
SECTION 02	중	30%
SECTION 03	중	35%

틈새시장 전략의 이해

01 틈새시장의 기본 이론

01 틈새시장의 정의와 특성

1) 틈새시장의 개념

- 전략적 측면: '소규모의 시장에 대한 특화된 상품으로 시장 영역을 만드는 것'이며, 이는 곧 기업환경 속에서 자사의 최적 위치를 찾는 과정이다. 특히 '보다 작은 시장에서 보다 나은 표적'을 찾아 시장을 확대해 나가는 것이 핵심이다.
- 시장적 특성: '현재 수행되지 않는 매우 특별한 욕구를 가진 시장의 비교적 작은 부분'을 대상으로 하며(코틀러, 1994), 이는 곧 '시장의 빈틈을 공략하는 새로운 상품이나 서비스'를 통해 시장점유율을 확보하는 전략이다.
- 틈새시장은 세분화된 시장에서 더 나아가 '또 다른 시장을 만듦으로써 그 시장에 집중'하는 것으로, 마케팅의 3대 핵심인 '전문화, 차별화, 집중화'가 필수다.

2) 틈새시장의 특징 ★★

- 없어지거나 새로 만들어지기도 한다.
- 대형 시장으로의 성장 가능성: 틈새시장이 대형시장으로 되기도 한다.
- 중소기업에 유리한 시장이며, 최근에는 대기업의 진출도 이어지고 있다.
- 여러 기업이 같은 틈새시장에 존재하기도 한다.
- 틈새시장을 '니치 마케팅'이라고도 한다.
- 이상적인 틈새시장은 경쟁자들이 관심이 없는 분야여야 한다.

3) 틈새시장의 필수 조건

- 소비자와의 신뢰 관계를 구축하여 경쟁자로부터의 방어력을 확보해야 한다.
- 경쟁자들이 관심을 두지 않는 시장 영역을 공략해야 한다.
- 장기적으로 성장할 수 있는 시장 잠재력을 보유해야 한다.
- 기업 규모에 따라 차별화된 접근 방식이 필요하다.
  - 대기업은 높은 매출을 실현할 수 있는 시장을 공략해야 한다.
  - 중소기업은 수익성이 보장되는 적절한 시장 규모와 구매력을 고려해야 한다.
- 시장의 욕구를 충족할 수 있는 능력과 자원을 갖추고 있어야 한다.

> **교수님 TIP**
>
> '세분화된 시장'과 '틈새시장'의 차이를 구분하세요.

1) 틈새시장의 3가지 전략

① 새로운 시장 개척 전략
- 기존의 세분 시장을 다시 세분화하는 과정을 핵심으로 한다.
- 대기업으로부터 고립된 세분된 시장을 개척하는 것을 목적으로 한다.
- 기존 시장을 재분석하여 새로운 기회를 모색하는 것이 특징이다.

② 새로운 시장 심화 전략
- '좁지만 깊게' 시장을 개척하는 방향으로 진행된다.
- 소비자의 수요를 증대시키는 것을 목표로 한다.
- 시장의 폭보다 깊이에 집중하는 것이 특징이다.

③ 개성화 대응 전략
- 소비자의 적극적인 개성화 의식을 전제 조건으로 한다.
- 소비자 개개인의 니즈를 충족하는 것을 핵심 목표로 한다.
- 개별 소비자 중심의 맞춤형 접근을 특징으로 한다.

2) 틈새시장 관련 법칙

파레토 법칙★	• 80:20 법칙이라고도 함 • 전체 매출의 80%는 20%의 소비자와 품목에서 나온다는 법칙 • 선택과 집중 키워드 적용
롱테일 법칙★	• 역 파레토 법칙: 파레토 법칙과 반대 • 인기 없는 제품의 80% 매출의 합이 인기 있는 20%의 제품 매출보다 높다는 법칙 • 상생의 법칙 적용
세이의 법칙	공급이 수요를 만든다는 법칙
바넘 효과(포러 효과)	사람들이 일반적으로 가지고 있는 성격과 심리 특성을 자신만이 가지고 있는 특성으로 생각하는 심리적 경향

🕐 암기 TIP

파레토 법칙

파레토 = 파알십 대 이십 → 파파이~ (대부분 오른손잡이라고 가정하여, 오른쪽 숫자 20%에서 매출이 나온다고 암기)

🕐 암기 TIP

롱테일 법칙

롱~ 테일 → 숫자 많은 것을 좋아함 → 숫자 80이 중요

03 틈새시장 마케팅 실행

1) 데이터베이스 마케팅
- 고객에 대한 데이터(정보)를 수집·분석하여 마케팅에 적극적으로 활용하는 것을 의미한다.
- 고객 한 사람 한 사람에 맞는 개별적 마케팅이다.
- 일대일 마케팅, 개별 마케팅, 관계 마케팅 등으로 진화 가능하다.

2) 인지부조화 이론
- 개인의 신념과 행동이 일치하지 않으면 심리적 불편함을 느끼게 된다. 이를 해소하기 위해 행동 또는 태도를 바꾸려고 하는 심리적 과정이 인지부조화이다.
- 예 이솝우화의 '여우와 포도': 여우가 포도나무를 발견했지만, 너무 높아 먹지를 못하자 '저 포도는 분명 신 포도여서 먹지 못 할거야'라고 생각하는 것이 대표적인 인지부조화의 예시다.

고객 관리 프로그램

01 서비스 산업의 고객 관리

01 호텔 산업의 고객 관리

1) 리츠칼튼 호텔의 고객 인지 프로그램

① 고객 정보 관리 시스템

고객 인지 프로그램(Customer Recognition Program)인 고객 정보 관리 시스템을 사용하여 각 고객에게 맞는 개별적인 차별화 서비스 제공으로 유명하다. '서비스 차별화'를 강조하여 기존고객 유지가 목적이다.　신규고객 창출 목적(×)

고객 코디네이터	고객의 개인적 취향 조사
고객 기호 카드 (고객 취향 수첩)	고객 취향과 관련된 내용을 기록함. 모든 직원이 소지하고 있음
고객 이력 데이터베이스	고객의 이력과 개인적 취향에 관한 정보

② 맞춤 서비스

리츠칼튼 호텔에 한 번이라도 숙박한 고객은 관련 정보가 저장되어 있어 전 세계 어느 지점을 가더라도 맞춤 서비스를 제공받을 수 있다.

③ 황금 표준 카드

• 리츠칼튼 직원들은 사훈, 신조, 3단계 서비스가 적힌 '황금 표준 카드'를 들고 다닌다.
• 사훈: 우리는 신사숙녀를 모시는 '신사숙녀'이다.
• 신조: 고객에게 편하고 안락한 공간을 제공한다.　우리는 신사숙녀를 모시는 최고의 '종업원'이다. (×)

④ 3단계 서비스

• 가능한 고객의 이름을 부른다.
• 고객의 전화는 되도록 처음 받은 사람이 응대한다.
• 고객이 원하는 것을 미리 예측하고 준비한다.

2) 고객인지 프로그램 효과

서비스 차별화 측면	• '차별화된 서비스를 제공하는 수단'으로 활용 • '개인 취향에 맞는 서비스 제공' 가능
고객 관리 측면	• '관계 마케팅의 기초'가 되는 고객 정보 파일 활용 • '가장 중요한 고객 파악'을 통한 적절한 제품과 서비스의 적시 제공 • '최고의 고객 식별'을 통한 기존고객 유치 가능
예측 관리 측면	'고객의 재방문 시 행동 예측' 가능

3) 헤스캣(Heskett)이 제시한 전략적 서비스 비전(Strategic Service Vision)의 구성

서비스 기업이 성공적으로 차별화된 경쟁우위를 확보하기 위한 네 가지 핵심 구성 요소로 이루어져 있다.

구성 요소	핵심 내용
표적 시장(고객)	주요 세분시장, 시장 특성, 욕구, 현재 충족 현황 분석
운영 전략	운영 · 재무 · 마케팅 등 전략적 요소, 투자 및 통제 포인트
서비스 개념	고객에게 제공할 핵심 가치와 혜택, 인식 기대, 설계 및 마케팅 방향
서비스 전달 시스템	지원시설, 설비, 기술, 품질관리, 고객 · 직원 관계 등 실제 서비스 전달 방식

제품 차별화 전략

01 제품 차별화의 이론과 실제

01 제품 차별화의 기초

1) 제품 차별화의 특징

- 체임벌린이 제품 차별화 이론을 처음으로 도입한 학자이다.
- 제품 차별화에서 가장 중요한 것은 고객 위주로 차별화를 진행하는 것이다.
- 동질적인 시장이 아닌 이질적인 시장으로 차별화를 확대하는 것이 필요하다.
- 경쟁사 제품과 확실히 차별화된 자사 제품을 개발하여 가격 경쟁을 피하려는 전략을 활용해야 한다.

2) 제품 차별화의 요소

① 유형적 요소: 크기, 디자인, 모양, 색상, 중량
② 무형적 요소: 성능, 속도, 일치성, 안정성 ――― 심리, 감정, 사회적 요소

형태	크기, 모양, 물리적 구조
특성	기본적인 기능을 하는 특징
성능 품질	기본적 특징이 작동되는 정도
적합성 품질	일관성 있는 생산된 모든 제품, 약속한 목표 규격 충족
내구성	제품에 기대되는 작동하는 수명의 정도
신뢰성	일정 기간 안에 고장나지 않고 제대로 작동될 가능성
수선 용이성	제품의 본 기능을 발휘하지 못할 때, 정상적으로 작동 가능하게끔 작업하는 것이 편리한지를 측정한 수치
스타일	소비자에게 어떻게 잘 보이며, 좋게 생각하게끔 하는 것
디자인	기업에게 경쟁적 우위 제공 요인, 소비자가 제품을 어떻게 보고 느끼게 하는지에 대해 영향을 주는 특성

③ 제품 차별화가 어려울 경우: 매력적인 서비스 제공자, 수선 및 유지 서비스, 설치, 빠른 배달, 편리한 주문, 신속성 향상, 정보 제공 등의 전략 활용

> **교수님 TIP**
>
> 제품의 기술적인 품질을 차별화 하는 것이 가장 중요하다.(×)
> 기술 발전으로 제품 품질 수준의 차이가 거의 없는 상황입니다.

02 제품의 분류 체계

1) 소비재 분류(쇼핑 습관 기준)★★

편의품	• 충동적으로 구매하는 제품, 소량으로 자주 구입 • 고객의 관여도가 매우 낮음 • 최소한의 시간이나 노력만으로 편리하게 자주 구매하는 상품 예 비누, 치약, 껌
선매품	• 구매 전 품질, 가격 등을 비교평가 후 구매하는 제품 • 편의품에 비해 고가, 구매 횟수 적음 예 가구, 가전제품
전문품	전문성과 독특성을 가진 제품을 구매하기 위해 거리와 관계없이 시간과 노력을 투자하는 제품 예 자동차, 아파트, 명품, 예술 작품
비탐색품	평소에 일반적으로 잘 구매하지 않는 제품 예 보험

2) 소비재의 내구성 · 유형성 · 용도별 구분

비내구재	• 핵심 특성: 한 번 내지 두세 번 사용으로 소모되는 유형 제품 • 유통 전략: '판매점 수를 많이 늘리는 것'이 중요 • 마케팅 전략: 대량 광고를 통한 구매 유도와 선호도 구축
내구재	• 핵심 특성: 여러 번 사용 가능한 제품 • 대표 품목: '장비, 설비, 가전제품' 등 • 필수 지원: 보증, A/S, 의사결정 정보 제공
핵심 요구사항	• 높은 수준의 품질 통제 • 공급자의 신뢰성

03 제품의 차원 이론

1) 레빗(Levitt)의 3가지 제품 차원★

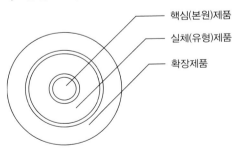

- 핵심(본원)제품
- 실체(유형)제품
- 확장제품

① 핵심(본원) 제품
- 고객이 제품에서 얻고자 하는 가장 근본적인 서비스와 기능을 제공한다.
- 시장에서 소비자의 욕구를 충족할 수 있는 제품을 의미한다.

② 실체(유형) 제품
- 핵심(본원) 제품을 형상화한 것으로, 제품에 포장, 로고, 스타일 등이 추가된 형태이다.

- 구매자가 실물적 차원에서 인식하는 수준의 제품을 의미한다.
- 핵심적인 편익이 구체적인 형태로 실현된 제품이다.

③ 확장 제품
- 실체 제품에 추가 혜택을 포함하여 편익이 더욱 부각된 제품을 의미한다.
- A/S, 보증, 설치, 배달 등의 서비스가 포함된 가장 포괄적인 형태의 제품이다.
- 소비자의 구매 결정에 영향을 미치는 경쟁적 요소로 작용한다.

2) 필립 코틀러(Philip Kotler)의 제품 5차원 모델

핵심 이점	고객이 실제로 구매하는 근본적인 이점이나 서비스를 의미
기본적 제품	• 핵심 이점을 유형 제품으로 형상화한 것 • 제품의 가장 기본적인 형태를 나타냄
기대하는 제품 (Expected Product)	• 구매자들이 정상적으로 기대하고 합의하는 요소를 포함 • 일련의 속성과 조건이 함께 구성
확장 제품 (Augmented Product)	• 경쟁자와 구별되는 요소를 특징으로 함 • 추가적인 서비스와 이점을 포함
잠재적 제품 (Potential Product)	미래에 경험할 수 있는 변환과 확장의 가능성을 의미

🅕 교수님 TIP

레빗의 이론 중 핵심 제품과 코틀러 제품의 차이는 다음과 같습니다.
- 레빗: '욕구 충족'에 초점
- 코틀러: '실제 구매 이점'에 초점

04 제품 차별화 실행 전략

1) 제품 차별화를 위한 전략 유형
① 고객 세분화 전략
② 고객의 다원화
③ 급변하는 시장에 적응
④ 대량 맞춤(Mass Customization) 적용 확대

🅕 교수님 TIP

대량 생산(×)이 아닌, 대량 맞춤(○)입니다.

2) 제품 차별화의 방법과 원리
① 방법
- 기능 요소 차별화는 혁신적인 기술을 활용하여 기존 제품보다 더 신속하고 적은 노력으로 경제적으로 해결 가능한 제품을 제공하는 방식이다. 그러나 중소기업은 대기업에 의해 시장 기반을 쉽게 빼앗길 위험이 있으므로 주의해야 한다.
- 감성 요소 차별화는 독특한 감성, 개성, 브랜드 이미지를 활용하여 점진적으로 구축된다. 한 번 축적되면 오래 지속되는 고정 자산의 성격을 가진다.
- 성장 요소 차별화는 자아의 이미지와 가치 표출을 통해 차별화를 시도하는 방식이다. 이는 사람들과의 관계 속에서 높은 의미와 가치를 갖는 요소로 작용한다. 대표적인 예로 고급 골프채 브랜드나 승용차 등이 있다.

② 원리
- 현저성의 원리는 특정 브랜드가 제품 속성에서 매우 돋보이게 인식되거나, 특정 제품군을 떠올릴 때 해당 브랜드가 자연스럽게 연상되는 특성을 의미한다.
- 희소성의 원리는 소비자가 경제적 자원이 부족하다고 느끼는 상황에서 특정 상품에 대한 욕구나 가치를 더욱 크게 느끼도록 만드는 원리를 의미한다.

➕ 더 알기 TIP

기타 차별화 방법
- 상징 요소 차별화: 제품 기능보다는 소비자의 자아 이미지 표현, 준거집단(타인의 시선)과 연결해 차별화
- 대체 요소 차별화: 기존 제품을 완전히 새로운 대안으로 대체하여 차별화
- 분할 요소 차별화: 시장을 세분화해 특정 니즈에 특화된 제품으로 차별화

3) 제품 차별화의 8가지 핵심 방법과 사례

① 기본적인 기능 외에 하이터치 요소를 강화

- 디자인 개선을 중심으로 차별화를 시도
- 기본 기능이 단순하거나 개선의 여지가 없는 경우, 주변적 · 외향적인 요소를 강조하여 차별성을 부각
- 제품의 본질적 기능보다는 감성적 · 외형적 요소를 통해 고객의 관심을 유도

② 대형 제품의 소형화(소형 제품의 대형화)와 고가 제품의 염가화로 차별화

- 고소득 상류층이 구매하는 제품을 일반 대중도 구매할 수 있도록 소형화 · 염가화
- 특히 불경기에는 이러한 전략이 매우 효과적
- 성인용 제품(스타일)을 어린이용으로 개발하는 등 새로운 시장에 진입 가능

③ 유형재의 효용 가치를 증가시키기 위해 추가적인 서비스를 강화하고, 서비스는 유형재를 추가적으로 제공

- 유형재의 경우, 보증기간을 획기적으로 연장하거나 배달 속도를 개선하는 등의 서비스를 강화
- 서비스 자체 차별화가 어려운 경우에는 가시적인 제품을 추가로 제공
- 특히 제공하는 데 드는 비용 대비 높은 가치가 인정되는 제공물을 찾는 것이 효과적

④ 서비스 또는 부가서비스의 내용을 차별화하기 어려운 경우, 서비스 제공 방법과 서비스 접점에서 차별화

- 신속성과 친절도를 향상시켜 서비스의 품질을 높이는 방식
- 매력적인 서비스, 제공자의 설명, 정보 제공 등을 통해 차별화를 시도
- 서비스 접점에서 고객이 느끼는 심리적, 사회적 만족도를 높여 경쟁사가 모방하기 어렵게 함

⑤ 새로운 고객 가치 요소를 창조하여 집중

- Blue Ocean 접근 방법과 전략 캔버스(Strategic Canvas), ERRC를 활용
- 이를 통해 새로운 고객 가치 곡선을 창조하여 시장에서의 차별성을 확보

> 제품과 서비스의 구성 요소를 없애거나(Erase), 낮추거나(Reduce), 높이거나(Raise), 새롭게 만들어(Create) 차별화를 시도하는 전략 도구

⑥ 고객 문제에 대한 새로운 해결 방법을 제시

- 혁신적인 기술을 활용하여 기존 제품보다 효율적이고 경제적인 해결 방안을 제시
- 편리성, 신속성, 적은 노력으로도 문제를 해결할 수 있는 방안을 제공
- 단, 중소기업의 경우 대기업에 의해 시장 기반을 빼앗길 위험이 있으므로 주의

⑦ 독특한 감성, 개성, 이미지 브랜드를 이용하여 차별화

- 기능적 차별화가 어려운 경우에 효과적인 전략
- 서서히 구축되지만 한 번 축적되면 고정 자산처럼 오래 지속되는 특성을 지님
- 제품의 기능보다는 감성적 가치에 중점을 둠

⑧ 다른 사람과의 관계에서 보다 높은 의미와 가치를 갖는 요소로 차별화

- 제품 기능 자체보다는 자아 이미지와 준거집단의 가치 표출을 중시
- 고급 골프웨어나 승용차처럼 사회적 계층과 권위를 나타내는 제품에 효과적
- 특히 고가의 공공적 사치품에 적용할 때 높은 효과가 있음

01 틈새시장에 대한 설명 중 옳은 것은?

① 틈새시장은 현재 수행되고 있는 일반적인 욕구를 충족시키는 시장이다.
② 틈새시장은 항상 없어지지 않고 유지된다.
③ 틈새시장은 대기업에 적합한 시장으로 중소기업이 진출하기 어렵다.
④ 틈새시장은 세분화된 시장에서 더 나아가 또 다른 시장을 만드는 것이다.
⑤ 틈새시장은 경쟁자가 많은 분야여야 이상적이다.

02 틈새시장의 필수 조건 중 틀린 것은?

① 소비자와의 신뢰 관계를 통해 경쟁자 방어력을 갖춰야 한다.
② 경쟁자들의 관심이 높은 영역이어야 한다.
③ 장기적인 시장 잠재력을 보유해야 한다.
④ 대기업과 중소기업에 따라 차별화된 접근 전략이 필요하다.
⑤ 시장 욕구 충족을 위한 기업의 능력과 자원이 필요하다.

03 틈새시장 전략 중 새로운 시장 심화 전략에 대한 설명으로 옳은 것은?

① 기존 세분시장을 다시 세분화하여 새로운 기회를 찾는다.
② 시장의 폭보다 깊이에 집중해 소비자의 수요를 증대시킨다.
③ 대기업으로부터 고립된 시장을 개척하는 전략이다.
④ 소비자의 개성화된 니즈를 충족시키기 위한 맞춤형 접근 전략이다.
⑤ 기존 시장을 유지하며 경쟁자들과 협력하여 공존한다.

04 파레토 법칙에 대한 설명으로 틀린 것은?

① 80%의 매출은 20%의 소비자와 품목에서 나온다는 법칙이다.
② 선택과 집중 전략에 적합한 법칙이다.
③ 파레토 법칙은 20%의 제품이 매출의 80%를 차지한다고 본다.
④ 인기 없는 80%의 제품 매출 합이 인기 있는 20%의 제품 매출보다 높다고 설명한다.
⑤ 파레토 법칙은 조직 운영에서 중요한 요소를 선택하는 데 도움을 준다.

05 리츠칼튼 호텔의 고객인지 프로그램에 대한 설명 중 옳지 않은 것은?

① 고객 코디네이터는 고객의 개인적 취향을 조사한다.

② 고객기호카드는 고객의 취향을 기록한 것으로 모든 직원이 소지한다.

③ 고객정보관리시스템은 신규고객 창출을 목적으로 한다.

④ 고객이 전 세계 지점을 이용하더라도 맞춤형 서비스를 제공받을 수 있다.

⑤ 직원들은 사훈, 신조, 3단계 서비스가 적힌 황금표준 카드를 소지한다.

06 항공사의 토털 서비스 특징 중 틀린 것은?

① 토털 서비스는 경쟁사와 차별화된 서비스로 고객에게 긍정적 평가를 받는 것이 목표다.

② 서비스 운영 시스템에서 가시적 부분은 점차 줄어드는 추세다.

③ 서비스 전달 시스템은 고객 접촉 빈도를 줄이려는 방향으로 변화한다.

④ 토털 서비스는 단순히 원스톱 서비스만을 의미한다.

⑤ 셀프 서비스 전달 방식이 증가하는 추세다.

07 필립 코틀러의 제품 5차원 모델에서 기대하는 제품에 대한 설명으로 옳은 것은?

① 구매자가 실물 차원에서 인식하는 수준의 제품이다.

② 미래에 경험할 수 있는 변환과 확장을 포함한다.

③ 구매자들이 정상적으로 기대하고 합의하는 요소를 포함한다.

④ 핵심 이점을 유형 제품으로 형상화한 것이다.

⑤ 실체 제품에 추가적인 서비스와 이점을 포함한 제품이다.

08 레빗의 3가지 제품 차원에 대한 설명으로 옳은 것은?

① 핵심 제품은 고객이 정상적으로 기대하는 요소를 포함한다.

② 실체 제품은 핵심 제품에 추가적인 서비스와 이점을 포함한다.

③ 확장 제품은 핵심 제품을 형상화한 것이다.

④ 실체 제품은 핵심 제품에 포장, 로고, 스타일 등을 추가한 것이다.

⑤ 확장 제품은 고객이 얻고자 하는 가장 근본적인 서비스와 기능을 제공한다.

09 제품 차별화의 요소 중 무형적 요소에 해당하지 않는 것은?

① 안정성 ② 성능
③ 중량 ④ 일치성
⑤ 속도

10 제품 차별화의 방법과 원리에 대한 설명으로 틀린 것은?

① 혁신적 기술로 기존 제품보다 신속하고 경제적인 해결 방법을 제시한다.

② 독특한 감성, 개성, 이미지 브랜드를 활용해 차별화한다.

③ 특정 브랜드가 한 제품의 속성에서 매우 돋보이게 인식되도록 한다.

④ 고객 문제에 대한 새로운 해결 방법을 제시해 경쟁사의 시장 기반을 약화시킨다.

⑤ 대량 생산을 통해 고객에게 저렴한 제품을 제공하는 것이 핵심이다.

정답 & 해설

01 ④	02 ②	03 ②	04 ④	05 ③
06 ④	07 ③	08 ④	09 ③	10 ⑤

01 ④

오답 피하기

① 틈새시장은 현재 수행되지 않는 특별한 욕구를 가진 시장을 대상으로 한다.
② 틈새시장은 없어지거나 새로 만들어질 수 있다.
③ 틈새시장은 중소기업에 유리한 시장으로 최근에는 대기업도 진출하고 있다.
⑤ 이상적인 틈새시장은 경쟁자들이 관심을 두지 않는 분야다.

02 ②

틈새시장은 경쟁자들의 관심이 높은 영역이 아닌, 경쟁자들의 관심 밖의 영역이어야 한다.

03 ②

오답 피하기

① 기존 세분시장을 다시 세분화하는 것은 새로운 시장 개척 전략이다.
③ 대기업으로부터 고립된 시장 개척은 새로운 시장 개척 전략의 목적이다.
④ 개성화된 니즈를 충족시키는 것은 개성화 대응 전략이다.
⑤ 틈새시장 전략은 기존 시장 유지와 협력보다는 새로운 기회를 찾는 데 초점이 있다.

04 ④

④는 롱테일 법칙에 해당하는 설명이다. 파레토 법칙은 전체 매출의 80%가 20%의 소비자와 품목에서 나온다는 법칙이다.

05 ③

고객정보관리시스템은 기존 고객 유지를 목적으로 활용되며, 신규 고객 창출이 주목적이 아니다.

06 ④

토털 서비스는 원스톱 서비스뿐만 아니라 개별 맞춤 서비스, 고급화 서비스까지 포함한다.

07 ③

오답 피하기

① 구매자가 실물 차원에서 인식하는 제품은 실체 제품이다.
② 미래에 경험할 수 있는 변환과 확장은 잠재적 제품에 해당한다.
④ 핵심 이점을 유형 제품으로 형상화한 것은 기본적 제품이다.
⑤ 실체 제품에 추가적인 서비스와 이점을 포함한 제품은 확장 제품이다.

08 ④

오답 피하기

① 고객이 정상적으로 기대하는 요소는 확장 제품이 아닌 기대하는 제품이다.
② 실체 제품은 핵심 제품을 형상화한 것으로, 추가적인 서비스와 이점은 확장 제품에 해당한다.
③ 확장 제품은 핵심 제품이 아니라 실체 제품에 추가 혜택을 포함한 것이다.
⑤ 고객이 얻고자 하는 근본적인 서비스는 핵심 제품에 해당한다.

09 ③

중량은 유형적 요소에 해당하며, 성능, 안정성, 일치성, 속도는 무형적 요소에 해당한다.

10 ⑤

제품 차별화는 대량 맞춤(Mass Customization)을 지향하며, 단순한 대량 생산은 제품 차별화와 거리가 멀다.

서비스 실패와 회복
전략 및 의료 서비스

학습 방향

서비스 실패와 회복에 대한 이해를 통해 고객 불만 상황에서의 효과적인 대응 전략을 학습한다. A/S와 수익 관리, 의료서비스의 특수성과 품질 요소를 파악하여 고객 충성도와 수익성을 높이는 방법을 익힌다.

출제빈도

SECTION 01	상	45%
SECTION 02	중	30%
SECTION 03	하	25%

서비스 실패와 회복의 이해

01 서비스 실패의 본질

01 서비스 패러독스와 실패

1) 서비스 패러독스 특징 및 원인★

- 서비스 패러독스는 다양한 서비스가 생겼지만 고객의 만족도는 오히려 낮아지는 현상을 말한다.
- 서비스의 공업화가 서비스 패러독스가 생기는 주원인이다.
- 서비스 공업화란, 서비스 활동에서 노동집약적인 부분을 기계로 대체하여 효율성을 높이고 비용을 절감하는 것을 의미한다. 예를 들어, 자동차 생산 공장에서 활용하는 계획화, 조직화, 훈련과 통제 그리고 관리 등의 시스템을 서비스 활동에도 적용하는 것이다.
- 원인은 크게 서비스 경험 전 '높은 기대 수준'과 서비스 경험 후 '실제 서비스 성과'로 나눌 수 있다.
- 세부 원인 5가지는 다음과 같다.

> **📑 교수님 TIP**
>
> 세부 원인 5가지를 묻는 문제를 풀 때 참고해 주세요.
> - Q: 서비스 동질화는 패러독스를 극복할 수 있는 방법이다.
> - A: ×입니다. 패러독스가 생기게 된 원인이지, 극복 방법이 아닙니다.
> - Q: 서비스 패러독스의 원인에는 '기술의 단순화'가 있다.
> - A: ×입니다. 기술의 복잡화입니다.

서비스의 표준화(기계화)	• 효율화, 서비스 공업화를 위해 기업들은 더 인간적 서비스를 기계로 바꾸면서 서비스의 기본이 되는 인간적 서비스의 결여로 서비스의 빈곤을 낳음 • 대량화: 노동력을 최소화하고 시스템 기술을 적용해서 균일화된 서비스 제공
서비스의 동질화	경직된 서비스 → 개별성 상실
서비스의 인간성 상실	• 서비스 공업화 강조 → 제조업보다 심각해진 인간의 존엄성 무시 • 종업원의 정신적·육체적 피로 증가 → 서비스 품질에 반영
기술의 복잡화	• 고객과 직원들이 기술의 진보를 따라가지 못하는 경우 발생(너무 복잡해진 제품) • 수리를 받기 위해 고객이 멀리까지 가고 기다리는 시대
종업원 확보의 악순환 └─ 신규고객 악순환(×)	• 저임금 위주 종업원 구함 → 교육 훈련 없이 채용 • 이직률 높음 → 서비스 품질 낮아짐

2) 서비스 실패 정의★★

벨, 젬케	고객의 기대 이하로 심각하게 떨어지는 서비스 결과를 경험하는 것
헤스켓, 새서, 하트	서비스 과정이나 결과에서 서비스를 경험한 고객이 안 좋은 감정을 갖는 것
파라수라만, 베리, 레너드	• 책임이 분명한 대상의 과실로 인해 초래된 서비스 과정이나 결과에 대한 과실 • 불가항력적인 천재지변으로 인한 문제는 서비스 실패 아님

파라수라만, 베리, 자이다믈	고객의 인지된 인내 영역 이하로 떨어지는 서비스 성과
존스톤	서비스 과정이나 결과에 있어 무엇인가 잘못된 것
원	서비스 접점에서 고객 불만족을 발생시키는 열악한 서비스 경험

(박지수, 외식업 서비스 실패의 심각성 · 통제성이 고객의 공정성과 신뢰 · 만족 및 충성도에 미치는 영향)

3) 서비스 실패의 특징

- 서비스 실패는 고객 접점에서 발생하여 고객의 불만족을 초래한다.
- 한 분야에서 발생한 서비스 실패는 다른 서비스 분야의 실패까지 유도하는 도미노 효과를 가져올 수 있다.
- 하나의 부정적인 이미지는 기업 전체 이미지에 영향을 주는 후광 효과를 가져온다.
- 서비스 실패의 중요성은 고객이 기업과 재거래를 할지에 대한 여부와 구전을 통한 신규 고객 창출에 영향을 미친다.

4) 서비스 실패의 유형

핵심 서비스 실패	서비스 제공자의 업무 실수, 계산상 오류
접점 서비스 실패	무례함, 무관심, 전문성 부족
서비스 실패 반응	무반응, 부정적 반응
가격	불공정한 가격 책정, 가격 인상
불편	서비스를 제공받는 시간, 위치, 대기가 불편
경쟁	경쟁자의 우수한 서비스 제공
윤리적 문제	속임수, 강압적 판매(강매), 안정상 문제
비자발적 전환	서비스 제공자의 업무 중단

➕ 더 알기 TIP

고객 이탈 유형 순위

핵심가치 실패 〉 불친절한 고객 응대 〉 가격 〉 이용 불편 〉 불만처리 미흡 〉 경쟁사의 유인 〉 비윤리적 행위 〉 불가피한 상황

02 서비스 회복 시스템

1) 서비스 회복의 특징

- 존스턴은 서비스 회복을 고객의 불만족을 해소하기 위해 공급자가 취하는 행동으로, 잘못된 서비스를 수정하거나 이를 회복하는 것이라고 정의하였다.
- 그뢴루스는 부정적 불일치로 인해 발생하는 서비스 실패는 결국 고객 불만족으로 이어지므로, 적절한 서비스 회복을 통해 고객을 만족 상태로 회복시킬 수 있다고 정의하였다.
- 대부분의 고객 불만은 서비스 실패 때문이 아니라, 불친절한 종업원의 태도 때문이라고 할 수 있다.
- 서비스 회복은 크게 두 가지 유형으로 나뉘며, 심리적 회복(사과, 공감)과 물질적 회복(보상)으로 구분된다.

2) 서비스 회복과 관련된 효과

- 이중 일탈 효과는 서비스 실패 후 회복 시도까지 실패함으로써 고객의 신뢰를 두 번 잃는 현상을 말한다.
- 사람들은 상호작용에서 자신이 더 많은 영향을 받았거나 기여했다고 생각하는 심리적 경향인 자기 중심화 편향이 있다.

3) 서비스 회복 패러독스(Service Recovery Paradox)의 영향 요인 및 이론

① 정의

서비스 회복 패러독스란, 고객이 서비스 실패를 경험한 후 기업의 적절하고 탁월한 회복 조치를 통해 오히려 실패를 겪지 않았을 때보다 더 높은 만족감과 충성도를 보이는 현상을 말한다.

② 공정성 이론

• 애덤스는 사람은 자신의 투입과 산출 사이의 비율을 생각하고 타인과 비교하여 공정하지 못하다고 느끼면 이를 해소하기 위한 반응을 보인다는 이론을 제시하였다.
• 불공정성이란, 투입한 내용(비용과 시간, 노력 등)에 비해 얻은 결과물(상품이나 서비스)이 적다고 느낄 때를 의미한다.
• 지각된 공정성은 애덤스의 공정성 이론을 구성하는 요소로서, 균형과 정확성의 원칙에 따라 평가되는 것이다.
• 고객이 기대하는 3가지 공정성은 다음과 같다.

결과 공정성	고객이 받은 보상의 수준이 적절한지에 대한 인식 예 사과, 환불, 보상 등이 고객이 입은 피해에 비례한다고 느끼는지 여부
절차 공정성	문제 해결 과정이 공정하고 일관되었는지에 대한 인식 예 불편 제기 과정이 복잡하지 않고 신속했는지, 회사의 정책이나 처리 기준이 합리적이고 일관되었는지 여부
상호작용 공정성	서비스 회복 과정에서의 응대 태도, 존중, 진정성에 대한 인식 예 직원이 예의 바르고 진심 어린 사과를 했는지, 설명이 충분했는지 등

③ 고객이 원하는 서비스 회복 방안

기업에 비용이 발생하는 방안	전액 또는 일부 환불 및 제품 수리나 서비스 수정
기업에 비용이 발생하지 않는 방안	• 기업의 진심 어린 사과 및 고객이 불만을 기업에 표현할 수 있는 기회 제공 • 발생한 문제에 대한 기업의 상세한 설명과 동일한 문제가 재발하지 않을 것이라는 확신 제공

🅑 교수님 TIP

내적 귀인 요소와 외적 귀인 요소를 구분할 수 있어야 합니다.

④ 귀인 이론

• 워너는 어떤 사건에 대해 그 원인과 의미를 이해하려 하고, 고객이 관찰한 것을 원인으로 지각한다는 이론을 제시하였다.
• 귀인 이론의 3가지 측면은 다음과 같다.

안정성 ★	• 원인이 안정적인가, 불안정적인가의 문제 • 내적 귀인(안정적 특성): 성격적 특성, 능력, 태도 • 외적 귀인(불안정적 특성): 기분, 운, 선호도
통제성	서비스 실패를 미리 예방할 수 있었는지, 통제 범위 안에 있는지에 대한 의미
책임성(인과성 위치)	책임의 원인이 자신에게 있는지 직원(타인)에게 있는지 정도

A/S와 서비스 수익 관리

01 A/S 서비스 관리

01 A/S의 기본 이해

1) A/S의 중요성(After Sales Service)

- 기업이 판매한 제품에서 결함이 발견될 경우 주로 발생하며, 신속한 애프터 서비스를 통해 고객 만족도를 높일 수 있다. 또한, 이를 통해 고객이 원하는 제품과 서비스 개발에 관한 정보를 얻을 수 있어 신제품 개발에 필요한 시간과 비용을 절감할 수 있다.
- 고객의 다양한 불평과 불만 사항은 원활한 소통을 통해 고객의 니즈와 트렌드를 파악하는 기회가 된다.
- 고객을 만족시키는 A/S는 재구매와 재방문으로 이어져 고객의 충성도를 높이는 결과를 가져온다.
- 판매 후 서비스 관리를 통해 얻은 고객 정보는 기존 제품의 품질과 기능을 향상시키는 데 도움이 된다.
- 구매한 제품과 서비스에 대한 고객의 인식에 영향을 미치며, 판매 후 보상을 통해 만족스러운 구매 가능성을 높일 수 있다.
- 클레임을 사전에 예방할 수 있으며, 수집된 정보를 향후 활용할 수 있고, 브랜드 이미지 개선 방안을 파악할 수 있다.
- 추가 수익을 창출하거나 시간과 비용을 절감하는 효과를 얻을 수 있다.

2) A/S 품질 요소의 중요도 순서(당연적 품질 요소)★

(높음) 전문성과 기술 > 태도와 행동 > 정책 > 편의성 > 처리시간 (낮음)

① 결과 품질(전문성과 기술 측면)

우리 제품이 경쟁사 제품과 비교하여 어느 정도의 수준인지를 보여주며, 서비스의 전반적인 능력, 문제 해결 능력, 정확한 문제 파악 능력, 전문적인 수리 기술, 그리고 서비스 이후 제품에 대한 신뢰도를 포함한다.

② 상호작용 품질

직원의 태도와 행동	• 서비스 직원들의 책임감과 성실성 및 수리 담당 직원의 친절도 • 직원들의 고객 도움 의지 및 직원들의 말과 행동을 통해 표현되는 감정
처리 시간	접수 및 수리 시간, 배달 처리 시간

└─ 매력적 품질 요소로 작용

③ 물리적 환경 측면

정책 관련	• 무상/유상 서비스의 합리적인 구분 • 무상 서비스 보증 기간 • 적절한 수리 비용
편의성 측면	• 전화 상담의 용이성 • 시설 내부의 효율적인 배치 • 편의시설 구비 • A/S 센터 방문과 이용의 편리성

02 A/S 실행 전략

1) A/S 주요 요령 5단계

단계	내용	예시
1단계	고객의 요구에 맞는 제공	에어컨 설치, 성능 확인
2단계	만족도 확인	2~3일 뒤 상품 및 설치 만족도 확인
3단계	불만 처리	사용 과정에 생긴 고장 또는 불만사항 처리
4단계	친밀감 유지 및 정보탐색	고객친밀 유지 및 지인 추천받기
5단계	정보 제공 및 신뢰 구축	자사 제품 관련 정보 제공

2) 사후 서비스(A/S) 강화를 통해 얻을 수 있는 이점

• 기업은 사후 서비스를 통해 안정적이고 지속적인 수익을 창출할 수 있다.
• 체계적인 사후 서비스 관리는 기업의 높은 성장 가능성을 제시한다.
• 효율적인 사후 서비스 시스템은 기업의 비즈니스 프로세스를 최적화된 상태로 이룬다.
• 지속적인 사후 서비스 관리를 통해 고객의 다양한 니즈를 더욱 효율적으로 파악할 수 있다.

02 서비스 수익 체인

01 서비스 수익 관리

1) 서비스 수익 체인★★

• 서비스 수익 체인 이론에서는 고객 서비스가 기업 수익의 출발점이자 핵심 원천이라고 본다.
• 고객 충성도(로열티)는 수익 증가에 가장 큰 영향을 미치는 요인으로 작용한다.
• 고객 충성도가 5% 증가할 경우 수익은 25%에서 최대 85%까지 증가할 수 있다.

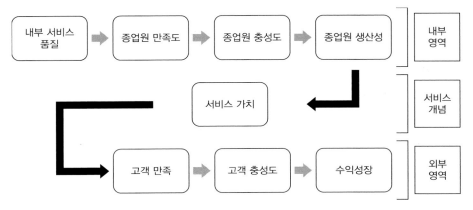

🅕 교수님 TIP

'내부 서비스 품질'을 시작으로 '수익성장'까지 경로가 모두 암기가 되어 있어야 합니다.
• Q. 종업원의 만족도가 좋아지면 무엇이 따라오는가?
• A. 종업원 충성도
• Q. 종업원의 생산성이 좋아지면 무엇이 좋아지는가?
• A. 서비스 가치

• 서비스 수익 체인은 종업원 만족이 고객 만족으로 이어지고, 이는 고객 충성도 및 수익 증가로 연결된다는 선순환 구조를 강조한다. 이를 '만족 거울 이론'이라고 하며, 종업원이 먼저 만족해야 고객도 만족할 수 있다는 관점이다.

2) 기업의 핵심역량 강화와 지속적 운영 관리를 위한 서비스 수익 체인 7단계(Heskett, 1994)★

단계	내용	의의
1단계	서비스 수익 체인의 모든 연관 관계를 각 의사결정 단위별로 측정하여 분석	전체 조직의 모든 단계를 포함하는 포괄적 접근이 필요
2단계	조직 내에서 자체적으로 평가한 결과들에 대해 상호 간의 의견을 교환하고 논의	쌍방향 소통의 중요성 강조
3단계	균형 점수 카드(Balanced Scorecard)를 개발하여 성과를 객관적으로 측정	정량적 · 정성적 평가의 균형이 중요함
4단계	조직의 성과를 향상시키기 위한 구체적인 행동 지침을 설계하고 수립	실행 가능한 명확한 가이드라인 필요
5단계	측정된 결과들에 대한 적절한 보상 체계를 개발하고 실행	동기부여를 위한 보상 시스템 구축
6단계	각각의 영업 단위에서 도출된 결과들에 대해 효과적으로 커뮤니케이션함	부서간 정보 공유의 중요성
7단계	조직 내부적으로 성공 사례들을 공유하고 전파하여 학습	우수 사례의 벤치마킹과 확산

의료 서비스의 특성과 품질

01 의료 서비스의 기본 특성

01 의료 서비스의 구조적 특징

1) 의료 서비스 및 의료 기관 특성

➕ 더 알기 TIP

의료서비스의 간접지불형태
환자가 전액 지불하지 않고,
건강보험을 통해 대부분을
지불하기 때문

비용은 간접 지불 형태 유지	다양한 의사결정자 존재	수요자 중심시장 현상	기대와 실제성과 불일치	수요예측 불가능
무형 제품	자본, 노동 집약적	비영리 동기	이중적 지휘체계	다양한 사업목적

➕ 더 알기 TIP

의료 서비스의 이중적 지휘체계
의료진(치료 중심)과 경영진
(병원 운영)의 두 개의 지휘
체계가 공존

2) 의료 기관의 경제적 특징★

- 정보의 비대칭성은 의료 서비스에 관한 지식이 공급자인 의료인에게 편중되어 있으며, 환자들은 서비스의 종류와 범위를 선택하는 데 의료인에게 의존할 수밖에 없는 특성을 가진다.
- 외부효과는 당사자 간의 경제적 거래가 발생할 때, 거래에 직접 참여하지 않은 사람에게도 비용이나 편익의 부담이 생기는 현상을 의미한다.
- 경쟁의 제한성은 의료 서비스가 면허를 가진 사람에게만 제공할 자격이 주어지므로 생산 부문에서 독점적 형태가 형성되는 특성을 가진다.
- 공공재적 성격은 다수의 사람이 동일한 장소에서 같은 양을 동시에 소비할 수 있으며, 비용을 지불하지 않는 개인의 소비까지 막기 어려운 특성을 의미한다.
- 생활필수품으로서의 성격은 건강한 삶을 유지하기 위해 건강 증진, 질병 예방, 치료가 필수적으로 이루어져야 하는 특성을 가진다.
- 질병 예후의 불가능성은 어떤 질병이 발생할지 예측할 수 없으므로 불확실성과 불규칙성에 대비하기 위해 의료보험이 필요한 특성을 의미한다.
- 치료의 불확실성은 양질의 의료 서비스에 대한 필요성이 이러한 불확실성에서 비롯되므로, 정부와 민간 의료기관이 질적으로 적절한 대응을 하도록 유도해야 하는 특성을 가진다.

3) 의료 서비스가 지닌 사회 · 경제적 특성

① 서비스 주체 간의 공동 지향성
의사와 환자는 '치료'라는 하나의 목표를 향해 함께 노력해야 하며 단순한 시장 거래가 아닌 장기적이고 인격적인 사회적 관계를 필요로 한다.

② 이용의 불확실성

질병이 언제 발생할지, 어떤 치료가 필요할지 치료 효과가 어떻게 나타날지를 정확하게 예측하기 어렵다.

③ 의료 서비스 주체 간 불평등

의료 서비스는 규격화와 표준화가 매우 어려워, 환자는 제공받을 서비스를 사전에 알 수 없으며 일반적인 시장 거래와는 달리 등가교환의 개념을 적용하기 힘들다.

④ 수요 발생 예후 상황의 중요성

질병 발생은 개인의 문제를 넘어 사회적 문제로 확대되므로 국가는 재정 제도를 통해 질병 치료에 상호 부조 기능을 수행해야 한다.

02 의료 서비스의 환경과 구조

1) 의료 서비스의 환경적 변화

- 사회적 환경 국민소득이 증가하고 인구의 고령화가 진행되면서, 소비자들의 의식 변화로 양질의 의료 서비스에 대한 수요가 지속적으로 증가하고 있으며, 이에 따른 정부규제도 변화하고 있다.
- 제도적 환경 의료수가제도(포괄수가제)와 의료기관 서비스평가제도가 도입되고, 의료보험제도와 민간보험제도의 확대 및 의료시장 개방이 진행되고 있다.
- 기술적 환경 의약품과 진단장비의 첨단화가 이루어지고, 새로운 치료기법이 지속적으로 개발되고 있다.

2) 의료 기관과 일반 기업의 주요 차이점★★

① 공익 추구의 비영리적 특성

- 병원은 이윤 창출보다 지역사회 주민의 건강 증진과 질병 예방을 우선으로 하는 공익 조직이다.
- 경영적 측면보다 의료 서비스의 공공성을 중시한다.

② 복합적 운영 구조의 특성

- 진료 서비스, 의학 교육, 연구 개발, 공중보건 증진 등 다양한 목적을 수행한다.
- 지역주민과 국가의 요구를 충족시키는 프로그램을 지속적으로 개발해야 한다.

③ 자원 집중의 특성

- 고가의 의료 장비와 특수 설비 투자가 필수적이다(자본집약적).
- 전문 인력의 높은 구성비가 요구된다(노동집약적).
- 투자 비용이 많이 들지만 회수율은 매우 낮은 구조이다.

④ 서비스 평가의 어려움

의료 서비스는 무형적 특성을 가지며 환자별로 다양한 결과가 발생하여 신체적, 정신적 효과를 객관적으로 측정하기 어렵다.

⑤ 이중 지휘체계의 특성

복합적인 의료 서비스 생산 과정에서 다양한 직종 간 상하관계가 형성되며 이로 인한 부서 간 갈등이 불가피하게 발생한다.

3) 의료 경영이 다른 산업의 경영에 적용이 어려운 이유

① 경영의 기본 중요한 요소는 인적 자원임

병원의 성과는 전적으로 인적 자원의 역량에 달려있으나 의료진들에게 일반적인 경영 기법을 적용하여 변화를 이끌어내기가 매우 어렵다.

② 조직의 권한 및 통제 구조의 복잡성

실제 통제권이 없는 사람이 상당한 권한을 행사하는 경우가 빈번하며 의료진들은 협력적 문제 해결과 의사결정 과정에 익숙하지 않은 특성을 보인다.

③ 과업 내용을 명확하게 규정하기 어려움

환자 진료 외에도 다양한 목표들이 존재하며 경영층, 조직 구성원, 의료진 간에 일치된 의견을 도출하기 어렵다.

④ 광범위한 병원의 외적 환경

인간의 생명과 직결되는 특성으로 인해 법적, 사회적, 경영적 측면에서 다른 산업보다 외부 영향을 더 크게 받는다.

---

02 의료 서비스 품질과 관광

01 의료 서비스 품질 요소

1) 마이어(Mayers)가 언급하는 양질의 의료 서비스 조건

효율성	의료의 목적을 달성하기 위한 투입되는 자원의 양을 최소화하거나 일정한 투입으로 최대의 목적을 달성할 수 있어야 함
접근성	양질의 서비스는 모두가 편리하게 이용할 수 있어야 함
적절성	질적인 측면에서 의료의 의학적 적정성과 의료의 사회적 적정성이 동시달성될 수 있어야 함
지속성	각 개인에게 제공되는 의료는 지리적, 시간적으로 상관성을 갖고 적절히 연결되어야 함
조정성	의료 내용에는 예방, 재활 및 보건증진 사업과 관련된 다양한 서비스가 포함되어야 함

2) 뷰오리(Vuori)의 의료 서비스 품질 4대 요소

① 효율성(Efficiency)

의료 서비스나 프로그램을 시행할 때 단위 생산비용 대비 실제로 나타나는 효과의 정도를 의미한다.

② 효과(Effectiveness)

이상적 상황에서 달성 가능한 최대 효과와 비교하여 실제 현장에서 나타나는 서비스의 영향력을 평가하는 정도를 말한다.

③ 적합성(Adequacy)

제공되는 의료 서비스나 프로그램이 해당 집단의 필요성과 얼마나 부합하는지를 나타내는 정도이다.

④ 의학적 · 기술적 수준(Medical/Technical Competence)

현재 활용할 수 있는 의학 지식과 기술을 환자에게 얼마나 적절하게 적용하는지를 평가하는 기준이다.

3) 도나베디언이 제시한 의료 서비스 품질 요소

효율 · 효과 · 효능 · 형평성 · 합법성 · 수용성 · 적정성

02 의료 관광 서비스

1) 의료 관광(Medical Tourism)의 3가지 유형과 특성

① 침습적(Invasive) 의료관광
- 비전염성 질병 환자들에게 전문의가 시행하는 시술이나 치과 치료를 포함한다.
- 보험 처리가 되지 않는 치료를 본국보다 의료비가 저렴한 국가에서 받아 비용을 절감하는 특징이 있다.

② 진단적(Diagnostic) 의료관광
- 고밀도 검사, 심장 스트레스 검사, 심전도 검사 등을 목적으로 한다.
- 전문적인 의료 검사를 위해 다른 나라의 의료 시설을 방문하는 형태이다.

③ 라이프 스타일 의료관광
- 웰니스 활동과 영양 섭취를 통해 건강을 관리한다.
- 스트레스를 줄이고 체중을 감량하기 위한 프로그램이 제공된다.
- 안티에이징과 자기 만족을 위한 치료에 중점을 둔다.

2) 웰니스(Wellness)의 개념과 주요 구성 요소

포괄적 활동	신체적, 정신적, 사회적 건강을 모두 포함하는 통합적 활동
예방적 조치	질병이 발생하기 전에 미리 건강을 관리하는 예방 중심의 접근
개인의 책임	자신의 건강관리에 대해 스스로 책임지고 실천하는 자발적 행위
일상생활과 통합	건강한 생활습관을 일상에 자연스럽게 접목시키는 생활방식
건강 유지 및 증진	현재의 건강 상태를 유지하고 더 나은 상태로 향상시키는 것

└ 질병치료와 관리는 의료적
접근임을 구분해야 한다.

01 서비스 패러독스의 특징으로 옳은 것은?

① 서비스 패러독스는 서비스의 공업화로 인해 효율성이 낮아지는 현상이다.

② 서비스 패러독스는 고객의 기대 수준이 낮아진 결과로 발생한다.

③ 서비스 패러독스는 다양한 서비스가 생겼지만 고객의 만족도는 오히려 낮아지는 현상이다.

④ 서비스 패러독스의 원인은 기술의 단순화로 인한 것이다.

⑤ 서비스 패러독스는 서비스의 대량화를 통해 극복된다.

02 서비스 실패의 정의로 틀린 것은?

① 서비스 실패는 고객의 기대 이하로 심각하게 떨어지는 서비스 결과를 경험하는 것이다.

② 서비스 실패는 고객 접점에서 고객의 불만족을 초래하는 열악한 서비스 경험이다.

③ 서비스 실패는 고객의 인지된 인내 영역 이하로 떨어지는 서비스 성과를 말한다.

④ 서비스 실패는 불가항력적인 천재지변으로 인해 발생하는 결과를 포함한다.

⑤ 서비스 실패는 고객이 안 좋은 감정을 갖는 것을 의미한다.

03 의료관광 서비스 유형에 대한 설명 중 옳지 않은 것은?

① 침습적 의료관광은 주로 성형외과 시술이나 치과 치료를 포함한다.

② 진단적 의료관광은 주로 고밀도 검사나 전문적인 의료 장비를 사용하는 검사를 포함한다.

③ 라이프스타일 의료관광은 건강과 웰빙 증진을 목적으로 한다.

④ 침습적 의료관광은 주로 보험 처리가 용이한 국가에서 이루어진다.

⑤ 진단적 의료관광은 본국보다 우수한 의료 기술을 보유한 국가에서 이루어진다.

04 서비스 회복 패러독스와 관련된 설명 중 옳은 것은?

① 서비스 회복 패러독스는 고객이 서비스 실패 후 만족도가 항상 높아지는 현상이다.

② 결과 공정성은 고객 불만 처리 과정에서의 공평함을 의미한다.

③ 서비스 회복 패러독스는 공정성 이론과 귀인 이론으로만 설명 가능하다.

④ 서비스 회복은 심리적 회복과 물질적 회복으로 나뉜다.

⑤ 이중 일탈효과는 고객의 기대를 초과 충족시키는 현상을 의미한다.

05 A/S 품질 요소의 중요도 순서로 옳은 것은?

① 태도와 행동 〉 처리 시간 〉 전문성과 기술 〉 정책 〉 편의성
② 전문성과 기술 〉 태도와 행동 〉 처리 시간 〉 정책 〉 편의성
③ 전문성과 기술 〉 태도와 행동 〉 정책 〉 편의성 〉 처리 시간
④ 처리 시간 〉 전문성과 기술 〉 태도와 행동 〉 편의성 〉 정책
⑤ 전문성과 기술 〉 처리 시간 〉 정책 〉 태도와 행동 〉 편의성

06 서비스 수익체인과 관련된 설명 중 틀린 것은?

① 고객 충성도가 5% 증가하면 수익은 25~85% 증가한다.
② 서비스 가치는 종업원의 생산성과 직결된다.
③ 내부서비스 품질은 고객 만족도와 직접적인 관련이 없다.
④ 종업원의 만족은 종업원의 충성도로 이어진다.
⑤ 서비스 수익체인은 내부서비스 품질에서 시작해 수익 성장으로 이어진다.

07 의료서비스의 경제적 특징 중 틀린 것은?

① 의료서비스는 공공재적 성격을 가진다.
② 의료서비스는 경쟁이 제한된 시장에서 이루어진다.
③ 의료서비스는 소비자가 정보를 충분히 보유하고 선택할 수 있다.
④ 의료서비스는 외부효과를 발생시킬 수 있다.
⑤ 의료서비스는 생활필수품으로서의 성격을 가진다.

08 의료서비스 품질 요소에 대한 설명으로 옳지 않은 것은?

① 효율성: 최소한의 자원으로 최대의 목적을 달성할 수 있어야 한다.
② 적합성: 제공되는 의료 서비스가 필요성과 부합해야 한다.
③ 지속성: 의료 서비스는 제공자의 편의에 따라 조정되어야 한다.
④ 효과: 실제 현장에서 나타나는 서비스의 영향력을 평가한다.
⑤ 의학적 · 기술적 수준: 의학 지식과 기술을 적절히 적용하는 정도를 평가한다.

09 의료기관의 특성으로 옳은 것은?

① 의료기관은 이윤 창출을 최우선 목표로 한다.
② 의료기관은 단일 구조로 운영되며 진료 서비스에만 초점이 맞춰져 있다.
③ 의료 서비스는 무형적 특성으로 평가가 용이하다.
④ 의료기관은 자본과 노동이 집중된 집약적 특성을 가진다.
⑤ 의료기관은 단일 지휘체계를 유지한다.

10 서비스 실패의 유형으로 옳지 않은 것은?

① 접점서비스 실패: 무례함, 무관심, 전문성 부족
② 핵심서비스 실패: 서비스 제공자의 업무 실수, 계산상 오류
③ 가격 문제: 공정한 가격 책정, 합리적 가격 인상
④ 불편 문제: 서비스 제공받는 시간, 위치, 대기 불편
⑤ 윤리적 문제: 속임수, 강압적 판매

정답 & 해설

---

01 ③	02 ④	03 ④	04 ④	05 ③
06 ③	07 ③	08 ③	09 ④	10 ③

01 ③

오답 피하기

① 서비스 패러독스는 효율성이 낮아지는 현상이 아니라 고객 만족도가 낮아지는 현상이다.

② 서비스 패러독스는 높은 기대 수준과 실제 서비스 성과의 차이로 발생한다.

④ 서비스 패러독스의 원인은 기술의 복잡화이다.

⑤ 서비스의 대량화는 서비스 패러독스의 원인 중 하나다.

02 ④

불가항력적인 천재지변으로 인한 문제는 서비스 실패에 포함되지 않는다.

03 ④

침습적 의료관광은 보험 처리가 되지 않는 치료를 저렴한 비용으로 제공받기 위해 이루어진다.

04 ④

오답 피하기

① 서비스 회복 패러독스는 항상 발생하는 것이 아니라 특정 조건에서 나타난다.

② 결과 공정성은 보상의 결과물에 관한 것이다.

③ 공정성 이론과 귀인 이론 외에도 여러 요소가 서비스 회복 패러독스에 영향을 미친다.

⑤ 이중 일탈효과는 회복 노력이 실패하여 고객에게 더 큰 실망을 안겨주는 상황이다.

05 ③

결과 품질에 해당하는 '전문성과 기술' 요소가 A/S 품질 요소에서 가장 중요하고, 상호작용 품질에 해당하는 '태도와 행동' 요소, 물리적 환경 측면에 해당하는 '정책', '편의성', '처리 시간' 요소 순으로 중요도가 매겨진다.

06 ③

내부서비스 품질은 고객 만족도와 밀접하게 관련이 있다.

07 ③

의료서비스는 정보의 비대칭성으로 인해 소비자가 정보를 충분히 보유하고 선택하기 어렵다.

08 ③

지속성은 의료 서비스가 지리적, 시간적으로 적절히 연결되어야 함을 의미한다.

09 ④

오답 피하기

① 의료기관은 공익을 우선으로 한다.

② 의료기관은 복합적 운영 구조를 가진다.

③ 의료 서비스는 무형적 특성으로 평가가 어렵다.

⑤ 의료기관은 이중 지휘체계를 유지한다.

10 ③

가격 문제는 불공정한 가격 책정이나 부당한 가격 인상을 의미한다.

CHAPTER

04

서비스 품질과 마케팅
전략의 통합적 접근

학습 방향

서비스 품질의 이론과 평가모형을 이해하고, 고객 중심의 마케팅 전략 변화와 서비스 직원의 역할을 학습한다. 내부 마케팅과 권한 위임. 직원 관리 전략을 통해 서비스 품질 향상과 고객 만족을 실현하는 조직 운영 방안을 습득한다.

출제빈도

SECTION 01	상	45%
SECTION 02	하	25%
SECTION 03	중	30%

서비스 품질의 이론적 기초

01 서비스 품질의 기본 개념

01 서비스 품질의 본질

1) 서비스 품질의 측정이 어려운 이유

- 서비스는 생산과 소비가 동시에 이루어지므로, 서비스가 전달 완료되기 전에는 품질을 측정할 수 없다.
- 고객은 서비스 자원의 흐름을 직접 관찰할 수 있기 때문에 객관성이 저해된다.
- 고객으로부터 데이터를 회수하는 비율이 낮으며, 이를 수행하는 데 많은 시간과 비용이 소요된다.
- 고객을 대상으로 서비스 품질을 측정하는 것은 본질적으로 어렵다. 즉, 고객은 서비스 프로세스의 일부이며, 변화를 일으키는 중요한 요인이다.
- 서비스 품질의 개념은 주관적이다.

2) 서비스 품질 구성 요소

탐색 품질	제품을 구매하기 전 결정 가능한 속성(가격, 냄새, 스타일, 색상, 적합성 등)
경험 품질	구매 기간 중 또는 구매 후 판단 가능한 속성(확실성, 맛, 착용 가능성)
결과 품질	기술, 물리적 품질, 서비스 받은 후 실제로 얻은 것
과정 품질	고객이 어떻게 서비스를 받는지, MOT 진실의 순간, 과정 접점(절차)
신뢰 품질	구매 전후 모두 평가하기 힘든 속성(맹장 수술)

3) 서비스 품질에 영향을 주는 요인

기대된 서비스	구전, 과거의 경험, 전통과 사상, 기업의 약속, 개인적 요구
지각된 서비스	고객담당 직원, 구매자 · 판매자간 상호작용, 기업의 기술적 · 물질적 지원

02 전자서비스 품질

1) 일상적인 e-서비스 품질의 4가지 핵심 차원 ★

- 보안성: 고객의 신용정보를 안전하게 보장하고, 개인의 구매 행동 자료를 철저히 비공개로 유지하는 정도를 의미한다.
- 효율성: 고객이 웹사이트에 접속한 후 원하는 제품과 정보를 최소한의 노력으로 찾을 수 있도록 설계되어, 거래가 신속하게 이루어질 수 있는 구조를 의미한다.
- 실행성(이행성): 약속된 서비스를 정확하게 제공하며, 상품을 약속한 시간에 배송하고, 필요한 상품을 적절히 보유하는 능력을 뜻한다.

- 신뢰성: 사이트의 기술적 기능이 안정적이며, 상품 구매가 실제로 가능하고, 전체 시스템이 제대로 작동하는 정도를 평가하는 기준이 된다.

2) 서비스 문제 발생 시 e-서비스의 품질 관리 3대 차원

응답성	문제가 발생했을 때 적절한 정보와 온라인 보증을 제공할 수 있으며, 체계적인 환불 절차를 운영할 수 있는 종합적 대응 능력
실시간 접촉	고객이 필요할 때 즉시 문의할 수 있도록 온라인 채팅이나 전화 상담이 가능한 전문 직원을 상시 배치하는 것을 의미함
배상(보상)	고객 불만족 시 환불은 물론 배송 비용까지 고려한 적절한 수준의 보상을 제공하는 정도

3) 전자결제시스템의 서비스 품질이 수용 의도에 미치는 5가지 영향 요인

신뢰성, 편의성, 경제성, 반응시간, 저항성이 있다.

02 서비스 품질 모델

01 SERVQUAL(서비스 품질 측정 도구) 및 주요 서비스 품질 모델

1) SERVQUAL(서비스 품질 측정 도구) 특성

- SERVQUAL은 미국의 파라수라만, 자이다믈, 베리에 의해 개발된 다문항 척도이다.
- 사용자 중심의 모델이다. ── 일반적인 서비스 품질을 측정함
- 특정 사업에 국한된 중요한 변수는 측정하지 않는다.
- 수행 서비스의 작용이 다양할 경우, 독립적인 측정 도구가 필요하다(에 병원, 법률 서비스 등). 그렇기에 모든 산업에 적용되지 않는다.
- 가장 일반화된 모형이며, 기능 품질을 중요하게 여긴다.
- 기대 측정에는 여러 문제가 존재하며, 지각(요구)과 기대의 불일치, 차원성 문제, 기대의 해석과 조작, 차이점수 등식의 신뢰성과 타당성 문제 등이 포함된다.

10가지 서비스 품질 차원	5가지 SERVQUAL 차원	SERVQUAL 차원 설명
신뢰성	신뢰성	약속한 서비스를 믿을 수 있고 정확하게 수행할 수 있는 능력
반응성	대응성	고객을 돕고 신속한 서비스를 제공하는 자발성
능력	확신성	직원들의 예의, 정중, 신뢰, 커뮤니케이션 능력
예의		
신뢰성		
안전성		
접근성	공감성	고객 개별적인 관심과 이해를 하며 소통하는 것
의사소통		
고객이해		
유형성	유형성	물리적인 시설, 장비, 용모복장, 커뮤니케이션 도구

➕ 더 알기 TIP

SERVQUAL 서비스 품질 요소의 상대적 중요성 순서

신뢰성 〉 대응성 〉 확신성 〉 공감성 〉 유형성

- 결과품질 → 신뢰성이 핵심
- 반응품질 → 대응성, 확신성, 공감성이 중요
- 유형성은 직접적인 품질보다 보조적인 역할을 함

2) 서비스 품질 Gap ★★★

고객이 느끼는 서비스 품질상의 문제점과 기업 내의 결정 또는 격차(Gap)와 연결시킨 모형을 말한다.

▼ GAP 모델

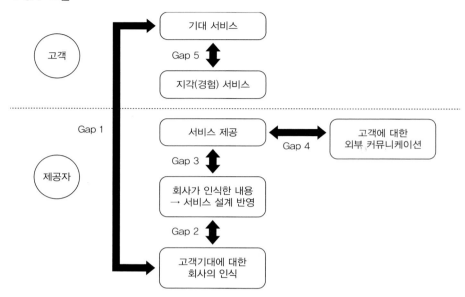

① Gap 1: 고객 요구 파악 실패(시장조사 갭)

원인	• 고객의 기대를 제대로 파악하지 못했음 • 상향 의사소통 실패
해결 방안	• 지속적 고객 요구사항 수집(시장조사) • 상향적 커뮤니케이션 활성화 • 조직의 관리 단계 축소

② Gap 2: 회사가 고객 요구에 대한 인식과 서비스 설계에 반영된 차이(디자인 갭)

원인	• 경영층의 확신성 부족 • 무리한 과업의 표준화 • 목표 설정 실패
해결 방안	• 업무의 표준화 • 단계별 체계적인 시스템 관리(누가, 언제, 어떻게 과업 관리할 것인지) • 구체적 서비스 품질 목표 설정

③ Gap 3: 설계 기준에 부적합한 서비스가 고객에게 전달될 때(적합성의 갭)

원인	• 수요와 공급의 균형 실패 • 종업원의 역할 모호성 및 역할 갈등 • 기업 내 평가와 보상의 비적합성
해결 방안	• 적합한 직원 선발을 위한 채용 시스템 구축 • 효과적인 인사정책 관리 • 기술 및 협업의 꾸준한 직원 교육 • 서비스에 필요한 기술 및 장비 제공 • 우수 직원에 대한 적합한 포상제도

④ Gap 4: 준비된 서비스를 외적 커뮤니케이션(광고, 매거진, 판촉물 등) 전달 과정 중에 차이가 발생하는 것(커뮤니케이션 갭)

원인	• 과장된 홍보 및 약속 • 고객과의 의사소통 부족 및 기대관리 실패
해결 방안	• 고객에게 정확한 정보 제공 및 약속 • 내부 마케팅 및 의사소통 강화 • 고객의 기대 관리

⑤ Gap 5: 고객이 기대한 서비스와 경험한 서비스가 불일치할 때 Gap 1~Gap 4가 원인이 되어 발생하게 됨

🕐 암기 TIP

- Gap 모델을 보지 않고도 그릴 수 있어야 합니다. 각 Gap의 의미를 이해하고, 각 원인과 해결 방안 모두 암기가 필수입니다.
- Gap 1: 기업이 고객이 뭘 원하는지 잘 모를 때 발생. 주로 시장조사 및 고객과 소통에 대해 나옵니다.
- Gap 2: 회사 내부적 업무처리와 관련된 내용들이 주를 이룹니다. 업무, 표준화, 목표와 같은 단어가 많이 나옵니다.
- Gap 3: 고객에게 서비스를 제공하는 사람은 접점 직원이죠? 직원의 역할과 인사정책 관련된 내용이 주로 나옵니다.
- Gap 4: 과장된 광고 및 고객과 의사소통에 대한 내용이 주로 나옵니다.
- Gap 5: 고객 기대와 경험의 차이! 이 갭은 이해로 넘어가시면 됩니다.

02 현대적 서비스 품질 모델

1) 주란(Juran) 모델★

사용자의 눈에 보이지 않는 내부적 품질	• 보전 · 정비가 잘 이행되고 있는지를 나타내는 품질 예 철도, 항공, 호텔, 백화점 시설의 꼼꼼한 보전 · 보수 관리
사용자의 눈에 보이는 하드웨어적 품질	• 매장의 상품 진열 및 고객 동선의 상태 등의 품질 예 호텔의 인테리어, 철도 · 항공기의 좌석 상태와 조명 밝기
사용자의 눈에 보이는 소프트웨어적 품질	예 상품의 매진, 항공기 사고, 컴퓨터 실수, 청구 금액의 착오, 적절한 광고 등과 관련된 품질
서비스 시간성과 신속성	• 주란 박사는 시간성 · 신속성의 품질은 매우 중요하기 때문에 소프트웨어적 품질과 별도로 구분해야 한다고 주장 예 수리 신청에 대한 회답 대기 시간, 수리에 필요한 시간, 매장에서 직원이 올 때까지 대기 시간 등
심리적 품질	• 심리적 품질 결정 요소: 내부고객(직원) 만족도 • 친절, 예의 등 고객과 접점에 있는 직원에게 매우 중요한 요소

2) 가빈(Garvin) 모델 ★

생산자 + 사용자 관점을 동시에 고려한 모델이다.

➕ 더 알기 TIP

가빈의 8가지 품질 범주
성과, 특징, 신뢰성, 적합성, 지속성, 서비스 제공 능력, 심미성, 인지된 품질

선험적 접근	• 절대적 우수성으로 품질 이해(걸작품이 지닌 이상적 품질 추구) • 경험을 해야만 알 수 있음(분석은 어려움)
제품 중심적 접근	• 품질을 절대적 · 객관적 측정 가능한 변수로 봄 • 양질제품은 높은 원가에서 가능하다고 봄 • 제품이 지닌 속성의 합이 클수록 양호한 품질이라고 봄
사용자 중심적 접근	• 고객들은 다양한 니즈와 선호를 가지고 있기에 이를 잘 충족 시켜주는 품질이 가장 좋음 • 사용자 중심의 수요지향성, 주관적임
제조 중심적 접근	• 공급에 초점 • 고객 신뢰성 높이기 위해서 제품 속성을 명세서와 일치하게 제조
가치 중심적 접근	• 원가와 가격으로 품질을 정의 • '양질의 제품' 의미: 생산자가 수용 가능한 원가에 제공하거나, 고객이 수용 가능한 가격으로 제공하는 제품

3) 그렌루스 모델

그렌루스는 고객이 기대된 서비스와 지각된 서비스 간의 비교를 통해 인식된 것을 서비스 품질이라고 정리하였다.

① 그렌루스 모델의 품질 구성요소

- 기대 서비스는 기업의 약속, 구전, 과거 경험, 개인적 요구, 구전 커뮤니케이션에 의해 형성된다.
- 서비스가 지닌 무형적 특성으로 인해, 그 품질은 주로 경험과 신념을 통해 평가된다. 이러한 특성 때문에 소비자는 구매 전 서비스 품질을 평가하기 어려우므로, 구전 커뮤니케이션이 잠재 고객의 선택에 결정적 영향을 미치게 된다.
- 지각 서비스는 고객 접점 직원, 기업의 물질과 기술적 지원, 구매자와 판매자의 상호작용 등으로 지각된다.
- 서비스 품질의 특징은 다음과 같다.

품질의 이중성	고객 만족을 이끌어내기 위해서는 기술적 품질뿐만 아니라 기능적 품질도 함께 요구됨
기능적 품질의 핵심 요소	직원의 고객 응대 태도와 행동, 기업의 내부 관리 체계, 고객 중심의 물리적 · 기술적 자원, 지속적인 고객 접점 관리 능력과 같은 요소에 의해 결정
상호작용의 중요성	구매자와 판매자 간의 상호작용은 단순한 제품 판매를 넘어 고객과의 관계를 형성하는 과정에서 중요한 역할을 하며, 전통적인 마케팅보다 더 강한 영향을 미칠 수 있음

- 기업의 이미지 특징은 다음과 같다.

역할	서비스 품질의 제3 구성요소로서의 역할
무형적 특성	고객이 기업을 평가한 결과로 나타남
이미지 형성 요인	기술적/기능적 품질 수준, 전통적 마케팅 활동(광고, PR), 외적 요인(점포, 이념), 구전 효과

② 그렌루스의 6가지 품질 차원★

전문성과 기술	고객들의 문제를 서비스 제공자가 전문적 방법(지식과 기술)을 이용해 해결할 수 있다고 고객들이 인식하는 것
태도와 행동	고객 접점 직원들이 친절하고 자발적으로 고객에 관심을 기울이고 문제 해결을 한다고 고객이 느끼는 것
접근성과 융통성	고객 입장에서 서비스 기관의 위치, 운영 시간 등 서비스를 받기 쉽고 고객의 바람과 수요에 따라 융통성 있게 조절될 수 있다고 느끼는 것
신뢰성과 믿음	무슨 일이 벌어지더라도 직원과 운영체계 등이 약속을 잘 지키고 고객을 최우선으로 고려한다는 것을 믿을 수 있다고 고객이 알고 있는 것
서비스 회복	서비스 실패가 일어났더라도 능동적으로 즉각 바로 잡으려고 노력하고 해결 대안을 찾으려고 하는 것을 고객이 느끼는 것
평판과 신용	서비스 공급자의 운영과 이용 요금에 대해 가치를 부여할 수 있고 서비스 운영이 성과와 가치를 나타낸다고 공감 할 수 있다고 고객이 믿는 것

4) 카노(Kano) 모델

- 주관적 측면(만족 · 불만족)과 객관적 측면(충족 · 불충족)을 함께 고려하는 모델이다.
- 매력적 품질 요소에서 소비자의 기대 수준이 높아지면 일원적, 당연적 요소로 이동하게 되는데, 이를 진부화 현상이라고 한다.
- 카노 모델의 품질 5요소는 다음과 같다.

매력적 품질 요소
고객이 미처 기대하지 못한 것을 충족 or 고객 기대 이상의 만족을 주는 것
(예 : 무선 충전기), 고객 기대 수준 높아지면 → 일원적, 당연적 요소로 이동 가능

일원적 품질 요소
고객의 명시적 요구사항, 충족 될수록 만족도 증가, 안되면 불만족 증가
(예 : 직원친절, 대기시간), 고객 요구 수준 높아지면 → 당연적 품질로 이동 가능

당연적 품질 요소
최소 마땅히 있을 것이라고 보는 기본적 품질 요소
충족되면 별다른 만족감 주지 못함 (당연한 것이라고 생각하기 때문)
But 충족 되지 않으면 불만 생김
(예 : 스마트폰의 통화기능, 카메라기능)

무관심 품질 요소
충족 여부 관계없이 만족도 불만족도 일으키지 않는다.
(예 : 커뮤니티 제공)

역품질 요소
충족이 되면 오히려 불만을 일으키고 충족이 되지 않으면 만족을 일으킨다.
(예 : 제품의 기능이 많으면 오히려 복잡하다고 생각하는 고객이 있다.)

- 카노 모델이 제공하는 4가지 장점은 다음과 같다.

품질 속성의 진화 패턴 분석	모든 산업 분야에서 핵심 속성은 시간이 흐르면서 기본 속성으로 변화하는 진부화 경향을 체계적으로 설명함
차별화 전략 수립 가능	소비자 만족에 가장 큰 영향을 미치는 특성을 파악하고 매력적 품질 요소를 발굴하여 차별화된 서비스를 제공할 수 있음

전략적 의사결정 지원	기술적, 재정적 제약으로 동시 프로모션이 어려울 때 고객 만족도가 높은 요인을 선별하여 우선순위를 결정할 수 있음
균형잡힌 품질 평가	주관적 측면(만족/불만족)과 객관적 측면(물리적 충족/불충족)을 통합적으로 고려

5) 이유재, 이준엽(2000)의 KS-SQI

우리나라의 서비스 산업과 소비자 특성을 반영해 서비스 산업 전반의 품질에 대해 만족 정도를 나타내는 지표로, 서비스 성과와 과정 두 측면에서 품질을 측정하였다.

성과 측면	약속이행, 창의적 서비스, 예상 외 혜택, 본원적 욕구 충족
과정 측면	신뢰감, 고객응대, 접근 용이성, 물리적 환경

ⓕ 교수님 TIP

각 요소가 어느 측면에 해당되는지 연결하는 문제 유형으로 출제됩니다.

03 서비스 품질 관리

1) 서비스 품질의 문제 발생 원인★★

① 생산과 소비의 비분리성 및 노동집약성
② 직원에 대한 부적절한 서비스
③ 고객을 수치로 보는 견해
④ 커뮤니케이션의 차이
⑤ 기업의 단기적 견해

2) 서비스 품질 개선 방안

- 서비스 품질의 결정 요소를 정확하게 파악해야 한다.
- 고객의 기대를 효과적으로 관리해야 한다.
- 고객에게 서비스 내용을 명확하게 제공해야 한다. _{고객에게 많은 정보로 인한 혼선을 주지 않기 위해 전문가가 알아서 처리한다.(×) 고객에게 교육과 정보를 제공해야 한다.}
- 기업 내에 품질 문화를 정착시켜야 한다. 이를 위해 품질 기준을 확립하고, 능력 있는 직원을 채용 및 훈련해야 한다.
- 자동화를 실천하여 서비스 운영의 효율성을 높여야 한다.
- 유형적 요소를 철저히 관리해야 한다. 고객이 쉽게 접근할 수 있도록 하여 평가를 용이하게 만들고, 현실적인 기대를 보증하는 수단으로 활용해야 한다.
- 변화하는 고객의 기대에 신속하게 대응해야 한다.
- 기업의 이미지를 지속적으로 향상시켜야 한다.
- 고객이 서비스를 평가할 수 있는 가시적인 기준을 제공해야 한다.

3) 서비스 품질 향상을 위한 권고

경청, 서비스 디자인, 봉사자 지도력, 신뢰성, 회복, 팀워크 등이 있다.
_{'팔로우 리더십'은 서비스 품질 향상을 위한 권고 사항이다.(×)}

4) 전사적 품질 관리(TQM ; Total Quality Management)

- 제품과 서비스의 품질을 향상시켜 경영과 조직문화를 재구축한다.
- 고객의 요구를 최저비용으로 부응한다.
- 조직의 모든 구성원이 품질관리 실천자가 되어야 한다.

현대 마케팅의 진화

01 마케팅 패러다임의 변화

01 마케팅의 발전과정

1) 마케팅 관리의 개념변화 ★

생산 개념	• 소비자는 저렴한 제품을 선호할 것이다(생산의 효율성). • 가장 오래된 개념의 마케팅 • 시장 확대하고자 할 때 이용
제품 개념	• 제품을 잘 만들면 잘 팔릴 것이다. • 그러나 잘 만들어도 잘 안 팔리는 제품이 있다(동일 재료라도 브랜드에 따라 가격이 달라짐).
판매 개념	• 보통 제품 공급이 과잉 상태에 있을 때 • 고객은 적극적으로 구매하지 않으므로 공격적인 영업활동을 해야 한다. • 판매 자체가 목적 → 구매 후 만족도에 관심을 두지 않는다.
마케팅 개념	• 팔릴 만한 것을 만든다. 고객 만족을 통한 이윤을 만든다. • 고객 중심적으로 욕구를 파악하여 정확한 타겟을 선정하고 공략한다.
전체론적 마케팅 개념	보다 넓고 복합적인 접근이 필요

2) 마케팅 추세의 흐름

매스 마케팅 → 세분화 마케팅 → 틈새 마케팅 → 데이터베이스 마케팅 → CRM

02 마케팅 접근법

1) 전통적 마케팅 믹스 4P, 7P, 4C 요인

전통적 마케팅 4P	제품(Product), 가격(Price), 유통(Place), 촉진(Promotion)
확장된 마케팅 7P	4P+인적 자원(People), 물리적 환경(Physical Evidence), 프로세스(Process)
고객 지향적 마케팅 4C	고객(Customer), 비용(Cost), 편리성(Convenience), 커뮤니케이션(Communication)

2) 고객 지향적 마케팅

• 기업의 목표: 경쟁사보다 소비자의 니즈 파악과 만족을 위한 활동을 추진하는데 있다.
• 고객 욕구, 니즈에 집중하고 장기적 관계를 유지한다.
• 기업의 밖 → 안으로 향하는 마케팅이다.

3) 복합적 마케팅

① 관계 마케팅: 고객과 장기적인 관계 구축이 목표
② 통합적 마케팅: 고객을 위한 가치 창조와 소통을 하면서 활동을 하기 위해 통합된
   마케팅 프로그램을 조합(4P에 4C가 추가)
③ 사회적 마케팅: 기업이 윤리적 사회적 관점에서 마케팅을 수행하는 것
④ 내적 마케팅: 능력있는 직원을 고용하고 훈련 및 동기부여 하는 마케팅

4) 서비스 삼각형

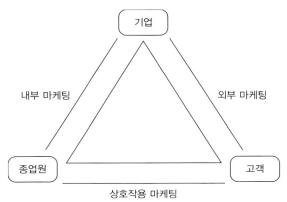

① 내부 마케팅 ★
• 내부 마케팅은 기업과 종업원 사이에서 이루어지는 마케팅을 의미한다.
• 내부 마케팅은 회사 직원을 대상으로 하는 마케팅 활동이다.
• 내부 마케팅은 외부 마케팅보다 우선적으로 수행되어야 한다.
• 기업의 CEO는 직원에게 적절한 재량권을 부여해야 하며, 이를 통해 고객 반응에
  신속하게 대응할 수 있도록 해야 한다.
• 종업원의 훈련과 동기 부여를 효과적으로 실시하는 것이 내부 마케팅의 중요한 과
  제이다.
② 외부 마케팅
• 외부 마케팅은 기업과 고객 사이에서 이루어지는 마케팅을 의미한다.
• 서비스 설계를 효과적으로 디자인하고, 고객에게 제공할 서비스 품질을 약속하는
  과정이 포함된다.
③ 상호작용 마케팅
• 상호작용 마케팅은 종업원과 고객 사이에서 이루어지는 마케팅을 의미한다.
• 고객 접점 직원들이 실질적인 서비스를 제공하며, 이를 통해 고객과의 상호작용을
  극대화해야 한다.

내부 마케팅과 직원 관리

01 내부 마케팅의 이해

01 내부 마케팅 기초

1) 내부 마케팅의 개념과 특징

① 기본 개념

기업이 내부 직원을 대상으로 실시하는 마케팅 활동으로, 외부 마케팅에 앞서 우선적으로 진행되어야 한다.

② 서비스 품질 향상 활동

직원들이 고객에게 최상의 서비스를 제공할 수 있도록 지속적인 교육과 훈련을 실시하며, 동기 부여를 강화하는 과정이다.

③ 경영진의 역할

CEO는 직원들에게 적절한 수준의 재량권을 부여하여, 고객 서비스의 질을 높일 수 있는 환경을 조성해야 한다.

④ 종합적 지원 체계

직원들의 서비스 역량을 강화하기 위한 교육 프로그램을 운영하고, 내부 구성원들의 만족도를 높이기 위한 체계적인 지원 활동을 수행해야 한다.

2) 내부 마케팅에 영향을 미치는 3가지 통제 요인

과정 통제	조직의 구조와 관리 절차를 확립하고, 적절한 보상 체계를 운영하는 것을 포함
투입 통제	적합한 직원을 선발하고 교육 훈련을 실시하며, 체계적인 직무 계획과 자원 할당을 수행하는 것을 의미
결과 통제	고객 불평을 관리하고, 서비스 품질을 측정하며, 고객 만족도를 평가하는 것과 관련이 있음

02 내부 마케팅 이론

1) 그렌루스의 내부 마케팅 정의와 수준별 특성(1982)

내부 마케팅이란 포괄적인 전략과 전술을 아우르는 관리 철학을 의미하며, 다음과 같은 두 가지 수준으로 구분된다.

① 전략적(Strategic) 수준

- 목적: 종업원들의 판매 마인드와 고객 지향성을 높이는 조직 분위기 조성
- 수단: 종업원 관련 정책을 수립하고 내부 교육 프로그램을 운영하며, 체계적인 기획과 통제 절차를 통해 혁신적 경영방법을 실행한다.

② 전술적(Tactical) 수준
- 목적: 서비스 판매력 향상을 위한 실질적 지원
- 수단: 종업원들의 마케팅 활동과 캠페인을 적극 지원하고, 현장에서의 실질적인 서비스 활동을 돕는다.

2) 내부 마케팅의 요소(그렌루스, 1990)

① 교육 훈련의 강화 [피고르와 마이어의 연구]
- 기업 관점의 효과: 업무의 정확성과 신속성이 향상되며, 직원의 결근율과 이직률, 불만이 감소하고, 재해 발생과 설비 소모율이 현저히 줄어드는 경영상의 이점이 발생한다.
- 직원 관점의 효과: 새로운 기술 습득과 승진 기회 확대, 임금 상승의 기회가 생기며, 업무 능력 향상과 함께 조직에 대한 친밀감과 안정감이 형성된다.

② 내부 커뮤니케이션의 강화 [스콧과 미셀의 연구]
- 직원들의 감정 표현과 사회적 욕구를 충족시키는 역할을 한다.
- 업무 동기를 유발하는 핵심 요인으로 작용한다.
- 의사결정에 필요한 중요 정보를 제공하는 기능을 한다.
- 공식적 소통 경로를 통한 구성원 행동의 효과적 통제한다.

02 직원 관리와 권한 위임

01 직원 관리 시스템

1) 서비스 직원의 역할 갈등과 역할 모호성

발생 시기	• 성과에 대한 기대를 분명히 모를 때 • 직무행위의 결과를 모를 때 • 기대를 충족시킬 방안을 모를 때
발생 원인	• 서비스 표준이 없을 때 • 서비스 표준이 제대로 의사소통되지 않을 때 • 서비스 표준이 성과 측정, 평가, 보상시스템과 연결되어 있지 않을 때 • 우선순위가 너무 많은 서비스 표준이 존재할 때 • 직무 행위의 결과를 알 수 없을 때 • 기대를 충족시킬 방안을 모를 때 • 성과에 대한 기대를 모를 때 • 개인의 역할과 관련된 지식 및 정보가 없을 때
칸(Kahn)이 제시한 역할 모호성의 발생 원인	• 조직의 규모와 복잡성이 개인의 이해 영역을 초과할 때 역할 모호성이 발생 • 구성원들에게 새로운 요구를 하게 되는 조직 환경의 변화도 원인이 됨 • 사회구조적 요구에 의해 기술이 빈번하게 변화하는 경우에도 역할이 불분명해질 수 있음 • 조직의 투입 정보에 제한을 가하는 관리 관행 역시 모호성을 유발 • 재조직화를 수반하는 조직의 빠른 성장 또한 역할 모호성의 원인으로 작용

2) 종업원 만족(ES ; Employee Satisfaction)

① 종업원 만족 → 고품질 서비스 → 고객 만족

② 종업원 만족도 지수(ESI) 조사 항목★

참여 정신, 인식 공유 정도, 종합 만족도, 직무 만족도, 조직문화 만족도, 제도 만족도가 있다.

암기 TIP

종업원 만족도 지수는 앞 두 글자씩 따로 분리해서 암기해 주세요.
참여, 인식, 종합, 직무, 조직, 제도 → 참여 인식을 높여 종합적인 직무 조직 제도를 만들자.

02 권한 위임과 보상

1) 권한 위임★★

① 이점

• 문제가 발생한 현장에서 즉각적으로 고객의 요구와 문제에 대응할 수 있다.

• 열정적이고 우호적인 분위기 속에서 혁신적인 아이디어를 개발하며 충성 고객을 창출한다.

• 고객의 요구에 유연하게 대응하여 만족도를 높인다.

• 종사원의 동기부여를 통해 생산성과 서비스 품질을 향상시키며 고객지향적 서비스 활동을 강화한다.

• 종사자의 태도와 행동에 긍정적인 변화를 유도하여 직무 만족도를 높이고 역할 분담과 모호성을 줄인다.

• 고객과의 상호작용에서 더욱 따뜻하고 열정적인 응대를 제공한다.

② 단점

• 일선 부서 간 고객 서비스 수준에 차이가 발생하여 서비스의 일관성이 낮아질 가능성이 있다.

• 자율성이 보장된 만큼 책임이 뒤따라야 하며, 잘못된 의사결정이 이루어질 수 있다.

• 상층부의 공식적인 통제가 약화되어 사업 환경 변화나 혁신이 필요한 경우 최고 경영자의 통제력이 줄어드는 부담이 생길 수 있다.

③ 편익

• 다양한 혁신적 아이디어가 창출된다.

• 구전을 통한 긍정적 이미지 확산이 가능하다.

• 고객의 요구에 신속히 대응하고 문제 발생 시 빠른 서비스 회복이 가능하다.

• 직원이 열정적이고 따뜻하게 고객을 응대하여 서비스 만족도를 높인다.

• 이직률과 결근율이 낮아져 조직 안정성이 강화된다.

④ 비용

• 채용과 교육에 드는 비용이 증가한다.

• 고객이 불공정한 대우를 받았다고 느낄 수 있는 상황이 발생할 수 있다.

• 정규직 직원의 비중 증가로 인해 인건비 부담이 커질 수 있다.

• 느린 서비스 제공 및 서비스 일관성 저하가 발생할 가능성이 있다.

• 직원이 무리하거나 적절하지 않은 의사결정을 내릴 위험이 존재한다.

2) 권한 위임 전략에 적합한 조직(데이비드 보웬, 에드워드 로울러)

① 차별화된 서비스나 고객 맞춤형 전략을 실현할 수 있는 조직

② 고객과 장기적인 관계를 구축하며 이를 유지할 수 있는 조직

③ 기술이 일상적이지 않거나 복잡하여 창의적인 접근이 요구되는 조직
④ 사업 환경을 예측하기 어려운 상황에서도 유연하게 대응할 수 있는 조직
⑤ 임직원이 높은 성장 욕구를 가지고 있거나 강한 사회적 욕구를 추구하는 조직

3) 보상시스템의 동기부여

- 생산적인 제안을 받은 경우, 타당하고 합리적이라면 금전적 보상을 실시한다.
- 수당과 임금 수준을 보통보다 높게 책정하여 지급하는 것이 효과적이다.
- 종업원의 업무에 대해 적절한 권한 위임을 통해, 책임감을 가지고 업무를 수행할 수 있도록 한다.
- 소속된 직장의 공적 이미지를 부각시켜, 종업원이 직장 구성원으로서 자부심을 느낄 수 있게 한다.
- 경영층의 지원 강화로 고객 지향성과 외부 고객 지향성을 적극적으로 고취시킨다.

4) 고용 안정성 및 복리후생 제도

① 고용 안정성
종업원이 외부 고객과의 상호작용을 충실히 수행할 수 있도록 지원하여, 서비스 품질과 고객 만족을 높인다.
② 복리후생 제도
복리후생 제도는 임금 이외의 다양한 수단을 통해 종업원의 노동력을 유지하고 발전시켜, 종업원의 능력을 최대한 발휘할 수 있도록 돕는다. 그리고 이 제도는 생산성 향상을 도모하며, 종업원의 신체적, 정신적, 경제적, 문화적 생활을 향상시키는 것을 목표로 한다.

01 서비스 품질의 구성 요소에 대한 설명 중 옳은 것은?

① 탐색 품질은 서비스 구매 후 판단 가능한 속성이다.
② 과정 품질은 고객이 어떻게 서비스를 받는지에 대한 내용을 포함한다.
③ 결과 품질은 고객의 서비스 경험 전 결정 가능한 속성이다.
④ 신뢰 품질은 구매 전 평가가 쉬운 속성이다.
⑤ 경험 품질은 구매 전 상품의 스타일과 색상에 대한 판단 속성이다.

02 서비스 품질 GAP 중 Gap 4의 원인으로 틀린 것은?

① 과장된 홍보와 약속
② 고객과의 의사소통 부족
③ 광고를 통한 정확한 정보 제공
④ 고객 기대 관리 실패
⑤ 외적 커뮤니케이션의 부족

03 SERVQUAL 서비스 품질 요소 중 가장 핵심적인 차원으로 옳은 것은?

① 유형성
② 대응성
③ 신뢰성
④ 공감성
⑤ 확신성

04 서비스 품질 GAP 모델에 대한 설명 중 틀린 것은?

① Gap 1은 고객 요구를 파악하지 못했을 때 발생한다.
② Gap 2는 회사의 설계 기준과 서비스 설계 간의 차이에서 발생한다.
③ Gap 3은 설계 기준에 부합하지 않는 서비스 전달로 발생한다.
④ Gap 4는 고객 기대와 고객 경험 간의 차이로 발생한다.
⑤ Gap 5는 Gap 1~Gap 4의 문제로 인해 발생하는 결과이다.

05 전자서비스 품질 차원 중 실행성(이행성)에 해당하는 설명으로 옳은 것은?

① 고객이 웹사이트에 접속 후 최소한의 노력으로 원하는 정보를 얻는 정도

② 약속된 서비스를 정확히 제공하고 상품을 정해진 시간에 배송하는 능력

③ 사이트의 기술적 기능이 안정적이며 시스템이 올바르게 작동하는 정도

④ 고객의 신용정보를 안전하게 보호하는 수준

⑤ 고객이 필요할 때 실시간으로 문의할 수 있는 지원 체계

06 그렌루스의 서비스 품질 모델에서 기대 서비스의 구성 요소로 옳지 않은 것은?

① 구전

② 과거 경험

③ 개인적 요구

④ 고객 접촉 직원의 태도

⑤ 기업의 약속

07 가빈(Garvin)의 품질 범주에 포함되지 않는 것은?

① 성과

② 신뢰성

③ 적합성

④ 심리적 품질

⑤ 지속성

08 서비스 품질에 영향을 미치는 요인으로 틀린 것은?

① 고객 담당 직원의 전문성

② 고객의 구전 커뮤니케이션

③ 고객의 과거 경험

④ 고객의 개인적 요구

⑤ 고객의 경제적 수준

09 카노(Kano) 모델의 품질 요소 중 매력적 품질에 대한 설명으로 옳지 않은 것은?

① 소비자가 기대하지 않은 혁신적인 속성으로 만족도를 높인다.
② 초기에는 기대하지 않았으나 시간이 지나 당연 품질로 변화할 수 있다.
③ 충족되지 않으면 불만족을 초래한다.
④ 매력적 품질은 차별화된 서비스 제공에 중요한 역할을 한다.
⑤ 진부화 현상이 발생할 수 있다.

10 내부마케팅의 특징에 대한 설명 중 옳지 않은 것은?

① 내부마케팅은 외부마케팅보다 우선적으로 수행되어야 한다.
② 내부마케팅은 직원 만족도를 높이고 동기 부여를 강화한다.
③ 내부마케팅은 직원들에게 재량권을 부여해 고객 대응 능력을 강화한다.
④ 내부마케팅은 조직의 외부 고객과의 관계에만 초점을 맞춘다.
⑤ 내부마케팅은 교육 프로그램 운영과 체계적 지원 활동을 포함한다.

01 ②	02 ③	03 ③	04 ④	05 ②
06 ④	07 ④	08 ⑤	09 ③	10 ④

01 ②

오답 피하기

① 탐색 품질은 구매 전 판단 가능한 속성이다.
③ 결과 품질은 서비스 후 얻은 실질적 결과에 관한 속성이다.
④ 신뢰 품질은 구매 전과 후 모두 평가하기 어려운 속성이다.
⑤ 경험 품질은 구매 중 또는 구매 후 판단 가능한 속성이다.

02 ③

광고를 통한 정확한 정보 제공은 Gap 4의 해결 방안에 해당된다. Gap 4는 과장된 홍보, 고객과의 의사소통 부족 등으로 인해 발생한다.

03 ③

SERVQUAL의 서비스 품질 요소 중 신뢰성이 가장 핵심적인 차원으로, 약속한 서비스를 정확히 제공할 수 있는 능력을 의미한다.

04 ④

Gap 4는 고객 기대와 고객 경험 간의 차이가 아니라, 준비된 서비스와 외적 커뮤니케이션 간의 차이에서 발생한다.

05 ②

오답 피하기

①은 효율성, ③은 신뢰성, ④는 보안성, ⑤는 실시간 접촉에 해당한다. 실행성은 약속된 서비스를 정확히 이행하고 배송 등의 과정을 포함한다.

06 ④

고객 접촉 직원의 태도는 지각 서비스에 해당하며, 기대 서비스는 구전, 과거 경험, 개인적 요구, 기업의 약속 등으로 형성된다.

07 ④

가빈의 품질 범주는 성과, 신뢰성, 적합성, 지속성 등을 포함하며, 심리적 품질은 주란(Juran) 모델에서 언급된 품질 요소이다.

08 ⑤

서비스 품질에 영향을 미치는 요인으로는 고객 담당 직원의 전문성, 구전 커뮤니케이션, 과거 경험, 개인적 요구 등이 있다. 고객의 경제적 수준은 직접적 영향 요인에 포함되지 않는다.

09 ③

매력적 품질은 충족되지 않아도 불만족을 초래하지 않지만, 충족될 경우 높은 만족도를 제공한다.

10 ④

내부마케팅은 조직의 내부 구성원을 대상으로 하며, 외부 고객과의 관계에만 초점을 맞추지 않는다.

CHAPTER

05

고객 만족도 측정과
관리 시스템

학습 방향

고객 만족도 측정과 평가 기법을 이해하고, 효과적인 시장조사와 설문지 작성 방법
을 학습한다. 고객의 소리(VOC)를 체계적으로 수집·분석하여 서비스 개선과 고객
충성도 향상에 활용할 수 있는 역량을 기른다.

출제빈도

SECTION 01 상		65%
SECTION 02 중		35%

고객 만족의 측정과 평가

01 고객 만족도의 기본 이해

01 고객 만족의 기초 개념

1) 고객 만족의 관점

인지적 상태의 관점	고객 만족은 소비자가 지불한 대가에 대한 보상을 적절 또는 부적절하다고 느끼는 판단
정서적 반응으로 보는 관점	고객 만족은 소비자가 서비스를 사용하면서 느끼는 경험 평가에 대한 정서적 반응
고객의 평가로 보는 관점	고객 만족은 소비자의 인지적 과정에 대한 주관적 평가로 정의 (고객의 욕구를 얼마나 충족시켰는지, 고객이 사전 기대와 실제 성과, 소비경험에서 일치 · 불일치 정도가 되는지 등)
만족에 대한 고객의 판단으로 보는 관점	• 고객 만족은 소비자의 충족 상태에 대한 반응 • 인지적 판단 + 정서적 반응 결합

2) 고객 만족 측정 3원칙

계속성의 원칙	고객의 만족도를 과거 · 현재 · 미래와 비교할 수 있어야 함
정량성의 원칙	이전과 비교해 개선의 정도를 파악하여 항목별로 비교 가능하도록 조사해야 함
정확성의 원칙	정확한 답변이 나올 수 있게 설문지를 작성하며, 주관적 해석은 금지됨

02 고객 만족 지수 체계

1) 고객 만족 지수(CSI ; Customer Satisfaction Index)

① 고객 만족 지수의 정의

판매되고 있는 제품 및 서비스를 고객이 직접 체험한 후 평가한 만족 수준을 의미한다.

② 고객 만족 지수의 목적

수익성과 밀접한 관련이 있는 고객을 유지 및 제고하고, 기업 내부의 프로세스를 개선하여 서비스 품질을 향상시키는 데 있다.

③ 고객 만족 지수가 필요한 이유

• 경쟁사의 고객 만족 강점과 약점을 분석할 수 있다.
• 자사와 경쟁사의 고객 충성도를 분석할 수 있다.
• 품질 성과를 연구할 수 있다.
• 불만 해소의 영향과 효율성을 평가할 수 있다.

- 잠재적 시장 진입 장벽을 분석할 수 있다.
- 고객 기대가 충족되지 않은 영역을 평가할 수 있다.
- 제품 및 서비스 가격 인상의 허용 폭을 결정할 수 있다.
- 고객 유지율을 기반으로 ROI(투자수익률)를 예측할 수 있다.

④ 고객 만족 지수의 종류

고객 만족 지수와 협력업체 만족 지수, 직원 만족 지수가 있다.

2) 미국 고객 만족 지수(ACSI ; American Customer Satisfaction Index)

다른 모델과는 달리, 고객만족도를 잠재 변수로 측정하는 것이 특징이다. 이를 통해 이미 제품이나 서비스를 구매한 고객뿐만 아니라, 향후 고객의 충성도까지 함께 확인할 수 있다.

3) 한국능률협회컨설팅(KMAC)에서 언급한 '고객 가치 지수(CSI)' 측정 모델 6단계

1단계	고객니즈 분석 및 수집
2단계	고객가치요소 발굴
3단계	추출된 고객가치 요소를 활용한 리서치 시행
4단계	핵심가치를 추출하고 현재가치 수준을 측정
5단계	고객가치 콘셉트 도출
6단계	고객가치 향상을 위해 전략과제 도출

4) 순수 추천 고객 지수(NPS ; Net Promoter Score)★★

① 충성도가 높은 고객을 얼마나 많이 보유하고 있는지 측정하는 지표
② 소비자에게 "우리 기업 또는 브랜드를 지인에게 추천 하겠습니까?"라는 질문에서 출발
③ 계산 방법: $NPS = \dfrac{(추천\ 고객\ 수 - 비추천\ 고객\ 수)}{응답자\ 비율}$
④ 기업의 이익 종류★

좋은 이익	고객과의 장기적 발전적 관계와 기업 성장에 도움이 되는 이익 ⑩ 장기고객에 대한 요금 할인, 무상 보증 기간 확대
나쁜 이익	고객과의 관계 희생을 유발하며 회사에 독이 되는 단기적 기여에 그침. 즉, 고객과 관계를 악화시키면서 얻은 이익 ⑩ 장기고객보다 신규고객을 우대하는 이동통신 요금 제도, 높은 은행 수수료, 높은 호텔 전화요금

⑤ 고객 유형별 특징

추천 고객	• 비추천 고객보다 구매의 빈도수 높음 • 만족을 하면 주변에 적극적으로 추천함(구전) • 적극적 고객 추천이 기업의 '이익실현' 차이에 영향 미침 • 특정기업에 유독 소비하는 '높은 지갑점유율'을 나타냄
비추천 고객 & 중립적 고객	• 불만을 드러내지 않으면서 겉으로만 '만족'이라고 표현함 • 원하는 시기에 선택을 언제든 바꿀 수 있음

5) 국가 고객 만족 지수(NCSI ; National Customer Satisfaction Index) 설문지 구성 요소

한국생산성본부와 미시간대학에서 공동개발 후, 한국생산성본부에서 채택하였다.

서비스 품질 인지 수준	개인 니즈의 충족도, 전반적인 품질 수준 평가, 구매 후 신뢰도 평가
고객 기대치 분석	개인별 니즈 충족도, 전반적 품질에 대한 기대 수준, 구매 전 신뢰도 평가
고객만족도 평가지표	기대와 실제 간의 차이(기대불일치), 전반적인 만족도 측정, 이상적 제품/서비스 대비 만족 수준
가치 인식 평가	품질 대비 가격의 적정성, 지불 가격 대비 품질 수준
불만족 요인 분석	공식적 불만 제기 사항, 비공식적 제품/서비스 불만 요소
고객충성도 측정	향후 재구매 가능성, 가격 상승 시 재구매 의향, 재구매 유도를 위한 가격 조정 허용 범위

02 CS 평가 시스템

01 CS 평가의 기본 구조

1) CS 평가 시스템 프로세스

1단계	2단계	3단계	4단계	5단계
고객 요구 정의	고객 조사	CS평가지표 개발	CS평가실행 체계구축	실행

2) CS 평가 시스템의 단계적 구축

평가지표 개발 단계	• 고객의 요구사항을 심층 분석하여 서비스 품질의 핵심관리 요소들을 도출하는 단계 • 고객 관점에서 중요한 평가 포인트를 선별하여 지표화 작업을 진행
평가체계 구축 단계	• 파일럿 테스트(Pilot Test)를 실시하여 초기 평가체계의 문제점을 발견하고 보완하는 단계 • 실제 현장에서 적용 가능한 완성도 높은 평가체계를 구축
실행 계획 수립 단계	• 전사적 차원에서 부문, 팀, 개인에 이르기까지 각 단위별로 구체적인 목표를 설정하는 단계 • 세부 실행 계획(Action Plan)을 수립하고 체계적인 활동을 전개

3) 조사 유형 결정

탐험 조사	• 조사자가 문제에 대해 파악이 안 되었을 때 실시 • 자료수집과 분석 방법 : 비계량 조사 + 비정형적 절차 사용 • 조사 목표수정 시 사용 방법 : 개인 인터뷰를 통한 예비조사
기술 조사	• 목표집단 또는 시장에 관한 자료를 수집하고 분석하여 결과를 기술 • 수집하는 자료내용 : 구매자의 행동, 태도, 시장점유율 등 • 자료수집 방법 : 패널조사(같은 대상자에게 같은 질문 반복), 서베이(설문조사), 관찰
인과관계 조사	두 개 이상 변수들 사이의 원인과 결과를 밝히기 위한 조사(실험)

4) 자료수집 순서

1차 자료수집	• 직접 조사한 자료 • 표적집단 면접법(F.G.I), 서베이. 관찰법. 실험법 등
2차 자료수집	• 다른 주체에 의해 이미 조사된 자료 • 인터넷에서 발견한 자료, 마케팅회사의 수집자료, 기업 자체적으로 보관되어 있는 자료, 정부의 발표 자료

5) 1차 자료수집 방법 (FGI, 서베이법, 관찰법, 실험법)

① 표적집단 면접법(FGI ; Focus Group Interview)

사용 시기	• 구매자들의 내적 욕구, 태도, 감정 및 행동 파악 • 마케팅 문제 정의를 위한 정보 획득 • 조사에서 어떤 정보를 얻어야 하는지 가능 • 신제품 아이디어와 기존 제품의 다른 용도 파악 가능 • 계량적 조사에서 얻은 결과에 대한 상세한 이해 필요
장점	전문적 정보 얻음, 내면적 행동의 원인 찾아냄, 다양한 주제에 대한 자료 수집, 새로운 아이디어 도출
한계점	높은 비용, 주관적 풀이, 낮은 일반화, 낮은 신뢰성

② 정량 조사와 정성 조사 비교

	정량 조사	정성 조사
핵심 특성	• 수치화된 데이터를 통한 객관적 측정과 검증, What, When, How를 중심으로 조사('질문 중심'의 질문지 사용) • 데이터 처리: 통계적 검증을 통한 객관화, 일반화 추구 • 대규모 표본을 활용한 대표성 확보	• 본질: 심층적 이해와 통찰을 위한 탐색적 접근, Why를 중심으로 깊이 있는 조사 • 데이터 처리: 비구조적 접근으로 상황에 따른 유연한 해석 • 소규모 표본을 통한 깊이 있는 분석
조사방법의 유형	• 서베이, 모니터링, 온라인 설문 • 특수조사: CLT, HUT, 미스테리 쇼핑, Gang Survey • 통신수단 활용: 전화, 이메일. 우편조사	• FGI, In-depth Interview, ZMET • 관찰조사: 현장 관찰, 투사법 • 전문가 의견: 델파이 기법, 온라인 포커스 그룹
적용 시점과 상황	• 시장 세분화와 목표시장 선정 시 • 소비자 특성별 니즈 구조 파악 필요 시 • 브랜드 포지셔닝 전략 수립 시 • 제품/서비스 만족도 수준 측정 시	• 신제품 개발을 위한 사전 탐색 단계 • 소비자 심층 심리 이해 필요 시 • 시장 트렌드의 초기 발견 단계 • 마케팅 전략의 방향성 설정 시
장점	• 높은 객관성과 신뢰성과 명확한 대표성 • 다목적 활용 가능	• 높은 유연성과 현장 적용성 • 빠른 정보 획득과 비용 효율성
단점	• 높은 비용과 긴 소요시간 • 인과관계 파악의 한계	• 주관적 해석 가능성 • 대표성 확보의 어려움

➕ 더 알기 TIP

정성 및 정량 조사 주요 기법
- 심층면접법(In-depth Interview): 정성 조사에서 핵심적으로 활용되는 방법으로, 훈련된 면접원이 조사 대상자와 1:1 비구조화된 인터뷰를 진행하는 기법이다. 주로 1차 자료 수집에 활용된다.
- ZMET(은유 추출 기법): 은유, 스토리, 이미지 등을 활용하여 소비자의 무의식적 인지 장벽을 낮추고, 깊은 심리를 파악하는 심층 면접 기법이다.

- 가정 사용 테스트(HUT): 면접원이 소비자의 가정을 직접 방문하여 제품을 사용하게 한 후, 설문과 면접을 통해 평가를 수집하는 방법이다.
- 중앙 장소 테스트(CLT): 제품 시음, 사용, 패키지 또는 광고물 테스트를 위해 유동 인구가 많은 장소에 임시 조사장을 설치하여 진행하는 조사 기법이다.
- 집단 조사(갱서베이, Gang Survey): 여러 소비자를 한 장소에 모아 제품이나 광고를 보여준 후, 구조화된 설문을 통해 동시에 평가하는 방식이다.
- 심리 투사법: 소비자의 내면적 태도와 신념을 파악하기 위한 심리적 기법이다.

③ 자료수집 방법의 특성

방법		특성
관찰법		조사 대상의 행동 패턴을 직접 관찰하고 기록하여 자료를 수집하는 방법
	장점	세밀하고 정확한 자료 수집이 가능하고 조사 대상자와 면담이 불가능한 경우에도 활용할 수 있음
	한계점	관찰한 내용을 일반화 및 내면적 행동 요인을 측정하기 어렵고 관찰 시점과 기록 시점 사이에 오차가 발생할 수 있음
서베이법	장점	• 다량의 표본과 일반화가 가능 • 자료수집이 쉽고 용이 • 다양한 측면에서 차이 분석 등 통계분석이 가능 • 객관적인 해석이 가능 • 직접관찰이 어려운 요인과 개념도 추정 가능
	한계점	• 깊이있는 질문을 구성하기가 어려움 • 효과적인 설문지 개발이 어려움 • 부적절한 통계기법 사용 시 현실과 다른 결과가 나올 수 있음 • 높은 응답률을 얻기 위해 장시간이 소요 • 응답의 정확성을 보장하기 어려움
실험법	장점	• 정확한 인과관계를 분석할 수 있음 • 가설을 효과적으로 검증할 수 있음 • 가장 과학적이고 확실한 조사방법 • 실험집단과 통제집단을 비교하여 일정한 조건 아래 법칙을 찾을 수 있음
	한계점	• 윤리적인 문제가 발생할 가능성이 있음 • 현실에 적용하기가 어려운 경우가 많음
문헌연구법		• 역사기록, 기존 연구 기록, 통계 자료 등의 문헌을 통해 자료를 수집 • 1차 자료를 직접 수집하기 어려운 경우에 주로 활용 • 2차 자료 수집의 용도로 많이 사용
	장점	• 시간과 비용을 효율적으로 절약할 수 있음 • 정보수집이 비교적 쉽고 용이 • 시간과 공간의 제약에서 비교적 자유로움
	한계점	문헌을 해석하는 과정에서 연구자의 편견이 개입될 가능성 있음

6) 2차 자료수집

- 조사를 직접 수행하는 조사자가 아닌 다른 주체에 의해 이미 수집된 자료를 의미한다.
- 정부가 발표하는 각종 자료, 기업 자체적으로 수집·보관되어 있는 자료, 인터넷으로 획득한 자료, 마케팅 회사에서 이미 수집해 놓은 자료 등을 예로 들 수 있다.

02 조사방법론

1) 시장조사의 주요 목적

문제해결형 조사	• 기존에 파악된 문제나 발견된 이슈들의 해결방안을 모색하는 조사 • 주요 활용: 신제품 개발 전략, 가격정책 조정, 판촉 활동 강화방안 수립 등
문제발견형 조사	• 현재 또는 잠재적 문제점을 사전에 발견하기 위한 조사 • 개인 인터뷰를 통한 예비조사로 조사방향을 구체화할 수 있음 • 활용 분야: 시장잠재력 분석, 점유율 조사, 브랜드 이미지 평가, 매출 예측 등

2) 조사방법의 유형

탐색적 조사	• 문제에 대한 초기 이해가 필요할 때 실시 • 비정형적이고 정성적인 접근으로 깊이 있는 통찰을 얻을 수 있음 • 주요 방법: 심층면접, 표적집단면접(FGI), 전문가 자문, 문헌조사
기술적 조사	• 시장과 소비자 특성을 체계적으로 파악하는 조사 • 소비자 태도, 구매행동, 시장점유율 등을 객관적으로 측정 • 조사도구: 패널조사, 서베이, 관찰법
인과관계 조사	• 변수 간의 원인과 결과 관계를 과학적으로 규명 • 실험법을 주로 활용하여 정확한 인과관계를 검증

3) 패널조사의 특징

일반 패널조사	고정된 응답자 그룹을 장기간 추적 관찰
순수 패널방식	동일 응답자에게 같은 항목을 반복 측정
혼합 패널방식	응답자는 유지하되 조사 항목을 유동적으로 변경

4) 고객 만족도 측정 방법의 유형과 특징★★

① 직접 측정 방식
• 고객 만족도를 단일 또는 복수의 설문 항목을 통해 직접 측정하는 방식이다.
• 단일 문항으로 측정할 경우 오차 발생 가능성이 높아, 주로 복수의 설문 항목을 활용한다.
• ACSI, NCSI 등이 대표적이며, 특히 민간 부문의 만족도 조사에서 광범위하게 사용된다.
• 조사 모델이 단순하고 명료하여, 하위 차원 만족도 결과를 합산할 때 발생할 수 있는 중복 측정 문제를 예방할 수 있다.

② 간접 측정 방식
• 만족도를 직접 묻는 대신, 서비스 품질과 같은 선행 요인을 측정하여 만족도를 파악하는 방식이다.
• 다양한 서비스 하위 요소나 품질 요소에 대한 개별 만족도를 종합하여 복합 점수를 산출한다.
• 서비스 품질의 다양한 측면을 포괄적으로 고려하여, 구체적인 개선 방향을 도출할 수 있다.
• 모든 만족도 요소를 완벽히 포함하기 어려우며, 측정 오차가 존재한다.
• 중복 측정 문제를 줄일 수 있으나, 가중치 부여 등의 과정으로 인해 모델이 복잡해질 수 있다.

③ 혼합 측정 방식
- 직접 측정과 간접 측정을 결합한 통합적 접근 방식이다.
- 공공기관(지방자치단체, 서울시 등)의 만족도 조사에서 주로 사용된다.
- 체감 만족도와 차원 만족도의 구성 비율은 보통 5:5에서 3:7 사이로 설정된다.
- 통계적 분석(회귀 분석 등)을 통해 각 차원의 가중치를 실증적이고 간단하게 도출할 수 있다.
- 적정 구성 비율을 설정하는 것이 어렵고, 이에 대한 이론적 근거와 실증 연구가 부족하다.
- 종합 만족 지수를 산출할 때 중복 측정 문제가 발생할 수 있다.
- 체감 만족도와 차원 만족도의 구성 비율에 대한 표준화된 지침이 부재하다.

03 설문지 작성

1) 설문지 작성의 목적 및 특성

① 조사의 목적 및 범위
- 고객의 기대와 만족 수준을 종합적으로 측정한다.
- 외부 고객 만족도(CSI)와 내부 고객 만족도(ICSI)를 평가한다.
- 고객 요구 사항을 반영한 맞춤형 설문지를 개발한다.

② 질문 유형별 특성

개방형 질문	• 예상하지 못한 새로운 아이디어를 발견할 수 있으며, FGI나 1:1 심층 면접에서 효과적 • 응답자가 자연스럽게 답변할 수 있도록 유도할 수 있음 • 그러나 응답 내용을 코딩하는 작업이 복잡하고 어려우며, 자료를 처리하는 데 많은 시간과 노력이 필요
선다형 질문	• 응답자가 쉽게 답변할 수 있으며, 코딩 작업이 간편하고 용이 • 통계 분석이 용이하여 대량의 데이터를 효율적으로 처리할 수 있음 • 그러나 깊이 있는 의견을 수집하는 데 한계가 있으며, 응답자의 생각을 제한할 수 있음

2) 설문지 작성의 핵심 고려 사항★★★

① 질문 내용의 타당성 검토

질문의 필요성	해당 질문이 연구에 반드시 필요한지 검토
응답 가능성	응답자가 답변할 수 있는 수준인지 확인
질문의 충분성	단일 질문으로 원하는 정보를 얻을 수 있는지 판단
응답자 적절성	목표 응답자 선별을 위한 질문 구성 여부
응답 의향	응답자들의 답변 의지를 고려한 구성

② 질문 배치의 전략적 구성

시작 부분	간단하고 흥미로운 질문으로 시작
중요 질문	설문 분량이 많을 경우 앞쪽에 배치
민감한 질문	응답자의 부담을 고려해 후반부에 배치

질문 흐름	논리적이고 자연스러운 순서로 구성
범위 설정	포괄적 질문에서 구체적 질문으로 진행

③ 질문 작성의 기술적 주의점

질문의 중립성	유도성 질문 배제
용어의 명확성	오해의 소지가 있는 단어 사용 금지
표현의 적절성	비상식적이거나 불쾌감을 주는 단어 제외
응답의 균형	과잉반응을 막기 위한 적절한 응답범위 설정
선택의 포괄성	기존 보기 외 '기타' 항목 추가 고려

04 고객 충성도 측정

1) 고객 충성도 측정 방법

① 라파엘과 레이피의 고객 충성도 분류

예비고객	서비스의 구매에 관심을 보일 수 있는 계층
단순고객	관심을 가지고 적어도 한 번 정도 방문하는 계층
고객	빈번하게 구매를 하는 계층
단골고객	정기적으로 구매를 하는 계층
충성고객	주변 사람들에게 서비스에 대한 긍정적 평가를 하는 계층

② 올리버의 고객 충성도 발전 4단계

1단계	인지적 충성	브랜드 신념에만 근거한 충성 단계(인지적 충성)
2단계	감정적 충성	브랜드에 대한 만족 경험이 누적됨에 따라 증가하는 단계
3단계	행동 의욕적 충성	반복적인 경험에 의해 영향을 받고 행위 의도를 갖는 단계
4단계	행동적 충성	의도가 행동으로 전환되는 단계

③ 고객 충성도 측정 방법

행동적 측정 방법	구매 빈도, 구매 순서, 구매 비율, 반복 구매 행동, 구매 가능성
태도적 측정 방법	재구매 의도, 타인 추천, 우호적 태도
통합적 측정 방법	고객의 긍정적 태도, 브랜드 교체 성향, 총 구매량

④ 레이나르츠와 쿠머의 고객 충성도★

구분	단기거래 고객	장기거래 고객
	Butterflies	True Friends
높은 수익	• 태도적 충성도가 아니라, 거래적인 만족을 달성하도록 해야 함 • 회사의 제품/서비스와 소비자 욕구 간 접합도가 높음 • 높은 잠재 이익을 보유한 고객군	• 태도적, 행동적 충성도를 함께 구축해야 함 • 고객 방어와 양성이 필요하며 지속적 관계 유지가 중요 • 지속적인 의사소통 필요 • 제품/서비스와 소비자 욕구 간 접합도가 높고 잠재이익도 높음

	Strangers	Barnacles
낮은 수익	• 개별 거래마다 이익 창출에 집중 • 추가적인 관계 유지 투자는 불필요 • 제품/서비스와 소비자 욕구 간 접합도가 낮음	• 지각점유율이 낮은 경우 상향판매나 교체구매 유도 필요 • 규모와 지각점유율 측정이 중요 • 제품/서비스와 소비자 욕구 간 접합도가 제한적이며 잠재이익이 낮음

2) 보웬, 첸의 3가지 고객 충성도 측정 방법

행동적 측정 방법	분석 방식	고객의 실제 구매 행위를 기반으로 충성도를 평가하며, 일정 기간 동안의 구매 패턴을 분석
	측정 지표	구매 빈도수, 구매 순서 패턴, 전체 구매 중 해당 브랜드 구매 비율, 반복 구매 행동, 향후 구매 가능성
	한계점	단순 반복 구매가 브랜드에 대한 진정한 심리적 몰입을 의미하지는 않음
태도적 측정 방법	분석 방식	감정적 요소를 바탕으로 충성도를 평가하며, 브랜드에 대한 호의적 감정과 구매 행동의 연관성을 분석
	측정 지표	재구매 의향도, 주변인 추천 의지, 브랜드에 대한 우호적 태도
	한계점	단일 차원에서만 충성도를 평가하는 방식이므로 제한적인 접근이 될 수 있음
통합적 측정 방법	분석 방식	행동적 요소와 태도적 요소를 균형 있게 평가하며, 다차원적 접근을 통해 종합적으로 분석
	측정 지표	실제 구매 행동 패턴, 브랜드에 대한 긍정적 태도, 타 브랜드 전환 성향, 전체 구매량 중 비중
	이점	보다 정확하고 포괄적인 충성도를 측정할 수 있으며, 행동과 태도를 균형 있게 평가할 수 있음

3) 고객 유형별 접근 전략

예상 고객(잠재 고객)	신규 고객화 전략
신규&일반 고객	관계 강화 전략
보통&불량 고객	우량화 전략
우량 고객	고객 유지 전략
이탈 가능 고객	이탈 방지 및 관계 강화 전략
이탈 고객	재유치 전략

4) 진실한 충성도와 거짓된 충성도

• 진실한 충성도: 높은 재구매 성향과 강한 태도적 애착을 보이며 경쟁업체 프로그램에 쉽게 유혹되지 않는 고객이 가진 충성도를 의미하며, 고객에게 다른 기업이 제공하는 것 이상의 가치를 제공하여 고객이 만족을 느껴서 만들어진 충성도이다.
• 거짓된 충성도: 독점시장, 높은 전환비용이나 정보의 규제에 의해 고객의 행동적 충성도가 생겼을 때 거짓된 충성도라고 볼 수 있다.

고객의 소리(VOC) 관리

01 VOC 시스템 구축

01 고객의 소리(VOC ; Voice of Customer)의 기본 이해

1) VOC의 개념 및 목적

- 고객의 소리를 수집하여 그들의 욕구를 파악하고 분석한 후, 이를 서비스에 반영한다.
- '고객 불만을 제로화'하는 것을 목표로 한다.
- 기업의 모든 채널에서 고객 의견을 수집할 수 있어, 고객이 쉽게 의견을 반영할 수 있다.
- 추적 전화, 서베이(설문조사), 사후 거래 조사, 우편 조사, 고객 패널 등의 방법을 활용한다.

2) VOC 장점과 문제점

장점	• 고객의 입장에서 서비스 프로세스의 문제점을 알 수 있음 • 고객 욕구를 바탕으로 한 '표준화된 서비스' 제공이 가능 • 데이터 분석이 아닌, 고객 실제 성향 파악이 가능(CRM 한계 극복) • 뜻밖의 아이디어 얻을 수 있음 • 고객과의 관계 유지가 더욱 돈독해짐
문제점	• 처리부서가 불명확하면 신속한 불만처리가 힘들어짐 • 고객의 소리가 다양해 정보분석이 힘듦 • 제한된 해결 방안과 명확하지 않은 해결 기준 • 처리 과정의 추적과 피드백이 어려움

3) VOC 성공 조건

- VOC와 보상을 연결한다.
- 내부 업무 시스템과 연계하여 CRM 추진 활동을 지원한다.
- 자료 신뢰성 높이기 위해 고객의 소리를 코딩으로 분류한다.
- VOC로 인해 변화된 조직을 평가한다.
- 자료에 대한 통계보고서를 작성해 트렌드를 파악 및 점검한다.

1) VOC 시스템 구축 4단계

1단계	고객이 쉽게 의견을 낼 수 있는 창구 개설
2단계	체계적인 고객의 소리 분석
3단계	각 부서에 신속한 피드백을 통한 문제점을 해결
4단계	처리 결과를 고객에게 통보 또는 경영 활동에 반영

2) VOC 관리에서 고객 피드백의 가치를 훼손하는 요소(굿맨, Goodman)

결론이 서로 다르게 보고되는 다양한 분석	중복되고 비능률적인 자료 수집
중복되고 비능률적인 자료 수집	중복되고 비능률적인 자료 수집
행동이 따라오지 않는 분석	행동이 따라오지 않는 분석
일관성이 없는 자료 분류	비능률적인 보고 체계로 인한 자료의 상실
오래된 자료	VOC로 인해 실행한 개선 효과에 대한 점검 미비

3) 존 굿맨(John Goodman)의 법칙

고객의 불만에 대한 직원의 대응이 만족스러울 경우, 불만이 없었을 때보다 오히려 재방문과 재구매가 올라간다는 개념을 설명하는 법칙이다.

제1법칙	자신의 불만을 표현하여 해결한 고객은 표현하지 않은 고객보다 재구매할 가능성이 매우 높음
제2법칙	직원의 불만처리 대응이 만족스럽지 않은 고객의 부정적 평가의 소문은 만족한 고객의 긍정적 평가 소문이 주는 영향보다 2배나 강하게 판매를 방해함
제3법칙	소비자 교육을 받은 고객은 기업에 대한 신뢰가 높아지면서 상품 구입의사가 높아져 시장 확대에 공헌

01 고객만족에 대한 관점 중 옳은 것은?

① 고객만족은 소비자가 서비스 이용 시 느끼는 경험평가에 대한 인지적 판단이다.

② 고객만족은 소비자가 지불한 대가와 보상 간의 적합성을 평가하는 정서적 반응이다.

③ 고객만족은 고객의 충족 상태에 대한 인지적 판단과 정서적 반응이 결합된 것이다.

④ 고객만족은 소비자가 서비스 사용 경험 이전의 기대치 평가만을 의미한다.

⑤ 고객만족은 객관적 평가를 기반으로 지표화된다.

02 고객만족 측정의 3원칙 중 틀린 것은?

① 계속성의 원칙: 과거, 현재, 미래의 만족도를 비교할 수 있어야 한다.

② 정량성의 원칙: 설문조사에서 개선 정도를 평가하기 위한 항목 비교가 가능해야 한다.

③ 정확성의 원칙: 조사자의 주관적 해석을 기반으로 고객 데이터를 분석한다.

④ 정확성의 원칙: 설문지 작성 시 응답이 정확하게 도출될 수 있도록 해야 한다.

⑤ 계속성의 원칙: 동일 지표로 지속적 비교가 가능해야 한다.

03 순수추천 고객지수(NPS)에 대한 설명 중 옳지 않은 것은?

① 충성도가 높은 고객 비율을 측정하는 지표이다.

② 고객에게 "우리 기업을 추천하시겠습니까?"라는 질문을 포함한다.

③ 충성고객은 구매빈도가 낮고, 이익 실현에 미미한 영향을 준다.

④ NPS는 고객의 구전활동이 기업 이익 실현에 미치는 영향을 분석한다.

⑤ 비추천 고객은 충성 고객에 비해 이탈 가능성이 높다.

04 고객만족지수(CSI)의 필요성으로 옳지 않은 것은?

① 경쟁사와 자사의 강점과 약점을 분석한다.

② 품질성과와 시장점유율의 연관성을 평가한다.

③ 서비스와 제품의 가격 인상 허용 폭을 결정한다.

④ 고객 유지보다는 신규 고객 창출 전략을 위한 도구이다.

⑤ 고객 기대가 충족되지 않은 영역을 평가한다.

05 VOC(고객의 소리) 시스템 구축 단계 중 틀린 것은?

① 고객이 쉽게 의견을 낼 수 있는 창구를 개설한다.
② 고객의 소리를 신속히 분석해 데이터로 전환한다.
③ 고객 문제를 각 부서에 신속히 피드백하여 해결한다.
④ 문제 해결 후 고객에게 결과를 통보하지 않는다.
⑤ 분석된 VOC를 경영활동에 반영한다.

06 CS 평가시스템의 단계 중 평가체계 구축 단계에 포함되지 않는 것은?

① 고객 요구사항에 기반한 평가지표 도출
② 파일럿 테스트를 통해 문제점을 발견하고 보완
③ 각 부문별 구체적 목표와 세부 실행 계획 수립
④ 실제 현장에서 적용 가능한 평가체계 구축
⑤ 평가 결과를 통해 서비스 품질을 개선

07 고객 충성도 발전 단계 중 감정적 충성의 특징으로 옳은 것은?

① 브랜드 신념에만 근거한 충성도이다.
② 반복적 경험에 의해 영향을 받는다.
③ 의도가 행동으로 전환되는 충성도이다.
④ 브랜드에 대한 만족 경험이 누적되며 형성된다.
⑤ 타 브랜드와의 비교를 통해 발생한다.

08 고객 충성도 유형 중 True Friends(진실된 친구)에 해당하지 않는 설명은?

① 지속적인 의사소통과 관계 유지가 필요하다.
② 제품/서비스와 고객 욕구 간 접합도가 높다.
③ 단기적 거래 만족을 위해 노력한다.
④ 태도적, 행동적 충성도를 함께 구축해야 한다.
⑤ 높은 잠재 이익을 보유한 고객군이다.

09 고객의 소리(VOC) 관리에서 성공 조건으로 틀린 것은?

① VOC를 통해 조직 변화를 평가한다.
② 자료를 통계적으로 분석해 트렌드를 점검한다.
③ VOC 데이터를 코딩하여 자료 신뢰성을 높인다.
④ VOC 피드백 과정을 단순화해 빠르게 처리한다.
⑤ VOC와 보상 체계를 연계하지 않는다.

10 존 굿맨(John Goodman)의 법칙 중 제2법칙의 내용으로 옳은 것은?

① 불만을 해결한 고객은 재구매 가능성이 매우 낮다.
② 직원의 불만 대응이 만족스럽지 않으면 부정적 소문이 긍정적 소문보다 2배 강한 영향을 미친다.
③ 고객이 불만을 표현하지 않을 경우, 충성도가 상승한다.
④ 소비자 교육을 받은 고객은 구매 의사가 감소한다.
⑤ 불만이 해결된 고객보다 해결되지 않은 고객의 재방문율이 높다.

01 ③	02 ③	03 ③	04 ④	05 ④
06 ③	07 ④	08 ③	09 ⑤	10 ②

01 ③

오답 피하기

① 고객만족은 인지적 판단과 정서적 반응이 결합된 상태를 의미한다.
② 지불 대가와 보상 간 적합성 평가를 정서적 반응으로 한정할 수 없다.
④ 고객만족은 사전 기대치 평가뿐만 아니라 사용 경험 이후의 평가를 포함한다.
⑤ 고객만족은 주관적 평가이며, 반드시 객관적 지표로 환원되지 않는다.

02 ③

고객만족 측정의 정확성 원칙은 객관적 조사와 주관적 해석 배제를 요구한다. 조사자의 주관적 해석은 데이터를 왜곡할 가능성이 있으므로 지양해야 한다.

03 ③

충성 고객은 구매 빈도가 높고, 이익 실현에 큰 영향을 준다. 이는 NPS에서 추천 고객의 중요성을 강조하는 핵심 요인이다.

04 ④

고객만족지수는 고객 유지와 충성도 향상을 목적으로 하며, 신규 고객 창출 전략은 주요 목적이 아니다.

05 ④

VOC 시스템은 처리 결과를 고객에게 반드시 통보해야 신뢰와 만족도를 높일 수 있다.

06 ③

각 부문별 구체적 목표와 실행 계획 수립은 실행 계획 수립 단계에 포함된다.

07 ④

오답 피하기

①은 인지적 충성. ②는 행동 의욕적 충성. ③은 행동적 충성에 해당한다. 감정적 충성은 브랜드 만족 경험의 누적으로 형성된다.

08 ③

True Friends는 장기적 관계를 유지하는 고객으로, 단기적 거래 만족만을 위한 노력이 필요하지 않다.

09 ⑤

VOC 관리에서는 VOC와 보상 체계를 연계하여 고객 만족과 직원 동기부여를 동시에 달성해야 한다.

10 ②

제2법칙은 직원의 불만 처리 능력이 부족할 경우 부정적 소문이 판매에 큰 악영향을 미친다는 내용을 담고 있다.

CS 계획 수립과 트렌드 분석

학습 방향

서비스 기대와 관여 개념을 바탕으로 고객 기대 수준을 이해하고, 효과적인 CS 플래닝 기법을 통해 전략적 실행력을 강화한다. 또한, 최신 CS 트렌드와 벤치마킹 기법을 분석하여 실무 적용 능력을 높이는 데 중점을 둔다.

출제빈도

SECTION 01	중	35%
SECTION 02	상	40%
SECTION 03	하	25%

서비스 기대와 관여도

01 고객의 서비스 기대 분석

01 서비스 기대의 구조

1) 고객의 서비스 기대 크기 ★

- 희망 서비스는 소비자가 기대하는 가장 이상적인 서비스로, 쉽게 변하지 않는 특징을 가진다.
- 허용 영역은 서비스 실패가 쉽게 드러나지 않는 '미발각 지대'에 해당하며, 가격이 높거나 해당 서비스의 사용 경험이 쌓일수록 그 범위가 줄어든다.
- 적정 서비스는 소비자가 불만 없이 받아들이는 서비스 수준으로, 경험을 바탕으로 형성된 예측 서비스 수준에 의해 결정된다.
- 예측된 서비스는 소비자가 실제로 받기를 기대하는 서비스 수준을 의미한다.

2) 서비스의 기대 영향 요인 ★

내적 요인	• 개인적 욕구는 매슬로우의 5단계 모델을 기반으로 형성됨 • 관여도가 증가할수록 고객의 허용 영역은 점점 좁아짐 • 과거의 경험은 희망 기대 수준을 형성하는 데 영향을 미치며, 경험이 많아질수록 기대 수준도 함께 높아짐 • 서비스 철학은 기업이 고객 서비스에 대해 가지는 기본적인 가치관과 방향성을 의미
외적 요인	• 구전은 고객 서비스 기대를 형성하는 가장 강력한 정보 원천이며, 개인적 원천, 파생적 정보 원천, 전문가 원천 등으로 구분됨 • 경쟁적 상황은 고객이 이용할 수 있는 다른 대안에 의해 영향을 받으며, 이는 서비스 기업에 대한 기대 수준을 결정하는 요소 • 사회적 상황에서 고객은 다른 사람들과 함께 있을 때 기대 수준이 더욱 상승하는 경향을 보임
상황적 요인	구매동기, 고객의 기분, 날씨, 시간적 제약
기업 요인	촉진, 가격, 서비스 직원, 기업 이미지, 고객의 대기시간, 다른 고객, 유통, 유형적 단서

➕ 더 알기 TIP

'구전'에 대해 조금 더 자세히 알기
- 고객이 직접 만들기 때문에 신뢰할 수 있다.
- 일대일 커뮤니케이션으로 큰 매체에 비해 전달효과가 크다.
- 다수의 사람들에게 전파되는 특성이 있다.
- 직접적 경험을 기초로 하기에 정확한 정보를 전달한다.

3) 로렌트(Laurent)와 캐퍼러(Kapferer)의 5가지 차원에서 관여도 측정

① 개인적 관심(제품에 대한 개인적 관심 및 중요성)
② 부정적 결과의 중요성(잘못된 구매에 대한 주관적 확률)
③ 구매가 잘못될 가능성(잘못된 구매에 대한 주관적 확률)
④ 쾌락적 가치(구매와 소비로 인한 쾌락적 가치)
⑤ 상징적 가치(제품의 구매와 사용이 자기개념을 나타내는 정도)

SECTION 02

CS 플래닝 시스템

출제빈도 상 중 하
반복학습 1 2 3

01 CS 계획 수립의 기초

01 CS 계획의 구조

1) CS 플래닝의 절차

1단계	기업목표 기술	기업의 조직 목표를 명확한 기업 사명(Company Mission)으로 설정하여 전체 방향성을 수립	
2단계	기업환경 분석 (SWOT)	내부 환경 강점 분석	• 제품 혁신 능력과 우수한 인적 자원 보유 • 고객 서비스의 우수성 확보 • 효율적인 생산시설과 조직 운영 체계
		내부 환경 약점 분석	• 시장 개발 시 고객 연구 부족 • 유통구조의 중복성 문제 • 구체적 목표와 서비스 정책의 모호성 • 신제품 개발 시 경영진 참여 부족
3단계	마케팅 목표 설정	• 명확한 일정 수립, 일관된 방향성 유지 • 현실적 목표 설정, 조직 구성원과의 원활한 소통	
4단계	목표 달성 전략 수립	고객분석을 통해 선정된 목표 고객의 니즈를 충족시키기 위한 마케팅 믹스 전략(4Ps)과 구체적인 판매 전략을 수립	
5단계	실행 프로그램 작성	전략 실현을 위한 구체적이고 세부적인 실행 계획을 수립	
6단계	실행 및 재검토★	• 계획과 실제 진행 상황의 차이점 분석 • 예상치 못한 경쟁사 대응과 소비자 반응 검토 • 전략과 프로그램의 실행력 점검 • 시장 환경 변화에 따른 전략 수정 및 보완	

➕ 더 알기 TIP

'기업목표 설정' 시 해야 하는 질문(피터 드러커)
• 우리 고객은 누구인가?
• 기업에게 고객의 가치는 무엇인가?
• 우리 회사는 무엇이고 장래에 어떤 기업이 될 것인가?

2) 효과적인 CS 계획 수립(Planning)의 원칙 및 조건

• Specific(구체성): 목표와 실행 방안이 명확하고 구체적이어야 한다.
• Measurable(측정 가능성): 진행 상황과 성과를 객관적으로 측정할 수 있어야 한다.
• Attainable(달성 가능성): 현실적으로 달성 가능한 목표여야 한다.
• Realistic(현실성): 조직의 자원과 환경을 고려한 실질적인 결과를 지향해야 한다.
• Time-Limited(기한 설정): 명확한 시간계획과 기한이 설정되어야 한다.

3) 계획 수립의 핵심 요소

What(무엇을)	수행해야 할 목표와 구체적인 실행 과제를 명확하게 정의
When(언제)	목표를 달성하기 위한 일정과 단계별 마감 기한을 설정
Where(어디서)	계획이 실행될 장소나 적용될 환경을 고려하여 최적의 실행 방안을 모색
Why(왜)	해당 계획을 수립해야 하는 이유와 기대 효과를 분석하여 목표의 당위성을 확보
How(어떻게)	목표 달성을 위한 구체적인 실행 전략과 방법을 수립
Who(누가)	계획을 실행할 담당자와 역할을 명확히 분배하여 책임을 부여

02 CS 계획의 효과성

1) 효과적인 계획 수립의 이점

① 조직 차원의 이점
- 구성원들에게 명확한 행동 지침을 제공하여 혼란을 줄이고 목표 달성에 집중할 수 있도록 한다.
- 부서 간 효율적인 조정을 통해 협업을 원활하게 하고, 전체적인 업무 흐름을 개선할 수 있다.
- 체계적인 통제 기준을 설정하여 조직의 방향성과 일관성을 유지할 수 있다.

② 실행 차원의 이점
- 조직의 유연성과 집중도가 향상되어 변화하는 상황에도 빠르게 대응할 수 있다.
- 효율적인 시간 관리가 가능해져, 목표를 더 빠르고 효과적으로 달성할 수 있다.
- 자원의 분배와 활용을 효과적으로 관리하여 낭비를 줄이고, 조직의 생산성을 극대화할 수 있다.

2) 성과관리의 핵심 구성 요소★

성과 중심의 평가 체계	• 결과 측면에 중점을 둔 성과 평가와 관리 실시 • 기관 활동 성과의 종합적이고 다양한 평가 수행
전략적 사업 운영	• 목표와 전략에 기반한 체계적 사업계획 수립 • 전략적 관점의 업무 관리 진행
자율성과 책임의 균형	• 관리 수단과 요소에 대한 자율권 확대 • 성과 정보의 광범위한 활용을 통한 책임성 강화

1) 기간에 따른 계획 수립 유형

단기 계획	• 1년 이내의 계획 • 생산시설의 가동률만 변경
중기 계획	• 1~2년 계획 • 생산시설의 확충 및 축소
장기 계획	• 3년 이상 계획 • 기업의 현재와 미래 모두 포함 • 현재 수익과 미래 수익의 균형 조절&기업의 목표 명확화 • 우선순위를 통한 올바른 자원 배분

2) 계획 수립의 적용 범위 ★★

① 전략적 계획(Strategic Planning)

조직의 장기적인 방향성을 설정하기 위해 최고경영층 중심의 의사결정이 이루어지며, 전사적 관점에서 포괄적인 계획이 수립된다. 이 과정에서 이사회와 중간관리층과의 협의를 통해 조직 전체의 미래 방향성이 설정된다.

② 전술적 계획(Tactical Planning)

전략을 실행하기 위해 중간 및 초급 관리자가 참여하여 구체적인 실행 방안과 부서별 계획이 수립된다. 이에는 연간 예산 계획과 현장 운영 개선 방안을 포함한 세부 실행 계획이 작성된다.

③ 운영 계획(Operational Planning)

전략을 실현하기 위한 구체적인 활동 계획과 자원 배분 방안이 수립되며, 실무 중심의 세부 실행 지침이 마련된다.

3) 계획 수립 기법 – 예측법

시나리오 계획법(장기 사업전략용), 상황 대응 계획법을 통한 체계적 접근 방식이 있다.

4) 서비스 신상품의 개발 단계

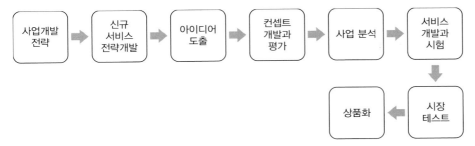

CS 트렌드와 벤치마킹

01 CS 트렌드 분석

01 CS 트렌드의 이해

1) CS 트렌드

트렌드의 정의와 개념	• 사전적 의미로는 특정 방향으로 쏠리는 현상, 동향, 경향, 추세, 스타일 등을 의미함 • 생성, 성장, 정체, 후퇴 등의 변동 경향을 나타내며, 여기에는 시대정신과 가치관이 반영
트렌드의 지속성	• 단순한 유행과는 구별되는 장기적 흐름을 보임 • 최소 5년에서 10년 정도 지속되면서 사회 전반에 영향을 미치는 변화의 흐름
공간적 구분	미시적, 거시적, 초거시적 트렌드
시간적 구분	단기, 중기, 장기, 초장기 트렌드

2) CS 트렌드의 유형

메타 트렌드	• 글로벌하고 보편적인 특성을 지녔으며, 장기적이고 점진적인 변화 과정을 보이며 자연의 기본 법칙과 진화의 영속성을 반영 • 삶의 전 영역에서 징후가 관찰되고 사회문화 전반에 걸친 광범위한 영향력이 있으며 근본적이고 본질적인 변화를 주도
메가 트렌드	트렌드가 모여 사회의 거대한 흐름을 형성하는 트렌드(세계화)
사회적 트렌드	삶에 대한 사람들의 동경과 감정, 문화적 갈증
소비자 트렌드	• 최근 몇 년 동안 지속된 소비 세계의 새로운 소비문화(광범위한 영역) • 제품, 기술, 경기, 소비문화를 포괄하는 광범위한 현상 • 5~10년 단위의 지속적인 변화 흐름과 소비 세계의 새로운 패러다임 형성 • 단순 모방이나 일시적 유행과 구별되고, 내재된 욕구와 심리적 동기에 기반이 되며 집단적 행동 양식으로 발전

3) 관련 법칙

① 파레토 법칙

- 이탈리아의 경제학자인 빌프레도 파레토(Vilfredo Pareto)에 의해 제안된 법칙이다.
- '파레토 최적'이라는 개념은 소비자 행동론에 기초한 이론으로, 20%의 원인에서 전체 결과의 80%가 발생한다는 법칙이다.
- 이 법칙은 '선택과 집중'이라는 키워드와 결합된다.

② 롱테일 법칙

- 크리스 앤더슨(Chris Anderson)에 의해 정립된 개념이다.
- IT 발달과 함께 등장한 개념으로, '20%의 핵심 고객으로부터 80%의 매출이 나온다'는 파레토 법칙과 반대되는 개념이다.
- '역파레토' 법칙이라고도 불리며, 인터넷 서점 '아마존 닷컴'에서 연간 몇 권밖에 팔리지 않는 책들이 상위 20% 베스트셀러들의 매출을 능가한다는 통계 결과에서 만들어진 이론이다.
- 온라인에서 주로 관찰되는 현상이지만, 광고, 재고, 유통 비용이 전혀 들지 않기 때문에 오프라인에서도 영향력을 발휘하고 적용될 것이라고 단언된다.
- 소량 다품종 생산이 일반화되면서 대량 생산과 대량 소비의 시대가 끝나가고 있음을 보여주는 현상이다. 예를 들어, 아마존의 10만여 종의 서적 중 98%가 한 권 이상 판매되고, 애플 아이튠스에서 제공하는 100만여 곡의 음원이 적어도 한 번씩은 판매되는 현상에서 나타난다.

➕ 더 알기 TIP

조셉 주란(Joseph M. Juran)의 80/20 법칙

- 파레토의 원리를 발표하면서, '중요한 소수(Vital Few)'와 '사소한 다수(Trivial Many)'의 이론을 경영학에 최초로 적용하고 도입한 인물이다.
- '선택과 집중'이라는 중요한 기업 전략의 축을 형성하는 키워드와 결합된다.
- 80/20 법칙은 볼륨 세그멘테이션(Volume Segmentation)에서 출발하여, 중요한 소수에 의해 대부분의 현상이 결정된다는 법칙이다.

➕ 더 알기 TIP

롱테일 법칙의 의의

- 주력 상품이나 인기 상품에만 집중하던 획일적 사고에서 벗어나, 현대 사회가 다양성을 존중할 수 있는 계기를 마련해준다.
- '사소한 다수'가 만들어내는 새로운 시장과 지식 등 다양한 힘을 강조하는 이론이다.

02 벤치마킹

01 벤치마킹의 기본 이해

1) 벤치마킹의 개념 및 특성

① 벤치마킹의 정의

- 벤치마킹은 자사의 성과 향상을 위해 세계 선도 기업들의 베스트 프랙티스와 자신의 프로세스를 지속적으로 측정하고 비교하는 것이다.
- 새로운 업무 기준을 마련하고 프로세스를 개선하기 위한 체계적인 비교 과정이다.
- 비교 대상은 업무 성과부터 업무 프로세스까지 다양하게 나타날 수 있다.

② 벤치마킹의 어원

벤치마킹이라는 용어는 제화공이 신발을 맞추거나 수선할 때, '벤치'라는 맞춤 틀에 고객의 발을 올려놓고 신발의 크기와 모양을 측정한 데서 유래하였다.

③ 기업에서의 벤치마킹 적용 및 확산

- 1980년대 초반부터 기업에 벤치마킹 개념이 적용되어 실제로 사용되기 시작하였다.
- 제록스(Xerox)사는 경쟁력이 뛰어난 기업으로, '경쟁적인 벤치마킹(competitive benchmarking)'이라는 용어를 처음 도입하여 전문가들 사이에서 사용되었다.
- 1980년대 후반부터 벤치마킹 개념이 점차 확산되기 시작하였다.

- 1991년에는 말콤 볼드리지 내셔널 퀄리티 어워드(Malcolm Baldrige National Quality Award)의 지침서가 공표되면서 제록스사의 벤치마킹에 대한 관심이 급격히 상승하였다.

④ 벤치마킹의 용어 사용
- 토목공학 분야에서는 '벤치마크'라는 용어가 측량의 기준점을 뜻하는 개념으로 사용되었다.
- 이후 기업 경영에 도입되어 활용되었다.

⑤ 벤치마킹의 특징
- 벤치마킹은 목표 지향적인 특징을 가지며, 평가 기준에 기초하여 수행된다.
- 객관적인 행동을 중시하며 외부적 관점을 갖는다.
- 또한 정보 집약적으로 이루어진다.

2) 벤치마킹의 종류

기능 벤치마킹	• 최신 제품, 서비스, 프로세스를 가지고 있는 조직을 대상을 벤치마킹 • 새롭고 혁신적 기법 발견 • 업종이 다른 경우 → 방법 이전에 한계
내부 벤치마킹	기업 내부에서의 부서간 벤치마킹
경쟁기업 벤치마킹	경쟁회사를 분석하여 대응방안을 수립하는 것(외부 벤치마킹)
산업 벤치마킹	특정 경쟁기업이 아닌 목표 산업에 속해 있는 전체 기업을 대상으로 하는 벤치마킹(외부 벤치마킹)
선두그룹 벤치마킹	• 새롭고 혁신적인 업무를 하는 기업을 대상으로 함 • 목적: 혁신적 방법 모색(단순 경쟁 대처가 아님)
포괄 벤치마킹	관계가 없는 업종의 기업들을 벤치마킹

3) 마이클 스펜들러니가 제시한 벤치마킹의 이유

① 경쟁력 및 서비스 향상 방안 도출
경쟁업체나 초우량 기업의 제품 및 경영 프로세스를 비교함으로써 경쟁력을 강화하고, 서비스 향상 방안을 도출할 수 있다.

② 전략적 정보 수집 도구로서의 활용
벤치마킹은 전략적 목적을 위한 다양한 분야의 정보 수집에 유용한 도구로 활용된다.

③ 새로운 아이디어 창출의 기회
벤치마킹 과정에서는 새로운 아이디어를 도출할 수 있는 가능성이 있다.

④ 시장 변화 예측에 도움
관련 사업 분야의 동향을 파악함으로써 시장 변화 예측에 도움을 줄 수 있다.

⑤ 적절한 목표 설정에 기여
조직이 추구해야 할 적절한 목표를 설정하는 데 기여하며, 최신 기법과의 연관성을 함께 고려할 수 있다.

01 CS 서비스 기대의 구조와 영향요인에 대한 설명으로 옳은 것은?

① 희망 서비스는 소비자의 경험이 늘어날수록 변화하는 특성을 보인다.

② 구전은 기업의 직접적인 마케팅 활동으로 형성되는 서비스 기대요인이다.

③ 허용영역의 크기는 해당 서비스의 가격이 높아질수록 증가하는 경향이 있다.

④ 사회적 상황요인은 다른 사람들과 함께 있을 때 서비스 기대수준이 상승하는 것을 의미한다.

⑤ 과거의 경험은 적정 서비스 수준 형성에만 영향을 미치고 희망기대 수준과는 관련이 없다.

02 다음 중 CS플래닝의 절차에 대한 설명으로 틀린 것은?

① 기업목표 기술 단계에서는 기업의 비전과 사명을 설정한다.

② 기업환경 분석 단계에서는 SWOT 분석을 통해 내부 환경을 평가한다.

③ 마케팅 목표 설정 단계에서는 현실적 목표와 일관된 방향성을 유지해야 한다.

④ 목표달성 전략 수립은 마케팅믹스 전략(4Ps)과 무관하게 진행된다.

⑤ 실행과 재검토 단계에서는 전략과 프로그램의 실행력을 점검한다.

03 로렌트(Laurent)와 캐퍼러(Kapferer)의 관여도 측정에 대한 설명으로 옳은 것은?

① 부정적 결과의 중요성은 제품 구매 후 만족도를 의미한다.

② 상징적 가치는 제품의 구매와 사용이 타인의 평가에 미치는 영향을 의미한다.

③ 개인적 관심은 제품에 대한 개인적 관심 및 중요성을 의미한다.

④ 쾌락적 가치는 제품의 기능적 가치와 동일한 개념이다.

⑤ 구매가 잘못될 가능성은 제품의 가격과 직접적인 연관성을 가진다.

04 다음 중 효과적인 CS계획 수립(Planning)의 원칙 및 조건으로 가장 적절하지 않은 것은?

① Specific(구체성): 목표와 실행방안이 명확하고 구체적이어야 한다.

② Measurable(측정가능성): 진행 상황과 성과를 객관적으로 측정할 수 있어야 한다.

③ Attainable(달성가능성): 현실적으로 달성 가능한 목표여야 한다.

④ Realistic(현실성): 조직의 자원과 환경을 고려하지 않은 이상적인 결과를 지향해야 한다.

⑤ Time-Limited(기한설정): 명확한 시간 계획과 기한이 설정되어야 한다.

05 벤치마킹의 종류와 특징에 대한 설명으로 옳지 않은 것은?

① 기능 벤치마킹은 업종이 다른 경우 방법 이전에 한계가 있다.
② 내부 벤치마킹은 기업 내부 부서간의 벤치마킹을 의미한다.
③ 선두그룹 벤치마킹의 주요 목적은 단순 경쟁 대처에 있다.
④ 산업 벤치마킹은 목표 산업에 속한 전체 기업을 대상으로 한다.
⑤ 포괄 벤치마킹은 관계가 없는 업종의 기업들을 대상으로 한다.

06 계획 수립의 적용범위에 대한 설명으로 옳은 것은?

① 전략적 계획은 초급 관리자 중심의 의사결정으로 이루어진다.
② 전술적 계획은 최고경영층이 수립하는 장기적 방향성 설정을 의미한다.
③ 운영 계획은 전략 실현을 위한 구체적 활동계획과 자원 배분 방안을 수립한다.
④ 전략적 계획은 부서별 계획 수립에 초점을 맞춘다.
⑤ 전술적 계획은 조직의 미래 비전 수립에 중점을 둔다.

07 CS 트렌드의 유형과 특성에 대한 설명으로 옳지 않은 것은?

① 메타 트렌드는 글로벌하고 보편적인 특성을 지닌다.
② 메가 트렌드는 트렌드가 모여 사회의 거대한 흐름을 형성하는 것이다.
③ 소비자 트렌드는 1–2년 단위의 일시적인 변화 현상이다.
④ 사회적 트렌드는 삶에 대한 사람들의 동경과 감정, 문화적 갈증을 반영한다.
⑤ 메타 트렌드는 자연의 기본 법칙과 진화의 영속성을 반영한다.

08 파레토 법칙과 롱테일 법칙에 대한 설명으로 옳은 것은?

① 파레토 법칙은 80%의 원인에서 전체 결과의 20%가 나온다는 법칙이다.
② 롱테일 법칙은 오프라인 매장에서 주로 관찰되는 현상이다.
③ 파레토 법칙은 '사소한 다수'가 중요하다는 것을 강조한다.
④ 롱테일 법칙은 소량 다품종 생산이 일반화되면서 나타난 현상이다.
⑤ 파레토 법칙과 롱테일 법칙은 동일한 원리에 기반을 둔다.

09 벤치마킹의 개념 및 특성에 대한 설명으로 가장 적절하지 않은 것은?

① 벤치마킹은 자사의 성과 향상을 위한 체계적인 비교 과정이다.

② 벤치마킹이라는 용어는 제화공의 맞춤 틀에서 유래했다.

③ 벤치마킹은 기업 내부의 관점만을 중시하는 평가 방법이다.

④ 제록스사가 '경쟁적인 벤치마킹' 용어를 처음 도입했다.

⑤ 벤치마킹은 정보 집약적으로 이루어지는 특징이 있다.

10 마이클 스펜들러니가 제시한 벤치마킹의 이유로 적절하지 않은 것은?

① 경쟁력 및 서비스 향상 방안 도출

② 전략적 정보 수집 도구로서의 활용

③ 새로운 아이디어 창출의 기회

④ 시장 변화 예측에 도움

⑤ 경쟁사의 약점 파악을 통한 시장 지배력 강화

정답 & 해설

01 ④	02 ④	03 ③	04 ④	05 ③
06 ③	07 ③	08 ④	09 ③	10 ⑤

01 ④

오답 피하기

① 희망 서비스는 소비자가 기대하는 가장 이상적인 서비스로, 잘 변하지 않는 특성을 가진다.
② 구전은 고객이 직접 만드는 정보로, 기업의 직접적인 마케팅 활동이 아니다.
③ 가격이 높거나 서비스 사용경험이 쌓일수록 허용영역의 크기는 줄어든다.
⑤ 과거의 경험은 희망기대 수준 형성에도 영향을 미친다.

02 ④

목표달성 전략 수립 단계에서는 고객분석을 통해 선정된 목표 고객의 니즈를 충족시키기 위한 마케팅믹스 전략(4Ps)과 구체적인 판매 전략을 수립한다.

03 ③

오답 피하기

① 부정적 결과의 중요성은 잘못된 구매로 인한 위험을 의미한다.
② 상징적 가치는 제품의 구매와 사용이 자기개념을 나타내는 정도를 의미한다.
④ 쾌락적 가치는 구매와 소비로 인한 즐거움을 의미한다.
⑤ 구매가 잘못될 가능성은 잘못된 구매에 대한 주관적 확률을 의미한다.

04 ④

Realistic(현실성)은 조직의 자원과 환경을 고려한 실질적인 결과를 지향해야 함을 의미한다.

05 ③

선두그룹 벤치마킹은 새롭고 혁신적인 업무를 하는 기업을 대상으로 하며, 단순한 경쟁 대처가 아닌 혁신적 방법을 모색하는 것이 주요 목적이다.

06 ③

오답 피하기

① 전략적 계획은 최고경영층 중심의 의사결정이다.
② 전술적 계획은 중간/초급 관리자가 참여하여 구체적 실행 방안을 수립한다.
④ 전략적 계획은 전사적 관점의 포괄적 계획을 수립한다.
⑤ 전술적 계획은 연간 예산 계획 및 현장 운영 개선방안을 포함한 세부 실행계획을 작성한다.

07 ③

소비자 트렌드는 5~10년 단위의 지속적인 변화 흐름과 소비 세계의 새로운 패러다임을 형성하는 특징을 가진다.

08 ④

오답 피하기

① 파레토 법칙은 20%의 원인에서 전체 결과의 80%가 나온다.
② 롱테일 법칙은 온라인에서 주로 관찰되는 현상이다.
③ 파레토 법칙은 '중요한 소수'의 영향력을 강조한다.
⑤ 두 법칙은 서로 상반된 원리를 가진다.

09 ③

벤치마킹은 외부적 관점을 가지며, 객관적인 행동을 중시하는 특징이 있다.

10 ⑤

마이클 스펜들러니가 제시한 벤치마킹의 이유에는 적절한 목표 설정에 기여하는 것이 포함되어 있으나, 경쟁사의 약점 파악을 통한 시장 지배력 강화는 포함되어 있지 않다.

CHAPTER

07

시장 분석과 고객
경험 관리 전략

학습 방향

SWOT와 STP 전략을 통해 시장 분석 및 세분화 기반의 서비스 차별화 전략을 수립하는 능력을 기른다. 고객경험관리(CEM)와 고객가치 개념을 이해하고, 고객 중심의 서비스 혁신 전략을 설계하는 역량을 강화한다.

출제빈도

SECTION 01	상	40%
SECTION 02	중	35%
SECTION 03	하	25%

SECTION

01

출제빈도 상 중 하
반복학습 1 2 3

SWOT와 STP 전략

01 전략적 시장 분석

01 SWOT 분석

1) SWOT의 의미 ★

① 내부적 강점(Strengths): S
유능한 직원 보유, 회사에 대한 고객 충성도, 높은 시장 점유율, 제조기술
② 내부적 약점(Weaknesses): W
뒤처진 기술, 낙후된 시설, 높은 이직률, 무능한 관리자
③ 외부에 기회(Opportunities): O
시장의 지속적 성장, 신기술의 등장, 새롭게 떠오른 시장
④ 외부가 주는 위협(Threats): T
정부 기관의 새로운 법, 강한 경쟁자 등장, 소비자들의 니즈 변화, 자원 고갈

2) SWOT 전략

SO 전략 (강점–기회): 확대전략	WO 전략(약점–기회): 개발, 우회 전략
강점을 사용해 시장 기회를 활용하는 전략 예 시장 기회 선점 전략, 시장, 제품 다각화, 추가 투자, 기회이익 추구전략	약점을 극복하여 시장 기회를 활용하는 전략 예 핵심역량 강화, 약점극복 전략, 전략적 제휴
ST 전략 (강점–위협): 안정성장 전략	WT 전략(약점–위협): 철수, 축소 전략
강점을 사용해 위협을 회피하는 전략 예 시장침투 전략, 제품확충 전략	약점과 위협을 최소화하는 전략 예 제품, 시장 집중화 전략

02 시장 세분화 전략

1) 시장 세분화(STP ; Segmentation Targeting Positioning) 특성 ★

- 시장 세분화(STP)는 비슷한 욕구를 가진 고객을 집단별로 분류한 후, 각 집단별로 마케팅 전략을 수립하는 것이다. 즉, 시장을 세분화하여 자사에 맞는 표적 시장을 선정한 후, 다양한 마케팅 전략을 통해 소비자에게 접근하는 전략이다.
- 시장 세분화(Segmentation) → 표적 선정(Targeting) → 포지셔닝(Positioning) 순으로 진행된다.
- 한 가지 제품만으로는 전체 소비자의 욕구를 동시에 만족시킬 수 없다는 전제가 있다.
- STP 전략의 목적 중 하나는 고객 일탈을 방지하여 관리 비용을 절감하는 것이다.

2) 시장 세분화 기준

개인적 속성(소비자 특성)	심리 분석적 변수	개성, 라이프스타일, 사회계층
	인구 통계적 변수	가족의 규모, 연령, 성별
	지리적 변수	거주 지역, 도시 크기, 인구 밀도
행동적 변수(소비자 반응)	추구편익 변수, 충성도 변수, 촉진반응 변수, 사용량 변수, 서비스 변수	

3) 시장 세분화의 장점(양켈로비치, 1964)

- 판매 저항을 최소화하고 판매 효율을 최대화할 수 있을 것이라고 예측되는 기준에 따라 판촉활동을 집중할 수 있다.
- 세분화된 시장의 요구에 적합하도록 제품 계열을 결정할 수 있다.
- 광고 매체를 합리적으로 선택할 수 있으며, 각 매체의 효과에 따라 예산을 할당할 수 있다.
- 미래의 시장 변동에 대비하여 계획을 수립하고 대책을 마련할 수 있다.
- 이의 제기 가능성이 높은 몇 개의 세분 시장을 대상으로 판매촉진비를 설정할 수 있다.

4) 시장 세분화 유형 ★

전체 시장 도달 전략	단일 제품 전체 시장 전략	단일 제품으로 단일 마케팅 접근 전략 *(시장을 하나의 통합체로 봄)*
	다수 제품 전체 시장 전략	세분화된 시장을 표적으로 삼은 후 각각 적합한 마케팅을 적용시키는 전략 *(기업 자원이나 능력에 제한이 있는 경우)*
부분 시장 도달 전략	단일 시장 집중 전략	• 단일 제품으로 단일 세분 시장 집중 전략 • 위험 상황: 고객의 니즈 변화, 새로운 경쟁자 진입
	제품 전문화 전략	• 단일 제품으로 다양한 세분 시장에 마케팅하는 전략 • 강력한 명성을 가질 수 있음 • 위험 상황: 현재의 기술을 대체하는 신기술이 나올 경우
	시장 전문화 전략	• 다양한 제품을 특정 고객층의 니즈를 만족시키기 위해 판매하는 전략 • 위험 상황: 그 특정 고객층의 구매가 급격히 감소 될 경우
	선택적 전문화 전략	• 세분 시장 중 기업의 목표에 부합하는 곳에 적합한 제품을 판매하는 전략 • 마케팅과 제품 개발이 많은 비용이 발생

TIP 교수님 TIP

시장 세분화 유형에서는 각 전략에 대한 설명을 보고 해당되는 전략을 선택할 수 있어야 합니다.

5) 코틀러의 시장 세분화 요건

접근 가능성	• 세분 시장이 어떤 특성을 가진 소비자들로 구성되어 있으며, 접근할 방법이 무엇인지 파악할 수 있어야 함 • 매체를 통해 목표 소비자들에게 신상품을 알릴 수 있어야 함
측정 가능성	각 세분 시장의 규모와 구매력을 측정할 수 있어야 함
동질성	세분 시장 내 소비자 욕구가 동질적이어야 하며, 비슷한 성향을 가지고 있어야 함
실천성	세분 시장이 충분히 크거나 수익성과 가치가 보장되어야 함
행동 가능성	세분 시장을 유인하고 그 세분 시장에 적절한 상품과 서비스를 제공할 수 있도록 효과적인 마케팅 프로그램을 수립할 수 있어야 함
차별적 반응	하나의 마케팅 믹스 전략에 대해 각각의 세분 시장이 서로 다르게 반응해야 함

01 표적시장 선정

1) 표적시장 선정 방법

무차별화 전략	특징	시장을 하나의 집단으로 보고 하나의 마케팅 믹스 프로그램을 가장 많은 소비자에게 적용시킴
	장점	• 표준화 · 대량화로 인해 규모의 경제 달성 가능 • 시장조사, 세분화 작업, 연구 개발과 관리비(단일서비스 제공) 비용 절감 • 대량 유통 · 광고를 통해 판촉비용(광고비, 수송비, 재고비) 절감
	단점	경쟁이 치열하여 수익을 얻기가 어려움
차별화 전략	특징	세분 시장을 표적시장으로 삼고 각 시장에 적합한 마케팅과 서비스를 적용시킴
	장점	높은 매출과 이익이 가능(다양한 유통경로&판매촉진을 사용하기 때문)하여 다수 기업들이 사용하는 전략
	단점	세분 시장별로 다른 마케팅, 광고, 서비스 제공하기 때문에 제작 비용이 많이 들어감(대기업에 적절한 전략)
집중화 전략★★	특징	• 기업에게 적합한 소수의 세분 시장 및 • 틈새시장을 선정 후 집중적으로 마케팅 진행 • 단일 소비자 집단에게 단일 제품 또는 서비스를 제공하는 방식(자원이 제한적인 중소 기업들이 많이 사용) • 위험 부담을 줄이기 위해 다양한 세분 시장에 진출
	장점	매출액 증대 도모, 고객들 욕구 더욱 잘 충족, 높은 시장 점유율 구축, 적은 비용
	단점	시장의 불확실성으로 인한 높은 위험(소비자 니즈 변화, 새로운 경쟁사 진입)

➕ **더 알기 TIP**

틈새시장의 특징
• 계속해서 변화함
• 틈새시장에서 대형시장으로 변화하기도 함
• 여러 기업이 같은 틈새시장에 있기도 함
• 없어지거나 새로 생성되기도 함
• 중소기업에 유리한 전략(하지만 최근에 대기업 진출 이어짐)

02 포지셔닝 전략

1) 포지셔닝 개념 및 중요성

• 포지셔닝은 차별화 전략을 통해 고객들의 마음속에 서비스를 어떻게 인식시킬지를 설정하는 것으로, 자사 서비스가 우수하다고 고객이 인식하도록 만드는 것을 의미한다.
• 포지셔닝을 통해 경쟁사의 시장 진입과 모방으로부터 자사를 보호할 수 있으며, 틈새시장을 파악하는 것도 가능하다.
• 현재 자사 제품의 시장 내 경쟁적 위치와 경쟁자의 위치를 확인할 수 있어, 경쟁의 강도를 파악하고 시장 기회를 발견하는 데 도움이 된다.
• 포지셔닝의 목적은 추적, 대비, 기회 발견의 세 가지로 정리할 수 있다.
• 또한, 포지셔닝은 마케팅 믹스의 효과를 판단하는 데 유용하게 활용된다.

2) 포지셔닝 과정

1단계	포지셔닝 수준 결정
2단계	표적 세분시장의 주요 속성 규명
3단계	포지셔닝 맵 작성
4단계	포지셔닝 대안의 선택 및 실행

3) 포지셔닝 방법 및 유형

서비스 용도	제공되는 서비스가 어떻게 사용되고 적용되는가에 초점을 맞춤 📌 무인 빨래방: 24시간 셀프 세탁 공간
제품의 속성	기업에서 가장 많이 사용하는 방법으로, 여러 속성 중에서 해당 제품 시장 구매 📌 FedEx: 당일배송 📌 샤오미 공기청정기: 가성비 좋은 정화 기능
경쟁자	소비자가 이미 인지하고 있는 경쟁제품과 비교해 자사의 장점을 강조 📌 카카오 택시: 전화 콜택시 대비 편리한 사용성
서비스 이용자	서비스나 제품을 사용자 특정 계층에 맞게 포지셔닝 📌 키즈카페: 유아 및 보호자 중심, 프리미엄 실버타운: 고령층 전용 주거 서비스
가격, 품질	고객이 체감하는 품질이나 가격대에 따라 타겟층을 세분화하여 포지셔닝 📌 샤넬: 프리미엄 명품(고가·고품질), 다이소: 실용적 생활용품(저가·보급형)
제품 계층 (서비스 등급)	동일한 카테고리 내에서도 세부적인 등급 또는 서비스 수준에 따라 차별화 📌 신라 호텔: 5성급 고급 호텔, 모텔: 경제적인 숙박업소 📌 SPA 브랜드: 일상 캐주얼 중심의 중가 브랜드

4) 포지셔닝 전략 수행 절차(아커, 샨비)

1단계	경쟁자 확인
2단계	경쟁자 인식, 평가분석
3단계	경쟁자 기업과 제품 시장의 포지셔닝
4단계	소비자에 대한 분석
5단계	자사제품 포지셔닝 의사결정
6단계	모니터링

고객 경험 관리(CEM)

01 고객 경험 관리 기초

01 CEM의 개념과 프로세스

1) 고객 경험 관리(CEM)개념 및 중요성

교수님 TIP

CRM과 구분하기
CRM은 고객 '정보(내부 운영 지향), CEM은 고객 경험(고객 중심)입니다.

교수님 TIP

브랜드 메시지를 전달하기 위해 다양한 경험보다는 '일관된 경험'을 제공합니다.

- 고객 경험 관리(Customer Experience Management)는 고객이 기업의 서비스를 통해 체험하는 경험을 체계적으로 관리하는 것이다. 최근 많은 기업들은 제품과 서비스 차원을 넘어서 '경험'을 판매하고자 한다.
- 기업의 상품 또는 서비스에 고객들이 어떤 감정을 가지는지 관심을 둔다.
- 고객이 회사와 직접적, 간접적으로 접촉하면서 나타나는 반응을 의미한다.
- 직접적 접촉: 고객이 능동적으로 실제 서비스를 사용하며 얻는 것을 말한다.
- 간접적 접촉: 우연히 제품 및 서비스와 접촉한 것으로, 구전, 추천, 광고 등을 통해 발생된다.

2) 고객 경험 관리(CEM)의 4단계 프로세스

1단계	고객의 경험 과정을 분석
2단계	차별화된 경험을 디자인
3단계	고객의 피드백을 반영
4단계	일관되고 통합된 경험을 제공

3) 번 슈미트의 고객 경험 관리 5단계

1단계	고객의 경험 분석
2단계	고객의 경험적 기반 확인
3단계	상표 경험을 디자인
4단계	고객 상호접촉 구축(고객 인터페이스 설계)
5단계	꾸준한 혁신(신제품 개발, 창의적 마케팅 행사, 경험적 플랫폼 실행)

4) 슈미트의 고객 경험 관리 효과★

고객 유지 비용 감소	영업 비용 감소	판매 수익 증대
고객 1인당 매출 상승	가격 프리미엄 제공	고객 유치로 연결이 될 가능성 있음

5) CRM과 CEM의 핵심적 차이점 분석

구분	CRM(고객 관계 관리)의 특성	CEM(고객 경험 관리)의 특성
운영 방식	• 기업 중심적 접근 • 기업의 목표와 성과에 초점을 맞추는 운영 방식 • 내부 지향적이고 운영 중심적인 관리 체계	• 고객 중심적 접근 • 고객의 생각과 감정에 대한 깊은 이해 추구 • 고객 접점 순간부터의 즉각적인 상호 작용 시작
고객 관리 방식	• 데이터 기반 분석 • 판매시점 데이터, 웹사이트 활동, 자동화된 세일즈 추적을 통한 정보 수집 • 마케팅과 교차판매(Cross Selling)를 위한 고객 정보의 체계적 분석	• 경험 품질 관리 • 시스템, 기술, 단순화된 프로세스를 통한 고객경험 향상 • 설문, 관찰, 고객의 소리(VOC)를 통한 지속적 모니터링
고객 대응 전략	• 후행적 전략 구조 • 고객과의 상호작용 기록 발생 후 활동 시작 • 제품 수요 분석을 통한 교차판매의 후행적 성격	• 선행적 전략 구조 • 고객 기대와 경험 간 차이점 파악 • 고객 니즈 예측을 통한 선제적 서비스 제공

02 고객경험 분석

01 고객 경험의 유형

1) 슈미트의 고객 경험의 다양한 유형과 특성

① 인지적 경험
• 소비자들은 창조적 사고와 문제 해결을 통해서 브랜드와 교감한다. 이는 지적인 호기심을 자극하는 방식으로 이루어진다.
• 특히 놀라움과 호기심, 그리고 지적 흥미를 통해 고객들은 수렴적 사고(Convergent Thinking)나 확산적 사고(Divergent Thinking)를 경험하게 된다.

② 감각적 경험
• 우리의 오감(시각, 청각, 촉각, 미각, 후각)은 소비자가 원하는 경험을 만들어내는 핵심 도구이다.
• 기업들은 브랜드 이름, 시각적 상징, 색채, 소리, 그리고 슬로건을 통해 강력한 브랜드 아이덴티티를 구축한다.
• 이러한 감각적 요소들은 소비자에게 정신적 편익과 긍정적 단서를 제공하여 기업의 이미지를 형성한다.

③ 감성적 경험
• 브랜드는 가벼운 긍정적 감정에서부터 깊은 즐거움과 자부심까지, 다양한 감정적 스펙트럼을 자극한다.
• 이러한 감정적 연결은 브랜드와 소비자 사이의 유대감을 형성하는 데 중요한 역할을 한다.

④ 행동적 경험

- 소비자의 신체적 경험과 생활방식, 그리고 상호작용은 브랜드 경험의 중요한 부분이다.
- 기업은 다양한 라이프스타일과 상호작용 방식을 제시함으로써 고객의 삶을 더욱 풍요롭게 만든다.

⑤ 관계적 경험

- 개인의 경험은 이상적인 자아상, 다른 사람들, 그리고 문화와의 연결을 통해 더욱 깊어진다.
- 이러한 연결은 고객의 자기 발전 욕구를 자극하고, 브랜드와의 더 깊은 관계를 형성하게 한다.

2) 고객 경험 제공 수단의 체계적 분류

- 인적 요소의 경험 전달력은 영업사원, AS 담당자와 같은 인적 자원을 통해 최상의 경험을 전달하고, 전체 구성원이 브랜드 영향력을 발휘할 수 있도록 하는 것이다.
- 커뮤니케이션의 통합성은 기업 홍보물, 팸플릿, 뉴스레터와 같은 내·외부 소통 채널을 다양화하고, PR 캠페인을 통해 전략적 가치를 창출하는 것이다.
- 시각적·언어적 아이덴티티는 브랜드 네임, 로고, 그래픽 디자인 등을 통해 감각·감성·인지·행동·관계적 가치를 일관된 시각적 표현으로 나타내는 것이다.
- 제품 외형의 메시지성은 제품 디자인, 포장 구성, 매장 진열과 브랜드 캐릭터를 활용하여 독창적이고 전략적인 시각적 메시지를 전달하는 것이다.
- 공동 브랜딩의 시너지는 이벤트 마케팅, 스폰서십, PPL과 같은 전략적 제휴를 통해 협력적 가치를 창출하고 브랜드를 확장하는 것이다.
- 웹사이트의 상호작용 능력은 웹사이트를 활용하여 최적화된 소비자 경험을 제공하고 즉각적인 양방향 소통을 실현하는 것이다.
- 공간적 환경의 총체성은 브랜드의 물리적 접점에서 모든 경험 요소를 통합적으로 제공하는 포괄적인 환경을 구축하는 것이다.

3) 고객 분석기법

① RFM 분석법

구매 시점(Recency), 구매 빈도(Frequency), 구매금액(Monetary)의 3가지 요소를 통해 고객의 등급을 분석한다. 고객 가치에 따라 다른 마케팅을 적용시킨다.

② AIO 분석법

활동(Activities), 관심(Interests), 의견(Opinions) 등으로 라이프스타일을 측정한다.

4) 고객 선택에 영향을 미치는 심리적 효과

유인 효과 (Attraction Effect)의 작동 원리	• 기존 브랜드군에 열등한 신규 브랜드를 추가하면 우수 브랜드의 선택 가능성이 증가함 • A와 B 제품이 있을 때, B보다 열등한 Y를 도입하면 소비자들이 B를 선택할 확률이 높아짐 • 기업의 전략적 활용: 타깃 브랜드 육성을 위해 의도적으로 열등한 디코이 브랜드를 출시 • 실제 사례: 경쟁사들의 하이트 유사 광고가 오히려 하이트 맥주의 매출 상승을 가져옴

➕ 더 알기 TIP

디코이 브랜드(Decoy Brand)

- 마케팅 전략에서 사용되는 특별한 형태의 브랜드나 제품을 의미한다. '디코이(Decoy)'라는 단어는 '미끼'또는 '유인물'을 뜻하는데, 마케팅에서도 비슷한 개념으로 사용된다.
- 주 목적이 직접적인 판매가 아니라 소비자의 선택을 유도하기 위한 것이다.
- 일반적으로 주력 제품보다 의도적으로 열등하게 설계된다.
- 소비자의 의사결정 과정에 영향을 미쳐 특정 제품(주로 회사의 주력 제품)을 더 매력적으로 보이게 한다.

타협 효과 (Compromise Effect)의 특징	• 소비자들은 극단적 선택을 회피하고 중간적 특성을 가진 대안을 선호함 • 두 가지 속성 간의 중요도 판단이 어려울 때 절충안을 선택하는 경향이 강함 • 실제 사례: 4만 원, 6만 원, 8만 원의 메뉴 중 대다수가 중간 가격인 6 만 원 선택
부분적 리스트 제시 효과의 전략적 활용	• 소비자들의 기억 특성을 활용한 마케팅 전략 • Avis의 "We are #2. We try harder" 광고로 시장을 1, 2위 구도로 단 순화 • 3위 이하는 소비자 기억에서 자연스럽게 배제되는 효과 활용

02 관여도

1) 관여도 결정요인의 체계적 분석

① 개인적 차원의 요인
• 개인의 취미, 흥미, 소득수준에 따라 동일 제품에도 다른 관여도를 형성한다.
• 사회활동과 환경적 요인이 관여도 수준에 영향을 미친다.
• 지속적 관여(Enduring Involvement)는 장기적으로 안정적 특성을 보인다.

② 지각된 위험의 다양한 측면

신체적 위험	제품 사용으로 인한 신체적 손상 가능성
심리적 위험	자아 이미지에 대한 부정적 영향
사회적 위험	준거집단으로부터의 부정적 평가
재무적 위험	잘못된 의사결정으로 인한 금전적 손실
시간손실 위험	반품/수리 과정에서 발생하는 시간적 손실
성능 위험	기대에 미치지 못하는 제품 성능

③ 상황적 요인과 마케팅 활동의 영향
• 일시적으로 발생하는 상황적 관여와 안정적인 지속적 관여로 구분된다.
• 판매촉진, 광고, 이벤트 등 마케팅 활동이 관여도 수준에 영향을 미친다.

2) 고관여도와 저관여도의 비교

고관여도	저관여도
• 구매 의사결정에서 상표 평가가 구매행동보다 선행함 • 정보를 적극적으로 탐색하며 능동적인 수신자로 서 행동 • 자아 이미지와 라이프스타일이 구매결정에 강한 영향을 미침 • 최적의 선택을 위해 제품의 다양한 속성을 철저 히 검토함 • 집단의 규범과 가치관을 중요하게 고려함 • 광고에 대한 태도 변경이 쉽지 않으며 비판적 수 용을 함 • 대표 제품: 자동차, 주택, 명품과 같은 고가의 복 잡한 제품군	• 먼저 구매를 진행하고 이후에 상표 평가가 이루 어짐 • 주어진 정보를 수동적으로 수용하는 경향이 강함 • 제품 구매가 자아 이미지나 라이프스타일에 미 치는 영향이 적음 • 제한된 소수의 속성만을 검토하며 친숙도를 중 요시함 • 집단의 규범이나 가치관의 영향력이 상대적으로 약함 • 반복적인 광고노출을 통한 친숙도 형성이 효과 적임 • 대표 제품: 라면, 음료수, 비스킷과 같은 일상적 소비재

고객 가치 관리

01 고객 가치의 이해

01 고객 가치의 기본 개념

1) 고객 가치의 개념 및 중요성★

- 고객 가치는 내가 지불한 비용에 대해 얻는 것을 의미한다.
- 고객 가치는 낮은 가격의 제품을 통해 얻을 수도 있다.
- 기업의 관점에서 고객 가치는 평생고객 가치(고객생애가치, LTV)라고도 불린다.
- 고객 가치의 특성 요소로는 주관성, 상황성, 다차원성, 동적성이 있다.
- 파라수라만과 그루얼은 고객 가치를 상환, 거래, 획득, 사용의 과정으로 정리하였다.
- Brand Promise는 기업이 고객들에게 어떤 경험을 제공하겠다는 의지를 표현한 것이다.
- 칼 알브레히트는 고객이 추구하는 가치를 네 가지 유형으로 구분하였다.

1단계	기본 가치	서비스가 제공될 때 기본적으로 갖추고 있어야 하는 1차적 가치
2단계	기대 가치	고객이 당연히 기대하는 요소로, 제공되지 않으면 기분이 상하게 되는 가치
3단계	소망 가치	고객이 반드시 제공된다고 생각하지는 않지만 내심 원하고 있는 가치
4단계	미지 가치 (예상 외 가치)	고객이 기대하지 못한 감동을 주는 가치

2) 고객 가치 특성

동적성	사람마다 가치를 인식하는 것이 다르며, 같은 고객이라도 시간에 따라 가치 인식을 다르게 봄
주관성	고객마다 가치 관념과 평가 기준이 다르므로 동일 제품&서비스 일지라도 고객마다 인식하고 느끼는 것은 다 다름
상황성	어떤 특정한 상황에서의 변화는 고객의 가치 판단에 영향을 미침
다차원	고객 가치는 가격, 서비스 품질, 제품 품질 요인에서 판단됨

3) 고객 가치 측정★★

$$고객\ 가치 = \frac{고객에게\ 제기된\ 결과물 + 과정상의\ 품질}{서비스\ 가격 + 서비스\ 획득\ 비용}$$

교수님 TIP

같은 제품이라면 사람들은 낮은 가격의 제품을 선호하기 때문이죠.

더 알기 TIP

고객생애가치(LTV ; Life Time Value)
고객 한 명이 기업의 고객으로 존재하는 전체 기간 동안 창출하는 이익의 합계를 의미하며, 이를 통해 어떤 고객이 기업에 이로운 고객인지 판단할 수 있다.

더 알기 TIP

고객 가치 지수 (CVI ; Customer Valuation Index)를 측정하는 방식이다.

02 고객 가치의 유형

01 고객 가치 분류

1) 세스, 뉴먼, 그로스의 5가지 가치

기능 가치	제품의 가격, 기능, 품질 등과 같은 실용적, 물리적 기능
사회 가치	소비를 하는 사회계층 집단과 연관
정서 가치	소비를 통한 긍정적, 부정적 감정 등과 관련
상황 가치	소비에 있어 특정 상황과 연관
인식 가치	소비를 촉진시키는 호기심과 연관

2) 파라수라만과 그루얼의 4가지 가치

상환 가치	거래 후 장기간 제공되는 잉여 가치
사용 가치	서비스나 제품의 효용성에 대한 가치
거래 가치	거래를 통해 느끼는 즐거운 감정
획득가치	금전적 비용의 희생을 통해 얻는 가치

01 SWOT 분석과 전략에 대한 설명으로 옳은 것은?

① SO전략은 약점을 극복하여 시장의 기회를 활용하는 전략이다.
② ST전략은 강점을 사용해 시장기회를 활용하는 전략이다.
③ WT전략은 강점을 사용해 위협을 회피하는 전략이다.
④ WO전략은 약점과 위협을 최소화하는 전략이다.
⑤ 강점을 사용해 위협을 회피하는 것은 ST전략의 특징이다.

02 시장 세분화 유형에 대한 설명 중 틀린 것은?

① 단일시장 집중 전략의 위험 상황은 고객의 니즈 변화와 새로운 경쟁자 진입이다.
② 제품 전문화 전략의 위험 상황은 현재의 기술을 대체하는 신기술이 나올 경우이다.
③ 시장 전문화 전략의 위험 상황은 특정 고객층의 구매가 급격히 감소될 경우이다.
④ 선택적 전문화 전략은 저비용으로 마케팅과 제품 개발이 가능한 장점이 있다.
⑤ 다수제품 전체시장 전략은 세분화된 시장을 표적으로 삼은 후 각각 적합한 마케팅을 적용시키는 전략이다.

03 표적시장 선정 방법에 대한 설명으로 옳은 것은?

① 무차별화 전략은 다양한 유통경로와 판매촉진을 사용하여 높은 이익을 추구한다.
② 차별화 전략은 단일 마케팅 믹스 프로그램을 적용한다.
③ 집중화 전략은 대기업에 가장 적합한 전략이다.
④ 틈새시장은 한번 형성되면 변화하지 않는 특성이 있다.
⑤ 집중화 전략은 중소기업이 제한된 자원으로 인해 많이 사용하는 전략이다.

04 포지셔닝 전략과 관련된 설명으로 옳은 것은?

① 포지셔닝의 3가지 목적은 추적, 대비, 홍보이다.
② 포지셔닝 수준 결정은 포지셔닝 과정의 마지막 단계이다.
③ 경쟁자 포지셔닝은 제품의 가격과 품질에만 초점을 맞춘다.
④ 서비스 이용자 포지셔닝은 서비스나 제품을 특정 계층에 맞게 한다.
⑤ 포지셔닝은 기업 내부의 관점에서만 서비스를 차별화하는 것이다.

05 CEM(고객경험관리)에 대한 설명으로 틀린 것은?

① CEM은 고객이 기업과 접촉하면서 나타나는 반응을 관리한다.

② 직접적 접촉은 고객이 능동적으로 서비스를 사용하며 얻는 것이다.

③ CEM은 다양한 경험을 제공하는 것이 가장 중요하다.

④ 간접적 접촉은 구전, 추천, 광고 등을 통해 발생된다.

⑤ CEM은 고객경험을 체계적으로 관리하는 것이다.

06 고객 경험의 유형에 대한 설명으로 옳은 것은?

① 인지적 경험은 오감을 통한 브랜드 경험을 의미한다.

② 감각적 경험은 문제 해결을 통한 브랜드 교감을 의미한다.

③ 감성적 경험은 신체적 경험과 생활방식에 관련된다.

④ 행동적 경험은 라이프스타일과 상호작용 방식과 관련된다.

⑤ 관계적 경험은 개인의 취미와 흥미에만 초점을 맞춘다.

07 고객 선택에 영향을 미치는 심리적 효과에 대한 설명으로 옳은 것은?

① 유인효과는 우수한 신규 브랜드 추가 시 기존 브랜드의 선택 가능성이 증가하는 것이다.

② 타협효과는 극단적 선택을 선호하는 소비자의 성향을 의미한다.

③ 부분적 리스트 제시 효과는 3위권 내 브랜드만 소비자 기억에 남는 것이다.

④ 타협효과는 두 가지 속성 간 중요도 판단이 어려울 때 절충안을 선택하는 경향이다.

⑤ 유인효과는 고가 제품 출시 시 중저가 제품의 선택 가능성이 높아지는 것이다.

08 관여도의 결정요인에 대한 설명으로 옳은 것은?

① 성능 위험은 제품 사용으로 인한 신체적 손상 가능성을 의미한다.

② 심리적 위험은 준거집단으로부터의 부정적 평가를 의미한다.

③ 사회적 위험은 잘못된 의사결정으로 인한 금전적 손실을 의미한다.

④ 시간손실 위험은 반품/수리 과정에서 발생하는 시간적 손실을 의미한다.

⑤ 재무적 위험은 기대에 미치지 못하는 제품 성능을 의미한다.

09 고객가치의 특성에 대한 설명으로 틀린 것은?

① 동적성은 시간에 따라 가치 인식이 달라질 수 있음을 의미한다.

② 주관성은 고객마다 가치관념과 평가 기준이 다름을 의미한다.

③ 상황성은 특정 상황의 변화가 가치 판단에 영향을 줌을 의미한다.

④ 다차원성은 가격 요인만으로 가치를 판단함을 의미한다.

⑤ 고객가치는 내가 비용을 낸 것에 대해 얻는 것을 의미한다.

10 칼 알브레히트의 고객 가치 유형에 대한 설명으로 옳은 것은?

① 기본가치는 고객이 기대하지 못한 감동을 주는 가치이다.

② 기대가치는 고객이 내심 원하고 있는 가치이다.

③ 소망가치는 제공되지 않으면 기분이 상하게 되는 가치이다.

④ 미지가치는 서비스가 기본적으로 갖추어야 하는 가치이다.

⑤ 기대가치는 제공되지 않으면 기분이 상하게 되는 가치이다.

정답 & 해설

01 ⑤	02 ④	03 ⑤	04 ④	05 ③
06 ④	07 ④	08 ④	09 ④	10 ⑤

01 ⑤

오답 피하기

① SO전략은 강점을 사용해 시장기회를 활용하는 전략이다.
② ST전략은 강점을 사용해 위협을 회피하는 전략이다.
③ WT전략은 약점과 위협을 최소화하는 전략이다.
④ WO전략은 약점을 극복하여 시장의 기회를 활용하는 전략이다.

02 ④

선택적 전문화 전략은 마케팅과 제품 개발에 많은 비용이 들어가는 특징이 있다.

03 ⑤

오답 피하기

① 무차별화 전략은 단일 마케팅 믹스 프로그램을 사용한다.
② 차별화 전략은 세분 시장별로 다른 마케팅 믹스를 적용한다.
③ 집중화 전략은 중소기업에 적합한 전략이다.
④ 틈새시장은 계속해서 변화하는 특성이 있다.

04 ④

오답 피하기

① 포지셔닝의 3가지 목적은 추적, 대비, 기회발견이다.
② 포지셔닝 수준 결정은 포지셔닝 과정의 첫 단계이다.
③ 경쟁자 포지셔닝은 경쟁제품과 비교해 자사의 장점을 강조한다.
⑤ 포지셔닝은 고객들의 마음속에 서비스를 인식시키는 것이다.

05 ③

CEM은 다양한 경험보다는 '일관된 경험'을 제공하는 것이 더 중요하다. 이는 브랜드 메시지를 효과적으로 전달하기 위해서이다.

06 ④

오답 피하기

① 인지적 경험은 창조적 사고와 문제 해결을 통한 브랜드 교감을 의미한다.
② 감각적 경험은 오감을 통한 브랜드 경험을 의미한다.
③ 감성적 경험은 브랜드와의 감정적 연결을 의미한다.
⑤ 관계적 경험은 자아상, 타인, 문화와의 연결을 포함한다.

07 ④

오답 피하기

① 유인효과는 열등한 신규 브랜드 추가 시 우수 브랜드의 선택 가능성이 증가한다.
② 타협효과는 극단적 선택을 회피하고 중간적 특성을 선호한다.
③ 부분적 리스트 제시 효과는 1,2위 구도로 단순화되어 3위 이하는 배제된다.
⑤ 유인효과는 열등한 대안 추가 시 우수한 대안의 선택 가능성이 높아지는 것이다.

08 ④

오답 피하기

① 성능 위험은 기대에 미치지 못하는 제품 성능을 의미한다.
② 심리적 위험은 자아이미지에 대한 부정적 영향을 의미한다.
③ 사회적 위험은 준거집단으로부터의 부정적 평가를 의미한다.
⑤ 재무적 위험은 잘못된 의사결정으로 인한 금전적 손실을 의미한다.

09 ④

다차원성은 가격, 서비스 품질, 제품 품질 등 다양한 요인에서 가치를 판단하는 것을 의미한다.

10 ⑤

오답 피하기

① 기본가치는 서비스가 기본적으로 갖추어야 하는 1차적 가치이다.
② 기대가치는 제공되지 않으면 기분이 상하게 되는 가치이다.
③ 소망가치는 고객이 반드시 제공된다고 생각하지는 않지만 내심 원하는 가치이다.
④ 미지가치는 고객이 기대하지 못한 감동을 주는 가치이다.

03

고객관리 실무론

파트 소개

고객관리 실무론은 기업이 고객 만족을 극대화하기 위해 수립하는 전반적인 계획과 실행 방안을 다루는 분야입니다. 고객의 기대를 파악하고, 이에 부합하는 서비스 목표와 실행 전략을 통해 기업 경쟁력을 강화하는 이론을 배웁니다. 이 과목에서는 고객 중심 경영, 서비스 품질 전략, 고객 경험 관리, 내부 마케팅 등 고객 만족을 위한 전략적 접근 방법을 학습하도록 구성되어 있습니다.

콜센터 운영 관리와
성과 향상 전략

콜센터의 전략적 가치와 운영 방식을 이해하고, 조직 관리 및 성과 향상 방안을 학습한다. 실무 중심의 운영 체계와 성과관리 지표, 인력 운영 전략 등을 통해 효과적인 콜센터 관리 능력을 배양한다. 이를 통해 고객 중심의 서비스 품질 향상과 조직의 경쟁력 제고를 목표로 한다.

| SECTION 01 | 상 | | 45% |
| SECTION 02 | 상 | | 55% |

콜센터의 기초 이해와 운영

01 콜센터의 개념과 전략적 가치

01 콜센터의 기본 개념

1) 콜센터의 역할

신규 고객 확보& 기존 고객 활성화	고객의 요구 파악 (시장조사 수행)	이미지 제고& 고객의 요구 파악	다양한 매체 중심의 마케팅 &광고 효과	이익센터

2) 콜센터의 전략적 정의

① 전략적 정의
- 우량고객 창출센터이다.
- 고정 고객과의 관계 개선과 고객 감동을 실현한다(휴먼릴레이션 센터).
- 개방형 상담과 원스톱 서비스 품질을 제공한다.

② 경영전략 관점

고객확보 측면	• 휴면 고객 활성화 • 고객 정보 모집 • 고객 니즈 파악 후 맞춤 서비스 제공
고객유지 측면	기존 고객과의 장기적 관계유지 및 관리를 통해 고객의 CLV(Customer Life-time Value), 즉 고객 점유율을 높임
고객가치 증대 측면	고객정보(DB)를 통해 속성과 특징을 분석 후 맞춤 차별화 서비스 제공

③ 서비스 전략 관점
- 다양한 커뮤니케이션 채널을 확보해야 한다.
- 피드백 제공 및 정확한 고객의 니즈를 파악해야 한다.
- 콜센터 운영 지표로 활용된다.
- 서비스 실행조직으로 기업 전체에 미치는 영향이 중요하다.

3) 콜센터 역할의 변화★★
- 거래보조 수단 → 세일즈 수단
- 고객불만창구 → 텔레마케팅 수단
- 고객 서비스 수단 → 고객의견 조사 수단
- 비용센터로 인식 → 이익센터로 인식

02 효율적인 콜센터 운영 체계

1) 효율적인 콜센터 운영의 핵심 요소 ★

전략적 목표 수립과 실행	• 인적 · 물적 자원의 효율적 배분을 위한 명확한 목표 설정 • 구체적 행동 지침의 수립과 실천 • 체계적인 평가 및 보상 시스템 구축
상담원 관리와 서비스 품질	• 고객접점에서의 긍정적 이미지 창출 • 상담 품질이 회사 전체 이미지에 미치는 영향 고려 • 고객 이탈 방지를 위한 서비스 품질 관리
체계화된 운영 프로세스	• 마케팅 부서와의 유기적 연계 운영 • 전사적 마케팅 전략과의 일관성 유지 • 표준화된 업무 프로세스와 운영 매뉴얼 구축
기술 인프라의 최적화	• 웹 기반 고객접촉 증가에 따른 시스템 고도화 • 새로운 기술 발전에 맞춘 인프라 구축 • 효율성과 생산성 향상을 위한 기술 도입

2) 콜센터 운영의 핵심 고려 사항

운영 효율성과 수익성	• 경쟁력과 지속가능성 확보 • 투자 대비 효율적 운영 • 안정적 수익구조 구축
전문적 서비스 역량	• 전문 상담 능력의 체계적 정착 • 적절한 자문 · 컨설팅 활용 • 상담 품질의 지속적 향상
고객 중심 서비스 체계	• 고객 참여와 배려 강화 • 고객 감동 기법의 발굴 • 서비스 향상을 위한 교육 훈련
데이터 기반 운영 시스템	• 고객 데이터의 체계적 관리 • 구매 행위 자동 분석 체계 • 마케팅 분석 시스템 구축
실무 운영 효율화	• 업무 프로세스 최적화 • 팀워크 강화와 협업 체계 • 비대면 상황의 효과적 대응
자원 관리의 최적화	• 체계적 직원 채용과 관리 • 효율적 비용 관리 체계 • 운영 방법의 합목적성 확보

02 콜센터 운영 방식과 스크립트 관리

01 콜센터 운영 유형과 프로세스

1) 인바운드 콜

인바운드 콜 서비스의 정의와 역할	• 고객 전화를 통한 요구사항 처리 • 고객의 필요 사항과 불만에 대한 접수와 응대 • 제품 설명과 고객의 의문점 및 궁금증 해소
인바운드 콜센터의 특징	• 사전 예측성과 서비스성 확보, 고객접근 용이성 제공 • 프로세스성과 정밀성 유지, 신속 · 정확성 보장
프로세스성의 세부 구성	• 정교한 상담 및 업무처리 시스템과 정확한 상담 지침과 원칙 수립 • 콜 처리 및 분배시스템의 자동화 및 콜 데이터 처리와 정밀도 분석 • 체계적 사후관리 진행
인바운드 콜 서비스의 구체적 활동	• 상품 관련: 정보 안내, 문의 처리, 주문/신청 • 고객 지원: A/S 접수, 클레임 처리, 위치안내 • 금융 서비스: 텔레뱅킹, 자료청구 • 신규 업무: 가입 상담 및 접수/처리

2) 아웃바운드 콜

아웃바운드 콜 서비스의 특성과 활동	• 기업 주도의 적극적 판매 및 마케팅 • 전략적 캠페인 전개와 성과분석 • 목표 달성 중심의 운영 체계
아웃바운드 콜센터의 핵심 요소	• 기업 주도형 운영 방식, 목표 달성과 성과분석 중시 • 고객 데이터의 전략적 활용 및 CRM과 D/B 마케팅 기법 적용 • 적극적 커뮤니케이션과 설득 능력
아웃바운드 서비스의 주요 활동	• 판촉 활동과 텔레마케팅 • 해피콜과 시장조사 수행 • 연체 고객관리와 기념일 축하 • 부가서비스 가입 촉진

3) 콜센터 운영 방법

① CTI(Computer Telephony Integration)★
• 컴퓨터와 전화 시스템을 통합하여 음성과 데이터를 처리하는 정보 기술을 통해 업무 효율 향상에 활용한다.
• 콜을 상담 능력에 따라 자동 분배하는 '콜 라우팅' 업무가 가능하게 되었다.
• 소프트웨어에 이미 적용되고 있는 기술이다.
• CTI 기능이 도입되면서 ARS 자동 처리율이 높아졌다.
• 상담사가 인바운드와 아웃바운드 업무를 병행하여 처리할 수 있게 되었다.
② VOIP(Voice Over Internet Protocol)
• 음성 서비스를 데이터로 전환하여 고객들은 시내전화 요금으로 인터넷 전화 서비스를 제공받을 수 있다.
③ 인바운드 콜센터★
• 고객으로부터 걸려 온 전화로 불만 및 주문 접수 처리 등 문의 사항을 처리한다.

- 📗 A/S 접수, 클레임, 상담, 통신 판매, 보험 가입, 상품 안내, 텔레뱅킹
- 고객접근 용이성, 서비스성, 사전 예측성, 프로세스성, 신속-정확성이 특징이다.

④ 아웃바운드 콜센터★
- 고객들에게 전화를 걸어 마케팅 및 판매 등의 업무를 한다.
- 📗 해피콜, 판촉 활동, 시장조사, 기념일 축하 전화, 텔레마케팅
- CRM, 목표 달성과 성과분석, 고객DB봉, 고객과의 소통과 설득 능력, 사후관리가 특징이다.
- '첫인사 및 자기소개 → 상대방 확인 → 전화를 건 이유 설명 → 정보수집 및 고객 니즈 탐색 → 상품 및 서비스 안내 → 종결' 순서로 스크립트 구성 단계가 이루어진다.

⑤ 아웃소싱 콜센터
외부의 전문 콜센터 업체에 맡기는 방식이다.

⑥ 제휴형 콜센터
콜센터의 전문성을 가진 업체와 제휴하여 시스템, 인력 등을 공유하여 운영하는 방식이다.

⑦ 직할 콜센터
기업 내부에서 고객의 정보관리와 지속적인 업무 진행을 직접적으로 하는 방식이다.

⑧ 블렌딩 콜센터
인바운드 콜과 아웃바운드 콜을 동시에 처리하는 업무를 한다.

4) 콜센터의 서비스 제공 단계

상담 전(Before Service)	• 통화 대기 시간 및 연결성 • 상담원 접속성 • 고객맞이 인사 & 발음 정확성(전달력)
상담 중(On Service)	• 응대 신속성 및 고객 이해도 • 적극적 & 자신감 있는 안내 응대 • 말투, 말속도, 호응어 사용
상담 후(After Service)	종료 인사

5) 텔레마케팅의 전개 과정

기획 ➡ 실행 ➡ 반응 ➡ 측정 ➡ 평가

02 효과적인 스크립트 관리

1) 스크립트의 역할 및 필요성★
- 텔레마케팅 대화의 대본이자 기본 매뉴얼이다.
- 상담 능력 상향 평준화(일관성)에서 서비스 표준화의 역할을 한다.
- 생산성 향상과 효과 측정이 가능해 진다.
- 평균 통화 시간 조절이 가능해 진다.
- 고객과의 상황 대응에 효과적이며 윤활유 역할을 한다.

📗 교수님 TIP

서비스 차별화와 혼동되지 않도록 주의합니다.

2) 스크립트 작성 원칙★

- 구어체를 활용한다. ┌ 문어체(×)
- '고객' 중심으로 작성한다(단, 작성 시 고객-기업-상담원 입장 모두 고려).
- 간단명료하고 논리적으로 작성한다.
- 특별한 편익을 강조하는 '차별성'이 있어야 한다.
- 작성 방법에는 차트식(예 or 아니오에 따라 질문이나 설명이 바뀌는 경우에 활용)과 회화식(대화를 하면서 진행하는 경우), 혼합식(차트식+회화식)이 있다.

3) 아웃바운드 스크립트 구성원리★

① 도입부
- 첫인사(자기소개) → 긍정적 인상과 신뢰감 형성에 영향을 준다.
- 전화를 건 목적 전달 및 양해를 구한다(부재 시 대응을 준비).
- 상대방이 의사 결정권자인지 확인 후 진행한다.

② 본론(상담 진행)
- 분석적 상담: 고객을 깊이 이해하는 시간을 통해 진정성 있는 유대관계를 구축하며, 고객의 니즈와 상황을 체계적으로 파악하는 것이 핵심이다.
- 상담 목적: 직접적인 상품 설명보다는 고객에게 제공할 수 있는 서비스의 가치와 혜택을 중심으로 접근하여 자연스러운 대화를 끌어낸다.
- 고객 서비스를 강조하며 접근한다(이점 위주 설명).
- 반론에 대한 자료를 준비한다(이점 강조, 재권유).
- 고객 정보를 수집하여 맞춤상품제안(RQ; Relationship Question)을 활용하여 상담한다.

③ 종결
- 고객에게 상품 및 서비스 선택에 대한 자신감과 확신을 전달한다.
- 구매에 대한 감사 인사를 한다.

콜센터 조직 관리와 성과 향상

01 콜센터 조직문화와 인력관리

01 콜센터 조직 구조와 문화

1) 콜센터 조직원의 역할

고객을 설득하는 전문성 보유	고객관리와 고객 분석가	기업의 가치를 전달	텔레마케팅 코디네이터	고객상담가 (카운슬러)

2) 콜센터 조직의 주요 특성과 문화

근로 환경의 민감성	• 근무 조건(회사 지명도, 근무지, 근로시간, 급여체계)에 대한 높은 민감도 • 조직 내 변화와 분위기에 급격히 동조하는 경향 • 동종업계와의 지속적 비교를 통한 조직 분위기 형성
고용 구조의 특수성	• 계약직과 비정규직 중심의 인력 운영, 임금과 복지 수준의 차등적 적용 • 사회적 인식 차별로 인한 조직문화 형성
개인별 직무 만족도 차이	• 직업 만족도에 따른 업무 태도 양극화, 적극성과 자기계발 의지의 개인차 발생 • 고객 응대와 인간관계에서의 뚜렷한 차이
업무 선호도의 영향	• 특정 업무에 대한 개인별 선호도가 구직 단계부터 영향 • 근무 매력도와 조직 적응력의 차이 발생, 경쟁력 약화 지점의 조직 관리 어려움 존재
내부 소통의 장벽	• 정규직과 비정규직 간의 보이지 않는 커뮤니케이션 장벽 • 고용 형태에 따른 조직 내 분리 현상, 업무 협력과 정보 공유의 제한성
독특한 소그룹 문화	• '도시락 문화'로 대표되는 친밀 집단 및 우호적 관계를 중심으로 한 무리 형성 • 개인적 유대감과 소속감 강화 현상

3) 콜센터 문화의 영향 요인

커뮤니케이션 요소	고객과의 대화 태도, 개개인의 특성과 상황에 대한 이해와 대응력
개인적 요소	전문가로서의 도전 의식, 자발적 노력, 직업관과 사명감, 근무 적응도와 만족도를 포함하는 개인 역량
기업적 요소	조직의 인간적, 관리적, 물리적 측면을 포괄하는 기업 차원의 시스템
사회적 요소	직업의 매력도와 인식 정도, 행정당국의 제도적 지원을 아우르는 사회적 환경

4) 콜센터의 주요 조직문화 현상

콜센터 바이러스 현상	• 비공식 정보의 급속한 전파력 • 부정적 소문의 빠른 확산 • 근무조건 변경 관련 정보의 신속한 공유 • 특정 정보의 조직 전체 전파 특성
철새 둥지 현상	• 근무조건과 급여 차이에 따른 이직 • 업무 난이도 적응 실패로 인한 이탈 • 복리후생 수준에 따른 조직 이동 • 더 나은 조건을 찾아가는 순환적 이직
콜센터 심리 공황	• 상담원들의 업무 기피 현상 • 집단적 이탈 행동 발생 • 인력 운영의 효율성 저하 • 조직 관리 체계의 와해 위험

02 인력 운영과 생산성 관리

1) 콜센터 조직구성원★★

텔러마케터	• 고객관리 및 유치와 관련된 상담 업무 진행 • 텔레마케팅 실무자료 활용
유니트리더	• 10명 정도의 소단위 '콜센터 리더' • 텔러마케터와 함께 고객상담 업무 진행
슈퍼바이저	• 텔레마케팅의 업무가 효율적으로 운영되도록 지휘 • 텔레마케팅의 전략 수립, 판촉 전개, 스크립트 작성 또는 개선 작업 • 현장교육과 코칭, 이직률 관리 등의 업무를 담당
QAA	• 통화품질 관리자(상담 내용을 모니터링 후 평가·관리하여 통화품질을 향상시킴) • 녹취된 모니터링을 통해 수정 보완 교육을 진행

2) 직원 생산성의 효율적 관리 전략

평가와 보상의 공정성 확보	우수 인재 확보를 위한 채용 체계	명확한 비전과 성장 경로 제시
개인 특성에 맞는 업무 배치	숙련 상담원을 위한 재택근무 지원	교육과 훈련의 지속적 실시

02 성과관리 체계와 모니터링

01 성과관리 기본 체계

1) 성과 관리의 목적 및 중요성

- 성과관리의 사이클은 '기획 – 실행 – 관찰 – 재고'로 이루어진다.
- 성과관리는 결과 측면에 초점을 둔 관리이다.
- 성과관리 목적은 지속적인 개선을 통해 발전하는 것이다.

교수님 TIP

성과관리 목적은 측정이나 평가 자체가 목적이 아니다.

2) 성과관리의 핵심 목적과 실행 방안

전략적 목표 관리	• 결과 중심의 성과관리 체계 구축 • 명확한 목표 설정과 실행 전략 수립 • 체계적인 사업 계획 준비
상담원 역량 강화	• 업무수행 능력의 지속적 향상 도모 • 개별적 지도와 교정 활동 실시 • TMR의 자신감 향상과 유지 관리
문제해결 능력 개발	• 문제 발견과 처리 능력 배양 • 실질적인 해결 방안 도출 • 업무수행의 질적 향상 추구
맞춤형 코칭 시스템	• QAA의 전문적 모니터링 실시 • 슈퍼바이저의 체계적 코칭 제공 • 부진 상담원 그룹의 능력 개선 지원

3) 앤톤(Anton)이 제시한 콜센터 인바운드/아웃바운드 성과지표

인바운드 성과지표	• 80%의 콜에 대한 응대 속도, 첫 통화 해결율, 불통율, 상담원 착석률 • 평균 통화시간, 평균 응대 속도, 평균 포기율, 평균 통화 후 처리시간, 평균 대기시간
아웃바운드 성과지표	• 콜당 비용, 판매건당 비용, 시간당 판매량, 평균 판매가치, 아웃바운드에 의한 판매 비율 • 시간당 접촉 횟수, 1인당 연간 평균 매출, 1교대당 평균 매출

4) 콜센터 매니지먼트 부재의 근본적인 원인

① 콜센터 매니저 업무 과중
② 관심 부족과 장기적 인재육성 의욕
③ 표준화, 전문화, 고급화되지 못한 조직의 관리
④ 텔레마케팅 산업의 급속한 발전으로 전문인력 부족 현상

02 모니터링과 코칭

1) 성과관리 모니터링 방법★

- QC(Quality Control): 잘못된 점을 찾아 수정 · 보완한다.
- PI(Performance Improvement): 잘된 점을 찾아 칭찬한다.

암기 TIP

QC
크억! 잘못**했**다!

암기 TIP

PI
아이~ 잘했다!

2) 모니터링의 데이터 활용

- 개별적으로 맞춤 코칭이 가능하다.
- 서비스 품질 측정이 가능하다.
- 교육에 대한 니즈를 파악할 수 있다.
- 보상과 인정을 통해 상담원에게 동기부여로 활용한다.
- 업무 프로세스 개선 및 직원 선발과 자질을 분석할 수 있다.

3) 효과적인 모니터링 프로세스의 4단계

모니터링 프로세스: 체계적 목표 설정 → 평가척도 구축 → 실행평가 및 분석 → 피드백 제공	
1단계: 체계적 목표 설정	• 정성적 평가 기준 수립 • 정량적 목표치 설정
2단계: 평가척도 구축	• 평가자간 기준 일치도 확보 • 합동 모니터링 실시
3단계: 실행평가 및 분석	• 현재 상황의 정확한 파악 • 구체적 개선안 도출 • 체계적 데이터 분석
4단계: 피드백 제공	상담원에 대한 건설적 피드백

4) 효과적인 성과관리를 위한 모니터링 유형 ★

자기주도형 모니터링 (Self Monitoring)		• 자신의 상담 내용을 직접 평가 • 정해진 평가표 기준에 따른 자가 진단 • 스스로 개선점 파악과 발전 방향 수립
동료 평가형 모니터링 (Peer Monitoring)		• 상담 내용에 대한 동료 간 피드백 제공 • 우수 사례 벤치마킹 기회 확보 • 상호 학습을 통한 역량 강화
원격 모니터링 (Silent/Remote Monitoring)	장점	• 자연스러운 상담 환경 조성 • 무작위 샘플링의 용이성 • 실제 상호작용 관찰 가능
	단점	• 즉각적 피드백 제공의 어려움 • 대기 시간으로 인한 비효율성 • 감시에 대한 심리적 부담감 발생
실시간 모니터링 (Real Time Monitoring)		• 무작위 추출 방식의 모니터링 진행 • 표준화된 평가표 기준 적용 • 상담 품질의 일관성과 항상성 평가
Side by Side 모니터링 (직접 관찰 방식)	QAD가 상담원 곁에서 실시간으로 업무 과정을 관찰하여 즉각적 피드백 제공	
	장점	• 실시간 대화식 코칭 가능, 신규 상담원 교육에 효과적 • 자연스러운 인간관계 형성 기회
	단점	• 상담원의 심리적 제약으로 자연스러운 응대 어려움 • 실제 성과와 다른 과장된 행동 발생 가능성
Call Taping (녹음 분석 방식)	장점	• 객관적 자기 평가 가능, 성과와 피드백의 직접적 연계 • 유연한 모니터링 기간 설정, 대기 시간 최소화
	단점	실시간 피드백 불가능, QAD 일정으로 인한 피드백 지연

Recording 모니터링 (녹음 공유 방식)	• 무작위로 선정된 상담 내용 녹음 • 평가 결과를 상담원과 공유하여 개선점 도출 • 체계적인 품질 관리 시스템 구축

5) 성과관리를 위한 다양한 코칭 유형과 특성

개별 코칭 (맞춤형 지도의 기본)	• 일대일 방식으로 실적 부진자, 신입사원, 민원 발생자를 대상으로 진행 • 장점: 집중적이고 세분화된 코칭 제공, 개인별 피드백 가능, 깊은 친밀감 형성 • 단점: QAA의 경험과 지식에만 의존하는 한계 • 기본이 되는 코칭 유형으로서의 중요성
프로세스 코칭 (체계적 접근)	• 가장 일반적으로 사용되는 형식적 코칭 방식 • 사전에 코칭 대상, 시기, 내용을 체계적으로 설계 • 상담원과 함께하는 문제 분석과 해결 과정 • 높은 집중도와 체계성이 특징
스팟 코칭 (즉각적 피드백)	• 짧은 시간 내 수시로 진행되는 효율적 코칭 • 비형식적 접근으로 상담원의 부담감 최소화 • 친밀감 형성과 빠른 피드백 가능 • 고도의 코칭 기술 필요
풀 코칭 (심층적 분석)	• 장시간 심도 있는 코칭 진행 • 2~3개의 통화품질 기준에 따른 구체적 평가 • 모니터링 평가표를 활용한 체계적 접근
그룹 코칭 (협력적 학습)	• 공통 목표를 통한 유대감 형성 • 상호작용을 통한 시너지 효과 창출 • 부진 상담원의 스킬 향상 지원 • 단점: 개별화의 한계와 통제의 어려움

03 감정노동 관리

01 감정노동의 이해와 대처

1) 훅실드(Hochschild)와 그랜디(Grandy)의 감정노동의 두 가지 대응 방식★

내면적 행동	조직이 요구하는 감정표현 기준에 맞추기 위해 자신의 내면을 능동적으로 변화시키는 적극적 대응 방식
표면화 행동	조직의 강요로 인해 자신의 실제 감정과 무관하게 목소리, 억양, 표정 등을 서비스 표준에 맞춰야 하는 수동적 대응 방식

2) 감정 노동자를 위한 스트레스 대처 방안★★

① 분노조절을 위한 호흡 훈련

• 감정노동으로 인한 스트레스와 분노를 억누르기 어려울 때는 적극적 해소법이 필요하다.
• '이완 호흡'을 활용하여 눈을 감고 3~4회 정도 깊고 크게 숨을 들이마신 후 천천히 내쉰다.
• 이는 즉각적인 스트레스 해소에 효과적인 방법이다.

② 심리적 거리두기(일과 나와의 분리)
- "나는 지금 연극을 하고 있으며, 잠시 일 때문에 다른 사람이 된 것"이라고 생각한다.
- 업무와 개인의 정체성을 분리하여 정신건강을 보호한다.
- 감정노동의 순간을 연기의 시간으로 전환한다.

③ 상황 적응하기
- 고객의 심한 욕설과 폭언을 침착하게 받아들인다.
- "조금 전 고객은 집에서 무슨 일이 있어 화를 낸 것이겠지"라고 이해한다.
- "나를 일부러 무시하려 한 것이 아닐 거야"라는 긍정적으로 해석한다.

④ 생각 중단하기
- 다른 방법이 통하지 않을 때는 생각 자체를 중단한다.
- 입 밖으로 표현할 수 없다면 속으로 '그만'을 외친다.
- 백지장처럼 해당 상황을 지워버리는 심리적 기법을 활용한다.

01 콜센터의 역할과 변화에 대한 설명으로 옳은 것은?

① 고객 서비스 수단에서 비용센터로 변화했다.
② 세일즈 수단에서 거래보조 수단으로 변화했다.
③ 이익센터에서 고객불만창구로 변화했다.
④ 텔레마케팅 수단에서 고객불만창구로 변화했다.
⑤ 고객불만창구에서 텔레마케팅 수단으로 변화했다.

02 콜센터 구성원의 역할에 대한 설명으로 틀린 것은?

① QAA는 통화품질 관리자로서 상담내용을 모니터링하고 평가한다.
② 유니트리더는 10명 정도의 소단위 콜센터 리더이다.
③ 슈퍼바이저는 스크립트 작성과 개선 작업을 담당한다.
④ 텔레마케터는 고객 관리 및 유치와 관련된 상담 업무를 진행한다.
⑤ QAA는 현장교육과 코칭, in-house training을 주로 담당한다.

03 스크립트의 역할과 작성원칙에 대한 설명으로 옳은 것은?

① 문어체를 활용하여 작성해야 한다.
② 기업 중심으로 작성해야 한다.
③ 상담능력 상향 평준화를 통해 서비스 차별화를 이룬다.
④ 평균 통화시간 조절이 가능하다.
⑤ 복잡하고 다양한 설명으로 작성해야 한다.

04 콜센터 조직문화의 현상에 대한 설명으로 옳은 것은?

① 철새 둥지 현상은 업무 난이도에 따른 동반 승진을 의미한다.
② 콜센터 바이러스 현상은 긍정적 정보의 느린 전파를 의미한다.
③ 콜센터 심리 공황은 상담원들의 업무 기피 현상을 의미한다.
④ 도시락 문화는 업무 효율성 향상을 위한 전략적 모임을 의미한다.
⑤ 철새 둥지 현상은 직급에 따른 수직적 인간관계를 의미한다.

05 아웃바운드 스크립트 구성에 대한 설명으로 틀린 것은?

① 도입부에서는 전화를 건 목적을 전달하고 양해를 구한다.
② 본론에서는 직접적인 상품 설명을 중심으로 접근한다.
③ 종결 시에는 고객에게 상품 선택에 대한 자신감을 전달한다.
④ 도입부에서는 상대방이 의사결정권자인지 확인해야 한다.
⑤ 본론에서는 반론에 대한 자료를 준비해야 한다.

06 성과관리 모니터링 방법에 대한 설명으로 옳은 것은?

① QC(Quality Control)는 잘된 점을 찾아 칭찬하는 방식이다.
② PI(Performance Improvement)는 잘못된 점을 수정하는 방식이다.
③ Side by Side 모니터링은 녹음 분석 방식이다.
④ 원격 모니터링은 즉각적 피드백이 용이하다.
⑤ Recording Monitoring은 무작위로 선정된 상담 내용을 녹음한다.

07 인바운드 콜센터의 특징으로 옳은 것은?

① 기업 주도의 적극적 판매 및 마케팅을 수행한다.
② 전략적 캠페인 전개와 성과 분석이 주요 업무이다.
③ 고객 DB를 활용한 마케팅이 핵심이다.
④ 사전 예측성과 서비스성을 갖추고 있다.
⑤ 적극적 커뮤니케이션과 설득 능력이 가장 중요하다.

08 감정노동자의 스트레스 대처 방안으로 틀린 것은?

① 분노조절을 위해 이완 호흡을 활용한다.
② 업무와 개인의 정체성을 완전히 일치시킨다.
③ 상황을 긍정적으로 해석하려 노력한다.
④ 심리적 거리두기를 통해 정신건강을 보호한다.
⑤ 필요한 경우 생각 자체를 중단하는 기법을 활용한다.

09 CTI(Computer Telephony Integration)의 특징으로 옳은 것은?

① 고객들에게 시외전화 요금으로 서비스를 제공한다.
② 콜을 상담능력에 따라 자동 분배하는 콜라우팅(Call Routing)이 불가능하다.
③ 소프트웨어에 이미 적용되고 있는 기술이다.
④ ARS 자동 처리율이 낮아지는 단점이 있다.
⑤ 인바운드와 아웃바운드 업무 병행이 불가능하다.

10 콜센터 코칭 유형에 대한 설명으로 옳은 것은?

① 그룹코칭은 개별화된 맞춤 피드백이 가장 큰 장점이다.
② 스팟 코칭은 장시간에 걸친 심도 있는 코칭을 의미한다.
③ 프로세스 코칭은 비형식적 접근으로 진행된다.
④ 풀코칭은 2-3개의 통화품질 기준에 따른 구체적 평가를 진행한다.
⑤ 개별코칭은 QAA의 경험과 지식에 의존하지 않는 것이 특징이다.

01	⑤	02	⑤	03	④	04	③	05	②
06	⑤	07	④	08	②	09	③	10	④

01 ⑤

오답 피하기

① 비용센터에서 이익센터로 변화했다.
② 거래보조 수단에서 세일즈 수단으로 변화했다.
③ 고객불만창구에서 이익센터로 변화했다.
④ 고객불만창구에서 텔레마케팅 수단으로 변화했다.

02 ⑤

현장교육과 코칭, 이직률 관리 등의 업무는 슈퍼바이저의 역할이다. QAA는 통화품질 관리와 모니터링, 평가를 담당한다.

03 ④

오답 피하기

① 구어체를 활용해야 한다.
② 고객 중심으로 작성해야 한다.
③ 서비스 표준화를 이룬다.
⑤ 간단 명료하고 논리적으로 작성해야 한다.

04 ③

오답 피하기

① 철새 둥지 현상은 더 나은 조건을 찾아가는 순환적 이직을 의미한다.
② 콜센터 바이러스 현상은 비공식 정보의 급속한 전파력을 의미한다.
④ 도시락 문화는 친밀 집단 및 우호적 관계를 중심으로 한 무리 형성을 의미한다.
⑤ 철새 둥지 현상은 근무조건과 급여 차이에 따른 이직을 의미한다.

05 ②

본론에서는 직접적인 상품 설명보다는 고객에게 제공할 수 있는 서비스의 가치와 혜택을 중심으로 접근하여 자연스러운 대화를 이끌어내야 한다.

06 ⑤

오답 피하기

① QC는 잘못된 점을 찾아 수정 · 보완하는 방식이다.
② PI는 잘된 점을 찾아 칭찬하는 방식이다.
③ Side by Side 모니터링은 직접 관찰 방식이다.
④ 원격 모니터링은 즉각적 피드백 제공이 어렵다.

07 ④

인바운드 콜센터는 사전 예측성과 서비스성, 고객접근 용이성, 프로세스성, 신속 · 정확성의 특징을 가진다. ①, ②, ③, ⑤는 아웃바운드 콜센터의 특징이다.

08 ②

업무와 개인의 정체성은 분리하여 정신건강을 보호해야 한다. 이는 심리적 거리두기의 중요한 요소이다.

09 ③

오답 피하기

① VOIP의 특징이다.
② 콜라우팅(Call Routing) 업무가 가능하다.
④ ARS 자동 처리율이 높아진다.
⑤ 인바운드와 아웃바운드 업무 병행이 가능하다.

10 ④

오답 피하기

① 그룹코칭은 개별화의 한계가 있다.
② 스팟 코칭은 짧은 시간 내 수시로 진행된다.
③ 프로세스 코칭은 형식적이고 체계적인 접근으로 진행된다.
⑤ 개별코칭은 QAA의 경험과 지식에 의존하는 한계가 있다.

02

CS 커뮤니케이션과
고객불만 관리 전략

학습 방향

고객과의 효과적인 커뮤니케이션 기법과 감정 조절을 포함한 상담 기술을 익히고, 전문적 코칭 및 카운슬링을 통한 상담 역량 강화를 학습한다. 또한, 고객 불만의 유형을 이해하고 상황별 대응 전략과 컴플레인 처리 프로세스를 통해 문제 해결 능력을 함양한다. 이를 통해 고객 만족도 향상과 조직의 이미지 제고를 도모한다.

출제빈도

SECTION 01	중	35%
SECTION 02	중	30%
SECTION 03	중	35%

효과적인 고객 커뮤니케이션

01 고객 응대를 위한 커뮤니케이션 기법

01 고객 응대 기본 화법

1) 고객 응대 화법

- 대화에 감정을 표현하고 호감을 주기 위해 명확하게 설명한다.
- 고객과의 대화에 예의를 다 하면서 고객의 입장을 중심으로 설득시킨다.
- 고객이 이해하기 쉬운 말로 설명한다.

2) 상담의 상황별 대화법

부메랑 화법★	고객이 제품에 대한 단점을 지적할 때, 그 단점이 오히려 그 제품의 장점·특징이라고 설득하여 구입하게 하는 화법
아론슨 화법★	부정적 내용을 먼저 말하고 긍정적 내용을 뒤에 말하는 화법(선 부정/후 긍정) 예 "비싸지만 굉장히 프라이빗하게 사용할 수 있습니다."
보상 화법★	지적한 약점이 있어 강점이 존재하여 연관이 있음을 강조하는 화법 예 "가격이 비싼 만큼 고급 원단을 사용하고 있습니다."
산울림 화법★	고객이 한 말을 반복해서 공감을 얻고 고객이 한 말을 있는 그대로 솔직하게 받아들이는 화법
신뢰 화법	고객에게 신뢰와 안도를 줄 수 있는 화법 예 "여기에서 도와드리겠습니다.", "저희가 바로 해결해 드리겠습니다."
레이어드 화법 (청유형 사용)	의뢰나 질문 형식으로 말하는 화법
후광 화법	유명인, 전문가, 매출자료 및 후기를 보여줌으로써 고객의 반대 저항을 감소시키는 화법
쿠션 화법	단호한 또는 부정적인 말을 하기 전에 먼저 완충 역할을 할 수 있는 말을 하는 화법 예 "죄송하지만, 번거로우시겠지만"
나 전달 화법	상대를 평가하는 것이 아닌, 내가 주체가 되어 느낀 감정을 표현하는 화법 예 "죄송합니다. 저희 잘못입니다."

3) 고객 설득 화법★

- 고객의 말을 적극적으로 경청하고 고객 반응을 살피며 대화한다.
- 상황에 맞는 템포와 목소리 크기로 리듬감 있게 표현한다.
- 전문 용어보다는 고객의 상품 이해 수준에 맞게 표현한다.
- 고객에게 제품을 친숙하게 인식시키기 위해 브랜드명을 반복적으로 이야기한다(반복연호의 원리).
- 명령문형이 아닌 '청유형'으로 말한다(다른 매장에 대한 악평 금지).

4) 질문 기법

① 개방형 질문
- 고객이 편하게 의견을 말할 수 있도록 한다(열린 질문, 확대형 질문).
- 적극적으로 고객이 이야기하도록 하여 니즈를 파악한다.

② 선택형 질문
- 고객이 "네/아니오"로 대답을 하거나 몇 개의 선택지에서 선택하게 만드는 질문(닫힌 질문, 단답형 질문)이다.
- 화제를 정리하여 정리된 대화를 이끌 수 있다.
- 고객의 니즈에 더욱 초점을 맞출 수 있다.

③ 확인형 질문
- 고객의 의사를 확실하게 확인하는 질문이다.
- 처리해야 할 사항을 확인할 수 있다.

02 상황별 고객 대응 전략

1) 고객 응대 시 기본 자세

잘못된 부분에 대한 진솔한 사과의 표현	사실관계에 기반한 명확한 상황 설명	고객의 말씀에 대한 공감적 경청과 이해
고객에 대한 편견 없는 열린 마음가짐	고객 입장에서 성의 있는 응대 태도	고객의 기본적 선의에 대한 신뢰 유지

2) 고객 응대 상황별 올바른 대처 방안

① 특별 요구사항 처리 지침

바람직한 방향	피해야 할 행동
• 고객 욕구의 심각성 파악 • 고객 입장의 인정과 수용 • 시스템과 업무 과정의 유연한 조정 • 회사 규정과 방침의 상세 설명	• 고객의 당황스러운 상황 유발 • 실현 불가능한 약속과 고객 무시 • 고객 요구사항의 불성실한 대응 • 타인으로의 책임 회피와 전가

② 서비스 품질 개선을 위한 자발적 조치

권장사항	금기사항
• 여유로운 응대 자세 • 고객 잠재 욕구의 사전 예측 • 상세 정보의 적극적 제공 • 고객 관점의 경청과 공감	• 고객에 대한 무례와 조롱 • 침착하지 못한 태도 • 고객에 대한 교육적 태도 • 고객에 대한 차별적 대우

③ 비협조적 고객 응대 요령

바람직한 자세	주의사항
• 지속적 경청과 수용의 노력 • 정중하고 성의있는 대화 태도 • 내부 문제점의 자체 검토	• 고객 불만의 개별적 처리 지양 • 불만 사항의 확산 방지 노력

④ 서비스 실패 회복 절차

필수 조치사항	회피 사항
• 문제 상황의 즉각적 인정 • 근본 원인의 철저한 규명 • 진정성 있는 사과와 보상 • 구체적 해결책 제시와 책임감	• 고객에 대한 무시와 비난 • 고객의 자체 해결 방치

3) 상황별 고객 대응 방안

기업 과실인 경우	• 문제의 핵심을 사실 기반으로 투명하게 전달 • 책임감 있는 자세로 명확한 해결 방안 제시
고객 문제인 경우	• 고객의 자존심을 지켜드리는 세심한 배려 • 고객의 설명 중 불필요한 변명 자제 • 고객의 의견을 끝까지 경청하는 진정성 있는 태도 • 고객의 오류를 간접적으로 인지시키는 현명한 접근

4) 서비스 현장의 7가지 금기사항(칼 알브레히트)

Apathy(무관심)	• 고객의 존재를 인식하지 않는 태도 • 창구 방문 고객을 외면하는 행위
Brush-off(무시)	• 고객 요구를 의도적으로 회피 • 문제 상황을 애써 모른 척하는 행동
Coldness(냉담)	• 귀찮아하는 태도의 노골적 표현 • 고객 상황에 대한 공감 부족
Condescension(건방 떨기)	• 고객을 낮추어보는 우월적 태도 • 불필요한 생색내기식 응대
Robotism(로봇화)	• 기계적이고 경직된 서비스 제공 • 개별 상황을 고려하지 않는 대응
Rule Book(규정 핑계)	• 내부 규정만을 고집하는 경직성 • 상황별 유연한 대처 부족
Run around(뺑뺑이 돌리기)	• 부서 간 책임 전가 • 고객을 타부서로 계속 이관

전문적 코칭과 카운슬링

01 코칭의 이해와 적용

01 코칭의 기본 개념 및 필요성

1) 코칭의 개념

- 개인의 즉각적인 수행 향상에 초점을 맞추는 활동이다.
- 수평적 관계와 협력을 바탕으로 한 파트너십을 중요시 한다.
- 개인이 스스로 문제점을 발견하고 해결책을 찾아갈 수 있도록 지원하는 과정이다.
- 1:1 지도나 수업을 통하여 지식과 기능의 향상을 끌어내는 방법이다.
- 공식적인 계약 관계를 기반으로 하여 개인의 성장과 발전을 돕는다.
- 조직 내 업무 수행 능력 향상과 성과 증진을 위한 효과적인 도구로 활용된다.

2) Lawson Consulting Group의 코칭 정의

- 코치는 학습자들의 목표 달성을 위해 지속적인 지원을 제공하며, 그들이 명확한 비전을 가질 수 있도록 안내하는 사람이다.
- 코칭은 개인의 성과 향상을 방해하는 장애요소들을 파악하고 극복하면서, 동시에 핵심역량을 최대한으로 끌어올리기 위해 체계적으로 설계된 지속가능한 프로세스이다.
- 이것은 특히 능력과 지식을 충분히 보유하고 있음에도 성과가 저하된 학습자들의 행동 변화를 끌어내어, 그들의 잠재력을 다시 향상시킬 수 있는 효과적인 방법이다.

3) CCU(Corporate Coach University, 코치양성기관)의 코칭 정의

코치와 발전하려는 의지가 있는 개인이 잠재능력을 최대한 개발하고, 발견 프로세스를 통해 목표설정, 전략적행동 그리고 매우 뛰어난 결과의 성취를 가능하게 해 주는 강력하면서도 협력적인 관계이다.

4) 코칭의 필요성

조직적 측면	• 조직원들의 필요사항 충족과 만족도 향상 • 경청과 질문 중심의 쌍방향 소통을 통한 신뢰 조직문화 구축 • 상호존중 기반의 자유로운 의견 개진을 통한 조직의 창의적 성과 도출 • 조직과 개인 목표의 연계를 통한 핵심 인재 육성 및 유지
개인적 측면	• 코치와의 협력적 파트너십을 통한 새로운 가능성 발견과 성과 창출 • 자발적 목표 설정과 달성을 통한 성취감 경험 • 지속적 자기개발을 통한 전문성과 역량 향상 • 성공 경험 축적을 통한 자신감과 자존감 강화

5) 코칭이 필요한 상황과 시기

조직 변화 관련	• 조직이나 부서의 비즈니스 환경 및 목표에 변화가 발생했을 경우 • 새로운 업무 프로세스나 시스템이 도입되는 시점 • 긴급한 문제해결이 요구되는 상황에서
인재 육성 관련	• 신입 직원의 조직 적응과 기본 역량 강화가 필요한 시기 • 기존 교육이나 훈련 후 실무 적용을 위한 후속 지도가 필요할 때 • 업무수행에 대한 자신감 향상이 필요한 구성원을 위해
성과 향상 관련	• 평균 이하의 업무 성과를 보이는 팀원의 역량 개발이 필요할 때 • 높은 성과 달성을 목표로 하는 핵심 인재의 동기부여가 필요한 경우 • 문제 상황에 있는 팀원을 발견하여 이를 성장의 기회로 전환하고자 할 때

02 코칭의 원리와 실행

1) 코칭의 핵심 원리와 특성

목표와 성과 지향	• 즉각적인 업무 수행 향상 추구와 조직 성과 증대에 기여하는 전략적 도구 • 개인의 잠재력과 성과의 극대화
협력적 파트너십	• 수평적이고 협력적인 관계 구축 • 코치와 피코치의 상호 신뢰 기반으로 파트너십 중심의 발전적 관계 형성
자기주도적 발전	• 스스로 문제점을 발견하고 해결하는 능력 개발 • 자발적 학습과 성장 촉진과 개인의 자율성과 책임감 강화
개발과 지원	• 체계적인 개인 지도와 교육 제공과 지식과 기능의 지속적 향상 도모 • 계약에 기반한 전문적 발전 지원

2) 코치의 주요 수행 활동

학습자 중심의 접근	• 개인의 특성과 배경지식을 고려한 맞춤형 학습 방향 설정 • 학습자가 스스로 전략을 수립하고 해결책을 도출할 수 있도록 유도 • 학습자의 주의력을 환기하고 놓치기 쉬운 단계들을 체계적으로 상기
전문적 지도 방법	• 체계적인 훈련을 통해 습득한 전문성을 바탕으로 개별화된 접근법 구현 • 효과적인 수행을 위한 구조화된 방법론 제시와 적절한 피드백 제공 • 학습 효과를 높이기 위한 추가적인 과제와 도전적 상황 설계
실행 지원 활동	• 학습의 시기, 목적, 장소에 대한 구체적인 실행 가이드 제시 • 학습자의 진행 상황에 맞춘 단계별 보충 지도를 실시 • 지속적인 모니터링과 적시적인 피드백을 통한 성과향상 지원

3) 코치의 역할★

멘토	• 어떤 분야에서 존경받는 조언자 • 기업의 정치적 역학관계에 대처하는 방법 또는 영향력을 행사해 힘을 형성하는 방법을 알고 있는 사람 • 필요할 때만 관여함
후원자	직원들이 개인적인 성장과 경력상의 목표를 달성하는 데 도움이 되는 업무가 무엇인지 결정하는 것을 도와주는 사람
평가자	직원의 성과를 관찰하여 적절한 피드백이나 지원하기로 약속한 사람
역할모델	맡은 바를 실천하며 기업 문화에 적합한 리더십 유형을 보여줌
교사	업무상의 가치, 전략 서비스,비전 등에 관한 정보를 제공하는 사람

4) 코칭 스킬★

① 질문스킬

확대 질문(특정 질문 ×), 미래 질문(과거 질문 ×), 긍정 질문(부정 질문 ×)을 사용한다.

② 직관스킬

- 부하와 대화 시 생각하지 않는다 → 생각을 하면 의식이 상사 자신에게 집중될 수 있다.
- 의도나 생각을 가지고 질문하지 않는다. ⌐예측(×)
- 부하가 려는 방향으로 따라간다. ⌐리드(×)
- 상사 스스로의 감정을 무시 · 억압하지 않는다.

5) 코칭효과의 장 · 단점★

① 장점

- 일대일로 지도하므로 교육 효과가 높다.
- 상 · 하 간의 커뮤니케이션 능력을 상승 시킬 수 있다(관계증진).
- 코치와 학습자 둘 다 동시 성장이 가능하다(직원개발, 생산성 향상).
- 업무의 수행 성과와 직접적으로 관련이 있다.

② 단점

- 코치와 학습자의 계약 관계가 성과에 영향을 줄 수 있다.
- 매일 진행되는 코칭은 학습자에게 부담이 될 수 있다.
- 코치의 능력에 따라서 성과의 결과가 좌우된다.
- 일대일 방식이기에 시간이 많이 소요된다(노동집약적).

02 코칭 프로세스와 전문성

01 코칭 프로세스 모델

1) GRROW 모델의 단계별 접근

1단계 목표 설정(Goal)	코칭의 시작점으로, 달성하고자 하는 구체적이고 명확한 목표를 설정하는 단계
2단계 현실 파악(Reality)	현재의 상황, 보유 자원, 제약사항 등을 객관적으로 분석하여 실제 모습을 정확히 인식하는 단계
3단계 핵심 니즈 인식(Recognition)	목표 달성을 위해 필요한 핵심 요구사항과 해결해야 할 주요 과제들을 도출하는 단계
4단계 대안 탐색(Options)	목표 달성을 위한 다양한 방법과 전략적 대안들을 창의적으로 모색하는 단계
5단계 실천의지 확인(Will)	선택한 대안을 실행하기 위한 구체적 계획을 수립하고 실천 의지를 다지는 단계

2) ICAN 전략의 단계별 과정

1단계 정형화(Identify)	현재 직면한 상황과 해결해야 할 과제를 명확하게 구조화하는 단계
2단계 상황 파악(Circumstance)	내외부 환경과 영향 요인들을 종합적으로 분석하는 단계
3단계 실행계획 수립(Action plan)	목표 달성을 위한 구체적인 실행 방안과 세부 계획을 수립하는 단계
4단계 양육지원(Nurturing)	지속적인 성장과 발전을 위한 체계적인 지원과 피드백을 제공하는 단계

02 전문가의 역할과 관련 개념

1) 인재육성 전문가의 역할과 개입 시점

① 멘토의 정의와 역할: 구성원의 장기적 성장을 위한 전문적 지식과 경험 기반의 지속적 지원 및 조언 제공(화이트모어, 1999)

멘토의 주요 특성	• 전문지식과 실무경험 기반의 역량 보유 • 개인의 인식과 행동 변화를 위한 영향력 발휘 • 내 · 외부 전문가로서의 유연한 역할 수행 • 장단기 관계 설정을 통한 맞춤형 지원 체계 • 상황별 필요에 따른 능동적 개입 방식

② 컨설팅의 의미와 적용: 조직구성원의 성과향상을 위한 장애요소 파악 및 해결방안 도출

컨설팅 필요 상황	조직 관련	• 경영환경 변화에 따른 조직구조 재편성 • 인사제도의 개선과 보완
	개인 관련	• 직무 스트레스의 효과적 관리와 업무 불만족 요인의 해소 • 대인관계 갈등의 조정과 개인 문제의 해결 지원

2) 카운슬링의 특징

업무 성과에 영향을 미치는 구성원의 심리적, 정서적 문제에 대한 자기주도적 해결 능력이 향상될 수 있도록 지원한다.

3) 코칭과 관련된 유사 개념

구분	대상	기대효과	시점
코칭	성장과 변화를 추구하는 사람, 1:1 지도, 부하(대등한 관계 파트너십)	새로운 관점으로 문제 해결 개발	• 미래지향적 • 단기적 관점
카운슬링	상처받은 사람	인간적인 문제 치유	과거 지향적(문제 상황의 과거행동 분석)
멘토링	직장동료	문제해결, 능력 개발, 조언	• 미래 지향적 • 장기적 관점
컨설팅	문제를 빨리 해결하고 싶은 사람	전문가의 조언과 답을 제공받음	현재 중심적

고객 불만 관리와 해결

01 컴플레인의 이해

01 컴플레인의 개념과 특성

1) 컴플레인과 클레임의 차이 ★

컴플레인	클레임
• 주관적인 고객의 평가로 서비스, 품질에 대해 불만을 제기하는 것 • 자체 내부 조치로 빠르게 해결이 가능	• 객관적 문제점에 대한 고객의 불만 • 제대로 처리되지 않으면 고객에게 물질적, 정신적 보상을 해야 함

2) 컴플레인의 발생 원인

회사 측면의 문제	• 잘못된 A/S 대응과 정보제공의 미흡 • 제도 및 제품 관련 문제
직원 측면의 문제	• 불친절한 고객 응대와 무성의한 접객 행위 • 회사 규정을 핑계로 한 책임 회피 • 업무 미숙과 부족한 상품 지식 및 고객 요구의 무시
고객 측면의 문제	• 할인 · 교환 · 거래 중단 등의 과도한 요구 • 악의적 불만 제기 및 기억착오로 인한 마찰 • 감정적 반발과 고압적 태도와 성급한 결론과 독단적 해석 • 잘못된 지식과 인식

3) 컴플레인 관리의 중요성 및 필요성

고객 관계 측면	• 불만 제기 고객의 높은 거래 확률과 열성 팬으로의 전환 기회 • 재방문 및 재구매율 향상을 통한 유대관계 강화 • 긍정적 구전 효과를 통한 신규고객 창출
기업 운영 측면	• 문제점과 취약점 발견을 통한 유용한 정보 획득 • 고객 유지율 증가를 통한 매출 향상 • 신속한 불만 처리를 통한 회사 이미지 제고 • 소송 등 법적 비용의 감소
유의사항	• 부정적 평판의 빠른 확산 가능성 주의 • 고객의 업무 프로세스 및 규정 이해도 과대평가 지양 • 불만관리 비용은 높으나 장기적 효과가 큼을 인식

1) 고객 불만 유형

심리적 불만	개인의 자아실현, 존중, 사회적인 수용 측면의 불만
균형 불만	고객이 기대한 것보다 서비스 수준이 낮을 경우(고객의 필요를 충족시켰더라도)
효용 불만	서비스 사용에 대한 고객의 욕구를 충족시키지 못했을 경우(경제적 측면의 개념)
상황적 불만	여러 가지 상황에 따른 불만. 즉, 시간(Time), 장소(Place), 목적(Occasion)에 따른 불만

2) 씽(Singh)의 소비자의 4가지 불평 유형★★

수동적 불평자	• 소극적으로 불평하는 사람 • 직원에게 불만을 말하지 않음 • 타인에게 부정적 구전을 전하지 않음 • 어떤 조치를 취할 가능성이 가장 적음
표현 불평자	• 불평을 표현하는 사람 • 불평을 잘 응대했을 시, 최고의 고객으로 전환될 수 있음 • 적극적으로 불만을 이야기함으로 인해 기업에게 두 번째 기회를 줌 • 개인적 규범은 자신들의 불만과 일치함 • 서비스제공자에게 불만을 표현한 결과가 긍정적일 것이라고 믿음 • 거래 기업을 전환하지 않고 부정적 구전을 퍼뜨리지 않음 • 3자 및 구전 확산자에게 불평하는 것이 덜 긍정적이라고 믿음
화내는 불평자 (격노자)	• 화내면서 불평을 하는 사람 • 타인에게 부정적 구전을 함 • 기업에게 두 번째 기회를 주지 않아서, 다른 업체로 전환할 의도가 높음
행동 불평자 (적극적 행동자)	• 행동으로 불평을 하는 사람 • 직원에게 평균 이상으로 불평함 • 높은 소외 의식을 가지고 있음 • 행동으로 불평을 표현해야 긍정적 결과를 가져온다고 믿음 • 극단적인 경우, '테러리스트' 가능성 있음

3) 상황에 따른 불만 유형

제공적 상황에 대한 불만	• 제품이나 서비스를 제공하는 기업의 본질적 역할에서 발생하는 불만사항 • 기업의 주요 기능 수행 과정에서 나타나는 고객 불만족
물리적 환경으로 인한 불만	• 매장의 외관과 내부 인테리어에 관한 불편사항 • 호텔, 음식점 등의 시설과 설비 상태에 대한 불만족 • 제품 재질이나 매장 입지 조건에서 오는 불편함
감각적 요소에 따른 불만	• 시각적 요소: 색상과 디자인, 청결도에 관한 불만 • 청각적 요소: 매장 내 소음이나 배경음악에 대한 불편 • 기타 감각적 경험과 관련된 불쾌감
정보 제공 관련 불만	• 카탈로그나 제품 설명서의 부실한 정보 • 인터넷 게시판의 불명확한 안내사항 • 각종 통보서와 공지사항의 전달 문제
금전적 처리 과정의 불만	• 결제 수단과 조건에 대한 불편사항 및 멤버십 혜택이나 우대 정책의 차별 • 금전적 혜택 제공에 관한 불만족

시간 관련 불만	• 고객 상담 시간대의 불편함과 매장 운영시간의 제한 • 서비스 지연으로 인한 대기 시간
인적 서비스 관련 불만	• 직원들의 접객 태도나 서비스 품질 • 종업원의 복장이나 용모 상태 • 상담과 대화 과정에서의 불편함
절차상의 불만	• 상품 구매 과정의 복잡성 • 회원 가입 절차의 번거로움과 각종 행정적 처리 과정의 불편함

4) 소비자 불만 표출 방식의 이해(데이&랜던, 1977)

개인적 차원의 대응	공식적 차원의 대응
주변인들을 통한 부정적 구전 전파와 재구매 중단 등 개인적 구매 결정	• 기업 대상 직접 보상 요구 (환불, 배상) • 법적 절차 진행 (손해배상 청구소송) • 소비자단체를 통한 공동 대응 (불매운동) • 관련 정부기관 신고 (공정거래위원회)

5) 강성 민원의 특성과 이해

정의와 범위	합법적 테두리 내 과도한 요구 및 반복적이고 장시간의 민원 제기
대응 방식	기관별 맞춤형 대응 전략 수립과 '고질 민원'으로서의 특수성 인식 그리고 각 행정기관의 특성을 고려한 처리

6) 불만에 대한 소비자 반응(데이&랜던, 1977)

사적 반응	구매에 관한 중지 결정 및 친구나 기업에게 경고(부정적 구전)를 포함한 반응
공적 반응	판매원에게 불평 원인 요구, 해당 정부기관(공정거래위원회)에 고발, 기업에 반한 요구 (환불 및 보상), 법률적 대응(소비자상 청구, 소송제기), 소비자문제 기관(소비자단체)에 고발 및 불매운동

02 컴플레인 해결 프로세스

01 불만고객 대응 전략

1) 불만고객 응대 원칙

피뢰침의 원칙	고객이 개인적 감정이 있어서 화를 내는 것이 아니라, 일처리에 대한 불만과 복잡한 규정 및 제도에 항의하는 것
책임공감의 원칙	고객의 불만과 비난에 대해 책임을 같이 져야만 하는 원칙
감정통제의 원칙	고객 접점에서 근무하는 직원은 고객과의 만남에서 오는 부담감 극복과 감정까지 통제할 수 있어야 하는 것
언어절제의 원칙	고객상담 시 고객보다 말을 많이 한다고 해서 나의 마음이 고객에게 잘 전달되는 것은 아니기에 고객의 말을 많이 들어주는 것
역지사지의 원칙	• 고객의 입장에서 문제를 접근해야 함 • 고객이 회사의 규정이나 업무 프로세스를 다 알고 있다는 것을 전제로 상담을 해서는 안 됨

2) 컴플레인 발생 시 기본 처리 절차

① 고객의 말씀 속 요점과 착오 여부에 대한 면밀한 검토
② 해결방안의 신속한 수립과 친절한 설명을 통한 고객 이해 도모
③ 불평사항에 대한 적극적 경청과 긍정적인 수용 자세
④ 재발 방지를 위한 철저한 사후 검토와 반성
⑤ 권한 초과 사항에 대한 담당자나 상급자로의 신속한 이관

3) 불만고객 처리 프로세스

제1원칙 공정성 유지	• 실제로도 공정해야 하며 고객에게도 공정하게 보여야 함 • 독립적인 조사기관 필요
제2원칙 효과적인 대응	보상 방침을 관대하게, 보상에 쓰는 돈의 총액 중에서 불평 처리에 드는 비용은 적지만 고객에게 보여주는 데는 굉장한 효과가 있음
제3원칙 고객 프라이버시 보장	고객의 불평행동에 대해 비밀유지를 하여 고객 프라이버시 보장
제4원칙 체계적 관리	고객이 언급한 불평 내용에 대해 조치를 취한 뒤 그 결과를 고객에게 알리고, 고객의 불만을 통해 알게 된 내용을 조직 내부의 다른 사람들과 공유하여 체계적으로 관리

4) 컴플레인 해결의 기본 원칙

① 모든 불만 사항에 대한 진지한 수용과 경청
② 고객과의 신뢰 관계 구축을 최우선으로 고려
③ 해결 과정에서의 투명하고 정직한 소통 강조
④ 재발 방지를 위한 시스템적 개선 노력

01 고객 응대 화법에 대한 설명으로 옳은 것은?

① 아론슨 화법은 긍정적 내용을 먼저 말하고 부정적 내용을 나중에 말한다.

② 부메랑 화법은 제품의 장점을 단점으로 전환하여 설명하는 방식이다.

③ 산울림 화법은 고객이 한 말을 부분적으로만 반복하여 공감을 얻는다.

④ 보상 화법은 약점과 강점이 서로 무관함을 강조하는 화법이다.

⑤ 쿠션 화법은 부정적인 말을 하기 전에 완충 역할을 하는 말을 먼저 한다.

02 코칭의 개념과 특성에 대한 설명으로 틀린 것은?

① 개인의 즉각적인 수행 향상에 초점을 맞추는 활동이다.

② 수직적 관계와 통제를 바탕으로 한 지시를 중요시한다.

③ 공식적인 계약 관계를 기반으로 개인의 성장을 돕는다.

④ 조직 내 업무 수행능력 향상과 성과 증진을 위한 도구이다.

⑤ 개인이 스스로 문제점을 발견하고 해결책을 찾도록 지원한다.

03 불만고객의 유형 중 '표현 불평자'의 특징으로 옳은 것은?

① 직원에게 불만을 표현하지 않는다.

② 타인에게 부정적 구전을 적극적으로 전파한다.

③ 다른 업체로 전환할 가능성이 매우 높다.

④ 기업에게 두 번째 기회를 준다.

⑤ 테러리스트가 될 가능성이 높다.

04 컴플레인과 클레임에 대한 설명으로 옳은 것은?

① 컴플레인은 객관적 문제점에 대한 고객의 불만이다.

② 클레임은 자체 내부 조치로 빠르게 해결이 가능하다.

③ 컴플레인은 물질적, 정신적 보상이 항상 필요하다.

④ 클레임은 제대로 처리되지 않으면 보상이 필요하다.

⑤ 컴플레인과 클레임 모두 주관적 평가에 기초한다.

05 칼 알브레히트의 서비스 칠거지악에 대한 설명으로 틀린 것은?

① 로봇화는 기계적 응대로 인간미가 결여된 태도를 의미한다.

② 냉담은 고객에게 적대감과 퉁명스러움을 보이는 것이다.

③ 뺑뺑이 돌리기는 타부서로 책임을 전가하는 행위이다.

④ 무관심은 고객이 다가와도 응대하지 않는 행위를 말한다.

⑤ 건방 떨기는 고객의 요구나 문제를 피하는 행위를 의미한다.

06 코칭 스킬에 대한 설명으로 옳은 것은?

① 질문 시 과거 중심의 질문을 주로 활용한다.

② 직관 스킬에서는 의도를 가지고 질문해야 한다.

③ 부하의 방향과 반대로 리드해야 한다.

④ 상사 스스로의 감정을 무시하지 않는다.

⑤ 부하와 대화 시 깊이 생각하며 응대한다.

07 컴플레인 처리의 4가지 원칙에 대한 설명으로 옳은 것은?

① 제1원칙은 신속성 유지이다.

② 제2원칙은 보상 비용의 최소화이다.

③ 제3원칙은 고객 프라이버시 보장이다.

④ 제4원칙은 독립적 조사기관 설치이다.

⑤ 제1원칙은 체계적 관리이다.

08 코칭과 유사개념의 비교에 대한 설명으로 틀린 것은?

① 코칭은 미래지향적이고 단기적 관점을 가진다.

② 카운슬링은 과거 지향적이며 문제 치유에 중점을 둔다.

③ 멘토링은 장기적 관점에서 조언을 제공한다.

④ 컨설팅은 현재 중심적이며 전문가의 답을 제공한다.

⑤ 카운슬링은 미래지향적이며 능력개발에 초점을 맞춘다.

09 불만고객 응대 원칙에 대한 설명으로 옳은 것은?

① 피뢰침의 원칙은 고객의 개인적 감정에 집중하는 것이다.

② 책임공감의 원칙은 책임을 회피하는 것이다.

③ 감정통제의 원칙은 고객의 감정만을 통제하는 것이다.

④ 언어절제의 원칙은 고객보다 말을 적게 하는 것이다.

⑤ 역지사지의 원칙은 회사의 입장에서 문제를 접근하는 것이다.

10 GRROW 모델의 단계별 접근에 대한 설명으로 옳은 것은?

① Goal 단계는 현재 상황을 객관적으로 분석하는 단계이다.

② Reality 단계는 목표 달성을 위한 대안을 탐색하는 단계이다.

③ Recognition 단계는 핵심 니즈와 과제를 도출하는 단계이다.

④ Options 단계는 실천 의지를 확인하는 단계이다.

⑤ Will 단계는 구체적 목표를 설정하는 단계이다.

| 01 ⑤ | 02 ② | 03 ④ | 04 ④ | 05 ⑤ |
| 06 ④ | 07 ③ | 08 ⑤ | 09 ④ | 10 ③ |

01 ⑤

오답 피하기

① 아론슨 화법은 부정적 내용을 먼저 말하고 긍정적 내용을 나중에 말한다.
② 부메랑 화법은 단점을 장점으로 전환하여 설명하는 방식이다.
③ 산울림 화법은 고객이 한 말을 있는 그대로 반복하여 공감을 얻는 방식이다.
④ 보상 화법은 약점과 강점이 서로 연관이 있음을 강조하는 화법이다.

02 ②

코칭은 수평적 관계와 협력을 바탕으로 한 파트너십을 중요시한다.

03 ④

오답 피하기

① 적극적으로 불만을 표현한다.
② 부정적 구전을 퍼뜨리지 않는다.
③ 거래 기업을 전환하지 않는다.
⑤ 테러리스트 성향은 행동 불평자의 특징이다.

04 ④

오답 피하기

① 컴플레인은 주관적 평가에 기초한 불만이다.
② 자체 내부 조치로 빠른 해결이 가능한 것은 컴플레인이다.
③ 컴플레인은 자체 내부 조치로 해결 가능하다.
⑤ 클레임은 객관적 문제점에 대한 불만이다.

05 ⑤

건방 떨기는 고객에게 생색을 내거나 건방진 태도를 보이는 것을 의미한다. 고객의 요구나 문제를 피하는 행위는 '무시'에 해당한다.

06 ④

오답 피하기

① 미래지향적 질문을 사용해야 한다.
② 의도나 생각을 가지고 질문하지 않아야 한다.
③ 부하가 가려는 방향으로 따라가야 한다.
⑤ 부하와 대화 시 깊이 생각하지 않아야 한다.

07 ③

오답 피하기

① 제1원칙은 공정성 유지이다.
② 제2원칙은 효과적인 대응이다.
④ 제4원칙은 체계적 관리다.
⑤ 제1원칙은 공정성 유지다.

08 ⑤

카운슬링은 과거 지향적이며 인간적인 문제 치유에 초점을 맞춘다.

09 ④

오답 피하기

① 피뢰침의 원칙은 일처리에 대한 불만임을 인식하는 것이다.
② 책임공감의 원칙은 고객의 불만과 비난에 대해 책임을 함께 지는 것이다.
③ 감정통제의 원칙은 직원 자신의 감정을 통제하는 것이다.
⑤ 역지사지의 원칙은 고객의 입장에서 문제를 접근하는 것이다.

10 ③

오답 피하기

① Goal 단계는 구체적이고 명확한 목표를 설정하는 단계이다.
② Reality 단계는 현재 상황을 객관적으로 분석하는 단계이다.
④ Options 단계는 목표 달성을 위한 대안을 탐색하는 단계이다.
⑤ Will 단계는 실천 의지를 확인하는 단계이다.

CHAPTER

03

비즈니스 매너와
글로벌 에티켓

학습 방향

비즈니스 상황에서 필요한 기본 예절과 커뮤니케이션 능력을 학습하고, 이미지 메이킹과 첫인상 관리의 중요성을 이해한다. 또한 글로벌 환경에서 요구되는 다양한 국가별 매너와 문화 차이를 익히며 국제 비즈니스 상황에 유연하게 대처할 수 있는 역량을 기른다. 이를 통해 직장 내외에서의 인간관계 형성과 전문성 향상에 기여한다.

출제빈도

SECTION 01	하	20%
SECTION 02	중	30%
SECTION 03	중	30%
SECTION 04	하	20%

이미지 메이킹과 첫인상 관리

01 이미지의 이해

01 이미지의 기본 개념

1) 에티켓과 매너의 차이 ★

에티켓	매너
있다, 없다로 표현 – 객관적	좋다, 나쁘다로 표현 – 주관적
What 형식	How 방식(에티켓을 전달하는 방식 – 에티켓이 매너의 기본 단계)
• 의무적 • 외부 지향적 성격 • 변화하기도 함(가변성) • 보편적 예절(보편성)	• 자의적 • 대인적 속성 • 습관의 표현 • 이미지와 연결
화장실에서 노크를 하는 것은 에티켓	상대를 배려해 '조심스럽게' 노크를 하는 것은 매너

2) 이미지의 개념

- 이미지의 어원은 라틴어 'Imago'와 'Imitari'에서 시작한다.
- 외적 형태에 대한 인위적인 재현이다.
- 이미지는 부분적인 것이 아닌 전체적인 것이다(대표성을 지닌다).
- 이미지는 추상적이고 연속적이다.
- 같은 대상이라도 사람마다 다르게 느낄 수 있다.
- 이미지는 가짜(Paseudo)로 조작되고 만들어진다고 본다(다니엘 부어스틴).
- 시각적 요인(외적)은 용모, 복장, 표정, 제스처, 자세, 태도 등으로 이루어진다.
- 관념적 요인은 느낌, 분위기, 개념, 연상 등을 포함한다.

3) 이미지의 분류

외적 이미지	인간의 총체적인 이미지로 내적인 이미지가 표정, 언행, 자세 외모 등의 행동을 통해 표현되는 것(카이저)
내적 이미지	자신에 대해 스스로 느끼는 생각과 느낌의 총합을 의미하며, 내적 이미지는 지각의 본질이자 행동의 방향을 결정(로젠버그)
사회적 이미지	특정한 사회에서만 적용되고 그 구성원들도 그 이미지를 자연스럽게 받아들임
공동적 이미지	대부분의 사람이 가지고 있는 공통적 이미지(특이한 사람 제외)
독자적 이미지	어떤 사물에 대해 사람마다 각기 다른 주관적 이미지를 가지고 있음(개인적 이미지)

4) 이미지(인상) 형성의 요인★

| 생활 | 삶의 가치 | 경험 | 배경 | 욕구 |

📘 교수님 TIP

출생, 지식 수준은 이미지 형성 요인에 해당하지 않습니다. 주의하세요!

5) 이미지의 형성 과정

감정 과정	• 감정적 반응은 '확장 효과'를 가져옴 • 사고와 지각 이전의 감정으로 반응하는 것
사고 과정	과거와 관련된 기억과 현재의 지각이 섞여 개인의 이미지를 형성하는 것
지각 과정	주관적이고 선택적으로 이루어진다 → 같은 대상에 대해 다른 이미지를 부여 인간이 환경에 대해 의미를 부여하는 과정

➕ 더 알기 TIP

확장 효과의 예시
기업의 어떤 상품에 대해 부정적인 이미지가 있으면, 다른 상품도 부정적 관점으로 보게 된다.

02 첫인상과 대인 매력

1) 첫인상의 특징★

초두 효과 **(맥락 효과)**	처음에 접한 정보가 이후의 판단에 가장 큰 영향을 미치는 현상으로, 첫 만남에서의 이미지나 말투가 전체적인 인상을 결정
일방성	첫인상은 본인이 아니라 상대방이 일방적으로 보고 느낀 이미지를 바탕으로 판단하며, 본인의 실제 의도와는 다를 수 있음
신속성	첫인상은 매우 짧은 순간(약 3~7초 이내)에 형성될 정도로 빠르게 이루어지며, 한 번 형성되면 쉽게 바뀌지 않음
일회성	첫인상은 다시 되돌려 수정하기 어렵고, 오직 처음 만났을 때의 단 한 번의 경험만으로 형성됨

2) 대인매력

① 정의

대인매력이란 사람 간의 관계에서 상대방의 말과 행동에 대해 느끼는 긍정적 또는 부정적 태도나 감정적 반응으로, 친밀감과 호감을 형성하는 중요한 요소이다.

② 요인★

• 호혜성: 서로가 도움을 주고받으면서 상호 간의 이익이나 혜택을 공유할 때, 상대방에 대한 매력이 증가한다.

• 상보성: 개인이 스스로에게 부족하거나 결핍된 부분을 채워주는 사람에게 더 큰 매력을 느끼며, 서로 보완적인 관계에서 끌림이 강해진다.

• 상호성: 자신을 긍정적으로 평가하거나 칭찬하고 인정해 주는 사람에게 자연스럽게 호감을 느끼며, 이로 인해 상대방에게도 매력적으로 비친다.

• 그 외 요인으로 매력성, 보상성, 친숙성, 유사성, 근접성이 있다.

3) 첫인상의 법칙

맥락 효과	처음 정한 판단이 기준이 되어 차후에 입력되는 정보들에도 영향을 끼침. 처음이 부정적 정보였다면 그 후에도 부정적 관점으로 보려는 현상
빈발 효과	첫인상이 설령 좋지 않더라도 자주 반복해서 나타나는 행동이나 태도가 처음과 다르게 좋은 모습들을 보여주면 점차 인상이 좋은 쪽으로 변화하는 현상
콘크리트 법칙	첫인상은 마치 콘크리트처럼 쉽게 굳어져서 쉽게 바꾸는 것은 어렵다는 법칙
부정성의 법칙	부정적 정보가 긍정적 정보보다 더 강력하게 인상 형성에 작용
일관성 오류 법칙	한 번 내린 이미지의 판단은 상황이 달라져도 유지하려는 욕구가 있음
인지적 구두쇠 이론	상대를 판단할 때 최대한 노력을 덜 들이면서 쉽게 결론을 내리려고 함
초두 효과	한 사람에 대한 초기의 정보가 나중 정보보다 인상 형성에 더 큰 영향을 줌

비즈니스 기본 매너

01 인사와 호칭

01 인사 예절

1) 상황에 따른 인사 매너

① 인사하기 가장 좋은 시기는 6보~8보 전방
② 복도에서 상사와 마주치면 멈출 필요 없이 한쪽으로 비켜서며 가볍게 인사
③ 상사가 외부인과 함께 있을 경우는 멈추고 인사
④ 부득이하게 앉아서 인사할 경우 표정이 가리지 않도록 머리를 너무 숙이지 않기
⑤ 윗사람에게 "수고하셨습니다" 인사는 실례
⑥ 인사의 중요성: 상대에 대한 친절과 존경의 표현, 자신의 이미지를 높이는 기준, 인간관계의 시작

2) 인사 종류★★

목례(15도)	• 실내, 복도에서 자주 만나는 사람에게(2번 이상 만날 때) • 통화 중 마주칠 때 • 화장실이나 엘리베이터 안에서 만날 때
보통례(30도)	• 일상생활 중 가장 많이 사용하는 인사 • 윗사람에게나 어른에게 인사할 때 • 지시 또는 보고 후 인사
정중례(45도)	• 손님에게 감사, 사과, 맞이, 배웅시 하는 인사 • 면접 시 인사할 때 • 공식석상에서 첫인사(상견례, 결혼식장 하객 인사, 아주 큰 어른)

3) 공수법★★

① 평상시: 남자는 왼손이 위, 여자는 오른손이 위
② 흉사시: 남자는 오른손이 위, 여자는 왼손이 위

4) 절하는 횟수

① 기본 횟수
• 남자: 최소 양수인 한 번(남자는 '양')
• 여자: 최소 음수인 두 번(여자는 '음')
② 생사 구별 횟수
• 산 사람: 기본 횟수로 절한다.
• 죽은 사람, 의식행사: 기본 횟수의 배로 절한다.

> **교수님 TIP**
> • 제사는 '평상시'에 해당합니다.
> • 초상집, 상중, 영결식은 '흉사시'에 해당합니다.

> **더 알기 TIP**
> 동양에서 양수는 홀수(1, 3, 5, 7, 9 등)로 대표되며, 음수는 짝수(2, 4, 6, 8, 10 등)로 대표된다.

02 호칭과 경어

1) 경어 사용법★

존경어	말하는 사람의 행동에 대해 높여서 말하는 표현 예 ○○ 씨, ○○ 여사, 귀하, 손님이 오십니다, 어느 분 등
겸양어	말하는 사람의 입장을 낮추고 상대방에게 경의를 나타내는 표현 예 저희가, 여쭙다, 뵙다, 드리다 등
공손어	상대방에게 공손하게 보이기 위함과 자기 품위를 위해 사용하는 표현 예 안녕하십니까?, 안내드립니다, 주문하신 커피가 나왔습니다, 오늘 수트가 멋있 으시네요 등 — 사물에는 존대를 사용하지 않는다.

2) 호칭 매너★

- 거래처에 본인을 소개할 때는 '회사명 – 직책 – 이름' 순으로 말한다.
- 자신의 상사를 호칭할 때 상사보다 윗사람 앞에서는 '님'을 뺀 직책을 사용한다. 단, 본인 입석하에 지시를 전달할 때는 '님' 자를 붙인다.
- 문서에 직급 표시할 때는 '님' 자를 뺀다.
  - 예 사장님 지시사항(×) → 사장 지시사항(O)
- 경어는 사람에게만 적용한다.
  - 예 사장님 책상 → 사장 책상, 사장님실 → 사장실)
- 상대방의 이름을 물을 때 "성, ○자, ○자'입니까? 라고 말한다.
- 아랫사람 첫 대면시 ○○ 씨 등 존칭을 붙인다.
- 30대 후반 기혼 여성의 호칭은 '여사님' 사용을 권장한다.
- 윗 사람에게는 "수고하십시오." 라고 하지 않는다.
- 자신을 소개할 때 이름 중간에 '자'를 사용하지 않는다.
  - 예 저는 남, 지 '자', 윤 '자'입니다.(×)

3) 미국에서 사용되는 호칭 매너

- 남성의 경우 결혼 여부와 상관없이 성 앞에 'Mr'를 붙여 칭한다.
- 'Mrs'는 결혼한 여성에게 사용하고, 'Miss'는 미혼여성에게 사용한다.
- 최근에는 여성의 결혼 여부를 모를 경우 'Mrs'나 'Miss'보다 'Ms'를 더 보편적으로 사용하는 경향이 있다.
- 존경을 표해야 할 성인 남성에게는 'Sir'이라는 표현을 사용한다.
- 초 · 중 · 고등학교에서 선생님을 칭할 경우 'Mr.Smith'와 같이 직접 이름을 부를 수 있다. Mr, Mrs, Ms + 성을 붙여 사용이 가능하다.

➕ 더 알기 TIP

간접존대
높여야 할 대상의 소유물, 신체 부분, 성품 등과 같이 이런 대상을 통해 주어를 간접적으로 높이는 것. '오늘 의상이 멋있으시네요.'와 같이 '~시'가 동반된다. 사물에는 존대를 사용하지 않는다.

02 전화와 보고

01 전화 매너

1) 전화 응대 매너★★

- 통화 목소리 크기는 고객의 목소리보다 조금 낮게 말한다.
- 통화 중 끊어지면 전화를 먼저 건 쪽에서 다시 건다.
- 대화할 때 높낮이가 있는 리듬감 있고 안정감 있는 억양으로 대화한다.
- 전문성을 어필한다고 전문용어를 많이 사용하는 것은 자제한다.
- 전화가 잘 들리지 않을 때 "뭐라구요?", "잘 안 들리는데요." 등의 표현은 사용하지 않는다.
- 중요한 내용은 반복하여 확인한다(재진술의 법칙).
- 의뢰형, 권유형으로 표현하고 부정적 말은 우회적으로 표현하여 긍정적으로 전달한다.
- 고객의 말을 걸러 듣고 지레짐작하는 것은 지양한다.

2) 전화 커뮤니케이션의 특징

목소리로 전달되는 인상의 힘	• 전화 통화에서는 목소리와 어조만으로 상대방의 마음이 전달된다. • 말하는 방식에 따라 같은 내용도 다르게 전달될 수 있다. • 따뜻한 어조는 신뢰를, 딱딱한 어조는 거리감을 만든다.
어조의 중요한 요소들	목소리의 크기와 톤, 말하는 속도와 리듬, 발음의 정확성, 음성의 친근감
커뮤니케이션의 구성 비율(메라비언 법칙)	• 시각적 요소 (55%): 상담사의 표정, 응대 자세와 동작, 전문가다운 복장과 몸가짐 • 청각적 요소 (38%): 친근한 목소리 톤, 적절한 말의 속도, 명확한 발음과 억양 • 언어적 요소 (7%): 전문적인 설명 내용, 정확한 업무 지식
전화 상담시 전달 요소	• 청각적 요소 (86%): 목소리를 통한 친절함 전달, 경청하는 자세 표현, 공감하는 톤으로 응대 • 언어적 요소 (14%): 정확한 업무 설명, 전문지식을 통한 해결책 제시

3) 전화 응대 구성요소★

음성	억양	속도	발음	띄어읽기	대화의 단어 선택

4) 전화 응대 3원칙 ★

친절	정확	신속
• 고객을 향한 진심 전하기 • 눈앞에 계신 고객처럼 정성을 다해 응대하기 • 예의 바른 언어 사용하기 • 고객의 입장을 배려하는 표현 선택하기 • 차분하고 정중한 어투 유지하기 • 일방적인 대화를 피하고 경청하는 자세 보여주기	• 전문성 갖추기 – 담당 업무에 대한 깊이 있는 지식 확보 – 고객이 이해하기 쉬운 용어로 설명 – 중요 내용은 다시 한번 확인 – 5W3H 기준으로 꼼꼼한 메모 습관 – 고객의 진정한 니즈 파악하기 • 명확한 의사소통 – 정확한 발음과 적절한 속도로 전달 – 고객의 의견을 주의 깊게 경청 – 애매모호한 표현 피하기 – 전문용어는 쉽게 풀어서 설명	• 효율적인 시간 관리 – 통화 시작시 소속과 이름 먼저 안내 – 핵심 요점 위주로 간단명료하게 전달 – 불필요한 말 반복하지 않기 – 통화 전 5W1H로 요점 정리하기 • 책임감 있는 응대 – 지연 시 반드시 중간 보고 실시 – 처리 완료 예정 시간 미리 안내 – 후속 조치 사항 명확히 전달 – 약속한 시간 내 답변하기

5) 성공적인 전화 응대를 위한 실천 수칙

목소리와 대화 예절 (음성 조절의 기술)	• 고객의 목소리보다 약간 낮은 톤 유지하기 • 상대방의 말하는 속도에 맞춰 응대하기 • 정확하고 간결한 표현으로 의사 전달하기 • 플러스 화법으로 긍정적 분위기 조성하기
대화의 품격 유지 (바람직한 화법)	• 명령조나 지시형 표현 대신 권유형 사용 • 부정적 표현은 우회적으로 순화하여 전달 • 어려운 전문용어 사용 자제하기 • 상대방 말씀 중간에 끊지 않기
통화 중 주의사항 (기본 예절)	• 대기 시 발생하는 주변 소음 차단하기 • 통화 중단 시 발신자가 재통화 하는 것이 원칙 • 상대방이 먼저 수화기를 내려놓은 것 확인 후 종료 • 통화 중 다른 대화나 소음이 전달되지 않도록 주의
고객 응대 핵심 포인트	• 부재중인 경우 간단명료하게 안내 • 고객이 찾는 사람이 없을 경우 사적인 부재 사유는 언급 자제하기 • 요청사항 처리 불가 시 대안 제시 • 최선의 해결책을 찾아 적극 제안

6) 전화 받기와 걸기

① 전화 받을 때의 핵심 수칙

첫인상을 결정하는 초기 응대	• 전화벨 소리가 3번 이상 가지 않도록 신속히 받기 • 회사명과 소속을 먼저 밝혀 신뢰감을 형성 • 밝고 경쾌한 목소리로 고객을 맞이
효율적인 통화 진행	• 고객의 용건을 5W1H에 따라 꼼꼼히 메모 • 중요한 내용은 복창하여 정확성을 확보 • 메모지를 항상 준비하여 필요사항을 기록 • 담당자 부재 시 간단명료하게 상황을 설명
통화 품질 관리	• 수신 상태가 좋지 않을 때는 통화 품질 문제를 언급 • "고객님, 잠시만요. 전화 수신이 좋지 않아 다시 연락드리겠습니다."라고 안내

② 전화 걸 때의 주의사항

통화 전 준비	• 전달할 내용을 사전에 정리 • 필요한 자료를 미리 준비 • 적절한 통화 시간대를 선택
예의 바른 통화 진행	• 첫인사와 함께 소속과 이름을 밝히기 • 상대방을 확인한 후 용건을 전달 • 끝인사는 상대방이 먼저 끊을 때까지 대기
돌발 상황 대처	• 통화 중단 시 즉시 다시 전화 걸기 • "죄송합니다. 통화 중 연결이 끊어져 다시 연락드립니다."라고 정중히 설명

02 보고 매너

1) 수명 · 보고의 노하우★
_{└─ 명령을 받음}
• 수명시 이해가 잘 안되면 정중히 질문하고 요점은 복창하여 확인한다.
• 보고할 내용이 겹칠 때는, 전체를 먼저 말한 후 순차적으로 보고한다.
• 보고는 지시 당사자에게 한다. 직속상사 외에 상사의 명령도 직속상사에게 먼저 보고하고 지시에 따른다.
• 보고는 지시사항 수행 후 즉시 보고하며, 결론부터 말한 후 이유를 전달한다.
• 이중으로 명령받으면 우선순위를 먼저 결정하고, 스스로 판단하기 힘든 경우는 상사에게 질문을 통해 정한다.
• 애로사항 발생 시 중간보고를 한다.
• 상사가 바빠 보이면 양해를 구해 타이밍을 잘 맞춘다.
• 불가능한 지시는 그 이유를 말하고 재지시를 받는다.
• 상사의 명령이 잘못되었을 경우, 자신의 의견을 제시하거나 원인규명을 한다.
• 지시받은 내용에 대해 의견이 있을 시, 사실을 바탕으로 간결하고 솔직한 의견을 제시한다.

2) 보고의 6원칙★

완성성	필요성	적시성	정확성	간결성	유효성

3) 중간보고가 필요한 경우★
• 기한을 지키지 못하거나 처리 시간이 상당히 걸릴 경우
• 상황이 바뀌었을 때
• 새로운 지시를 받고자 할 경우
• 지시받은 방법으로 일 처리가 힘들어 보일 때
• 또 다른 상사의 지시와 상충될 때
• 실수를 했을 때
• 결과가 보일 때

📙 교수님 TIP

경제성은 보고의 6원칙에 포함되지 않습니다.

🕐 암기 TIP

보고완성의 **필요성**은 **적정**한 **간결이유~**

완성성, 필요성, 적시성, 정확성, 간결성, 유효성의 원칙을 순서대로 넣어서 암기해보세요.

비즈니스 실무 매너

01 대면 비즈니스 매너

01 소개와 명함

1) 소개 매너★

- 사회적 지위나 연령이 비슷한 사람이 많을 경우, 소개하는 사람과 가까운 사람부터 소개한다.
- 한 사람을 여러 사람에게 소개할 경우, 먼저 한 사람을 여러 사람에게 소개한 후 여러 사람을 그 사람에게 소개한다.
- 여성과 남성이 함께 있을 경우, 남성을 먼저 소개한다.
- 직급이 낮은 사람을 먼저 소개한 후 직급이 높은 사람을 소개한다. 단, 나이가 어리더라도 나이 많은 사람보다 직급이 높다면 나이가 많은 사람을 먼저 소개한다.
- 비즈니스 자리에서는 지위를 밝히지 않고 이름만 밝힌다.
- 고객(외부인)에게 동료를 소개한다.
- 소개할 때 모두 일어나는 것이 원칙이다. 단, 환자나 노령자는 예외로 한다.
- 나이가 많은 여성이나 앉아있던 여성은 앉은 상태 그대로 남성의 소개를 받아도 괜찮다(파티의 호스티스는 예외).

2) 명함 매너의 유의사항★

- 명함 전달 순서는 아랫사람이 윗사람에게 먼저 건네며, 소개받은 사람이 먼저 주고, 방문한 곳에서는 상대방보다 먼저 명함을 전달한다.
- 명함을 동시에 주고받을 때는 오른손으로 주고 왼손으로 받는다. 상대방이 명함 속 자신의 성명을 바르게 볼 수 있도록 방향을 잡는다.
- 명함을 받자마자 바로 넣지 않는다. 받은 즉시 직함과 성명을 확인하며 정중히 읽는다. 받은 명함은 테이블 위에 정중히 놓아둔다.
- 앉아서 대화를 나누다가도 명함을 주고받을 때는 일어서서 교환한다.
- 명함을 받으면 상대방을 더욱 기억하기 위해 상대방이 앞에 없을 때 정보를 메모한다.
- 명함의 동시교환은 부득이한 경우가 아니라면 실례이다.
- 주로 사용하는 명함의 사이즈는 90mm × 50mm이다.
- 명함이 없을 경우 사과를 하고 상황에 따라 이름과 연락처 등을 적은 메모를 전달한다.
- 명함의 종류로는 사교형 명함과 업무용 명함이 있다. 사교형 명함은 성명과 주소만 기입하며 주로 필기체를 사용한다. 업무용 명함은 성명, 회사주소, 직위를 포함하며 고딕체나 명조체를 사용하고, 업무관계에서는 반드시 업무용 명함을 사용한다.

➕ 더 알기 TIP

명함의 유래
- 명함은 루이 14세 때 생겼으며, 루이 15세 때부터 현재와 같은 인쇄된 명함을 사교의 목적으로 사용하였다.
- 영국에서는 업무용(고딕체) 명함이 사교용(필기체) 명함보다 약간 크다.
- 영국과 미국에서는 남녀가 모두 같은 형태의 명함을 사용한다. 여성의 명함이 남성의 명함보다 크며, 유럽에서는 반대이다.

3) 효율적인 명함 관리 방법

보관과 준비	• 깨끗한 상태 유지를 위해 명함 전용 지갑 사용 • 면담 상황별 여분의 명함 3장 이상 준비 • 개인용과 업무용 명함의 철저한 구분 보관
체계적인 분류 시스템	• 직장 관련 명함과 개인적 명함 분리 • 업종별, 회사별, 모임별 세부 분류 • 폭넓은 인맥 관리를 위한 체계적 정리

정보 관리의 팁	• 명함 여백에 만남의 정보 기록(상대방이 보지 않는 상황에서)
	   – 만난 날짜
	   – 만남의 장소
	   – 미팅 목적
	   – 주요 대화 내용

02 악수와 시선

1) 올바른 악수 예절★

① 악수하는 방법
- 손에 적당한 힘을 주어 정중하게 악수한다.
- 여성과 악수할 때는 반지 등을 고려하여 부드럽게 한다.
- 두 손을 모두 사용하는 것은 피한다.
- 악수를 할 때는 오른손으로 하며, 아이컨택을 한다.
- 악수할 때 허리를 굽히거나 두 손으로 잡지 않는 것이 매너이다. (단, 상대가 윗사람일 경우에는 조금 허리를 기울이는 것이 좋다.)

② 상황별 주의사항
- 연장자가 먼저 악수를 청하기를 기다린다. 악수의 순서는 윗사람이 아랫사람에게, 선배가 후배에게, 여성이 남성에게 먼저 청한다(단, 직장상사의 경우는 남성이 먼저 청한다.). 또한 기혼자가 미혼자에게 먼저 청한다.
- 대통령이나 왕족을 만날 때만 머리를 숙인다.
- 그 외의 경우에는 당당하고 자연스럽게 응대한다.

③ 남녀 간의 예절
- 남성은 악수할 때 반드시 일어선다.
- 젊은 여성도 가급적 일어서서 악수하는 것이 좋다.
- 부부 동반 모임에서는 상대 배우자와도 자연스럽게 악수할 수 있다.
- 남성은 여성과 악수할 때 손을 흔들지 않는다.
- 남성끼리 악수를 할 때는 힘을 주는 편이 좋다.
- 여성의 경우 먼저 악수를 청하는 것이 에티켓이다.
- 악수할 때 장갑은 남성은 벗고, 여성은 벗지 않아도 된다(단, 청소용이나 승마용 장갑은 벗는다.).

2) 악수의 5대 원칙

미소	눈맞춤	적당한 거리	리듬	적당한 힘

3) 바람직한 시선 처리 방법

- 상대방의 눈을 계속 응시하면 부담을 줄 수 있다.
- 눈, 미간, 콧등 사이를 자연스럽게 번갈아 본다.
- 시선을 위아래로 훑어보는 것은 실례이다.
- 곁눈질은 상대방을 무시하는 인상을 준다.
- 위로 치켜보는 시선은 거만해 보일 수 있다.
- 한 사람에게만 집중된 시선은 다른 사람에게 소외감을 준다.

03 방문과 상담

1) 방문 매너

방문 전 준비사항	• 바쁜 시간대를 피해 미리 약속을 잡기 • 충분한 여유를 두고 방문 계획을 세우기 • 방문 약속시간보다 여유 있게 도착하여 화장실에서 복장과 용모를 점검하기 • 사무실에 들어가기 전 미리 장갑과 코트를 벗고 들어가기
방문 중 예절	• 응접실에 안내를 받으며 출입구와 가까운 말석에 앉아 기다리기 • 응접실에서 기다릴 때는 상대방 입실 시 즉시 기립 • 상대가 들어오면 일어서고 상석을 권하면 "감사합니다"와 함께 옆자리에 앉기 • 면담 중 시계 확인은 삼가 • 정중하고 예의 바른 태도를 유지 • 사무실은 업무 공간이기 때문에 너무 오래 있지 않는 것이 좋음
방문 마무리	• 목적 달성 여부와 관계없이 밝은 표정을 유지 • 정중한 인사로 마무리 • 다음 만남을 위한 좋은 인상을 남기기

2) 효과적인 상담 진행법

상담 전 체크리스트	관련 서류 완벽 준비, 상담 목표 명확히 설정, 주요 논의사항 정리, 상담 진행 요령
커뮤니케이션 포인트	긍정적인 어휘 선택하기, 적극적인 경청 자세 보이기, 명확한 의사 전달하기, 상담 마무리 단계
마무리 체크 포인트	주요 내용 요약 정리, 합의사항 문서화하기, 향후 계획 공유하기

3) 경청 매너

- 고객에게 지속적인 반응(맞장구)을 보이도록 한다.
- 고객의 말을 중간에 막지 않는다.
- 평가하거나 비판하지 않고, 편견을 갖지 않는다.
- 고객의 말을 복창한다.
- 중요한 요점이나 내용은 기록한다.
- 주의를 고객에게 집중한다.

02 비즈니스 커뮤니케이션

01 이메일 매너

1) 기본적인 이메일 작성법★

① 이메일 네티켓

- 24시간 이내 답장을 보내도록 한다.
- 상대방의 시간을 존중하는 마음이 중요하다.
- 신속한 응답이 어려울 경우 간단한 접수 확인 메일을 보낸다.
- 첨부파일을 보낼 시 가능한 압축하여 발송한다.
- 파일명은 알기 쉽게 작성한다.
- 보내는 사람이 누구인지 명확하게 밝혀야만 한다.
- 첨부 파일은 꼭 필요한 경우에만 보낸다.
- 유머 및 정보성 메일은 수신자의 동의를 받는다.

② 언어 사용의 기술

- 영어는 대문자로만 사용은 하지 않도록 한다.
- 약어나 속어는 의미 전달을 방해할 수 있으니 삼간다.
- 간결하고 명확한 문장으로 작성한다.
- 불필요한 군더더기 표현은 제외한다.

2) 단체 메일 발송(특수한 상황)의 이메일 매너

- 단체 메일은 수신자의 효용 유무를 고려 후 발송한다.
- 무분별한 단체 메일은 지양하며 수신자 정보 보호에 유의한다.

02 손님 안내와 상석 매너

1) 손님 안내 매너

기본 동선 안내법	• 손님으로부터 2~3보 앞에서 안내 • 한쪽으로 비켜서서 시야 확보 • 고객이 편안하게 따라올 수 있는 거리 유지
방향 표시의 예절	• 손바닥 전체를 이용하여 부드럽게 안내 • 손가락으로 지정하는 것은 실례 • 방향 전환 시 모퉁이에서 잠시 멈춰 확인
특별한 경우의 예절	• 연장자/상급자는 중앙 배치 • 나란히 걸을 때는 연장자가 오른쪽 • 안전을 고려한 적절한 거리 유지

2) 계단 이용시 매너

일반적인 경우	• 올라갈 때: 고객이 앞, 안내자가 뒤 • 내려올 때: 안내자가 앞, 고객이 뒤 • 안전을 최우선으로 고려

남녀 동행시	• 일반적 상황
	  – 올라갈 때: 남성이 먼저
	  – 내려갈 때: 여성이 먼저
	• 긴급 상황
	  – 안전을 위해 남성이 먼저 이동

3) 엘리베이터 이용 매너

기본 원칙	• 연장자와 고객을 우선으로 모시기 • 여성 우대 원칙 준수하기 • 안전을 최우선으로 고려하기
안내원이 있을 때	• 고객/상급자 먼저 승하차 • 안내원의 안내에 따르기
안내원이 없을 때	• 문은 직접 손으로 잡아 열어드리기 • 버튼은 누른 채 상급자 먼저 통과 • 처음 방문한 손님은 특별 배려

교수님 TIP

1번이 상석, 4번이 말석입니다.

▼ 엘리베이터 내부에서의 상석

4) 승용차 탑승 매너

운전기사가 있는 경우	• 최고 상석: 운전석 대각선 뒷좌석 • 차순 상석: 뒷좌석 옆자리 • 일반석: 운전석 옆자리 • 말석: 뒷좌석 중앙
자가운전 시	• 상급자는 운전자 오른쪽 좌석 • 운전자 배우자는 운전석 옆자리 우선권
특별 고려사항	• 여성이 스커트 착용시 뒷좌석 중앙 배제 • 상급자 승차 후 하급자는 반대편 문으로 승차 • 승하차시 상급자 우선 원칙 준수

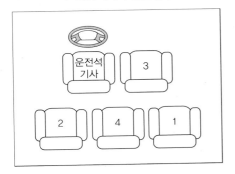

▼ 운전 기사가 있는 경우

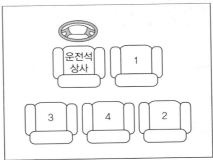

▼ 상사가 운전하는 경우

5) 응접실 상석 매너★

- 상석은 기본적으로 출입문과 먼 곳이다. 단, 전망이 좋은 장소에서는 전망이 잘 보이는 곳이 상석이다.
- 상석은 소파가 있을 경우, 긴 소파가 아닌 1인용 소파 또는 독립된 좌석이 상석이다.
- 상석에 안내할 때는 안내하는 사람이 먼저 상석 방향을 손으로 가볍게 가리키며, 정중히 자리를 권한다.

▼ 전망이 좋은 장소에서의 상석

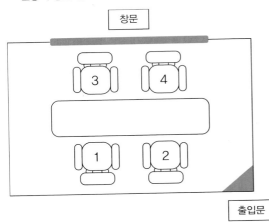

글로벌 비즈니스 매너

01 국제 비즈니스 매너

01 글로벌 에티켓

1) 국제 비즈니스 상황 및 에티켓 필요성

- 국제화되어 가는 기업의 비즈니스가 증가하고, 이질적인 국가 간의 교류가 더욱 활발해지고 있다.
- 한 집단의 문화가 다른 집단의 문화를 지배하는 '문화 헤게모니'가 약화되는 상황이 나타나고 있다.
- 국제 비즈니스의 증가로 인해 공간과 시간은 단축되고, 국가 간 상호 의존도가 더욱 증가하고 있다.
- 자기소개를 할 때는 이름 앞에 Mr 또는 Miss와 같은 호칭을 사용하지 않는다.
- 서양에서는 악수를 하기 전에 명함을 먼저 제시하지 않는다.

2) 국가별 제스처 의미★★

손바닥을 바깥쪽으로 한 V자	• 욕 (그리스) • 승리(유럽)
손바닥을 안쪽으로 한 V자	• 꺼져(영국, 프랑스) • 승리(그리스)
손가락으로 링을 만든 사인	• 가치가 없다(남부 프랑스) • 음탕, 외설적 표시(브라질, 남미) • OK(미국, 서유럽) • 돈(한국, 일본)
손바닥을 펴서 좌우로 흔드는 행위	당신의 일이 잘되지 않기를 원한다는 의미(그리스)
머리를 위아래로 끄덕임	No(그리스, 불가리아)
주먹을 쥐고 엄지만 올린 상태	• 무례한 행위(호주) • 동성연애자(러시아) • 조용히 해(그리스)
엄지손가락을 코 끝에 대는 행위	남을 비웃는 뜻(유럽)
손바닥을 아래로 손짓	• 가라는 뜻(서구 지역) • 오라고 부르는 뜻(중동, 극동지역)
합장	거만한 표시(핀란드)
상대방 손을 말없이 잡는 것	• 우정과 존경 표시(중동) • 동성애(미국)

🕐 **암기 TIP**

대체로 우리가 생각하는 긍정의 제스처가 '그리스'에서는 부정의 제스처로 사용되는 경우가 많다는 점을 기억하면 좋다.

3) 국가별 문화 특징

홍콩	• 시계를 죽음의 상징이라고 생각하므로 선물하지 않는 것이 좋음 • 음식을 조금 남기는 것이 예의(다 비우면 부족했다고 생각하므로)
중국	• 본인이 사용한 젓가락으로 음식을 집어 주는 것을 신경쓰지 않음 • 청색과 백색 사용하지 않음(장례식 색깔이므로) • 박쥐의 의미 = '행운'을 전해주는 동물 • 음식을 조금 남기는 것이 예의
일본	• 선물은 짝으로 된 세트로 준비하기(짝으로 된 것이 행운을 준다고 믿음) • 식사 중 본인 젓가락으로 음식을 집어 상대방에게 주는 것은 결례 • 밥그릇은 왼손으로 들고 먹고 오른손은 젓가락만을 사용해서 개인 그릇에 덜어서 먹기
멕시코 인디언	사진을 찍으면 혼이 빠져나간다고 여김(촬영시 신중)
태국, 말레이시아, 인도네시아	사람의 머리를 신성시하므로 머리를 함부로 만져서는 안 됨
중동(이슬람교 지역) 및 말레이시아, 인도네시아	• 물건을 건네받을 때 오른손을 사용 • 돼지고기와 주류는 찾지 말아야 함
인도	• 힌두교는 소를 신성화(쇠고기 먹지 않음) • 오른손을 사용하며 식사하기
태국	• 사찰 출입 시 반바지 복장 금지 • 여성은 승려와 악수 또는 물건 건네는 것 금기 • 머리를 신성시하므로 남의 머리를 함부로 만지지 않기 • 그릇 위에 젓가락 올리기 금지(죽음을 의미)
아랍	구두 밑창을 보이면 불쾌하다는 표시
미국	• 인종 문제를 화제로 올리는 것은 가급적 피해야 하기 • 말없이 상대방 손을 다정하게 잡는 것은 동성애의 의미
프랑스	카네이션 꽃은 장례식에 사용

4) 홉스테스의 문화 차원 이론

다양한 문화권의 사람들 간 가치관의 차이를 설명하기 위해 제시된 이론으로, 전 세계 문화권을 비교하고 이해하는 데 유용한 틀로 사용된다.

권력 거리	구성원들 간의 권력이나 신분의 차이를 받아들이는 정도
개인주의 대 집단주의	• 개인의 이익과 집단의 이익 사이에서 어느 쪽을 더 중요하게 여기는지 관한 경향성 • 개인주의 사회: 개인의 목표와 자기표현, 독립성 중시 예 미국, 캐나다, 서유럽 국가 등 • 집단주의 사회: 가족, 조직, 국가와 같은 집단의 이익과 조화를 중시 예 한국, 중국, 일본 등
남성성 대 여성성	• 전형적인 남성과 여성의 특성 또는 역할 중에 어느 쪽을 더 가치있게 느끼는지에 대한 문화적 가치경향 • 남성성 사회: 성공, 경쟁, 성취, 돈과 물질적 성공 중시 예 일본, 미국 등 • 여성성 사회: 배려, 삶의 질, 협력, 인간관계를 중시 예 스웨덴, 노르웨이 등

불확실성 회피 성향	구성원들이 미래의 위험이나 불확실한 상황에 대해 얼마나 불안을 느끼고 회피하는 성향인지 나타내는 정도
장기 지향성 대 단기 지향성	• 미래를 위해 인내하며 장기적으로 성취를 추구하는지(장기 지향성), 아니면 즉각적인 결과나 전통을 중요시하는지(단기 지향성)를 나타내는 정도 • 장기 지향적 사회: 절약, 지속적인 노력, 미래의 성과 중시 • 단기 지향적 사회: 전통과 현재의 즐거움 및 즉각적인 성과를 중시

02 비즈니스 복장과 식사 매너

01 비즈니스 복장

1) 남성정장의 매너
• 와이셔츠 안에는 속옷을 입지 않는다.
• 셔츠의 기본 매너로, 여름에도 반팔 와이셔츠를 입지 않는다.
• 넥타이 길이는 벨트 버클을 살짝 덮을 정도가 적당하다.
• 넥타이는 양복과 동일한 색상이 무난하며, 조끼를 입을 때는 넥타이가 조끼 아래로 나오지 않도록 한다.
• 넥타이의 폭은 상의의 깃 폭과 같은 것으로 선택한다.
• 양말은 바지와 구두와 같은 계통의 색상으로 선택하는 것이 좋다.
• 양말은 검정색이 가장 무난하며, 흰색 양말이나 목이 짧은 양말은 피한다.
• 구두는 양복 색과 맞추며, 검정색 또는 진갈색이 무난하다.

02 레스토랑 매너

1) 테이블 배치의 기본 원칙
① 상석 배정 기준
• 입구에서 가장 먼 자리가 상석이다.
• 창가 자리는 경치가 보이는 쪽이 상석이다.
• 직위가 나이보다 우선순위가 높다.
• 같은 조건일 경우 여성을 우대한다.
② 특별한 경우의 좌석 배치
• 부부 동반시 서로 마주보고 착석한다.
• 여러 명일 경우 직위와 연령을 고려하여 배치한다.
• VIP 고객은 가장 좋은 전망의 자리로 배정한다.

2) 방문 매너와 복장

방문 시 기본 매너	• 사전 예약은 필수 • 종업원의 안내를 따라 이동하고 자리 변경 희망 시 정중히 요청
복장 준수 사항	• 고급 레스토랑은 정장 착용 권장 • 비즈니스 미팅 시 격식있는 복장 필수 • 과도하게 화려한 색상은 피하기 • 남성 정장의 경우 벨트와 서스펜더(멜빵) 중복 착용 금지 • 단정하고 세련된 스타일 유지 • TPO에 맞는 적절한 의상 선택

3) 메뉴 선택 매너

• 모르는 메뉴는 웨이터에게 적극적으로 문의한다.
• 초대받은 경우 적정 가격대의 메뉴를 선택한다.
• "똑같이 주세요"라는 표현은 삼간다.
• 웨이터를 부를 때 손뼉을 쳐서 부르는 것은 금물이다.
• 웨이터와 시선이 마주치면 손짓으로 신호한다.
• 남성은 여성의 메뉴 선택에 도움을 준다.
• 각자의 취향을 존중하여 메뉴를 선택한다.

4) 레스토랑 기본 테이블 매너

• 식기는 제자리에 두고 식사한다.
• 버터는 개인 접시에 덜어 바른다.
• 냅킨은 주빈을 따라 펼친다.
• 빵은 손으로 한입 크기로 뜯어 먹는다.
• 수프나 커피에 빵을 적셔 먹지 않는다.
• 식사 중일 때는 포크와 나이프를 4시 40분 방향(八자 모양)으로 둔다.
• 식사가 끝났을 때는 포크와 나이프를 4시 20분 방향으로 나란히 둔다.
• 나이프와 포크는 코스에 따라 바깥쪽에 있는 것부터 차례대로 사용한다.
• 빵 접시는 좌측 것이 본인의 것이며, 물잔은 우측 것이 본인의 것이다.
• 팔꿈치를 테이블 위에 올리지 않는다.
• 식기를 들고 있거나 음식을 입에 문 채로 대화하지 않는다.
• 다리를 꼬고 앉지 않는다.

5) 식사 중 특별한 상황 대처

돌발 상황 시	• 식기 떨어뜨렸을 때는 조용히 직원 호출 • 긴급 전화가 온 경우 "실례하겠습니다" 양해 구하기
서비스 비용	• 서비스 차지 포함 시 팁은 불필요 • 서비스 차지 미포함 시 10~15% 정도의 팁 지불 • 계산서 확인 후 적절한 처리

01 에티켓과 매너의 차이점에 대한 설명으로 옳은 것은?

① 매너는 'What' 형식으로 표현된다.

② 에티켓은 좋다, 나쁘다로 표현하는 주관적 성격이다.

③ 매너는 의무적이고 외부 지향적 성격을 가진다.

④ 에티켓은 자의적이고 대인적 속성을 가진다.

⑤ 에티켓은 있다, 없다로 표현되는 객관적 성격이다.

02 인사 종류에 대한 설명으로 틀린 것은?

① 목례는 15도로 실내나 복도에서 자주 만나는 사람에게 한다.

② 보통례는 30도로 일상생활에서 가장 많이 사용한다.

③ 정중례는 45도로 면접이나 공식석상에서 첫 인사 시 한다.

④ 목례는 화장실이나 엘리베이터 안에서 만날 때 한다.

⑤ 정중례는 일상적인 업무 보고 후 사용한다.

03 남녀의 공수법에 대한 설명으로 옳은 것은?

① 평상시 남자는 오른손이 위, 여자는 왼손이 위이다.

② 흉사시 남자는 왼손이 위, 여자는 오른손이 위이다.

③ 평상시 남자는 왼손이 위, 여자는 오른손이 위이다.

④ 제사시 남자는 오른손이 위, 여자는 왼손이 위이다.

⑤ 모든 상황에서 남녀 모두 오른손이 위이다.

04 호칭과 경어 사용에 대한 설명으로 옳은 것은?

① "커피가 나오셨습니다"라고 말하는 것이 바람직하다.

② "사장님 책상"이라고 표현하는 것이 올바르다.

③ 문서에 직급 표시 시 "사장님 지시사항"으로 표기한다.

④ 거래처 소개 시 "이름-직책-회사이름" 순으로 말한다.

⑤ 상사보다 윗사람 앞에서는 "과장님"처럼 '님'을 붙여 호칭한다.

05 다음 중 전화응대 매너에 대한 설명으로 틀린 것은?

① 통화 목소리는 고객 목소리보다 조금 낮게 한다.
② 통화 중 끊어지면 받는 쪽에서 다시 걸어야 한다.
③ 대화 시 높낮이가 있는 리듬감 있는 억양으로 한다.
④ 전문성을 어필하기 위해 전문용어를 자주 사용한다.
⑤ 중요한 내용은 반복하여 확인한다.

06 보고의 6원칙에 대한 설명으로 옳은 것은?

① 적정성, 완성성, 필요성, 정확성, 간결성, 유효성이다.
② 경제성은 보고의 6원칙 중 하나이다.
③ 필요성, 정확성, 간결성, 완성성, 유효성, 신속성이다.
④ 완성성, 필요성, 적시성, 정확성, 간결성, 유효성이다.
⑤ 완성성, 정확성, 간결성, 유효성, 경제성, 적시성이다.

07 국가별 제스처의 의미에 대한 설명으로 옳은 것은?

① 엄지 손가락을 올리는 것은 호주에서 긍정의 의미이다.
② OK 사인은 브라질에서 긍정의 의미로 사용된다.
③ 머리를 위아래로 끄덕이는 것은 그리스에서 'No'의 의미이다.
④ 손바닥을 안쪽으로 한 V자는 그리스에서 욕의 의미이다.
⑤ 합장은 핀란드에서 존경의 의미로 사용된다.

08 중간보고가 필요한 경우에 대한 설명으로 틀린 것은?

① 기한을 지키지 못하거나 처리 시간이 상당히 걸릴 경우
② 실수를 했을 경우
③ 또 다른 상사의 지시와 상충될 경우
④ 결과가 성공적으로 예상될 경우
⑤ 지시받은 방법으로 일 처리가 힘들어 보일 경우

09 레스토랑 매너에 대한 설명으로 옳은 것은?

① 웨이터를 부를 때는 손뼉을 치는 것이 예의 바르다.
② 식사 중에는 포크와 나이프를 4시 20분 방향으로 둔다.
③ 빵은 한 번에 크게 자르고 포크로 먹는다.
④ 빵 접시는 우측이 본인 것, 물은 좌측이 본인 것이다.
⑤ 식사가 끝났을 때는 포크와 나이프를 4시 20분 방향으로 나란히 둔다.

10 다음 중 국가별 문화 특징에 대한 설명으로 옳은 것은?

① 홍콩에서는 시계를 선물하는 것이 행운의 의미이다.
② 중국에서는 청색과 백색이 축하의 의미로 사용된다.
③ 일본에서는 선물은 홀수 세트로 준비하는 것이 좋다.
④ 인도에서는 소를 신성시하여 쇠고기를 먹지 않는다.
⑤ 태국에서는 사찰 출입 시 반바지 착용이 권장된다.

정답 & 해설

01	⑤	02	⑤	03	③	04	①	05	④
06	④	07	③	08	④	09	⑤	10	④

01 ⑤

오답 피하기

① 매너는 'How' 형식으로 표현된다.

② 에티켓은 있다, 없다로 표현하는 객관적 성격이다.

③ 에티켓이 의무적이고 외부 지향적 성격을 가진다.

④ 매너가 자의적이고 대인적 속성을 가진다.

02 ⑤

일상적인 업무 보고 후에는 보통례(30도)를 사용한다. 정중례는 면접, 공식석상 첫 인사, 상견례 등에서 사용한다.

03 ③

평상시에는 남자는 왼손이 위, 여자는 오른손이 위이다. 제사도 평상시와 동일하다. 참고로 흉사시에는 남자는 오른손이 위, 여자는 왼손이 위가 된다.

04 ①

오답 피하기

② "사장 책상"이 올바른 표현이다.

③ "사장 지시사항"이 올바른 표현이다.

④ "회사이름—직책—이름" 순으로 말해야 한다.

⑤ 상사보다 윗사람 앞에서는 '님'을 뺀 직책을 사용한다.

05 ④

전문용어 사용은 자제해야 하며, 고객이 이해하기 쉬운 용어를 사용해야 한다.

06 ④

①, ②, ③, ⑤는 보고의 6원칙을 잘못 나열하였다. 보고의 6원칙은 완성성, 필요성, 적시성, 정확성, 간결성, 유효성이다. 특히 경제성은 보고의 6원칙에 포함되지 않는다.

07 ③

① 호주에서는 무례한 행위로 여겨진다.

② 브라질에서는 음탕, 외설적 표시로 여겨진다.

④ 손바닥을 바깥쪽으로 한 V자가 그리스에서 욕의 의미로 해석된다.

⑤ 핀란드에서는 거만한 표시로 여겨진다.

08 ④

중간보고는 결과가 보일 때 필요하며, 그 결과의 성공 여부와 관계없이 보고해야 한다.

09 ⑤

오답 피하기

① 웨이터는 손짓으로 부르며 손뼉은 금물이다.

② 식사 중에는 4시 40분 방향(八)으로 둔다.

③ 빵은 손으로 한입 크기로 뜯어먹는다.

④ 빵 접시는 좌측, 물은 우측이 본인 것이다.

10 ④

오답 피하기

① 시계는 죽음의 상징으로 여겨져 선물로 부적절하다.

② 청색과 백색은 장례식 색깔로 사용을 피해야 한다.

③ 선물은 짝으로 된 세트로 준비해야 한다.

⑤ 사찰 출입 시 반바지 착용은 금지된다.

CHAPTER

04

프레젠테이션과
기업교육 전략

학습 방향

효과적인 프레젠테이션 기획과 전달 전략을 학습하고, 성인학습의 특성과 기업교육
의 방법론을 이해한다. 또한 회의 운영 방식과 글로벌 의전의 기본 원칙을 익혀, 실무
에서의 커뮤니케이션과 교육, 회의 상황에 전문적으로 대응할 수 있는 역량을 강화
한다. 이를 통해 조직 내 소통 및 교육의 질을 높이고 국제적 매너 감각을 함양한다.

출제빈도

SECTION 01	중	35%
SECTION 02	상	40%
SECTION 03	하	25%

효과적인 프레젠테이션

01 프레젠테이션의 기본 이해

01 프레젠테이션 기획과 구성

1) 프레젠테이션 4P 분석

3P(사람, 목적, 장소)+1P(준비)

3P	사람 (People)	• 청중 수준, 청중 수 • 청중의 니즈, 어떤 이익을 줄 것인가
	목적 (Purpose)	• 정보전달, 설득, 행동촉구, 동기부여, 즐거움 • 청중이 이미 알고 있는 정보와 연관성이 있는가
	장소 (Place)	• 4P 중 가장 소홀하기 쉬움, 실패로 끝나는 원인 중 가장 빈번 • 좌석 배치, 통행로, 프로젝터, 포인터 미리 확인
1P	준비 (Preparation)	• 정보와 자료수집 • 발표 자료 제작

2) 효과적인 프레젠테이션의 구성 요소

도입부의 구성	• 주의집중을 위한 주제와 강의배경의 설명 • 적극적인 참여를 위한 시각적 보조자료의 활용과 강의개요 제시 • 학습동기 유발을 통한 배움의 의욕 고취 및 강의 중 지속적 언급
본론부의 구성	• 논리적으로 체계화된 내용 조직의 설명(중요점이 부차적인 내용에 묻히지 않도록 구성) • 효과적인 전달을 위한 보조자료의 준비와 적절한 활용 • 지속적인 동기부여를 통한 학습의욕 유지 • 청중의 이해도 확인을 위한 결론 전 질의응답 시간의 배정
결론부의 구성	• 핵심 내용에 대한 간략한 요약(구체적 설명, 토론식 진행, 새로운 내용 소개는 지양) • 학습 내용 활용에 대한 욕구를 불러일으키는 재동기 부여 • 효과적인 마무리를 위한 결어의 활용 　－ 인용구나 유머러스한 비유의 소개 　－ 추가 논의 가능성에 대한 안내 　－ 청중에 대한 감사 표현 및 간단명료한 종료 선언

3) 프레젠테이션의 종류

정보적 프레젠테이션 └ 서술적, 설명적, 논증적 PT	• 목적: 지식공유, 상호간 이해형성 (청중의 주의 집중 시키는 것이 중요)세부 유형 　－ 논증형 프레젠테이션: '어떻게'에 초점을 맞추어 절차와 과정을 체계적으로 설명하는 방식 　－ 설명형 프레젠테이션: '왜'라는 의문에 대해 개념, 이유, 아이디어, 신념 등을 명확하게 전달하는 방식 　－ 서술형 프레젠테이션: '누가, 무엇을, 어디에서'와 같은 기본적인 정보를 청중이 구체적으로 그려볼 수 있게 전달하는 방식 　－ 정보전달 시 고려사항: 객관성, 정확성, 선별성, 완전성, 공정성, 해석의 용이성, 명확성이 필수적으로 갖추어져야 함
설득적 프레젠테이션 └ 경향적, 작용적 PT	• 목적: 청중의 가치관을 바꾸거나 새로운 가치관 만들고자 하는 것 • 발표자가 의도하는 행동 양식을 청중이 수용하도록 하거나, 기존의 가치관을 더욱 강화하면서 새로운 가치관까지 창출하고자 하는 목적으로 진행되는 프레젠테이션
의례적 프레젠테이션	• 목적: 청중끼리 서로 강하게 결합시키고자 하는 것 • 청중들 간의 사회적 유대감을 강화하고 결속력을 높이기 위한 목적으로 수행되는 프레젠테이션
엔터테인먼트 프레젠테이션	유익한 메시지를 담으면서도 청중들이 '즐겁고 재미있다'고 느낄 수 있도록 구성된 프레젠테이션
동기부여적 프레젠테이션	청중들에게 의욕을 불러일으키며, 기대되는 행동을 자발적으로 수용하도록 유도하는 프레젠테이션

02 프레젠테이션 실행과 전달

1) 프레젠테이션 매너★

- 여성 청중을 대상으로 하는 PT는 이미지 사용을 적극적으로 활용하고 참여유도도 적극적으로 한다.
- 청중을 집중시키기 위해 무대를 골고루 활용한다.
- 발표 시간은 주어진 시간에서 늦게 끝내는 것보다 일찍 끝내는 것이 좋다.
- 일상적인 대화처럼 스피치한다.
- 목소리에 강약과 리듬감의 변화를 준다. ┌ 목소리를 일정한 톤으로 유지한다.(×)
- 의미와 흐름에 맞춰 '띄어 말하기'를 한다.
- 내용에 맞는 목소리와 표정을 통해 '감정이입'을 한다.
- 내용과 여백의 균형 있는 배치로 시각적 편안함을 제공한다.
- 복잡한 정보를 명확히 전달하기 위해 도표나 그래프를 사용한다.
- 발표 장소와 조명을 고려하여 최적의 배경색을 설정한다.
- 멀티미디어의 과도한 사용은 오히려 집중력 저하를 초래할 수 있으므로 신중히 적용한다.

2) 효과적인 프레젠테이션 전달 방법★

Opening 구성하기	• 청중의 기대감을 높이고 관심을 이끌어내는 것이 핵심
	• 딱딱하고 어색한 분위기를 부드럽게 전환하여 청중과 교감
	• 효과적인 오프닝 기법
	  – 인상적인 일화나 경험담 공유하기
	  – 신뢰도 높은 권위자의 견해 인용하기
	  – 청중의 이목을 집중시키는 충격적 사례 제시하기

내용의 체계화	• 논리적이면서도 체계가 명확해야 함
	• 전달하고자 하는 핵심 메시지를 3~5개의 주요 포인트로 구성하여 효과적으로 전개하기
	• 청중의 집중도 유지를 위해 약 6~8분 간격으로 변화요소를 가미하기
	• 성공적인 프레젠테이션의 3단계_스티브 잡스 방식
	  – 1단계: iMac의 혁신적인 세 가지 기능을 개괄적으로 소개
	  – 2단계: 소개된 각 기능의 특징과 장점을 상세히 설명
	  – 3단계: 지금까지 설명한 핵심 내용을 다시 정리하여 강조

Closing 마무리	• 프레젠테이션의 성패가 결정되는 중요한 순간
	• 마지막 단계에서는 이전 내용의 실수를 언급하거나 수정하지 않는 것이 좋음
	• 효과적인 마무리 전략
	  – 핵심 메시지를 간단히 요약하여 반복
	  – 청중의 공감을 이끌어내는 호소력 있는 마무리
	  – 프레젠테이션의 목적을 강조하는 결론 제시

주요 클로징 기법	인상적인 결어 활용과 감동을 주는 호소나 외침

3) 슬라이드 디자인의 8가지 핵심 원칙

단순성	핵심 메시지를 전달하기 위한 필수 정보의 구현, 과도한 텍스트나 이미지의 배제
통일성	디자인 요소들이 서로 연결되어 하나의 완성된 형태로 인식되는 구조의 완성
조화성	색상, 질감, 크기 등의 요소들이 서로 균형을 이루며, 특히 텍스트 색상과 배경색의 조화로운 배치
명료성	청중이 직관적으로 이해할 수 있는 콘텐츠의 간결한 구성 체계
강조성	색상이나 라인을 활용한 핵심 내용의 차별화, 밑줄 사용의 배제
조직성	내용 배치의 자연스러운 흐름과 연결성의 구현
균형성	시각적으로 안정감 있는 레이아웃을 통한 미적 완성도의 실현
원근법	시각적 깊이감과 입체감을 통한 슬라이드의 생동감 표현

기업교육과 성인학습

01 기업교육의 이해와 실행

01 기업교육의 기본 개념

1) 교육과 훈련의 주요 개념 정리

구분	학자	정의
교육(Education)	노울즈(Knowles)	훈련이나 교화적 요소를 제외한 순수한 전인적 발달을 위한 활동으로 한정되어야 함
교육훈련	카시오&어워드 (Cascio&Award)	개인에게 요구되는 직무 수행에 필요한 지식과 기술을 체계적으로 습득하는 일련의 과정
훈련(Training)	나들러(Nadler)	조직 구성원들이 수행하고 있거나 향후 담당하게 될 직무에 대한 실행 능력을 향상시키기 위해 계획된 모든 활동을 의미
인적자원개발(HRD)	맥라간(Mclagan)	조직의 체계적 발전을 위해 개인, 집단, 조직 차원에서 수행되는 계획적이고 전략적인 학습 활동의 총체
	왓킨스(Watkins)	조직 내 구성원들의 직무 역량과 학습능력 향상을 위한 장기적 관점의 연구와 실천적 접근방식
	에그랜드(Eggland)	조직의 성과 향상을 목표로 개인의 전문성 개발과 조직의 체계적 발전을 통합적으로 추구하는 전략적 과정

2) 강의 기법의 종류

강의법★		• 교육에서 가장 오래 사용된 방법 • 동시에 많은 학생들을 가르칠 수 있어서 경제적임 • 교수자 중심의 일방향적 지식 전달 방식

	장점	• 교육 운영의 효율성
		  – 다수의 학습자 동시 교육으로 인한 경제성 확보
		  – 교육 집단 규모의 유연한 조정 가능
		  – 시간 대비 높은 학습 내용 전달률
		• 정보 전달의 체계성
		  – 광범위한 지식의 체계적 전달 가능
		  – 신규 주제 도입과 배경 설명의 용이성
		  – 핵심 내용의 명확한 요약과 강조 기능
		• 실용적 측면
		  – 교수자와 학습자 모두에게 익숙한 방식
		  – 최신 정보와 사실적 지식 전달에 효과적
		  – 기존 교육 방식과 비교하여 동등한 효과

	단점	• 교수자 의존성 　– 교수자의 개인 역량이 교육 효과를 좌우 　– 강의 준비와 전달 기술의 편차 발생 　– 교수자 중심의 일방향적 소통 구조 • 학습자 참여 제한 　– 수동적 청취자로서의 역할에 국한 　– 개별 학습자의 특성 반영 어려움 　– 질문과 토론 기회의 제한적 제공 • 학습 효과의 한계 　– 장기 기억력 향상에 제한적 효과 　– 개인별 학습 속도 차이 반영 곤란 　– 심도 있는 사고와 토론 유도의 어려움
토의법 ★		• 개념과 역사 　– 1915년 파커(Parker)에 의해 체계화된 교수법 　– 소그룹 단위의 상호작용을 통한 학습 방식 　– 참여자 간 정보와 의견 교환을 통한 문제해결 과정 　– 개방적 의사소통과 협력적 분위기 중심의 교육 방식 　– 민주적, 자율적 사고 – 깊은 생각을 할 수 있음 　– 주제에 의해 동기유발 가능 　– 경험 중심 → 본질적 내용 파악 어려움 • 성공적 운영을 위한 교수자의 역할 　– 학습자 간 대화에 대한 민감한 관찰 　– 적절한 개입과 조율 능력 　– 토의 방향성 유지를 위한 안내자 역할
	장점	• 학습 효과 측면 　– 높은 수준의 인지적 학습 목표 달성 　– 깊이 있는 사고와 이해 증진 　– 자유로운 지식과 정보의 교환 • 학습자 발달 측면 　– 민주적 · 적극적 사고력 향상 　– 자기주도적 학습 능력 배양 　– 능동적 참여 의식 고취 • 사회성 발달 측면 　– 타인의 의견 존중 태도 함양 　– 합의 도출 능력 향상 　– 실천적 생활태도 육성
	단점	• 운영상의 어려움 　– 시간 관리의 비효율성 　– 대규모 집단 적용의 한계 　– 주제 이탈과 잡담으로의 변질 위험 • 인적 자원 측면 　– 참여자 수준에 따른 질적 차이 　– 유능한 토의 진행자 확보의 어려움 　– 소수 학습자 중심의 토의 진행 가능성 • 교육 효과 측면 　– 광범위한 학습 내용 전달의 한계 　– 체계적인 사전 준비의 필요성 　– 학습 목표 달성의 불확실성

브레인스토밍★	• 역사적 배경과 정의
	　– 1941년에 미국의 오스본(A. F. Osborn)이 처음으로 제안한 창의적 사고 기법
	　– 특정한 주제나 테마에 대하여 회의 형식을 활용
	　– 참여자들의 자유로운 연상과 발언을 통해 새로운 아이디어를 도출하는 방법
	• 주요 특징
	　– 자유연상 기법을 기반으로 참여자들의 제약 없는 아이디어 제시를 장려
	　– 집단 지성을 활용한 창의적 문제 해결 방식
	　– 타인의 아이디어를 비판하거나 결론을 내리지 않음
	    ┌ 커뮤니케이션 스킬 향상(×)
	    └ 지식경험을 자유롭게 전달(×)
	• 기대효과
	　– 참여자들의 창의적 발상 능력이 향상
	　– 새로운 아이디어를 자유롭게 창출할 수 있음
	　– 자신의 의견을 제안하고 발표하는 능력이 개발됨
	• 실행상의 제약사항
	　– 적절한 시간 확보와 회의를 위한 전용 공간이 요구됨
	　– 정기적인 실시에 어려움이 있을 수 있음	

사례 연구법	• 성인교육 영역에서 많이 활용 • 정보 수집력 & 문제 해결력 향상 • 사례 속 문제 다양한 관점으로 분석 • 하버드 대학교에서 개발	
	장점	• 현실적 문제를 통한 학습의 실현 • 상호 간 생각 교류를 통한 학습의 증진 • 커뮤니케이션과 집중을 통한 분석력, 종합력, 평가력의 향상 • 다각적 관점에서의 문제 접근 능력의 개발 • 참여자 간 소통 능력의 향상 • 다양한 관점 이해를 통한 폭넓은 안목의 형성
	단점	• 체계적 이론과 원칙 습득의 한계 • 실전적 체험으로의 연결성 부족 • 제한된 사례로 인한 일반화의 어려움 • 의사결정의 타당성 검증의 한계 • 토론 리더 역량의 과도한 의존성 • 사례 자료 수집의 시간적 부담
역할 연기법	• 교육적 본질 　– 행동과 태도의 변화를 이끌어내기 위한 교육적 방법 　– 체험 학습을 통해 실제 상황을 안전하게 경험할 수 있음 　– 새로운 관계 형성과 행동 방식을 습득하는 데 도움 • 운영상 특징 　– 충분한 교육 시간의 확보가 필요 　– 전문성을 갖춘 강사나 촉진자의 역량이 매우 중요 　– 역할연기법 적용 상황: 전화응대, 고객접점응대, 회의진행 방법, 대인관계 스킬	
	장점	• 학습 효과 측면 　– 현실감 있는 체험을 통한 학습이 가능 　– 이론과 실제 행동 사이의 차이를 직접 체험할 수 있음 　– 참가자들의 적극적인 참여와 흥미 유발이 용이 • 개인 발전 측면 　– 자신의 행동 습관과 약점을 파악할 수 있음 　– 발표 능력과 표현력이 자연스럽게 향상 　– 무의식적으로 억압된 감정을 표출할 기회 • 집단 상호작용 측면 　– 구성원들 간의 친밀감이 증진 　– 다른 사람의 연기를 관찰하며 창의적 아이디어를 얻을 수 있음

단점	• 실행상의 제약
	– 적절한 교육 공간 확보에 어려움
	– 준비 과정에 상당한 시간 투자가 필요
	– 전문적인 강사의 높은 역량과 노력이 요구
	• 교육 효과의 한계
	– 고도의 의사결정 능력 향상과는 거리가 있음
	– 단순한 연기 놀이로 끝날 위험성이 있음
	– 교육 효과의 측정과 평가가 어려움
	– 다른 교육 방법과의 병행이 필요

3) 나들러(Nadler)의 기업교육훈련 강사역할★

교수 전략 개발자	교육훈련 내용이 잘 전달되도록 방법과 매체선정을 찾는 일을 한다. 시청각 자료 제작과 학습보조도구를 활용하여 학습효과를 높일 방법을 연구
교수 프로그램 개발자	조직의 학습 요구를 분석하고 문화를 확인하여 학습내용을 결정
학습 촉진자	학습자를 도와주거나 학습자들과 함께 학습활동을 하는 역할. 강의, 토의진행, 시범 등의 역할을 하므로 강사는 다양한 경험과 이론적 지식을 가져야 함

➕ 더 알기 TIP

OJT
업무 현장에서 실제 업무 수행을 통해 지식, 기능, 태도를 향상시키는 체계적 교육 프로세스

02 OJT(현장실무교육)의 이해

1) OJT가 필요한 상황

현장 전문성 전수	• 숙련된 선임자의 현장 경험과 노하우를 직접적으로 전달하고자 할 경우
	• 실무 중심의 지식과 기술의 즉각적 습득이 요구되는 시점
교육 효율성 제고	• Off-JT 대비 교육 비용의 효율적 운영이 필요한 경우
	• 현장 인력의 긴급 투입이 요구되는 상황
업무 숙련도 향상	• 장기적 관점에서의 실무 능력 향상이 필요한 경우
	• 지속적인 업무 모니터링과 피드백이 요구되는 시점

2) 효과적인 OJT 운영을 위한 핵심 고려사항

조직 차원의 지원	• 경영진의 OJT 가치에 대한 명확한 인식
	• 인재 육성을 위한 조직의 체계적 지원 체계
교육 연계성 확보	• Off-JT 등 기존 교육 프로그램과의 유기적 연계
	• 자기계발 활동과의 통합적 운영 방안
교육 담당자의 자세	• 인재 육성에 대한 진정성 있는 접근과 교육생의 자율성 · 창의성 존중
	• 실천적 모범과 지속적 학습 태도 견지

3) OJT의 양면성

	긍정적 측면		제한적 측면
교육의 실효성	• 실제 업무 환경에서의 구체적이고 실질적인 훈련 가능 • 학습 내용의 즉각적인 현장 적용과 활용	교육 환경의 한계	• 현장 소음과 안전사고의 상존 위험 • 고가 장비 사용 시 생산차질 우려 • 일상 업무와의 병행으로 인한 집중도 저하
운영의 효율성	• 지속적이고 반복적인 교육 실시 가능 • 최소한의 비용으로 최대 교육효과 창출 • 교육 성과에 대한 즉각적 평가 용이	교육 효과의 변동성	• 교육 담당자의 역량에 따른 품질 차이 • 우수한 실무자가 반드시 훌륭한 교육자는 아닌 현실 • 교육 범위가 현재 직무에 국한될 가능성
조직문화 향상	• 상하 직급 간 이해와 협력 증진 • 자기계발을 위한 다양한 기회 제공 • 직원 간 유대관계 강화 촉진	학습자 측면의 제약	• 교육 내용과 실제 업무의 연관성 부족 시 동기 저하 • 지나치게 좁은 시야의 기술전수 위험 • 장기적 경력개발 관점의 부족 가능성

4) 교육 훈련의 방법

OJT ★
(On the Job Training)
	[현장실무교육]
	• 직무교육 훈련, 직무순환, 코칭, 멘토링
	• OJT가 필요한 시기
	  – 업무 현장에 급하게 직원을 투입해야 할 때
	  – 현장 경험이 풍부한 선임자의 지식과 기능을 배울 때
	  – OFF–JT의 개발과 진행 비용을 절약 하고자 할 때
	  – 장기간에 걸쳐 업무를 익숙하게 하게끔 해야 할 때
	  – 기업 구성원이 현장에서의 능력을 올리고자 할 때

Off–JT (Off the Job Training)	**[현장업무에서 벗어난 교육 – 집합연수 등]** • 토의법, 사례연구법, 역할 연기법, 시범, 강의법 • 현장을 벗어나 특정 시간과 장소에서의 교육 실시 • 다수의 학습자를 대상으로 하는 체계적 교육 방식 • 표준화된 내용의 효과적 전달을 위한 교육 기법 • 집합 형태로 진행되는 계획적 교육 프로그램

OJL
(On the Job Learning)
	[자기학습]
	• 실천학습(액션 러닝)
	  – 직무와 직접 관련은 없으나 장기적 역량 개발
	  – 학습자 중심의 자발적이고 의도적인 능력 계발
	  – 개인의 자율적 선택에 따른 자기주도 학습

Off–JL (Off–the Job Learning)	**[자기계발]** 독서
SD (Self Development)	**[자기훈련]** 자발적 학습, 현장에서 학습한 것 스스로 응용

02 성인학습의 원리와 특성

01 성인학습의 기본 이해

1) 성인학습의 특성

학습 태도와 관련된 특성	• 자기주도적이고 목표지향적으로 학습에 임함 • 구체적이고 직접적인 학습 목표를 가지고 스스로 선택하여 학습에 참여 • 행동지향적이며 배운 내용을 현실적인 문제에 즉시 적용하기를 원함 • 선택적으로 학습에 임하며 알고자 하는 욕구를 가짐
학습자의 심리적 특성	• 새로운 학습 상황에 대한 두려움과 불안을 느낌 • 과거의 학교 학습 경험을 바탕으로 한 가치와 기대를 가지고 평생교육에 참여 • 반응속도가 비교적 늦은 특징이 있음
경험과 관련된 특성	다양한 경험을 가지고 있으며, 이는 학습 자원이자 새로운 학습의 기초가 됨
교육적 지원 방안	• 성인학습자의 반응속도를 고려한 충분한 시간적 배려가 필요 • 학습자의 특성, 태도 및 경험을 충분히 고려해야 함 • 교육 욕구를 먼저 측정한 후 학습을 계획해야 함 • 문제해결 중심의 학습을 통해 실제적인 적용을 도모

2) 피고스(Pigors)와 마이어스(Myers)의 성인학습 효과

① 기업 운영 측면의 효과
• 기계 설비의 효율적 관리와 재해 발생률을 감소시킨다.
• 새로운 기술 도입 시 종사원들의 적응을 원활하게 한다.
• 업무상 발생하는 각종 손실과 소모를 현저히 줄인다.

② 인적 자원 관리의 효과
• 직원들의 불만족을 감소시키고 이직률을 낮춘다.
• 결근율을 줄여 안정적인 인력 운영을 가능하게 한다.
• 종사원들의 직무 만족도를 전반적으로 향상시킨다.

③ 신입 사원 교육의 효과
• 업무의 질적, 양적 표준화를 달성한다.
• 직무 수행 능력 향상으로 임금 상승의 기회를 증가시킨다.
• 기업의 방침과 규정에 대한 이해도를 높인다.

④ 조직 문화 향상 효과
• 구성원들 간의 친근감을 형성한다.
• 기업에 대한 신뢰와 안정감을 증진한다.
• 조직 전반에 대한 이해도와 소속감을 강화한다.

02 성인학습의 원리와 접근 방식

1) 도날슨(Donaldson)과 스캐널(Scannel)의 성인학습 원리

• 학습 속도는 사람마다 다르다.
• 학습은 지속적인 과정이다.
• 학습은 자극을 시작으로 해서 감각으로 끝낸다.

- '전체 – 부분 – 전체'의 순서로 진행할 때 학습 효과가 나타난다.
- 긍정적 강화는 학습 효과를 강화시킨다.
- 최선의 학습은 'Doing' 즉, 직접 행함으로써 얻어진다.

2) 크로스(1982)의 효과적인 성인학습의 핵심 원리

현실 연계성과 실용성의 원칙	• 학습 내용은 실제 생활에서의 적용 가능성과 의미를 담고 있어야 함 • 이론 학습에서도 실용적 가치와 응용 가능성을 강조해야 함 • 이러한 접근은 성인 학습자들의 자연스러운 저항감을 효과적으로 낮출 수 있음
단계적 학습의 원칙	• 복잡한 내용은 하나의 개념이나 아이디어 단위로 나누어 제시 • 이를 통해 성인 학습자의 지식, 기술, 태도를 체계적으로 발전시킬 수 있음 • 궁극적으로는 실제 문제 해결력과 직무 수행 능력 향상으로 이어지게 됨
실습 기회 제공의 원칙	• 새로운 정보나 기술을 학습할 때는 반드시 실전 연습 기회를 포함해야 함 • 학습자가 직접 경험을 통해 능숙도를 높일 수 있도록 구성
학습 강화의 원칙	• 적절한 피드백을 통해 학습 내용의 이해도를 점검 • 주요 내용에 대한 체계적인 요약과 정리로 장기 기억을 촉진

3) 앤드라고지(Andragogy) 성인학습의 효과적 실천원리

학습 환경 조성의 원리	학습에 최적화된 물리적 환경을 구축하고 심리적으로 안정된 학습 분위기를 조성
자기주도 학습의 원리	학습자가 스스로 학습 목표를 설정하도록 지원하고 개인별 학습 요구사항을 파악하고 반영할 수 있게 함
참여적 교육과정 설계의 원리	교육 방법과 과정 계획에 학습자의 직접 참여를 보장하고 학습자의 의견을 적극적으로 수렴하여 반영
학습 자원 활용의 원리	학습에 필요한 다양한 자원을 스스로 발굴하게 하고 효과적인 자원 활용 전략을 수립하도록 유도
실행 지원의 원리	학습 계획의 실질적 실행을 위한 구체적 지원을 제공하고 학습자가 계획한 목표를 달성할 수 있도록 체계적으로 지원
자기주도적 실천의 원리	학습자 스스로 설정한 목표를 향해 나아갈 수 있도록 격려하고 자율적인 학습 실천을 위한 환경을 조성

4) 교육학의 두 가지 접근 방식 비교

구분	페다고지(Pedagogy)의 특성	앤드라고지(Andragogy)의 특성
학습자의 성향	• 학습자는 교육자에 대해 의존적인 성향 • 교육 과정에서 수동적인 태도	• 학습자는 독립적이고 자율적인 성향 • 능동적인 학습 참여
교육 과정의 특징	• 교과 중심으로 학습 • 표준화된 커리큘럼을 통해 교육이 진행 • 투입 중심의 일방향적 학습 방식을 채택	• 실제 문제 해결 중심으로 학습 • 학습자의 준비 정도에 따라 교육과정이 유연하게 조정 • 실무 적용이 가능한 실용적 프로그램으로 구성
학습 동기	외부로부터 주어지는 동기에 의해 학습이 진행	학습자 스스로의 내적 동기에 의해 학습이 진행

회의와 의전

01 회의 운영과 MICE

01 회의 유형과 특성

1) 회의의 종류

소규모 교육 중심 형태	세미나 (Seminar)	• 30명 이하의 참가자들이 모여 특정 주제에 대해 자유롭게 토론하는 교육적 모임 • 한 명의 진행자 주도로 참가자들의 경험과 지식을 공유하며 학습하는 방식을 채택
	워크숍 (Workshop)	• 소그룹으로 구성되어 구체적인 문제나 과제를 해결하는 데 중점을 둠 • 교육 진행자의 지도 아래 참가자 전원이 적극적으로 지식과 아이디어를 교환
전문가 중심 토론 형태	심포지엄 (Symposium)	• 전문가들이 청중 앞에서 제안된 주제에 대해 심도 있는 토론을 진행 • 형식적이고 체계적인 진행이 특징이며, 청중의 참여는 제한적
	포럼 (Forum)	다양한 견해를 가진 전문가들이 사회자의 중재 하에 공개 토론을 진행하고 청중들도 자유롭게 질문하고 토론에 참여할 수 있는 개방적 형식을 갖춤
대규모 정보 공유 형태	컨벤션 (Convention)	• 기업의 전략 수립, 시장 분석, 신제품 소개 등 정보 전달이 주요 목적 • 정기적으로 대규모 회의장에서 개최되며, 공식 의제(아젠다, Agenda)를 다룸
	컨퍼런스 (Conference)	• 특정 분야의 전문적 지식과 연구 성과를 공유하는 학술적 성격이 강함 • 참가자들의 적극적인 토론 참여를 장려
	컨그레스 (Congress)	• 국제적 규모의 회의를 지칭하는 유럽식 용어 • 폭넓은 주제와 다양한 규모의 참가자들이 특징

2) MICE 산업 유형 매트릭스

MICE 산업이란 Meeting(기업 회의), Incentive Tour(포상 관광), Convention(컨벤션), Exhibition(전시회) 4개의 비즈니스 분야를 지칭한다. 세계 각국에서는 대규모 전시, 컨벤션 시설을 확충할 뿐만 아니라 유치를 위한 홍보 활동을 강화한다.

Meeting (기업 회의)	10인 이상의 참가자 교류, 사회적 네트워크 형성, 토론, 아이디어 및 정보교환 등 다양한 목적을 지니고 4시간 이상 진행
Convention (컨벤션)	사전에 홍보되어 대개 1~2일 동안 지속되는 공식 프로그램, 대표자들은 꼭 참석해야 함
Inventive (포상관광)	회의적 요소를 포함하며, 직원들과 판매업체에게 동기부여와 보상을 하기 위한 비즈니스 관광여행
Exhibition (전시/이벤트)	전문 전시 주최자들이나 무역협회들이 주최하여 전시와 소비자 전시회에 전시업체로 참가거나 제품출시 또는 전시회에 기업 방문객(구매자)로 참가

02 의전의 원칙과 기준

01 의전의 기본 원리

1) 의전의 기본 원칙

상호존중의 원칙	의전은 상호 간의 존중과 예우를 기본으로 하며 상대방의 문화와 관습을 이해하고 배려하는 것이 핵심
서열 중심의 원칙	참석자들의 서열 체계를 준수하는 것이 가장 기본적인 원칙이며 의전 행사의 성공적 진행을 위한 핵심 기준이 됨
공간 배치의 원칙	기본적으로 오른쪽을 상석으로 배치하고 각 참석자의 위치는 서열과 직위에 따라 결정
문화 반영의 원칙	지역별 특성과 문화적 차이를 고려하고 현지의 관습과 전통을 의전에 적절히 반영
상호주의의 실천	의전은 쌍방향적인 예우를 기본으로 하며 서로 간의 동등한 대우와 존중을 실천

2) 의전 정신의 5가지 핵심 원칙

존중의 원칙 (Respect)	• 모든 의전은 상대방의 문화와 가치관을 존중하는 것에서 시작 • 상대방의 문화적 특성과 금기사항을 고려하여 의전을 진행 📌 특정 종교나 문화권의 식사 제약을 고려한 메뉴 선정. 소를 우상시하는 나라의 대통령에게 소고기 요리를 대접하지 않음
상호주의 원칙 (Reciprocity)	• 국가 간 동등한 예우와 대접을 주고받는 것을 기본으로 함 • 국가의 규모나 영향력과 관계없이 1:1 동등한 대우를 제공 • 상대국의 예우에 상응하는 동등한 수준의 의전을 실시
서열의 원칙 (Rank)	• 의전에서 가장 기본이 되는 핵심 원칙 • 참석자의 서열을 무시할 경우 해당 개인뿐만 아니라 소속 기관이나 국가에 대한 결례가 될 수 있음 • 서열 판단이 어려운 경우에는 알파벳 순서를 활용
문화 반영의 원칙 (Reflecting)	• 각 지역과 문화의 특수성을 의전에 적절히 반영 • 현지 문화의 이해를 통해 의전의 품격을 높임
오른쪽 상석의 원칙 (Right)	• 문화적, 종교적 전통에서 비롯된 오른쪽 상석 배치를 준수 • 국제 정상회담 시에는 방문국 정상에게 오른쪽 자리를 양보 • 국가 간 의전에서는 양국 대표를 나란히 배치하는 방식도 활용

3) 의전 예우의 기준

공식 직위 중심의 서열 체계	• 직급과 계급에 따른 순위가 최우선 기준 • 헌법과 정부조직법상 기관별 순위가 중요한 판단 요소 • 각 기관장은 소속 구성원보다 우선순위에 있음 • 상급기관이 하급기관보다 우선하는 것이 원칙 • 국가기관 간 위계질서가 고려 대상
관례적 서열 기준	• 직위의 높고 낮음이 가장 중요한 판단 기준 • 동일 직위일 경우 연령이 고려 대상 • 여성 참석자 우대가 원칙이나, 공식 대표가 남성인 경우는 예외 • 부부 동반 참석 시 남편의 서열이 기준 • 외국인 참석자에게는 우선권이 주어짐

자리 배치와
시간적 고려사항
	• 중앙석이 최상의 자리
	• 좌우 구분 시 상대방 기준 좌측이 상석
	• 시간 순서는 행사 성격에 따라 달라질 수 있음
	  – 공경스러운 순서가 앞일 때는 선순위
	  – 중요도가 뒤에 있을 때는 후순위가 우선

비공식 참석자의 서열 기준	• 전직 공무원은 이전 직위가 고려 대상 • 연령이 주요 판단 기준 • 행사와의 관련성이 중요한 요소 • 각종 단체 대표자는 조직의 성격이 고려 대상
예외적 상황의 처리	• 특별한 역할이 있는 경우 기존 서열과 무관한 배치가 가능 • 상황에 따라 실질적 역할이 서열보다 우선될 수 있음 • 대등한 관계에서는 상호 존중의 예의가 기본

01 프레젠테이션의 4P 분석에 대한 설명으로 옳은 것은?

① Place(장소)는 4P 중 가장 중요한 요소이다.
② People(사람)은 청중의 니즈보다 수준과 규모가 중요하다.
③ Purpose(목적)는 설득, 정보전달, 동기부여 등을 포함한다.
④ Preparation(준비)은 장소와 시설 점검에 초점을 맞춘다.
⑤ Place(장소)는 4P 중 가장 마지막에 고려해야 할 요소이다.

02 토의법의 특징에 대한 설명으로 틀린 것은?

① 1915년 파커에 의해 체계화된 교수법이다.
② 민주적, 자율적 사고를 할 수 있다.
③ 주제에 의해 동기유발이 가능하다.
④ 경험중심이므로 본질적 내용 파악이 용이하다.
⑤ 소그룹 단위의 상호작용을 통한 학습 방식이다.

03 브레인스토밍의 기대효과로 옳은 것은?

① 참여자들의 커뮤니케이션 스킬이 향상된다.
② 지식과 경험을 자유롭게 전달할 수 있다.
③ 창의적 발상 능력이 향상된다.
④ 체계적인 문제해결 능력이 향상된다.
⑤ 논리적 사고력이 향상된다.

04 OJT(현장실무교육)가 필요한 시기에 대한 설명으로 옳은 것은?

① 비용이 많이 들더라도 효과적인 교육이 필요할 때
② 현장 경험이 부족한 선임자의 지식을 전수할 때
③ 단기간에 업무를 익히게 해야 할 때
④ 업무 현장에 급하게 직원을 투입해야 할 때
⑤ Off-JT의 개발과 진행 비용을 늘리고자 할 때

05 성인학습의 특성에 대한 설명으로 틀린 것은?

① 반응속도가 비교적 늦은 특징을 보인다.

② 학습에 대한 두려움과 불안을 느낀다.

③ 다양한 경험이 학습의 장애요인이 된다.

④ 행동지향적이며 즉시 적용하기를 원한다.

⑤ 자기주도적이고 목표지향적으로 학습에 임한다.

06 회의 유형에 대한 설명으로 옳은 것은?

① 포럼은 청중의 참여가 제한적인 형식이다.

② 세미나는 50명 이상이 참여하는 대규모 모임이다.

③ 심포지엄은 청중이 자유롭게 토론에 참여한다.

④ 워크숍은 소그룹으로 구성되어 구체적 문제해결에 중점을 둔다.

⑤ 컨퍼런스는 기업의 전략 수립이 주요 목적이다.

07 MICE 산업의 구성요소에 대한 설명으로 옳은 것은?

① Meeting은 5인 이상의 참가자가 2시간 이상 진행하는 모임이다.

② Convention은 비공식적 프로그램으로 자유로운 참석이 가능하다.

③ Incentive는 회의적 요소를 포함한 비즈니스 관광여행이다.

④ Exhibition은 기업 내부 직원들을 위한 전시회이다.

⑤ Meeting은 비정기적으로 진행되는 비공식 모임이다.

08 의전의 기본원칙에 대한 설명으로 틀린 것은?

① 상호존중의 원칙은 문화와 관습의 이해를 기본으로 한다.

② 서열 중심의 원칙은 모든 의전의 가장 기본적 원칙이다.

③ 공간 배치의 원칙은 왼쪽을 상석으로 하는 것이다.

④ 문화 반영의 원칙은 지역별 특성과 차이를 고려한다.

⑤ 상호주의는 쌍방향적 예우를 기본으로 한다.

09 나들러의 기업교육훈련 강사역할에 대한 설명으로 옳은 것은?

① 교수 전략 개발자는 학습내용을 결정하는 역할을 한다.
② 교수 프로그램 개발자는 시청각 자료를 제작하는 역할을 한다.
③ 학습 촉진자는 다양한 경험과 이론적 지식이 필요하다.
④ 교수 전략 개발자는 강의와 토의진행을 담당한다.
⑤ 학습 촉진자는 조직의 학습 요구를 분석하는 역할을 한다.

10 의전 예우의 기준에 대한 설명으로 옳은 것은?

① 동일 직위일 경우 재직기간이 우선한다.
② 부부 동반 참석 시 부인의 서열이 기준이다.
③ 상급기관과 하급기관은 동등한 예우를 제공한다.
④ 외국인 참석자에게는 우선권이 주어진다.
⑤ 전직 공무원은 현재 직위만 고려한다.

합격을 다지는 예상문제 | 정답 & 해설

01 ③	02 ④	03 ③	04 ④	05 ③
06 ④	07 ③	08 ③	09 ③	10 ④

01 ③

오답 피하기

① Place는 4P 중 가장 소홀하기 쉬운 요소이다.
② People은 청중의 니즈와 이익을 고려하는 것이 중요하다.
④ Preparation은 정보와 자료수집, 발표 자료 제작에 초점을 맞춘다.
⑤ Place는 실패의 가장 빈번한 원인이므로 중요하게 고려해야 한다.

02 ④

경험중심이므로 오히려 본질적 내용 파악이 어려울 수 있다.

03 ③

오답 피하기

① 커뮤니케이션 스킬 향상은 기대효과가 아니다.
② 지식경험의 자유로운 전달은 기대효과가 아니다.
④ 체계적 문제해결 능력 향상은 기대효과가 아니다.
⑤ 논리적 사고력 향상은 기대효과가 아니다.

04 ④

오답 피하기

① OJT는 Off-JT 대비 비용 효율적이다.
② 현장 경험이 풍부한 선임자의 지식 전수 시 필요하다.
③ OJT는 장기간에 걸쳐 업무를 익숙하게 하는 것이다.
⑤ Off-JT의 개발과 진행 비용을 절약하고자 할 때 필요하다.

05 ③

다양한 경험은 학습 자원이자 새로운 학습의 기초가 되며, 장애요인이 아니다.

06 ④

오답 피하기

① 포럼은 청중이 자유롭게 참여 가능하다.
② 세미나는 30명 이하의 소규모 모임이다.
③ 심포지엄은 청중의 참여가 제한적이다.
⑤ 컨퍼런스는 학술적 성격이 강한 회의이다.

07 ③

오답 피하기

① Meeting은 10인 이상이 4시간 이상 진행한다.
② Convention은 공식 프로그램으로 대표자들이 필수 참석한다.
④ Exhibition은 전문 전시 주최자나 무역협회가 주최하는 전시회이다.
⑤ Meeting은 정보교환 등 다양한 목적의 공식 모임이다.

08 ③

공간 배치의 원칙은 기본적으로 오른쪽을 상석으로 배치하는 것이다.

09 ③

오답 피하기

① 교수 전략 개발자는 방법과 매체선정을 담당한다.
② 교수 프로그램 개발자가 학습내용을 결정한다.
④ 학습 촉진자가 강의와 토의진행을 담당한다.
⑤ 교수 프로그램 개발자가 학습 요구를 분석한다.

10 ④

오답 피하기

① 동일 직위일 경우 연령이 고려된다.
② 부부 동반 참석 시 남편의 서열이 기준이다.
③ 상급기관이 하급기관보다 우선한다.
⑤ 전직 공무원은 이전 직위도 고려된다.

05

소비자 권리와 보호 정책

소비자의 기본 개념과 권리를 이해하고 소비자 보호 제도 및 법적 체계를 학습한다.
소비자 분쟁 발생 시 피해구제 절차와 분쟁조정 과정을 파악하여 효과적인 소비자
권리 보호 방안을 습득한다.

출제빈도

SECTION 01	중	35%
SECTION 02	상	40%
SECTION 03	하	25%

SECTION 01

출제빈도 상 (중) 하
반복학습 1 2 3

소비자의 기본 이해와 권리

01 소비자의 개념과 정의

01 소비자의 기본 개념

1) 학자별 소비자 정의★

가토 이치로	소비자란 국민 일반을 소비생활이라고 하는 시민생활의 측면에서 포착한 개념
폰 히펠	소비자란 개인적인 용도에 쓰기 위해 상품이나 서비스를 제공받는 사람
이마무라 세이와	소비자는 생활자이며 일반 국민이며 동시에 거래 과정에서는 말단에서 구매자로 나타나는 것
타케우치 쇼우미	소비자란 타인이 공급하는 물자나 용역을 소비생활을 위해 구입 또는 이용하는 자로서 공급자에 대립하는 개념

2) 소비자 관련 주요 개념의 정의

소비자의 정의	• 상품이나 서비스를 사적으로 이용하기 위해 제공받는 자연인 또는 법인 • 최종적인 사용과 소비를 목적으로 하는 경제 주체
사업자의 정의	• 물품의 제조, 수입, 판매 활동을 수행하는 주체 • 용역과 서비스를 제공하는 경제 활동의 주체 • 영리를 목적으로 상품과 서비스를 공급하는 역할을 담당하는 자
소비자 단체의 정의	• 소비자들이 자신들의 권익 보호를 위해 자발적으로 조직한 단체 • 소비자의 이익을 대변하고 증진하는 것을 주요 목적으로 하는 조직
사업자 단체의 정의	• 둘 이상의 사업자들이 모여 구성한 조직체 • 구성원들의 공동 이익 증진을 주요 목적으로 하는 단체 • 사업자들의 권익을 대변하고 협력을 도모하는 역할을 수행하는 조직

02 소비자의 권리와 능력

1) 소비자 4대 권리

① 안전에 대한 권리(The right to be safety)
② 정보를 제공받을 권리(The right to be informed)
③ 선택의 권리(The right to be choose)
④ 의견을 반영시킬 권리(The right to be heard)

2) 소비자의 8대 권리★★

① 물품 또는 용역(이하 '물품 등'이라 한다)으로 인한 생명, 신체 또는 재산에 대한 위해로부터 보호받을 권리
② 물품 등을 선택함에 있어서 필요한 지식 및 정보를 제공받을 권리
③ 물품 등을 사용함에 있어서 거래 상대방·구입 장소·가격 및 거래조건 등을 자유로이 선택할 권리
④ 소비생활에 영향을 주는 국가 및 지방자치단체의 정책과 사업자의 사업활동 등에 대하여 의견을 반영시킬 권리
⑤ 물품 등의 사용으로 인하여 입은 피해에 대하여 신속·공정한 절차에 따라 적절한 보상을 받을 권리
⑥ 합리적인 소비생활을 위하여 필요한 교육을 받을 권리
⑦ 소비자 스스로의 권익을 증진하기 위하여 단체를 조직하고 이를 통하여 활동할 수 있는 권리
⑧ 안전하고 쾌적한 소비생활 환경에서 소비할 권리

B 교수님 TIP

• 소비자의 능력을 향상시킬 권리(×) → 이건 국가, 지방자체 단체의 업무입니다.
• 권익보호를 위해 노동단체를 구성할 권리(×)

3) 소비자의 능력 향상

• 국가 및 지방자치단체는 소비자의 올바른 권리행사를 이끌고, 물품 등과 관련된 판단능력을 높이며, 소비자가 자신의 선택에 책임을 지는 소비생활을 할 수 있도록 필요한 교육을 하여야 한다.
• 국가 및 지방자치단체는 경제 및 사회의 발전에 따라 소비자의 능력 향상을 위한 프로그램을 개발하여야 한다.
• 국가 및 지방자치단체는 소비자교육과 학교교육·평생교육을 연계하여 교육적 효과를 높이기 위한 시책을 수립·시행하여야 한다.
• 국가 및 지방자치단체는 소비자의 능력을 효과적으로 향상시키기 위한 방법으로 「방송법」에 따른 방송사업을 할 수 있다.
• 제1항의 규정에 따른 소비자교육의 방법 등에 관하여 필요한 사항은 대통령령으로 정한다.

소비자 보호와 법적 체계

01 소비자 보호 제도

01 소비자 보호 법률

1) 국가 · 지방자치단체의 소비자기본법

① 광고의 기준(제11조)★

- 국가는 물품 등의 잘못된 소비 또는 과다한 소비로 인해 발생할 수 있는 소비자의 생명 · 신체 또는 재산에 대한 위해를 방지하기 위하여 광고의 내용 및 방법에 관한 기준을 정하여야 한다.
- 소비자가 오해할 우려가 있는 특정 용어 또는 특정 표현의 사용을 제한할 필요가 있는 경우

② 정보제공(제13조)★

국가 및 지방자치단체는 소비자의 기본적인 권리가 실현될 수 있도록 소비자의 권익과 관련된 주요 시책 및 주요 결정 사항을 소비자에게 알려야 한다.

③ 거래의 적정화(제12조)

- 국가는 사업자의 불공정한 거래 조건이나 거래 방법으로 인해 소비자가 부당한 피해를 입지 아니하도록 필요한 시책을 수립 · 실시하여야 한다.
- 소비자의 합리적인 선택을 방해하고 소비자에게 손해를 끼칠 우려가 있다고 인정되는 사업자의 부당한 행위를 지정 · 고시할 수 있다.

④ 소비자의 능력 향상(제14조)

- 국가 및 지방자치단체는 소비자의 올바른 권리행사를 이끌고, 물품 등과 관련된 판단 능력을 높이며, 소비자가 자신의 선택에 책임을 지는 소비생활을 할 수 있도록 필요한 교육을 한다.
- 소비자 능력 향상을 위한 프로그램을 개발하여야 한다.
- 소비자교육과 학교교육 · 평생교육을 연계하여 교육적 효과를 높이기 위한 시책을 수립 · 시행하여야 한다.

⑤ 개인정보의 보호(제15조)

국가 및 지방자치단체는 소비자가 사업자와의 거래에서 개인정보의 분실 · 도난 · 누출 · 변조 또는 훼손으로 인해 부당한 피해를 입지 아니하도록 필요한 시책을 강구하여야 한다.

⑥ 소비자분쟁의 해결(제16조)

- 국가 및 지방자치단체는 소비자의 불만이나 피해가 신속 · 공정하게 처리될 수 있도록 관련기구의 설치 등 필요한 조치를 강구해야 한다.

- 소비자와 사업자 사이에 발생하는 분쟁을 원활하게 해결하기 위하여 대통령령이 정하는 바에 따라 소비자분쟁해결기준을 제정할 수 있다.
⑦ 그 외, 위해의 방지, 계량 및 규격의 적정화, 표시기준, 시험 · 검사시설 설치 등이 있다.

2) 소비자 · 사업자 · 국가 및 지방자치단체의 책무

소비자의 책무★	• 소비자는 사업자와 더불어 자유시장 경제를 구성하는 주체임을 인식하여 물품 등 올바르게 선택&소비자기본법상의 소비자의 기본적 권리를 정당하게 행사해야 한다. • 소비자는 스스로 권익증진을 위해 필요한 지식과 정보를 습득하도록 노력해야 한다. • 소비자는 자주적이고 합리적인 행동과 자원 절약적이고 환경 친화적인 소비생활을 통해 소비생활의 향상과 국민경제의 발전에 적극적인 역할을 다해야 한다.
사업자의 책무★	• 사업자는 물품 등으로 인하여 소비자에게 생명 · 신체 또는 재산에 대한 위해가 발생하지 않도록 필요한 조치를 강구하여야 한다. • 사업자는 물품 등을 공급함에 있어서 소비자의 합리적인 선택이나 이익을 침해 할 우려가 있는 거래조건이나 거래방법을 사용하여서는 아니 된다. • 사업자는 소비자에게 물품 등에 대한 정보를 성실하고 정확하게 제공하여야 한다. • 사업자는 소비자의 개인정보가 분실 · 도난 · 누출 · 변조 또는 훼손되지 아니하도록 그 개인정보를 성실하게 취급하여야 한다. • 사업자는 물품 등의 하자로 인한 소비자의 불만이나 피해를 해결하거나 보상하여야 하며, 채무불이행 등으로 인한 소비자의 손해를 배상하여야 한다.
국가 및 지방자치단체의 책무	• 관계 법령 및 조례의 제정 및 개정 · 폐지 • 필요한 행정조직의 정비 및 운영 개선 • 필요한 시책의 수리 및 실시 • 소비자의 건전하고 자주적인 조직 활동의 지원 · 육성

3) 소비자의 권익 증진을 위한 사업자의 준수사항 규정

- 국가가 정한 기준에 위반되는 물품 등을 제조 · 수입 · 판매하거나 제공해서는 안 된다.
- 국가가 정한 표시기준을 위반해서는 안 된다.
- 국가가 정한 광고기준을 위반해서는 안 된다.
- 국가가 지정 · 고시한 행위를 해서는 안 된다.
- 국가가 정한 개인정보 보호기준을 위반해서는 안 된다.

02 소비자 정책 운영

1) 소비자 정책 위원회

① 구성(제24조)

정책위원회는 위원장 2명을 포함한 25명 이내의 위원으로 구성한다.

② 소비자 정책에 관한 시행 계획(제22조)

관계 중앙행정기관의 장은 기본계획에 따라 매년 10월 31일까지 소관업무에 관하여 다음 연도의 소비자정책에 관한 시행계획을 수립하여야 한다.

2) 소비자 중심 경영 인증기관의 지정(제20조의3)

① 공정거래위원회의 인증기관 지정

공정거래위원회는 소비자중심경영에 관하여 전문성이 있는 기관 또는 단체를 대통령령으로 정하는 바에 따라 소비자중심경영인증기관으로 지정하여 소비자중심경영인증에 관한 업무를 수행하게 할 수 있다.

② 인증기관 임직원의 공무원 간주

인증업무를 수행하는 인증기관의 임직원은 「형법」 제129조부터 제132조까지의 규정을 적용할 때에는 공무원으로 본다.

③ 인증기관의 지정 취소 또는 업무 정지

공정거래위원회는 인증기관이 다음 각 호의 어느 하나에 해당하는 경우에는 인증기관의 지정을 취소하거나 1년 이내의 기간을 정하여 업무의 정지를 명할 수 있다. 다만, 제1호 또는 제5호에 해당하면 그 지정을 취소하여야 한다.

- 거짓이나 부정한 방법으로 지정을 받은 경우
- 업무정지명령을 위반하여 그 정지기간 중 인증업무를 행한 경우
- 고의 또는 중대한 과실로 제20조의2 제7항에 따른 소비자중심경영인증의 기준 및 절차를 위반한 경우
- 정당한 사유 없이 인증업무를 거부한 경우
- 파산 또는 폐업한 경우
- 그 밖에 휴업 또는 부도 등으로 인하여 인증업무를 수행하기 어려운 경우

02 소비자 단체와 소송

01 소비자 단체의 역할과 운영

1) 소비자 단체의 업무★

① 국가 및 지방자치단체의 소비자의 권익과 관련된 시책에 대한 건의

② 물품 등의 규격 · 품질 · 안전성 · 환경성에 관한 시험 · 검사 및 가격 등을 포함한 거래조건이나 거래 방법에 관한 조사 · 분석

③ 소비자문제에 관한 조사 · 연구

④ 소비자의 교육

⑤ 소비자의 불만 및 피해를 처리하기 위한 상담 · 정보제공 및 당사자 사이의 합의의 권고

⑥ 물품등의 조사, 분석에 관련해서는 이의 결과를 공표한다. 단 공표되는 사항 중 물품등의 품질, 성능 및 성분 등에 관한 시험, 검사로서 전문적인 인력과 설비를 필요로 하는 시험, 검사의 경우 대통령령이 정하는 시험, 검사기관의 시험, 검사를 거친 후 공표하여야 한다(제28조 제2항).

2) 소비자 단체의 등록과 취소

① 등록
소비자단체의 등록은 일정한 요건(법 제9조 1항과 시행령 제23조)을 갖춘 소비자단체 시도지사 혹은 공정거래위원회에 등록할 수 있다.

② 취소★
소비자단체 취소는 공정거래위원회 또는 지방자치단체의 장은 소비자단체가 거짓 그밖의 부정한 방법으로 제29조의 규정에 따른 등록을 한 경우와 공정거래위원회 또는 지방자치단체의 장은 등록소비자단체가 제9조 제1항 각 호의 요건을 갖추지 못하게 될 경우에는 3월 이내에 보완을 하도록 명할 수 있고, 그 기간이 경과하여도 요건을 갖추지 못하는 경우에는 등록을 취소할 수 있다.

02 소비자 단체 소송

1) 소비자 단체 소송에 대한 대상 범위★

① 소비자 단체
- 정관에 따라 상시적으로 소비자의 권익증진을 주된 목적으로 하는 단체일 것
- 단체의 정회원수가 1천 명 이상일 것
- 등록 후 3년이 경과하였을 것

② 사업자 단체
- 상공회의소법에 따른 대한상공회의소
- 중소기업협동조합법에 따른 중소기업협동조합중앙회
- 사업자등을 회원으로 하여 민법에 따라 설립된 사단법인으로서 정관에 따라 기업경영의 합리화 또는 건전한 기업문화 조성에 관한 사업을 수행하는 법인 중 공정거래위원회가 정하여 고시하는 법인
- 사업자 등을 회원으로 하여 민법에 따라 설립된 사단법인으로서 정관에 따라 무역진흥업무를 수행하는 법인 중 공정거래위원회가 정하여 고시하는 법인

③ 중립적 위치의 공익단체: 비영리민간단체
- 법률상 또는 사실상 동일한 침해를 입은 50인 이상의 소비자로부터 단체소송의 제기를 요청 받을 것
- 정관에 소비자의 권익증진을 단체의 목적으로 명시한 후 최근 3년 이상 이를 위한 활동 실적이 있을 것
- 단체의 상시 구성원 수가 5천 명 이상일 것
- 중앙행정기관에 등록되어 있을 것

소비자 분쟁 해결

01 소비자 피해구제

01 피해구제 절차와 기간

1) 소비자 분쟁 및 한국소비자원의 피해 구제

① 소비자 분쟁의 정의와 범위

• 법적 정의: 소비자분쟁이란 상품이나 서비스 이용 과정에서 발생하는 소비자와 사업자 간의 갈등 상태를 의미한다.

• 분쟁 대상 영역: 가격의 공정성에 관한 사항, 거래 과정의 적법성, 상품·서비스의 품질 및 안전성, 광고의 진실성 여부, 제품 정보의 신뢰성, A/S 관련 사항

② 소비자 분쟁의 주요 발생 원인

• 소비자 권익 침해 유형
  - 계약 내용대로의 상품·서비스 미제공
  - 부적절한 환불·교환 거부와 부당한 피해보상 거절

• 소비자 피해 유형
  - 경제적 손실 발생, 정신적 피해, 생명·신체상 위험

③ 피해구제 절차(제55조)

• 피해구제 신청 주체: 소비자 직접 신청, 국가·지방자치단체 의뢰, 소비자단체 의뢰, 사업자 의뢰(조건부)

• 사업자의 피해구제 의뢰 조건: 30일 경과 후 미합의 시, 소비자와의 합의 시, 대통령령이 정한 사유 해당 시

④ 피해구제의 합의 절차

• 한국소비자원장의 권한: 피해구제 신청 당사자에게 합의 권고 가능 및 피해보상에 대한 중재 역할 수행

2) 피해구제의 처리 기간

• 한국소비자원의 원장은 위의 피해구제의 신청을 받은 날부터 30일 이내에 한국소비자원의 원장이 행한 합의의 권고에 따른 합의가 이루어지지 아니하는 때에는 지체 없이 소비자분쟁조정위원회에 분쟁조정을 신청하여야 한다.

• 다만, 피해의 원인규명 등에 상당한 시일이 요구되는 피해구제 신청 사건으로서 대통령령이 정하는 사건에 대하여는 60일 이내의 범위에서 처리기간을 연장할 수 있다.

3) 피해구제 절차의 중지

- 한국소비자원의 피해구제 처리 절차 중에 법원에 소를 제기한 당사자는 그 사실을 한국소비자원에 통보해야 한다.
- 피해구제의 신청을 받은 경우 그 내용이 한국소비자원에서 처리하는 것이 부적합하다고 판단되는 때
- 한국소비자원은 당사자의 소제기 사실을 알게 된 때에는 피해구제 절차를 중지하고 당사자에게 이를 통지해야 한다.

02 분쟁조정 위원회

01 분쟁조정 체계

1) 소비자 분쟁조정 위원회의 구성

① 조정위원회: 위원장 1인을 포함한 50인 이내의 위원으로 구성하며 위원장을 포함한 2인은 상임으로 하고, 나머지는 비상임으로 한다.
② 조정위원회 회의: 5인 이상 9인 이하의 위원
- 판사 · 검사 또는 변호사의 자격이 있는 자
- 소비자단체의 임원의 직에 있거나 있었던 자
- 사업자 또는 사업자단체의 임원의 직에 있거나 있었던 자
- 공인된 연구기관이나 대학에서 부교수 이상이거나 이에 상당하는 직에 있던 자로 소비자권리 관련분야를 전공한 자
- 4급 이상의 공무원이나 이에 상응하는 공공기관의 직에 있던 자로 소비자권익과 관련된 업무에 실무경험이 있는 자
- 그 밖에 소비자권익과 관련된 업무에 관한 학식과 경험이 풍부한 자

2) 소비자 분쟁조정의 기간

- 조정위원회는 정당한 사유가 있는 경우로서 30일 이내에 그 분쟁 조정을 마칠 수 없을 때에는 그 기간을 연장할 수 있다.
- 통지를 받은 당사자는, 그 통지를 받은 날부터 15일 이내에 분쟁조정의 내용에 대한 수락여부를 조정위원회에 통보하여야 한다.

01 소비자의 8대 권리에 대한 설명으로 옳은 것은?

① 소비자의 능력을 향상시킬 권리가 포함된다.
② 권익보호를 위해 노동단체를 구성할 권리가 있다.
③ 교육을 받을 권리는 교육기관에서만 가능하다.
④ 안전하고 쾌적한 소비생활 환경에서 소비할 권리가 있다.
⑤ 소비자 보호단체를 통해서만 의견을 반영시킬 수 있다.

02 사업자의 책무에 대한 설명으로 틀린 것은?

① 물품으로 인한 소비자의 생명과 재산 보호
② 소비자의 합리적 선택을 침해하지 않는 거래조건 제시
③ 소비자의 개인정보 보호
④ 물품 등에 대한 정보의 선택적 제공
⑤ 물품의 하자로 인한 소비자 불만 해결

03 소비자단체의 업무에 대한 설명으로 옳은 것은?

① 소비자의 개인정보를 보호해야 한다.
② 물품에 대한 정보를 소비자에게 성실히 제공해야 한다.
③ 시험·검사 결과를 공표할 수 있다.
④ 소비자 보호를 위한 법률을 제정한다.
⑤ 물품의 가격을 직접 통제할 수 있다.

04 소비자단체 소송의 인적 범위에 대한 설명으로 옳은 것은?

① 소비자단체는 정회원 수가 500명 이상이어야 한다.
② 등록 후 1년이 경과한 소비자단체가 가능하다.
③ 비영리민간단체는 구성원이 3천 명 이상이어야 한다.
④ 비영리민간단체는 중앙행정기관에 등록되어 있어야 한다.
⑤ 40인 이상의 소비자로부터 소송 제기를 요청받아야 한다.

05 피해구제 처리기간에 대한 설명으로 틀린 것은?

① 한국소비자원은 피해구제 신청을 받은 날로부터 30일 이내 처리해야 한다.
② 피해 원인규명에 시일이 필요한 경우 60일까지 연장 가능하다.
③ 소비자분쟁조정위원회는 분쟁조정을 90일 이내에 완료해야 한다.
④ 당사자는 통지받은 날로부터 15일 이내에 수락여부를 통보해야 한다.
⑤ 피해구제 처리절차 중 법원에 소를 제기한 경우 즉시 통보해야 한다.

06 소비자 정책위원회에 대한 설명으로 옳은 것은?

① 15명 이내의 위원으로 구성된다.

② 위원장은 3명으로 구성된다.

③ 시행계획은 매년 12월 31일까지 수립한다.

④ 위원장 2명을 포함한 25명 이내의 위원으로 구성된다.

⑤ 시행계획은 격년으로 수립한다.

07 소비자분쟁조정위원회의 구성에 대한 설명으로 옳은 것은?

① 3급 이상의 공무원이 위원이 될 수 있다.

② 조정위원회는 3인 이상 7인 이하의 위원으로 회의를 구성한다.

③ 위원장 1인을 포함한 50인 이내의 위원으로 구성된다.

④ 상임위원은 3인으로 구성된다.

⑤ 소비자단체의 현직 임원만 위원이 될 수 있다.

08 국가 및 지방자치단체의 소비자 보호법에 대한 설명으로 옳은 것은?

① 광고 기준은 지방자치단체가 정한다.

② 정보제공은 필요한 경우에만 선택적으로 한다.

③ 소비자의 불만이나 피해는 사업자가 직접 처리한다.

④ 소비자의 개인정보 보호를 위한 시책을 강구해야 한다.

⑤ 거래의 적정화는 사업자단체가 담당한다.

09 소비자의 책무에 대한 설명으로 틀린 것은?

① 자유시장 경제의 주체임을 인식해야 한다.

② 물품을 올바르게 선택해야 한다.

③ 소비자의 기본적 권리를 정당하게 행사해야 한다.

④ 사업자에게 물품 정보 제공을 요구할 수 있다.

⑤ 권익보호를 위한 단체 활동에만 참여해야 한다.

10 한국소비자원의 피해구제 절차에 대한 설명으로 옳은 것은?

① 사업자는 어떤 경우에도 피해구제를 의뢰할 수 없다.

② 피해구제 신청은 소비자단체를 통해서만 가능하다.

③ 피해구제 기간은 연장이 불가능하다.

④ 법원에 소를 제기한 경우 한국소비자원에 통보해야 한다.

⑤ 피해구제 절차는 중지가 불가능하다.

01	④	02	④	03	③	04	④	05	③
06	④	07	③	08	④	09	⑤	10	④

01 ④

오답 피하기

① 소비자의 능력 향상은 국가와 지방자치단체의 업무이다.
② 소비자단체를 구성할 권리이며 노동단체가 아니다.
③ 합리적인 소비생활을 위한 교육을 받을 권리이다.
⑤ 다양한 방법으로 의견을 반영시킬 수 있다.

02 ④

사업자는 소비자에게 물품 등에 대한 정보를 성실하고 정확하게 제공해야 하며, 선택적으로 제공할 수 없다.

03 ③

오답 피하기

① 개인정보 보호는 사업자의 책무이다.
② 물품 정보 제공은 사업자의 책무이다.
④ 법률 제정은 국가의 책무이다.
⑤ 가격 통제 권한은 없다.

04 ④

오답 피하기

① 정회원 수는 1천 명 이상이어야 한다.
② 등록 후 3년이 경과해야 한다.
③ 구성원은 5천 명 이상이어야 한다.
⑤ 50인 이상의 소비자로부터 요청받아야 한다.

05 ③

분쟁조정위원회의 처리기간은 30일이며, 정당한 사유가 있는 경우 연장할 수 있다.

06 ④

오답 피하기

① 25명 이내의 위원으로 구성된다.
② 위원장은 2명이다.
③ 시행계획은 매년 10월 31일까지 수립한다.
⑤ 시행계획은 매년 수립한다.

07 ③

오답 피하기

① 4급 이상의 공무원이 위원이 될 수 있다.
② 5인 이상 9인 이하의 위원으로 회의를 구성한다.
④ 상임위원은 위원장 포함 2인이다.
⑤ 소비자단체의 임원직에 있거나 있었던 자가 가능하다.

08 ④

오답 피하기

① 광고 기준은 국가가 정한다.
② 소비자의 권익과 관련된 주요 시책을 의무적으로 알려야 한다.
③ 소비자분쟁의 해결을 위한 기구 설치 등 필요한 조치를 강구해야 한다.
⑤ 거래의 적정화는 국가가 담당한다.

09 ⑤

소비자는 소비생활의 향상과 국민경제의 발전에 적극적인 역할을 다해야 하며, 단체 활동에만 국한되지 않는다.

10 ④

오답 피하기

① 사업자도 일정 조건에서 피해구제를 의뢰할 수 있다.
② 소비자 직접 신청, 국가·지방자치단체 의뢰도 가능하다.
③ 60일 이내 범위에서 처리기간 연장 가능하다.
⑤ 일정 조건에서 피해구제 절차 중지가 가능하다.

06

개인정보 보호법과
관리 체계

학습 방향

개인정보의 개념과 보호법의 핵심 원칙을 이해하고 개인정보 보호 운영 체계와 책임자의 역할을 파악한다. 개인정보의 수집·이용·처리 과정에서의 안전한 관리 방법과 정보주체의 권리를 학습하고, 개인정보 침해 시 분쟁해결 절차와 제재 방안을 습득한다.

출제빈도

SECTION 01	중	30%
SECTION 02	하	20%
SECTION 03	중	35%
SECTION 04	하	15%

개인정보 보호의 기본 이해

01 개인정보 보호의 기본 개념

01 개인정보 보호법의 이해

1) 개인정보 보호법의 핵심 개념 정리

개인정보의 기본 정의	• 살아있는 개인에 관한 정보로서 개인의 식별이 가능한 모든 정보 • 성명, 주민등록번호, 영상 등을 통해 특정 개인을 식별할 수 있는 정보를 의미 • 단일 정보로 식별이 불가능하더라도 다른 정보와의 결합으로 식별이 가능한 경우도 포함
개인정보의 범위	• 사실적 정보: 주소, 이름, 직업, 주민등록번호 등이 해당 • 주관적 정보: 신용평가정보, 사회적 지위 등이 포함 • 개인의 신념, 신체, 재산, 사회적 지위, 신분 등에 관한 모든 사실, 판단, 평가 정보가 해당
정보 주체의 범위	• 생존하는 자연인에 한정 • 사망자나 실종자의 정보는 원칙적으로 제외 • 단, 사망자의 정보가 유족과 관련된 경우는 예외적으로 적용될 수 있음
정보의 결합과 식별 가능성	혈액형과 같은 단독으로는 식별이 어려운 정보도 주민등록번호, 주소 등과 결합하여 개인 식별이 가능한 경우 개인정보로 보호받을 수 있음
법인 정보의 취급	• 법인의 상호, 영업소재지, 대표이사 성명은 원칙적으로 제외 • 단, 공익적 목적에서는 개인정보로 인정될 수 있음

2) 개인정보 보호법상의 용어의 정리

개인정보 처리자	업무를 목적으로 개인정보 파일을 운용하기 위해 스스로 혹은 다른 사람을 통하여 개인정보를 처리하는 단체 및 개인, 공공기관, 법인 등
개인정보 파일 └ 신상정보 파일(×)	개인정보를 쉽게 검색할 수 있도록 일정한 규칙에 따라 체계적으로 배열하거나 구성한 개인정보의 집합물
정보주체	처리되는 정보에 의해 알아볼 수 있는 사람으로서 그 정보의 주체가 되는 사람
처리	개인정보의 수집, 생성, 연동, 연계, 기록, 저장, 보유, 가공, 편집, 검색, 출력, 정정, 복구, 공개, 파기 등 그 밖에 유사한 행위
영상정보처리기기	일정한 공간에 지속적으로 설치되어 사람 혹은 사물의 영상 등을 촬영하거나 이를 유·무선망을 통하여 전송하는 장치로써 대통령령을 정하는 장치

3) 개인정보 보호와 관련된 법률★

① 통신 · 비밀법
② 신용정보의 이용 및 보호에 관한 법률
③ 공공기관의 개인정보 보호에 관한 법률
④ 전자상거래 등에서 소비자 보호에 관한 법률

02 개인정보 보호의 원칙

1) 와이블(Weible)의 개인정보 유형 분류★

구분	유형
신원 확인 관련 정보	• 기본 신원정보: 이름, 주민등록번호, 성별, 국적 • 연락처 정보: 주소, 전화번호 정보 • 신분증 정보: 운전면허 관련 사항 • 개인이력 정보: 출생지, 본적지 관련 사항
경제활동 관련 정보	• 소득 관련: 봉급액, 보너스, 수수료, 사업소득 내역 • 재산 현황: 부동산(주택, 토지), 동산(자동차) 소유 현황 • 금융 자산: 현금, 저축, 주식, 채권, 유가증권 보유 상태 • 보험 관련: 건강보험, 생명보험 가입 내역
신용 및 금융 정보	• 대출 정보: 대부, 잔액, 저당 관련 현황 • 신용 관리: 신용카드, 지불연기, 미납 기록 사항 • 법적 조치: 임금압류 통보 기록
가족 및 사회관계 정보	• 가족 구성원: 부모, 배우자, 부양가족의 신상명세 • 가족 상세: 직업, 출생지, 생년월일 등의 인적사항 • 조직 활동: 노조, 종교단체, 정당, 클럽 가입 현황
교육 및 경력 정보	• 학력 사항: 출석, 최종학력, 성적 기록 • 자격 정보: 기술자격증, 전문 면허증 보유 현황 • 경력 사항: 훈련프로그램, 서클활동 이력
법적 및 의료 정보	• 법적 기록: 전과, 교통위반, 파산, 구속, 이혼, 납세 이력 • 의료 기록: 가족병력, 치료기록, 신체장애 현황
개인 생활 정보	• 취미 활동: 선호 스포츠, 오락, 여가활동 내역 • 생활 습관: 흡연, 음주, 도박 성향 기록
군사 관련 정보	• 복무 정보: 군번, 계급, 제대유형 사항 • 군 경력: 주특기, 근무부대 기록

2) 개인정보 보호에 관한 OECD 8원칙★

수집 제한의 원칙	• 개인정보의 수집은 원칙적인 제한 대상 • 합법적이고 정당한 절차를 통한 수집 필수 • 정보 주체의 사전 동의 또는 통지 의무
정확성의 원칙	• 수집된 정보의 목적 부합성 유지 • 정보의 정확성과 완전성 확보 • 최신 상태로의 지속적 업데이트
목적의 명확화/ 특정 원칙	• 수집 시점의 명확한 목적 명시 • 수집 목적과 이용 목적의 일치성 확보 • 목적 변경 시 명확한 고지 의무

이용 제한의 원칙	• 정보 주체의 동의 없는 목적 외 사용 금지 • 법률 규정에 의한 예외 사항 인정 • 명시된 목적 외 정보 활용 제한
안전 조치의 원칙	• 불법적 접근에 대한 보안 체계 구축 • 정보의 분실, 훼손, 변조 방지 대책 • 무단 공개 및 유출 방지를 위한 보호 조치
공개의 원칙	• 정보처리 정책의 투명한 공개 • 정보 관리자의 신원 공개 • 정보 처리 목적과 방법의 명확한 고지
개인 참여의 원칙	• 자기 정보 확인권 보장과 정보 열람의 합리적 절차 제공 • 정보의 정정, 파기 요구권 보장
책임의 원칙	• 정보 관리자의 법적 책임 명시 • 자율 규제 기준 준수 의무와 원칙 준수를 위한 필요 조치 이행

3) 개인정보 보호법의 주요 내용★
① 개인정보 보호 규제 대상 및 범위 확대
② 주민번호 등 고유 식별정보 보호 강화
③ 민간 CCTV 설치 및 제한 근거 마련
④ 개인정보 영향평가 및 유출 통지제도 도입
⑤ 개인 정보 분쟁 조정제도 강화

02 권리와 책무

01 주체별 권리와 책무

1) 정보 주체의 권리
① 개인정보의 처리에 관한 정보를 제공받을 권리
② 개인정보의 처리에 관한 동의여부, 동의 범위 등을 선택하고 결정할 권리
③ 개인정보의 처리 여부를 확인하고 개인정보에 대하여 열람을 요구할 권리
④ 개인정보의 처리 정지, 정정 · 삭제 및 파기를 요구할 권리
⑤ 개인정보의 처리로 인하여 발생한 피해를 신속하고 공정한 절차에 따라 구제받을 권리

2) 국가 등의 책무★
• 국가와 지방자치단체는 개인정보의 목적 외 수집, 오용 · 남용 및 무분별한 감시 · 추적 등에 따른 폐해를 방지하여 인간의 존엄과 개인의 사생활 보호를 도모하기 위한 시책을 강구하여야 한다.
• 국가와 지방자치단체는 정보주체의 권리를 보호하기 위하여 법령의 개선 등 필요한 시책을 마련하여야 한다.
• 국가와 지방자치단체는 개인정보 보호활동을 존중하고 촉진 · 지원하여야 한다.
• 국가와 지방자치단체는 개인정보의 처리에 관한 법령 또는 조례를 제정하거나 개정하는 경우에는 이 법의 목적에 부합되도록 하여야 한다.

개인정보 보호 운영 체계

01 보호위원회 구성과 기능

01 보호위원회의 역할

1) 보호위원회 구성★

- 보호위원회는 위원장 1명, 상임위원1명을 포함한 15명 이내의 위원으로 구성한다.
- 위원장은 위원 중에서 공무원이 아닌 사람으로 대통령이 위촉한다.
- 위원장과 위원의 임기는 3년으로 하되, 1차에 한하여 연임할 수 있다.
- 보호위원회 회의는 위원장이 필요하다고 인정하거나 재적위원 4분의1 이상의 요구가 있는 경우에 위원장이 소집한다.
- 보호위원회는 출석위원 과반수의 찬성과 재적위원 과반수의 출석으로 의결한다.

2) 보호위원회의 기능

① 개인정보 침해요인 평가에 관한 사항
② 기본계획 및 시행계획
③ 개인정보 보호와 관련된 정책, 제도 및 법령의 개선에 관한 사항
④ 개인정보의 처리에 관한 공공기관의 간의 의견조정에 관한 사항
⑤ 개인정보 보호에 관한 법령의 해석 · 운용에 관한 사항
⑥ 개인정보의 이용 · 제공에 관한 사항

3) 개인정보보호위원회의 구성과 운영 체계

설립 목적과 위상	• 국무총리 소속 독립기구로서의 위상 • 개인정보 보호 관련 사항의 심의 · 의결 기구 • 독립적 업무 수행 권한 보유
위원회 구성	• 총 구성원: 9명 이내의 위원 　– 위원장 2명(비공무원 출신) 　– 상임위원 2명(정무직 공무원) 　– 일반위원 5명
위원 자격 요건	• 시민사회단체/소비자단체 추천 인사 • 사업자단체 추천 전문가 • 개인정보 분야 학식 · 경험 보유자 • 관련 분야 부교수 이상 5년 경력자

위원 선임 절차	• 국회 선출 위원 5명 • 대법원장 지명 위원 5명 • 국무총리 제청 위원장/부위원장 • 위원장 제청 위원 2명 • 교섭단체 추천 위원 5명
운영 체계	• 임기: 3년 (1회 연임 가능) • 회의 소집: 위원장 직권 또는 재적위원 1/4 이상 요청 • 의결 정족수: 재적위원 과반수 출석, 출석위원 과반수 찬성
행정 지원	• 사무국 설치 운영 • 조직 운영에 관한 세부사항은 대통령령으로 규정

02 개인정보 보호책임자

01 보호책임자의 지정과 업무

1) 개인정보 보호책임자의 지정 기준

중앙 행정기관 단위	• 국회, 법원, 헌법재판소, 중앙선거관리위원회의 행정사무 처리 책임자 • 중앙행정기관 고위공무원단 소속 공무원

교육행정 분야	• 시·도 교육청의 3급 이상 공무원 및 이에 상당하는 직급의 공무원
	• 각급 학교의 행정사무 총괄 책임자
	  – 초·중등교육법 적용 기관
	  – 고등교육법 적용 기관
	  – 기타 관련 법률에 따른 교육기관

지방자치단체 분야	시·군 및 자치구 단위 4급 공무원

2) 개인정보 보호 책임자의 업무

① 개인정보 보호 계획의 수립 및 시행
② 개인정보 처리 실태 및 관행의 정기적인 조사 및 개선
③ 개인적인 처리와 관련한 불만의 처리 및 피해구제
④ 개인정보 유출 및 오용·남용 방지를 위한 내부통제시스템 구축
⑤ 개인정보 보호 교육 계획의 수립 및 시행
⑥ 개인정보파일의 보호 및 관리·감독
⑦ 그 밖의 개인정보의 적절한 처리를 위하여 대통령령으로 정한 업무를 수행한다(제 31조).

3) 개인정보 관리 책임자의 구체적 업무

① 고객 개인정보의 수집·이용·제공 및 관리에 관한 업무의 총괄
② 고객으로부터 제기되는 개인정보에 관한 불만이나 의견의 처리 및 감독
③ 개인정보의 출력·복사물에 대한 사전 승인
④ 소속직원, 수탁자 등에 대한 개인정보보호 교육 실시
⑤ 소속직원 또는 제3자에 의한 위법·부당한 개인정보 침해 행위에 대한 점검

01 개인정보 수집과 동의

01 개인정보 수집 절차

1) 개인정보 수집 시 동의를 얻어야 하는 경우★★

① 개인정보의 수집 · 이용목적
② 수집하려는 개인정보 항목
③ 개인정보의 보유 및 이용 기간
④ 동의를 거부할 권리가 있다는 사실
⑤ 개인정보처리자가 개인정보를 그외의 제3자에게 제공할 때

2) 개인정보 수집시 동의 획득 예외 및 이용 가능한 경우★★

① 정보 주체의 동의를 받은 경우
② 법률에 특별한 규정이 있거나 법령상 의무를 준수하기 위하여 불가피한 경우
③ 공공기관이 법령 등에서 정하는 소관 업무의 수행을 위하여 불가피한 경우
④ 정보 주체와의 계약의 체결 및 이행을 위하여 불가피하게 필요한 경우
⑤ 정보주체 또는 그 법정대리인이 의사 표시를 할 수 없는 상태에 있거나 주소 불명 등으로 사전 동의를 받을 수 없는 경우로서 명백히 정보주체 또는 제3자의 급박한 생명, 신체 재산의 이익을 위하여 필요하다고 인정되는 경우
⑥ 개인정보처리자의 정당한 이익을 달성하기 위하여 필요한 경우

3) 개인정보 수집 · 이용 목적이 변경될 경우 동의를 얻어야 하는 경우★

① A/S센터에서 불편 처리를 위해서만 수집한 개인정보를 자사의 신상품 광고에 이용 시
② 상품 배송 목적으로만 수집한 개인정보를 자사 상품의 통신판매에 이용 시
③ 고객 만족도 조사, 판촉행사, 경품 행사만을 위해 제공한 개인정보를 자사의 할인 판매 행사 안내용 광고물 발송에 이용 시
④ 회원을 가입하기 위하여 제공한 정보를 회원가입과 무관한 우편 주문 판매에 이용시
⑤ 임상 목적으로 촬영한 환자의 수술(시술) 사진을 병원 홍보 목적으로 공개하는 경우

1) 개인정보 처리 공개 방법

① 인터넷 홈페이지의 첫 화면 또는 첫 화면과의 연결화면을 통하여 재화 또는 용역을 제공받는 자가 볼 수 있게 하는 방법
② 점포 · 사무소 안의 보기 쉬운 장소에 써서 붙이거나 갖춰 놓고 열람하게 하는 방법
③ 같은 제목으로 연 2회 이상 계속적으로 발행하여 이용자에게 배포하는 간행물 · 소식지 · 홍보지 · 청구서 등에 지속적으로 게재하는 방법
④ 재화 또는 용역을 제공하기 위한 이용계약서에 게재하여 배호하는 방법

2) 개인정보 변경 공지 방법

① 정보통신서비스 제공자 외의 자가 운영하는 홈페이지의 첫 화면의 공지사항 란 또는 별도의 창을 통하여 공지
② 서면 · 모사전성 · 전자우편 또는 이와 비슷한 방법으로 재화 또는 용역을 받은 자에게 공지
③ 점포 · 사무소 안의 보기 쉬운 장소에 써서 붙이거나 갖춰 놓는 방법
④ 재화 또는 용역을 제공하기 위한 이용계약서에 게재하여 배호하는 방법

3) 영상정보처리기기의 설치 및 운영에 관한 규정

설치 허용 조건	• 법령상 구체적 허용 사항 • 범죄 예방 및 수사 목적 • 시설 안전 및 화재 예방 용도 • 교통단속 및 교통정보 수집 목적
설치 제한 구역	• 목욕실, 화장실, 발한실, 탈의실 등 사생활 침해 우려 장소 • 예외: 법령에 근거한 교도소, 정신보건시설 등 특수 시설 • 개인의 프라이버시 보호가 필요한 공간
운영자의 의무사항	• 정보주체가 인식 가능한 안내판 설치 • 설치 목적 외 임의 조작 금지 • 녹음기능 사용 불가 • 개인정보 보호를 위한 안전성 확보 조치 이행
안전성 확보 조치	• 분실 · 도난 방지 체계 구축 • 유출 · 변조 예방 시스템 마련 • 훼손 방지를 위한 보안 대책 수립
정보주체의 권리 보호	• 영상정보처리기기 설치 사실의 명확한 고지 • 개인정보보호를 위한 제29조 규정 준수 • 운영 · 관리 지침의 투명한 공개

02 개인정보 관리와 보호

01 개인정보 안전관리

1) 개인정보 안전의 관리

관리적 조치	• 개인정보의 안전한 취급을 위한 내부 관리계획의 수립 및 시행 • 개인정보 관리 책임자의 의무와 책임을 규정한 내부 지침 마련 • 개인정보의 안전한 보관을 위한 잠금장치 등 물리적 접근 방지 조치 • 개인정보 보호를 위한 장기적인 자체 감사 실시 • 그 밖에 개인정보의 안정성 확보에 필요한 관리적 보호 조치
기술적 조치	• 개인정보에 대한 접근 권한을 확인하기 위한 식별 및 인증조치 • 개인정보에 대한 권한 없는 접근을 차단하기 위한 암호화와 방화벽 설치 등의 조치 • 접속기록의 위·변조 방지를 위한 조치 • 침해 사고 방지를 위한 보안프로그램의 설치 운영 • 그 밖에 개인정보의 안전성 확보에 필요한 기술적 보호 조치

2) 개인정보 파기 사유 및 사례

개인정보의 수집 및 이용목적 달성	• 이용자가 초고속 인터넷을 해지 • 이용자가 마트 마일리지 회원 탈퇴를 요청하는 경우
보유 및 이용기간 종료	• 이용자에게 개인정보를 수집할 때 동의를 받은 기간이 도래한 경우(시기 만료) • 다른 법률 규정에 따라 이용자 동의 없이 보유 또는 이용이 가능한 기간이 남아있지 않은 경우
사업 폐지	폐업 또는 서비스 중단

3) 개인정보 유출 시의 대응 절차

기본 통지 의무	• 개인정보 유출 인지 즉시 정보주체에게 통보 • 유출 사실의 신속한 고지 의무 • 지체 없는 대응 조치 실시
대규모 유출 시 추가 조치	• '대통령령으로 정한 규모(1천 명)' 이상 정보 유출 시 행정안전부장관 보고 • 전문기관에 대한 신고 의무 • 홈페이지 7일 이상 관련 사항 공시
필수 통보 내용	• 유출된 개인정보의 구체적 항목 • 유출 발생 시점 및 상세 경위 • 피해 최소화를 위한 대응 방안
피해 방지 조치	• 추가 유출 방지를 위한 보안 강화 • 유출된 정보의 확산 방지 대책 • 피해 구제를 위한 지원 방안

02 정보 주체의 권리 행사

1) 개인정보 열람

정보주체는 개인정보처리자가 처리하는 자신의 개인정보에 대한 열람을 해당 개인정보처리자에게 요구할 수 있다(제35조). 만 14세 미만 아동의 법정 대리인은 개인정보처리자에게 그 아동의 개인정보 열람 등을 요구할 수 있다(제38조).

2) 개인정보의 열람에서 공공기관이 업무를 수행할 때 중대한 지장을 유발할 수 있는 경우(열람 제한)

① 조세의 부과·징수 또는 환급에 관한 업무
② 학력·기능 및 채용에 관한 시험, 자격 심사에 관한 업무
③ 보상금·급부금 산정 등에 대하여 진행 중인 평가 또는 판단에 관한 업무
④ 고등교육기관에서의 성적 평가 또는 입학자 선발에 관한 업무
⑤ 다른 법률에 따라 진행 중인 감사 및 조사에 관한 업무

3) 개인정보 처리정지 요구를 거절할 수 있는 경우

① 법률에 특별한 규정이 있거나 법령상 의무를 준수하기 위하여 불가피한 경우
② 다른 사람의 생명·신체를 해할 우려가 있거나 다른 사람의 재산과 그 밖의 이익을 부당하게 침해할 우려가 있는 경우
③ 공공기관이 개인정보를 처리하지 아니하면 다른 법률에서 정하는 소관업무를 수행할 수 없는 경우
④ 개인정보를 처리하지 아니하면 정보주체와 약정한 서비스를 제공하지 못하는 등 계약의 이행이 곤란한 경우로서 정보주체가 그 계약의 해지 의사를 명확하게 밝히지 아니한 경우

01 분쟁해결

01 분쟁조정과 손해배상

1) 분쟁조정 (제47조)

① 분쟁조정위원회는 다음 각 호의 어느 하나의 사항을 포함하여 조정안을 작성할 수 있다.

- 조사 대상 침해행위의 중지
- 원상회복, 손해배상, 그 밖에 필요한 구제조치
- 같거나 비슷한 침해의 재발을 방지하기 위하여 필요한 조치

② 분쟁조정위원회는 제1항에 따라 조정안을 작성하면 지체 없이 각 당사자에게 제시하여야 한다.

③ 제1항에 따라 조정안을 제시받은 당사자가 제시받은 날부터 15일 이내에 수락 여부를 알리지 아니하면 조정을 거부한 것으로 본다.

④ 당사자가 조정내용을 수락한 경우 분쟁조정위원회는 조정서를 작성하고, 분쟁조정위원회의 위원장과 각 당사자가 기명날인하여야 한다.

⑤ 제4항에 따른 조정의 내용은 재판상 화해와 동일한 효력을 갖는다.

⑥ 분쟁조정위원회 구성★

- 위원장 1명을 포함한 20명 이내의 위원으로 구성
- 위원 중 1명은 상임위원으로 하여야 하는데 위원장이 상임으로도 할 수도 있고 위원을 상임으로 할 수도 있다.
- 위원장은 위원 중에서 공무원이 아닌 사람을 행정안전부장관이 임명한다.

⑦ 분쟁처리기간★

분쟁조정 신청을 받는 날로부터 60일 이내에 심사하여 조정안을 작성한다.

⑧ 개인정보 보호법 시행령 제40조의2 제1항에서 '매우 중대한 위반 행위'★

고의 또는 중과실로 인하여 10만 건 이상의 주민등록번호가 분실·도난·유출·변도 또는 훼손된 경우

2) 개인정보 보호법 위반 시 손해배상 청구할 수 있는 경우

① 동의받은 목적과 다른 목적을 개인정보 이용
② 주민등록번호 외의 회원가입 방법 미조치
③ 영업양도 등 미통지

3) 개인정보 보호법 위반의 벌칙 중 '5년 이하의 징역 또는 5천만 원 이하의 벌금'에 해당하는 경우

- 고유식별정보를 처리한 자
- 가명정보를 처리하거나 제3자에게 제공한 자 및 그 사정을 알면서도 영리 또는 부정한 목적으로 가명정보를 제공받은 자
- 정정·삭제 등 필요한 조치를 하지 아니하고 개인정보를 이용하거나 이를 제3자에게 제공한 정보통신서비스 제공자

01 개인정보의 기본 개념에 대한 설명으로 옳은 것은?

① 사망자나 실종자의 정보도 개인정보에 포함된다.
② 법인의 상호와 대표이사 성명은 항상 개인정보로 보호된다.
③ 혈액형과 같은 단독 정보는 개인정보로 보호받을 수 없다.
④ 다른 정보와 결합하여 개인 식별이 가능한 정보도 개인정보이다.
⑤ 주관적 정보는 개인정보에 포함되지 않는다.

02 개인정보 보호에 관한 OECD 8원칙 중 틀린 것은?

① 수집 제한의 원칙은 합법적이고 정당한 절차를 통한 수집을 의미한다.
② 정확성 원칙은 수집된 정보의 최신 상태 유지를 요구한다.
③ 이용 제한의 원칙은 정보 주체의 동의 없는 목적 외 사용을 금지한다.
④ 안전 조치의 원칙은 정보의 공개와 유출 방지 대책을 의미한다.
⑤ 공개의 원칙은 정보 관리자의 신원을 비공개로 유지하는 것이다.

03 보호위원회 구성에 대한 설명으로 옳은 것은?

① 위원장은 공무원 중에서 대통령이 임명한다.
② 위원의 임기는 4년이며 연임할 수 없다.
③ 보호위원회는 위원장 1명을 포함한 15명 이내의 위원으로 구성된다.
④ 보호위원회 회의는 재적위원 2분의 1 이상의 요구로 소집된다.
⑤ 의결은 출석위원 과반수의 찬성으로 이루어진다.

04 개인정보 수집 시 동의를 얻어야 하는 경우로 옳은 것은?

① 법령상 의무를 준수하기 위해 불가피한 경우
② 정보주체와의 계약 이행을 위해 필요한 경우
③ 정보주체의 급박한 생명, 신체의 이익을 위한 경우
④ 개인정보처리자의 정당한 이익 달성을 위한 경우
⑤ 개인정보를 제3자에게 제공하려는 경우

05 개인정보 수집 목적이 변경될 때 동의가 필요하지 않은 경우는?

① A/S센터의 정보를 신상품 광고에 이용 시
② 상품 배송 정보를 통신판매에 이용 시
③ 회원가입 정보를 법령에 따른 세무신고에 이용 시
④ 고객만족도 조사 정보를 할인판매 안내에 이용 시
⑤ 임상 목적의 사진을 병원 홍보에 이용 시

06 영상정보처리기기 설치 및 운영에 대한 설명으로 옳은 것은?

① 화장실에도 법령상 허가가 있으면 설치할 수 있다.
② 녹음기능은 제한적으로 사용할 수 있다.
③ 범죄 예방 목적이면 어디든 설치가 가능하다.
④ 안내판 설치는 선택사항이다.
⑤ 정보주체가 인식 가능한 안내판을 설치해야 한다.

07 개인정보 파기 사유에 해당하는 것은?

① 정보주체가 일시적으로 서비스 이용을 중단한 경우
② 개인정보 처리에 대한 동의를 철회한 경우
③ 정보주체가 이용요금을 연체한 경우
④ 정보주체가 해외 거주를 시작한 경우
⑤ 정보주체가 서비스 이용을 일시 정지한 경우

08 개인정보 유출 시 대응 절차에 대한 설명으로 틀린 것은?

① 유출 인지 즉시 정보주체에게 통보해야 한다.
② 1천명 이상 유출 시 행정안전부장관에게 신고해야 한다.
③ 유출된 개인정보의 항목을 통보해야 한다.
④ 피해 구제 절차는 선택적으로 통보할 수 있다.
⑤ 홈페이지에 7일 이상 관련 사항을 공시해야 한다.

09 개인정보 열람 제한이 가능한 경우로 옳은 것은?

① 개인의 신용도 평가에 관한 업무
② 정보주체의 연령이 만 14세 미만인 경우
③ 조세의 부과·징수에 관한 업무
④ 정보주체가 외국인인 경우
⑤ 개인정보 수집 후 5년이 경과한 경우

10 개인정보 분쟁조정위원회에 대한 설명으로 옳은 것은?

① 위원장은 반드시 상임위원이어야 한다.
② 분쟁처리기간은 90일 이내이다.
③ 조정 수락 여부는 30일 이내에 통보해야 한다.
④ 위원장은 공무원이 아닌 사람을 행정안전부장관이 임명한다.
⑤ 위원회는 25명 이내의 위원으로 구성된다.

01	④	02	⑤	03	③	04	⑤	05	③
06	⑤	07	②	08	④	09	③	10	④

01 ④

오답 피하기

① 생존하는 자연인에 한정된다.
② 법인정보는 원칙적으로 제외되며 공익적 목적의 경우만 인정된다.
③ 다른 정보와 결합하여 식별 가능하면 개인정보로 보호된다.
⑤ 신용평가정보 등 주관적 정보도 개인정보에 포함된다.

02 ⑤

공개의 원칙은 정보처리 정책의 투명한 공개와 정보 관리자의 신원을 공개하는 것을 의미한다.

03 ③

오답 피하기

① 위원장은 공무원이 아닌 사람으로 대통령이 위촉한다.
② 임기는 3년이며 1차에 한해 연임 가능하다.
④ 재적위원 4분의 1 이상의 요구로 소집된다.
⑤ 출석위원 과반수의 찬성과 재적위원 과반수의 출석이 필요하다.

04 ⑤

①, ②, ③, ④는 모두 동의 없이 수집 가능한 예외 사항이다.

05 ③

법령에 따른 의무 준수를 위한 이용은 추가 동의가 필요하지 않다. 나머지는 모두 목적 외 이용으로 추가 동의가 필요하다.

06 ⑤

오답 피하기

① 화장실 등 사생활 침해 우려 장소는 설치 불가다.
② 녹음기능 사용은 절대 불가하다.
③ 사생활 침해 우려 장소는 설치가 제한된다.
④ 안내판 설치는 필수사항이다.

07 ②

오답 피하기

① 일시적 중단은 파기 사유가 아니다.
③ 연체는 파기 사유가 아니다.
④ 해외 거주는 파기 사유가 아니다.
⑤ 일시 정지는 파기 사유가 아니다.

08 ④

피해 구제 절차와 방법은 필수 통보 사항이다.

09 ③

오답 피하기

① 신용도 평가는 제한 사유가 아니다.
② 연령은 제한 사유가 아니다.
④ 외국인 여부는 제한 사유가 아니다.
⑤ 보유 기간은 제한 사유가 아니다.

10 ④

오답 피하기

① 위원장이 반드시 상임일 필요는 없다.
② 분쟁처리기간은 60일 이내이다.
③ 조정 수락 여부는 15일 이내 통보해야 한다.
⑤ 20명 이내의 위원으로 구성된다.

자주 출제되는
기출문제 300선

지금까지 배운 핵심 내용을 중심으로 자주 출제되는 기출문제 300문제를 구성했습니다. 각 파트별로 100문제를 풀어보면서 이론을 완벽하게 익히고, 시험 출제 경향을 파악해 보세요. 문제와 해설을 함께 배치하여 빠른 속도로 학습하실 수 있게 구성하였습니다.

CS 개론 100제

01 고객 만족 역사에 대한 설명 중 옳지 않은 것은?

① 1980년대 스칸디나비아 항공사에서 MOT를 도입하여 성공시켰다.
② 1990년대 LG에서 고객가치 창조 도입으로 우리나라에 처음 도입하였다.
③ 1990년대 기업의 CS경영팀이 신설되었다.
④ 1990년대 고객생애가치(LTV)를 중요시 여긴다.
⑤ 2000년대 업종 불문하고 CS경영을 도입하였다.

··

고객생애가치(LTV)는 2000년대 설명에 해당한다.

02 서비스 프로세스에 대한 설명으로 적절하지 않은 것은?

① 기업의 원재료, 정보, 사람 등을 투입(Input)하여 기업의 활동으로 인한 서비스 등의 산출물(Out-put)로의 변환과정을 표시한 것이다.
② 고객을 위한 결과물 또는 고객을 위해 가치 창출하는 모든 관련 활동들의 집합이다.
③ 프로세스의 규율은 통제하기 위함이다.
④ 프로세스는 궁극적으로 과업성과를 재고할 수 있어야 한다.
⑤ 프로세스는 목적론적, 전체론적 입장에서 모든 기업활동이 고객만족을 위하여 진행할 때 기업이 추구하는 목적을 성취할 수 있다.

··

프로세스의 규율은 창의성과 효율성 제고를 위함이다.

03 다음 중 비즈니스 프로세스 유형 중 지원 프로세스에 해당하는 것은?

① 신규 제품 개발
② 학습조직 구축
③ 의사결정
④ 대량 맞춤화
⑤ 인적자원관리

··

지원 프로세스에는 재무회계, 교육훈련 등도 있다.

오답 피하기

① 신규 제품 개발, ② 학습조직 구축은 변혁 프로세스 유형에 속한다.

04 소스택(Shostack)이 제시한 유형성 스펙트럼에서 무형성의 지배가 가장 약한 업종은?

① 광고대행사
② 청량음료
③ 교육
④ 항공사
⑤ 투자관리

··

소금, 청량음료는 무형성의 지배가 가장 약한 업종에 속한다.
유형성 (소금 〈 청량음료 〈 세제 〈 자동화 〈 화장품 〈 패스트푸드점(유형 · 무형 혼합) 〈 광고대행사 〈 항공사 〈 투자관리 〈 컨설팅 〈 교육) 무형성

정답 01④ 02③ 03⑤ 04②

05 서비스 프로세스와 관련하여 무엇에 관한 설명인가?

> 모든 고객에게 동일한 프로세스의 서비스를 제공하는 것으로 주로 제품의 생산과정에서 많이 활용되고 있다. 대량생산에 유용한 방식이다.

① 가치화   ② 개성화
③ 표준화   ④ 개별화
⑤ 주관화

표준화된 서비스 프로세스를 제공하는 대표적인 예시로는 사우스웨스트 항공사가 있다. 사우스웨스트 항공사는 단거리 운영, 음료와 식사 제공 생략, 지정좌석제 폐지, 저렴한 요금, 정확한 이착륙 시간, 펀(FUN) 경영으로 운영한다.

06 서비스 프로세스 중 직원에게 권한부여, 고객 취향에 맞는 서비스, 다소 높은 가격으로 개별화된 서비스를 제공하는 항공사는?

① 싱가포르 항공
② 아시아나 항공
③ 대한 항공
④ JAL 항공
⑤ 사우스웨스트 항공

오답 피하기
⑤ 사우스웨스트 항공사는 서비스 '표준화' 전략에 성공한 대표적인 예시이다.

07 슈메너의 서비스 프로세스 매트릭스 중 노동집약과 고객과의 상호작용이 모두 높은 업종이 아닌 것은?

① 병원   ② 변호사
③ 의사   ④ 컨설턴트
⑤ 건축가

병원은 노동집약도는 낮고 고객과의 상호작용은 높다.

08 데이비드 마이스터가 제시한 대기관리 8원칙에 해당하지 않는 것은 무엇인가?

① 대기는 가치가 적을수록 더 길게 느껴진다.
② 구매 전 대기는 짧게 느껴진다.
③ 대기는 혼자 기다리면 더 길게 느껴진다.
④ 불공정한 대기는 더 길게 느껴진다.
⑤ 아무 일도 안 할 때 대기가 더 길게 느껴진다.

구매 전 대기가 더 길게 느껴진다.

더 알아보기
③의 문장은 자주 출제된다.
예 대기는 '집단'으로 기다리면 더 길게 느껴진다.(×)

09 대기 관리 방법 중 고객인식 관리에 해당되지 않는 것은?

① 대안 제시
② 고객 유형에 따른 응대
③ 이용되지 않는 자원은 숨기기
④ 예상 대기시간 안내
⑤ 서비스가 시작되었다는 느낌 전달하기

대안 제시는 생산관리 방법에 대한 설명에 해당한다.

생산관리 방법 (운영시스템의 변화로 실제 대기 시간 감소)	• 예약 • 커뮤니케이션 활용: 혼잡 또는 한가한 시간을 SMS로 안내 • 공정한 대기시스템: 번호표, Express Line 활용, 대기선 활용 • 대안 제시: ARS, ATM, 자동이체, 전화 등을 활용
고객인식 관리 방법 (실제 시스템의 변화 없이 고객의 체감시간 감소)	• 예상 대기 시간 안내 • 서비스가 시작되었다는 느낌 전달: 코디, 도우미가 접수 대행 및 상담 시작 • 고객 유형에 따른 대응: 고객창구 업무별로 처리, VIP 고객은 VIP 룸으로 안내 • 이용되지 않는 자원 숨기기: 일하지 않는 직원이나 미사용 시설은 숨기기

10 다음 중 피시본 다이어그램에 대한 설명 중 옳지 않은 것은?

① 일본의 카오루 이시카와에 의해 개발된 것으로 '인과관계도표'라고도 한다.

② 분석대상이 되는 문제점을 생선뼈 모양의 사선으로 표시한다.

③ 원인을 찾아 연결하는 것으로 인과관계도 표라고도 한다.

④ 마인드맵 기법과 특성요인 분석 기법을 활용하였다.

⑤ 근본원인을 피시본 다이어그램에서 생선뼈 모양의 사선으로 표시한다.

물고기 머리에 해당하는 곳에 기술한다.

11 품질기능 전개(QFD)에 대한 설명으로 맞지 않은 것은?

① 고객의 요구를 기업의 생산물에 반영시켜 고객만족을 극대화하는데 목적이 있다.

② 품질기능전개가 가능하게 하기 위해서 고객니즈가 구체적이고 실행가능하도록 문서화해야 한다.

③ 개발 마지막 단계에 고객을 참여시켜 고객니즈를 반영한다.

④ 제품 개발 기간을 단축시킬 수 있다.

⑤ 개발 단계 중간에 문제점 발생시 품질의 집을 적용시켜 수정 반복 적용할 수 있다.

개발 초기 단계부터 고객을 참여시켜 고객니즈를 반영한다.

12 다음 중 품질의 집(HOQ) 구성요소에 속하지 않는 것은?

① 자사제품 분석

② 설계 특성

③ 고객요구

④ 경쟁사 비교

⑤ 계획품질

품질의 집 구성요소 – 설계특성 간 상관관계(상호작용), 설계특성, 설계품질, 상관관계, 고객의 요구품질, 계획(목표) 품질

13 서비스 프로세스 재설계의 노력방안이 아닌 것은?

① 서비스 프로세스의 물리적 측면의 재설계

② 일괄 서비스

③ 서비스를 고객에게 직접 전달

④ 가치 창출에 기여하지 않는 단계 활성화

⑤ 셀프 서비스로의 전환

가치 창출에 기여하지 않는 단계는 제거해야 한다.

14 서비스 프로세스에 대한 설명 중 옳지 않은 것은?

① 평가는 고객이 한다.

② 평가는 절대적이 아니라 상대적이다.

③ 서비스 프로세스의 목적론은 성과보다 과정을 중요시해야 한다.

④ 서비스 프로세스의 전체론은 개별 활동들은 하나의 시각에서 인지하고 자율성을 가져야 한다.

⑤ 전달자의 처리 능력은 고객에게 가시적으로 보여준다.

목적론은 성과를 중시해야 한다.

15 품질기능 전개(QFD)에 대한 설명 중 틀린 것은?

① 개발 초기 단계부터 고객을 참여시켜 제품 개발 시간이 증가한다.

② 품질 보증 비용을 감소시킬 수 있다.

③ 신제품의 우선순위를 결정할 수 있다.

④ 품질의 집(HOQ)을 통해 모든 과정의 결정 사항을 문서화할 수 있다.

⑤ HOQ에서 고객의 목소리는 '고객의 속성' 이라고 한다.

개발 초기단계부터 고객을 참여시켜서 고객의 니즈를 반영하여, 고객의 요구 사항에 대한 이해 증대로 제품 개발 시간을 줄일 수 있다.

16 다음 중 항공사의 표준화 서비스가 아닌 것은?

① 단거리 운행

② 지정좌석제 폐지

③ 펀(Fun) 경영

④ 싱가포르 항공사의 서비스

⑤ 노선 증설

싱가포르 항공사는 개별화 서비스를 시행하는 항공사 중 하나다.

17 다음 중 대기열 유형 특징에 대한 설명 중 옳지 않은 것은?

① 다중 대기열은 현장에 도착해서 대기열을 선택해야 한다.

② 다중 대기열은 다른 대기열이 짧아져도 옮길지 결정할 수 없다.

③ 단일 대기열은 전체 대기 시간을 줄일 수 있다.

④ 단일 대기열은 원하는 서비스 직원을 선택할 수 없다.

⑤ 단일 대기열은 대기 시간이 공정하다.

다중 대기열은 다른 대기열이 짧아지면 이동할 것인지 결정해야 한다. 예를 들어, 옆줄이 짧아지면, 옆줄의 가장 뒤에 서서 대기가 가능하다.

18 피시본 다이어그램의 단계별 흐름을 잘 정리한 것은?

> ㄱ) 문제 주요 원인 범주화
> ㄴ) 주요원인 범주의 세부 사항 검토
> ㄷ) 문제 명확화
> ㄹ) 잠재원인 브레인스토밍
> ㅁ) 근본원인 확인

① ㅁ — ㄹ — ㄱ — ㄷ — ㄴ

② ㄷ — ㄱ — ㄹ — ㄴ — ㅁ

③ ㄷ — ㅁ — ㄴ — ㄹ — ㄱ

④ ㄱ — ㅁ — ㄹ — ㄴ — ㄷ

⑤ ㅁ — ㄴ — ㄱ — ㄹ — ㄷ

19 CRM 전략 중 맞지 않는 것은?

① CRM 전략 수립은 환경 분석 → 개인화 설계 → 고객 분석 → 전략 방향 설정 → 대화 설계 → 마케팅 제안 순이다.

② 고객 데이터를 수집, 통합, 가공, 분석하여 개인 성향에 맞는 마케팅을 전개한다.

③ 신규고객 획득 → 우수고객 유지 → 고객가치 증진 → 잠재고객 활성화 → 평생 고객화로 CRM의 사이클을 실행한다.

④ 개인화 설계는 고객 특성에 맞는 제품과 혜택을 제공하며, 성별, 연령, 직업 등을 반영하는 것으로 한다.

⑤ CRM 시스템을 고객 전략 수립 → 인프라 구축 → 고객 분석과 마케팅 → 판매과정 활용 → 피드백 관리 순으로 구축한다.

전략수립 순서는 환경분석 → 고객분석 → CRM전략방향 설정 → 고객에 대한 마케팅 제안결정 → 개인화 설계 → 대화설계 순이다.

20 고객만족에 대한 개념을 정리한 내용 중 '고객만족을 결과에 초점을 두고 개념화'한 학자는 누구인가?

① 앤더슨

② 웨스트브룩과 뉴먼

③ 밀러

④ 굿맨

⑤ 코틀러

웨스트브룩과 뉴먼은 고객만족에 대한 정의를 다음과 같이 정리하였다.

- 고객만족을 결과에 초점을 두고 개념화
- 고객의 호의적 경험감정 → 고객만족
- 고객의 비호의적 경험감정 → 불만

21 아래와 같이 고객만족 특징에 대해 주장한 학자는?

> 구매한 제품이나 서비스, 구매행동, 소매점, 쇼핑 또는 시장에서 발생하는 일련의 행동과 관련된 경험에 의한 정서적 반응이다.

① 테스트

② 월턴

③ 라일리

④ 올스하브스키

⑤ 올리버

- 테스트&월턴: 소비자의 사전 기대와 소비 후 지각된 제품과의 실제 성과 간의 차이에서 생기는 반응이 만족이다.
- 올스하브스키: 지각품질은 몇 가지 점에 대한 제품의 전체적인 태도와 유사한 개념이며, 일시적이 아닌 보다 종합적이고 영속적인 의미를 가진다.
- 올리버: 만족은 구매 후 태도에 선행하고 있고 거기에 영향을 준다. 또한 불확인을 중심으로 하는 뜻밖의 일과 생각지 못한 변수를 포함하지만, 태도에는 불확인의 개념은 포함되지 않는다.

22 다음 중 고객만족의 3대 핵심 요소는?

① 제품, 서비스, 경쟁

② 제품, 기업 이미지, 인간관계

③ 서비스, 제품, 기업 이미지

④ 서비스, 경쟁, 기업 이미지

⑤ 서비스, 인간관계, 제품

고객만족의 직접적 요소인 제품과 서비스, 간접적 요소인 기업 이미지가 3대 핵심 요소이다.

23 고객만족 결정 요소 중 '서비스에 대한 만족이나 불만족이 발생하였을 때 그 원인에 대해 분석과 평가를 하려는 것'에 해당되는 것은?

① 고객 감정

② 가족과 동료 및 친구

③ 서비스의 특징

④ 서비스의 성공과 실패의 원인분석

⑤ 공평성의 지각

- 제품과 서비스: 가격수준, 품질, 개인적 친분, 고객화 수준의 관계가 있다.
- 고객 감정: 서비스를 받기 전·후 감정은 서비스의 인식에 영향을 준다.
- 공평성: 다른 고객과 비교해서 '공평한 서비스를 받았는지'의 정도가 만족에 영향을 준다.
- 구전: 가족, 친구, 동료에 의한 구전이 영향을 준다.

정답 20 ② 21 ③ 22 ③ 23 ④

24 구전에 대한 설명 중 틀린 것은?

① 고객준거집단에 서로의 추천으로 재구매 등이 작용하여 브랜드 선호도가 증가한다.

② 소수의 사람들에게 점차적으로 전파되는 특징이 있다.

③ 일대일 상호작용으로 대중매체나 타 매체에 비해 효과가 더 좋다.

④ 직접적 경험에 기인하므로 확실한 정보를 얻게 해준다.

⑤ 제품 또는 서비스에 대해 기업의 의도로 형성되지 않았다.

구전의 전파력은 빠른 속도로 많은 사람에게 전파되는 특성이 있다.

25 교류분석(Transactional Analysis)의 스트로크(stroke) 이론에서 부적절한 설명은?

① 긍정적·부정적 스트로크로 구분되는 존재 인정의 단위이다.

② 스트로크는 친밀한 신체적 접촉을 의미하는 용어로 사용되지만, 타인의 존재감을 인정하는 모든 행위가 포함된다.

③ 인간이 주고받는 스트로크의 방법은 개인의 성격 형성과 관계성이 매우 낮은 확정적 성향이다.

④ 자극을 갈망하는 인간의 기본 욕구는 스트로크를 통해 채울 수 있다.

⑤ 어깨를 토닥이거나 고개를 끄덕이는 행위도 스트로크의 행위에 포함된다.

스트로크는 개인의 성격 형성과 밀접한 관계가 있는 것이다.

26 고객만족경영의 흐름 중 성장기(1990년대)에 대한 설명으로 틀린 것은?

① 고객감동 경영 시대가 시작되었다.

② 고객 중심 경영이었다.

③ LG에서 고객가치 창조 도입으로 한국에도 들어오기 시작했다.

④ 사이버 고객에 대한 관심도 갖기 시작하였다.

⑤ A/S 제도가 도입되었다.

①의 설명은 2000년대에 대한 설명이다.

27 다음은 어떤 이론에 대한 설명인가?

> 사람들의 특정한 행동을 이해하는 것으로 자신들이 경험한 현상이나 사건을 설명하는 과정에서 개인의 주관적 지각이지만 이후의 행동에 영향을 준다.

① 공정성 이론

② 기대-불일치 이론

③ 인지부조화 이론

④ 귀인 이론

⑤ 가치-지각 불균형 이론

귀인 이론이란 사람들이 어떤 행동을 했을 때, 왜 그런 행동을 했는지 원인을 추론하는 것을 말한다. 고객은 서비스를 받은 후 만족 또는 불만족을 느낀 이유를 분석하며 이는 만족에 영향을 끼친다. 하이더가 처음 제기하였고, 켈리가 분석 후 실질적으로 시작된 이론이다.

정답 24 ② 25 ③ 26 ① 27 ④

28 고객만족 이론 중 귀인 이론에 대한 설명으로 옳지 않은 것은?

① '사람들이 특정한 행동을 왜 했는지 이해'하는 이론이다.

② 하이더와 올리버가 분석하였다.

③ 귀인 이론의 안정성은 어떤 원인이 일시적인지 영원한 것인지, 반복적인지에 대해 추론 하는 것이다.

④ 귀인 이론의 통제성은 어떤 원인이 의도적 또는 비의도적일 수 있다는 것을 말한다.

⑤ 귀인 이론의 인과성 위치는 서비스 실패의 원인이 자신인지 상대방인지 추론하는 것이다.

하이더와 켈리가 분석하였다.

30 노드스트롬과 SWOT 전략에 대한 설명으로 옳지 않은 것은?

① 노드스트롬의 조건 없는 반품은 강점에 해당한다.

② 내부직원인 권한위임, 판매수수료제는 강점에 해당한다.

③ 내부직원 사이의 치열한 승진경쟁에 따른 스트레스는 위협에 해당한다.

④ 할인점 노드스트롬의 성장, 인터넷상거래 제도의 성장은 기회에 해당한다.

⑤ 대형할인마트의 시장진입은 위협에 해당한다.

해당 설명은 약점에 해당한다. 이 외에도 판매수수료제&내부승진에 따른 스트레스, 전국적 마케팅 노력의 부족, 공통적 업무 기능에 집중화되기 힘들다는 약점이 있다.

29 노드스트롬에 대한 설명 중 틀린 것은?

① 4대 경영이념은 서비스, 구색, 품질, 가치이다.

② 어떠한 경우에도 고객에게 NO라고 하지 않는다.

③ 노드스트롬은 외부고객보다 내부고객을 우선시한다.

④ 고객이 직원들로부터 윗사람과 상의해 봐야 한다는 말은 노도스트롬 매장에서는 들을 수 없다.

⑤ 동종업계와 비교하여 최저가 정책을 시행하고 있다.

최저가가 아닌, 가격이 비싸지 않다는 데 있다(적정 가격 유지).

31 노드스트롬에 대한 설명 중 틀린 것은?

① 100% 반품 정책으로 고객에게 신뢰를 준다.

② 직원에게 현장의 모든 권한을 위임하고 판매에 따른 커미션을 준다.

③ 내부고객보다 외부고객을 우선시한다.

④ 종업원 지주제도로 장기근속하고 퇴직한 자는 큰 금액의 연금을 받을 수 있다.

⑤ 동종업계와 비교하여 가격이 비싸지 않다.

내부고객을 더 우선시한다. 노드스트롬은 직원(내부고객)이 최고의 서비스를 제공하고, 최고의 마음 상태를 유지할 수 있도록 한다. 직원이 고객 서비스에 대한 일을 결정할 수 있는 권한을 부여하고, 권한을 잘 사용하고 있는지 확인하기 위해 '현장배회경영'을 실시한다.

32 월마트의 성공사례 설명 중 옳지 않은 것은?

① 월마트는 고객의 편의성을 고려해 매장 폭을 대폭 늘렸다.
② 원가우위 전략을 사용했다.
③ 고객접촉지점과 자원지점을 최대화하였다.
④ 월마트의 경영이념 바탕은 '기업경영 활동은 궁극적으로 고객을 지향하는 하나의 프로세스 인식'이다.
⑤ 무제한 반품제도 등 다양한 애프터 서비스를 진행하였다.

고객접촉지점을 최소화하고, 자원지점을 최대화하였다.

33 '총체적 고객만족경영혁신(TCS)' 요소 중 시장 경쟁력강화와 관련 없는 것은?

① 고객 관리
② 프로세스 혁신
③ 브랜드 관리
④ 가격 경쟁력
⑤ 이미지

총체적 고객만족 경영 요소는 다음과 같다.

내부혁신역량 요소	지식, 정보기술, 인사조직, 프로세스, 변화관리, 전략적 성과관리
시장 경쟁력 요소	상품력, 브랜드, 이미지, 가격경쟁력, 고객관리

34 다음 중 감성경영에 대한 설명으로 맞지 않는 것은?

① 감성 리더십과 감성 마케팅은 하나로 운영될 때에 '전체적 감성경영'으로 성공할 수 있다.
② 이성보다 감성을 중시하는 경영이다.
③ 감성경영은 감성 마케팅을 통해 고객 감동으로 기업의 매출상승 효과에 기여한다.
④ 감성 리더십이란 직원들에게 지속적인 관심과 격려로 상승효과를 가져온다.
⑤ 감성지능 요소 중 낙천성은 동기부여능력 요소에 해당된다.

피그말리온 효과에 대한 설명이다. 피그말리온 효과란 긍정적 기대나 관심으로 인해 능률이 오르는 현상을 말한다.

35 고객만족 3요소 중 '소프트웨어'에 속하는 것은?

① 고객지원센터
② 인테리어
③ 서비스 프로그램
④ 종업원 응대 태도
⑤ 서비스 마인드

오답 피하기

①, ②는 하드웨어에 속하고, ④, ⑤는 휴먼웨어에 속한다.

36 다음 공정성 이론에 대한 설명 중 옳지 않은 것은?

① 공정성 이론은 개인이 교환을 할 때 투입과 비교해 성과를 최대화하려는 것이다.
② 공정성 이론은 애덤스에 의해 정립되었다.
③ 인지부조화 이론과 교환이론을 기초로 하였다.
④ 직원과 고객간의 이루어지는 서비스로 인간적 측면과 물질적 측면을 포함하는 것은 절차상의 공정성이다.
⑤ 도출 결과의 공정성은 고객이 무엇을 얻었느냐의 개념이다.

더 알아보기
• 도출결과의 공정성: 투입과 도출에 대한 평가가 우선시된다. 고객이 무엇을 얻었는지(요구, 평등성, 기여)
• 절차상의 공정성: 절차나 규칙의 개념, 결과에 영향을 주는 정보의 공유 정도(의사 결정자의 정보 사용, 일관성, 윤리성, 정확성, 정보의 수집, 의사 결정 영향력에 대한 신념)
• 상호작용의 공정성: 직원과 고객간의 소통, 인간적&물리적(기계적) 측면 포함(의사소통 방법, 우호성의 정도, 예의, 정직, 존중, 흥미)

37 고객만족혁신의 성공 요인에 대한 설명 중 틀린 것은?

① 최고 경영자의 참여
② 조직 구조의 유연성
③ 최고 경영자의 지원
④ 6시그마
⑤ 기업 중심 마인드

기업 중심 마인드가 아닌, 시장 중심 마인드가 고객만족혁신의 성공 요인에 속한다.

38 고객의 분류 중 '가치생산고객' 가치체계 기준에 속하지 않는 것은?

① 상사와 부하
② 부서와 부서
③ 기업과 대리점
④ 공정과 공정
⑤ 동료와 동료

기업과 대리점은 가치전달고객에 해당한다.

39 고객의 분류 중 '기업이 생산한 가치를 소비하는 고객'의 유형은?

① 내부고객
② 외부고객
③ 중간고객
④ 잠재고객
⑤ 가망고객

40 고객의 분류 중 이벤트 기간에 가입해서 혜택만 누리고 다시 찾지 않는 고객은?

① 블랙 컨슈머
② 얼리 어답터
③ 체리피커
④ 비자격 잠재자
⑤ 반복 구매자

체리피커는 케이크 위에 체리만 골라먹는 사람, 즉 얌체 같은 고객을 의미한다. 기업이 주는 특별 혜택만 누리고 그 후로는 찾지 않는 고객이며, 디마케팅의 대상이 되는 고객이다.

정답 36 ④ 37 ⑤ 38 ③ 39 ② 40 ③

41 그레고리 스톤의 고객 분류 중 '형식적인 서비스보다는 자기를 인정하는 서비스'를 선호하는 고객 유형은?

① 경제적 고객
② 도덕적 고객
③ 절약형 고객
④ 개인적 고객
⑤ 편의적 고객

더 알아보기

그레고리스톤의 고객 분류는 다음과 같다.

경제적 고객 (절약형 고객)	• 본인이 투자(시간, 돈, 노력) 대비 최대의 효용을 얻으려는 고객 • 이 유형의 고객을 잃으면 초기 경보신호라고 봐야 함
윤리적 고객 (도덕적 고객)	• 기업의 윤리적 행동이 중요하다고 보는 고객 • 사회적 이미지가 깨끗하고 윤리적이어야 함
개인적 고객 (개별화 추구 고객)	• 개인간의 교류를 선호하는 고객(자기인정 서비스) • CRM(고객관계관리) 활동을 활성화해야 함
편의적 고객	• 자신이 서비스를 받는 데 있어서 편의성을 중요시하는 고객 • 본인의 편의를 위해 추가 비용 지불 의사가 있는 고객 ⑩ 백화점, 마트의 배달 서비스

42 고객 행동의 주요한 요인 중 '가족, 친구, 직장동료'는 어디에 속하는가?

① 문화적 요인
② 사회적 요인
③ 개인적 요인
④ 기업적 요인
⑤ 소비자 심리

친지, 동료, 가족, 이웃, 친구는 사회적 요인 중 1차 준거집단에 속한다.

43 매슬로우(Maslow)의 인간 욕구 5단계 유형의 올바른 순서는?

가. 안전 욕구	나. 소속감과 애정 욕구
다. 생리적 욕구	라. 자아실현 욕구
마. 존경 욕구	

① 가-라-마-다-나
② 나-마-라-가-다
③ 다-가-라-나-마
④ 라-가-다-마-나
⑤ 다-가-나-마-라

매슬로우의 인간 욕구 5단계는 다음과 같다.

1단계	생리적 욕구
2단계	안전 욕구
3단계	소속감&애정 욕구
4단계	존경의 욕구
5단계	자아실현 욕구

44 매슬로우가 제시한 인간 욕구 단계에서 내적으로는 자율을 성취하려는 욕구, 외적으로는 타인으로부터 인정을 받고자 하는 욕구는?

① 소속감과 애정 욕구
② 존경 욕구
③ 자아실현 욕구
④ 안전 욕구
⑤ 생리적 욕구

오답 피하기

③ 자아실현 욕구는 자기 계발을 통한 성장과 잠재력 극대화를 이루어 자아 완성을 하고자 하는 욕구이다.

45 다음 중 성격유형지표(MBTI)에 대한 설명 중 옳지 않은 것은?

① 칼 융(Carl Jung)의 성격유형 이론을 바탕으로 하였다.
② MBTI는 '마이어스-브릭스' 모녀가 개발하였다.
③ 자신과 동료의 성격 특성을 파악하여 좋고 나쁨을 판단할 때 활용한다.
④ 성격유형은 모두 16가지로 구분된다.
⑤ 누구에게나 장·단점이 있다는 것을 받아들인다.

성격유형지표는 좋고 나쁜 것을 판단하는 것이 아니라, 서로 다르다는 것을 인정하기 위한 목적이 있다.

46 MBTI(성격유형지표)에서 진실과 사실에 관심이 많고, 논리적이고 분석적이며 객관적 판단을 하는 성향을 가진 유형은?

① 사고형
② 판단형
③ 인식형
④ 직관형
⑤ 외향형

사고형은 객관적 사실에 관심이 많고 논리적이며, 규범과 원칙을 중요시한다.

47 MBTI에서 SP 기질의 특징이 아닌 것은?

① 낙천적이고 자발적이다.
② 실질적이고 현실적이다.
③ 반복되는 일에서 안정감을 느끼고 선호한다.
④ 장기적 계획에 관심이 없다.
⑤ '자유로운 영혼'을 가지고 있다.

SP 기질은 반복되는 일을 싫어하는 특징을 가지고 있다.

48 CRM 활동 중 고객의 선호도에 대한 데이터 분석을 바탕으로 고객 행동을 예측하여 수익성 및 가치를 판단하는 과정을 무엇이라고 하는가?

① 데이터 수집
② 데이터 정제
③ 데이터 웨어하우스
④ 데이터 마이닝
⑤ 피드백 정보활용

데이터 마이닝은 데이터와 데이터 사이의 숨겨진 규칙과 정보를 찾아 고객 접근에 활용하는 CRM 분석 도구이다.

오답 피하기

데이터 웨어하우스(Data Warehouse): 다양한 채널을 통해 고객의 정보를 축적·통합하여 고객 니즈 분석을 지원하는 중앙 저장소

49 다음 중 CRM의 성공요인이 아닌 것은?

① 고객데이터를 분석하여 고객에게 먼저 접촉을 한다.
② 비즈니스 모델을 고객중심으로 한다.
③ 시스템과 고객의 데이터를 분리한다.
④ 고객유형별로 접근전략을 가진다.
⑤ 하우스 홀딩 분석을 사용한다.

시스템과 고객의 데이터를 분리하는 것은 실패요인에 해당한다. CRM의 성공요인은 데이터를 통합·분석함에 있다.

50 CRM에 대한 설명으로 옳지 않은 것은?

① 보통고객은 우량화 전략을 사용한다.
② 신규고객 모집을 위한 전략도 CRM의 대상에 포함된다.
③ 잠재고객 유치를 위해 신규고객화 전략을 적용시킨다.
④ 이탈가능 고객을 예측하기 위해 데이터 웨어하우스를 활용한다.
⑤ 교차판매는 신제품의 판매를 촉진시킬 때 사용하는 방법이다.

이탈가능 고객을 예측하기 위해 데이터 웨어하우스가 아닌 데이터 마이닝 기법을 활용한다.

51 CRM 전략 수립 단계에서 고객에게 상품을 어떻게 전달할 것인지 설계하는 단계는?

① 개인화 설계
② 커뮤니케이션 설계
③ 고객에 대한 오퍼 결정
④ CRM 전략방향 설정
⑤ 고객 분석

커뮤니케이션 설계에서는 고객에게 필요한 서비스를 '어떻게' 전달할 것인지 고민·설계하며, 효과적 소통을 위해 단순히 전달보다, 공감을 부르는 '표현'과 '포장'에 초점을 맞춘다.

52 고객관계관리(CRM)의 등장배경이 아닌 것은?

① 기업 패러다임이 매출중심에서 수익 중심으로 변화하였다.
② IT의 발전으로 고객 관리와 유지방법이 변화되고 있다.
③ 시장규제가 점점 완화되고 있다.
④ 많은 고객을 상대로 매스마케팅 방식이 활발히 활용되고 있다.
⑤ 시장 수요보다 공급이 증가되는 상황으로 변화하고 있다.

고객 데이터를 바탕으로 고객세분화 마케팅이 되어야 한다.

53 CRM에 대한 연구결과에 대한 내용 중 옳지 않은 것은?

① 65%의 만족을 느끼는 고객을 통해 회사 수익이 이루어진다.
② 신규고객을 발굴하기 위한 비용이 기존 고객에게 제공되는 서비스 비용보다 5배가 더 든다.
③ 상위 20%의 고객 1인 매출이 80%에 해당하는 고객 16명 매출과 비슷하다.
④ 고객 유지율이 10%만 증가해도 이윤은 20% 증가된다.
⑤ 불만족을 느낀 고객 91%는 그 회사의 물건을 재구매하지 않을 것이다.

고객 유지율은 몇 퍼센트만 증가해도 25~100%까지 이윤 증가가 가능하다.

54 CRM에 대한 설명으로 옳지 않은 것은?

① 고객확보보다는 고객유지에 더 중점을 둔다.
② 고객별로 고객의 제품 또는 서비스, 메시지를 구분화한다.
③ 모든 고객을 추구하여 불특정 다수의 고객을 함께 유치한다.
④ 고객의 평생가치를 계산하여 가치 있는 고객에게 집중한다.
⑤ 기업의 예상 잠재 고객을 확인할 수 있다.

모든 고객 또는 불특정 고객을 유치하는 것이 아닌, 고객 접촉점을 기본으로 장기적 고객 관계 유지를 지향한다.

정답 50 ④ 51 ② 52 ④ 53 ④ 54 ③

55 관계 마케팅의 특성에 대한 설명으로 틀린 것은?

① 신규고객 창출보다 기존고객을 유지하는 마케팅에 중점을 둔다.

② 단기적인 거래 실적보다 고객생애가치의 장기적 관계에 중점을 둔다.

③ 마케팅의 초점이 제품차별화 방향으로 변화된다.

④ 고객접점에서의 외부 마케팅과의 상호작용을 중요하게 둔다.

⑤ 내부 마케팅은 외부 마케팅의 선행이 된다.

고객접점에서의 내부 마케팅과의 상호작용을 중요하게 둔다.

56 매스 마케팅에 대한 설명 중 해당하지 않는 것은?

① 장기적 관계를 중심으로 둔다.

② 수익의 원천은 상품이다.

③ 좋은 제품을 개발하여 판매가 기업의 수익 원천이다.

④ 융단폭격식의 고객 접근 방법을 사용한다.

⑤ 고객점유율보다는 시장 점유율을 중심으로 한다.

매스 마케팅과 관계 마케팅을 비교하면 다음과 같다.

항목	매스 마케팅	관계 마케팅
접근 방법	융단폭격식	미사일식
매출 관점	시장 점유율	고객 점유율
성과 관점	단기적 성과중심	장기적 관계중심

57 e-CRM 구성요인에서 고객의 서비스 주문 또는 불편한 사항을 접수하고 처리하는 것은?

① e-Marketing

② e-Community

③ e-Service

④ e-Sale

⑤ e-Security

e-Service의 구성요인은 다음과 같다.
- 인터넷에서 고객의 문의 및 불만 사항 해결을 위한 고객 서비스 센터 제공 및 고객유형에 따른 맞춤 서비스 제공
- A/S, 환불, 사이트 이용 방법, 장바구니 기능, 주문 절차 등 매뉴얼 제공

58 e-CRM 구성 요인 중 인터넷에서 주문서비스 및 할인 정보, 포인트 등 정보를 제공하는 요인은?

① e-Marketing

② e-Community

③ e-Service

④ e-Sale

⑤ e-Security

e-Sale의 구성요인은 다음과 같다.
- 온라인 상의 판매를 지원하는 활동
- 지원활동: 포인트, 할인 정보, 이벤트 등 정보제공
- 고객이 전 구매과정을 셀프로 진행

정답 55 ④ 56 ① 57 ③ 58 ④

59 다음 중 e-CRM의 특징이 아닌 것은?

① 영업 자동화
② 개인 맞춤 서비스
③ 하루 24시간 서비스 제공 가능
④ 전 세계 대상으로 서비스 가능
⑤ 구성요소는 e-Sales + e-Marketing + e-Service이다.

영업 자동화는 CRM의 특징에 속한다.

항목	CRM	e-CRM
서비스	텔레마케팅(TM)을 통한 고객과 소통	동영상, 음성, 고객의 관심 분야
고객접점	방문, 콜센터, DM	인터넷 통한 단일 통합 채널
공간	시간적 · 지역적 한계	시간제한 없음, 글로벌 가능
중점요소	영업 자동화	차별화, 개인별 맞춤 서비스

60 인간관계 유형 중 호혜성이 무시되는 관계로 보통 가족 또는 연인 친한 친구 사이에서 나타나는 유형은?

① 공유적 관계
② 교환적 관계
③ 횡적 관계
④ 종적 관계
⑤ 이차적 관계

공유적 관계: 가족이나 친한 지인 사이에서 나타나며, 호혜성의 원칙이 무시된다.

오답 피하기
• 교환적 관계: 거래 · 교환의 특성을 지니고 득과 실의 균형이 중요한 관계이며, 호혜성의 원칙이 요구된다.
• 횡적 관계: 사회적 지위나 위치가 서로 비슷한 사람끼리의 상호작용이며, 자발적인 속성을 가진다.
• 종적 관계: 지위나 위치가 다른 사람끼리의 상호작용이며, 형식적이고 수단적 성격이 강하다.

61 하버마스의 이상적인 의사소통 상태를 짓는 준거 중 '발언을 모호하게 하지 않는다'의 준거 기준은?

① 진지성   ② 이해 가능성
③ 타당성   ④ 진리성
⑤ 진실성

이해 가능성: 의도를 명확하게 전달하고, 불필요한 전문용어 사용을 피해 모든 사람이 이해할 수 있어야 한다.

오답 피하기
• 진지성: 의사소통 과정에서 속임수나 거짓이 없어야 한다.
• 타당성: 전달하는 내용이 상황과 문맥에 적절히 부합해야 한다.
• 진리성: 주고받는 메시지는 사실에 기반한 진실이어야 한다.

62 조하리의 '마음의 창'에서 인간관계를 진단하는 기준은?

① 자기공개와 피드백
② 자기공개와 타인공개
③ 열린 공간과 닫힌 공간
④ 환경접근과 피드백
⑤ 환경수용과 자기공개

63 조하리의 '마음의 창'에 대한 설명 중 틀린 것은?

① 조하리의 창은 Joe와 Harry 두 사람의 이름을 합성하여 만들어졌다.
② 조하리의 창에서는 개방형을 가장 바람직한 유형으로 본다.
③ 개방형은 경청을 잘 하는 사람들이다.
④ 자기주장형은 미지의 영역이 가장 넓은 사람들이다.
⑤ 신중형은 숨겨진 영역이 가장 넓은 사람들이다.

자기주장형은 맹목의 영역이 가장 넓은 사람들이다.

정답 59 ① 60 ① 61 ② 62 ① 63 ④

64 머튼의 아노미 이론 중 문화적 목표는 거부하지만 제도적 수단은 수용하는 유형은?

① 동조형
② 혁신형
③ 의례형
④ 패배형
⑤ 반역형

65 머튼의 아노미 이론 중 '횡령과 탈세'가 보이는 유형은 어디에 속하는가?

① 동조형
② 혁신형
③ 의례형
④ 패배형
⑤ 반역형

동조형	문화적 목표와 제도적 수단을 모두 수용 (부적응에서 제외)	문화○, 제도○
혁신형	• 문화적 목표는 수용하지만 제도적 수단은 거부 • 횡령, 사기, 강도	문화○, 제도✕
의례형	• 문화적 목표는 거부하지만 제도적 수단은 수용 • 공무원의 복지부동	문화✕, 제도○
패배형	• 문화적 목표와 제도적 수단을 모두 거부 • 약물중독자, 은둔자, 방랑자	문화✕, 제도✕
반역형	• 문화적 목표와 제도적 수단을 모두 거부하고 기존의 것을 변화시키려는 유형 • 혁명가, 사회운동가	문화✕, 제도✕, 새로운 것○

66 인간관계에서 발생하는 갈등의 요소가 아닌 것은?

① 상반되는 목표
② 한정된 자원
③ 상호 독립성
④ 개입으로 인한 충돌
⑤ 표출되는 반감 행동

상호 독립성은 갈등의 요소가 아니다. 상호 의존성은 서로 의존관계일 때 발생하는 갈등의 요소이다.

67 대인지각의 왜곡유형 효과 중 '처음의 인상이 중심이 되어 전체 인상을 만드는 효과'는 무엇인가?

① 신근성 효과
② 최근 효과
③ 초두 효과
④ 중심화 경향
⑤ 투영 효과

최근 효과: 최근에 제시된 정보가 더 큰 영향을 주는 것

68 대인지각의 왜곡유형 효과 중 '멋있는 사람과 함께 있을 때 사회적 지위나 자존심이 고양되는 효과'는 무엇인가?

① 대비 효과
② 방사 효과
③ 후광 효과
④ 관대화 경향
⑤ 스테레오 타입

대비 효과: 너무 매력적인 상대와 함께 있으면 그 사람과 비교되어 평가절하되는 효과

69 교류분석 이론의 '구조분석'에서 자아 상태의 경계가 두꺼운 벽처럼 단단해서 자아 상태간의 교류가 차단된 것을 무엇이라고 하는가?

① 오염　　② 배타
③ 상보　　④ 교차
⑤ 이면

자아의 배타: 자아 상태의 경계가 경직되어 자아 상태 간의 교류가 차단되어 극단적인 모습을 보임

64 ③　65 ②　66 ③　67 ③　68 ②　69 ②

70 교류분석(TA)에 대한 설명으로 맞지 않은 것은?

① 교류분석은 에릭 번에 의해 개발되었다.
② 교류분석 성격 이론에는 구조분석, 교류패턴분석, 게임분석, 각본분석이 있다.
③ TA에서는 인간이 상대에게 바라는 것이 많을수록 미숙하다고 본다.
④ 긍정적 스트로크가 없으면 부정적 스트로크도 없는 것이 낫다고 본다.
⑤ 객관적인 정보수집으로 현실을 분석하는 것은 '어른의 마음(A)'이다.

긍정적 스트로크가 없으면 부정적 스트로크라도 있는 것이 낫다고 본다.

71 TA 교류패턴 분석에 대해 옳지 않은 것은?

① 상보 교류는 평행적 교류이자 무갈등 교류라고도 한다.
② 상보 교류는 대화가 끊이지 않고 계속될 수 있다.
③ 교차 교류는 두 가지 수준의 교류가 동시에 일어난다.
④ 교차 교류는 갈등 교류라고도 한다.
⑤ 이면 교류는 사회적 자아와 심리적 자아가 다른 교류이다.

이면 교류에서 두 가지 수준의 교류가 동시에 일어난다.

72 시간의 구조화 중 어떤 방법에 대한 설명인가?

- 취미, 스포츠 등의 일상 화제를 대상으로 즐거운 스트로크의 교환을 하는 것
- 사람들은 서로의 의견을 교환함으로써 순간을 즐기는 것

① 게임　　　　② 친밀
③ 활동　　　　④ 잡담
⑤ 의례

폐쇄	• 타인과 관계를 맺지 않으므로 배척받을 위험도 낮음 • 자기에게 스스로 스트로크를 주려는 자기애적 모습으로 나타남 • 몸은 사람들과 있어도 공상을 하는 등 마음은 다른 곳에 있어 교류하지 않음
의례	• 관습적 행사에만 의례적으로 참여 → 최소한의 스트로크 간신히 유지 • 타인의 반응이 예측 가능한 안전한 시간 구조화 방법
담소(잡담)	직업, 육아, 취미 등 일상의 무난한 화제를 대상으로 대화가 깊이 들어가지 않고 즐거운 스트로크의 교환을 하는 상태
활동	• 특정한 목적 달성을 위해 타인과 교류하는 것 • 창조적이고 생산적인 교류, 실용적인 시각 구조화 형태
게임	• 표면적 메시지와 심리적 메시지가 일치하지 않는 교류(이면교류) • 어린 시절 부모와 원활하지 않은 경우: 긍정적 행동을 통해 원하는 만큼 스트로크를 얻을 수 없던 사람이 많음 → 부정적 스트로크 교환
친밀	• 이용하려는 의도가 없는 솔직한 감정의 교류 • 서로 신뢰하고 순수한 배려를 함 • 스트로크가 가장 큼

73 교류분석의 욕구 이론 중 우울증적인 자세를 가지고 있고 죄의식, 부적절감, 공포를 경험하는 인생 태도에 해당하는 것은?

① I'm not OK, You're not OK
② I'm not OK, You're OK
③ I'm OK, You're not OK
④ I'm OK, You're OK
⑤ I'm OK

I'm OK – You're OK 자기 긍정, 타인 긍정	• 협력, 공존, 함께하다 • 합리적, 객관적
I'm OK – You're not OK 자기 긍정, 타인 부정	• 상대방 배제, 독선, 배타적 • 타인을 가치 없다고 생각
I'm not OK – You're OK 자기 부정, 타인 긍정	• 자책, 좌절, 회피 • 우울증, 자살충동
I'm not OK – You're not OK 자기 부정, 타인 부정	• 불신, 포기, 극도로 부정 • 정신적 문제 발생할 수 있음

74 다음 서비스 정의 중 코틀러가 제시한 정의는?

① 서비스의 특성과 관련하여 서비스란 시장에서 판매하는 무형의 제품으로 정의를 내리고 있으며, 손으로 만질 수 없는지에 따라 유형의 상품, 무형의 상품으로 구분한다.
② 고객만족을 제공하려는 고객 접촉 인력이나 장비의 상호작용 결과 일어나는 활동 또는 일련의 활동으로 소비자에게 만족을 제공하는 것이다.
③ 서비스는 어떤 사람이 상대방에게 제공할 수 있는 활동이나 혜택으로 무형적이며 소유될 수 없는 것으로 물리적 생산물과 결부될 수도 있고 그렇지 않을 수도 있다.
④ 제품은 유형물, 고안물, 객관적인 실체인 반면 서비스는 무형 활동이나 노력이다. 그러므로 '구매하는 대상의 본질'이 유형적인가 혹은 무형적인가의 여부로 판단한다.
⑤ 자신이 수행할 수 없거나 하지 않는 활동, 만족 그리고 혜택으로 판매할 수 있는 것을 말한다.

오답 피하기
①은 라스멜, ②는 레티넨, ④는 베리, ⑤는 베송의 서비스 정의이다.

75 다음은 어떤 서비스 정의에 대해 설명하는 것인가?

> 서비스는 '시장에서 판매되는 무형의 상품'으로 정의한다.

① 활동론적 정의
② 속성론적 정의
③ 봉사론적 정의
④ 인간상호관계론적 정의
⑤ 기능적 정의

76 서비스 정의 중 '서비스는 무형적 성격을 띠고 일련의 활동으로 서비스종업원과 고객의 상호관계에서 발생하는 고객의 문제를 해결해 주는 것'이라고 말하는 정의는?

① 기능적 정의
② 속성론적 정의
③ 인간상호관계론적 정의
④ 봉사론적 정의
⑤ 활동론적 정의

활동론적 정의	판매를 목적으로 제공되거나 또는 상품 판매와 연계해 제공되는 모든 활동, 편익 및 만족(수송, 호텔, 신용 서비스, 오락 등)
속성론적 정의	시장에서 판매되는 무형의 상품(무형재, 소유권 이전이 없는 재산)
상호관계론적 정의	서비스는 무형적 성격을 띤 일련의 활동으로 고객과 서비스 종업원의 상호관계에서 발생해 고객의 문제를 해결해 주는 것
봉사론적 정의	인간이 제공하는 봉사적 서비스를 기계로 대체하는 방법(서비스의 표준화, 기계화를 통한 생산성 향상)

정답 73 ② 74 ③ 75 ② 76 ③

77 서비스 3단계에서 고객이 받게 될 서비스의 내용에 대해 안내하고 상담 등 의견을 조절하는 서비스는?

① 사전 서비스
② 현장 서비스
③ 사후 서비스
④ 거래시 서비스
⑤ 거래 후 서비스

사전 서비스(Before Service)는 상담업무, 사전준비업무, 제안업무 등을 통해 고객을 맞이하기 위한 준비 서비스를 의미한다.

78 서비스 3단계 중 주차 유도원 서비스 및 예약 서비스는 어느 단계에 속하는가?

① 사전 서비스
② 현장 서비스
③ 사후 서비스
④ 거래시 서비스
⑤ 거래 후 서비스

사전 서비스(Before Service)의 예시로 예약 서비스, 주차 안내원, 상품 안내 게시판, 후기, 공지된 회사정책, 시스템 등이 있다.

79 크리스토퍼의 서비스 분류 중 '거래 시' 서비스에 해당하지 않는 것은?

① 시간
② 백오더 이용 가능성
③ 제품 포장
④ 재고 품질 수준
⑤ 주문의 편리성

제품 포장은 거래 후 서비스에 속한다.

80 코틀러가 분류한 서비스 중 서비스와 유형재가 절반씩 혼합이 된 것은?

① 자동차 회사
② 레스토랑
③ 항공 서비스
④ 정신요법
⑤ 마사지

81 코틀러의 서비스 분류에서 재화와 서비스의 결합수준에 따라 나눈 서비스 분류 유형 중 틀린 것은?

① 순수 유형재화 – 치약
② 서비스가 수반되는 유형재화 – 자동차 회사
③ 서비스와 유형재가 혼합 – 레스토랑
④ 서비스가 주이고, 유형재가 약간 수반 – 마사지
⑤ 순수 서비스 – 정신 요법

순수 유형재	제품에 서비스가 없는 것 예 비누, 소금, 라면 등
유형재가 주 + 서비스 약간 동반	유형재가 메인이고, 서비스는 판매 정도에 영향을 줌 예 자동차, 컴퓨터, 카메라
유형재와 서비스 비율 50:50	유형재와 서비스가 동등 수준으로 구성 예 레스토랑 (음식 + 서비스)
서비스가 주 + 유형재 약간 동반	서비스를 받는 것이 메인이고, 유형재는 약간 부가 예 항공 서비스 (서비스 + 기내식 · 음료)
순수 서비스	오로지 서비스만 제공되는 것 예 아이 돌보기, 심리 테라피, 마사지 등

82 쇼스택의 서비스 분류 유형성 스펙트럼에서 유형성 지배가 가장 높은 것은?

① 소금
② 세제
③ 자동차
④ 항공사
⑤ 교육

교육은 무형성이 가장 높다.
유형성 (소금 < 청량음료 < 세제 < 자동화 < 화장품 < 패스트푸드점(유형 · 무형 혼합) < 광고대행사 < 항공사 < 투자관리 < 컨설팅 < 교육) 무형성

83 러브락(Lovelock)이 제시한 서비스 분류 중 서비스 시설 및 설비 의존이 높고 사람에 의존하는 정도가 높은 곳은?

① 지하철
② 렌터카
③ 전화
④ 병원
⑤ 경영 컨설팅

구분	서비스 설비 · 시설 의존	
	높음	낮음
사람에 의존 정도 높음	호텔, 병원	회계, 경영 컨설팅
사람에 의존 정도 낮음	지하철, 렌터카	전화

84 다음 중 서비스 특성이 아닌 것은?

① 이질성
② 변화성
③ 소멸성
④ 동질성
⑤ 비분리성

서비스의 특성은 비분리성, 이질성, 즉흥성 및 불가역성, 변화성, 소멸성이다.

85 서비스의 특성에 대한 설명으로 맞지 않는 것은?

① 서비스는 비분리성으로 인해 대량 생산이 가능하다.
② 서비스의 이질성으로 인해 표준화가 어렵다.
③ 서비스의 변화성으로 인해 상황에 따라 달라진다는 것을 의미한다.
④ 서비스의 불가역성으로 인해 서비스 취소 및 반환이 불가능하여 원래로 돌릴 수 없다.
⑤ 서비스의 비분리성을 보완하기 위해서는 서비스 제공자의 교육에 힘써야 한다.

서비스는 비분리성으로 인해 대량 생산이 불가능하다.

86 토털 서비스에 대한 설명으로 맞지 않는 것은?

① 고객에게 다수의 담당자 혹은 담당 부서를 지정해 준다.
② 단일의 곳에서 한 번에 원하는 모든 일을 진행 할 수 있도록 하는 서비스이다.
③ 서비스 운영 시스템으로는 접점 종업원, 지원 시스템 등 비가시적 부분이 해당된다.
④ 서비스 전달 시스템에서 최근에 전달 방법이 가시적 부분을 줄이는 추세이다.
⑤ 서비스 마케팅 시스템은 기업마다 차이가 크다.

토털 서비스(원스톱 서비스)
• 고객이 단일의 장소에서 한 번에 원하는 모든 업무를 처리할 수 있도록 제공한다.
• 서비스를 일관성 있게 설정하고, 단일의 장소에서 제공한다.
• 단일의 담당자 또는 담당 부서를 고객에게 할당한다.

정답 82① 83④ 84④ 85① 86①

87 관광 서비스의 특징에 대한 설명 중 옳지 않은 것은?

① 차별화된 고급 서비스 환경을 요구한다.
② 인적 요소가 서비스 결과의 이질성을 일으킨다.
③ 무형의 관광 서비스는 모방이 쉽다.
④ 타 관광 서비스와 상호보완적인 성격을 가지고 있지 않다.
⑤ 관광 서비스는 시간과 함께 자동 소멸되어 버린다.

관광 서비스는 타 관광 서비스 상품과 상호보완적이다.

88 관광 서비스에 대한 설명 중 틀린 것은?

① 인적 서비스에 대해서는 낮은 의존성을 가지고 있다.
② 기능적 정의로는 '세심한 봉사정신'을 가지고 있다.
③ 비즈니스적 정의로는 '가치를 낳는 행위'이다.
④ 구조적 정의로는 '무형적 행위 및 편익의 총체를 뜻한다.
⑤ 타 관광 서비스 상품과 상호 보완적이다.

관광 서비스는 가장 중요한 자원인 인적 서비스에 대해 높은 의존성을 지니고 있다.

89 리더십 이론 중 리더의 행동 유형은 후천적으로 학습할 수 있다고 보는 이론은?

① 특성론
② 변혁론
③ 비전론
④ 행위론
⑤ 상황론

특성론	• 리더에게는 **공통된 특성**이 있음 • 리더십은 천부적으로 타고 태어난다는 이론 • 신언서판(身言書判)
변혁론	리더는 자신에게 맞게 **상황 자체를 변혁**하고 개선해야 함
비전론 (카리스마 리더십)	리더는 조직의 높은 **성과**와 **비전**을 제시하고 달성하기 위해 노력함

상황론	• 리더의 행동방식과 스타일은 **상황에 따라 달라질 수 있음**
	• 허쉬(Hersey)와 블랜차드(Blanchard)의 공헌
	  − 리더십 생애주기 이론 제시
	  − 하급자의 성숙도에 따른 리더십 스타일 조정 필요성 주장

행위론	• 리더의 행동유형은 **후천적 학습**이 가능 • 배움을 통해 좋은 리더가 될 수 있음

90 서비스 리더십의 핵심 요소 C.M.S에 대한 설명 중 옳지 않은 것은?

① 신념에는 철학, 비전, 혁신 3가지 하위 요소가 있다.
② 신념을 사람의 인체에 비유한다면 손발에 해당된다고 할 수 있다.
③ 태도는 서비스 리더가 가지고 있어야 할 심적 자세를 말한다.
④ 태도의 영역에는 열정, 애정, 신뢰라는 세 가지 요소로 구성되어 있다.
⑤ 능력에는 3가지 요소인 창조, 운영, 관계 능력으로 정리할 수 있다.

신념은 머리에 해당하며, 능력이 손발에 해당한다.

91 C.M.S의 9가지 세부 요소 중 능력의 3 요소가 올바르게 짝지어진 것은?

① 열정, 애정, 신뢰
② 철학, 비전, 혁신
③ 창조, 운영, 관계
④ 철학, 애정, 관계
⑤ 혁신, 열정, 창조

오답 피하기
①은 태도, ②은 신념에 속한다.

92 커트 라이먼의 우수한 리더십 특성 7가지에 속하지 않는 것은?

① 고객에 대한 접근성
② 합리적 목표
③ 강력한 추진력
④ 기업문화의 변화
⑤ 조직화

커트 라이먼의 리더십 7가지 특성: 고객에 대한 접근성, 솔선수범과 정확한 지식의 결합, 일에 대한 열정, 도전적 목표, 강력한 추진력, 기업문화의 변화, 조직화

93 커트 라이먼의 리더십 특성 중 옳지 않게 말한 것은?

① 리더는 조직원들에게 기업에서 추구하는 가치가 무엇인지 알려준다.
② 리더는 모든 요소를 잘 조직화하여 실천한다.
③ 리더는 강력하게 일을 추진하는 능력을 가지고 있다.
④ 리더는 회사를 염두에 두고 리더십을 발휘한다.
⑤ 리더가 무엇을 해야 하는지 잘 알고 솔선수범한다.

회사가 아닌 고객을 염두에 두고 리더십을 발휘한다.

94 서번트 리더십(Servant Leadership)에 대한 설명으로 틀린 것은?

① 서번트 리더십의 특성 중 개인의 성장과 비전 제시가 있다.
② 고객만족 경영이 떠오르면서 부각된 리더십이다.
③ 그린리프는 고객 및 공동체를 우선으로 여기고 만족 시키기 위한 헌신이라고 하였다.
④ 부하와 리더와의 관계에서 부하는 자신이 봉사해야 할 고객으로 바라본다.
⑤ 부하들이 조직의 목적 달성에 가장 중요한 자원이라고 생각한다.

개인의 성장이 아닌 구성원의 성장에 헌신한다.

95 참여적 리더십에 대한 설명 중 옳지 않은 것은?

① 집단의 지식과 기술의 활용이 활발해진다.
② 개인적 가치와 신념 등을 고취시킬 수 있다.
③ 자유로운 의사소통의 환경을 만들 수 있다.
④ 시간 소모가 적다.
⑤ 헌신적인 리더를 갖기가 힘들다.

참여적 리더십의 단점으로 시간 소모가 크다.

정답 91 ③ 92 ② 93 ④ 94 ① 95 ④

96 감성 리더십에 대한 설명 중 옳지 않은 것은?

① 감성 지능이란 자신의 감성을 잘 다스리고 상대방의 입장에서 그 사람을 이해하고 좋은 관계를 유지할 수 있는 능력이다.

② 감성 리더십이란 부하들과 공감대 형성을 통해 호응을 얻는 리더십이다.

③ 다니엘 골먼은 성공한 리더와 실패한 리더의 차이는 지능지수(IQ)보다 감성지능(EQ)에 의해 좌우된다고 하였다.

④ 다니엘 골먼은 위대한 리더를 '자신과 다른 사람들의 감정에 주파수를 맞출 수 있는 사람'이라고 설명한다.

⑤ 다니엘 골먼은 감성지능 50%, 지능지수 50%로 적절히 조화를 이룰 때 좋은 리더십을 발휘할 수 있다고 하였다.

감성지능 80%, 지능지수 20%로 적절히 조화를 이룰 때이다.

97 감성 리더십 요소 중 '라포를 형성하고 공통점을 발견하는 능력'은 어떤 요소인가?

① 자아인식력
② 자기 조절력
③ 동기부여 능력
④ 대인관계기술(사교성)
⑤ 감정 이입 능력

자아의식(인식)	• 타인에게 미치는 영향을 인식하고 이해하는 능력 • 특징: 감정인식, 현실적이고 정확한 자기평가, 자기를 낮추는 유머
자기조절(통제)	• 기분이나 행동을 통제 혹은 조절할 수 있는 능력 • 행동을 하기 전 생각하고 판단을 보류하는 능력 • 특징: 자기통제, 성실감, 변화에 대한 개방성
동기부여	• 돈과 명예를 넘어서서 스스로 목표를 위해 일하는 열정과 능력 • 특징: 추진력, 조직에 대한 헌신, 실패에도 낙천적으로 생각
감정이입	• 다른 사람의 숨겨진 감정을 이해하고 그 상태에 따라 적절히 대처함 • 특징: 타인 이해, 공감력, 감수성, 고객의 욕구에 부응하는 서비스
대인관계 (사교성)	• 인간관계를 구축하고 그 관계를 관리하는 능력 • 라포를 잘 형성하고 타인과 공통점을 잘 발견함 • 특징: 리더십, 설득력, 갈등 조정력

98 원가우위 전략에 대한 설명으로 옳지 않은 것은?

① 원가 효율성을 높이기 위해서는 서비스 제공 절차를 표준화시킨다.

② 요소별 아웃소싱을 병행한다.

③ 직무를 일괄처리하는 것이 좋다.

④ 고객접촉 지점을 최대화시킨다.

⑤ 월마트에서 사용하는 전략이다.

고객접촉 지점은 최소화하고, 지원 지점은 최대화한다.

99 서비스 경쟁 우위의 원천 중 특정분야에 집중하는 것은?

① 규모와 범위의 경제
② 경쟁전략 변화
③ 고객관계 관리
④ 공간적 선점
⑤ 브랜드 자산

경쟁전략 변화	특정 분야에 집중
경쟁자보다 높은 수준의 전략실행	기업 간의 제휴, 교차판매, 원가우위, 규모의 경제 실행
브랜드 자산	고객이 기업의 브랜드에 호감을 가지면 상품 가치는 증가함
고객 관계	기능적 서비스 품질이나 개별화 전략을 선택한 서비스는 고객관계라는 경쟁우위를 구축할 기회를 가짐
공간적 선점	고객에게 가장 편리한 최적 입지를 확보하는 것
정보기술	고객DB 구축, 전달, 처리, 검색 등 전자수단 활용

100 지속적 경쟁우위(SCA)로서 자격을 위한 것이 아닌 것은?

① 대체 불가능성이어야 한다.
② 지속 가능성이 있어야 한다.
③ 희소성이 있어야 한다.
④ 경쟁사보다 가치가 있다고 평가되어야 한다.
⑤ 모방이 불가능해야 한다.

경쟁사가 아닌, 고객에게 가치가 있다고 평가받아야 한다.

정답 96 ⑤ 97 ④ 98 ④ 99 ② 100 ④

CS 전략론 100제

01 서비스 청사진의 특징에 대한 설명으로 옳지 않은 것은?

① 시스템의 실패요인은 기계적 부분이 크게 차지한다.
② 고객의 관점에서 설계되었다.
③ 서비스의 가장 큰 단점인 무형성, 이질성, 동시성을 극복하게 해준다.
④ 서비스를 시각적으로 표현한다.
⑤ 프로세스 설계로 수익성 향상에도 도움이 된다.

인적 관련 요소가 크다.

02 서비스 청사진 구성요소 중 고객과의 상호작용을 진행하고 고객의 눈에 시각적으로 보이는 종업원의 활동으로 주차 안내, 상담 등이 속하는 활동은?

① 후방 종업원의 행동
② 일선 종업원의 행동
③ 상호작용의 행동
④ 내부 상호작용 행동
⑤ 가시적 행동

일선 종업원 행동	고객 눈에 가시적으로 보이는 활동 예 주차 안내, 안내원 상담, 주문 접수 등
후방 종업원 행동	고객에게 직접적으로 보이지 않지만 일선 종업원 활동을 지원 예 카드 시스템, 상품배송, 주문, 주사를 준비하는 간호사

03 서비스 청사진 구성요소 중 외부고객과 일선 종업원 사이에 위치하는 가로선은?

① 내부 상호 작용선
② 가시선
③ 상호작용선
④ 서비스 제공선
⑤ 외부 상호 작용선

상호작용선	고객과 일선 종업원 간의 직접적 상호작용이 일어나는 곳
가시선	• 고객이 볼 수 있는 활동과 볼 수 없는 활동으로 구분 • 일선 종업원 활동과 후방에서 이루어지는 지원 활동 구분
내부상호작용선	점진적 품질 개선 작업 강화할 수 있음

04 서비스 청사진의 작성 5단계를 순서대로 잘 나열한 것은?

> ㄱ. 청사진 수정
> ㄴ. 실패 가능점의 확인
> ㄷ. 경과시간의 명확화
> ㄹ. 수익성 분석
> ㅁ. 과정의 도식화

① ㄷ－ㄹ－ㅁ－ㄱ－ㄴ
② ㄴ－ㄷ－ㄹ－ㅁ－ㄱ
③ ㅁ－ㄴ－ㄷ－ㄹ－ㄱ
④ ㄹ－ㄷ－ㄴ－ㄱ－ㅁ
⑤ ㄹ－ㅁ－ㄴ－ㄷ－ㄱ

서비스 청사진의 작성 5단계: 과정의 도식화 → 실패 가능점의 확인 → 경과시간의 명확화 → 수익성 분석 → 청사진 수정

정답 01① 02② 03③ 04③

05 서비스 청사진의 이점에 대한 설명이 아닌 것은?

① 서비스가 유형화된다.

② 종업원들의 고객지향적 사고를 가지게 할 수 있다.

③ 상호작용선을 통해 고객이 경험하는 서비스 품질을 파악하여 시설부분을 개발할 수 있다.

④ 상의하달과 하의상달을 촉진한다.

⑤ 서비스 청사진은 특히 신서비스 개발 및 기존 서비스의 재설계 프로세스에 유용하다.

서비스 설계에 공헌할 수 있다.

06 모니터링 목적에 대한 설명 중 적절하지 않은 것은?

① 상담사로 하여금 조직의 정책을 따르도록 한다.

② 경쟁자와 비교하여 전반적인 기업 성과를 평가할 수 있다.

③ 서비스 품질을 객관적으로 평가한다.

④ 모니터링의 가장 큰 목적은 회사의 수익창출이다.

⑤ 서비스 제공 변경의 효과를 측정할 수 있다.

궁극적 목표는 종업원의 잠재 능력 개발 및 능력 향상, 회사의 수익 창출은 관리 수단이 되기도 하지만 가장 큰 목적은 아니다.

07 모니터링 요소에 대한 설명 중 바르지 않은 것은?

① '신뢰성'은 동일한 방법으로 모니터링을 해야 하며 결과값이 차이가 없이 나와야 한다.

② '타당성'은 고객들이 실제로 어떻게 대우를 받았는지에 대한 고객 평가와 모니터링 점수가 일치해야 한다.

③ 모니터링의 3대 점검 요소는 신뢰성, 공정성, 유용성이다.

④ '유용성'은 정보는 조직과 고객에게 영향을 줄 수 있어야만 가치를 발휘하게 된다.

⑤ '차별성'은 서로 다른 스킬 분야의 차이를 인정하지 않아야 한다.

차이를 인정하고 반영해야 한다.

08 모니터링 요소 중 고객이 어떻게 응대를 받았는지에 대한 고객의 평가 점수와 모니터링 점수가 일치해야 하는 것은 어떤 요소인가?

① 대표성

② 타당성

③ 차별성

④ 신뢰성

⑤ 유용성

신뢰성	• 동일 방법으로 누가 모니터링을 하더라도 비슷한 결과가 나와야 함 • 평가표는 세부적으로 되어 있어야 함
차별성	• 서로 다른 스킬 분야의 차이를 인정하고 반영 • 뛰어난 고객서비스와 스킬의 행동은 어떤 것이고, 그에 대한 격려와 보상은 어떻게 진행해야 하는지 도움을 줌
대표성	• 표본추출 테크닉으로 전체 서비스 특성과 수준을 측정할 수 있어야 함
타당성	• 고객의 평가와 모니터링 점수가 일치해야 함(고객들이 실제 대우받은 정도) • 고객 응대 시 중요한 요소가 모두 포함되도록 포괄적이어야 함
유용성	• 모니터링 평가가 실용화할 수 있도록 함 • 정보는 조직과 고객에게 영향을 줄 수 있어야 가치를 발휘함
객관성	• 종업원의 장·단점을 발견하고 능력을 향상시킬 수 있는 수단으로 활용(종업원 통제가 목적이 아님) • 객관적 기준으로 평가해 누구든지 인정할 수 있어야 함

09 다음은 어떤 모니터링 유형에 대한 설명인가?

> 상담사는 즉각적인 피드백과 코칭을 받을 수 있으나 모니터링 하는 사람은 많은 시간을 투자해야 한다.

① 동료 모니터링
② Side − by − Side 모니터링
③ 미스터리 콜
④ Silent 모니터링
⑤ 콜 리코딩

Side−by−Side 모니터링의 특징
• QAA는 상담사 옆에 앉아 고객과의 콜을 경청하는 방식
• 장점: 즉각적 피드백 및 코칭 가능
• 단점: 성과에 영향을 줄 수 있고, 상담사는 예민해져 업무에 부정적 영향을 미침. 평소 발견되기 힘들다. QAA는 많은 시간 투자를 하게 됨

10 미스터리 쇼퍼에 대한 설명 중 옳은 것은?

① 미스터리 쇼핑은 한 번에 한 매장만 방문을 하여 꼼꼼하게 체크해야 한다.
② 고객이 쉽게 의견을 제시할 수 있는 경로를 제공하는 것이 목적이다.
③ 미스터리 쇼퍼는 다양함을 볼 수 있는 감성적 성향을 갖추어야 한다.
④ 미스터리 쇼퍼를 통해 종업원의 감시를 정확하게 할 수 있다.
⑤ 미스터리 쇼핑을 통해 서비스 표준안을 제공할 수 있다.

오답 피하기
① 계획성을 가지고 여러 매장을 돈다.
② 고객의 소리(VOC)에 대한 내용이다.
③ 미스터리 쇼퍼는 신뢰성, 관찰력, 계획성, 객관성, 융통성, 꼼꼼함, 정직성, 작문능력 등이 있다.
④ 종업원의 감시가 아니라 개선을 통해 고객 만족을 극대화한다.

11 MOT 사이클에 대한 설명으로 옳은 것은?

① 서비스 담당자는 숲 전체를 보지만, 고객은 바로 앞의 나무만 보는 격이다.
② 서비스 품질관리에서 MOT 또는 결정적 순간이란 고객이 매장을 들어선 순간을 말한다.
③ 계량적 평가는 어렵다.
④ 고객의 경험 접점을 원형 차트의 12시 방향에서 시작하여 순서대로 기입한다.
⑤ 고객이 어떤 부분이 필요한지 회사의 입장에서 그려 보는 방법이다.

오답 피하기
① 서비스 담당자가 나무, 고객은 전체 서비스를 체험하기에 숲을 본다.
② 매장에 들어오는 순간부터 나가는 모든 순간의 접점을 말한다.
④ 1시 방향에서 시작한다.
⑤ 고객의 입장에서 그려보는 방법이다.

12 MOT 사이클 차트 분석 5단계 중 2단계에 해당하는 것은?

① 접점 시나리오 만들기
② 서비스 표준안대로 행동하기
③ 고객 접점 사이클 세분화
④ 고객의 입장에서 서비스 접점 걸어보기
⑤ 서비스 접점 유니트 설계

고객의 입장에서 걷기 → 고객접점 유니트 설계 → 고객 접점 사이클 세분화 → 접점 시나리오 만들기 → 서비스 표준안대로 행동하기

13 다음 중 어떤 MOT 관련 법칙에 대한 설명인가?

> 고객은 여러 접점에서 경험한 서비스 중 가장 불량한 서비스를 잘 기억하고 그 기업을 평가하는 중요한 잣대로 삼는 경향이 있다.

① 100-1=0 법칙
② 통나무 물통의 법칙
③ 곱셈의 법칙
④ TEN-TEN-TEN 원칙
⑤ 깨진 유리창의 법칙

통나무 물통은 여러 개의 나뭇조각을 이어 붙여 만들기 때문에, 한 조각이라도 깨지거나 높이가 낮으면 그 부분의 높이만큼만 물을 담을 수 있다. 고객 서비스도 가장 안 좋았던 서비스를 유독 기억을 잘하고 그 기업을 평가할 때 잣대로 삼는 경향을 통나무 물통의 법칙이라고 한다.

14 서비스 보증이 필요한 상황이 아닌 것은?

① 고객의 자아 이미지가 관계된 경우
② 상품구매에 대해 고객의 전문지식이나 자신감이 적을 경우
③ 고객의 반복구매가 기업에 중요한 경우
④ 해당 산업에 전반적으로 품질에 대한 좋은 이미지가 형성되어 있는 경우
⑤ 사업이 구전에 의해 영향을 많이 받는 경우

나쁜 이미지가 형성되어 있는 경우에 서비스 보증이 필요하다.

15 틈새시장에 대한 설명 중 옳지 않은 것은?

① 없어지거나 새로 만들어지기도 한다.
② 틈새시장이 대형시장으로 되기도 한다.
③ 대기업에 유리한 시장이다.
④ 여러 기업이 같은 틈새시장에 존재하기도 한다.
⑤ 틈새시장을 '니치 마케팅'이라고도 한다.

대기업에서는 수지타산이 맞지 않아 중소기업에 유리한 시장이다.

16 다음은 어떤 마케팅에 대한 설명인가?

> • 고객과 관련된 정보를 수집 · 분석하여 마케팅 효율을 극대화시킨다.
> • 고객과의 독특하고 개별적인 관계를 가진다.
> • 개별 마케팅, 일대일 마케팅, 관계 마케팅 등으로 진화한다.

① 틈새 마케팅
② 데이터베이스 마케팅
③ 니치 마케팅
④ 차별화 마케팅
⑤ 감성 마케팅

17 다음은 어떤 법칙에 대한 설명인가?

> • 80%의 다수가 20% 핵심 소수보다 뛰어난 가치를 만들어 낸다는 법칙
> • 상생의 법칙이 적용될 수 있다.

① 롱테일 법칙
② 파레토 법칙
③ 세이의 법칙
④ 바넘 효과
⑤ 포럼 효과

20% 소비자가 전체 매출의 80%를 차지한다는 파레토 법칙과 반대인 법칙이며, '역 파레토 법칙'이라고도 한다.

18 다음 중 서비스 패러독스에 대한 설명으로 옳지 않은 것은?

① 서비스 패러독스는 다양한 서비스가 생겼지만 고객의 만족도는 오히려 낮아지는 현상이다.

② 공업화의 한계점은 서비스 패러독스의 원인이 된다.

③ 서비스의 동질화로 패러독스를 극복할 수 있다.

④ 직원들이 기술의 진보를 따라가기 힘들어한다.

⑤ 고객이 수리를 받으려면 멀리까지 가고 기다려야 한다.

서비스의 동질화로 상황에 따라 유연하게 대응하지 못해, 서비스의 핵심인 개별성을 상실하게 되었다(매뉴얼의 한계).

19 다음 중 서비스 패러독스의 원인에 대한 설명이 아닌 것은?

① 서비스의 동질화

② 서비스의 표준화

③ 종업원 채용의 악순환

④ 서비스의 인간성 소멸

⑤ 기술의 단순화

고객과 직원들이 기술의 진보를 따라가지 못하는 경우 발생하는 원인은 기술의 복잡화이다.

20 서비스 실패에 대한 설명으로 옳지 않은 것은?

① 서비스 실패의 중요성은 고객이 기업과 재거래를 할지 결정에 영향을 미친다.

② 하나의 부정적 이미지가 기업 전체 이미지에 영향을 주는 피그말리온 효과를 가져온다.

③ 한 분야에서의 서비스 실패는 다른 서비스 분야의 실패까지 유도하는 도미노효과를 가져올 수 있다.

④ 헤스켓, 새서, 하트는 서비스 과정에 대해 고객이 경험한 서비스에 대해 좋지 못한 감정을 갖는 것이라고 정의하였다.

⑤ 벨, 젬케는 서비스가 고객의 기대 이하로 심각하게 떨어지는 서비스를 경험하는 것이라고 정의 하였다.

• 후광 효과: 하나의 부정적 이미지가 기업 전체 이미지에 영향을 주는 효과
• 피그말리온 효과: 긍정적 기대와 관심으로 좋은 영향을 미치는 효과

21 서비스 실패 전환유형에 대한 설명 중 옳지 않은 것은?

① 제공자의 업무 실수, 서비스 파멸, 계산상 오차는 '핵심 서비스 실패'에 해당된다.

② 무례함, 무관심, 전문성이 부족한 것은 '접점 서비스 실패'에 해당한다.

③ 부정적 반응과 무반응, 내키지 않는 감정은 '서비스 실패 반응'에 속한다.

④ 강압적 판매와 이해관계 대립은 '윤리적 문제'에 해당된다.

⑤ '불친절한 고객 응대'가 실패했을 때 이탈이 가장 크다.

핵심가치가 실패했을 때 이탈이 가장 크다.

22 서비스 회복 패러독스에 대한 설명 중 옳지 않은 것은?

① 고객 만족도가 서비스 실패 후 실패 이전보다 높은 경우를 말한다.

② 공정성 이론은 개인이 투자한 시간과 노력과 얻은 결과물의 투입과 산출 사이의 관계로 파악할 수 있다.

③ 귀인이론은 현재 일어난 상황의 원인을 추리하고 그에 따라 최종 행동의 결정을 한다.

④ 금전적 보상, 사과 및 가격할인은 절차 공정성에 속한다.

⑤ 기분, 선호도는 불안정적 특성으로 외적귀인에 속한다.

결과 공정성에 속한다.

23 공정성 이론 중 고객이 보상을 바라는 것으로 무료 서비스나 수리 및 교환, 할인 등의 형태는 어떤 공정성에 속하는가?

① 상호작용 공정성

② 결과 공정성

③ 절차 공정성

④ 기대 공정성

⑤ 전체 공정성

결과 공정성	고객 불만에 맞는 보상의 결과물을 기대하는 것 ◎ 금전적 보상, 수리, 교환, 가격 할인, 사과 등
절차 공정성	고객 불만을 처리하는 과정에서 편하게 접근되기를 원함 ◎ 회사의 규정, 정책 등
상호작용 공정성	서비스를 받을 때 고객이 직원에게 기대하는 응대, 친절, 공손함

24 After – Sales Service에 대한 설명 중 옳은 것은?

① A/S 서비스 품질 차원 요소 중 가장 영향력이 낮은 것은 처리시간이다.

② A/S 서비스 진행으로 수익 창출에 투입되는 시간과 비용이 증가한다.

③ 서비스 실패 파악과 개선점을 발견하여 서비스 표준안을 마련할 수 있다.

④ A/S 통해 얻은 정보를 활용하다보면 신제품 개발에 필요한 시간과 비용이 증가한다.

⑤ 고객의 니즈와 트렌드를 파악하기까지는 한계가 있다.

전문성과 기술〉태도&행동〉정책〉편의성〉처리시간 순으로 영향도는 나타남

오답 피하기
② 수익창출 투입 시간과 비용 절감
③ 미스터리 쇼핑에 대한 설명
④ 신제품 개발의 시간과 비용 절감
⑤ 고객의 니즈와 트렌드 파악 가능

25 A/S 주요 요령의 5단계에서 2단계에 해당하는 것은?

① 정보 제공 및 신뢰 구축

② 친밀감 유지 및 정보탐색

③ 만족도 확인

④ 불만 처리

⑤ 고객의 요구에 맞는 서비스 제공

고객의 요구에 맞는 서비스 제공 → 만족도 확인 → 불만처리 → 친밀감 유지 및 정보 탐색 → 정보제공 및 신뢰구축

정답 22④ 23② 24① 25③

26 리츠칼튼 호텔에 대한 설명으로 옳은 것은?

① 사훈은 '우리는 신사 숙녀에게 최상의 서비스를 제공하는 최고의 종업원이다.'라고 되어 있다.

② 리츠칼튼 호텔의 모든 직원이 가지고 다니는 사훈, 신조, 3단계 서비스 등이 적힌 것을 프로세스 카드라고 한다.

③ 리츠칼튼 호텔이 사용하는 고객인지 프로그램은 신규고객을 창출하는 것이 목적이다.

④ 리츠칼튼 호텔의 3단계 서비스 내용 중 고객의 전화는 신속하게 관련 부서로 넘겨줘야 한다고 명시되어 있다.

⑤ 가능한 고객의 이름을 부른다.

오답 피하기
① '우리는 신사 숙녀를 모시는 신사 숙녀이다.'
② '황금표준'이라고 한다.
③ 기존 고객 유지가 목적이다.
④ 되도록 처음 받은 사람이 응대한다.

27 다음 중 서비스 수익 체인에 대한 설명으로 옳은 것은?

① 서비스 수익 체인은 경영을 최소화하기 위한 윤곽을 제시한다.

② 고객 충성도는 종업원 생산성을 촉진시킨다.

③ 서비스 수익 체인은 내부 서비스가 수익의 원천이 되는 논리적 구조이다.

④ 고객의 충성도가 5% 증가하면 수익은 15% 증가한다.

⑤ 종업원 만족도는 고객 충성도를 높인다.

오답 피하기
② 종업원 충성도는 종업원 생산성 촉진 or 고객 충성도는 수익증가를 가져온다.
③ 서비스 수익체인은 고객서비스가 수익의 원천이다.
④ 고객 충성도가 5% 증가하면 수익은 25~85% 증가한다.
⑤ 종업원 만족도는 종업원 충성도를 가져옴 or 고객 만족도가 고객 충성도를 높인다.

28 내부 서비스 품질이 좋아지면 무엇이 따라오는가?

① 종업원 충성도
② 고객 만족
③ 고객 충성도
④ 종업원 만족도
⑤ 수익과 성장

29 다음 중 '토털 서비스 시스템'에 대한 설명으로 거리가 먼 것은?

① 총체적 관점에서 고객에게 차별화된 서비스를 제공하기 위한 마케팅이다.

② 서비스 전달 시스템으로는 광고, 전화, 대금청구가 있다.

③ 최근 고객과의 접촉 빈도수를 줄이는 방향으로 감에 따라 비용은 절감될 수 있다.

④ 표준화된 서비스 제공에 용이하다.

⑤ 서비스 운영 시스템에서 고객에게 드러나는 가시적인 부분이 줄어든다.

서비스 마케팅 시스템에 속한다.

서비스 마케팅 시스템	전화, 광고, 대중매체, 보도, 구전 등
서비스 운영 시스템	• 가시적 부분: 고객 접점 종업원 • 비가시적 부분: 후방 종업원, 지원시스템 – 고객의 접촉 정도에 따라 변화 가능 – 최근 가시적 부분은 줄어드는 추세 ⑤ 고객이 직접 참여하는 서비스는, 고객이 후방시스템 볼 수 있음
서비스 전달 시스템	• 서비스 전달 시 고객과 접촉 빈도수 감소 추세 • '셀프 서비스' 전달 증가

30 제품 차별화 전략에 대한 설명 중 옳지 않은 것은?

① 경쟁사 제품과 확실하게 다른 자사 제품에 차별화를 넣어 가격 경쟁을 피하려는 전략이다.

② 경쟁사 제품에는 없는 특색을 자사 서비스에 추가하여 경쟁사에 유리함을 확보하려는 전략이다.

③ 체임벌린이 제품 차별화 이론을 처음 도입한 학자이다.

④ 제품의 기술적인 품질을 차별화하는 것이 가장 중요하다.

⑤ 동질적 시장이 아니라 이질적 시장으로의 차별화가 필요하다.

기술 발전으로 인해 제품의 품질 수준의 차이가 거의 없는 상황이어서, 고객 위주 차별화 중요성이 증가되고 있다.

31 제품 차별화에 대한 설명 중 옳지 않은 것은?

① 무형적 요소에는 속도, 안전성, 성능 등이 있다.

② 제품 차별화가 힘들 경우 수선 및 유지 서비스, 매력적인 서비스 제공자, 빠른 배달로 차별화를 줄 수 있다.

③ 전문지식을 늘리는 것은 서비스 차별화 요소로 사용할 수 있는 방법이다.

④ 제품 차별화 요소 중 '특성'은 기본적인 제품의 기능을 보완하는 특징이다.

⑤ 제품 차별화의 원리에는 현저성의 원리와 희소성 원리가 적용된다.

서비스 차별화 요소에는 서비스 접점에서 적기배달, 고객훈련, 편리한 주문, 수선 또는 유지 서비스, 고객상담, 신속성 향상, 매력적인 서비스 직원, 설명, 등이 있다.

더 알아보기
- 현저성의 원리는 특정 브랜드가 제품 속성에서 매우 돋보이게 인식되거나, 특정 제품군을 떠올릴 때 해당 브랜드가 자연스럽게 연상되는 특성을 의미한다.
- 희소성의 원리는 소비자가 경제적 자원이 부족하다고 느끼는 상황에서 특정 상품에 대한 욕구나 가치를 더욱 크게 느끼도록 만드는 원리를 의미한다.

32 다음 중 제품 차별화 분류에 대한 설명 중 옳지 않은 것은?

① 가구, 의류 등 고객이 품질 및 가격 등을 기준으로 비교를 한 후 구매하는 제품으로 '전문품'에 속한다.

② 가격이 싸고 자주 구매하는 제품을 '편의품'이라고 한다.

③ 사용만으로 용구 충족을 얻을 수 있는 제품을 레빗은 핵심제품이라고 하였다.

④ 제품에 포장, 로고, 스타일 등이 추가된 제품을 레빗은 실체 제품으로 분류하였다.

⑤ 사후 서비스, 배달 등 추가되는 혜택을 포함한 제품을 확장제품이라고 한다.

가구, 의류 등은 '선매품'에 해당한다. '전문품'은 제품의 가격 또는 매장의 거리 관계없이 소비자가 구매에 노력을 기울이는 제품을 의미한다.

33 의료 서비스의 특성에 대한 설명으로 옳지 않은 것은?

① 무형적 제품이다.

② 비용은 직접 지불 형태이다.

③ 기대와 실제 성과와의 불일치가 크다.

④ 의사 결정자가 다양하다.

⑤ 수요 예측이 불가능하며 수요자 중심 시장이다.

비용은 '간접지불' 형태이다. 의료 서비스가 간접지불인 이유는 환자가 의료 비용을 직접 전액 지불하지 않고, 건강보험을 통해 대부분을 지불하기 때문이다.

34 의료기관의 특징으로 옳지 않은 것은?

① 자본과 노동 집약적
② 영리적 동기
③ 이중적 지휘체계
④ 복합적 사업목적
⑤ 공공재적 성향

비영리적 동기가 의료기관의 특징이다.

35 다음 중 서비스 품질의 측정이 어려운 이유가 아닌 것은?

① 서비스 품질의 개념이 객관적이어서 주관적으로 측정하기 어렵다.
② 서비스가 완료되기 전에는 검증하기가 쉽지 않다.
③ 서비스 특성상 생산과 소비가 동시에 이루어진다.
④ 서비스 전달 과정에서 고객과 함께 이동할 경우 자원의 변화를 관찰할 수 있다.
⑤ 서비스 제공 전에는 테스트를 하는 것이 불가능하다.

서비스 품질 개념은 주관적이다.

36 서비스 품질에서 '냄새, 가격, 스타일'은 어떤 품질에 속하는가?

① 신뢰 품질
② 경험 품질
③ 탐색 품질
④ 과정 품질
⑤ 결과 품질

서비스 품질 구성 요소는 다음과 같다.

탐색 품질	제품을 구매하기 전 결정 가능한 속성(가격, 냄새, 스타일, 색상, 적합성 등)
경험 품질	구매 기간 중 또는 구매 후 판단 가능한 속성(확실성, 맛, 착용 가능성)
결과 품질	기술, 물리적 품질, 서비스 받은 후 실제로 얻은 것
과정 품질	고객이 어떻게 서비스를 받는지, MOT 진실의 순간, 과정 접점(절차)
신뢰 품질	구매 전후 모두 평가하기 힘든 속성(맹장 수술)

37 SERVQUAL(서비스 품질 측정 도구)에 대한 설명 중 옳지 않은 것은?

① SERVQUAL은 미국의 파라수라만, 자이다믈, 베리에 의해 개발되었다.
② 기업 중심의 모델이다.
③ 어떤 특정 사업에 국한된 중요한 변수는 측정하지 않는다.
④ 모든 산업에 적용이 가능하다.
⑤ 요구와 기대가 불일치한다.

사용자 중심의 모델이다.

38 SERVQUAL의 5개 차원에 속하지 않는 것은?

① 대응성
② 확신성
③ 신뢰성
④ 공감성
⑤ 객관성

5가지 SERVQUAL 차원: 대응성, 확신성, 신뢰성, 공감성, 유형성

39 SERVQUAL의 5개 차원 중 '약속한 서비스를 믿고 정확하게 수행할 수 있는 능력'을 의미하는 것은?

① 대응성
② 신뢰성
③ 확신성
④ 유형성
⑤ 공감성

오답 피하기
• 대응성: 고객을 돕고 신속한 서비스를 제공하는 자발성
• 확신성: 직원들의 예의, 정중, 신뢰, 커뮤니케이션 능력
• 유형성: 물리적인 시설, 장비, 용모복장, 커뮤니케이션 도구
• 공감성: 고객 개별적인 관심과 이해를 하며 소통하는 것

정답 34 ② 35 ① 36 ③ 37 ② 38 ⑤ 39 ②

40 서비스 품질 결정 요인 중 중요성이 가장 크고 결과 품질을 의미하는 것은?

① 유형성　　　　② 공감성
③ 확신성　　　　④ 대응성
⑤ 신뢰성

SERVQUAL 서비스 품질 요소의 상대적 중요성 순서는 다음과 같다.
신뢰성 〉대응성 〉확신성 〉공감성 〉유형성

41 다음 중 서비스 품질 Gap에 대한 설명으로 옳지 않은 것은?

① Gap 1은 고객이 원하는 것을 제대로 알지 못했을 때 생기는 격차이다.
② Gap 2의 격차는 최고 경영자의 혁신과 업무의 표준화 정립으로 극복할 수 있다.
③ Gap 3의 해결방안으로는 조직 내 팀워크와 종업원의 적합한 업무보장으로 해결할 수 있다.
④ Gap 4의 격차 원인에는 업무와 직원의 기술 불일치와 수요와 공급의 불일치가 있다.
⑤ Gap 5는 고객의 기대된 서비스와 경험한 서비스가 일치하지 않을 때 발생한다.

Gap 3에 대한 설명, Gap 4 원인에는 기업의 과잉약속, 커뮤니케이션 부족이 있다.

42 다음 중 Gap 1에 대한 해결방안 설명은 무엇인가?

① 상향적 커뮤니케이션 활성화
② 효과적인 인사 정책
③ 업무의 표준화
④ 구체적 서비스 품질 목표설정
⑤ 고객의 기대관리

②는 Gap 3, ③, ④는 Gap 2, ⑤는 Gap 4에 해당하는 해결방안이다.

43 다음은 주란 모델의 서비스 품질 분류에 대한 설명 중 옳지 않은 것은?

① 내부적 품질은 보전 또는 정비관리가 잘 되지 않으면 서비스 품질 저하로 나타나는 품질이다.
② 백화점의 상품 진열 상태 또는 고객의 동선을 관리하는 것은 소프트웨어적 품질 관리이다.
③ 레스토랑의 음식의 맛, 비행기의 좌석의 안락함은 하드웨어적 품질이다.
④ 주란 박사는 '시간과 신속성'은 별도 품질로 구분해야 한다고 주장했다.
⑤ 심리적 품질은 고객과 직접적으로 만나는 종업원에게 매우 중요한 품질이다.

소프트웨어 품질 관리는 상품의 매진, 항공기 사고, 컴퓨터 실수, 청구 금액의 착오, 적절한 광고 등과 관련 있다.

44 가빈(Garvin)이 제시한 5가지 관점의 품질차원 중 다음 〈보기〉에 설명에 해당하는 것은?

┌─ 보기 ─┐

• 품질을 객관적으로 측정 가능한 변수로 본다.
• 양질의 제품은 높은 원가에서 가능하다고 본다.
• 제품이 지닌 속성의 합이 크면 클수록 품질이 양호하다고 본다.

① 선험적 접근
② 제품 중심적 접근
③ 사용자 중심적 접근
④ 제조 중심적 접근
⑤ 가치 중심적 접근

품질 측정이 가능하며, 제품의 속성이 많고 우수할수록 원가도 높아지지만 품질도 좋아진다는 관점은 제품 중심적 접근에 해당한다.

정답 40 ⑤　41 ④　42 ①　43 ②　44 ②

45 그렌루스가 제시한 6가지 품질 구성 요소 중 다음 설명에 해당하는 것은?

> 서비스 공급자의 운영이 신뢰받고 서비스 이용 요금에 대해 가치를 부여할 수 있으며, 고객과 서비스 공급자에 의해 그 서비스 운영이 성과와 가치를 나타낸다고 공감하는 것을 고객이 믿는 것

① 태도와 행동
② 신뢰성과 믿음
③ 전문성과 기술
④ 평판과 신용
⑤ 접근성과 융통성

더 알아보기

그렌루스의 6가지 품질차원

전문성과 기술	고객들의 문제를 서비스 제공자가 전문적 방법(지식과 기술)을 이용해 해결 할 수 있다고 고객들이 인식하는 것
태도와 행동	고객 접점 직원들이 친절하고 자발적으로 고객에 관심을 기울이고 문제 해결을 한다고 고객이 느끼는 것
접근성과 융통성	고객 입장에서 서비스 기관의 위치, 운영 시간 등 서비스를 받기 쉽고 고객의 바람과 수요에 따라 융통성 있게 조절될 수 있다고 느끼는 것
신뢰성과 믿음	무슨 일이 벌어지더라도 직원과 운영체계 등이 약속을 잘 지키고 고객을 최우선으로 고려한다는 것을 믿을 수 있다고 고객이 알고 있는 것
서비스 회복	서비스 실패가 일어났더라도 능동적으로 즉각 바로 잡으려고 노력하고 해결 대안을 찾으려고 하는 것을 고객이 느끼는 것
평판과 신용	서비스 공급자의 운영과 이용 요금에 대해 가치를 부여할 수 있고 서비스 운영이 성과와 가치를 나타낸다고 공감 할 수 있다고 고객이 믿는 것

46 다음 중 카노 품질 모형 중 무엇에 대한 설명인가?

> • 고객의 명시적 요구사항
> • 충족이 될수록 만족이 증대하고 충족되지 않을수록 불만이 증대한다.
> • 고객 요구 수준이 높아지면 '진부화 현상'이 일어난다.

① 무관심 품질 요소
② 역품질 요소
③ 일원적 품질 요소
④ 당연적 품질 요소
⑤ 매력적 품질 요소

일원적 품질 요소는 충족될수록 만족도가 비례적으로 증가하는 품질 요소이다. 성능이나 기능의 향상이 고객 만족에 직접적인 영향을 준다.

47 이유재, 이준엽의 KS-SQI 모델 중 성과측면에 해당하지 않는 것은?

① 신뢰감
② 복원적 욕구 충족
③ 예상 외 혜택
④ 약속 이행
⑤ 창의적 서비스

• 성과 측면: 약속 이행, 창의적 서비스, 예상 외 혜택, 복원적 욕구 충족
• 과정 측면: 신뢰감, 고객응대, 접근용이, 물리적 환경

48 서비스 품질의 문제가 발생되는 이유가 아닌 것은?

① 직원에 대한 부적절한 서비스
② 고객을 수치로 보는 견해
③ 기업의 단기적 견해
④ 생산과 소비의 분리성
⑤ 커뮤니케이션 차이

생산과 소비의 비분리성이 서비스 품질의 문제 발생 원인이다.

정답 45 ④ 46 ③ 47 ① 48 ④

49 서비스 품질의 개선 방법이 아닌 것은?

① 서비스에 대한 많은 정보는 고객에게 혼선을 주므로 전문가가 알아서 처리하는 것이 좋다.
② 자동화를 실천하여 서비스를 제공할 때 오류를 줄인다.
③ 고객의 기대와 변화를 미리 예측하여 그에 맞는 적절한 대응을 한다.
④ 믿음을 주기 위해 가시적 평가 기준을 제공한다.
⑤ 고객에게 서비스 품질의 중요한 결정 요인이 무엇인지 파악한다.

고객에게 서비스 내용을 명확하게 제공하는 것이 서비스 품질을 개선하는 방법이다.

50 전통적 마케팅 믹스 4P에 해당하지 않는 요인은?

① 제품(Product)
② 고객(People)
③ 가격(Price)
④ 유통(Place)
⑤ 촉진(Promotion)

• 전통적 마케팅 4P: 제품(Product), 가격(Price), 유통(Place), 촉진(Promotion)
• 확장된 마케팅 7P: 4P + 인적 자원(People), 물리적 환경(Physical Evidence), 프로세스(Process)
• 고객 지향적 마케팅 4C: 고객(Customer), 비용(Cost), 편리성(Convenience), 커뮤니케이션(Communication)

51 다음은 마케팅 관리의 개념 중 무엇에 관한 설명인가?

> • 제품공급이 과잉생산 되었을 때 이 개념이 지배되는 경우가 많다.
> • 소비자의 구매 후 만족도에 관심을 가지지 않는다.
> • 시작이 원하는 것을 판매하기보다 기업에서 만든 것을 판매하는 것이 목적이다.

① 전체론적 마케팅 개념
② 마케팅 개념
③ 생산 개념
④ 제품 개념
⑤ 판매 개념

판매 개념	• 보통 제품 공급이 과잉 상태에 있을 때 • 고객은 적극적으로 구매하지 않으므로 공격적인 영업 활동을 해야 한다. • 판매 자체가 목적 → 구매 후 만족도에 관심을 두지 않는다.

52 복합적 마케팅의 4가지 구성 요소에 해당되지 않는 요소는?

① 관계 마케팅
② 내적 마케팅
③ 외적 마케팅
④ 사회적 마케팅
⑤ 통합적 마케팅

외적 마케팅은 복합적 마케팅에 해당하지 않는 요소이다.

53 마케팅의 흐름 중 가장 마지막 단계에 해당되는 것은?

① 틈새 마케팅
② 세분화 마케팅
③ 데이터베이스 마케팅
④ CRM
⑤ 매스 마케팅

매스 마케팅 → 세분화 마케팅 → 틈새 마케팅 → 데이터베이스 → CRM 순으로, CRM이 가장 마지막 단계에 해당한다.

54 다음 중 내부 마케팅에 대한 설명으로 옳지 않은 것은?

① 기업과 종업원 간에 이루어지는 마케팅이다.
② 외부 마케팅은 내부 마케팅보다 우선적으로 수행되어야 한다.
③ 기업 CEO는 직원에게 적절한 재량권을 부여함으로써 고객의 반응에 신속히 대응할 수 있게 한다.
④ 회사 직원을 대상을 초점으로 하는 마케팅이다.
⑤ 종업원을 훈련시키고 동기유발 시키는 것이 과제이다.

내부 마케팅이 외부 마케팅보다 우선적 수행되어야 한다.

55 종업원의 역할 모호성이 발생되는 원인이 아닌 것은?

① 서비스 표준이 성과측정, 평가, 보상 시스템과 연결되어 있지 않을 경우
② 우선순위가 없이 너무 많은 서비스 표준이 존재할 때
③ 서비스 표준이 제대로 의사소통되지 않을 경우
④ 서비스 표준이 없을 때
⑤ 하향적 의사소통이 수행될 경우

하향적 의사소통과 역할 모호성은 관계가 없다.

56 종업원 만족도 지수(ESI) 조사 항목에 해당되지 않는 것은?

① 참여정신
② 자유정신
③ 제도 만족도
④ 직무 만족도
⑤ 종합 만족도

인신공유정도, 참여정신, 직무 만족도, 제도 만족도, 조직문화만족도, 종합 만족도가 있다.

57 직원에게 권한위임이 잘 맞는 조직에 해당되지 않는 경우는?

① 사업환경 예측이 쉽게 가능한 조직
② 고객과 장기적 관계를 가지는 조직
③ 사업의 기본 전략이 고객화, 차별화된 조직
④ 기술이 일상적이지 않고 복잡한 조직
⑤ 임직원이 높은 사회적 욕구를 가지고 있는 조직

사업환경 예측이 어려운 조직의 경우가 권한위임이 적절한 조직이다.

58 다음 중 고객만족 측정에 대한 설명 중 옳지 않은 것은?

① 고객만족 측정 3원칙은 계속성, 정량성, 정확성 원칙이다.
② 정서적 반응으로 보는 관점은 경험의 평가에 대한 소비자의 반응이다.
③ 인지적 관점은 고객의 욕구 및 요구를 만족시키는 정도에 대한 평가로 정의된다.
④ CSI 종류는 고객만족지수, 직원만족지수, 협력 업체 만족 지수가 있다.
⑤ 고객 만족도 조사에는 정성 조사와 정량 조사가 있다.

인지적 관점은 구매자가 치른 대가의 보상에 대한 소비자의 판단으로 본다. ③의 설명은 고객의 평가로 보는 관점에 대한 설명이다.

정답 53 ④ 54 ② 55 ⑤ 56 ② 57 ① 58 ③

59 다음 중 고객만족지수(CSI)의 측정 필요성이 아닌 것은?

① 기업 내부의 프로세스 개선을 도모할 수 있다.
② 고객의 제품과 서비스 가격 인상의 허용 범위를 결정한다.
③ 경쟁사의 CS 강·약점을 분석하기 위해
④ 고객 불만 해소의 영향을 분석할 수 있다.
⑤ 수익성과 밀접한 관련이 없는 고객 유지율을 유지시키는 데 있다.

수익성과 밀접한 관계가 있는 고객 유지율을 유지, 재고시킨다.

60 순수 추천 고객 지수(NPS)에 대한 설명 중 옳지 않은 것은?

① 기업이 얼마나 충성도 높은 고객을 많이 보유하고 있는지 나타내는 지표이다.
② 소비자에게 "우리 기업 또는 브랜드를 지인에게 추천하겠습니까?"라는 질문에서 출발한다.
③ 비추천 고객의 수 – 추천 고객의 수를 가지고 측정한다.
④ 장기적 성장의 원천이 되는 '좋은 이익'과 단기적 기여에만 해당되는 '나쁜 이익'이 있다.
⑤ '할인 행사'는 고객들이 환영하기에 '좋은 이익'에 해당되는 것이다.

추천 고객 수 – 비추천 고객 수를 가지고 측정한다.

61 NPS(Net Promotion Score ; 순수 추천 고객 지수)에서 추천고객의 유형에 속하지 않는 것은?

① 비추천 고객보다 더 많이, 더 자주 구매한다.
② 높은 지갑점유율을 나타냄
③ 자신의 만족스러운 경험을 주변에 퍼트림
④ 언제라도 선택을 바꿀 수 있는 가능성이 있음
⑤ 적극적인 고객 추천은 기업의 '이익실현' 차이를 이룸

---
④는 비추천 고객 + 중립적 고객 유형이다.

62 CS 평가시스템 컨설팅 프로세스 단계 중 2단계에 해당되는 것은?

① CS 평가지표 개발
② 고객 요구 정의
③ CS 평가시스템 실행체계 구축
④ 고객 조사
⑤ CS 평가시스템 실행

고객요구 정의 → 고객조사 → CS 평가지표 개발 → CS 평가시스템 실행체계 구축 → CS 평가시스템 실행 순이다.

63 다음 조사 방법으로 활용되지 않는 방법은?

> 시장의 특성으로 고객의 태도, 구매 행동, 시장 점유율에 관한 자료를 수집 후 분석하여 결과를 기술하는 조사방법

① 탐험 조사
② 기술조사
③ 패널조사
④ 서베이 조사
⑤ 관찰 조사

탐험 조사	• 조사자가 문제에 대해 파악이 안 되었을 때 실시 • 자료수집과 분석 방법 : 비계량 조사 + 비정형적 절차 사용 • 조사 목표수정 시 사용 방법 : 개인 인터뷰를 통한 예비조사
기술 조사	• 목표집단 또는 시장에 관한 자료를 수집하고 분석하여 결과를 기술 • 수집하는 자료내용 : 구매자의 행동, 태도, 시장점유율 등 • 자료수집 방법 : 패널조사(같은 대상자에게 같은 질문 반복), 서베이(설문조사), 관찰

정답 59⑤ 60③ 61④ 62④ 63①

64 다음 중 표적집단면접법(FGI)의 장점에 해당하는 것이 아닌 것은?

① 참신한 아이디어를 도출할 수 있다.
② 객관적 정보를 획득할 수 있다.
③ 전문적인 정보를 얻을 수가 있다.
④ 내면적 행동의 원인이 무엇인지 알 수 있다.
⑤ 다양한 주제들의 자료 수집을 할 수 있다.

주관적 해설이라는 한계점을 가지고 있다.

65 다음 정량 조사에 대한 설명으로 옳지 않은 것은?

① 조사의 결과를 양적으로 표현한 것이다.
② 일부의 표본으로 전체 대상의 의견을 파악할 수 있다.
③ 대량의 표본을 사용한다.
④ 조사 결과의 해석이 주관적이다.
⑤ 서베이, 전화, 개별전화 방식이 이에 속한다.

정량 조사 결과의 해석은 객관적이다. 정성 조사의 조사결과 해석이 주관적이다.

66 고객만족 3요소 중 '소프트웨어적 요소'에 속하지 않는 것은?

① 서비스 프로그램
② A/S
③ 고객관리 시스템
④ 부사 서비스 체계
⑤ 접객 서비스

하드웨어(물리적 요소)	주차시설, 매장 인테리어, 고객지원센터, 기업 이미지
소프트웨어(시스템)	A/S, 서비스 프로세스, 예약, 해피콜, 부가서비스
휴먼웨어(직원)	직원의 친절 응대, 용모, 서비스 마인드, 조직문화

67 고객만족 3요소 중 '하드웨어적 요소'에 속하는 것은?

① 고객 지원 센터
② 기업의 상품
③ A/S
④ 고객관리 시스템
⑤ 조직문화

오답 피하기
②, ③, ④는 소프트웨어, ⑤는 휴먼웨어에 속한다.

68 존 굿맨(John Goodman)의 법칙 중 '불만 처리 과정에 불만을 가진 고객의 부정적 소문의 영향은 만족한 고객의 긍정적 소문의 영향에 비해 2배 강하게 영향을 끼친다'는 어디에 해당되는가?

① 제1법칙
② 제2법칙
③ 제3법칙
④ 제4법칙
⑤ 제5법칙

• 제1법칙: 자신의 불만을 표현하여 해결한 고객은 표현하지 않은 고객보다 재구매 할 가능성이 매우 높다.
• 제2법칙: 직원의 불만처리 대응이 만족스럽지 않은 고객의 부정적 평가의 소문은 만족한 고객의 긍정적 평가 소문이 주는 영향보다 2배나 강하게 판매를 방해한다.
• 제3법칙: 소비자 교육을 받은 고객은 기업에 대한 신뢰가 높아지면서 상품 구입의사가 높아져 시장 확대에 공헌한다.

정답 64② 65④ 66⑤ 67① 68②

69 다음 중 고객의 소리(VOC)에 대한 설명으로 옳지 않은 것은?

① 내부 업무 시스템과 연계를 통해 CRM 추진 활동을 지원한다.
② 자료의 신뢰성을 높이고자 고객의 소리를 코딩으로 분류한다.
③ VOC와 보상을 연결시킨다.
④ 고객의 실제 성향 파악의 한계점을 데이터를 통한 분석으로 해결한다.
⑤ 고객의 소리가 다양하여 정보 분석이 쉽지 않다.

데이터를 통해 분석을 하지 않고 고객과 커뮤니케이션을 통해 실제 성향 파악을 가능하게 할 수 있다.

70 고객 충성도 분류 방법 중 옳지 않은 것은?

① 단순고객은 관심을 가지고 가게를 한 번 정도 방문한다.
② 단골고객은 빈번하게 구매를 하는 부류이다.
③ 충성고객은 주변 사람들에게 긍정적 구전을 해주는 부류이다.
④ 인지적 충성은 브랜드 신념에만 근거한 충성의 단계이다.
⑤ 행동 의욕적 충성은 긍정적인 감정을 브랜드에 가지고 있고 반복된 경험에 영향을 받는다.

• 고객: 빈번하게 구매를 하는 부류
• 단골 고객: 정기적 구매를 하는 부류

71 고객 충성도 측정 방법 중 '행동적 측정방법'이 아닌 것은?

① 반복적 구매 행동
② 구매 가능성
③ 구매 순서
④ 타인의 추천
⑤ 구매 비율

태도적 측정방법에 속한다.
• 행동적 측정 방법: 구매 빈도, 구매 순서, 구매 비율, 반복 구매 행동, 구매 가능성
• 태도적 측정방법: 재구매의도, 타인추천, 우호적 태도
• 통합적 측정방법: 반복 구매행동, 고객의 긍정적 태도, 브랜드 교체 성향, 총 구매량

72 서비스 기대에 대한 설명 중 '불만 없이 받아들일 수 있는 서비스 수준, 경험을 바탕으로 형성'되는 것을 무엇이라고 하는가?

① 예측된 서비스
② 허용 영역
③ 적정 서비스
④ 희망 서비스
⑤ 안전 서비스

적정 서비스는 소비자가 불만 없이 받아들이는 서비스 수준으로, 경험을 바탕으로 형성된 예측 서비스 수준에 의해 결정된다.

오답 피하기
• 예측된 서비스는 소비자가 실제로 받기를 기대하는 서비스 수준을 의미한다.
• 허용 영역은 서비스 실패가 쉽게 드러나지 않는 '미발각 지대'에 해당하며, 가격이 높거나 해당 서비스의 사용 경험이 쌓일수록 그 범위가 줄어든다.
• 희망 서비스는 소비자가 기대하는 가장 이상적인 서비스로, 쉽게 변하지 않는 특징을 가진다.

정답 69 ④ 70 ② 71 ④ 72 ③

73 서비스 기대의 영향 요인에 대한 설명 중 옳지 않은 것은?

① 기대를 형성하는데 가장 큰 영향력의 원천이 되는 것은 사회적 상황이다.
② 개인적 욕구는 매슬로우의 5단계설에 기반하고 있다.
③ 과거의 경험이 기대 수준을 만드는 데 영향을 미친다.
④ 관여도가 높을수록 허용 영역이 좁아진다.
⑤ 경험이 많으면 기대 수준도 높아진다.

가장 큰 영향력의 원천은 '구전'이다.

74 구전에 대한 설명으로 맞는 것은?

① 기업이 직접 창출하기 때문에 신뢰할 수 있다.
② 구전에는 기업원천, 전문가 원천, 파생적 정보 원천이 있다.
③ 일대일 커뮤니케이션으로 큰 매체에 비해 전달효과가 크다.
④ 소수의 사람들에게 서서히 전파되는 특성이 있다.
⑤ 간접적 경험을 기초하기에 정확한 정보를 전달한다.

오답 피하기
① 고객이 직접 창출한다.
② 개인적, 전문가, 파생적 정보 원천이 있다.
④ 다수의 사람들에게 전파된다.
⑤ 직접적 경험을 기초로 한다.

75 트렌드의 유형 중 보편적인 트렌드의 성격을 가지고 문화 전반을 아우르는 광범위한 유형은?

① 사회적 트렌드
② 메타 트렌드
③ 메가 트렌드
④ 소비자 트렌드
⑤ 공급자 트렌드

메타 트렌드는 글로벌하고 보편적인 특성을 지녔으며, 장기적이고 점진적인 변화 과정을 보이며 자연의 기본 법칙과 진화의 영속성을 반영한다. 또한 삶의 전 영역에서 징후가 관찰되고 사회문화 전반에 걸친 광범위한 영향력이 있으며 근본적이고 본질적인 변화를 주도한다.

76 CS 플래닝 계획 단계 중에서 '우리의 고객은 누구이며 우리 회사가 장차 어떤 기업이 될 것인지, 고객 가치는 기업에게 무엇인지'에 대한 질문이 이루어지는 단계는?

① 기업환경 분석
② 마케팅 목표 설정
③ 전략 수행을 위한 프로그램 작성
④ 기업의 목표 기술
⑤ 목표 달성을 위한 전략 수립

1단계(기업 목표 기술) → 2단계(기업환경 분석) → 3단계(마케팅 목표 설정) → 4단계(목표달성 위한 전략수립) → 5단계(전략수행 위한 프로그램 작성) → 6단계(실행 및 재검토)

77 고객만족 플래닝 수립 시 기간 계획에 대한 설명 중 옳지 않은 것은?

① 장기 계획은 기업의 현재와 미래를 다 포함하는 개념이다.
② 중기 계획은 3년 이상의 계획을 말한다.
③ 중기 계획은 생산 시설을 확장 또는 축소를 통해 그 효과가 마케팅 실적에 영향을 끼치게 하는 기간이다.
④ 단기 계획은 생산 시설의 가동률만 변경하여 마케팅 반응을 확인한다.
⑤ 단기 계획은 1년 이내의 계획을 말한다.

장기계획은 3년 이상, 중기 계획은 1~2년 계획, 단기 계획은 1년 이내 계획이다.

78 서비스 신상품의 개발과정 단계 중 첫 번째 단계에 해당하는 것은?

① 아이디어 도출
② 사업분석
③ 사업개발 전략
④ 신규 서비스 전략 개발
⑤ 시장 테스트

─────────────────────────

사업개발 → 신규 서비스 전략 개발 → 아이디어 도출 → 컨셉 개발과 평가 → 사업분석 → 서비스 개발과 시험 → 시장 테스트 → 상품화 순이다.

79 벤치마킹의 유형 중 최신의 제품, 서비스 프로세스를 가지고 있는 조직을 대상으로 진행하는 유형은?

① 경쟁 벤치마킹
② 기능 벤치마킹
③ 내부 벤치마킹
④ 외부 벤치마킹
⑤ 포괄 벤치마킹

기능 벤치마킹	• 최신 제품, 서비스, 프로세스를 가지고 있는 조직을 대상을 벤치마킹 • 새롭고 혁신적 기법 발견 • 업종이 다른 경우 → 방법 이전에 한계
내부 벤치마킹	기업 내부에서의 부서간 벤치마킹
경쟁기업 벤치마킹	경쟁회사를 분석하여 대응방안을 수립하는 것(외부 벤치마킹)
산업 벤치마킹	특정 경쟁기업이 아닌 목표 산업에 속해 있는 전체 기업을 대상으로 하는 벤치마킹(외부 벤치마킹)
선두그룹 벤치마킹	• 새롭고 혁신적인 업무를 하는 기업을 대상으로 함 • 목적: 혁신적 방법 모색(단순 경쟁 대처가 아님)
포괄 벤치마킹	관계가 없는 업종의 기업들을 벤치마킹

80 기업들이 벤치마킹을 하는 이유로 적당하지 않은 것은?

① 새로운 아이디어를 창출할 수 있다.
② 기업이 추구하는 적합한 목표를 정하는 데 도움을 준다.
③ 시장 변화를 예측 가능하게 한다.
④ 직원들의 행동 가이드 라인이 된다.
⑤ 경쟁업체와의 비교를 통해 자사의 경쟁력의 향상 방법을 도모할 수 있다.

─────────────────────────

마케팅 계획 수립의 장점에 대한 설명이다.

81 SWOT 전략 중 약점을 극복하여 시장의 기회를 활용하는 전략은?

① ST 전략　　② SO 전략
③ WO 전략　　④ WT 전략
⑤ OS 전략

82 SWOT 전략 중 '시장 및 제품 다각화 전략과 추가 투자'는 어디에 속하는가?

① WO 전략　　② WT 전략
③ ST 전략　　④ SO 전략
⑤ SW 전략

─────────────────────────

SO 전략 (강점-기회): 확대 전략	WO 전략(약점-기회): 개발, 우회 전략
강점을 사용해 시장 기회를 활용하는 전략 ⊚ 시장 기회 선점 전략, 시장, 제품 다각화, 추가 투자, 기회이익 추구전략	약점을 극복하여 시장 기회를 활용하는 전략 ⊚ 핵심역량 강화, 약점극복 전략, 전략적 제휴
ST 전략 (강점-위협): 안정성장 전략	WT 전략(약점-위협): 철수, 축소 전략
강점을 사용해 위협을 회피하는 전략 ⊚ 시장침투 전략, 제품확충 전략	약점과 위협을 최소화하는 전략 ⊚ 제품, 시장 집중화 전략

83 다음 중 STP 전략에 대한 설명 중 옳지 않은 것은?

① STP 전략 단계는 시장 세분화 → 표정 선정 → 포지셔닝 순으로 진행된다.

② 집중화 마케팅은 단일 소비자 집단에게 다양한 제품 또는 서비스를 제공하는 것이다.

③ 심리 분석적 변수는 사람들의 행동, 개성, 라이프 스타일에 따라 시장을 세분화하는 것이다.

④ STP 목적 중 하나는 고객 일탈을 방지하여 관리 비용을 절감하는 것이다.

⑤ 한 가지 제품만으로는 전체 소비자의 욕구를 동시에 만족시켜 줄 수 없다는 전제가 있다.

집중화 마케팅은 단일 고객 집단에게 단일 제품 또는 서비스를 제공한다.

84 다음 중 STP의 '행동적 변수'에 해당하지 않는 것은?

① 서비스 변수
② 충성도 변수
③ 촉진반응 변수
④ 심리 분석적 변수
⑤ 사용량 변수

심리 분석적 변수는 개인적 속성에 해당한다. 개성, 라이프스타일, 사회계층 등이 심리 분석적 변수에 속한다.

85 다음 중 세분시장 유형과 관련해 '부분 시장 도달 전략'에 포함되지 않는 것은?

① 단일 제품 전체 시장 도달 전략
② 제품의 전문화 전략
③ 선택적인 전문화 전략
④ 시장의 전문화 전략
⑤ 단일 시장 집중 전략

①은 전체 시장 도달 전략에 포함된다.
• 단일 제품 전체 시장 전략: 단일 제품으로 단일 마케팅 접근 전략(시장을 하나의 통합체로 봄)
• 다수 제품 전체시장 전략: 세분화된 시장을 표적으로 삼은 후 각각 적합한 마케팅을 적용시키는 전략

86 다음은 어떤 시장 전략에 대한 설명인가?

• 특정 집단 고객층의 욕구를 충족시키기 위한 다양한 상품을 판매하는 전략
• 특정 집단의 구매가 급격히 하락될 경우 위험

① 시장 전문화 전략
② 선택적 전문화 전략
③ 제품 전문화 전략
④ 단일 시장 집중 전략
⑤ 다수 제품 전체 시장 전략

시장 전문화 전략은 다양한 제품을 특정 고객층의 니즈를 만족시키기 위해 판매하는 전략이며, 그 특정 고객층의 구매가 급격히 감소될 경우 위험하다.

87 다음 중 표적시장 선정에 대한 설명 중 옳지 않은 것은?

① 무차별화 전략은 제품을 가장 많은 구매자에게 마케팅을 하는 것이다.

② 무차별화 전략은 경쟁이 치열하기 때문에 이익을 얻기가 어려운 단점이 있다.

③ 시장 차별화 전략은 여러 세분 시장을 동시에 투자해야 하기에 많은 비용이 발생한다.

④ 집중화 전략은 소수의 작은 시장 안에서 시장 점유율을 높게 달성하려는 전략이다.

⑤ 집중화 전략은 집중적인 투자를 할 수 있을 만큼 풍부한 지원이 가능한 대기업에 적절한 방법이다.

집중화 전략은 자원이 제한적인 중소기업에 적합한 방법이다.

정답 83 ② 84 ④ 85 ① 86 ① 87 ⑤

88 다음 중 포지셔닝에 대한 설명 중 틀린 것은?

① 포지셔닝은 경쟁사의 시장 진입과 모방에서 자사를 보호할 수 있다.
② 기업에서 가장 많이 사용하는 포지셔닝 유형은 가격과 품질이다.
③ 포지셔닝을 통해 틈새시장의 파악이 가능하다.
④ 포지셔닝의 3가지 목적은 추적, 대비, 기회 발견이다.
⑤ 현재 자사 제품의 시장에서 경쟁적 포지션을 확인할 수 있다.

기업에서 가장 많이 사용하는 포지셔닝 유형은 제품의 속성이다.

89 포지셔닝의 과정 중 3단계에 해당되는 것은?

① 포지셔닝 대안의 선택 및 실행
② 포지셔닝 수준 결정
③ 고객 분석
④ 포지셔닝 맵 작성
⑤ 표적 세분시장의 주요 속성 규명

포지셔닝 수준 결정 – 표적 세분시장의 주요 속성 규명 – 포지셔닝 맵 작성 – 포지셔닝 대안의 선택 및 실행

90 고객 분석 기법 중 활동, 관심, 의견 등으로 파악하는 고객의 라이프 스타일을 측정하는 방법은?

① RFM 분석법
② AIO 분석법
③ 래더링 기법
④ 정량적 조사기법
⑤ 정성적 조사기법

RFM 분석법: 구매시점(Recency), 구매빈도(Frequency), 구매금액(Monetary), 이 3가지 요소를 통해 고객의 등급을 분석한다. 고객 가치에 따라 다른 마케팅을 적용시킨다.

91 다음 중 고객경험관리(CEM)에 대한 설명 중 옳지 않은 것은?

① CEM은 긍정적인 고객 경험을 만들어 내는 것이다.
② CEM은 고객이 회사와 직 · 간접적으로 접촉하면서 나타나는 반응이다.
③ CEM은 기업의 상품 또는 서비스에 고객들이 어떤 감정을 가지는지 관심을 둔다.
④ CEM은 고객특성 및 구매성향 등 고객정보에 관심을 둔다.
⑤ 간접적인 접촉인 구전을 통한 반응도 속한다.

CRM에 대한 설명이다.

92 고객 경험관리의 성공적인 프로세스 단계 중 2번째 단계는 무엇인가?

① 차별화된 경험을 디자인하라
② 고객의 피드백을 반영하라
③ 고객의 경험 과정을 분석하라
④ 일관되고 통합된 경험을 제공하라
⑤ 고객의 정보를 모집하라

고객 경험 과정을 분석하라 → 차별화된 경험을 디자인하라 → 고객의 피드백을 반영하라 → 일관되고 통합된 경험을 제공하라

93 번 슈미트 교수가 언급하는 고객경험관리 5단계 중 3단계에 해당하는 것은?

① 고객 상호접촉 구축
② 꾸준한 혁신
③ 고객의 경험적 기반 확인
④ 상표 경험을 디자인
⑤ 고객 경험 분석

고객의 경험 분석 → 고객의 경험적 기반 확인 → 상표 경험을 디자인 → 고객 상호접촉 구축 → 꾸준한 혁신

정답 88 ② 89 ④ 90 ② 91 ④ 92 ① 93 ④

94 다음 중 고객 경험 관리를 통한 효과에 대해 잘 못 설명한 것은?

① 판매 수익 증대
② 고객 유치로 연결이 될 수 있음
③ 고객 유지 비용이 증가
④ 영업 비용 감소
⑤ 판매 수익 증가

고객 유지 비용이 감소한다.

95 고객 가치에 대한 설명으로 옳지 않은 것은?

① 가치는 내가 비용을 낸 것에 대해 얻는 것이다.
② 기업관점에서는 평생고객 가치라고도 부른다.
③ 고객가치 요소로는 주관성, 상황성, 다차원, 동적성이 있다.
④ 고객에게 가치는 높은 가격이다.
⑤ 파라수라만과 그루얼은 고객가치는 상환, 거래, 획득, 사용 가치로 구성되어 있다고 정리했다.

고객에게 가치는 가격이 낮은 제품이다.

96 다음 고객 가치 등식의 괄호 안에 들어갈 내용은?

$$\text{고객 가치} = \frac{\text{고객에게 제기된 결과물} + (\qquad)}{\text{서비스 가격} + \text{서비스 획득 비용}}$$

① 희소성
② 대체비용
③ 과정상의 품질
④ 투자 비용
⑤ 획득 가치

97 고객 가치 특성 중 개인마다 가치를 받아들이는 것이 다르고 같은 고객이라도 시간대에 따라 가치의 인식이 다르다고 보는 고객 가치는?

① 주관성
② 상황성
③ 다차원
④ 동적성
⑤ 객관성

동적성	사람마다 가치를 인식하는 것이 다르며, 같은 고객이라도 시간에 따라 가치 인식을 다르게 본다.
주관성	고객마다 가치 관념과 평가 기준이 다르므로 동일 제품&서비스일지라도 고객마다 인식하고 느끼는 것은 다 다르다.
상황성	어떤 특정한 상황에서의 변화는 고객의 가치 판단에 영향을 준다.
다차원	고객 가치는 가격, 서비스 품질, 제품 품질 요인에서 판단된다.

98 세스, 뉴먼, 그로스가 주장한 고객 가치 5가지 유형 중 상품의 기능, 품질, 가격 등 실용적인 부분과 관련 있는 것은?

① 사회 가치
② 상황 가치
③ 정서 가치
④ 인식 가치
⑤ 기능 가치

기능 가치	제품의 가격, 기능, 품질 등과 같은 실용적, 물리적 기능
사회 가치	소비를 하는 사회계층 집단과 연관
정서 가치	소비를 통한 긍정적, 부정적 감정 등과 관련
상황 가치	소비에 있어 특정 상황과 연관
인식 가치	소비를 촉진시키는 호기심과 연관

99 다음 중 칼 알브레히트가 말하는 고객이 추구하는 가치 유형 중 '반드시 제공될 거라는 기대를 하지는 않지만 마음 한 켠으론 원하고 있던 가치'는 어떤 가치인가?

① 기대 가치
② 기본 가치
③ 소망 가치
④ 미지 가치
⑤ 예상외 가치

더 알아보기

칼 알브레히트의 고객이 추구하는 가치 유형
• 기본 가치: 서비스가 제공될 때 기본적으로 갖추고 있어야 하는 1차적 가치이다.
• 기대 가치: 고객이 당연히 기대하는 요소로, 제공되지 않으면 기분이 상하게 되는 가치이다.
• 소망 가치: 고객이 반드시 제공된다고 생각하지는 않지만 내심 원하고 있는 가치이다.
• 미지 가치(예상 외 가치): 고객이 기대하지 못한 감동을 주는 가치이다.

100 CEM은 어떤 경험을 고객들에게 전달하고자 하는 기업의 의지 표현이기도 하다. 이를 무엇이라고 하는가?

① Company Promise
② Customer Promise
③ Service Promise
④ Brand Promise
⑤ Experience Promise

Brand Promise는 기업이 고객들에게 어떤 경험을 제공하겠다는 의지를 표현한 것이다.

고객관리 실무론 100제

01 전화 매너에 대한 설명 중 옳지 않은 것은?

① 통화 목소리 크기는 고객 목소리보다 조금 낮게 말해야 한다.
② 효과적인 경청을 위해 스스로 걸러 듣는 것을 지양해야 한다.
③ 전문성을 어필하기 위해 전문용어를 사용하는 것을 자제해야 한다.
④ 고객의 말을 지레짐작하지 않는다.
⑤ 안정감 있는 느낌을 주기 위해 동일한 높낮이 목소리로 응대한다.

높낮이 없는 목소리는 사무적으로 느끼게 할 수 있다.

02 다음 〈보기〉의 내용 중 전화 응대의 구성 요소를 모두 선택한 것은?

> 가. 음성
> 나. 속도
> 다. 생산성
> 라. 띄어 읽기
> 마. 할인
> 바. 명확한 발음

① 가, 나, 다
② 나, 라, 바
③ 가, 나, 라, 바
④ 다, 라, 바
⑤ 라, 바

전화 응대 구성 요소: 음성, 억양, 속도, 발음, 띄어읽기, 대화의 단어 선택

03 다음 중 효과적인 경청에 대한 설명으로 보기 어려운 것은?

① 고객의 말을 막지 않는다.
② 고객에게 지속적인 반응을 보이는 것이 좋다.
③ 상대방의 말에 맞장구를 하거나 공감을 표현하는 행동은 가급적이면 자제한다.
④ 중요한 내용을 메모한다.
⑤ 주의를 고객에게 집중하도록 한다.

맞장구를 하는 것은 효과적인 경청 방법이다.

04 바람직한 전화 응대가 아닌 것은?

① 전화 도중 끊어지면 전화를 받은 쪽에서 먼저 건다.
② 화법은 의뢰형이나 권유형을 사용한다.
③ 부정적인 말은 우회적으로 표현하여 긍정적으로 표현한다.
④ 중요한 정보는 재진술의 법칙을 사용한다.
⑤ 전화응대의 3요소에는 신속, 정확, 친절이 있다.

도중 끊어지면 먼저 건 쪽에서 다시 건다.

05 전화 응대 구성 요소 중 고객이 더욱 집중할 수 있게 만들고 상담 분위기를 활기차게 만들어 주는 것은?

① 정확한 발음   ② 억양
③ 속도   ④ 음성
⑤ 띄어 읽기

높낮이가 있는 리듬감 있고 안정감 있는 억양으로 대화한다.

정답 01⑤ 02③ 03③ 04① 05②

06 다음 중 바람직한 경어 사용을 한 것은?

① 고객님 주문한 커피가 나오셨습니다.
② 원피스의 가격은 9만 원이십니다.
③ 탈의실은 2층이십니다.
④ 오늘 수트가 멋있으시네요.
⑤ 고객님, 잠시만 기다리면 안내드리겠습니다.

07 다음 중 올바른 호칭 사용법으로 옳은 것은?

① 본인 입석하에 지시를 전달할 때는 직위로 호칭한다.
② 거래처에 본인을 소개할 때는 '회사 이름 – 이름 – 직책' 순으로 말한다.
③ 자신의 상사를 호칭할 때 상사보다 윗사람 앞에서는 '님'을 뺀 직책을 말한다.
④ 상사에 대한 존칭은 사물에게도 동일하게 작용한다.
⑤ 상대방에게 자신을 소개할 때 "성, ○자, ○자'로 인사한다.

08 다음 중 올바른 호칭 방법이 아닌 것은?

① 이 문서는 사장 주문 사항입니다.
② 그 서류는 팀장 책상에 있다고 합니다.
③ 팀장님, 사장실에서 호출입니다.
④ (동료에게) 저는 남 지(자) 윤(자) 입니다.
⑤ 오늘 수트가 멋있으시네요.

09 다음 중 직장 보고에 대한 설명 중 옳은 것은?

① 보고할 내용이 겹칠 때는, 하나씩 순차적으로 보고 후 전체 상황을 보고한다.
② 보고는 결론부터 말한 후 이유를 전달한다.
③ 이중으로 명령을 받을 때 혼자 판단할 수 없을 경우에도 스스로 판단해서 정한다.
④ 상사가 바빠 보여도 일이 끝나면 바로 보고한다.
⑤ 질문하지 않고 스스로 지시사항을 확인한다.

10 보고의 6원칙에 해당하지 않는 것은?

① 정확성
② 적시성
③ 필요성
④ 유효성
⑤ 경제성

11 다음 중 중간보고가 필요하지 않는 경우는?

① 기한을 지키지 못하는 경우
② 상황이 바뀌었을 때
③ 지시업무가 거의 완료되었을 때
④ 새로운 지시를 받고자 할 경우
⑤ 지시받은 방법으로 일 처리가 힘들어 보일 때

12 콜센터의 역할로서 거리가 먼 것은?

① 기존고객 활성화
② 신규고객 확보
③ 시장조사 기능 수행
④ 이익 센터
⑤ 거래 촉진제 역할

콜센터를 통해 거래를 촉진하는 것은 콜센터의 역할과 거리가 멀다.

13 다음 콜센터의 역할 중 전략적 정의에 대한 설명으로 옳지 않은 것은?

① 콜센터는 우량고객창출센터이다.
② 콜센터는 신규 고객의 관계개선 센터이다.
③ 콜센터는 고객감동을 실현하는 휴먼릴레이션 센터이다.
④ 콜센터는 고객 접근이 용이한 개방형 상담 센터이다.
⑤ 콜센터는 원스톱 고객 서비스를 제공하는 서비스 품질제공 센터이다.

신규가 아닌 '고정' 고객과의 관계 개선 센터이다.

14 다음은 콜센터의 역할 중 어디에 해당하는가?

- 휴면 고객 활성화
- 고객 정보 모집
- 고객 니즈 파악 후 맞춤 서비스 제공

① 고개 가치 증대
② 고객 확보
③ 고객 유지
④ 고객 니즈 파악
⑤ 고객 소통 채널 확보

고객 확보 측면	• 휴면 고객 활성화 • 고객 정보 모집 • 고객 니즈 파악 후 맞춤 서비스 제공
고객 유지 측면	기존 고객과의 장기적 관계유지 및 관리를 통해 고객 점유율을 높임
고객 가치 증대 측면	고객정보(DB)를 통해 맞춤 차별화 서비스 제공

15 콜센터의 역할 변화에 대해서 옳지 않은 것은?

① 세일즈 수단으로 변화
② 고객의견조사 수단으로 변화
③ 텔레마케팅으로 수단으로 변화
④ 고객 서비스 수단으로 변화
⑤ 이익 센터로 인식 변화

고객 서비스 수단에서 고객 의견조사 수단으로 변화이다.

더 알아보기

콜센터 역할의 변화
- 거래보조 수단 → 세일즈 수단
- 고객불만창구 → 텔레마케팅 수단
- 고객 서비스 수단 → 고객의견 조사 수단
- 비용센터로 인식 → 이익센터로 인식

16 다음 중 콜센터 업무에 대한 설명 중 옳지 않은 것은?

① 인바운드 콜센터 - 고객의 요구 및 불만을 처리, 궁금증을 해결해 준다.
② 아웃소싱형 콜센터 - 외부 업체 전문 콜센터를 사용하여 자체운영에 따른 리스크를 방지한다.
③ 직할 콜센터 - 기업 자체적으로 직접 운영하는 방식이다.
④ VOIP 방식 - 음성 서비스를 데이터로 전환하여 고객들은 시내전화 요금으로 인터넷 전화 서비스를 제공받을 수 있다.
⑤ CTI 콜센터 - 컴퓨터와 전화 시스템을 분리하여 음성과 데이터를 처리한다.

컴퓨터와 전화 시스템을 통합하여 진행한다.

정답 12 ⑤ 13 ② 14 ② 15 ④ 16 ⑤

17 CTI(Computer Telephony Integration)에 대한 설명으로 옳지 않은 것은?

① 컴퓨터와 전화 시스템을 서로 연결하는 정보 기술을 통해 업무 효율 향상에 활용한다.
② CTI 기능이 도입되면서 ARS 자동 처리율이 줄어들었다.
③ 상담사가 인바운드와 아웃바운드 업무를 병행하여 처리 가능하게 되었다.
④ 콜을 자동 분배하는 업무가 가능하게 되었다.
⑤ 소프트웨어에 이미 적용되고 있는 기술이다.

ARS 자동 처리율이 높아졌다.

18 콜센터의 아웃 바운드 콜서비스의 특성에 해당되는 것은?

① A/S 접수
② 텔레뱅킹
③ 클레임
④ 텔레마케팅
⑤ 고객접근 용이성

나머지 보기는 모두 인바운드 콜센터에 해당되는 특성이다.

19 아웃바운드 스크립트 구성 단계에서 2단계에 해당되는 것은?

① 정보수집 및 고객 니즈 탐색
② 상품 및 서비스 안내
③ 상대방 확인
④ 첫인사 및 자기소개
⑤ 전화를 건 이유 설명

첫인사 및 자기소개 → 상대방 확인 → 전화를 건 이유 설명 → 정보수집 및 고객 니즈 탐색 → 상품 및 서비스 안내 → 종결

20 콜센터의 스크립트 필요성에 대한 설명 중 옳지 않은 것은?

① 상담원들의 능력을 향상시킬 수 있다.
② 생산성을 향상시킬 수 있다.
③ 상담 내용에 일관성을 부여할 수 있다.
④ 서비스 차별화를 둘 수 있다.
⑤ 평균적인 통화 시간을 조절 가능하다.

상향 표준화 목적을 위해 서비스 표준화를 할 수 있다.

21 콜센터 업무 수행을 위한 스크립트 작성 요령에 대한 설명 옳지 않은 것은?

① 전화를 받는 사람이 결정권자인지 확인하고 상담을 시작한다.
② 고객 서비스를 강조한 접근보다 상품에 대한 직접적 설명을 진행해 접근하는 것이 더 유리하다.
③ 도입 단계시 고객과의 신뢰감 형성을 위해 가장 중요한 것은 첫인사다.
④ 먼저 고객을 이해하는 시간을 가지고 고객과의 유대관계를 형성해야 한다.
⑤ 미리 고객들의 반론에 대한 자료를 준비하여 대응하는 것이 좋다.

고객 서비스를 강조하며 접근해야 한다.

22 스크립트 작성 시 종결 부분에 들어가야 하는 내용은?

① 고객들이 반론을 했을 때 대응할 자료를 미리 준비해둔다.
② 부재시 대응을 준비한다.
③ 상대방이 의사 결정권자인지 확인 후 진행한다.
④ 고객에게 상품 및 서비스 선택에 대한 자신감과 확신을 전달한다.
⑤ 고객이 거절을 하면 혜택을 다시 강조한다.

---

②, ③은 도입부에 해당하고, ①, ⑤는 본론에 해당한다.

23 콜센터 서비스 제공 단계 중 '상담 전'에 해당되는 서비스는?

① 응대 신속성
② 고객 파악도
③ 상담원 접속성
④ 문의 내용 이해도
⑤ 상담 태도

응대 신속성, 고객 파악도, 문의 내용 이해도, 상담 태도는 '상담 중' 서비스에 해당한다.

24 콜센터 조직원의 역할에 대한 설명으로 옳지 않은 것은?

① 고객을 설득시키는 전문성을 보유
② 고객관리와 고객 분석가
③ 기업의 가치를 전달
④ 기업 수익관리를 위한 재무분석가
⑤ 텔레마케팅 코디네이터

재무분석은 콜센터의 조직원의 역할과 가장 거리가 멀다.

25 콜센터 조직 구성원 중 다음 내용에 해당하는 것은?

- 텔레마케팅의 업무가 효율적으로 운영되도록 지휘
- 텔레마케팅의 전략 수립, 판촉 전개, 스크립트 작성 또는 개선 작업
- 현장교육과 코칭, 이직률 관리 등의 업무를 담당

① QAA
② 텔러마케터
③ 유니트리더
④ 상담원
⑤ 슈퍼바이저

텔러마케터	• 고객관리 및 유치와 관련된 상담 업무 진행 • 텔레마케팅 실무자료 활용
유니트리더	• 10명 정도의 소단위 '콜센터 리더' • 텔레마케터와 함께 고객상담 업무 진행
슈퍼바이저	• 텔레마케팅의 업무가 효율적으로 운영되도록 지휘 • 텔레마케팅의 전략 수립, 판촉 전개, 스크립트 작성 또는 개선 작업 • 현장교육과 코칭, 이직률 관리 등의 업무를 담당
QAA	• 통화품질 관리자(상담 내용을 모니터링 후 평가·관리하여 통화품질을 향상시킴) • 녹취된 모니터링을 통해 수정 보완 교육을 진행

26 콜센터 성과관리에 대한 설명으로 옳은 것은?

① 성과관리는 과정 측면에 초점을 둔 관리이다.
② QC와 PI는 동일한 목적을 가진다.
③ QC는 잘된 점을 발견해 칭찬해주는 것이다.
④ 성과관리의 사이클은 기획 – 실행 – 관찰 – 재고다.
⑤ 성과관리는 측정이나 평가 자체가 목적이다.

오답 피하기

① 성과관리는 '결과' 측면에 초점을 둔 관리이다.
② QC와 PI는 상반된 목적을 가진다.
③ QC는 잘못된 점을 발견하여 정정, PI는 잘된 점을 발견하여 칭찬한다.
⑤ 성과 관리는 측정이나 평가 자체가 목적보다는 지속적인 개선을 통한 발전이다.

22 ④ 23 ③ 24 ④ 25 ⑤ 26 ④

27 콜센터 모니터링 데이터를 활용하는 목적이 아닌 것은?

① 개별적으로 맞춤 코칭이 가능하다.
② 기업의 이윤 창출에 활용된다.
③ 서비스 품질 측정이 가능하다.
④ 교육에 대한 니즈를 파악할 수 있다.
⑤ 보상과 인정을 통해 상담원의 동기부여로 활용한다.

기업의 이윤 창출을 위해 콜센터 모니터링 데이터를 활용하는 것은 가장 거리가 먼 설명이다.

28 고객 응대 화법에 대한 설명 중 옳은 것은?

① 대화에 감정을 담지 않고 사실만 전달하도록 한다.
② 호감을 주기 위해 두리뭉실하게 서비스를 제안한다.
③ 고객과의 대화에 예의를 다 한다.
④ 회사의 입장을 중심으로 설득시킨다.
⑤ 서비스의 전문성을 보이기 위해 전문용어를 많이 사용한다.

오답 피하기
① 대화에 감정을 표현한다.
② 명확하게 설명한다.
④ 고객 입장 중심으로 전달한다.
⑤ 고객이 이해하기 쉬운 말로 설명한다.

29 고객 상담 화법에 대한 설명으로 옳지 않은 것은?

① 후광 화법은 "오늘 오신 대부분 손님들이 이 원피스를 구매했습니다."로 말할 수 있다.
② 신뢰 화법은 "죄송합니다. 저희 잘못입니다."로 표현할 수 있다.
③ 산울림 화법은 고객이 했던 말을 복창하여 공감을 얻는 방법이다.
④ 부메랑 화법은 고객이 단점으로 지적한 부분을 구매 요인으로 전환 시키는 대화 방식이다.
⑤ 보상화법은 "가격이 비싼 만큼 고급 원단을 사용하고 있습니다."로 표현한다.

• "죄송합니다. 저희 잘못입니다."는 나 전달 화법에 대한 설명이다.
• "이쪽에서 계산 도와 드리겠습니다."는 신뢰 화법의 예시이다.

30 다음 중 고객과의 상담 화법 중 옳지 않은 것은?

① 아론슨 화법은 부정적인 내용과 긍정적 내용을 말해야 할 경우 부정적 내용을 먼저 말하는 것이다.
② 칭찬 화법은 "오늘 헤어스타일이 너무 멋있으세요."라고 표현하는 것이다.
③ 레이어드 화법은 "죄송합니다만, 내일까지 자료를 전송해주십시오."라고 말할 수 있다.
④ 나 전달 화법은 "죄송합니다. 저희 잘못입니다."라고 표현한다.
⑤ 쿠션 화법은 "실례합니다만, 바쁘시겠지만" 등의 사용을 통해 고객에 대한 미안한 마음을 먼저 전하는 것이다.

• "오늘 헤어스타일이 너무 멋있으세요"는 쿠션 화법에 대한 설명이다.
• 레이어드 화법은 청유형 화법이기도 하며, 질문 형식으로 말한다.

정답 27 ② 28 ③ 29 ② 30 ③

31 다음 중 고객을 설득할 때 사용하는 화법으로 옳지 않은 것은?

① 고객의 말을 적극적으로 경청하고 고객 반응을 살피며 대화한다.

② 고객의 의도를 명확히 파악하는 것이 우선이다.

③ 전문 용어보다는 고객의 상품 이해 수준에 맞는 표현을 한다.

④ 고객에게 제품을 친숙하게 인식시키기 위해 브랜드명을 반복적으로 이야기한다.

⑤ 일정한 템포와 목소리 크기를 유지한다.

상황에 맞는 템포와 목소리 크기로 리듬감 있게 표현한다.

32 질문 기법 중 고객이 '네 or 아니오'로 대답을 하거나 선택지 중 하나를 선택하게 하는 질문기법은?

① 개방형 질문

② 확인형 질문

③ 선택형 질문

④ 확대형 질문

⑤ 열린 질문

더 알아보기

선택형 질문

• 고객이 "네/아니오"로 대답을 하거나 몇 개의 선택지에서 선택하게 만드는 질문(닫힌 질문, 단답형 질문)이다.

• 화제를 정리하여 정리된 대화를 이끌 수 있다.

• 고객의 니즈에 더욱 초점을 맞출 수 있다.

33 다음 중 코칭에 대한 설명으로 옳은 것은?

① 현재 지향적이다.

② 코칭은 상처받은 사람을 치유해 주는 것이다.

③ 당장의 문제를 시급히 해결하고 싶은 사람에게 코칭을 해준다.

④ 파트너쉽에 중점을 두어 수평적이고 협력적 관계다.

⑤ 멘토링과 같은 개념이라고 볼 수 있다.

오답 피하기

① 미래 지향적이다. 현재 지향적은 컨설팅에 해당한다.

② 카운슬링에 대한 설명이다.

③ 컨설팅에 대한 설명이다.

⑤ 멘토링과 다른 개념이다.

34 다음 보기에 대한 설명으로 옳은 것은?

• 미래 지향적 시각으로 접근한다.

• 현재의 문제점을 스스로 발견하여 해결할 수 있도록 한다.

① 카운슬링

② 컨설팅

③ 멘토링

④ 상담

⑤ 코칭

코칭의 대상은 성장과 변화를 추구하는 사람, 부하(대등한 관계 파트너십) 등이 있으며, 미래 지향적이고 단기적 관점에서 접근한다.

35 다음 중 코칭(Coaching)의 장점에 해당하지 않는 것은?

① 일대일로 지도하기 때문에 교육 효과가 높다.
② 상하 간의 커뮤니케이션 능력을 상승시킬 수 있다.
③ 코치와 학습자 둘 다 동시성장이 가능하다.
④ 매일 하는 코칭을 통해 학습자의 안정을 이끌 수 있다.
⑤ 업무의 수행성과와 직접적으로 관련있다.

───────────────────

매일 하는 코칭은 학습자에게 부담이 될 수 있으므로 '단점'에 해당한다.

36 다음 중 코칭(Coaching)의 단점에 대한 설명 중 옳지 않은 것은?

① 코치와 학습자의 계약 관계가 영향을 줄 수 있다.
② 매일 진행되는 코칭은 학습자에게 부담이 될 수 있다.
③ 업무 수행 성과와 간접적으로 관련있다.
④ 코치의 능력에 따라서 성과의 결과가 좌우된다.
⑤ 일대일 방식이기에 시간이 많이 소요된다.

───────────────────

코칭은 업무 수행과와 직접적으로 관련있고 이것은 '장점'에 해당된다.

37 다음 중 코치의 역할에 대한 설명 중 옳지 않은 것은?

① 멘토는 적극적인 도움을 주기 위해 수시로 관여해서 조언을 한다.
② 후원자는 직원들이 개인적인 성장과 경력상의 목표를 달성하는 데 도움이 되는 업무가 무엇인지 결정하는 것을 도와주는 사람이다.
③ 평가자는 직원의 성과를 관찰하여 적절한 피드백이나 지원을 하기로 약속한 사람이다.
④ 교사는 업무상의 가치, 전략 서비스, 비전 등에 관한 정보를 제공하는 사람이다.
⑤ 역할모델은 맡은 바를 실천하며 기업 문화에 적합한 리더십 유형을 보여준다.

───────────────────

멘토는 필요할 때만 관여한다.

38 다음 중 코칭을 위한 스킬 중 옳은 것은?

① 부하에 대해 정확하게 알기 위해 특정 질문을 한다.
② 부하의 과거를 우선 알기 위해 과거 질문을 선 진행한다.
③ 상사는 부하가 잘 따라오도록 리드하며 끌어간다.
④ 상사는 예측을 하지 않는다.
⑤ 상사는 부하가 말을 할 때 열심히 생각한다.

───────────────────

오답 피하기
① 특정 질문이 아닌 확대 질문이다.
② 과거 질문이 아닌 미래 질문이다.
③ 상사는 부하가 가려는 방향으로 따라간다.
⑤ 부하가 말할 때 생각을 하면 의식이 상사 자신에게 집중될 수 있다.

───────────────────

정답 35 ④ 36 ③ 37 ① 38 ④

39 다음 중 여러가지 형태의 소비 생활과 관련된 조건, 즉 시간, 장소, 목적에 따른 고객 불만의 유형은?

① 관계 불만
② 선택 불만
③ 상황적 불만
④ 효용 불만
⑤ 정서적 불만

심리적 불만	개인의 자아실현, 존중, 사회적인 수용 측면의 불만
균형 불만	고객이 기대한 것보다 서비스 수준이 낮을 경우(고객의 필요를 충족시켰더라도)
효용 불만	서비스 사용에 대한 고객의 욕구를 충족시키지 못했을 경우(경제적 측면의 개념)
상황적 불만	여러 가지 상황에 따른 불만. 즉, 시간(Time), 장소(Place), 목적(Occasion)에 따른 불만

40 다음 중 고객 불만의 원인 및 관리에 대한 설명 중 옳지 않은 것은?

① 고객 만족도와 직원 보상을 따로 분리하여 진행해야 한다.
② 업무 처리의 미숙으로 인한 지연 등이 불만의 원인이 된다.
③ 직원이 자신이 서비스 전문가라는 우월감으로 인한 심리적 원인이 있다.
④ 고객 불맨 해결이 잘 될 경우 충성고객으로 전환이 될 수도 있다.
⑤ 고객의 기대 수준을 넘는 서비스를 해야 한다.

직원 보상과 고객 만족도를 연계해야 한다.

41 다음 중 불만고객 응대 원칙에 대한 설명 중 옳지 않은 것은?

① 고객이 개인적 감정이 있어서 화를 내는 것이 아니라 일처리에 대한 분만과 복잡한 규정 및 제도에 항의하는 것은 '피뢰침의 원칙'에 해당된다.
② 고객 접점에서 근무하는 직원은 고객과의 만남에서 오는 부담감 극복과 감정까지 통제할 수 있어야 하는 것은 '감정 통제의 원칙' 이다.
③ 고객상담 시 고객보다 말을 많이 한다고 해서 나의 마음이 고객에게 잘 전달되는 것은 아니기에 고객의 말을 많이 들어주는 것은 '언어 절제의 원칙'에 속한다.
④ '역지사지의 원칙'은 고객이 회사의 규정이나 업무 프로세스를 다 알고 있다는 것을 전제로 상담을 해야 하는 원칙이다.
⑤ '책임 공감의 원칙'은 고객의 불만과 비난에 대해 책임을 같이 져야만 하는 원칙이다.

고객이 회사의 규정이나 업무 프로세스를 다 알고 있다는 것을 전제로 상담을 해서는 안 된다.

42 불만 고객 유형 중 다음 설명에 해당하는 유형은?

- 최고의 고객으로 전환될 수 있다.
- 적극적으로 불만을 이야기함으로 인해 기업에게 두 번째 기회를 준다.

① 수동적 불평자
② 능동적 불평자
③ 표현 불평자
④ 화내는 불평자
⑤ 행동 불평자

표현 불평자는 불평을 표현하는 사람으로, 해당 소비자의 불평을 잘 응대했을 시, 최고의 고객으로 전환될 수 있다.

정답 39 ③ 40 ① 41 ④ 42 ③

43 클레임과 컴플레인에 대한 설명 중 옳지 않은 것은?

① 클레임은 주관적 문제점에 대한 고객의 불만이다.

② 클레임이 제대로 처리되지 않으면 고객에게 물질적, 정신적 보상을 해야 한다.

③ 컴플레인은 자체 내부조치로 빠르게 해결이 가능하다.

④ 제품에 대한 잘못된 인식은 고객 측의 잘못으로 인한 발생 원인이다.

⑤ 고객 불만이 생기면 장소, 사람, 시간을 바꿔줘야 한다.

클레임은 객관적 문제점에 대한 불만이다.

44 다음 중 소개 매너에 대한 설명 중 옳은 것은?

① 사회적 지위나 연령이 비슷한 사람이 많을 경우 소개하는 사람과 먼 곳에 있는 사람부터 소개를 한다.

② 여성과 남성이 있을 경우 여성을 먼저 소개한다.

③ 직급이 높은 사람을 먼저 소개한 후 직급이 낮은 사람을 소개한다.

④ 나이가 어리더라도 나이가 많은 사람보다 직급이 높다면 나이 많은 사람을 먼저 소개한다.

⑤ 비즈니스 자리에서 자신을 소개할 때는 지위와 이름을 함께 밝히며 인사해야 한다.

-----

45 다음 중 명함을 주고 받을 때 매너로 올바른 것은?

① 명함을 동시에 주고 받을 때는 오른손으로 주고 왼손으로 받는다.

② 명함을 받자마자 대화에 집중하기 위해 바로 넣도록 한다.

③ 앉아서 대화를 나누다가 명함을 주고 받을 때는 앉은 자리에서 주고 받는다.

④ 명함을 받으면 더욱 기억하기 위해 면전에서 상대에 관한 정보를 메모한다.

⑤ 명함의 동시 교환은 대체로 실례가 아니다.

46 다음 중 악수 매너로 올바르지 않은 것은?

① 여성은 윗사람이 아닌 경우 앉아서 해도 무방하지만 남성은 반드시 일어서서 하는 것이 에티켓이다.

② 남성은 여성과 악수를 할 땐 손을 흔들지 않도록 한다.

③ 남자들끼리 악수를 할 때는 힘을 주는 편이 좋다.

④ 웃어른과 악수를 할 때, 아이컨택은 실례이므로 눈을 마주치지 않도록 한다.

⑤ 악수는 윗사람이 아랫사람에게 먼저 청한다.

악수를 할 때는 아이컨택을 하는 것이 올바른 악수 예절이다.

47 다음 중 악수의 5대 원칙에 속하지 않는 것은?

① 미소
② 적당한 거리
③ 적당한 인사 멘트
④ 리듬
⑤ 적당한 힘

악수의 5대 원칙: 아이컨택, 미소, 적당한 거리, 리듬, 적당한 힘

48 회사에서 손님을 맞이할 때 안내 자세로 올바르지 않은 것은?

① 계단을 오르내릴 때, 손님이 위치를 모를 때는 손님의 왼쪽 3~4계단 앞으로 가서 안내한다.
② 엘리베이터를 탈 때 손님이나 윗사람을 먼저 타고 내리게끔 한다.
③ 계단을 올라갈 때 남성이 여성보다 먼저 올라가도록 한다.
④ 복도를 걸어갈 때 윗사람을 중앙에 서게 하고 나란히 걸을 때는 연장자가 왼쪽에 선다.
⑤ 서 있을 때는 손의 위치를 여성은 오른손, 남성은 왼손을 위로 가게 한다.

나란히 걸을 때는 연장자가 오른쪽에 선다.

49 다음 중 창문에 전망이 좋은 경우의 응접실에서 상석은 어디인가?

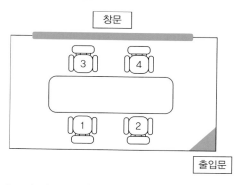

① 1번 자리
② 2번 자리
③ 3번 자리
④ 4번 자리
⑤ 상관 없음

전망이 좋은 자리일 경우 잘 보이는 쪽에서 출입문과 먼 쪽이 상석이다.

50 다음 중 승용차 안에서의 상석은 어디인가?

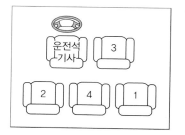

① 1번 자리
② 2번 자리
③ 3번 자리
④ 4번 자리
⑤ 상관 없음

기사가 있을 경우에는 1번 자리(상석) – 2번 자리 – 3번 자리 – 4번 자리(말석) 순이다.

정답 47 ③ 48 ④ 49 ① 50 ①

51 다음 중 사이버 상에서 지켜야 할 네티켓에 대한 설명으로 옳은 것은?

① 첨부파일은 꼭 필요한 경우가 아니어도 이해를 돕기 위해 브로셔 등 자료를 함께 보낸다.
② 보내는 사람이 누구인지 명확하게 밝혀야만 한다.
③ 영어는 눈에 잘 보이게 대문자로만 사용한다.
④ 6시간 이내 답장을 보내야 한다.
⑤ 첨부파일을 보낼 때 한 번에 클릭하면 볼 수 있게 되도록 압축하지 않고 보낸다.

오답 피하기
① 첨부 파일은 꼭 필요한 경우에만 활용한다.
③ 영어는 대문자로만 사용은 하지 않도록 한다.
④ 24시간 이내 답장을 보내도록 한다.
⑤ 첨부파일을 보낼 시 가능한 압축하여 발송한다.

52 국제 비즈니스의 에티켓에 대한 내용 중 옳지 않은 것은?

① 국제화되어 가는 기업의 비즈니스가 증가하고 있다.
② '문화 헤게모니'가 약화되는 상황이 나타나고 있다.
③ 공간과 시간은 단축되고, 국가 간 상호 의존도가 더욱 증가하고 있다.
④ 자기소개를 할 때 이름 앞에 Mr 또는 Miss를 사용하지 않는다.
⑤ 서양에서 악수 전 반드시 명함을 전달하며 인사해야 한다.

서양에서는 악수 전 명함을 제시하지 않는다.

53 다음 설명 중 각국의 제스처와 의미에 대한 설명 중 옳지 않은 것은?

① 손바닥을 아래로 해서 손짓을 하는 것은 서구 지역에서는 가라는 의미이다.
② 손가락으로 링 사인을 보내는 것은 남부 프랑스에서는 가치가 없다는 것을 표현한다.
③ 주먹을 쥐고 엄지 손가락만 위로 올리면 호주에서는 '좋다'라는 뜻을 담고 있다.
④ 손등을 바깥쪽으로 향하게 한 후 V자 사인을 보내면 영국, 프랑스에서는 꺼져라는 의미다.
⑤ 머리를 위 아래로 끄덕이는 것은 불가리아, 그리스에서는 No를 뜻한다.

주먹을 쥐고 엄지 손가락만 위로 올리는 제스처가 호주에서는 무례한 제스처로 통한다.

54 국제 비즈니스 매너를 위해 알아야 할 국가별 문화 특징에 대한 설명으로 올바르지 않은 것은?

① 일본은 자신의 밥그릇이나 국그릇을 들어서 식사를 하는 습관이 있다.
② 홍콩에서는 시계를 죽음의 상징이라고 생각하므로 선물하지 않는 것이 좋다.
③ 말레이시아에서 국교인 이슬람교를 믿는 사람들은 일반적으로 돼지고기나 술을 먹지 않고 왼손을 부정하게 생각한다.
④ 이누이트(에스키모)인들은 사진을 찍으면 사람의 혼이 빠져 죽을 수 있다고 생각하므로 촬영할 때 신중해야 한다.
⑤ 태국, 말레이시아에서는 사람의 머리를 신성시 하므로 머리를 함부로 만져서는 안 된다.

멕시코 인디언들은 사진을 찍으면 혼이 빠져나간다고 생각한다.

정답 51② 52⑤ 53③ 54④

55 다음 중 테이블 매너에 대한 설명으로 옳은 것은?

① 웨이터를 부를 때는 소리로 부르지 않고 손뼉을 쳐서 부른다.
② 테이블 아래로 다리를 포개는 것은 무관하다.
③ 식사를 마쳤을 때는 포크와 나이프를 八자 모양으로 둔다.
④ 나이프와 포크는 코스에 따라 안쪽에 있는 것부터 차례대로 사용한다.
⑤ 수프나 커피에 빵을 적셔 먹지 않는다.

오답 피하기
① 손뼉을 쳐서 부르는 것 또한 금물이다. 웨이터와 시선이 마주치면 손짓으로 신호한다.
② 다리를 포개지 않도록 한다.
③ 식사가 끝났을 때는 포크와 나이프를 나란히 비스듬히 둔다.
④ 나이프와 포크는 코스에 따라 바깥쪽에 있는 것부터 차례대로 사용한다.

56 에티켓과 매너에 대한 설명 중 옳은 것은?

① 에티켓은 '지키다' 대신 '있다, 좋다'라는 표현을 사용한다.
② 에티켓은 자율적이다.
③ 에티켓은 외부 지향적 성격을 가진다.
④ 매너가 에티켓의 기본 단계이다.
⑤ 매너는 타의적 속성을 가지고 있다.

오답 피하기
① '있다, 좋다' 대신 '지키다'라는 표현을 사용한다.
② 에티켓은 의무적이다.
④ 에티켓이 매너의 기본 단계이다. 에티켓의 마음을 담은 행동이 매너이다.
⑤ 매너는 자의적 속성을 가진다.

57 이미지에 대한 설명 중 옳은 것은?

① 내적 형태에 대한 인위적인 재현을 뜻한다.
② 이미지는 전체적인 것이 아니라 부분적인 것이다.
③ 이미지는 구체적이다.
④ 이미지의 어원은 라틴어 'Imago'와 'Imitari'이다.
⑤ 이미지는 일회성이다.

오답 피하기
① 외적 형태에 대한 인위적인 재현이다.
② 이미지는 부분적인 것이 아닌 전체적인 것이다.
③ 이미지는 추상적이다.
⑤ 이미지는 연속성을 가지고 있다.

58 이미지의 관념적 요인에 속하지 않는 것은?

① 느낌　　　　② 태도
③ 분위기　　　④ 개념
⑤ 연상

태도는 시각적 요인에 속한다.

더 알아보기
• 시각적 요인(외적): 용모, 복장, 표정, 제스처, 자세, 태도 등
• 관념적 요인: 느낌, 분위기, 개념, 연상

59 다음 중 '카이저'가 제시한 이미지 분류에서 인간의 총체적인 이미지로 내적인 이미지가 표정, 언행, 자세 외모 등의 행동을 통해 표현되는 것은 어디에 해당되는가?

① 능동적 이미지
② 수동적 이미지
③ 사회적 이미지
④ 인위적 이미지
⑤ 외적 이미지

더 알아보기
이미지의 분류
• 외적 이미지: 인간의 총체적인 이미지로 내적인 이미지가 표정, 언행, 자세 외모 등의 행동을 통해 표현되는 것(카이저)
• 내적 이미지: 자신에 대해 스스로 느끼는 생각과 느낌의 총합. 내적 이미지는 지각의 본질이자 행동의 방향을 결정(로젠버그)

정답 55 ⑤　56 ③　57 ④　58 ②　59 ⑤

60 인상 형성 요인으로 보기 힘든 것은?

① 경험　　　　② 욕구
③ 출생　　　　④ 생활 가치
⑤ 배경

이미지(인상) 형성의 요인: 생활, 삶의 가치, 경험, 배경, 욕구

출생, 지식 수준은 인상 형성 요인이 아니다.

61 이미지 형성과정에 대한 설명 중 옳지 않은 것은?

① '사고 과정'은 과거와 관련된 기억과 현재의 지각이 섞여 개인의 이미지를 형성하는 것이다.
② '지각 과정'은 주관적이고 선택적으로 이루어진다.
③ '지각 과정'은 같은 대상에 대해 다른 이미지를 부여한다.
④ '감정 과정'에서 감정적 반응은 '축소 효과'를 가져온다.
⑤ '감정 과정'은 사고와 지각 이전의 감정으로 반응하는 것이다.

감정적 반응은 '확장 효과'를 가져온다. 기업의 상품 중 한 상품에 부정적 이미지를 가지게 되면 다른 상품에 대해서도 부정적 시각으로 보게 된다.

62 다음 중 이미지를 만드는 첫인상의 특징으로 가장 거리가 먼 것은?

① 일방적
② 일회성
③ 신속성
④ 초두 효과
⑤ 판단의 유보

나머지는 모두 첫인상의 특징이다.

63 다음은 첫인상의 법칙에 관한 설명 무엇에 대한 설명인가?

> • 처음 정한 판단을 기준으로 차후에 입력되는 정보들에도 영향을 끼친다.
> • 처음이 부정적 정보였다면 그 후에도 부정적 관점으로 보려는 현상을 말한다.

① 콘크리트 법칙
② 부정성 효과
③ 맥락 효과
④ 초두 효과
⑤ 일관성 오류

맥락 효과는 처음 정한 판단이 기준이 되어 차후에 입력되는 정보들에도 영향을 끼치는 효과를 말한다. 처음이 부정적 정보였다면 그 후에도 부정적 관점으로 보려는 현상이다.

64 다음에서 설명하는 효과는 무엇인가?

> 첫인상이 설사 좋지 않더라도 자주 반복해서 나타나는 행동이나 태도가 처음과 다르게 좋은 모습들을 보여주면 점차 인상이 좋은 쪽으로 바뀌는 현상을 말한다.

① 초두 효과
② 빈발 효과
③ 콘크리트 법칙
④ 부정성의 법칙
⑤ 일관성 오류

초두 효과: 한 사람에 대한 초기의 정보가 나중 정보다 인상 형성에 더 큰 영향을 주는 현상을 말한다.

65 다음 중 상황별 인사에 대한 설명으로 옳은 것은?

① 옆집에 사시는 웃어른을 마주쳤을 경우 목례를 하여도 크게 예의에 어긋나지가 않는다.

② 사무실에 출근해서 상사에게 인사를 할 때는 정중례를 한다.

③ 사람들이 많은 엘리베이터 안에서 임원과 만났을 때는 반드시 정중례를 해야 한다.

④ 실내 또는 복도에서 같은 사람을 자주 만날 때는 목례를 해도 크게 예의에 어긋나지 않는다.

⑤ 화장실과 같이 불편한 장소에서 상사를 만났을 경우, 목례를 하는 것은 예의에 어긋나므로 조심한다.

오답 피하기
① 보통례가 적절한 상황이다.
② 보통례가 적절한 상황이다.
③ 목례가 적절한 상황이다.
⑤ 목례를 해도 예의에 어긋나지 않는다.

66 다음 중 올바른 인사 매너가 아닌 것은?

① 인사하기 가장 좋은 시기는 6보~8보 전방이다.

② 상사가 외부인과 함께 복도를 지나갈 때 마주치면 방해가 되지 않게 멈추지 않고 한쪽으로 비켜 인사한다.

③ 복도에서 상사와 마주치면 멈출 필요 없이 한쪽으로 비켜서며 가볍게 인사한다.

④ 부득이하게 앉아서 인사를 하게 되면 표정이 가리지 않도록 머리를 너무 숙이지 않는다.

⑤ 화장실에서 마주치면 인사말을 생략하면서 목례로 대신한다.

상사가 외부인과 함께 있을 경우는 멈추고 인사를 한다.

67 남성 정장의 매너에 대한 설명 중 옳지 않은 것은?

① 와이셔츠 안에는 속옷을 입지 않아야 한다.

② 셔츠의 기본 매너는 여름에도 반팔 와이셔츠를 입지 않는다.

③ 넥타이 길이는 벨트 버클을 살짝 덮을 정도가 적당하다.

④ 바지와 구두는 다른 계통의 색상을 선택한다.

⑤ 넥타이 폭은 상의의 깃과 폭이 같은 것으로 선택하도록 한다.

바지와 구두는 같은 계통 색상으로 선택한다.

68 다음 중 공수와 절에 대한 설명 중 옳지 않은 것은?

① 평상시 남자는 왼손을 위로 둔다.

② 제사시 여자는 왼손을 위로 둔다.

③ 여자는 음이기 때문에 최소 음수인 두 번 절한다.

④ 산 사람에게는 기본 횟수만 절한다.

⑤ 죽은 사람에게는 기본 횟수의 배를 한다.

제사는 흉사가 아니기에 평상시와 손의 위치가 같다. 그러므로 제사시에도 여자는 평상시처럼 오른손을 위로 둔다.

69 기업 상품 PT를 하기 위해 다음 (보기)와 같이 체크 리스트를 작성할 경우 프레젠테이션 4P 요소 중 어디에 해당되는가?

> • 프레젠테이션의 목적은?
> • 청중이 이미 알고 있는 정보와 연관성이 있는가?
> • PT가 끝난 후 청중의 느낌, 행동, 생각을 어떻게 변화시켜 놓을 것인가?

① Promotion
② People
③ Purpose
④ Preparation
⑤ Place

프레젠테이션 4P 중 목적(Purpose)에 해당한다.

70 다음 중 프레젠테이션에 대한 설명으로 옳지 않은 것은?

① 여성 청중을 대상으로 하는 PT는 이미지 사용을 적극 활용한다.
② PT 종류 중 '지식공유와 서로간의 이해를 형성하는 것'은 정보적 프레젠테이션에 속한다.
③ 청중을 집중시키기 위해 무대를 골고루 활용한다.
④ 발표 시 신뢰감을 주기 위해 말의 속도, 크기 및 톤은 항상 일정하게 유지하도록 한다.
⑤ 발표 시간은 주어진 시간에서 늦게 끝나는 것보다 일찍 끝나는 것이 좋다.

상황에 맞게 리듬감과 톤 변화를 주는 것이 좋다.

71 다음 기업 교육 훈련 중 OJT(On the Job Training)의 종류가 아닌 것은?

① 직무 교육 훈련
② 실천 학습
③ 직무 순환
④ 멘토링
⑤ 코칭

실천학습은 OJL(On the Job Learning)에 해당된다. 나머지 보기들은 OJT(On the Job Training)에 해당한다.

72 기업에서 훈련을 진행하려고 할 때 OJT(On the Job Training)를 실시하는 경우가 아닌 것은?

① 업무 현장에 급하게 직원을 투입해야 할 때
② 현장 경험이 풍부한 선임자의 지식과 기능을 배우고자 할 때
③ OFF-JT의 개발과 진행 비용을 절약하고자 할 때
④ 단기간에 걸쳐 업무를 익숙하게 하게끔 해야 할 때
⑤ 기업 구성원이 현장에서의 능력을 올리고자 할 때

장기적 관점에서의 실무 능력 향상이 필요한 경우 OJT를 실시한다.

73 다음 설명은 어떤 교수법에 대한 설명인가?

> 가장 오래 사용 되어 온 교수법으로 강사 한 명이 동시에 여러 사람에게 정보 전달을 할 수 있어 경제적이다.

① 토의법
② 강의법
③ 사례 연구법
④ 브레인 스토밍
⑤ 역할 연기법

강의법은 교육에서 가장 오래 사용된 방법이며, 동시에 많은 학생들을 가르칠 수 있어서 경제적이고, 교수자 중심의 일방향적 지식 전달 방식을 가지고 있다.

74 다음 중 강의 기법에 대한 설명으로 옳지 않은 것은?

① 강의법은 동시에 여러 명을 가르칠 수 있어 경제적이다.
② 토의법은 민주적, 적극적 사고가 생기는 장점을 가지고 있지만 대규모 인원에는 적용하기가 어렵다.
③ 토의법은 테마에 의해 동기가 유발될 수 있다.
④ 역할 연기법은 접점 응대에 적용하여 교육을 진행할 수 있다.
⑤ 브레인스토밍 방법을 통해 커뮤니케이션 스킬을 강화시킬 수 있다.

커뮤니케이션 스킬 강화는 브레인스토밍 방법과 무관하다. 브레인스토밍은 새로운 아이디어를 도출과 발표능력 향상이라는 장점이 있다.

75 도날슨(Donaldson)과 스캐널(Scannel)의 학습 원리에 대해 옳지 않은 것은?

① 학습 속도는 사람마다 다르다.
② 학습은 지속적인 과정
③ 학습은 자극을 시작으로 감각으로 끝난다.
④ '부분 – 전체 – 부분'의 순서로 진행할 때 학습 효과가 나타난다.
⑤ 긍정적 강화는 학습 효과를 강화시킨다.

전체 – 부분 – 전체 순이다.

76 다음 중 소비자의 8대 권리가 아닌 것은?

① 보호받을 권리
② 쾌적한 소비생활 환경에서 소비 할 권리
③ 권익 보호를 위한 노동단체조직 구성권리
④ 의견을 반영 시킬 권리
⑤ 필요한 교육을 받을 권리

권익보호를 위해 노동단체를 구성할 권리는 소비자의 8대 권리에 속하지 않는다.

77 소비자에 대해 보기와 같이 정의한 학자는?

> 소비자란 국민 일반을 소비생활이라고 하는 시민생활의 측면에서 포착한 개념이다.

① 폰 히펠
② 이마무라 세이와
③ 타케우치 쇼우미
④ 가토 이치로
⑤ 와이블

가토 이치로	소비자란 국민 일반을 소비생활이라고 하는 시민생활의 측면에서 포착한 개념이다.
폰 히펠	소비자란 개인적인 용도에 쓰기 위해 상품이나 서비스를 제공받는 사람이다.
이마무라 세이와	소비자는 생활자이며 일반 국민이며 동시에 거래 과정에서는 말단에서 구매자로 나타나는 것이다.
타케우치 쇼우미	소비자란 타인이 공급하는 물자나 용역을 소비생활을 위해 구입 또는 이용하는 자로서 공급자에 대립하는 개념이다.

78 다음 중 소비자의 책무에 대한 설명으로 옳지 않은 것은?

① 자유시장 경제를 구성하는 주체임을 인식하여 물품 등 올바르게 선택해야 한다.
② 사업자와의 갈등을 최소화하도록 해야 한다.
③ 소비자기본법상의 소비자의 기본적 권리를 정당하게 행사해야 한다.
④ 스스로의 권익을 증진하기 위하여 필요한 지식과 정보를 습득하도록 노력해야 한다.
⑤ 소비 생활의 향상과 국민경제의 발전에 적극적인 역할을 다해야 한다.

사업자와의 갈등을 최소화하는 것이 소비자의 책무는 아니다.

79 소비자기본법의 내용 중 아래 내용에 해당하는 것은?

> 국가 및 지방자치단체는 소비자의 기본적인 권리가 실현될 수 있도록 소비자의 권익과 관련된 주요 시책 및 주요 결정사항을 소비자에게 알려야 한다.

① 거래의 적정화
② 소비자의 능력향상
③ 소비자에게 정보제공
④ 개인정보의 보호
⑤ 소비자 분쟁의 해결

정보제공은 소비자기본법 제13조에 해당하는 내용이다.

80 다음 중 사업자의 책무에 대한 설명이 아닌 것은?

① 물품 등으로 인하여 소비자에게 생명, 신체 또는 재산에 대한 위해가 발생하지 아니하도록 필요한 조치를 강구한다.
② 소비자에게 물품 등에 대한 정보를 성실하고 정확하게 제공하여야 한다.
③ 소비자의 합리적인 선택이나 이익을 침해할 우려가 있는 거래조건이나 거래 방법을 사용하여서는 아니 된다.
④ 사업자는 소비자의 개인정보를 축적, 보관하지 않도록 해야 한다.
⑤ 물품 등의 하자로 인한 소비자의 불만이나 피해를 해결하거나 보상하여야 한다.

사업자는 소비자의 개인정보가 분실, 도난, 누출, 변조 또는 훼손되지 아니하도록 그 개인정보를 성실하게 취급하여야 한다.

81 다음 중 소비자의 권익 증진을 위한 사업자의 준수사항에 대해 맞지 않는 것은?

① 국가가 정한 이윤추구 기준을 위반해서는 안 된다.
② 국가가 정한 개인정보 보호기준을 위반해서는 안 된다.
③ 국가가 정한 광고기준을 위반해서는 안 된다.
④ 국가가 정한 표시기준을 위반해서는 안 된다.
⑤ 국가가 정한 기준에 위반되는 물품 등을 제조, 수입, 판매하거나 제공해서는 안 된다.

'국가가 정한 이윤추구 기준'은 사업자의 준수사항에 해당하지 않는 내용이다.

82 다음 중 소비자 단체의 업무에 해당하지 않는 것은 무엇인가?

① 국가 및 지방자치단체의 소비자의 권익과 관련된 시책에 대한 건의
② 물품 등의 규격 · 품질 · 안전성 · 환경성에 관한 시험 · 검사 및 가격 등을 포함한 거래조건이나 거래 방법에 관한 조사 · 분석
③ 소비자문제에 관한 조사와 연구
④ 소비자의 교육
⑤ 물품 정보에 대해 성실히 제공

물품 정보에 대해 성실히 제공하는 것은 사업자 책무에 해당된다.

83 다음 소비자 단체의 취소에 관한 내용에서 괄호에 들어갈 용어로 옳은 것은?

> 소비자 단체 취소는 공정거래위원회 또는 (   )의 장은 소비자 단체가 거짓 그 밖의 부정한 방법으로 등록을 한 경우에는 등록을 취소하여야 한다.

① 한국 소비자원
② 한국 소비자 보호원
③ 한국 소비자 고발센터
④ 지방자치단체
⑤ 소비자 정책 위원회

소비자단체 취소는 공정거래위원회 또는 지방자치단체의 장은 소비자단체가 거짓 그 밖의 부정한 방법으로 제29조의 규정에 따른 등록을 한 경우와 공정거래위원회 또는 지방자치단체의 장은 등록소비자단체가 제9조 제1항 각 호의 요건을 갖추지 못하게 될 경우에는 3월 이내에 보완을 하도록 명할 수 있고, 그 기간이 경과하여도 요건을 갖추지 못하는 경우에는 등록을 취소할 수 있다.

84 다음 중 소비자기본법 제70조 단체소송의 대상과 관련하여 공정거래위원회에 등록된 소비자 단체의 요건을 모두 선택한 것은?

> 가. 정관에 따라 상시적으로 소비자의 권익증진을 주된 목적으로 하는 단체일 것
> 나. 위원장 2인을 포함한 25인 이내의 위원으로 구성될 것
> 다. 단체의 정회원수가 1천 명 이상일 것
> 라. 법률상 또는 사실상 동일한 침해를 입은 50인 이상의 소비자로부터 단체 소송의 제기를 요청받을 것
> 마. 소비자기본법 제29조의 규정에 따른 등록 후 3년이 경과하였을 것

① 가, 다, 마
② 가, 나, 라
③ 가, 다, 라, 마
④ 다, 라, 마
⑤ 가, 나, 다, 라, 마

- 나 – 소비자정책위원회 구성 요인
- 라 – 비영리민간단체 요건

85 다음 중 소비자 단체 소송의 대상과 관련하여 사업자 단체의 요건에 해당하지 않는 것은?

① 상공회의소법에 따른 대한상공회의소
② 중소기업협동조합법에 따른 중소기업협동조합중앙회
③ 단체의 정회원수가 1천 명 이상일 것
④ 사업자 등을 회원으로 하여 민법에 따라 설립된 사단법인으로서 정관에 따라 기업경영의 합리화 또는 건전한 기업문화 조성에 관한 사업을 수행하는 법인 중 공정거래위원회가 정하여 고시하는 법인
⑤ 사업자 등을 회원으로 하여 민법에 따라 설립된 사단법인으로서 정관에 따라 무역진흥업무를 수행하는 법인 중 공정거래위원회가 정하여 고시하는 법인

소비자 단체에 대한 설명이다.

86 다음 중 소비자 단체 소송과 관련하여 비영리 단체 요건에 대한 설명으로 옳은 것은?

① 법률상 또는 사실상 동일한 침해를 입은 30인 이상의 소비자로부터 단체 소송의 제기를 요청 받을 것
② 정관에 소비자의 권익 증진을 단체의 목적으로 명시 한 후 최근 3년 이상 이를 위한 활동 실적이 있을 것
③ 단체의 상시 구성원 수가 1천 명 이상일 것
④ 한국 소비자원에 등록되어 있을 것
⑤ 정관에 소비자의 권익 증진을 단체의 목적으로 명시하지 않아도 무관하다.

오답 피하기

① 50인 이상이어야 함
③ 5천 명 이상일 것
④ 중앙행정기관에 등록되어 있을 것
⑤ 권익증진을 단체의 목적으로 명시되어 있어야 한다.

87 다음 중 소비자 정책 위원회에 대해 바르게 설명한 것은?

① 정책 위원회는 위원장 2인을 포함한 15인 이내이다.
② 정책 위원회는 위원장 1인을 포함한 25인 이내이다.
③ 정책 위원회는 위원장 2인을 포함한 25인 이내이다.
④ 관계 중앙행정기관의 장은 기본계획에 따라 매년 12월 31일까지 소관업무에 관하여 다음 연도의 소비자 정책에 관한 시행계획을 수립하여야 한다.
⑤ 관계 중앙행정기관의 장은 기본계획에 따라 매년 8월 31일까지 소관업무에 관하여 다음 연도의 소비자 정책에 관한 시행계획을 수립하여야 한다.

오답 피하기
관계 중앙행정기관의 장은 기본계획에 따라 매년 10월 31일까지 소관업무에 관하여 다음 연도의 소비자 정책에 관한 시행계획을 수립하여야 한다.

88 다음 중 한국소비자원의 피해구제에 대한 설명으로 옳은 것은?

① 소비자는 물품 등의 사용으로 인한 피해의 구제를 소비자분쟁조정위원회에 신청할 수 있다.
② 원장은 피해구제의 신청을 받은 날부터 60일 이내에 합의가 이루어지지 않았을 때 분쟁 조정 신청을 하여야 한다.
③ 원장은 피해구제의 신청을 받으면 한국소비자원에 분쟁조정을 신청하여야 한다.
④ 피해의 원인규명 등에 상당한 시일이 요구되는 피해구제신청사건으로서 대통령령이 정하는 사건에 대하여는 30일 이내의 범위에서 처리기간을 연장할 수 있다.
⑤ 한국소비자원의 피해구제 처리절차 중에 법원에 소를 제기한 당사자는 그 사실을 한국소비자원에 통보하여야 한다.

오답 피하기
① 소비자분쟁조정위원회가 아닌 한국소비자원에 신청할 수 있다.
② 피해구제의 신청을 받은 날부터 '30일' 이내이다.
③ 피해구제 신청을 받으면 '소비자분쟁조정위원회'에 분쟁조정을 신청하여야 한다.
④ 60일 이내의 범위에서 처리기간을 연장할 수 있다.

89 다음 중 소비자분쟁 조정위원회에 임명을 위한 자격 조건이 아닌 것은?

① 공인된 연구기관이나 대학에서 부교수 이상 또는 이에 상당하는 직에 있거나 있었던 자로서 소비자권익관련 분야를 전공한 자
② 소비자단체의 임원직에 있거나 있었던 자
③ 변리사, 감정평가사, 회계사의 자격이 있는 자
④ 사업자 또는 사업자단체의 임원직에 있거나 있었던 자
⑤ 4급 이상의 공무원 또는 이에 상당하는 공공기관의 직에 있었던 자로서 소비자권익과 관련된 업무에 실무 경험 있는 자

판사, 검사 또는 변호사의 자격이 있는 자가 조건에 해당한다.

정답 87 ③ 88 ⑤ 89 ③

90 소비자 분쟁 조정의 기간에 대한 설명 중 ( ) 안에 들어가야 할 숫자로 알맞은 것은?

> • 조정위원회는 정당한 사유가 있는 경우로서 (   )일 이내에 그 분쟁 조정을 마칠 수 없을 때에는 그 기간을 연장할 수 있다.
> • 그 통지를 받은 날부터 (   )일 이내에 분쟁 조정의 내용에 대한 수락여부를 조정위원회에 통보하여야 한다.

① 15 , 30
② 15, 15
③ 30, 30
④ 30, 15
⑤ 30, 60

30일 이내에 그 분쟁 조정을 마칠 수 없을 때 기간을 연장할 수 있고, 그 통지를 받은 날부터 15일 이내에 수락 여부를 통보하여야 한다.

91 다음 '와이블(Weible)'이 분류한 개인정보의 유형 중 흡연, 음주량, 여가활동 등에 해당하는 것은?

① 선택 정보
② 개발 정보
③ 세력 정보
④ 포괄 정보
⑤ 습관 및 취미 정보

선호 스포츠, 오락, 여가활동 내역, 흡연, 음주, 도박 성향 기록 등이 습관 및 취미 정보에 해당한다.

92 다음 개인정보 보호에 관한 OECD 8원칙에 해당하지 않는 것은?

① 정확성의 원칙
② 이용 제한의 원칙
③ 안전 조치의 원칙
④ 권리 해제의 원칙
⑤ 개인 참여의 원칙

수집 제한의 원칙, 정확성 원칙, 목적의 명확화/특정 원칙, 이용 제한의 원칙, 안전 조치의 원칙, 공개의 원칙, 개인 참여의 원칙, 책임의 원칙이 OECD 8원칙에 해당한다.

93 다음 개인정보 보호위원회 기능에 대한 설명 중 옳지 않은 것은?

① 기본계획 및 시행계획
② 개인정보 보호와 관련된 정책, 제도 및 법령의 개선에 관한 사항
③ 개인 정보 처리분쟁에 관한 조율
④ 개인정보 보호에 관한 법령의 해석, 운용에 관한 사항
⑤ 개인정보의 이용 제공에 관한 사항

개인 정보 처리분쟁에 관한 조율은 개인정보 보호위원회 기능에 해당하지 않는다.

94 다음 중 개인정보 수집, 이용 목적이 변경될 경우 동의를 얻어야 하는 경우가 아닌 것은?

① 임상 목적으로 촬영한 환자의 수술 사진을 병원 홍보 목적으로 공개하는 경우
② 회원으로 가입하기 위하여 제공한 정보를 회원가입과 무관한 우편 주문 판매에 이용 시
③ 상품 배송 목적으로만 수집한 개인정보를 자사 상품의 통신판매에 이용 시
④ 고객 만족도 조사, 판촉 행사, 경품 행사만을 위해 제공한 개인정보를 자사의 할인 판매 행사 안내용 광고물 발송에 이용 시
⑤ A/S 센터에 불편 처리를 위해서만 수집한 개인정보를 고객불편 처리를 이용할 때 사용 시

A/S 센터에서 불편 처리를 위해서만 수집한 개인정보를 자사의 신상품 광고에 이용 시 동의를 얻어야 한다.

95 다음 중 개인정보 관리 책임자의 구체적인 담당 업무에 대해 잘못 설명한 것은?

① 고객으로부터 제기되는 개인정보에 관한 불만이나 의견의 처리 및 감독
② 고객 개인정보의 수집·이용·제공 및 관리에 관한 업무의 총괄
③ 개인 정보의 출력, 복사물에 대한 사후 승인
④ 개인정보의 안전한 취급을 위한 내부 관리 계획의 수립·이행
⑤ 소속직원 또는 제3자에 의한 위협, 부당한 개인정보 침해 행위에 대한 점검

개인 정보의 출력, 복사물에 대한 사전 승인이 개인정보 관리 책임자의 담당 업무이다.

96 다음 중 개인정보 보호법 시행령 제40조의2 제1 항에서 '매우 중대한 위반 행위'에 해당되는 것은?

① 고의 또는 중과실로 인하여 5만 건 이상의 주민등록번호가 분실 · 도난 · 유출 · 변도 또는 훼손된 경우

② 고의 또는 중과실로 인하여 10만 건 이상 의 주민등록번호가 분실 · 도난 · 유출 · 변 도 또는 훼손된 경우

③ 고의 또는 중과실로 인하여 20만 건 이상 의 주민등록번호가 분실 · 도난 · 유출 · 변 도 또는 훼손된 경우

④ 고의 또는 중과실로 인하여 50만 건 이상 의 주민등록번호가 분실 · 도난 · 유출 · 변 도 또는 훼손된 경우

⑤ 고의 또는 중과실로 인하여 100만 건 이상 의 주민등록번호가 분실 · 도난 · 유출 · 변 도 또는 훼손된 경우

10만 건 이상의 경우 매우 중대한 위반 행위에 해당한다.

97 개인정보 보호법 제35조 '개인정보의 열람'에서 공공기관이 업무를 수행할 때 중대한 지장을 유 발할 수 있는 경우로 보기 어려운 것은?

① 조세의 부과 · 징수 또는 환급에 관한 업무

② 학력 · 기능 및 채용에 관한 시험, 자격 심 사에 관한 업무

③ 보상금 · 급부금 산정 등에 대하여 완료된 평가 또는 판단에 관한 업무

④ 고등교육기관에서의 성적 평가 또는 입학 자 선발에 관한 업무

⑤ 다른 법률에 따라 진행 중인 감사 및 조사 에 관한 업무

완료된 평가가 아닌, 진행 중인 평가 또는 판단에 관한 업무에 해당한다.

98 개인정보 보호 책임자의 업무에 대한 설명으로 옳지 않은 것은?

① 개인정보 처리 실태 및 관행의 정기적인 조사 및 개선
② 개인적인 처리와 관련한 불만의 처리 및 피해구제
③ 개인정보 보호 계획의 수립 및 시행
④ 개인정보 보호를 위한 전문가 양성
⑤ 개인정보파일의 보호 및 관리 · 감독

<hr>

전문가 양성이 개인정보 보호 책임자의 업무는 아니다.

99 다음 중 개인정보 보호위원회에 대한 설명으로 옳지 않은 것은?

① 위원장과 위원의 임기는 3년으로 하되, 연임할 수 없다.
② 보호위원회는 위원장 1명, 상임위원 1명을 포함한 15명 이내의 위원으로 구성한다.
③ 위원장은 위원 중에서 공무원이 아닌 사람으로 대통령이 위촉한다.
④ 보호위원회의 회의는 위원장이 필요하다고 인정하거나 재적위원 4분의 1 이상의 요구가 있는 경우에 위원장이 소집한다.
⑤ 보호위원회는 재적위원 과반수의 출석과 출석위원 과반수의 찬성으로 의결한다.

<hr>

1차에 한하여 연임할 수 있다.

100 다음 개인정보 안전의 관리에서 '관리적 조치'에 해당되는 것은?

① 개인정보에 대한 권한 없는 접근을 차단하기 위한 암호화와 방화벽 설치 등의 조치
② 개인 정보에 대한 접근 권한을 확인하기 위한 식별 및 인증 조치
③ 침해 사고 방지를 위한 보안프로그램의 설치 운영
④ 접속기록의 위 · 변조 방지를 위한 조치
⑤ 개인정보 관리 책임자의 의무와 책임을 규정한 내부 지침 마련

<hr>

나머지는 '기술적 조치'에 해당된다.

관리적 조치	• 개인정보의 안전한 취급을 위한 내부 관리계획의 수립 및 시행 • 개인정보 관리 책임자의 의무와 책임을 규정한 내부 지침 마련 • 개인정보의 안전한 보관을 위한 잠금장치 등 물리적 접근 방지 조치 • 개인정보 보호를 위한 장기적인 자체 감사 실시 • 그 밖에 개인정보의 안정성 확보에 필요한 관리적 보호 조치
기술적 조치	• 개인정보에 대한 접근 권한을 확인하기 위한 식별 및 인증조치 • 개인정보에 대한 권한 없는 접근을 차단하기 위한 암호화와 방화벽 설치 등의 조치 • 접속기록의 위 · 변조 방지를 위한 조치 • 침해 사고 방지를 위한 보안프로그램의 설치 운영 • 그 밖에 개인정보의 안전성 확보에 필요한 기술적 보호 조치

98④ 99① 100⑤

실전 모의고사

학습을 마무리하는 마음가짐으로 풀어보는 실전 모의고사 5회분입니다. 실제 시험과 동일한 구성으로 이루어졌으며, 과목별 과락을 피하기 위해 과목마다 11문제 이상을 맞혀야 합니다. 과락이 없는 경우, 총 75문제 중 45문제 이상 맞으면 합격입니다. 쉬워보이는 문제여도 지문을 끝까지 잘 읽어서 함정이 없는지 살펴봐야 합니다.

실전 모의고사 01회

시험 일자	시험 시간	문항 수
년 월 일	75분	75문항

수험번호 : _____

성   명 : _____

CS 개론

01 고객 만족 역사에 대한 설명 중 옳지 않은 것은?

① 1970년대 미국의 소비자주의가 성숙기에 들어오면서 고객만족경영이 본격 시작되었다.

② 1980년대에서 '만족'은 흥미, 기쁨, 유쾌함 등의 정서적 요인이다.

③ 2000년대 기업과 공공기관에서 CS도입을 본격화하였다.

④ 1980년대 일본에서 고객만족경영을 도입하였다.

⑤ 1990년 고객관계관리(CRM)를 도입하였다.

02 서비스 프로세스 설계 시 무엇에 관한 내용인가?

> 서비스 프로세스는 하나의 시각에서 개별 활동이 인식되어야 한다.

① 체론

② 가치론

③ 목적론

④ 특성론

⑤ 결정론

03 쇼스택(Shostack)이 제시한 유형성 스펙트럼에서 무형성의 지배가 가장 강한 업종은?

① 고대행사

② 청량음료

③ 컨설팅

④ 항공사

⑤ 투자관리

04 슈메너(Schmenner)의 서비스 프로세스 매트릭스에서 변호사, 의사가 속하는 곳은?

① 대량 서비스

② 전문 서비스

③ 서비스 팩토리

④ 서비스 샵

⑤ 차별화 서비스

05 고객만족에 대한 개념을 정리한 내용 중 '고객의 요구와 기대에 대응하는 일종의 기업활동의 결과로서, 상품과 서비스의 재구매가 이루어지고 고객의 신뢰가 계속되는 상태'라고 한 학자는 누구인가?

① 올리버

② 굿맨

③ 코틀러

④ 햄펠

⑤ 앤더슨

06 제품이나 서비스에 대해 갖는 고객만족 요소 중 간접적인 요소에 해당하는 것은?

① 점포의 분위기
② 디자인
③ 환경보호 활동
④ 사용의 용이성
⑤ 배려

07 '총체적 고객만족경영혁신(TCS)' 요소 중 내부 핵심 강화와 관련 없는 것은?

① 인사조직
② 프로세스
③ 정보기술
④ 지식
⑤ 상품력

08 그레고리 스톤의 고객 분류 중 서비스를 받을 때 편의성을 중요하게 여기는 고객유형은?

① 경제적 고객
② 윤리적 고객
③ 개별화 추구 고객
④ 편의적 고객
⑤ 개인적 고객

09 고객 행동의 주요한 요인 중 '개인의 생각, 가치관, 기호성'은 어디에 속하는가?

① 문화적 요인
② 사회적 요인
③ 개인적 요인
④ 기업적 요인
⑤ 소비자 심리

10 CRM에 대한 설명으로 옳지 않은 것은?

① 고객확보보다는 고객유지에 더 중점을 둔다.
② 고객별로 고객의 제품 또는 서비스, 메시지를 구분화한다.
③ 모든 고객을 추구하여 불특정 다수의 고객을 함께 유치한다.
④ 고객의 평생가치를 계산하여 가치 있는 고객에게 집중한다.
⑤ 기업의 예상 잠재 고객을 확인할 수 있다.

11 e-CRM 구성 요인 중 서비스 가격 결정을 인터넷을 통해 정보를 입수하는 것은?

① e-Marketing
② e-Community
③ e-Service
④ e-Sale
⑤ e-Security

12 인간관계 유형 중 이득과 손실의 균형이 중요한 호혜성의 원칙이 요구되는 관계는?

① 교환적 관계
② 공유적 관계
③ 애정중심적 관계
④ 일차적 관계
⑤ 이차적 관계

13 머튼의 아노미 이론 중 '공무원의 복지부동'은 어느 유형에 속하는가?

① 동조형
② 혁신형
③ 의례형
④ 패배형
⑤ 반역형

14 TA 교류 형태 중 겉으로 직접 나타나는 사회적 차원의 교류와 심리적 차원의 교류가 동시에 일어나는 것은?

① 상보 교류
② 교차 교류
③ 이면 교류
④ 상호 교류
⑤ 대인 교류

15 교류분석의 욕구 이론 중 다른 사람을 불신하지만 기본 태도는 그 사람 위에 서고자 하는 인생 태도에 해당하는 것은?

① I'm not OK, You're not OK
② I'm not OK, You're OK
③ I'm OK, You're not OK
④ I'm OK, You're OK
⑤ I'm OK

16 다음은 어떤 서비스 정의에 대해 설명하는 것인가?

> 서비스는 '시장에서 판매되는 무형의 상품'으로 정의한다.

① 활동론적 정의
② 속성론적 정의
③ 봉사론적 정의
④ 인간 상호관계론적 정의
⑤ 기능적 정의

17 코틀러가 분류한 서비스 중 서비스가 수반되는 유형 재화는?

① 자동차 회사
② 레스토랑
③ 항공 서비스
④ 정신요법
⑤ 마사지

18 러브락(Lovelock)이 제시한 서비스 분류 중 고객과 서비스 조직간의 관계가 회원이면서 간헐적 거래를 하는 서비스는?

① 지하철 회수권
② 렌터카
③ 방송국
④ 은행
⑤ 우편서비스

19 다음 중 토탈 서비스에 대한 설명으로 옳지 않은 것은?

① 단일의 담당자 또는 담당 부서가 지정된다.
② 다수의 장소에서 한 번에 원하는 모든 일을 처리 할 수 있도록 하는 서비스이다.
③ 서비스 전달 시스템에는 자동판매기, 셀프 주요소 등 시간에 구애 없이 서비스 제공이 가능한 곳도 있다.
④ 토탈 서비스의 목표는 차별력 있는 서비스로 고객에게 훌륭한 평가를 받는 것이다.
⑤ 서비스 전달 시스템에서 '셀프 서비스'가 늘어나는 추세이다.

20 리더십 이론 중 리더는 자신의 특성에 맞게 상황 자체를 개선해야 한다는 이론은?

① 특성론
② 변혁론
③ 비전론
④ 행위론
⑤ 상황론

21 서번트 리더십의 특성 요인이 아닌 것은?

① 비전 제시
② 공동체 형성
③ 통찰
④ 설득
⑤ 개인의 성장

22 서비스 경쟁우위(SCA)의 원천 중 공업화와 표준화로 원가 우위를 이루는 것은?

① 규모와 범위의 경제
② 경쟁전략 변화
③ 고객관계 관리
④ 공간적 선점
⑤ 브랜드 자산

23 체험 마케팅 중 어떤 자극이 어떻게 특정 감정을 유발할 수 있는지 이해하고 소비자의 자발성을 유도해야 하는 마케팅은?

① 감각 마케팅
② 감성 마케팅
③ 인지 마케팅
④ 행동 마케팅
⑤ 관계 마케팅

24 고객만족 혁신의 성공 요인 중 '리엔지니어링, 지식경영, 아웃소싱'은 어느 요인에 속하는가?

① 리더십
② 조직문화
③ 자원지원
④ 프로세스 기법
⑤ 고객과 시장

25 품질기능전개(QFD)에 대한 설명 중 틀린 것은?

① 개발 초기 단계부터 고객을 참여시켜 제품 개발 시간이 감소 한다.

② 품질 보증 비용을 감소시킬 수 있다.

③ 신제품의 우선순위를 결정할 수 있다.

④ 품질의 집(HOQ)을 통해 모든 과정의 결정 사항을 문서화할 수 있다.

⑤ 원가 절감과 제품 가치를 동시에 추구할 수 있다.

2과목　**CS 전략론**

---

26 서비스 청사진 구성요소 중 고객에게 바로 보이지는 않지만 고객과 접촉하는 직원행동을 지원하는 행동이 속하는 활동은?

① 후방 종업원의 행동

② 일선 종업원의 행동

③ 상호작용의 행동

④ 내부 상호작용 행동

⑤ 가시적 행동

---

27 서비스 청사진의 이점에 대한 설명이 아닌 것은?

① 서비스가 유형화된다.

② 종업원들의 고객지향적 사고를 가지게 할 수 있다.

③ 상호작용선을 통해 고객이 경험하는 서비스 품질을 파악하여 서비스 설계를 개발한다.

④ 상의하달과 하의상달을 감소시킬 수 있다.

⑤ 서비스 청사진은 특히 신서비스 개발 및 기존 서비스의 재설계 프로세스에 유용하다.

---

28 모니터링 요소 중 '고객들이 실제적으로 어떻게 대우를 받았는지에 대한 고객 평가와 모니터링 점수가 일치해야 한다'는 어떠한 요소에 속하는가?

① 타당성

② 객관성

③ 신뢰성

④ 차별성

⑤ 대표성

---

29 MOT 사이클에 대한 설명으로 옳은 것은?

① 서비스 담당자는 숲 전체를 보지만, 고객은 바로 앞의 나무만 보는 격이다.

② 서비스 품질관리에서 MOT 또는 결정적 순간이란 고객이 매장을 들어선 순간을 말한다.

③ 계량적 평가가 가능하다.

④ 고객의 경험 접점을 원형 차트의 1시 방향에서 시작하여 순서대로 기입한다.

⑤ 고객이 어떤 부분이 필요한지 회사의 입장에서 그려 보는 방법이다.

---

30 고객 이탈 유형 순위에서 가장 크게 나타나는 유형은?

① 불친절한 고객 응대

② 가격

③ 불만 처리 미흡

④ 핵심 가치 실패

⑤ 불가피한 상황

31 제품 차별화 전략에 대한 설명 중 옳지 않은 것은?

① 경쟁사 제품과 확실하게 다른 자사 제품에 차별화를 넣어 가격 경쟁을 피하려는 전략이다.
② 경쟁사 제품에는 없는 특색을 자사 서비스에 추가하여 경쟁사에 유리함을 확보하려는 전략이다.
③ 체임벌린이 제품 차별화 이론을 처음 도입한 학자이다.
④ 고객 위주의 제품을 차별화하는 것이 가장 중요하다.
⑤ 이질적 시장이 아니라 동질적 시장으로의 차별화가 필요하다.

32 다음 중 서비스 품질의 측정이 어려운 이유가 아닌 것은?

① 서비스 품질의 개념이 주관적이어서 객관적으로 측정하기 어렵다.
② 서비스가 완료되기 전에는 검증하기가 쉽지 않다.
③ 서비스 특성상 생산과 소비가 분리되어 제공된다.
④ 서비스 전달 과정에서 고객과 함께 이동할 경우 자원의 변화를 관찰할 수 있다.
⑤ 서비스 제공 전에는 검증을 하는 것이 불가능하다.

33 SERVQUAL의 5개 차원 중 '서비스 제공자들의 지식과 신뢰, 자신감, 커뮤니케이션 능력을 전달하는 능력'을 의미하는 것은?

① 대응성
② 신뢰성
③ 확신성
④ 유형성
⑤ 공감성

34 그렌루스가 정의한 지각된 서비스 요인으로 맞는 것은?

① 개인적 요구
② 기업의 약속
③ 고객과 직접 접촉하는 직원
④ 과거의 경험
⑤ 커뮤니케이션

35 다음은 마케팅 관리의 개념 중 무엇에 관한 설명인가?

> • 기업이 시장을 확대하고자 할 때 많이 사용된다.
> • 소비자의 선택 기준이 가격과 제품의 유용성에 있다고 가정한다.
> • 가장 오래된 개념의 마케팅

① 전체론적 마케팅 개념
② 마케팅 개념
③ 판매 개념
④ 제품 개념
⑤ 생산 개념

36 직원의 역할 모호성이 발생되는 원인에 해당되지 않는 것은?

① 서비스 표준이 없을 때

② 서비스 표준이 제대로 의사소통되지 않을 때

③ 서비스 표준이 성과측정, 평가, 보상시스템과 연결되어 있지 않을 때

④ 직무행위의 결과를 알 수 없을 때

⑤ 우선순위가 너무 적은 서비스 표준이 존재할 때

37 다음 중 고객만족 측정(CSI)에 대한 설명 중 옳지 않은 것은?

① ACSI는 서비스 산업에만 국한되어 있지 않다.

② ACSI는 이미 구매를 한 고객뿐만 아니라 차후 고객의 충성도를 확인할 수 있다.

③ NPS는 한국 생산성 본부와 미시간 대학에서 공동 개발하였다.

④ NCSI는 직접 제품과 서비스를 사용한 고객이 평가한 만족 수준의 정도를 알 수 있다.

⑤ NPS는 추천 고객의 수에서 비추천 고객의 수를 뺀 수치이다.

38 정상조사에 대한 설명이 아닌 것은?

① 반응 중심의 조사이다.

② 대량의 표본을 사용한다.

③ 집단 면접, 관찰 방법이 이에 속한다.

④ 대표성이 없다.

⑤ 조사 결과의 해석이 주관적이다.

39 존 굿맨(John Goodman)의 법칙 중 '서비스 불만에 대해 만족스러운 해결을 한 고객은 불만을 이야기하지 않은 고객에 비해 재구매할 가능성이 높다'는 어디에 해당되는가?

① 제1법칙

② 제2법칙

③ 제3법칙

④ 제4법칙

⑤ 제5법칙

40 다음 고객 충성도 분류 중 정기적으로 구매가 이루어지는 고객은 어떤 부류인가?

① 충성고객

② 고객

③ 단골고객

④ 단순고객

⑤ 예비고객

41 서비스 기대의 영향 요인 중 '내적 요인'에 해당하지 않는 것은?

① 서비스 철학

② 과거의 경험

③ 개인적 욕구

④ 관여도

⑤ 구전

42 다음 중 '기능 벤치마킹'에 대한 설명이 아닌 것은?

① 조직 안에 대화 통로를 개설한다.
② 최신의 제품, 서비스 프로세스를 가지고 있는 조직을 대상으로 진행한다.
③ 서로 다른 업종일 경우 방법을 이전해서 오기가 힘들다.
④ 새롭고 혁신적인 기법을 발견할 수 있다.
⑤ 다른 업종을 벤치마킹한 경우 많은 시간이 걸린다.

43 레빗(Levitt)이 제시한 제품차원 중 '사용으로 욕구 충족을 얻을 수 있는 제품으로 제품이 주는 근본적인 혜택, 즉 기본적 욕구를 충족시킬 수 있는 제품'은 무엇인가?

① 핵심 제품
② 확장 제품
③ 실체 제품
④ 기대 제품
⑤ 잠재 제품

44 다음 중 표적시장 선정에서 무차별화 전략에 해당되지 않는 것은?

① 광범위한 구매자 대상으로 진행하는 것이다.
② 치열한 경쟁이 보이기 때문에 수익을 얻기가 어렵다.
③ 시장 조사 및 세분화 작업에서 소요되는 비용을 절감할 수 있다.
④ 고객 중심의 사고로 전략을 실행한다.
⑤ 표준화와 대량화가 가능하다.

45 다음 중 고객경험관리(CEM)에 대한 설명 중 옳지 않은 것은?

① CEM은 긍정적인 고객 경험을 만들어 내는 것이다.
② CEM은 고객이 회사와 직·간접적으로 접촉하면서 나타나는 반응이다.
③ CEM은 기업의 상품 또는 서비스에 고객들이 어떤 감정을 가지는지 관심을 둔다.
④ CEM은 고객특성 및 구매성향 등 고객정보에 관심을 둔다.
⑤ 간접적인 접촉인 구전을 통한 반응도 속한다.

46 슈미트 교수가 언급하는 고객경험관리 5단계 중 4단계에 해당하는 것은?

① 고객 상호접촉 구축
② 꾸준한 혁신
③ 고객의 경험적 기반 확인
④ 상표 경험을 디자인
⑤ 고객 경험 분석

47 SWOT 전략 중 '철수 전략'은 어디에 속하는가?

① WO 전략
② WT 전략
③ ST 전략
④ SO 전략
⑤ SW 전략

48 다음 중 고객의 소리(VOC)에 대한 설명으로 옳지 않은 것은?

① 내부 업무 시스템과 연계를 통해 CRM 추진 활동을 지원한다.
② 자료의 신뢰성을 높이고자 고객의 소리를 코딩으로 분류한다.
③ VOC와 보상을 연결시킨다.
④ 고객의 실제 성향 파악의 한계점을 데이터를 통한 분석으로 해결한다.
⑤ 고객의 소리가 다양하여 정보 분석이 쉽지 않다.

49 다음 모니터링 요소 중 '모든 평가자는 같은 방법으로 모니터링을 해야 하고 평가표는 세부적으로 되어 있어야 하는 것'은 어디에 속하는가?

① 대표성
② 신뢰성
③ 유용성
④ 차별성
⑤ 객관성

50 고객 분석 기법 중 구매 시점, 구매 빈도, 구매 금액 세 가지 요소를 통해 고객의 등급을 측정하는 방법은?

① RFM 분석법
② AIO 분석법
③ 래더링 기법
④ 정량적 조사기법
⑤ 정성적 조사기법

51 다음 보고 매너에 대한 설명 중 옳지 않은 것은?

① 지시 업무가 거의 완료되었을 때 중간 보고를 한다.
② 보고는 결론부터 말한 후 이유를 전달한다.
③ 질문을 하며 지시사항을 확인한다.
④ 복잡한 업무는 문서로 정리하여 보고한다.
⑤ 보고를 할 때는 지시한 당사자에게 한다.

52 다음 콜센터 업무에 대한 설명 중 옳지 않은 것은?

① 인바운드 콜센터 – 고객에게 전화를 걸어 적극적인 세일즈 업무를 수행한다.
② 아웃소싱형 콜센터 – 외부 업체 전문 콜센터를 사용하여 자체운영에 따른 리스크를 방지한다.
③ 직할 콜센터 – 기업 자체적으로 직접 운영하는 방식이다.
④ VOIP 방식 – 음성 서비스를 데이터로 전환하여 고객들은 시내전화 요금으로 인터넷 전화 서비스를 제공받을 수 있다.
⑤ CTI 콜센터 – 컴퓨터와 전화 시스템을 통합하여 음성과 데이터를 처리한다.

53 콜센터의 스크립트 필요성에 대한 설명 중 옳지 않은 것은?

① 상담원들의 능력을 향상시킬 수 있다.
② 생산성을 향상시킬 수 있다.
③ 상담 내용에 차별성을 부여할 수 있다.
④ 서비스 표준화를 둘 수 있다.
⑤ 평균적인 통화 시간을 조절 가능하다.

54 스크립트 작성 시 도입 부분에 들어가야 하는 내용은?

① 고객들이 반론을 했을 때 대응할 자료를 미리 준비해둔다.
② 고객이 받게 될 이점 위주의 설명을 한다.
③ 상대방이 의사 결정권자인지 확인 후 진행한다.
④ 고객에게 상품 및 서비스 선택에 대한 자신감과 확신을 전달한다.
⑤ 고객이 거절을 하면 혜택을 다시 강조한다.

55 콜센터 조직 구성원 중 다음 내용에 해당하는 것은?

- 텔레마케팅의 업무가 효율적으로 운용되도록 지휘
- 텔레마케팅의 전략 수립, 판촉 전개, 스크립트 작성 또는 개선 작업
- 현장교육과 코칭, 이직률 관리 등의 업무를 담당한다.

① QAA
② 텔러마케터
③ 유니트리더
④ 상담원
⑤ 슈퍼바이저

56 콜센터 모니터링 데이터를 활용하는 목적이 아닌 것은?

① 업무의 프로세스를 개선하여 마케팅, 세일즈 부서에 활용할 수 있다.
② 상담원의 능력을 분석하여 선발 과정에 활용할 수 있다.
③ 교육에 대한 니즈를 파악할 수 있다.
④ 보상과 인정을 통해 상담원의 동기부여로 활용한다.
⑤ 기업의 이윤 창출에 활용된다.

57 고객과의 상담 화법 중 "저희 서비스 가격이 고가인 점이 특징입니다."라고 표현하는 것은 어떤 화법인가?

① 아론슨 화법
② 보상 화법
③ 부메랑 화법
④ 후광 화법
⑤ 산울림 화법

58 다음 질문 기법 중 '고객의 입을 통해 처리할 사항을 확인'받는 질문 기법은?

① 선택형 질문
② 확인형 질문
③ 열린 질문
④ 닫힌 질문
⑤ 확대형 질문

59 다음 중 '표현 불평자'에 대한 설명에 해당하지 않는 것은?

① 충성 고객으로 전환될 수 있는 유형이다.
② 적극적으로 불만을 이야기하여 두 번째 기회를 준다.
③ 개인적 규범은 자신들의 불만과 일치한다.
④ 높은 소외 의식을 가지고 있다.
⑤ 서비스 제공자에게 불만을 표현한 결과가 긍정적일 것이라고 믿는다.

60 다음 콜센터의 역할 중 경영전략 측면에 속하는 것은?

① 다양한 소통 채널 확보
② 콜센터의 운영 지표 확보
③ 고객 확보 전략
④ 기업 전체가 받게 될 영향 중시
⑤ 고객 니즈 파악 및 피드백 제공

61 다음 중 에티켓에 대한 설명이 아닌 것은?

① 의무적
② 규범적
③ 외부 지향적
④ 공공의 성격
⑤ 습관의 표출

62 다음 중 '로젠버그'가 제시한 이미지 분류에서 자신의 신체, 행동, 능력을 판단하는 자신에 대한 지각이며, 행동을 해야 할 방향을 정해야 하는 주체인 것으로 분류한 것은 어디에 해당되는가?

① 능동적 이미지
② 수동적 이미지
③ 내적 이미지
④ 사회적 이미지
⑤ 외적 이미지

63 다음 중 이미지를 만드는 첫인상의 특징으로 가장 거리가 먼 것은?

① 판단의 유보
② 일회성
③ 신속성
④ 초두 효과
⑤ 일방적

64 다음 중 목례를 해야 하는 상황이 아닌 것은?

① 복도에서 자주 마주치는 사람에게
② 통화 중 상사가 들어올 때
③ 잘 알지 못하는 사내 사람과 마주칠 때
④ 지시 또는 보고를 한 후 나갈 때
⑤ 엘리베이터에서 만났을 때

65 다음 중 소개 매너에 대한 설명 중 옳지 않은 것은?

① 기혼자에게 미혼자를 소개한다.

② 외부인에게 회사 동료를 소개한다.

③ 나이가 많거나 앉아 있던 여성은 앉은 그대로 남성을 소개받아도 무방하다.

④ 나이가 많거나 앉아 있던 여성이라도 호스트라면 일어나는 것이 매너이다.

⑤ 한 사람을 여러 사람에게 소개할 경우 여러 사람을 한 사람에게 먼저 소개한다.

66 다음 중 악수 매너에 대한 설명을 올바르지 않은 것은?

① 악수를 할 때 장갑을 낀 여성은 벗지 않고 해도 된다.

② 여성의 경우 먼저 악수를 청하는 것이 에티켓이다.

③ 웃어른과 인사를 할 때도 아이컨택은 하면서 악수를 해야 한다.

④ 악수를 할 때 존경의 마음을 담아 두 손으로 감싸며 악수를 해도 무관하다.

⑤ 악수할 때 허리를 곧게 펴는 것이 매너이나 상대방이 윗사람일 경우 조금 기울이는 것이 좋다.

67 국제 비즈니스의 에티켓에 대한 설명 중 옳지 않은 것은?

① 국제화되어 가는 기업의 비즈니스가 증가하고 있다.

② 문화 헤게모니가 강화되는 상황이 나타나고 있다.

③ 국제 비즈니스의 증가로 인해 공간과 시간은 단축되고, 국가 간 상호 의존도가 더욱 증가하고 있다.

④ 자기소개를 할 때 이름 앞에 Mr or Miss를 사용하지 않는다.

⑤ 서양에서 악수를 하기 전 명함을 전달하지 않는 것이 좋다.

68 국제 비즈니스 매너를 위해 알아야 할 국가별 문화 특징에 대한 설명으로 올바르지 않은 것은?

① 유럽에서는 엄지손가락을 코끝에 가져다 대면 남을 비웃는 표시가 된다.

② 중국에서 청색과 백색은 장례식 색깔이므로 사용하지 않는 것이 좋다.

③ 중국인들은 먼저 사용한 젓가락으로 음식을 집어 전달하는 것을 별 일 아니라고 생각한다.

④ 유럽에서는 구두 밑창을 보이는 것은 불쾌하다라는 표현이다.

⑤ 일본에서는 짝으로 된 것이 행운을 불러온다고 생각하므로 선물은 짝으로 구성된 세트가 좋다.

69 다음 중 전화응대의 단점에 대해서 올바르지 않은 것은?

① 상대방의 얼굴 표정 등과 같은 비언어적 정보를 얻는 것은 쉽지 않기 때문에 고객의 욕구에 대해 알아채는 데 한계가 있다.

② 상담 내용이 복잡할 경우에는 전화 상담을 통해 이해와 설득을 하기가 어렵다.

③ 의사소통의 장애로 상담 내용이 잘못 전해질 수 있다.

④ 즉시성, 보편성 등의 특성으로 다양한 채널을 통해 사용하는 것이 어렵다.

⑤ 의사소통의 애로가 있는 경우에는 오류에 빠지기 쉽다.

70 다음 프레젠테이션 분석에 대한 설명 중 틀린 것은?

① 남성 청중일 경우 적극적 참여를 유도하면 집중도에 효과가 있다.

② 프레젠테이션의 목적에는 행동 촉구, 정보 전달, 동기 유발, 엔터테인먼트가 있다.

③ PT의 실패 원인 중 가장 빈번하고 큰 원인은 '장소 분석'에 있다.

④ 발표 자료 제작은 '준비' 요인에 속한다.

⑤ 발표를 듣는 사람들의 기준이나 가치관을 알아야 한다.

71 소비자에 대해 보기와 같이 정의한 학자는?

> 소비자란 개인적인 용도에 쓰기 위하여 상품이나 서비스를 제공받는 사람이다.

① 폰 히펠

② 이마무라 세이와

③ 타케우치 쇼우미

④ 가토 이치로

⑤ 와이블

72 다음 중 소비자 단체 소송과 관련하여 비영리 단체 요건에 대한 설명으로 옳지 않은 것은?

① 법률상 또는 사실상 동일한 침해를 입은 50인 이상의 소비자로부터 단체 소송의 제기를 요청받을 것

② 정관에 소비자의 권익 증진을 단체의 목적으로 명시 한 후 최근 3년 이상 이를 위한 활동 실적이 있을 것

③ 단체의 상시 구성원 수가 5천 명 이상일 것

④ 한국 소비자원에 등록되어 있을 것

⑤ 정관에 소비자의 권익 증진을 단체의 목적으로 명시되어 있어야 한다.

73 다음 개인정보 안전의 관리에서 '기술적 조치'에 해당되지 않는 것은?

① 개인정보에 대한 권한 없는 접근을 차단하기 위한 암호화와 방화벽 설치 등의 조치
② 개인정보에 대한 접근 권한을 확인하기 위한 식별 및 인증 조치
③ 침해 사고 방지를 위한 보안프로그램의 설치 운영
④ 접속기록의 위 · 변조 방지를 위한 조치
⑤ 개인정보 관리 책임자의 의무와 책임을 규정한 내부 지침 마련

74 다음은 개인정보 보호에 관한 OECD 8원칙 중 어디에 해당되는가?

> 정보 관리자는 상기 모든 원칙이 지켜지도록 필요한 조치를 취하여야 할 책임이 있다. 여기에 책임은 법적 제재에 의한 책임 외에 자기규범에 규정되어 있는 책임도 포함된다.

① 공개의 원칙
② 안전 조치의 원칙
③ 책임의 원칙
④ 이용 제한의 원칙
⑤ 정확성 원칙

75 남성 정장의 매너에 대한 설명 중 옳지 않은 것은?

① 항상 단추를 채워야 하기에 쓰리 버튼 재킷은 가운데 단추를 채운다.
② 구두의 색깔은 양복과 맞추는 것이 좋다.
③ 목이 짧은 양말은 패션으로 신어도 무관하다.
④ 정장에는 흰색 양말은 되도록 피한다.
⑤ 조끼를 입을 때는 넥타이가 조끼 아래로 나오지 않도록 한다.

실전 모의고사 02회

시험 일자	시험 시간	문항 수
년 월 일	75분	75문항

수험번호 : _____

성   명 : _____

1과목 **CS 개론**

01 성장기(1990년대) 고객만족경영에 대한 설명으로 맞지 않는 것은?

① 고객생애가치(LTC) 중시
② 고객감동경영 도입
③ A/S 도입
④ 전사적 고객만족 도입
⑤ 사이버 고객 만족에 대한 관심 증대

02 다음 프로세스 중 지원 프로세스에 해당하는 것은?

① 의사결정
② 대량 맞춤화
③ 신규 제품 개발
④ 인적자원 관리
⑤ 학습조직 구축

03 서비스 프로세스 중 저렴한 요즘으로 단거리 운행, 음료·식사제공 생략, 지정석 폐지 등 표준화 전략에 성공한 항공사는?

① 싱가포르항공
② 아시아나항공
③ 대한항공
④ JAL항공
⑤ 사우스웨스트 항공

04 데이비드 마이스터가 제시한 대기관리 8원칙에 해당하지 않는 것은 무엇인가?

① 대기는 가치가 적을수록 더 길게 느껴진다.
② 구매 전 대기가 더 길게 느껴진다.
③ 대기는 집단으로 기다리면 더 길게 느껴진다.
④ 불공정한 대기는 더 길게 느껴진다.
⑤ 아무 일도 안 할 때 대기가 더 길게 느껴진다.

05 품질기능전개의 장점에 해당하지 않는 것은?

① 제품이 설계 변경을 감소시킬 수 있다.
② 판매 후 하자발생을 감소시킬 수 있다.
③ 품질의 집(HOQ)을 이용하여 모든 과정을 문서화할 수 있다.
④ 고객의 니즈를 지속적으로 파악하고 관리할 수 있다.
⑤ 경영자의 요구와 고객속성을 부합하여 제품 개발을 할 수 있다.

06 서비스프로세스 설계의 기본원칙에 대한 설명이 아닌 것은?

① 모든 의사 결정시 고객 니즈를 고려한다.
② 평가는 절대적이어야 한다.
③ 평가는 고객이 한다.
④ 고객의 개별 니즈에 적응하는 효율적 방법은 일선 직원이나 지원 시스템이다.
⑤ 프로세스는 궁극적으로 과업 성과를 재고할 수 있어야 한다.

07 다음 중 고객만족에 대해 아래와 같이 정의한 학자는?

> 지각 품질은 몇 가지 점에 대한 제품의 전체적인 태도와 유사한 개념. 일시적이 아닌 종합적이고 영속적인 의미를 가진다.

① 올슨과 도버
② 파라수라만
③ 올스하브스키
④ 웨스트브룩
⑤ 라일리

08 다음 중 구전에 대한 설명으로 옳은 것은?

① 구전은 언어적 커뮤니케이션에 한계가 있다.
② 구전은 사람들에게 천천히 전달된다.
③ 구전은 TV 광고 효과보다 느리다.
④ 구전은 고객 경험의 간접적인 요소에 기초한다.
⑤ 구전은 기업에 의해 만들어진 정보가 아니기 때문에 더욱더 신뢰할 수 있는 정보다.

09 다음 중 노드스트롬에 대한 설명으로 옳지 않은 것은?

① 100% 반품 정책으로 고객에게 신뢰를 준다.
② 직원에게 현장의 모든 권한을 위임하고 판매에 따른 커미션을 준다.
③ 내부고객보다 외부고객을 우선시한다.
④ 종업원 지주제도로 장기근속하고 퇴직한 자는 큰 금액의 연금을 받을 수 있다.
⑤ 동종업계와 비교하여 가격이 비싸지 않다.

10 다음 괄호 안에 들어갈 용어로 적절한 것은?

> 감성경영은 (   )을 통해 기업의 매출과 브랜드 가치의 상승이라는 효과를 가져오고, 감성 리더십을 통해 피그말리온 효과를 극대화시키는 것이다.

① 고객만족경영
② 차별화 마케팅
③ 고객욕구 충족
④ 감성 마케팅
⑤ 인재 육성

11 제품 또는 서비스의 구매보다는 제품의 모니터링, 평판, 심사 등에 영향을 주는 고객 유형은?

① 법률규제자
② 의사결정 고객
③ 의견선도 고객
④ 한계 고객
⑤ 경쟁자

12 다음 중 관계 마케팅의 특성에 대한 설명으로 옳지 않은 것은?

① 신규고객 창출보다 기존고객을 유지하는 마케팅에 중점을 둔다.
② 단기적인 거래 실적보다 고객생애가치의 장기적 관계에 중점을 둔다.
③ 마케팅의 초점이 제품차별화 방향으로 변화된다.
④ 고객접점에서의 내부 마케팅과의 상호작용을 중요하게 둔다.
⑤ 외부 마케팅은 내부 마케팅의 선행이 된다.

13 다음 중 e-CRM의 특징이 아닌 것은?

① 차별화

② 개인 맞춤 서비스

③ 하루 24시간 서비스 제공 가능

④ 지역적 한계

⑤ 인터넷을 통한 단일 통합 채널

14 다음 중 조하리의 마음의 창에 대한 설명으로 옳지 않은 것은?

① 개방형, 자기주장형, 안정형, 신중형 4가지 유형으로 나뉘어져 있다.

② 조하리의 창에서는 개방형이 가장 바람직 하다고 보고 있다.

③ 자기주장형은 맹목의 영역이 가장 넓다.

④ 신중형은 현대인에게 가장 많은 유형으로 알려져 있다.

⑤ 개방형은 주책스러운 사람으로 보여질 수 도 있다.

15 대인지각의 왜곡유형 효과 중 '많은 장점을 가 지고 있음에도 단점에 의해 그 사람을 평가하는 척도가 되는 것'을 무엇이라고 하는가?

① 스테레오 타입

② 범주화와 고정관념

③ 최소량의 법칙

④ 관대화 경향

⑤ 중심화 경향

16 다음은 시간의 구조화 중 어떤 방법에 대한 설 명인가?

> • 공상이나 상상으로 자기 스스로 스트로크를 주려고 하는 것
> • 몸은 다른 사람들과 함께 있지만 마음은 다른 곳에 있는 상태

① 게임

② 폐쇄

③ 활동

④ 잡담

⑤ 의례

17 다음과 같이 '서비스는 어떤 사람이 상대방에게 제공할 수 있는 활동이나 혜택으로 무형적이며 소유될 수 없는 것으로 물리적 생산물과 결부될 수도 있고 그렇지 않을 수도 있다'라고 서비스 정의를 내린 학자는?

① 레티넨

② 코틀러

③ 베리

④ 베송

⑤ 라스멜

18 크리스토퍼의 서비스 분류 중 거래 전 서비스에 해당하지 않는 것은?

① 시스템 유연성

② 회사에 대한 고객 평가

③ 공지된 회사의 정책

④ 주문의 편리성

⑤ 기술적 서비스

19 다음 중 서비스 특성에 대한 설명으로 옳지 않은 것은?

① 서비스의 품질은 통제가 불가능하다.
② 극장의 조조할인은 서비스의 소멸성 특성 때문이다.
③ 서비스는 표준화가 가능하므로 직원 교육을 시킨다.
④ 서비스 기업은 노동집약형 구조이다.
⑤ 소비자도 서비스 생산 과정에 참여한다.

20 다음 중 관광 서비스의 개념으로 옳지 않은 것은?

① 고객은 감동을 주는 서비스보다 물리적인 서비스가 중요하다.
② 관광서비스는 모방이 쉽다.
③ 차별화된 고품위 서비스가 요구된다.
④ 관광서비스는 시간과 함께 자동 소멸된다.
⑤ 관광서비스는 형태가 보이지 않는다.

21 C.M.S의 9가지 세부 요소 중 태도의 3요소가 올바르게 짝지어진 것은?

① 열정, 애정, 신뢰
② 철학, 비전, 혁신
③ 창조, 운영, 관계
④ 철학, 애정, 관계
⑤ 혁신, 열정, 창조

22 다음 시장방어 전략 중 저지 전략에 해당하지 않는 것은?

① 서비스 보증
② 집중 광고
③ 가격 인하
④ 전환비용
⑤ 입지나 유통 통제

23 다음 중 서비스 프로세스에 대한 설명으로 옳지 않은 것은?

① 평가는 고객이 한다.
② 평가는 절대적이 아니라 상대적이다.
③ 서비스 프로세스의 목적론은 성과보다 과정을 중요시해야 한다.
④ 서비스 프로세스의 전체론은 개별 활동들은 하나의 시각에서 인지하고 자율성을 가져야 한다.
⑤ 전달자의 처리 능력은 고객에게 가시적으로 보여준다.

24 다음 MOT 관련 법칙에 대한 설명으로 옳은 것은?

> 열 가지 접점 중 한 가지 접점에서라도 마이너스 점수를 받게 되면 전체 만족도는 마이너스가 된다는 의미를 가진 법칙

① 100−1=0 법칙
② 통나무 물통의 법칙
③ 곱셈의 법칙
④ TEN−TEN−TEN 원칙
⑤ 깨진 유리창의 법칙

25 시장방어 전략 중 보복 전략에 해당하는 것은?

① 서비스 추가
② 서비스 패키지 확장
③ 서비스 보증
④ 전환 비용
⑤ 장기간 계약기간

2과목   **CS 전략론**

26 서비스 청사진의 작성 5단계를 순서대로 잘 나열한 것은?

> ㄱ. 청사진 수정
> ㄴ. 실패 가능점의 확인
> ㄷ. 경과시간의 명확화
> ㄹ. 수익성 분석
> ㅁ. 과정의 도식화

① ㄷ－ㄹ－ㅁ－ㄱ－ㄴ
② ㄴ－ㄷ－ㄹ－ㅁ－ㄱ
③ ㅁ－ㄴ－ㄷ－ㄹ－ㄱ
④ ㄹ－ㄷ－ㄴ－ㄱ－ㅁ
⑤ ㄹ－ㅁ－ㄴ－ㄷ－ㄱ

27 모니터링 목적에 대한 설명 중 적절하지 않은 것은?

① 상담사로 하여금 조직의 정책을 따르도록 한다.
② 경쟁자와 비교하여 전반적인 기업 성과를 평가할 수 있다.
③ 서비스 품질을 주관적으로 평가한다.
④ 모니터링의 가장 큰 목적은 직원의 잠재 능력 개발이다.
⑤ 서비스 제공 변경의 효과를 측정할 수 있다.

28 다음은 어떤 모니터링 유형에 대한 설명인가?

> 고객을 가장한 조사자가 상담 품질이나 서비스 수준을 평가하기 위해, 자신의 신분을 밝히지 않고 실제 고객과 동일한 상황에서 상담원과 통화를 진행하는 모니터링 방식

① 동료 모니터링
② Side-by-Side 모니터링
③ 미스터리 콜
④ Silent 모니터링
⑤ 콜 리코딩

29 트렌드(Trend)의 일반적 개념과 특징 설명으로 부적절한 것은?

① 미시, 거시, 초거시로 공간적 구분이 가능하다.
② 시대정신과 가치관이 반영되는 것으로 생성, 정체, 성장, 후퇴 등 변동 경향을 나타낸다.
③ 패드(fad)와 같이 시간적인 측면에서 1년간 지속되는 선풍적 인기이다.
④ 어떤 방향으로 쏠리는 현상, 동향, 경향, 추세, 스타일 등이 사전적 의미다.
⑤ 단기, 중기, 장기, 초장기까지 시간적 구분이 가능하다.

30 다음 중 고도로 차별화된 개별 서비스를 제공하기 위해 리츠칼튼 호텔에서 활용하는 사례들을 모두 고른 것은?

> 가. 고객 이력 데이터베이스
> 나. 고객 기호 카드
> 다. 고객인지 프로그램
> 라. 고객 프로파일러

① 나, 라, 다
② 가, 다
③ 나, 라
④ 가, 다, 라
⑤ 가, 나, 다, 라

31 A/S 품질 차원 요소 중 영향도가 가장 큰 것은?

① 편의성
② 정책
③ 처리 시간
④ 태도와 행동
⑤ 전문성과 기술

32 다음 중 서비스 수익체인 모델에서 외부 표적 시장에 해당하는 것은?

① 서비스 품질은 업무역량을 증가시킨다.
② 종업원의 만족도는 종업원의 충성도와 관련있다.
③ 운영전략과 서비스 전달 시스템을 사용한다.
④ 종업원의 생산성은 서비스 가치를 가져온다.
⑤ 고객의 충성도는 수익증가와 관련이 있다.

33 다음 중 의료 서비스 특징에 대한 설명으로 옳지 않은 것은?

① 똑같은 환자는 한 명도 없다.
② 의료 서비스는 무형제품이다.
③ 수요 예측이 가능하다.
④ 비용은 간접 지불 형태이다.
⑤ 다양한 의사 결정자가 있다.

34 다음 중 SERVQUAL(서비스 품질의 측정 도구)에 대한 설명으로 옳지 않은 것은?

① SERVQUAL은 미국의 파라수라만, 자이다믈, 베리에 의해 개발되었다.
② 사용자 중심의 모델이다.
③ 어떤 특정 사업에 국한된 중요한 변수는 측정하지 않는다.
④ 모든 산업에 적용되는 것은 아니다.
⑤ 고객의 기대와 평가를 이해하는 데 사용할 수 있는 단문항 척도다.

35 다음 중 카노의 품질 모형 중 고객이 미처 기대하지 못한 것을 충족시켜주고 고객 기대 수준이 높아지면 '진부화 현상'이 나타나는 품질 요소는?

① 매력적 품질 요소
② 당연적 품질 요소
③ 일원적 품질 요소
④ 무관심 품질 요소
⑤ 역품질 요소

36 다음 중 품질의 문제가 발생하는 이유가 아닌 것은?

① 직원에 대한 부적절한 서비스
② 고객을 수치로 보는 견해
③ 기업의 장기적 견해
④ 생산과 소비의 비분리성
⑤ 커뮤니케이션 차이

37 다음 중 내부 마케팅에 대한 설명으로 옳지 않은 것은?

① 기업과 고객 간에 이루어지는 마케팅이다.
② 내부 마케팅은 외부 마케팅보다 우선적으로 수행되어야 한다.
③ 기업 CEO는 직원에게 적절한 재량권을 부여함으로써 고객의 반응에 신속히 대응할 수 있게 한다.
④ 회사 직원을 대상을 초점으로 하는 마케팅이다.
⑤ 종업원을 훈련시키고 동기유발시키는 것이 과제이다.

38 다음 중 고객만족 측정에 대한 설명 중 옳지 않은 것은?

① 고객만족 측정 3원칙은 신속성, 정량성, 정확성이다.
② 정서적 반응으로 보는 관점은 경험의 평가에 대한 소비자의 반응이다.
③ 고객의 평가로 보는 관점은 고객의 욕구 및 요구를 만족시키는 정도에 대한 평가로 정의된다.
④ CSI 종류는 고객만족지수, 직원만족지수, 협력업체 만족 지수가 있다.
⑤ 고객 만족도 조사에는 정성조사와 정량 조사가 있다.

39 고객만족 3요소 중 '휴먼웨어'에 속하지 않는 것은?

① 서비스 마인드
② 접객 서비스 활동
③ 고객 관리 시스템
④ 매너
⑤ 조직문화

40 고객의 소리(VOC)의 성공 조건이 아닌 것은?

① VOC로 인해 조직의 변화가 발생한 부분을 평가한다.
② 고객의 소리를 코딩으로 분류한다.
③ 내부 업무 시스템과 연결을 통해 CRM 추진 활동을 지원한다.
④ 모든 직원이 처리할 수 있게 처리 부서를 명확하게 정해두지 않는다.
⑤ 보상과 VOC를 연결시킨다.

41 서비스 기대 관리에 대한 설명 중 다음은 무엇에 관한 설명인가?

> • 높은 가격이거나 해당 서비스 경험을 많이 할수록 크기가 줄어드는 경향이 있다.
> • 특히나 중요하다고 생각되는 특성은 다른 특성에 비해 상당히 줄어든다.
> • 굉장히 신축적이다.
> • 실패가 드러나지 않는 미발각 지대에 해당한다.

① 적정 서비스
② 허용 영역
③ 희망 서비스
④ 예측된 서비스
⑤ 안전 영역

42 다음은 어떤 법칙에 대한 설명인가?

> • 20% 소비자가 전체 매출의 80%를 차지한다
> 는 법칙
> • '선택과 집중'이라는 키워드와 결합

① 롱테일 법칙
② 파레토 법칙
③ 세이의 법칙
④ 바넘효과
⑤ 포러효과

43 고객 분석 기법 중 구매 시점, 구매 빈도, 구매 금액의 요소를 가지고 분석하는 방법은?

① RFM 분석법
② AIO 분석법
③ 래더링 기법
④ 정량적 조사 기법
⑤ 정성적 조사 기법

44 고객경험관리의 성공적인 프로세스 단계 중 세 번째 단계는 무엇인가?

① 차별화된 경험을 디자인하라
② 고객의 피드백을 반영하라
③ 고객의 경험 과정을 분석하라
④ 일관되고 통합된 경험을 제공하라
⑤ 고객의 정보를 모집하라

45 다음 중 고객 경험 관리를 통한 효과에 대해 잘 못 설명한 것은?

① 판매 수익 증대
② 고객 유치로 연결이 될 수 있음
③ 고객 유지 비용이 감소
④ 영업 비용 증가
⑤ 가격 프리미엄을 제공

46 다음 중 충성도가 높은 고객의 보유 정도를 나타내는 지표는 무엇인가?

① CSI
② NCSI
③ ACSI
④ NPS
⑤ KCSI

47 다음 SERVQUAL 5가지 차원 중 직원의 매너와 자신감을 전달하는 능력에 해당하는 것은?

① 공감성
② 확신성
③ 대응성
④ 신뢰성
⑤ 유형성

48 서비스 패러독스의 원인이 아닌 것은?

① 기술의 복잡화
② 서비스의 인간성 소멸
③ 서비스의 차별화
④ 서비스의 표준화
⑤ 종업원 채용의 악순환

49 모니터링 평가표의 3대 점검 요소에 대한 설명으로 옳지 않은 것은?

① '누가 평가해도 같은 결과가 나오는가'는 계량성에 대한 설명이다.
② '기준이 명확하고 객관적인가'는 신뢰성에 대한 설명이다.
③ '평가 항목이 보편적인가'는 공정성에 해당된다.
④ '중요도에 비해 배점은 적당한가'는 공정성에 해당된다.
⑤ '불필요한 항목은 없음'은 유용성에 해당된다.

50 다음 고객 가치 등식의 괄호 안에 들어갈 내용은?

$$\text{고객 가치} = \frac{\text{고객에게 제기된 결과물} + \text{과정상의 품질}}{\text{서비스 가격} + (\qquad)}$$

① 희소성
② 대체비용
③ 서비스 획득 비용
④ 투자 비용
⑤ 획득 가치

3과목　**고객관리 실무론**

51 전화응대 구성 요소에 해당하지 않는 것은?

① 억양
② 정확한 발음
③ 음성
④ 띄어 읽기
⑤ 전문 용어

52 다음 중 바른 호칭에 대해 설명 중 옳지 않은 것은?

① 서류에도 상사에 대한 존칭을 사용한다.
② 처음 대하는 아랫사람에게 '○○ 씨'라고 붙인다.
③ 동료에게 자신을 칭할 때 '나'라고 말한다.
④ 동료나 하급자에게는 성과 직위를 말한다.
⑤ '수고하십시오'라는 말은 윗사람에게 하지 않는다.

53 다음 콜센터의 역할 중 서비스 전략 측면에 속하지 않는 것은?

① 다양한 소통 채널 확보
② 콜센터의 운영 지표 확보
③ 고객 유지 전략
④ 기업 전체가 받게 될 영향 중시
⑤ 고객니즈 파악 및 피드백 제공

54 다음 중 인바운드 콜 서비스에 대한 설명으로 옳지 않은 것은?

① 민원
② 상담
③ 컴플레인
④ 해피콜
⑤ 통신판매 & 보험 가입

55 콜센터 스크립트 작성 요령에 대한 설명 옳지 않은 것은?

① 스크립트는 문어체가 아닌 구어체를 사용한다.

② 작성 시 고객 중심으로 작성해 고객이 이익을 받는다는 확신을 준다.

③ 스크립트는 기업, 상담원, 고객 입장을 모두 고려해서 작성한다.

④ 고객에게 특별한 이익 있다는 차별성을 전달해야 한다.

⑤ '예', '아니오'에 따라 질문 및 설명이 따르는 방식은 고객과 대화하는 회화식 방식이다.

56 다음 콜센터 서비스 제공 단계 중 '상담 전'에 해당하는 서비스는?

① 응대 신속성

② 고객 파악도

③ 통화 연결성

④ 문의 내용 이해도

⑤ 상담 태도

57 콜센터 성과관리에 대한 설명으로 옳은 것은?

① 성과관리는 과정 측면에 초점을 둔 관리이다.

② QC와 PI는 동일한 목적을 가진다.

③ PI는 잘된 점을 발견해 칭찬해주는 것이다.

④ 성과관리의 사이클은 '기획(Plan) – 관찰(See) – 실행(Do) – 재고(Revise)'이다.

⑤ 성과관리는 측정이나 평가 자체가 목적이다.

58 다음 중 고객 응대 화법에 대한 설명으로 옳은 것은?

① 대화에 감정을 담지 않고 사실만 전달하도록 한다.

② 호감을 주기 위해 두리뭉실하게 서비스를 제안한다.

③ 예의를 차리기보다는 친근함을 주기 위해 지인처럼 접근한다.

④ 고객 입장을 중심으로 설득시킨다.

⑤ 서비스의 전문성을 보이기 위해 전문용어를 많이 사용한다.

59 다음 중 고객을 설득할 때 사용하는 화법으로 옳지 않은 것은?

① 고객의 말을 적극적으로 경청하고 고객 반응을 살피며 대화한다.

② 고객의 의도를 명확히 파악하는 것이 우선이다.

③ 전문 용어 보다는 고객의 상품 이해 수준에 맞는 표현을 한다.

④ 고객이 부담스러워 할 수 있으므로 브랜드 명을 반복적으로 말하지 않는다.

⑤ 상황에 맞는 다양한 템포와 목소리 크기로 대화한다.

60 다음 중 코칭에 대한 설명으로 옳은 것은?

① 현재 지향적이다.

② 코칭은 상처받은 사람을 치유해 주는 것이다.

③ 당장의 문제를 시급히 해결하고 싶은 사람에게 코칭을 해준다.

④ 전문가의 조언을 제공받는다.

⑤ 도움을 받아 자신 문제의 해결을 스스로 찾는다.

61 다음은 코치의 역할 중 직원들의 성과를 관찰하여 적절한 피드백이나 지원을 하기로 약속한 사람은 어디에 해당하는가?

① 교사
② 역할모델
③ 멘토
④ 후원자
⑤ 평가자

62 다음은 불만 고객 응대 원칙 중 무엇에 관한 설명인가?

> 고객이 직원에게 화를 내는 것은 개인적인 감정이 있어서가 아니라, 일처리에 대한 불만족과 회사의 규정 및 제도에 대해 항의를 하는 것이다.

① 피뢰침의 원칙
② 감정 통제의 원칙
③ 책임 공감의 원칙
④ 언어 절제의 원칙
⑤ 역지사지의 원칙

63 콜센터 스크립트 작성 요령에 대한 설명 옳지 않은 것은?

① 스크립트는 문어체가 아닌 구어체를 사용한다.
② 작성 시 기업 중심으로 작성해 고객이 이익을 받는다는 확신을 준다.
③ 스크립트는 기업, 상담원, 고객 입장을 모두 고려해서 작성한다.
④ 고객에게 특별한 이익 있다는 차별성을 전달해야 한다.
⑤ '예', '아니오'에 따라 질문 및 설명이 따르는 방식은 차트식 방식이다.

64 이미지에 대한 설명 중 옳지 않은 것은?

① 이미지는 같은 대상을 보고도 사람마다 다르게 느낄 수 있다.
② 내면적 요소인 성격이 변수로 작용할 수 있다.
③ 다니엘 부어스틴은 이미지는 가짜로 조작될 수 없다고 하였다.
④ '표정'은 이미지의 외적(시각적) 요인에 속한다.
⑤ '개념'은 이미지의 관념적 요인에 속한다.

65 인상 형성 요인으로 보기 힘든 것은?

① 경험
② 욕구
③ 지식 수준
④ 생활가치
⑤ 배경

66 다음 중 올바른 인사 매너가 아닌 것은?

① 인사하기 가장 좋은 시기는 6보~8보 전방이다.
② 상사가 외부인과 함께 복도를 지나갈 때 마주치면 잠깐 멈추고 인사를 한다.
③ 복도에서 상사와 마주치면 멈출 필요 없이 한쪽으로 비켜서며 가볍게 인사한다.
④ 부득이 하게 앉아서 인사를 하게 되면 표정이 가리지 않도록 머리를 너무 숙이지 않는다.
⑤ 화장실에서 마주치면 인사말과 함께 목례로 대신한다.

67 다음 중 공수와 절에 대한 설명 중 옳지 않은 것은?

① 평상시 남자는 왼손을 위로 둔다.
② 제사시 여자는 오른손을 위로 둔다.
③ 여자는 음이기 때문에 최소 음수인 한 번 절을 한다.
④ 산 사람에게는 기본 횟수만 절을 한다.
⑤ 죽은 사람에게는 기본 횟수의 배를 한다.

68 명함을 주고 받을 때 올바르지 않은 매너는?

① 아랫사람이 윗사람에게 먼저 명함을 건넨다.
② 명함을 오른손을 받쳐서 왼손으로 건넨다.
③ 명함에 있는 자신의 성명이 상대방이 읽기 편한 방향으로 전달한다.
④ 동시에 주고 받을 때는 오른손으로 건네고 왼손으로 받는다.
⑤ 루이14세 때 생겼으며, 루이 15세 때 현재와 같은 명함을 사교의 목적으로 사용했다.

69 손님을 맞이할 때의 매너에 대한 설명으로 옳지 않은 것은?

① 접객 자세에서 서 있을 때 여성은 오른손, 남성은 왼손을 위로 한다.
② 계단을 내려올 때 남성이 먼저 앞서서 안내한다.
③ 엘리베이터의 상석은 조작 버튼의 대각선 안쪽이다.
④ 윗사람과 나란히 걸을 때 연장자가 오른쪽에 서게 한다.
⑤ 방향을 제시할 때는 두 손으로 가르킨다.

70 다음 중 사이버 상에서 지켜야 할 네티켓에 대해 옳지 않은 것은?

① 영어는 대문자로만 사용하지 않도록 한다.
② 첨부 파일은 가능한 압축 후 발송한다.
③ 답장은 되도록 6시간 이내 보내도록 한다.
④ 첨부 파일은 꼭 필요한 경우에만 보낸다.
⑤ 내용은 용건 위주로 간단히 보낸다.

71 다음 설명 중 각국의 제스처와 의미에 대한 설명 중 옳지 않은 것은?

① 핀란드에서 합장을 하는 것은 거만함을 의미한다.
② 손바닥을 다 펴고 흔드는 것은 그리스에서 '당신의 일이 잘되지 않기를 바란다'는 뜻을 담고 있다.
③ 주먹을 쥔 채 엄지손가락만 올리면 그리스에서는 동성연애자라는 표시다.
④ 손가락으로 링 사인을 만드는 것은 브라질, 남미에서 음탕하고 외설적인 표시로 통한다.
⑤ 손바닥을 바깥쪽으로 향한 V자 사인은 그리스에서는 승리를 의미한다.

72 다음 중 테이블 매너에 대한 설명으로 옳은 것은?

① 남성 연회복의 바지에 허리띠와 멜빵을 동시에 착용해도 무관하다.
② 초대받았을 경우 가장 저렴한 음식을 선택한다.
③ 모르는 음식이 있으면 웨이터에게 물어보아도 좋다.
④ 빵은 수프에 적셔 먹어도 좋다.
⑤ 냅킨은 주빈이 펴기 전에 먼저 펴고 기다리는 것이 에티켓이다.

73 다음 기업 교육 훈련 중 OJT에 속하는 것은?

① 독서
② 강의법
③ 역할 연기법
④ 멘토링
⑤ 사례 연구법

74 다음 중 소비자분쟁 조정위원회에 임명을 위한 자격 조건이 아닌 것은?

① 공인된 연구기관이나 대학에서 부교수 이상 또는 이에 상당하는 직에 있거나 있었던 자로서 소비자권익관련 분야를 전공한자
② 소비자단체의 임원직에 있거나 있었던 자
③ 판사 · 검사 또는 변호사의 자격이 있는 자
④ 사업자 또는 사업자단체의 임원직에 있거나 있었던 자
⑤ 5급 이상의 공무원 또는 이에 상당하는 공공기관의 직에 있었던 자로서 소비자권익과 관련된 업무에 실무 경험 있는 자

75 다음 중 개인정보의 처리 정지 요구를 거절할 수 있는 경우가 아닌 것은?

① 다른 사람의 생명 · 신체를 해할 우려가 있을 때
② 다른 사람의 재산과 그 밖의 이익을 부당하게 침해할 우려가 있는 경우
③ 법률에 특별한 규정이 있거나 법령상 의무를 준수하지 않아도 되는 경우
④ 공공기관이 개인정보를 처리하지 아니하면 다른 법률에서 정하는 소관 업무를 수행할 수 없는 경우
⑤ 개인정보를 처리하지 아니하면 정보주체와 약정한 서비스를 제공하지 못하는 등 계약의 이행이 곤란한 경우로서 정보주체가 그 계약의 해지 의사를 명확하게 밝히지 아니한 경우

실전 모의고사 **03회**

시험 일자	시험 시간	문항 수
년 월 일	75분	75문항

수험번호 : _____

성   명 : _____

1과목 **CS 개론**

01 다음 중 시장방어 전략 중 저지전략에 대한 설명이 아닌 것은?

① 경쟁자에 대한 최대의 방어 전략이다.
② 시장진입 기업에게 동급의 서비스 기준을 만족시키게 하여 진입 압박을 준다.
③ 고객들과 장기간 계약 체결을 진행한다.
④ 집중적인 광고를 진행하여 브랜드 이미지를 향상시킨다.
⑤ 마일리지 혜택이나 고객 DB구축을 통해 개별화 전략을 시행한다.

02 시장방어 전략 중 보복 전략에 해당하는 것은?

① 서비스 추가
② 서비스 패키지 확장
③ 서비스 보증
④ 전환 비용
⑤ 장기간 계약기간

03 고객들에게 창조적인 인지력과 사고적 경험을 제공하는 것을 목적으로 두는 마케팅은?

① 관계 마케팅
② 행동 마케팅
③ 지성 마케팅
④ 감성 마케팅
⑤ 감각 마케팅

04 다음의 마케팅 전략에 대한 설명으로 적절한 것은?

> 기존 구매 고객에게 새로운 상품의 구매를 유도하는 전략

① 교차판매
② 네트워크 마케팅
③ 매출 상승 전략
④ 추가판매
⑤ 고객 가치 향상

05 총체적 고객만족경영(TCS)의 내부혁신 역량 강화를 위한 활동이 아닌 것은?

① 프로세스 혁신
② 변화관리
③ 시설환경관리
④ 신상품 개발
⑤ 전략적 성과관리

06 메타(Meta) 그룹이 제시한 고객관계관리(CRM) 분류 중 다음 설명에 해당하는 것은?

> - 프런트/백 오피스 연계 및 자동화된 비즈니스 프로세스 구현
> - 백오피스와 CRM의 통합

① 분석 CRM
② 운영 CRM
③ 통합 CRM
④ 협업 CRM
⑤ 혁신 CRM

07 다음 설명에 해당하는 인간관계 유형은?

> 동등한 사회적 지위와 위치를 가진 사람들 간의 자발적 상호작용

① 횡적 관계
② 종적 관계
③ 교류적 관계
④ 공유적 관계
⑤ 질적 관계

08 구전(Word of Mouth) 커뮤니케이션의 중요성으로 가장 적절한 것은?

① 구전으로 고객준거집단에 추천하는 것은 고객 재방문을 통한 자연스러운 확산효과를 보는 것이다.
② 소수 대상에게 점진적으로 전파되는 특성이 있다.
③ 간접경험 기반의 정확한 정보를 제공한다.
④ 기업 주도이기 때문에 신뢰할 수 있다.
⑤ 타 매체에 비해 일대일 다수 커뮤니케이션으로 전달 효과가 더 크다.

09 데이비드 마이스터(David Maister)가 제시한 대기관리 원칙 중 잘못된 것은?

① 프로세스 전의 대기가 프로세스 내의 기다림보다 더 길게 느껴진다.
② 혼자 기다릴 때 더 길게 느껴진다.
③ 서비스 가치가 높을수록 더 오래 기다린다.
④ 원인 설명이 없는 대기가 더 길게 느껴진다.
⑤ 무언가 할 때가 아무것도 안 할 때보다 길게 느껴진다.

10 고객만족 실천 과제로 적절하지 않은 것은?

① 보상 위한 평가시스템은 지양하고 고객만족 성과를 명확하게 측정 및 방해가 되지 않도록 노력한다.
② 고객을 가장 중요하게 여기는 역(逆)피라미드의 조직구조 도입
③ 최고경영자의 고객만족 경영 목표 패러다임을 달성하기 위해 조직구성원과 공유
④ 고객만족 정보관리체계 구축을 통해 고객만족을 지수화 하여 지속적인 개선활동이 가능하도록 한다.
⑤ 고객만족 지향적 기업문화 구축

11 CRM의 고객 수(數) 증대 활동과 거리가 먼 것은?

① 기존고객 유지 활동
② 이벤트 실시
③ 사용방법 다양화
④ 외부업체 제휴
⑤ 기존고객 추천을 통한 신규고객 창출

12 노드스트롬(Nordstrom) 백화점의 경영 특징 중 잘못된 것은?

① 'Pace Setter' 명함을 최고 판매 사원에게 제공한다.

② 피상적 조건을 배제한 직원 선발, 동기부여 와 권한위임, 인센티브 제공 등을 통해 내 부고객만족 경영을 운영한다.

③ 서비스(service), 품질(quality), 구색 (selection), 가격(price)은 백화점의 경영 이념이다.

④ 다양한 제품과 무조건 반품정책 운영, 특별 한 가격정책, 개인별 고객수첩 등으로 외부 고객 만족 경영을 운영한다.

⑤ 80년대 톰 피터스에 의해 주장된 삼현주의 (현장에서, 현물을 보고, 현상을 파악하여) 기반으로 빠르게 일을 처리하는 방식인 현 장배회경영(MBWA)을 실시한다.

13 인간관계 부적응 중 '의존형'의 올바른 설명은?

① 타인 의지적이며 애정과 관심 추구

② 다툼과 대립으로 관계형성 어려움

③ 놀기 위한 관계로 무겁고 진지한 주제 회피 하는 성향

④ 관계에 적극적이나 따돌림 당함

⑤ 주도적 세력 형성을 추구하는 유형

14 피시본 다이어그램(Fishbone Diagram)의 원 인분석 요인이 아닌 것은?

① Process(과정)

② People(사람)

③ Industry(산업)

④ Management(운영)

⑤ Environment(환경)

15 다음 설명의 괄호에 들어갈 고객 유형은?

> 서비스를 고객이 직접 생산할지 외부 조달할지 결정하며, 고객이 서비스 제공과정의 일부분 또 는 전체적으로 수행하기도 한다. 그리고 내부생 산 시 (　　) 고객이라고 한다.

① 부분 직원 역할

② 생산자원 역할

③ 잠재적 경쟁자

④ 인적자원 역할

⑤ 품질 공헌자

16 고객 가치 정보 중 계약정보가 아닌 것은?

① 고객 지갑 점유율

② 고객 평생 가치

③ 구매 금액

④ 구매 빈도/횟수

⑤ 소득 변화 추이

17 고객만족(CS)의 소프트웨어 요소로 가장 적절 한 것은?

① 주문처리 절차의 용이성

② 화장실 청결도 우수

③ 직원 용모/복장 단정

④ 직원의 상세한 제품 설명

⑤ 바닥이나 계단 등 시설물 안전관리

18 스탠리 브라운(Stanley Brown)이 제시한 고객 관계관리(CRM) 실행계획 중 부적절한 것은?

① 우수인력 참여
② 전문화된 솔루션
③ 가시적 성과중심
④ 명확한 목표설정
⑤ 전부서 참여유도

19 리친스(Richins)의 고객불평행동 모델에서 인지적 과정을 모두 선택한 것은?

가. 효용 평가	나. 대체안 평가
다. 반응성 평가	라. 전통적 수단 평가
마. 귀인 평가	바. 만족 · 불만족 평가

① 가, 나, 마
② 가, 나, 다, 마
③ 나, 마, 바
④ 나, 다, 라
⑤ 라, 다, 바

20 고객만족(CS) 관리의 역사에서 2000년대에 관련된 내용은?

① 업종 불문한 고객만족경영 도입
② 고객의 정서적 불만 요소를 정량적으로 지수화한 굿맨 이론의 등장
③ 고객만족 최우선으로 한 잭 웰치의 GE사 최고경영자 등극
④ MOT 도입한 스칸디나비아 항공사
⑤ SONY사의 고객만족경영 도입

21 고객이 지각하는 위험요소 중 제품 구매 후 사용시 '상품 사용으로 인한 소비자가 해를 입을 가능성에 대한 불안감'은?

① 재무적 위험
② 사회적 위험
③ 행동적 위험
④ 신체적 위험
⑤ 시간상실 위험

22 원가우위 전략에서 가치사슬 활동의 비용 효율성을 높이기 위한 실천 방안으로 보기 어려운 것은 무엇인가?

① 공급망의 효율적 운영
② 경험곡선 및 학습곡선 효과
③ 저가 투입 요소 배제 및 공급업자의 전제
④ 규모의 경제 달성
⑤ 비용우위 확보

23 다음 중 e−CRM 도입효과에 대한 설명으로 거리가 먼 것은?

① 고객주문 처리가 빨라지고 주문 과정이 단순화되어 편리함이 증대된다.
② 자동화된 판매 시스템으로 인해 개별 거래에 소요되는 판매 비용이 늘어난다.
③ 고객만족도의 증가는 고객 유지율 상승으로 이어지며, 고객 이탈로 인한 손실을 방지한다.
④ 고객이 거래하는 데 드는 비용이 줄어들게 된다.
⑤ 전자상거래 서비스를 통해 고객은 시간과 장소의 제약 없이 이동하며 서비스를 이용할 수 있다.

24 타인을 자신과 비교하여 평가하는 대인지각 왜곡 유형은?

① 투영 효과
② 중심화 경향
③ 초두 효과
④ 스테레오 타입
⑤ 최근 효과

25 CRM을 기업에 적용하는 데 있어 방해 요인이 아닌 것은?

① 고객과의 모든 상호작용을 파악하고 정보를 수집
② 역기능적 고객에 대해 모든 조직원의 고객 지향적인 태도
③ 고객의 정보를 수집하는 데 있어 고객의 우호적 태도
④ 고객 유지와 차별화 과정에서 고객이 느끼는 소외감과 역차별
⑤ 데이터베이스의 구축과 유지를 위한 과도한 비용 투자

26 마케팅의 기본 핵심 요소인 4P에서 새롭게 추가된 4C에 해당하지 않는 것은?

① Communication
② Convenience
③ Confidence
④ Customer Needs
⑤ Cost

27 레빗(Levitt)이 제시한 제품차원 중 '사용으로 욕구 충족을 얻을 수 있는 제품으로 제품이 주는 근본적인 혜택, 즉 기본적 욕구를 충족시킬 수 있는 제품'은 무엇인가?

① 핵심 제품
② 확장 제품
③ 실체 제품
④ 기대 제품
⑤ 잠재 제품

28 다음 중 세분시장 유형과 관련해 '부분 시장 도달 전략'에 포함되지 않는 것은?

① 단일 제품 전체 시장 도달 전략
② 제품의 전문화 전략
③ 선택적인 전문화 전략
④ 시장의 전문화 전략
⑤ 단일 시장 집중 전략

29 다음 설명에 해당하는 계획수립 유형은 무엇인가?

> 전략적 계획의 실천을 위한 구체적 활동이 담긴 계획으로, 전략적 계획 수립에 필요한 활동과 지원에 중점을 둔다.

① 전략적 계획
② 전술적 계획
③ 예측법
④ 운영 계획
⑤ 중기 계획

30 서비스 청사진 작성 단계에서 괄호 안에 들어갈 내용으로 적절하지 않은 것은?

> 1단계: 과정의 (가)
> 2단계: (나) 확인
> 3단계: (다) 명확화
> 4단계: (라) 분석
> 5단계: 청사진 (마)

① (가): 도식화
② (나): 실패 가능성
③ (다): 설계 목적
④ (라): 수익성
⑤ (마): 수정

31 의료기관의 특징으로 적절하지 않은 것은?

① 의료기관은 영리적 동기를 기본으로 공적 영역을 수행한다.
② 노동집약적이며 자본 집약적인 조직체이다.
③ 국가와 지역주민의 요구를 충족하는 다양한 프로그램을 개발한다.
④ 서비스품질과 임직 평가가 어려운 진료결과의 특성을 가진다.
⑤ 직종 간 상하 명령체계로 이중적 지휘체계가 형성될 수 있다.

32 소비자의 제품 관여 수준에 따른 유형 중 적절하지 않은 것은?

① 수용가능한 만족수준을 찾아 상표 전속도 근거로 소수 속성을 검토한다.
② 제품 구매에서 전달의 규범과 가치는 중요하지 않다.
③ 정보를 주어진 대로 수용한다.
④ 수동적 수신자이므로 전속도 형성을 위한 광고효과가 미비하다.
⑤ 라이프스타일이 소비자 행동에 영향을 미치지 않는다.

33 무상 서비스, 수리비용, 무상서비스 보증기간과 관련된 A/S 품질 차원의 영향 요인은?

① 전문성과 기술
② 편의성
③ 정책
④ 직원의 태도와 행동
⑤ 처리시간

34 서비스종사원의 조직 특성에 따른 역할 갈등 요소로 보기 어려운 것은?

① 명령체계의 불일치
② 업무의 상호의존성
③ 성취의 차이
④ 한정된 자원
⑤ 직위의 불일치

35 다음 설명에 해당하는 계획수립 유형은?

> 조직의 기본 방향을 설정하는 장기적 과제로, 이 사회와 중간관리층의 의견을 수렴하여 최고 경영층이 계획수립을 유도한다.

① 단기 전략
② 운영 계획
③ 방위적 계획
④ 전략적 계획
⑤ 전술적 계획

36 서비스 품질 Gap 3의 원인이 아닌 것은?

① 권한위임의 통제권 긴장
② 역할의 모호성과 갈등
③ 기업의 과잉 약속
④ 수요와 공급의 균형 실패
⑤ 역할 수행 미흡 직원

37 SERVQUAL의 5가지 품질 중 신뢰성과 관련이 없는 것은?

① 처음부터 올바르게 시도
② 소비자 문제에 관심과 해결
③ 약속시간 서비스 제공
④ 직원의 복장과 용모
⑤ 정해진 시간 내 약속이행

38 서비스 청사진으로 프로세스 설계 시 적절하지 않은 것은?

① 고객과 종업원 간 상호작용을 최소화하고 고객 개입을 줄여 전문화된 서비스 설계가 가능하다.
② 서비스 각 요소에 투자된 원가, 시간, 자원 등을 파악하고 평가하는 기초를 제공한다.
③ 서비스 활동의 취약점과 실패요소를 파악하여 품질개선에 활용할 수 있다.
④ 종업원이 전체 서비스와의 관계를 파악하고 고객지향적 사고를 높일 수 있다.
⑤ 상향식, 하향식 접근을 용이하게 한다.

39 고객가치 분석을 위한 RFM 기법의 올바른 요소 조합은?

① 구매 시점, 구매 태도, 구매 빈도
② 구매 시점, 구매 빈도, 구매 금액
③ 구매 가격, 구매 빈도, 구매 금액
④ 구매 시점, 구매 위험, 구매 빈도
⑤ 구매 금액, 구매 빈도, 구매 위험

40 파레토 법칙에 관한 설명 중 옳은 것은?

① 유통, 재고, 비용이 거의 들지 않는 온라인 시장의 특성이다.

② '배제의 법칙'으로도 불리며, '선택과 집중' 개념으로 핵심 고객과 제품에 자원을 집중한다.

③ '상생의 법칙'으로 80%의 다수가 20%의 핵심보다 우수한 가치를 만든다.

④ 사소한 상품 80%의 판매량이 상위 20% 매출을 압도한다는 긴 꼬리 이론이다.

⑤ 과거 마이너스 상품들이 50% 가까운 이익을 보여주며 새로운 유통 모델이 되었다.

41 다음은 서비스 실패에 대한 정의이다. 이를 주장한 학자는?

> "서비스 실패란 서비스 과정이나 결과를 경험한 고객이 좋지 않은 감정을 갖게 되는 것을 의미한다."

① 벨과 젬케

② 존스턴

③ 헤스켓, 새서, 하트

④ 윈

⑤ 파라수라만, 자이다믈, 베리

42 제품차별화 요소 중 제품이 정상적으로 작동하지 않을 때 이를 쉽게 수리할 수 있는지를 측정하는 수치를 의미하는 것은?

① 특성

② 신뢰성

③ 내구성

④ 디자인

⑤ 수선용이성

43 서비스 패러독스의 극복 방안으로 적절하지 않은 것은?

① 과도한 서비스 포장으로 고객의 기대 수준을 높여 만족도를 증가시킨다.

② 기본적 서비스 수준을 우선적으로 파악하고 충족한다.

③ 고객의 기대 수준을 파악하여 관리한다.

④ 서비스 공업화 도입은 고객 입장을 고려하여 결정한다.

⑤ 전달 가능한 수준의 가치만 약속하여 기대 수준을 관리한다.

44 다음 중 내부 마케팅에 관한 설명으로 옳지 않은 것은?

① 그뢴루스는 내부 커뮤니케이션, 교육·훈련, 보상시스템, 권한위임, 고용 안정성, 경영층 지원을 내부 마케팅의 영향 요인으로 제시했다.

② 조직구조 및 관리절차와 보상은 과정 통제에 속한다.

③ 권한위임은 조직 혁신이 필요할 때 최고경영자의 통제력을 강화하여 신속한 변화를 가능하게 한다.

④ 권한위임으로 고객 요구에 신속 대응하고 종업원의 태도 변화를 유도하여 직무 만족도를 높일 수 있다.

⑤ 커뮤니케이션은 의사결정에 중요한 정보기능을 담당한다.

45 서비스 수익 체인 구성에서 운영전략과 서비스 전달 시스템의 요소로 보기 어려운 것은?

① 직원선발 및 경력개발
② 작업장 설계
③ 고객 유지
④ 업무설계와 의사결정권
⑤ 정보제공 및 커뮤니케이션

46 다음의 내용이 포함된 국가고객만족도(NCSI) 설문 구성 항목은?

- 재구매 가능성 평가
- 재구매시 가격인상 허용률
- 재구매 유도를 위한 가격인하 허용률

① 고객만족 지수
② 고객 충성도
③ 인지가치 수준
④ 고객불만
⑤ 고객기대 수준

47 다음 중 이상적인 틈새시장의 필요조건이 아닌 것은?

① 충분한 시장규모와 구매력으로 높은 수익성을 보장해야 한다.
② 소비자와의 신뢰관계로 경쟁자의 공격을 방어할 수 있어야 한다.
③ 시장 잠재력은 단기적으로만 확보하면 된다.
④ 경쟁자들의 관심 밖에 있어야 한다.
⑤ 시장 욕구 충족을 위한 능력과 충분한 자원이 있어야 한다.

48 서비스 품질 Gap에 대한 설명으로 옳지 않은 것은?

① Gap 3의 원인에는 역할모호성, 팀워크 결여, 부적합한 감독 통제 시스템 등이 있다.
② 수평적 커뮤니케이션 활성화와 정확한 약속은 Gap 4의 해결방안이다.
③ Gap 1은 고객기대 조사, 상향적 커뮤니케이션으로 해결할 수 있다.
④ 최고경영자 혁신과 서비스 업무 표준화는 Gap 4의 해결방안이다.
⑤ Gap 3는 서비스제공자 교육과 수요공급 조절로 해결할 수 있다.

49 다음 상황에 해당하는 서비스 포지셔닝의 유형은?

"부산 해운대의 ○○호텔은 사업차 출장이 많은 고객을 중심으로, ××호텔은 주로 관광 여행객을 대상으로 포지셔닝하고 있다."

① 서비스 등급
② 서비스 이용자
③ 가격 대 품질
④ 서비스 용도
⑤ 경쟁사

50 A/S 서비스에 대한 설명으로 적절하지 않은 것은?

① 장기적인 고객충성심을 구축하고 제품 구매의 확신을 준다.

② 브랜드 이미지 향상과 클레임 예방에 도움이 된다.

③ 전문성과 기술이 가장 큰 영향을 미치며, 그 다음으로 태도와 행동, 정책 순이다.

④ 접수직원과 수리직원의 친절도는 상호작용 품질의 중요 요소이다.

⑤ 내부 편의시설이 잘 갖춰지면 매력적 품질요소가 된다.

3과목 **고객관리 실무론**

51 국제 비즈니스 테이블 매너 관련 설명으로 적절하지 않은 것은?

① 테이블에서는 화장 고치기를 삼가야 한다.

② 큰 소리로 웨이터를 부르지 않는다.

③ 수프는 스푼이 어려우면 그릇을 들어 마셔도 된다.

④ 식사 중에는 흡연을 하지 않는다.

⑤ 식사 중에는 손으로 얼굴을 만지면 빵을 먹을 때 비위생적이므로 자제한다.

52 회의 유형 중 10인 이상이 4시간 이상 참여하여 교육, 정보교환, 네트워크 형성 등을 목적으로 하는 MICE 산업의 분류는?

① Convention

② Exhibition

③ Meeting

④ Tour

⑤ Incentive

53 불만 표현과 관련하여 (가)와 (나)에 들어갈 적절한 용어는?

> '가슴을 치다'라는 의미로 상대방의 잘못된 행위에 대한 불만 통보로서 주의 정도 및 감정 상태를 (가)로 표현하고, 이는 내부 조치 및 행동으로 즉시 해결될 수 있다. 상품의 구매 과정 또는 품질이나 서비스의 이유로 (나)을/를 제기하는 것은 컴플레인이다.

① 불만 – 불편

② 불편 – 불편감

③ 불편 – 불만

④ 불만족 – 불만

⑤ 불만족 – 불편감

54 씽(Singh)이 제시한 불평 고객 유형 중 다음 설명에 해당하는 것은?

> • 높은 소외의식을 다른 유형보다 더 가지고 있음
> • 서비스제공자뿐만 아니라 제3자에게도 불평을 함
> • 평균 이상의 불평성향을 모든 상황에서 보임

① 수동적 소비자

② 격노자

③ 행동 불평자

④ 표현 불평자

⑤ 소극적 불평자

55 다음에서 설명하는 효과의 명칭은?

> 처음에 제시된 정보가 이후 정보 처리의 기준점이 되어 추후 정보를 해석하는 데 영향을 미친다. 초기에 부정적 정보를 접하면 이후에도 부정적으로 인식하려는 현상을 말한다.

① 부정성 효과
② 칵테일 효과
③ 맥락 효과
④ 최신 효과
⑤ 최소한의 효과

56 콜센터의 전략적 가치에 대한 설명으로 옳지 않은 것은?

① 우량고객을 창출하는 수단이 될 수 있다.
② 고객 불만 접수를 통해 품질 개선 데이터를 수집할 수 있다.
③ 고객과의 장기적 관계 유지를 통해 CLV (Customer Lifetime Value)를 높일 수 있다.
④ 단순 문의 대응에 집중해 판매 성과에 직접적인 영향을 주지 않는다.
⑤ 개방형 상담을 통해 고객 감동 실현이 가능하다.

57 클레임(Claim)에 관한 설명으로 가장 적절한 것은?

① 컴플레인과 동일한 의미를 가진다.
② 클레임 제기 고객은 재구매가 없으므로 관리할 필요가 없다.
③ 내부 조치 및 행동으로 즉각 해결이 가능하다.
④ 당연한 것으로서의 권리나 유산을 요구하는 의미를 지닌다.
⑤ 구매한 상품 및 서비스 품질에 대한 불만 표현이다.

58 인바운드 콜센터의 특징에 대한 설명으로 옳지 않은 것은?

① 고객의 문의와 불만을 접수받는 창구이다.
② A/S 접수, 주문처리, 상품안내 등의 활동을 한다.
③ 사전 예측성과 정밀성이 높다.
④ 적극적인 마케팅을 위한 캠페인을 수행한다.
⑤ 고객의 요구에 신속·정확하게 대응해야 한다.

59 다음 중 콜센터 조직문화 현상에 대한 설명으로 가장 적절한 것은?

① 도시락 문화는 수직적 커뮤니케이션을 강화하는 문화이다.
② 콜센터 심리공황은 우수상담원의 급격한 성과 향상 상태를 말한다.
③ 철새 둥지 현상은 더 나은 조건을 찾아 이동하는 순환적 이직을 의미한다.
④ 콜센터 바이러스는 정보 전파가 느려 대응 속도를 늦춘다.
⑤ 철새 둥지 현상은 고객만족도가 높을수록 나타나는 현상이다.

60 콜센터 운영의 전문성 향상을 위한 가장 적절한 방안은?

① 전문가 자문 요청
② 수익성 증대
③ 팀워크 적응력
④ 투자대비 효율성 고려
⑤ 고객감동 기법 발굴

61 나들러(Nadler)가 제시한 교육훈련 강사의 역할 중 다음 내용이 설명하는 것은?

> 교육의 효과적 전달을 위해 매체와 방법을 선정하고, 학습보조 도구와 시청각 자료를 제작하여 학습효과를 높이는 방안을 연구한다.

① 학습 촉진자
② 교육기능 향상자
③ 교수전략 개발자
④ 훈련 평가자
⑤ 교수프로그램 개발자

62 OJT(On the Job Training) 교육방법에 포함되지 않는 것은?

① 코칭
② 자기 학습
③ 멘토링
④ 직무 순환
⑤ 직무 교육

63 아웃바운드 콜센터 운영의 핵심 요소가 아닌 것은?

① 고객 데이터의 전략적 활용
② 성과 중심의 캠페인 운영
③ 상담원 중심의 고객 응대 체계
④ 적극적 커뮤니케이션과 설득
⑤ CRM과 DB 마케팅의 적용

64 CTI(Computer Telephony Integration)에 대한 설명으로 옳지 않은 것은?

① 콜 자동 분배 기능을 통해 상담 효율을 높일 수 있다.
② ARS 자동 처리율 향상에 기여한다.
③ 아웃바운드 콜센터에서만 사용된다.
④ 인바운드 · 아웃바운드 업무를 병행처리가 가능하다.
⑤ 음성과 데이터를 함께 처리할 수 있다.

65 인사 예절에 관한 설명으로 부적절한 것은?

① 낯선 환경에서 인사를 잘하면 호감 및 신뢰감 형성에 도움된다.
② 정중례 시 입을 벌리고 치아를 보이며 웃는 표정을 짓는 것이 좋다.
③ 인사는 자신을 위한 것이 궁극적 목적이다.
④ 윗 사람에게 인사 시 2~5m 거리에서 인사하는 것이 좋고 너무 다가서는 것은 가는 길을 방해하는 경우도 있어 좋지 않다.
⑤ 상체를 너무 빠르게 움직이면 정중하지 않은 느낌이 들지 않을 수 있으니 주의하며, 인사는 인사말과 반드시 함께해야 한다.

66 손님 맞이할 때의 안내 자세로 맞지 않은 것은?

① 방문객에게 엘리베이터 탑승 시 행선층을 미리 알린다.
② 나란히 걸을 때는 연장자가 오른쪽, 연장자나 상급자는 중앙에 서게하고 상급자 수행 시수행하는 사람이 조금 앞서서 걷는다.
③ 방문객이 오면 즉시 일어서서 인사한다.
④ 계단을 오를 시 여성이 남성보다 앞서 간다.
⑤ 응접실 경우 상석은 입구에서 가장 먼 곳이다.

67 감정노동 스트레스 대처 방안으로 가장 적절하지 않은 것은?

① 심호흡을 통해 즉각적 스트레스를 완화한다.
② 고객의 폭언을 개인적 모욕으로 받아들여 경각심을 갖는다.
③ 상황을 긍정적으로 해석하려 노력한다.
④ 업무와 자신의 정체성을 분리하여 생각한다.
⑤ 반복되는 감정 상처 시에는 생각 중단 기법을 사용한다.

68 경영전략적 측면에서 콜센터의 역할로 적절한 것을 모두 선택한 것은?

가. 다양한 커뮤니케이션 채널 확보의 측면
나. 고객가치 증대의 측면
다. 콜센터 운영지표 확보의 측면
라. 고객확보 측면
마. 고객유지 측면

① 가, 나, 다
② 나, 다, 라
③ 가, 다, 마
④ 라, 마
⑤ 나, 라, 마

69 수명과 보고에 관한 매너 중에서 적절하지 않은 것은?

① 보고는 지시사항 수행 후 즉시 보고하며, 결론부터 말한 후 이유를 전달한다.
② 5W1H 원칙에 의거해 명령의 내용을 완전히 받아들인다.
③ 불가능한 지시는 그 이유를 말하고 재지시를 받는다.
④ 직속상사 이외의 명령은 먼저 직속상사에게 보고하고 시작을 따른다.
⑤ 이중으로 명령을 받은 경우 받은 순서대로 처리한다.

70 인사 예절에 대한 설명으로 적절하지 않은 것은?

① 전소가 협소한 곳이나 자주 마주칠 때는 15도 목례를 한다.
② 면접이나 공식석상에서는 45도의 정중한 인사를 한다.
③ 일상생활에서 가장 많이 하는 인사는 보통례이다.
④ 상사를 외부인과 마주친 경우 멈춰서서 정중하게 인사한다.
⑤ 복도에서 상사를 만나면 면전에서 가볍게 인사를 한다.

71 e-mail 에티켓으로 적절하지 않은 것은?

① 지속적으로 메일 용량을 점검하고 관리한다.
② 24시간 이내에 비즈니스 메일을 회신한다.
③ 대문자만으로 용어를 사용하지 않는다.
④ 수신자 수준을 고려해 유머와 정보를 전달한다.
⑤ 첨부 파일은 압축하여 최소화한다.

72 콜센터 성과관리에 대한 설명 중 올바르지 않은 것은?

① 성과관리는 기획 – 실행 – 관찰 – 재고의 사이클로 구성된다.
② 성과관리의 핵심 목적은 조직의 문제 해결 능력 향상이다.
③ 모니터링은 개선뿐 아니라 우수사례 발굴에도 활용된다.
④ QAA는 일대일 코칭 외에는 성과개선에 직접 관여하지 않는다.
⑤ 모니터링 자료는 교육 설계에도 활용된다.

73 다음 중 실시간 모니터링(Real Time Monitoring)의 특징으로 가장 적절한 것은?

① 자연스러운 상담 환경을 조성한다.
② 상담원에게 심리적 압박을 거의 주지 않는다.
③ 표준화된 평가표 기준을 적용한다.
④ 피드백 제공까지 시간이 오래 걸린다.
⑤ 객관적 자기평가 도구로 활용된다.

74 콜센터의 스크립트 작성 원칙으로 가장 적절한 것은?

① 문어체로 고객에게 전문성을 강조한다.
② 상담원 중심의 업무 편의성을 우선 고려한다.
③ 고객 중심 표현과 구어체를 혼합해 구성한다.
④ 복잡한 개념을 상세하게 설명하여 오해를 줄인다.
⑤ 단일 스크립트 형식만을 사용하는 것이 바람직하다.

75 남성 이미지에 대한 설명으로 부적절한 것은?

① 짧은 양말로 다리가 드러나지 않도록 한다.
② 와이셔츠는 회색이나 청색을 착용한다.
③ 벨트 버클은 적당한 길이로 맨다.
④ 넥타이로 개성을 표현할 수 있다.
⑤ 와이셔츠는 목과 손목이 1~1.5cm 보이게 입는다.

실전 모의고사 04회

시험 일자	시험 시간	문항 수
년　월　일	75분	75문항

수험번호 : _____

성　　명 : _____

1과목　CS 개론

01 에릭 번(Eric Berne)이 제시한 서비스에서 시간 구조화 영역 중 순수한 배려와 신뢰를 바탕으로 진실한 교류가 이루어지는 형태는?

① 활동
② 친교
③ 게임
④ 잡담
⑤ 의식

02 관광 서비스의 특징으로 적절하지 않은 것은?

① 서비스는 인적, 물적 요소가 혼합된 개념이다.
② 수요의 계절성으로 인해 불규칙적인 특성을 보인다.
③ 인적 서비스에 대한 의존도가 매우 높다.
④ 일반 서비스와 같이 비용 산출의 어려움과 서비스 선택 시 지각된 위험이 존재한다.
⑤ 고객의 직접 참여 없이도 서비스 창출이 가능하다.

03 고객만족관리가 등장하게 된 배경이 아닌 것은?

① 고객은 제품의 사용 용이성, 디자인 등이 중요해졌다.
② 매장의 분위기와 판매원이 제공하는 서비스의 비중이 늘어났다.
③ 환경보호나 사회공헌 활동을 통해 형성되는 기업 이미지가 고객만족에 영향을 미친다.
④ 제품의 사용 용이성, 디자인 등이 품질이나 가격, 기능 등과 같은 제품 자체의 가치보다 서비스 부분의 비중이 증가되었다.
⑤ 고객은 제품의 디자인과 사용 편의성 같은 가치를 더욱 중요시한다.

04 데이비드 마이스터(David Maister)의 대기시간 통제요인 중 기업의 완전통제 영역에 속하는 것은?

① 대기단계
② 대기불만
③ 대기점유
④ 대기목적가치
⑤ 대기단위

05 크리스토퍼(Christopher)의 고객 서비스의 3단계 중 '거래 후 서비스'에 해당하는 것은?

① 기술적 서비스
② 시스템 유연성
③ 제품 대체성
④ 제품 추적
⑤ 주문 편리성

06 휴스턴(Huston)과 레빙거(Levinger)의 인간관계 형성 단계 중 '피상적 역할' 단계와 거리가 먼 것은?

① 공정성과 호혜성이 관계 유지의 중요한 요인으로 작용한다.
② 두 사람이 서로를 관찰하며 직접적인 접촉 없이 아는 단계이다.
③ 역할과 지나치게 동일시하거나 특정 역할에 피상적으로만 개입하는 위험이 있을 수 있다.
④ 역할이 상대방의 인격적인 특성보다 더 강조되어 친밀감이나 상호의존성이 높아지기 어렵다.
⑤ 내적 고독감을 느끼는 경우도 있다.

07 고객 행동의 영향 요인 중 문화의 특성과 가장 거리가 먼 것은?

① 학습성
② 규범성
③ 정태성
④ 연대성
⑤ 공유성

08 고객관계관리(CRM) 시스템 구축의 단계 중 어디에 해당하는가?

> 고객 성향 분석을 통해 잠재고객과 중성고객층을 대상으로 차별화된 마케팅을 시도하는 단계

① 고객분석과 마케팅을 위한 데이터마이닝 시행
② 기업 특성에 맞는 고객전략 수립
③ 고객유지를 위한 서비스와 피드백 관리
④ 인프라 구축
⑤ 판매과정에서의 고객분석 결과 활용

09 구매 또는 서비스 제공 전에 발생하는 대기열 관리에 대한 설명으로 부적절한 것은?

① 서비스 제공 시설 초과로 인한 대기상황이 빈번히 발생한다.
② 고객은 대기를 주로 부정적 경험으로 인식한다.
③ 수요예측이 통계적으로 가능하며 서비스 제공 능력은 고정적이다.
④ 효과적인 대기열 관리는 재구매 의도에 큰 영향을 미친다.
⑤ 서비스의 소멸성과 비분리성으로 대기는 필연적으로 발생한다.

10 귀인이론(Attribution Theory)의 결정 요인 중 특정한 상황에서만 나타나는 경우 또는 개인의 행동이 다양한 상황에서 나타나는 경우를 의미하는 것은?

① 차별성
② 일치성
③ 합의성
④ 지속성
⑤ 일관성

11 서비스 특성에 관한 설명 중 적절하지 않은 것은?

① 우수 인력 선발과 훈련은 서비스 이질성 극복 전략이다.
② 서비스케이프는 무형성 극복을 위한 공간 배치와 기능성을 포함한다.
③ 소멸성 극복을 위해 수요공급 조화, 예약제도, 직무 다양화 등을 활용한다.
④ 무형성 극복을 위한 물리적 증거에는 기능성, 기술, 보증 등이 있다.
⑤ 동시성의 특징으로 서비스는 변동적이며 품질통제가 불가능하다.

12 고객만족관리의 필요성 중 부적절한 것은?

① 신속한 문제 해결은 불만족 고객의 90%가 재거래로 이어진다.
② 구전 효과는 매체광고보다 효과적이다.
③ 기업의 영업이익 창출에 기여한다.
④ 단기적 거래비용 증가, 장기적 비용감소 효과가 있다.
⑤ 기업 제품 만족도는 광고보다 효과가 낮다.

13 고객가치 정보 중 계약정보에 해당하는 요소는 무엇인가?

① 재산상태
② 소득원천
③ 지갑점유율
④ 고객 소개 정보
⑤ 학력사항

14 교류패턴 분석 중 상대방의 하나 이상의 자아 상태를 향해서 전제적 교류와 현재적 교류 양쪽이 동시에 작용하는 복잡한 형태의 교류 유형은 무엇인가?

① 이면 교류
② 잠식 교류
③ 교차 교류
④ 잠재 교류
⑤ 상보 교류

15 피시본 다이어그램(Fishbone Diagram)의 부적절한 단계는?

① 1단계: 문제의 명확한 정의
② 2단계: 문제의 주요 원인 범주화
③ 3단계: 경영관리 향상 전략 수립
④ 4단계: 주요 원인 범주의 세부사항 검토
⑤ 5단계: 근본 원인 확인

16 CRM 실패를 최소화하기 위한 접근 방법으로 맞지 않은 것은?

① 경쟁사 대비 더 많은 가치와 서비스를 제공하는 전략을 수립한다.
② 전략 수립, 시스템 구축, 실행의 체계적 수행이 필요하다.
③ CRM은 전사시스템 변화뿐만 아니라 조직, 프로세스, 고객접점 채널, 경영전략 등 모든 변화가 필요하다.
④ 내부 프로세스 혁신 없이 시스템을 도입하여 운영할 수 있도록 한다.
⑤ 고객응대 프로세스의 지속적 업데이트와 교육이 필요하다.

17 다음 중 시장방어 전략 중 저지전략에 대한 설명이 아닌 것은?

① 경쟁자에 대한 최대의 방어 전략이다.
② 시장진입 기업에게 동급의 서비스 기준을 만족시키게 하여 진입 압박을 준다.
③ 고객들과 장기간 계약 체결을 진행한다.
④ 집중적인 광고를 진행하여 브랜드 이미지를 향상시킨다.
⑤ 마일리지 혜택이나 고객 DB구축을 통해 개별화 전략을 시행한다.

18 고객관계관리(CRM) 정의 중 부적절한 것은?

① 서비스가 아닌, 가격 중심 구매환경 개선 가능
② 고객채널 이용률 개선을 통해 고객접점 활용하여 극대화 가능
③ 고객 창출 부가가치에 따라 마케팅 비용관리 가능
④ 제품개발 시간단축 효과
⑤ 특정 고객요구 맞춤 용이성

19 러브락(Lovelock)의 서비스 분류표에서 [나]에 해당하는 것은?

서비스 제공 방식에 따른 분류		서비스 입지	
		단일입지	복수입지
고객과 서비스 기업과의 관계	고객이 서비스 기업으로	[가]	[나]
	서비스 기업이 고객에게	[다]	[라]

① 병역
② 패스트푸드
③ 택시
④ 우편배달
⑤ 긴급차량수리

20 MBTI 설명 중 부적절한 것은?

① 16개의 성격유형과 4가지 분리된 선호경향으로 구성
② 칼 융의 심리이론 기반
③ 장점 중심 구성
④ 교육이나 환경 등의 성장과정에 영향을 받아 후천적으로 생성된 심리 경향
⑤ 마이어브릭스 성격진단 또는 성격유형지표라고 불리며, 브릭스와 마이어 모녀에 의해 개발

21 크리스토퍼(Christopher)의 서비스 3단계 중 거래 전 서비스 요소는?

가. 서비스 전달 시스템의 유연성
나. 회사에 대한 고객의 평가
다. 주문의 편리성과 상품 대체성
라. 명시된 회사의 서비스 정책

① 가, 나
② 가, 다
③ 나, 라
④ 가, 나, 라
⑤ 가, 나, 다, 라

22 제품 선택의 위험 감소를 위한 소비자 행동으로 부적절한 것은?

① 신뢰할 수 있는 정보원 활용
② 추가 정보의 적극적 탐색
③ 보증기간이 긴 브랜드 구매
④ 대량 구매 후 소량 구매 진행
⑤ 만족했던 브랜드의 재구매

23 노드스트롬(Nordstrom) 백화점의 외부고객만족 정책이 아닌 것은?

① 다양한 제품 구색 보유
② 매력적 쇼핑환경 구축
③ 인센티브와 동기부여 제공
④ 고객 수첩 개별 관리
⑤ 무조건적 반품 수용

24 참여 관점에 따른 고객의 분류 중 어떤 고객 유형을 말하는가?

> 기업의 이익 실현을 방해하는 고객 유형은 명단에서 제외되거나 해약 유도를 통해 고객의 활동이나 가치를 중지시키는 디마케팅의 대상이 된다.

① 한계 고객
② 의견선도 고객
③ 직접 고객
④ 간접 고객
⑤ 의사결정 고객

25 MBTI 사고형(T)의 특성으로 부적절한 것은?

① 판매원의 지식을 시험하려는 느낌을 받을 수도 있다.
② 구매 결정을 내릴 때 논리적 검증 패턴을 사용하는 특징이 있다.
③ 판매원과 상호 접촉 시 인간관계를 우선시하는 경향이 있다.
④ 다른 사람의 구매 결정에 크게 영향을 받지 않는 경향이 있다.
⑤ 의사결정 과정에서 객관적 증거를 중요하게 고려한다.

2과목   CS 전략론

26 고객의 기대에 영향을 미치는 요인 중 '내적 요인'에 해당하는 것은?

① 제약된 시간
② 고객의 기분 상태
③ 유형적 단서
④ 구전 커뮤니케이션
⑤ 관여도

27 SWOT 분석에서 외부 위협 요인으로 볼 수 있는 것은?

① 연구 개발비의 부족
② 정부의 규제
③ 경제의 호황기
④ 신규 시장 발견
⑤ 높은 이직률 현상

28 소비자가 제품 구매 전에 결정할 수 있는 품질 속성으로, 스타일, 색채, 가격 등이 해당되는 것은?

① 신뢰 품질
② 경험 품질
③ 파생 품질
④ 탐색 품질
⑤ 편익 품질

29 다음 마케팅 목표 설정 기준을 고객만족(CS) 계획 수립과 관련하여 설명한 내용 중 옳지 않은 것은?

① 측정이 어려운 부분도 포함하여 정성적으로 표시한다.
② 기업의 목적과 일관성을 유지한다.
③ 명확한 일정을 제시한다.
④ 사업단위는 현실적인 사업 단위별 목표를 설정한다.
⑤ 모든 필요 조직구성원과 소통한다.

30 수익의 원천이 되는 고객 서비스의 논리적 구조에서 내부 서비스 품질과 관련 없는 것은?

① 근무 장소 설계
② 업무 설계
③ 종업원의 만족도
④ 종업원의 선발과 교육
⑤ 종업원의 보상과 인정

31 로렌트(Laurent)와 캐퍼러(Kapferer)가 제시한 관여도 측정의 5가지 차원에 포함되지 않는 것은?

① 구매의 잘못될 가능성
② 부정적 결과의 중요성
③ 개인적 관심
④ 상징적 가치
⑤ 고통과 아픔의 가치

32 서비스 수익 체인의 구조와 기능에 관한 설명 중 적절하지 않은 것은?

① 종업원 충성도는 종업원의 생산성을 높인다.
② 고객만족이 고객 충성도로 이어진다.
③ 종업원 만족은 충성도를 유발한다.
④ 고객만족은 서비스 가치가 이끌어낸다.
⑤ 종업원 불만은 외부 품질이 야기한다.

33 서비스 수익체인에 대한 설명으로 적절하지 않은 것은?

① 경영의 최소화를 위한 윤곽만을 제시하는 것이 서비스 수익체인이다.
② 종업원 역량, 서비스 프로세스 품질, 서비스 전달 가치, 고객 충성도는 강력한 상호관계를 가진다.
③ 고객가치 방정식이 중심이며, 서비스 전달 프로세스의 품질과 결과가 고객 지불 가격과 동일함을 나타낸다.
④ 내부요인은 운영전략과 서비스 전달 시스템이며, 외부요인인 표적시장은 고객만족을 통해 충성도와 수익성 향상으로 이어진다.
⑤ 서비스 전달을 위해서는 애프터서비스의 뒷받침이 필요하다.

34 서비스 품질 향상을 위한 내부 직원의 역할 모형성을 촉진하는 활동으로 가장 적절한 것은?

① 고객 불만과 서비스 지연에 대한 체계적 자료 구축
② 조직 내 정보공유 활성화와 의견수렴 창구 구축
③ 다양한 워크숍과 모임을 통한 팀 내 화합 도모
④ 변혁적 리더십 활성화와 권한 이양의 제도화
⑤ 핵심 서비스 표준의 우선순위 설정과 성과 측정 및 보상 연계

35 얀켈로비치가 제시한 시장세분화의 장점에 대한 설명으로 적절하지 않은 것은?

① 세분화된 시장 요구에 맞는 제품 계열을 결정할 수 있다.
② 판매 호응이 최대화될 것으로 예상되는 시기에 판촉 활동을 집중할 수 있다.
③ 매체별 효과에 따라 광고예산을 합리적으로 배분할 수 있다.
④ 모든 세분시장에 대해 이익 가능성과 무관하게 판촉비용을 일괄 설정할 수 있다.
⑤ 미래 세분시장 변동에 대비한 계획과 대책을 수립할 수 있다.

36 고객의 니즈를 파악하고 수용하여 불만을 최소화하고 궁극적으로 불만율을 제로화하고자 하는 모니터링 기법은?

① NPS
② VOC
③ 고객패널
④ CSI
⑤ 미스터리 쇼핑

37 '파라수라만, 자이다믈, 베리'가 제시한 품질 요소 중 예의, 능력, 안정성, 신용성은 어디에 속하는가?

① 유형성
② 응답성
③ 공감성
④ 신뢰성
⑤ 확신성

38 내부 마케팅과 관련한 권한 위임의 비용 설명 중 거리가 먼 것은?

① 교육훈련에 많은 비용이 든다.
② 직원의 무리한 의사결정이 있을 수 있다.
③ 공평하지 못한 대우를 받았다고 고객이 생각할 수 있다.
④ 높은 수준의 서비스 일관성을 유지와 서비스 제공을 빠르게 할 수 있다.
⑤ 책임감 있는 정규직 채용으로 인건비가 상승한다.

39 고객 만족도의 직접 측정에 대한 설명으로 적절하지 않은 것은?

① 일반적으로 단일 또는 복수 설문 항목으로 만족도를 측정한다.
② 실용성 강조로 민간부문은 선호하지 않는다.
③ 단일문항 측정 방법에서 측정 오차 문제를 해소하기가 어려워 복수의 설문 항목 측정으로 한정하여 정의하기도 한다.
④ 조사모델이 간명하고 하위 차원에 대한 만족도 결과 합산 시 중복 측정의 문제를 방지할 수 있다.
⑤ ACSI, NCSI가 직접측정에 의거해 종합만족도를 구하고 있는 대표적 조사이다.

40 다음 설명에 해당하는 자료수집 방법은?

> 내면의 태도나 신념 등을 파악하기 위해 문장완성법, 단어연상법, 그림묘사법과 같은 심리적 투사기법을 활용하여 조사하는 기법

① 면접법
② 관찰법
③ 설문지법
④ 투사법
⑤ 표적집단 면접법(FGI)

41 생산된 모든 제품이 일관되게 만들어지고 약속된 목표 규격 명세를 충족시키는 정도를 나타내는 제품차별화 요소는?

① 형태
② 내구성
③ 특성
④ 적합성 품질
⑤ 수선 용이성

42 다음의 설명에 해당하는 서비스 모니터링 조사기법은?

> • 회사와 지속적 관계를 맺고 모니터링 자료를 제공하는 고객집단이다.
> • 고객의 태도와 지각을 실시간으로 파악하기 위해 일정기간 동안 모집된다.

① 블랙 컨슈머
② 체리 피커
③ 얼리 어답터
④ 미스테리 쇼퍼
⑤ 포커스 패널

43 서비스 실패 처리 시 고객이 기대하는 공정성 유형 중 종사원의 친절, 배려, 사과 등 서비스 제공자의 응대 태도와 관련된 것은?

① 절차적 공정성
② 결과적 공정성
③ 상호작용 공정성
④ 분배적 공정성
⑤ 고객지향적 공정성

44 의료서비스에 대한 설명으로 적절하지 않은 것은?

① 다양한 사업 목적을 가진 조직체이다.
② 의사결정자가 다양하다.
③ 정보의 비대칭성, 외부효과, 공공재적 성격, 치료의 불확실성 등이 경제적 특징이다.
④ 의료수가제도, 의료시장 개방, 의료보험제도는 사회적 환경이다.
⑤ 기대와 실제 성과의 불일치가 크다.

45 주란(Juran)이 제시한 서비스 품질 분류 차원으로 보기 어려운 것은?

① 서비스의 시간성과 신속성
② 사용자 눈에 보이는 하드웨어적 품질
③ 사용자 눈에 보이는 소프트웨어적 품질
④ 사용자 눈에 보이지 않는 하드웨어적 품질
⑤ 사용자 눈에 보이지 않는 내부적 품질

46 서비스 품질 5가치 차원에서 고객의 요구와 불만에 신속히 대응하고, 고객을 돕고자 하는 의지와 관련된 차원은?

① 공감성
② 반응성
③ 유형성
④ 신뢰성
⑤ 확신성

47 가빈(Garvin)이 제시한 5가지 관점의 품질 차원 중 다음 설명에 해당하는 것은?

> • 생산관리 측면에서 원가와 가격으로 품질을 정의한다.
> • 생산자의 수용 가능한 원가나 고객의 수용 가능한 가격으로 제공되는 제품을 양질의 제품으로 본다.

① 제품 중심적 접근
② 선험적 접근
③ 사용자 중심적 접근
④ 제조 중심적 접근
⑤ 가치 중심적 접근

48 의료기관에 다른 산업의 경영 기법을 적용하기 어려운 원인 중 가장 부적절한 것은?

① 권한과 통제가 단순하고 명료하다.
② 병원의 외적 환경이 너무 광범위하다.
③ 과업 내용의 명확한 규정이 어렵다.
④ 가장 중요한 내적 자원은 인적자원이다.
⑤ 통제권 없는 자 또는 조직도상 나타나지 않는 자가 상당한 권한을 행사한다.

49 제품 소비 시 발생하는 긍정적 또는 부정적 감정과 관련하여 세스(Sheth), 뉴먼(Newman), 그로스(Gross)가 제시한 가치 유형은?

① 사회적 가치
② 기능적 가치
③ 상황적 가치
④ 인식적 가치
⑤ 정서적 가치

50 설문지 개발 시 질문 순서 결정에서 고려할 사항으로 부적절한 것은?

① 민감하고 어려운 질문은 후반부에 배치한다.
② 구체적 질문 전에 포괄적 질문을 한다.
③ 적절한 응답자 선별 질문이 필요한지 검토한다.
④ 자연스럽고 논리적인 흐름을 따른다.
⑤ 많은 내용 중 중요 질문은 앞쪽에 둔다.

3과목 고객관리 실무론

51 간접 높임법을 사용한 사례 중 부적절한 것은?

① 부장님 말씀이 옳으십니다.
② 고객님의 건강은 좋으십니다.
③ 사모님께서 감기에 걸리셨습니다.
④ 고객님, 수선하신 옷이 나오셨습니다.
⑤ 과장님, 오늘 넥타이가 참 멋있으시네요.

52 다음 중 악수의 5대 원칙과 가장 거리가 먼 것은 무엇인가?

① 적당한 거리(Distance)
② 적당한 힘(Power)
③ 아이컨택(Eye-Contact)
④ 리듬(Rhythm)
⑤ 친절함(Kindness)

53 이미지에 관한 설명 중 부적절한 것은?

① 제스처, 자세, 표정, 외모 등은 외적 이미지의 분류에 속한다.
② 친숙성, 호혜성, 유사성, 매력성은 대인 매력 요인이다.
③ 욕구는 이미지 형성 요인 중 초기에 형성되어 오래 유지된다.
④ 첫인상 형성 시 시각 55%, 청각 38%, 언어 7%의 비중을 차지한다.
⑤ 주관적이고 심리적이며 총체적인 것이 이미지의 특징이다.

54 고객불만 유형 중 외상, 인테리어, 매장 입지조건, 설비 등에 대한 불만은?

① 시간적 상황의 불만
② 물리적 상황의 불만
③ 금전적 상황의 불만
④ 정보적 상황의 불만
⑤ 절차적 상황의 불만

55 화법의 유형별 설명으로 올바르지 않은 것은?

① 긍정적 내용으로 마무리하는 것은 아론슨 화법이다.
② 의뢰나 질문 형식으로 말하는 것은 레이어드 화법이다.
③ 고객의 말을 반복하여 공감대를 형성하는 것은 산울림 화법이다.
④ "저희 불찰입니다"라는 표현은 신뢰 화법의 예시이다.
⑤ 죄송한 마음을 먼저 전달하는 것은 쿠션 화법이다.

56 강의법(Lecture Method)의 단점에 해당하지 않는 것은?

① 학습자의 수준에 거의 전적으로 맞춰 수업이 진행된다.
② 학습자의 다양한 능력, 경험, 지식이 고려되지 못한다.
③ 질문을 할 수 없고 준비가 덜 된 교육생들은 뒤로 빠지게 한다.
④ 단순하게 기계적인 청취자만 길러낼 위험이 크다.
⑤ 학습자들에게 질문에 대해 생각을 하지 못하게 하거나 인지적 부담을 많이 주는 질문을 하게 한다.

57 OJT(On the Job Training)의 단점으로 볼 수 없는 것은?

① 교육현장의 소음 등의 방해물과 안전사고 발생이 일어날 수 있다.
② 상사와 선배의 자기개발 기회의 희생이 불가피하고 선후배, 상사와 부하간의 인간관계에 장애가 초래될 수 있다.
③ 학습자가 교육 내용이 본인의 업무와 연관성이 낮다고 생각할 경우 시간 낭비가 될 수 있다.
④ 고가 장비 고장 시 생산차질을 초래할 수 있다.
⑤ 상급자 능력에 크게 좌우될 염려가 있다.

58 다음 교정에 관한 설명으로 적절하지 않은 것은?

① 문제 극복을 지원하고 도움을 주는 역할이다.
② 교육 훈련 중 추가 지도가 필요할 때 실시한다.
③ 당면한 문제의 시급한 해결이 주된 목적이다.
④ 조직의 성과 향상을 위한 프로세스 지원이다.
⑤ 성장과 발전을 추구하는 건강한 사람이 대상이다.

59 다음 콜센터 스크립트에 대한 설명 중 옳지 않은 것은?

① 기업 중심으로 작성하여 고객에게 이익을 제공한다.
② 짧은 시간 내 고객 이해와 설득이 필요하다.
③ 모든 통화에서 매뉴얼형 응대를 표현한다.
④ 고객과의 대화를 이끄는 역할을 수행한다.
⑤ 반복 훈련으로 자연스러운 처리가 가능하다.

60 토의법의 장점으로 맞는 것을 모두 선택한 것은?

가. 자율적 학습참여가 가능하다.
나. 대규모 집단에 적용이 쉽다.
다. 높은 수준의 인지적 학습목표 달성에 효과적이다.
라. 자유로운 지식과 경험 교환이 가능하다.

① 가, 나
② 나, 다
③ 다, 라
④ 가, 라
⑤ 가, 다, 라

61 'GRROW 모델'의 코칭 대화 프로세스에서 적절하지 않은 단계는?

① 실행의지 확인
② 목표 설정
③ 현실 확인
④ 대안 탐색
⑤ 성취결과 인정

62 명함 매너에 관한 설명으로 부적절한 것은?

① 동판 인쇄 명함은 루이 15세 때부터 사용되었다.
② 가방이나 바인더에 비상용 명함을 보관한다.
③ 모르는 한자에 대한 질문은 실례가 아니다.
④ 업무용 명함도 사교용으로 사용할 수 있다.
⑤ 명함 교환 시에는 자리에서 일어서야 한다.

63 다음 설명에 해당하는 고객의 역할은?

> 기업 문화에 적합한 리더의 유형을 보여주며, 바람직한 행동으로 역할을 수행하는 사람이다.

① 코치
② 후원자
③ 역할모델
④ 평가자
⑤ 멘토

64 인사 예절에 관한 설명으로 부적절한 것은?

① 낯선 환경에서 인사를 잘하면 호감 및 신뢰감 형성에 도움된다.
② 정중례 시 입을 벌리고 치아를 보이며 웃는 표정을 짓는 것이 좋다.
③ 인사는 자신을 위한 것이 궁극적 목적이다.
④ 윗사람에게 인사 시 2~5m 거리에서 인사하는 것이 좋고 너무 다가서는 것은 가는 길을 방해하는 경우도 있어 좋지 않다.
⑤ 상체를 너무 빠르게 움직이면 정중하지 않은 느낌이 들지 않을 수 있으니 주의하며, 인사는 인사말과 반드시 함께 해야 한다.

65 손님 맞이할 때의 안내 자세로 맞지 않은 것은?

① 엘리베이터 탑승 시 버튼을 누른 채 상급자 먼저 통과하게 한다.
② 손님을 안내할 때는 손님이 편안하게 따라올 수 있는 거리를 유지하며 걷는다.
③ 방문객이 오면 즉시 일어서서 인사한다.
④ 손님에게 방향을 표시할 때 손가락으로 해당 방향을 가리키며 이동하도록 유도한다.
⑤ 응접실 경우 상석은 입구에서 가장 먼 곳이다.

66 e-mail 에티켓으로 적절하지 않은 것은?

① 제목을 명확하고 구체적으로 작성한다.
② 긴 본문은 핵심 내용만 간결히 정리하여 작성한다.
③ 수신자의 직급이나 지위를 고려하여 예의 있게 표현한다.
④ 중요한 내용을 강조하기 위해 이모티콘과 특수기호를 자주 사용한다.
⑤ 회신 시 원본 메일 내용을 남겨 두고 그 위에 답장을 쓴다.

67 다음 중 첫인상의 법칙 설명으로 적절하지 않은 것은?

① 상황이 달라도 처음 판단을 유지하려는 것은 일관성 오류 법칙이다.
② 긍정보다 부정적 말이 더 강하게 남는 것은 부정성의 법칙이다.
③ 초기 정보가 후기 정보보다 중요한 것은 초두 효과이다.
④ 처음 정보가 이후 정보 처리의 지침이 되는 것은 맥락 효과이다.
⑤ 반복되는 행동이 긍정적으로 인식되면 좋은 인상으로 바뀌는 것은 인지의 특성이다.

68 악수 예절에 대한 설명으로 적절하지 않은 것은?

① 악수는 과장된 행동은 피한다.
② 악수는 절과 함께하지 않는다.
③ 남녀간의 악수에서는 상하관계가 우선 고려될 수 있다.
④ 여성은 일어서고 남성은 윗사람이 아닐 경우 앉아서 악수를 청해도 무관하다.
⑤ 남성은 오른쪽 장갑을 벗어야 하고 여성은 장갑을 벗지 않아도 된다.

69 다음 내용이 설명하는 OECD 개인정보보호 원칙은?

> 개인 정보는 이용 목적에 부합하고 필요한 범위 내에서 정확하고 완전하며 최신의 것으로 보존되어야 한다.

① 공개의 원칙
② 이용제한의 원칙
③ 개인 참여의 원칙
④ 목적의 명확화 원칙
⑤ 정확성의 원칙

70 고객 심리 질문법에 대한 설명으로 부적절한 것은?

① 개방형 질문은 고객의 적극적인 이야기를 유도한다.
② 네/아니오로 대답하게 하는 것은 확인형 질문이다.
③ 확인형 질문은 고객 니즈를 정확히 파악할 수 있다.
④ "어떻게 결정하셨나요?"가 개방형 질문의 예시다.
⑤ 상대적 질문은 고객이 자유롭게 대답하는 질문법이다.

71 적극적인 경청 태도로 가장 적절한 것은?

① 회사 입장에서 설명한다.
② 의견을 평가하며 청취한다.
③ 끝까지 상대방의 말을 듣는다.
④ 단호하게 거절할 것은 거절한다.
⑤ 모르는 것은 모른다고 하지 않고 대충이라도 설명한다.

72 바람직하지 않은 전화 응대는?

① 통화 중 끊어지면 먼저 건 쪽에서 다시 건다.
② 상대방 말을 가로채지 않거나 혼자 말하지 않는다.
③ 고객보다 조금 더 큰 소리로 말한다.
④ 통화하다가 상대를 기다리게 해야 할 경우, 대기 버튼을 누르거나 수화기를 손으로 가린다.
⑤ 고객의 말하는 속도에 맞춰 일치감을 형성한다.

73 공수와 절에 관한 설명으로 부적절한 것은?

① 공수는 공식시와 평상시가 다르다.
② 배꼽 높이가 기본 공수의 높이다.
③ 남성은 왼손, 여성은 오른손이 위로 올라간다.
④ 남성의 기본 절은 최소 두 번을 한다.
⑤ 의식 행사에서는 기본 횟수의 배를 한다.

74 개인정보보호법 위반으로 손해배상을 청구할 수 없는 경우는?

① 민감 정보의 유출
② 목적 외 정보 이용
③ 주민번호 대체 수단 미조치
④ 영업양도 미동의
⑤ 법정대리인 동의 아동 정보 수집

75 스크립트 구성 요소 관련 설명 중 부적절한 것은?

① 구매가 완료된 후, 고객에게 자신의 선택이 올바르다는 확신을 심어 주어야 한다.
② 상담 과정에 대한 설명을 통해 서비스의 중요성을 강조하며 고객에게 접근하는 것이 유리하다.
③ 고객과의 신뢰를 형성하기 위해서는 첫 인사가 가장 중요하다.
④ 전화 상대방이 결정권자인지 여부를 반드시 확인해야 한다.
⑤ 고객의 불만에 대비해 자료를 미리 준비하여 반론에 효과적으로 대응해야 한다.

실전 모의고사 05회

시험 일자	시험 시간	문항 수
년 월 일	75분	75문항

수험번호 : _____

성   명 : _____

1과목 CS 개론

01 '조하리의 창'에서 감정표현 결여, 소극적, 고민이 많은 특징을 보이는 영역은?

① 미지 영역
② 공개된 영역
③ 맹목 영역
④ 숨겨진 영역
⑤ 회피된 영역

02 크리스토퍼(Christopher)가 제시한 서비스의 정의는?

① 판매목적의 모든 활동과 편익
② 무형적이며 소유될 수 없는 활동이나 혜택
③ 거래 전(Before service), 거래 중(On service), 거래 후(After service)로 구분
④ 물리적 변화 없는 편익과 만족의 활동
⑤ 비생산적 노동, 비물질적 재화

03 고객 유형에 대한 설명으로 부적절한 것은?

① 한계 고객은 고객의 확보비용이 판매 및 서비스 판매 수익보다 큰 고객을 말한다.
② 로열티 고객은 경쟁업체 마케팅에 동요하지 않고 포괄적으로 이용한다.
③ 의견선도 고객은 상품 정보와 충고를 제공하는 비공식 커뮤니케이터이다.
④ 의사결정 고객은 신제품 최초 구매 후 정보를 전파하는 고객이다.
⑤ 그레고리 스톤(Gregory Stone)의 윤리적 고객은 사회적 책임감 있는 기업을 선택해야 한다는 의무감을 가진다.

04 Meta 그룹에서 제시한 고객관계관리(CRM) 중 협업 CRM에 해당하는 것은?

① 고객 분류와 분석을 통한 가치고객 발굴
② 다양한 채널과 일관성 있는 서비스 제공
③ CRM과 백오피스의 통합
④ 비즈니스 프로세스의 자동화
⑤ '타깃(Target) 마케팅'을 위한 고객 캠페인 실행

05 의사소통 유형 중 수평적 의사소통의 사례가 아닌 것은?

① 위원회
② 회람
③ 회의
④ 사전심사
⑤ 구내방송

06 슈메너(Schmener)가 제시한 서비스 프로세스 매트릭스의 내용 중 서비스 팩토리(Service Factory)의 특징이 아닌 것은?

① 낮은 노동집중도
② 낮은 상호작용
③ 높은 개별화 서비스
④ 항공운송업 등의 업종
⑤ 호텔리조트 업종

07 하버마스(Jurgen Habermas)가 제시한 이상적 의사소통의 요소가 아닌 것은?

① 진리성
② 이해가능성
③ 상호의존성
④ 진지성
⑤ 타당성

08 존 포웰(John Powell)이 제시한 자아개방 5단계 중 다음 내용에 해당하는 것은?

> "내가 아는 바로는", "느낀 대로 말하자면" 등의 관용적 표현을 사용하며, 다음 단계로 향상하기 전에는 진실한 자아개방적 의사소통이 이루어진다고 볼 수 없는 단계

① 상투적 표현 단계
② 사실정보 교환 단계
③ 생각과 판단을 이야기하는 단계
④ 감정과 직관 단계
⑤ 최상의 의사소통 단계

09 서비스프로세스의 중요성에 대한 설명으로 부적절한 것은?

① 상품과 전달시스템의 유통적 성격을 동시에 지닌다.
② 고객의 태도에 영향을 주지 않는 범위 안에서 직원과의 상호작용이 향후 거래에 무리하게 영향을 주지 않도록 한다.
③ 서비스 단계와 서비스전달자의 처리능력이 고객에게 가시적으로 보인다.
④ 프로세스에 따라 서비스 절차의 복잡성으로 고객에게 포괄적이고 복잡한 행동이 요구될 수 있다.
⑤ 고객의 체험은 서비스 판단의 중요한 증거가 된다.

10 서비스 프로세스에 대한 설명으로 맞지 않는 것은?

① 마이클 해머는 고객을 위해 결과물 또는 가치 창출하는 모든 활동의 집합이라고 정의하였다.

② 프로세스 대기열 관리방안 중 단일대기열은 총 대기시간 감소가 가능하다.

③ 고객의 서비스·제품 접촉과 품질평가 과정이다.

④ 프로세스 단계와 서비스 제공자의 처리능력 유형화

⑤ 서비스 프로세스의 '표준화'는 소비자에게 기업 이미지를 각인시키는 데 도움을 준다.

11 고객관계관리(CRM) 전략의 고객평가 방법 중 고객이 기업 제품의 구매 종류 수를 점수화하는 것은?

① 수익성 점수(Profitable Score)

② 커버리지 점수(Coverage Score)

③ 위험성 점수(Risk Score)

④ RFM 점수

⑤ 생산성 점수(Productivity Score)

12 알더파(Alderfer)의 ERG 이론에서 매슬로우(Maslow)의 욕구 5단계 중 존경 욕구와 자아실현 욕구에 해당하는 것은?

① 존재 욕구

② 성장 욕구

③ 관계 욕구

④ 태도 욕구

⑤ 완성 욕구

13 MBTI에 대한 설명으로 맞지 않는 것은?

① 소비자의 인성 유형별 행동연구에서 감정형은 자신의 가치판단과 타인은 어떤 사항을 고려하는지를 중시한다.

② MBTI는 브릭스와 마이어 모녀가 융의 심리유형론을 기반으로 개발했다.

③ "개인이 무엇을 인식하는가"는 외향 대 내향에 해당한다.

④ 외향형은 폭넓은 대인관계를 유지하며 사교적, 활동적이다.

⑤ MBTI의 4가지 선호지표 중 "채택하는 생활양식"은 판단 대 인식 지표이다.

14 피쉬본 다이어그램에 대한 설명 중 거리가 먼 것은?

① 현실과 결과에 대한 원인과 이유를 물고기 뼈 모양으로 시각적 분석하는 기법이다.

② 일본의 품질관리 통계학자인 '이시카와 가오루'에 의해 개발되어 일명 '이시카와 다이어그램'이라고 불린다.

③ '전문가 합의법'으로 기존 자료의 부족으로 인해 참고할 만한 자료가 없거나 미래의 불확실한 상황을 예측하고자 할 경우 도입하는 분석기법이다.

④ 품질문제의 요인과 부수적 요소를 함께 검토하며, 기업이 고객의 불만을 직접 추적하는 데 도움을 준다.

⑤ 프로세스 설계의 문제점을 만족시키기 위해 고안한 방법으로, 기업에서는 고객들이 필요하는 서비스 품질 요소들을 명확하게 나타내기 힘들기 때문에 서비스 품질 요소를 명확히 하는 설계 방법이다.

15 TA(교류분석)에 대한 설명으로 옳지 않은 것은?

① 4대 분석이론은 구조, 교류패턴, 게임분석, 각본분석이다.
② 주어진 인생의 시간을 어떻게 구조화하느냐에 따라 삶의 방향이 결정된다.
③ 시간 구조화하는 방법 중 '의례'는 타인과 관계를 맺지 않으므로 배척받을 위험도가 낮다.
④ 에릭 번(Eric Berne)에 의해 개발되었다.
⑤ 긍정적 스트로크가 없다면 부정적 스트로크라도 있는 것이 낫다고 본다.

16 부적응적 인간관계 유형 중 적극적이고 능동적이나 따돌림을 당하는 유형은?

① 불안형
② 실리형
③ 지배형
④ 의존형
⑤ 소외형

17 감성경영에 대한 설명으로 맞지 않은 것은?

① 감성 지능형 조직이 되는 감성 리더십 경영이다.
② 즐겁고 재미있는 직장 환경을 조성한다.
③ 이성보다 감성을 중시한다.
④ 외부고객을 인격적으로 우러러보는 인간존중 경영이며, 내부고객에 대하여 고객감동과 오감 마케팅을 실현하는 경영기법이다.
⑤ 창조적이고 활기찬 인적자원관리를 추구한다.

18 서비스 프로세스의 산출물에 속하는 것은?

① 수익
② 장비
③ 서비스
④ 이미지
⑤ 시설

19 대량생산에 적합하며 모든 고객에게 동일한 서비스를 제공하는 생산과정 방식은?

① 표준화
② 개별화
③ 가치화
④ 객관화
⑤ 개성화

20 고객 인식 결정 단계 중 정보탐색 단계에 대한 설명으로 옳지 않은 것은?

① 고객 정보 원천 중 경험적 원천에는 제품 사용, 소비자 단체, 대중매체 등이 포함된다.
② 정보탐색에서 인적 정보원은 가족, 이웃, 친지, 친구 등이 있다.
③ 고객 정보의 원천 중 상업적 원천에는 광고, 웹사이트, 판매원 등이 포함된다.
④ 정보탐색은 구매의 위험을 줄이는 방법으로 구매에 영향을 미친다.
⑤ 고객 정보 원천에는 인적 정보원과 비인적 정보원이 있으며, 비인적 정보원으로는 대중, 매체, 광고, 포장, 인터넷 등이 있다.

21 품질기능전개(QFD)의 장점과 거리가 먼 것은?

① 제품과 서비스에 대한 팀의 공통된 의견을 도출할 수 있는 체계적인 시스템을 제공한다.

② 제품 회수 기간을 늘린다.

③ 제안된 신제품과 신서비스의 우선순위를 정하기 위한 체계적인 도구이다.

④ 제품 및 서비스의 품질 목표와 사업 목표를 설정하는 데 도움을 준다.

⑤ 고객의 요구사항을 이해하는 데 도움이 된다.

22 고객 범주에 대한 설명으로 옳지 않은 것은?

① 의견선도 고객은 평판, 심사를 통해 영향을 미치는 집단으로 기자, 평론가, 소비자 보호단체, 전문가 등이 있다.

② 그레고리 스톤은 경제적, 윤리적, 사회적, 편의적 고객으로 분류한다.

③ 프로세스적 관점은 외부, 중간, 내부고객으로 구분한다.

④ 참여 관점에서 단골고객과 옹호고객은 의미가 다르다.

⑤ 가치체계 기준은 가치생산 고객, 가치전달 고객, 가치구매 고객 등으로 분류한다.

23 고객 특성의 인간통계적 정보 중 관계정보가 아닌 것은?

① 고객소개 정보

② 기타관계 정보

③ 직장

④ 가족관계

⑤ 가입 커뮤니티

24 커트 라이먼(Curt Reimann)이 제시한 우수한 리더십의 특성이 아닌 것은?

① 강력한 추진력

② 일에 대한 열정

③ 고객에 대한 접근성

④ 합리적 목표

⑤ 조직화

25 서비스 수익 체인의 구조와 기능에서 적절하지 않은 것은?

① 외부 품질은 종업원 불만을 저하시킨다.

② 서비스가치는 고객만족을 유도한다.

③ 고객만족은 고객충성도를 높인다.

④ 종업원 만족은 종업원 충성도를 유발한다.

⑤ 종업원 충성도는 종업원 생산성을 유발시킨다.

26 의료기관이 가진 특징들 중에서 성격이 다르게 구분되는 것은?

① 지휘체계가 이중적이다.

② 제한적 경쟁을 한다.

③ 집약적 특성이 자본과 노동에 있다.

④ 동기가 비영리적이다.

⑤ 조직체의 목적이 다양하다.

27 서비스 품질을 측정하기 어려운 이유에 대한 설명으로 가장 거리가 먼 것은?

① 고객으로부터 데이터 수집에 많은 시간과 비용이 들며 회수율이 낮다.
② 서비스프로세스는 고객을 포함하지 않고 변화를 일으킬 수 없어 측정이 어렵다.
③ 서비스의 주관적인 성격 때문에 객관화된 측정이 어렵다.
④ 서비스가 완료되기 전에는 검증이 어렵다.
⑤ 고객이 서비스 과정에서 서비스의 자원의 흐름을 관찰할 수 있어 객관성이 저해된다.

28 청사진의 구성 요소 중에서 일선 종업원의 행동으로 적절하지 않은 사례는?

① 좌석을 안내하기
② 접객 및 인사하기
③ 테이블을 정리하기
④ 상품 배송의 준비
⑤ 주문을 접수하기

29 코틀러(Kottler)가 제시한 시장 세분화 요건 중 다음 설명에 해당하는 것은?

> 세분 시장의 구성원들이 TV 시청과 방문 노출이 많다면 공략이 용이하나, TV를 보지 않고 신문도 구독하지 않는 경우는 공략이 어려운 특성

① 실행화 가능성
② 접근 가능성
③ 구분의 적절성
④ 측정 가능성
⑤ 규모와 적절성

30 고객만족도 조사에서 정성조사 기법을 적용하기에 부적절한 경우는?

① 소비자의 언어를 발견하고 확인할 때
② 소비자에 대한 깊이 있는 이해가 필요할 때
③ 신속한 정보 획득이 필요한 경우
④ 목표 시장 선정과 시장 세분화
⑤ 다양한 상황 설명이 어려운 소비자의 정보 획득 시

31 아래 내용에 해당하는 'e-서비스품질(SQ)'의 핵심 차원은?

> 이 웹사이트는 주문 물품을 처음 소요시간 내에 배달하고, 약속한 날짜에 제대로 배달을 수행한다.

① 효율성
② 보안성
③ 보상성
④ 성취이행성
⑤ 신뢰성

32 'e-서비스 품질' 차원에서 온라인과 전화로 고객서비스 직원과 연결 가능한지를 의미하는 요소는?

① 성취이행
② 응답성
③ 실시간 접속
④ 배상 및 보상
⑤ 서비스 증거

33 다음 설명에 해당하는 소비재 분류는?

> • 한두 번 사용으로 소모되는 유형의 제품
> • 대량 광고를 통한 구매 유도와 선호도 구축이 가능하며, 다양한 장소에서 구매할 수 있는 제품

① 자본재
② 내구재
③ 긴급품
④ 비내구재
⑤ 공공재

34 다음의 설명에 해당하는 용어는?

> 서비스 활동의 노동집약적 부분을 기계로 대체하여 효율성을 높이고 비용을 절감하는 것으로, 자동차 생산 공장의 '계획화, 조직, 훈련, 통제 및 관리' 시스템을 서비스 활동에 적용하는 것을 의미한다.

① 서비스 독점화(Service Monopolization)
② 서비스 공업화(Service Industrialization)
③ 서비스 황폐화(Service Desertion)
④ 서비스 패러독스(Service Paradox)
⑤ 서비스 획일화(Service Standardization)

35 STP 전략에 대한 설명으로 적절하지 않은 것은?

① 시장 부문의 매력도는 표적시장 선정 단계에서 평가한다.
② 자사의 이미지나 상품을 고객 마음속에 각인시키는 것이 표적시장의 제반 활동이다.
③ 판매 저항은 최소화하고 판매 호응이 최대화될 것으로 예상되는 시기에 판촉활동을 집중한다.
④ 시장 변동에 대비한 계획과 대책을 수립할 수 있다.
⑤ 제품 전문화 전략은 세분시장별로 제품과 전략이 달라 시너지가 낮고 개발 · 마케팅 비용이 많이 든다.

36 소비자의 제품 관여 수준에 따른 유형 중 적절하지 않은 것은?

① 수용가능한 만족수준을 찾아 상표 전속도 근거로 소수 속성을 검토한다.
② 제품 구매에서 전달의 규범과 가치는 중요하지 않다.
③ 정보를 주어진 대로 수용한다.
④ 수동적 수신자이므로 전속도 형성을 위한 광고효과가 미비하다.
⑤ 라이프스타일이 소비자 행동에 영향을 미치지 않는다.

37 고객만족(CS) 계획 수립 시 마케팅 목표 설정 기준으로 부적절한 것은?

① 일정은 명확해야 한다.
② 기업 목적과의 일관성이 있어야 한다.
③ 현실적인 목표를 사업 단위별로 설정해야 한다.
④ 측정이 어려운 부분까지 포함하여 포괄적이고 정성적으로 표시해야 한다.
⑤ 모든 필요한 조직구성원과 커뮤니케이션해야 한다.

38 MOT 사이클을 활용한 전략에 대한 설명 중 적절하지 않은 것은?

① 서비스 제공자 관점보다 고객 관점에서 서비스 전체 제공 과정의 만족도를 중시한다.

② 서비스 제공자 입장에서 접점의 비용절감 방법이 있는지 분석하는 방법이다.

③ 계량적 평가를 통해 고객이 원하는 다양한 서비스 속성을 최대한 충족시킨다.

④ 서비스 시작부터 완료까지 과정을 정리하여 고객 접점을 정리한다 .

⑤ 시계 모양의 도표로 MOT들의 프로세스를 서비스 사이클 차트를 통해 작성한다.

39 표준안을 작성할 때 고려해야 할 사항으로 적절하지 않은 것은?

① 경영진과 직원, 고객 요구에 대한 상호이해가 바탕이 되어야 한다.

② 구체적인 작성으로 서비스제공자에게 정확한 지침을 제공해야 한다.

③ 객관적 측정이 가능하고 관찰 가능한 서비스 표준이어야 한다.

④ 일부 직원들에게 집중적으로 강조되는 전반적 표준이어야 한다.

⑤ 정확하고 간단하게 누가, 언제, 무엇을 해야 하는지 지시되어야 한다.

40 자이다믈(Zeithaml)이 제시한 서비스 품질의 지각적 특성 중 거리가 먼 것은?

① 서비스품질은 추상적 개념이지 구체적 속성이 아니다.

② 서비스품질은 절대적 개념으로 평가된다.

③ 서비스품질은 전반적 평가로서 태도와 유사하다.

④ 서비스품질은 실체적, 객관적 품질과는 다르다.

⑤ 서비스품질은 서비스 간 상대적 우수성 비교로 고(高), 저(底)로 평가된다.

41 VOC(Voice Of Customer)가 가진 장점에 대한 설명 중 적절하지 않은 것은?

① 고객과의 관계 유지와 개선이 가능하다.

② 개별화된 서비스 응대를 통해 서비스 제공자별 다양성을 극대화할 수 있다.

③ 예상하지 못한 아이디어를 VOC통해 얻을 수 있다.

④ 고객의 기대와 요구 변화를 파악할 수 있다.

⑤ CRM의 한계를 넘어 데이터 분석이 아닌 고객의 실제 성향을 파악할 수 있다.

42 서비스 기대 모델에서 허용 영역에 대한 설명으로 적절하지 않은 것은?

① 서비스의 다양성을 인정하고 수용하는 범위이다.

② 고객과 서비스 차원에 따라 다르게 나타난다.

③ 서비스 실패가 확실히 드러나는 발각 지대이다.

④ 위쪽에 위치할수록 고객 감동 가능성이 높아진다.

⑤ 이 영역 내 서비스는 고객 반응이 크지 않다.

43 다음 설명이 가리키는 서비스청사진의 구성 요소는 무엇인가?

> 서비스 지원 프로세스와 후방 종업원이 접점 일선 종업원을 지원하는 것을 구분하는 선으로, 기업 내 정보 시스템이 서비스조직을 지원하여 효율적인 서비스를 제공하는 것이 예시이다.

① 가시선
② 통제선
③ 명시선
④ 상호작용선
⑤ 내부적 상호작용선

44 '편의적 서비스 상품'의 특성에 대한 설명으로 부적절한 것은?

① 최소한의 노력으로 소비자가 구매하는 상품이다.
② 개인의 일상과 밀접하게 연관되어 있으므로 구매 시 위험 정도가 높은 편이다.
③ 관여도가 매우 낮은 편의 상품이다.
④ 정보탐색에 많은 노력을 기울이지 않기 때문에 편리한 위치의 점포를 주로 선택한다.
⑤ 세탁서비스, 우편서비스가 대표적 사례이다.

45 칸(Kahn)이 제시한 역할 모호성의 발생 원인으로 적절하지 않은 것은?

① 조직의 투입정보 제한하는 관리 관행
② 상호독립성을 관리하는 감독적 인사 이용
③ 사회구조적 요구에 의한 기술 변화
④ 개인의 이해 영역 초과하는 조직의 규모와 복잡성
⑤ 구성원들에게 새로운 요구를 하는 조직 환경의 변화

46 주란(Juran)의 서비스품질 구분과 관련하여 다음 설명에 해당하는 것은?

> 고객 동선과 진열상태, 레스토랑 음식 맛, 호텔 실내장식, 항공기 좌석 안락함 등을 의미한다.

① 사용자의 눈에 보이지 않는 소프트웨어적 품질
② 사용자의 눈에 보이는 하드웨어적 품질
③ 사용자의 눈에 보이지 않는 내부적 품질
④ 서비스의 시간성과 신속성
⑤ 사용자의 눈에 보이는 소프트웨어적 품질

47 필립 코틀러(Philip Kotler)의 5가지 제품 차원 중 잠재적 제품의 정의로 옳은 것은?

① 제품의 기본 형태로 핵심 이점을 유형화한 것
② 고객이 근본적인 이점이나 서비스를 실제로 구성하는 것
③ 정형적 및 계획적으로 제품의 기본 형태를 제공하는 것
④ 미래 적용 가능한 변형과 확장을 의미하는 것
⑤ 구매자가 정상적으로 기대하는 일체의 속성과 조건

48 가빈(Garvin)이 제시한 품질의 5가지 관점 중 다음 설명에 해당하는 것은?

> 품질을 철학적 관점에서 '고유한 탁월성과 동일한 개념'으로 보며, 분석은 어렵지만 경험을 통해 알 수 있는 성질의 개념으로 정의한다.

① 가치 중심적 접근
② 제품 중심적 접근
③ 선험적 접근
④ 사용자 중심적 접근
⑤ 제조 중심적 접근

49 학자별로 제시한 서비스 품질에 대한 설명으로 옳지 않은 것은?

① 가노(Kano)의 일원적 품질요소에는 자동차 연비, 교사의 전문성, 호텔의 짧은 대기 시간, 기내 승무원의 접객 태도 등이 있다.
② SERVQUAL 모델의 '공감성'은 고객에 대한 개인적 관심과 애정으로 의사소통이 원활하고 접근이 용이하게 하는 것이다.
③ 가빈(Garvin)의 품질 모델은 선험적, 제조 중심적, 사용자 중심적, 가치 중심적 접근법을 포함한다.
④ 주란(Juran)의 서비스 품질 중 사용자의 눈에 보이는 내부적 품질은 백화점 카드사용 청구액의 정확성, 광고상품의 실제 보유 여부 등이다.
⑤ 주란(Juran)이 제시한 Hardware Quality에는 레스토랑 요리, 철도·항공기 좌석, 호텔 실내장식, 조명 밝기 등이 포함된다.

50 MOT 사이클 차트에 대한 다음 설명 중 적절하지 않은 것은?

① 일련의 MOT들은 서비스 사이클 차트를 통해 시계 모양 도표 형태로 작성된다.
② 접점들은 고객이 중요하게 생각하는 것을 중심으로 관리되며, 모든 접점을 관리자가 직접 입회할 수는 없다.
③ 서비스 제공자가 취한 개별적 조처들과 연관시켜 고객의 경험을 작성한 흐름도이다.
④ 서비스 전달과정 개선을 위해 고객과 기업의 접점을 체계적으로 파악하여 서비스 전달 시스템을 재구축할 수 있다.
⑤ 고객 경험 접점들은 1시 방향에서 시작하여 순차적으로 기입한다.

3과목 **고객관리 실무론**

51 전화응대 시 유의사항으로 적절하지 않은 것은?

① 중간에서 상대방의 말을 가로채지 않는다.
② 전문용어는 고객이 이해하기 어려워 피한다.
③ 고객의 말하는 속도에 맞춰 일치감을 형성한다.
④ 말투보다 억양에 더욱 신경 쓴다.
⑤ 요구 충족이 어려울 때는 대안을 제시한다.

52 콜센터 조직의 일반적 특징으로 볼 수 없는 것은?

① 독특한 집단의식
② 소통의 장벽
③ 특정 업무 선호도
④ 정규직 중심 구성
⑤ 개인별 능력 편차

53 다음 설명에 해당하는 코치의 역할은?

> 기업의 정치적 역학관계를 이해하고 영향력을 행사하는 방법을 알며, 조직 내에서 존경받는 조언자로서의 역할을 수행하는 사람이다.

① 교사
② 평가자
③ 멘토
④ 역할모델
⑤ 후원자

54 씽(Singh)이 제시한 불평 고객 유형 중 거리가 먼 것은?

① 능동적 협상자
② 격노자
③ 수동적 불평자
④ 표현 불평자
⑤ 행동 불평자

55 다음 사례에 해당하는 화법은?

> • 이후로도 잘 오시겠어요?
> • 다시 한번 말씀해 주시겠어요?
> • 다시 전화 드려도 될까요?

① 레이어드 화법
② 우선 화법
③ 보상화법
④ 선용형 화법
⑤ 샌드위치 화법

56 불만고객 응대 시 잘못된 서비스로 인한 실패 회복에 부적절한 것은?

① 문제를 인정한다.
② 원인을 규명한다.
③ 보상과 사과를 한다.
④ 해결책을 제시한다.
⑤ 정중하게 이해시킨다.

57 소비자체계의 최소 관련 조항에서 괄호에 들어갈 용어는?

> 공정거래 위원회 또는 (　　　)의 장은 소비자단체가 부정한 방법으로 등록한 경우 취소해야 한다.

① 지방 국세청
② 각 부처의 단체
③ 한국 소비자원
④ 소비자 보호원
⑤ 소비자 고발센터

58 OJT(On The Job Training) 교육방법에 포함되지 않는 것은?

① 코칭
② 자기 학습
③ 멘토링
④ 직무 순환
⑤ 직무 교육

59 의전행사의 자리 배치와 예우 기준으로 올바르지 않은 것은?

① 자리를 둘러 나눌 경우 맞은편에서 보았을 때 우측이 우선이다.
② 자리 기준은 중앙이 우선순위가 된다.
③ 각종 행사에서 특별 역할자는 서열과 무관하게 배치한다.
④ 대등한 관계는 서로 경의를 표하고 아랫사람은 윗사람에게 먼저 경의를 표한다.
⑤ 예우 서열에 일정 기준은 없으나, 나이, 직위의 높고낮음, 직위가 같을 시 정부조직법상의 순서 등에 의한다.

60 다음 상황별 인사의 종류 중 올바른 연결은?

> 가. 단체 손님 배웅
> 나. VIP 배웅
> 다. 출근 시 상사 인사
> 라. 정오에 높은 자와 인사
> 마. 통화 중 직속상사 호출

① 가 – 보통례
② 마 – 보통례
③ 다 – 정중례
④ 라 – 보통례
⑤ 나 – 보통례

61 콜센터 서비스의 특성에 대한 설명으로 부적절한 것은?

① 콜센터 대부분 서비스는 상담원에 의해 제공되는 것으로 인적자원 의존도가 있다.
② 서비스 복합성으로 인해 문제해결 시스템을 포함한 기술적 지원 프로세스 등 복합적인 요인이 서비스 전달시 영향을 준다.
③ 서비스 생산 과정에 고객참여로 품질통제가 용이하다.
④ 이질성으로 인해 동일한 서비스 품질이라도 고객유형에 따라 경험결과가 다를 수 있다.
⑤ 정확한 콜 예측으로 적절한 인력을 배치하여 서비스 및 수요를 관리한다.

62 클레임(Claim)에 대한 설명으로 적절하지 않은 것은?

① 잘못된 행위의 시정 요구이다.
② 법적 보상까지 이어질 수 있다.
③ 권리나 요구를 청구하는 의미이다.
④ 즉시 해결 가능한 불만 통보이다.
⑤ 컴플레인에서 시작될 수 있다.

63 공공기관 개인정보 보호 책임자의 부적절한 지정요건은?

① 중앙선거관리위원회의 행정사무 처리기관 공무원
② 시도교육청의 3급 공무원
③ 시군자치구의 4급 공무원
④ 고위공무원 제외한 3급 이상 공무원
⑤ 국회 및 법원 행정사무 처리 책임자

64 강의법(Lecture Method)의 특성에 대한 설명으로 부적절한 것은?

① 노트정리와 청취 능력이 학습 성취에 중요하다.
② 소수를 대상으로 긴 시간 교육하는 기법이다.
③ 학생들의 질문을 권장하지 않는 경향이 있다.
④ 가장 오래되고 보편적인 교수 기법이다.
⑤ 정보와 지식을 주입식으로 전달하는 기법이다.

65 클레임(Claim)에 관한 설명으로 가장 적절한 것은?

① 컴플레인과 동일한 의미를 가진다.
② 클레임 제기 고객은 재구매가 없으므로 관리할 필요가 없다.
③ 내부 조치 및 행동으로 즉각 해결이 가능하다.
④ 당연한 것으로서의 권리나 유산을 요구하는 의미를 지닌다.
⑤ 구매한 상품 및 서비스 품질에 대한 불만 표현이다.

66 대인지각의 오류 중 환경의 모든 자극을 개인의 준거 틀로 걸러내는 것은?

① 관대화 경향
② 투영 효과
③ 선택적 지각
④ 상동적 태도
⑤ 중심화 경향

67 다음 중 서비스나 제품을 제공하는 주체의 핵심적인 역할에 대한 불만은?

① 절차적 상황 불만
② 물리적 상황 불만
③ 시간적 상황 불만
④ 제공적 상황 불만
⑤ 금전적 상황 불만

68 고객을 무시하고 어리숙하게 보거나 투정을 부리는 태도로, 전문가들 사이에서 자주 나타나는 유형은?

① 경직화
② 반발
③ 방관
④ 무관심
⑤ 기만

69 고객 불만 처리 방법 중 가장 적절하지 않은 것은?

① 결과 검토 및 반성하여 동일 불만이 재발하지 않도록 주의한다.
② 회사 방침과 결부해 자신의 권한 밖에 있을 경우 적절한 절차를 거쳐 권한부여 받아 처리하도록 한다.
③ 요점 파악 후 고객의 착오 여부를 검토한다.
④ 해결책을 신속히 마련하여 친절히 해결책을 납득시킨다.
⑤ 불편사항을 긍정적으로 수용하고 성의를 가지고 듣는다.

70 불만 고객 응대에 대한 설명 중 올바르지 않은 것은?

① 직원의 결과든 초기 구성원 일원으로서의 나의 행동이든 고객 불만을 책임을 져야 한다.
② 업무 프로세스를 고객이 알고 있다고 가정하면 안 된다.
③ 불만 제기 고객은 그렇지 않은 고객에 비해 재구매 확률이 낮다.
④ 불만 처리 과정에서 충성 고객으로 전환할 기회가 된다.
⑤ 불만 해결 과정에서 회사의 취약점을 개선할 수 있다.

71 콜센터 운영의 전문성 향상을 위한 가장 적절한 방안은?

① 전문가 자문 요청
② 수익성 증대
③ 팀워크 적응력
④ 투자대비 효율성 고려
⑤ 고객감동 기법 발굴

72 비즈니스 매너에 대한 설명으로 올바르지 않은 것은?

① 복도에서 상사와 마주치면 잠깐 멈춰서 한 쪽으로 비켜서며 가볍게 인사한다.
② 윗사람이 엘리베이터에서 먼저 타고 내린다.
③ 윗사람에게 "수고하셨습니다" 인사는 실례이다.
④ 미국에서 남성의 경우 결혼여부와 상관없이 성 앞에 'Mr'를 붙여 칭한다.
⑤ Service Charge 포함 시 팁은 지급하지 않는다.

73 방문 시 지켜야 할 매너로 부적절한 것은?

① 여유있게 미리 도착해 화장실에서 복장을 점검한다.
② 사무실 방문 시 가급적 바쁜 시간을 피해 약속을 잡는다.
③ 방문의 목적이 달성되지 않더라도 실망감을 내색하지 않고 인사한다.
④ 응접실에서 대기 중 상대방 입장 시 즉시 인사를 건넨다.
⑤ 면담 중 팔을 들어 손목시계를 확인하는 것은 예의에 벗어나지 않는다.

74 다음 내용이 설명하는 효과의 명칭은?

처음에 제시된 정보가 이후 정보 처리의 기준점이 되어 추후 정보를 해석하는 데 영향을 미친다. 초기에 부정적 정보를 접하면 이후에도 부정적으로 인식하려는 현상을 말한다.

① 부정성효과
② 칵테일효과
③ 맥락효과
④ 최신효과
⑤ 최소한의 효과

75 교수법 유형 중 강의법의 특성에 대한 설명으로 부적절한 것은?

① 노트정리와 청취 능력이 학습 성취에 중요하다.
② 소수를 대상으로 긴 시간 교육하는 기법이다.
③ 학생들의 질문을 권장하지 않는 경향이 있다.
④ 가장 오래되고 보편적인 교수 기법이다.
⑤ 정보와 지식을 주입식으로 전달하는 기법이다.

정답 & 해설

정답 & 해설

실전 모의고사 01회

01 ③	02 ①	03 ③	04 ②	05 ②
06 ③	07 ⑤	08 ④	09 ①	10 ③
11 ①	12 ①	13 ③	14 ③	15 ③
16 ②	17 ①	18 ①	19 ②	20 ②
21 ⑤	22 ①	23 ②	24 ④	25 ⑤
26 ①	27 ④	28 ①	29 ④	30 ④
31 ⑤	32 ③	33 ③	34 ④	35 ⑤
36 ⑤	37 ③	38 ②	39 ①	40 ③
41 ⑤	42 ①	43 ①	44 ④	45 ④
46 ①	47 ②	48 ④	49 ①	50 ①
51 ①	52 ①	53 ③	54 ③	55 ⑤
56 ①	57 ③	58 ②	59 ④	60 ③
61 ⑤	62 ③	63 ①	64 ④	65 ⑤
66 ④	67 ②	68 ④	69 ④	70 ①
71 ①	72 ④	73 ⑤	74 ③	75 ③

1과목 **CS 개론**

01 ③

③은 1990년대 설명이다. 2000년대에는 업종 불문 CS도입 본격화가 진행되었다.

02 ①

오답 피하기

목적론: 실제적인 과업을 중시하는 것으로, 성과 시스템과 실제 프로세스와의 상호연계로 인해 궁극적 성과를 재고할 수 있어야 한다.

03 ③

유형성 (소금 〈 청량음료 〈 세제 〈 자동화 〈 화장품 〈 패스트 푸드점(유형 · 무형 혼합) 〈 광고대행사 〈 항공사 〈 투자관리 〈 컨설팅 〈 교육) 무형성

04 ②

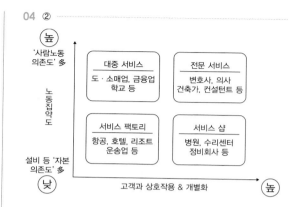

05 ②

학자	정의
웨스트브룩과 뉴먼	• 고객만족을 결과에 초점을 두고 개념화 • 고객의 호의적 경험감정 → 고객만족 • 고객의 비호의적 경험감정 → 불만
앤더슨	• 고객만족을 과정에 초점을 두고 개념화 • 고객의 만족과 불만족을 하나의 과정으로 이해
햄펠	제품의 실제 성과와 기대의 일치 정도
밀러	제품의 기대수준과 지각된 성과수준과의 상호작용
굿맨	기업활동의 결과, 재구매, 고객 신뢰가 계속되는 상태
올리버	소비자의 성취반응, 소비자의 욕구 충족과 소비자 판단
코틀러	사람들의 기대치와 제품 자각 성능과 비교하여 나타나는 즐거움이나 실망감

06 ③

환경보호 활동, 사회공헌 활동 등이 간접적인 고객만족 요소에 해당한다.

07 ⑤

상품력은 시장 경쟁력 강화 요소에 해당한다.

내부 혁신 역량 요소	지식, 정보기술, 인사조직, 프로세스, 변화관리, 전략적 성과관리
시장 경쟁력 요소	상품력, 브랜드, 이미지, 가격경쟁력, 고객관리

08 ④

편의적 고객은 자신이 서비스를 받는 데 있어서 편의성을 중요시하는 고객이며, 본인의 편의를 위해 추가 비용 지불 의사까지도 있는 고객 유형이다.

09 ①

문화는 한 개인의 욕구와 행동을 결정하는 가장 기본적인 요소이다. 사람은 태어나고 성장하면서 가족 및 다른 사회계층 및 집단으로부터 가치관, 선호성, 지각, 행동을 습득하고 학습한다.

10 ③

모든 고객 또는 불특정 고객을 유치하는 것이 아닌, 고객 접촉점을 기본으로 장기적 고객 관계 유지를 지향한다.

11 ①

e-Marketing의 구성 요인은 다음과 같다.
- 인터넷 안에서 진행하는 광고, 설문조사, 이메일, 문자 마케팅
- 인터넷 시장조사 및 인터넷을 통한 서비스 가격의 결정 정보 분석

12 ①

교환적 관계는 거래 · 교환의 특성을 지니고 득과 실의 균형이 중요한 관계이며, 호혜성의 원칙이 요구된다.

13 ③

의례형은 문화적 목표는 거부하지만 제도적 수단은 수용하는 유형을 말한다. 공무원의 복지부동이 대표적인 예시이다.

14 ③

더 알아보기

- 상보적 교류: 겉으로 드러나는 사회적 차원의 교류
- 면적 교류: 겉으로 드러난 사회적 교류와 내면의 심리적 교류가 동시에 일어나는 형태로, 말과 속마음이 다르게 나타나는 형태

15 ③

I'm OK – You're OK 자기 긍정, 타인 긍정	• 협력, 공존, 함께하다 • 합리적, 객관적
I'm OK – You're not OK 자기 긍정, 타인 부정	• 상대방 배제, 독선, 배타적 • 타인을 가치 없다고 생각
I'm not OK – You're OK 자기 부정, 타인 긍정	• 자책, 좌절, 회피 • 우울증, 자살충동
I'm not OK – You're not OK 자기 부정, 타인 부정	• 불신, 포기, 극도로 부정 • 정신적 문제 발생할 수 있음

16 ②

활동론적 정의	판매를 목적으로 제공되거나 또는 상품 판매와 연계해 제공되는 모든 활동, 편익 및 만족(수송, 호텔, 신용 서비스, 오락 등)
속성론적 정의	시장에서 판매되는 무형의 상품(무형재, 소유권 이전이 없는 재산)
상호관계론적 정의	서비스는 무형적 성격을 띤 일련의 활동으로 고객과 서비스 종업원의 상호관계에서 발생해 고객의 문제를 해결해 주는 것
봉사론적 정의	인간이 제공하는 봉사적 서비스를 기계로 대체하는 방법(서비스의 표준화, 기계화를 통한 생산성 향상)

17 ①

코틀러(Kotler)의 서비스 분류

순수 유형재	제품에 서비스가 없는 것 예 비누, 소금, 라면 등
유형재가 주 + 서비스 약간 동반	유형재가 메인이고, 서비스는 판매 정도에 영향을 줌 예 자동차, 컴퓨터, 카메라
유형재와 서비스 비율 50:50	유형재와 서비스가 동등 수준으로 구성 예 레스토랑 (음식 + 서비스)
서비스가 주 + 유형재 약간 동반	서비스를 받는 것이 메인이고, 유형재는 약간 부가 예 항공 서비스 (서비스 + 기내식 · 음료)
순수 서비스	오로지 서비스만 제공되는 것 예 아이 돌보기, 심리 테라피, 마사지 등

18 ①

대표적으로 지하철 회수권, 장거리 전화 서비스가 해당된다.

19 ②

토탈 서비스는 다수의 장소가 아닌 단일의 장소에서 진행되는 서비스를 의미한다.

20 ②

- 특성론: 리더십은 천부적으로 타고 태어난다.
- 비전론: 리더는 조직의 높은 성과와 비전을 제시하고 달성하기 위해 노력해야 한다.
- 행위론: 리더의 행동유형은 후천적 학습이 가능하다.
- 상황론: 리더의 행동방식과 스타일은 상황에 따라 달라질 수 있다.

21 ⑤

서번트 리더십의 특성 요인은 구성원의 성장에 대한 헌신이다. 개인 성장은 아니다.

22 ①

경쟁전략 변화	특정 분야에 집중
브랜드 자산	고객이 기업의 브랜드에 호감을 가지면 상품 가치는 증가함
고객 관계	기능적 서비스 품질이나 개별화 전략을 선택한 서비스는 고객관계라는 경쟁우위를 구축할 기회를 가짐
공간적 선점	고객에게 가장 편리한 최적 입지를 확보하는 것
정보기술	고객DB 구축, 전달, 처리, 검색 등 전자수단 활용
규모와 범위의 경제	표준화, 공업화로 원가우위, 교차판매 유도(에 항공사 간 제휴)

23 ②

감성 마케팅은 고객의 이성보다는 감성·감정 체험에 참여하게 하고, 감정 체험에 참여하려는 고객의 자발성이 필요한 마케팅 방식이다.

24 ④

프로세스 기법은 리엔지니어링, TQM, 6시그마, 지식경영, 아웃소싱, 벤치마킹 등 다양한 경영혁신 프로세스 기법을 상황에 맞게 적용한다.

25 ⑤

품질기능전개는 원가 절감과 제품 가치를 동시에 추구하지 않고, 품질에 더욱 초점을 둔다.

2과목 **CS 전략론**

26 ①

고객에게 직접적으로 보이지 않지만 일선 종업원 활동을 지원하는 활동은 후방 종업원 행동이다. 카드 시스템, 상품배송, 주문, 주사를 준비하는 간호사 등의 예시가 있다.

27 ④

품질 개선을 위해 상의하달과 하의상달을 촉진시킬 수 있다.

28 ①

타당성 요소에 해당하는 설명이다. 고객의 평가와 모니터링 점수가 일치해야 하고, 고객 응대 시 중요한 요소가 모두 포함되도록 포괄적이어야 한다.

29 ④

① 서비스 담당자가 나무, 고객은 전체 서비스를 체험하기에 숲을 본다.
② 매장에 들어오는 순간부터 나가는 모든 순간의 접점을 말한다.
③ 계량적 평가는 어렵다.
⑤ 회사의 입장이 아닌 고객의 입장에서 그려보는 방법이다.

30 ④

핵심가치 실패 → 불친절한 고객 응대 → 가격 → 이용 불편 → 불만 처리 미흡 → 경쟁사의 유인 → 비윤리적 행위 → 불가피한 상황 순으로 제시되었다.

31 ⑤

동질적 시장이 아니라 이질적 시장으로의 차별화가 필요하다.

32 ③

서비스는 생산과 소비가 동시에 이루어지므로, 서비스가 전달 완료되기 전에는 품질을 측정할 수 없다.

33 ③

대응성: 고객을 돕고 신속한 서비스를 제공하는 자발성

34 ③

- 기대 서비스: 기업의 약속, 구전, 과거 경험, 개인적 요구, 구전 커뮤니케이션에 의해 형성
- 지각 서비스: 고객접촉 직원, 기업의 물질과 기술적 지원, 구매자와 판매자의 상호작용

35 ⑤

더 알아보기

마케팅 관리의 개념 변화는 생산 개념 → 제품 개념 → 판매
개념 → 마케팅 개념 → 전체론적 마케팅 개념 순으로 변화하
였다.

36 ⑤

우선순위가 너무 많은 서비스 표준이 존재할 때 직원의 역할
모호성이 발생한다.

37 ③

NCSI에 대한 설명이다.

38 ②

정상조사는 적은 표본을 사용한다.

39 ①

- 제1법칙: 자신의 불만을 표현하여 해결한 고객은 표현하지
  않은 고객보다 재구매 할 가능성이 매우 높다.
- 제2법칙: 직원의 불만처리 대응이 만족스럽지 않은 고객의
  부정적 평가의 소문은 만족한 고객의 긍정적 평가 소문이
  주는 영향보다 2배나 강하게 판매를 방해한다.
- 제3법칙: 소비자 교육을 받은 고객은 기업에 대한 신뢰가
  높아지면서 상품 구입의사가 높아져 시장 확대에 공헌한
  다.

40 ③

- 예비고객: 서비스의 구매에 관심을 보일 수 있는 계층
- 단순고객: 관심을 가지고 적어도 한 번 정도 방문하는 계층
- 고객: 빈번하게 구매를 하는 계층
- 단골고객: 정기적으로 구매를 하는 계층
- 충성고객: 주변 사람들에게 서비스에 대한 긍정적 평가를
  하는 계층

41 ⑤

구전은 외적 요인에 속한다.

42 ①

조직 내부적으로 대화 통로를 개설하는 것은 내부 벤치마킹
에 해당한다.

43 ①

오답 피하기

- 확장 제품: 실체 제품에 추가되는 혜택을 포함하는 제품
- 실체 제품: 핵심 제품에 포장, 상표, 스타일 등이 가미된 형
  태의 제품

44 ④

무차별화 전략은 기업 중심 사고를 가지고 있다.

45 ④

고객특성 및 구매성향 등 고객정보에 관심을 두는 것은 CRM
에 해당하는 설명이다.

46 ①

고객의 경험 분석 → 고객의 경험적 기반 확인 → 상표 경험
을 디자인 → 고객 상호접촉 구축 → 꾸준한 혁신

47 ②

WT 전략은 약점과 위협을 최소화하는 전략으로, 철수 전략,
축소 전략이라고도 한다.

48 ④

데이터를 통해 분석을 하지 않고 고객과 커뮤니케이션을 통
해 실제 성향 파악을 가능하게 할 수 있다.

49 ②

모든 평가자는 같은 방법으로 모니터링을 해야 하고 평가표는
세부적으로 되어 있어야 하는 것은 신뢰성에 대한 설명이다.

오답 피하기

- 대표성: 표본추출 테크닉으로 전체 서비스 특성과 수준을
  측정할 수 있어야 한다.
- 유용성: 정보는 조직과 고객에게 영향을 줄 수 있다.
- 객관성: 종업원의 장·단점을 발견하고 능력을 향상시킬
  수 있는 수단으로 활용한다.

50 ①

RFM 분석법은 구매 시점(Recency), 구매 빈도(Frequency),
구매금액(Monetary)의 3가지 요소를 통해 고객의 등급을 분
석한다. 고객 가치에 따라 다른 마케팅을 적용시킨다.

3과목 **고객관리 실무론**

51 ①

지시 업무가 거의 완료되었을 때는 중간보고를 할 필요가 없다.

52 ①

고객에게 전화를 걸어 적극적인 세일즈 업무를 수행하는 것
은 아웃바운드 콜센터에 대한 설명이다. 인바운드 콜센터는
고객의 불만사항 및 문의사항을 처리한다.

53 ③

스크립트가 있는 경우 상담 내용에 일관성을 가질 수 있다.

54 ③

오답 피하기

①, ②, ⑤는 본론 부분에. ④는 종결 부분에 들어간다.

55 ⑤

오답 피하기

- QAA: 녹취된 모니터링을 통해 수정 보완 교육을 진행하는 통화품질 관리자
- 텔레마케터: 고객관리 및 유치와 관련된 상담 업무 진행
- 유니트리더: 10명 정도의 소단위 '콜센터 리더'

56 ⑤

기업의 이윤 창출을 위해 콜센터 모니터링 데이터를 활용하는 것은 가장 거리가 먼 설명이다.

57 ③

부메랑 화법은 고객이 제품에 대한 단점을 지적할 때, 그 단점이 오히려 그 제품의 장점, 특징이라고 설득하며 구입하게 하는 화법을 말한다.

58 ②

개방형 질문	• 고객이 편하게 의견을 말할 수 있도록 한다(열린 질문, 확대형 질문). • 적극적으로 고객이 이야기하게 함으로써 니즈를 파악한다.
선택형 질문	• 고객들이 네/아니오로 대답을 하거나 몇 개의 선택지에서 선택하게 만드는 질문(닫힌 질문, 단답형 질문). • 화제를 정리하여 정리된 대화를 이끌 수 있다. • 고객의 니즈에 더욱 초점을 맞출 수 있다.
확인형 질문	• 고객의 의사를 확실하게 확인하는 질문 • 처리해야 할 사항을 확인할 수 있다.

59 ④

높은 소외 의식을 가지고 있는 것은 행동 불평자에 해당된다.

60 ③

오답 피하기

①, ②, ④, ⑤는 서비스 전략 측면에 해당한다. 경영전략 측면으로는 고객 확보, 고객 유지, 고객가치 증대 측면이 있다.

61 ⑤

습관의 표출은 매너에 대한 설명이다.

62 ③

내적 이미지: 로젠버그가 제시한 설명으로, 지각의 본질이자 행동 방향을 결정하는 주체로서, 자신의 신체와 행동능력에 대한 판단을 포함하는 개인의 생각과 느낌의 총합이다.

63 ①

일회성, 신속성, 초두 효과, 일방적은 모두 첫인상의 특징에 속한다.

64 ④

지시 또는 보고를 한 후 나갈 때 보통례를 한다.

65 ⑤

한 사람을 먼저 여러 사람에게 소개 후 여러 사람을 한 사람에게 소개한다.

66 ④

두 손으로 감싸지 않고 악수하는 것이 올바른 악수 매너이다.

67 ②

문화 헤게모니가 약화되는 상황이 나타나고 있다.

68 ④

아랍인들이 구두 밑창을 보이는 것을 불쾌하다라고 표현한다.

69 ④

즉시성과 보편성은 전화응대의 장점에 해당한다. 또한 전화는 누구나 쉽게 사용할 수 있고, 빠른 응답이 가능하기 때문에 다양한 채널로 활용할 수 있다.

70 ①

적극적 참여 유도는 여성 청중일 경우 효과가 있다.

71 ①

가토 이치로	소비자란 국민 일반을 소비생활이라고 하는 시민생활의 측면에서 포착한 개념이다.
폰 히펠	소비자란 개인적인 용도에 쓰기 위해 상품이나 서비스를 제공받는 사람이다.
이마무라 세이와	소비자는 생활자이며 일반 국민이며 동시에 거래 과정에서는 말단에서 구매자로 나타나는 것이다.

타케우치 쇼우미	소비자란 타인이 공급하는 물자나 용역을 소비생활을 위해 구입 또는 이용하는 자로서 공급자에 대립하는 개념이다.

72 ④

중앙행정기관에 등록되어 있어야 한다.

73 ⑤

개인정보 관리 책임자의 의무와 책임을 규정한 내부 지침 마련은 '관리적 조치'에 해당된다.

74 ③

책임의 원칙: 정보 관리자의 법적 책임 명시, 자율 규제 기준 준수 의무, 원칙 준수를 위한 필요 조치 이행

75 ③

정장을 착용할 때 목이 짧은 양말은 피한다.

실전 모의고사 02회

01 ②	02 ④	03 ⑤	04 ③	05 ⑤
06 ②	07 ③	08 ⑤	09 ③	10 ④
11 ③	12 ⑤	13 ④	14 ①	15 ③
16 ②	17 ②	18 ④	19 ③	20 ①
21 ①	22 ③	23 ③	24 ③	25 ⑤
26 ③	27 ③	28 ③	29 ③	30 ⑤
31 ⑤	32 ⑤	33 ③	34 ③	35 ①
36 ③	37 ①	38 ①	39 ③	40 ④
41 ②	42 ②	43 ①	44 ②	45 ④
46 ④	47 ③	48 ③	49 ③	50 ③
51 ⑤	52 ①	53 ③	54 ④	55 ⑤
56 ③	57 ③	58 ④	59 ④	60 ⑤
61 ⑤	62 ①	63 ②	64 ②	65 ③
66 ⑤	67 ③	68 ②	69 ②	70 ③
71 ⑤	72 ③	73 ④	74 ⑤	75 ③

1과목 CS 개론

01 ②

고객감동경영 도입은 2000년대 고객만족경영에 적합한 설명이다.

02 ④

지원 프로세스에 해당하는 예시로는 인적자원 관리, 재무회계, 교육훈련, 비즈니스 전략개발, 리스크관리, 준법 감시, 비즈니스 정보관리 등이 있다.

03 ⑤

싱가포르 항공사는 개별화된 서비스 전략에 성공한 항공사다.

04 ③

혼자 기다리면 더 길게 느껴진다.

05 ⑤

고객의 요구와 기술의 속성을 부합하여 제품을 개발하는 것이 품질기능전개의 장점이다.

06 ②

평가는 절대적이 아닌 상대적이어야 한다.

07 ③

올스하브스키: 지각품질은 몇 가지 점에 대한 제품의 전체적인 태도와 유사한 개념이며, 일시적이 아닌 보다 종합적이고 영속적인 의미를 가진다.

08 ⑤

① 구전은 언어적 커뮤니케이션만을 의미하지 않는다.
② 구전은 빠르게 전달된다.
③ 구전은 TV 광고보다 빠르게 전달된다.
④ 구전은 고객 경험의 직·간접 경험에 기초한다.

09 ③

노드스트롬에서는 외부고객보다 내부고객을 더 우선시한다.

10 ④

감성 리더십과 감성 마케팅은 하나로 운영될 때에 '전체적 감성경영'으로 성공할 수 있다.

11 ③

오답 피하기

① 법률규제자: 소비자보호 관련 운영에 적용되는 법률을 만드는 의회나 정부
② 의사결정 고객: 직접 제품이나 서비스를 구입하지 않았지만 직접고객(1차고객)의 선택에 큰 영향을 미치는 고객
④ 한계 고객: 구매량이 적은 등 여러 요인으로 기업의 이익 실현에 방해가 되는 고객으로, 고객의 활동이나 가치를 중지시킨다(고객명단에서 제외, 해약유도). 디마케팅 대상이 되는 고객
⑤ 경쟁자: 기업의 전략과 고객관리에 있어 중요한 인식을 제공하는 특별한 고객층(단순한 소비자가 아닌, 기업과 함께 가치를 만들어가는 특별한 고객군)

12 ⑤

내부 마케팅은 외부 마케팅의 선행 요건이 된다.

13 ④

e—CRM은 지역적 한계 없이 전 세계 대상으로 가능하다.

14 ①

조하리의 창의 유형은 개방형, 자기주장형, 신중형, 고립형으로 나누어져 있다.

15 ③

오답 피하기

① 스테레오 타입: 한두 가지 사례만 보고 대상 전체를 평가하려는 경향
② 범주화와 고정관념: 같은 범주의 집단에 있는 사람이라면 다 비슷할 것이라고 생각하는 경향
④ 관대화 경향: 타인을 긍정적으로 평가하고자 하는 경향
⑤ 중심화 경향: 판단을 할 때 극단적으로 판단을 하기보다, 중간 정도로 적당히 평가하려는 경향

16 ②

폐쇄 상태에서는 타인과 관계를 맺지 않으므로 배척받을 위험도가 낮고, 스스로에게 스트로크를 주려 하는 자기애적 모습과, 다른 사람들과 있어도 공상을 하는 등 마음은 다른 곳에 있어 교류하지 않는 특성을 가진다.

17 ②

서비스의 정의 중에서 물리적 생산물을 언급한 학자는 코틀러이다.

18 ④

주문의 편리성은 거래 시 서비스에 해당한다. 주문절차 편리성, 재고 관리 수준, 상품 대체성, 백오더 이용 가능성 등이 거래 시 서비스에 해당한다.

19 ③

서비스의 특성 '이질성'으로 표준화가 어렵기 때문에 서비스 품질 보증 또한 어렵다.

20 ①

관광 서비스에서는 물리적인 서비스도 중요하지만, 완벽한 만족과 감동이 있는 서비스를 선호한다.

21 ①

오답 피하기

② 철학, 비전, 혁신은 신념의 세부 요소, ③ 창조, 운영, 관계는 능력의 세부 요소에 해당한다.

22 ③

가격 인하는 보복 전략에 해당한다.

23 ③

서비스 프로세스의 목적론은 성과를 중시해야 한다.

24 ③

오답 피하기

① 100−1≡0 법칙: 100가지의 서비스 접점 중에서 하나의 접점에서 불만을 느끼면 전체에 대해 불만을 느낀다는 법칙
② 통나무 물통의 법칙: 통나무는 여러 나무조각으로 만들어졌기 때문에 한 조각이 깨지거나 높이가 낮으면 그 높이만큼만 물을 담을 수 있다. 고객 서비스도 가장 안 좋았던 서비스를 유독 기억을 잘하고 그 기업을 평가하는데 잣대로 삼는 경향
④ TEN−TEN−TEN 원칙: 고객 유지에 10$, 잃는데 10분, 다시 찾는데 10년이 소요된다.

⑤ 깨진 유리창의 법칙: 작은 문제 방치가 전체 서비스 붕괴로 이어진다는 의미로, 고객이 서비스의 불만이 생겨 고객센터에 불만을 이야기했을 때, 직원이 불친절한 응대를 하면 그 기업 전반적 이미지가 부정적으로 바뀔 수 있다는 법칙

25 ⑤
서비스 추가, 서비스 패키지 확장은 적응 전략에 해당하고, 서비스 보증, 전환 비용은 저지 전략에 해당한다.

2과목 CS 전략론

26 ③
과정의 도식화 → 실패 가능점의 확인 → 경과시간의 명확화 → 수익성 분석 → 청사진 수정 순으로 서비스 청사진의 작성 단계를 나타낼 수 있다.

27 ③
모니터링 목적으로 서비스 품질을 객관적으로 평가한다.

28 ③
미스터리 콜은 상담원의 실제 대응과 문제 해결 능력을 객관적으로 파악하는 데 효과적이다.

29 ③
트렌드는 최소 5년에서 10년 정도 지속되면서 사회 전반에 영향을 미치는 변화의 흐름이다.

30 ⑤
리츠칼튼 호텔은 개별화된 서비스를 위해 고객 기호 카드, 고객 프로파일러, 고객인지 프로그램, 고객 이력 데이터베이스를 모두 활용한다.

31 ⑤
(영향도 높음) 전문성과 기술 〉 태도와 행동 〉 정책 〉 편의성 〉 처리 시간 (영향도 낮음)

32 ⑤
①, ②, ③은 내부 영역에 해당하는 설명이다.

33 ③
의료 서비스의 수요 예측은 불가능하다.

34 ⑤
SERVQUAL은 단문항 척도가 아닌 다문항 척도이다.

35 ①
진부화 현상은 매력적 품질 요소에서 소비자의 기대 수준이 높아지면 일원적, 당연적 요소로 이동 가능한 현상을 말한다.

36 ③
품질의 문제가 발생하는 이유는 기업의 장기적 견해가 아닌 단기적 견해 때문이다.

37 ①
내부 마케팅은 기업과 종업원 간에 이루어지는 마케팅이다.

38 ①
고객만족 측정 3원칙은 계속성, 정량성, 정확성의 원칙이다.

39 ③
고객 관리 시스템은 소프트웨어적 요소이다.

40 ④
처리부서가 명확하지 않으면 불만처리를 신속하게 처리하기 힘들다.

41 ②
허용 영역은 서비스 실패가 쉽게 드러나지 않는 '미발각 지대'에 해당하며, 가격이 높거나 해당 서비스의 사용 경험이 쌓일수록 그 범위가 줄어든다.
① 적정 서비스는 소비자가 불만 없이 받아들이는 서비스 수준, 경험을 바탕으로 한 예측 서비스 수준에 의해 만들어진다.
③ 희망 서비스는 소비자가 기대하는 가장 이상적인 서비스로, 쉽게 변하지 않는 특징을 가진다.
④ 예측된 서비스는 실제로 받기를 기대하는 서비스 수준을 의미한다.

42 ②
① 롱테일 법칙: 인기없는 제품의 80% 매출의 합이 인기있는 20%의 제품 매출보다 높다는 법칙
③ 세이의 법칙: 공급이 수요를 만든다는 법칙
④, ⑤ 바넘효과(포러효과): 사람들이 일반적으로 가지고 있는 성격과 심리 특성을 자신만이 가지고 있는 특성으로 생각하는 심리적 경향

43 ①

AIO분석법 – 활동(Activities), 관심(Interests), 의견(Opinions) 등으로 라이프스타일을 측정

44 ②

고객경험관리(CEM)의 4단계 프로세스는 다음과 같다.
- 1단계: 고객의 경험 과정을 분석하라
- 2단계: 차별화된 경험을 디자인하라
- 3단계: 고객의 피드백을 반영하라
- 4단계: 일관되고 통합된 경험을 제공하라

45 ④

고객 경험 관리를 통해 영업 비용은 감소한다.

46 ④

NPS(Net Promoter Score)는 순수 추천 고객 지수이며, 충성도가 높은 고객을 얼마나 많이 보유하고 있는지 측정하는 지표이다.

① CSI(Customer Satisfaction Index): 고객 만족 지수로, 판매되고 있는 제품 및 서비스를 고객이 직접 체험 후 평가한 만족 수준의 정도를 의미한다.
② NCSI(National Customer Satisfaction Index): 국가 고객 만족 지수로, 한국생산성본부 + 미시간 대학에서 공동개발 후 한국생산성본부에서 채택하였다.
③ ACSI(American Customer Satisfaction Index): 미국 고객 만족 지수로, 다른 모델과 달리 고객만족도를 잠재 변수로 측정 → 이미 구매한 고객 + 차후 고객 충성도까지 확인인이 가능하다.
⑤ KCSI(Korean Customer Satisfaction Index): 한국 고객 만족 지수로, 제품이나 서비스에 대한 고객 만족도를 전반적 만족도, 요소 만족도, 재구매 의도 등을 통해 종합적으로 평가하는 지수

47 ②

① 공감성: 고객 개별적인 관심과 이해를 하며 소통하는 것
③ 대응성: 고객을 돕고 신속한 서비스를 제공하는 자발성
④ 신뢰성: 약속한 서비스를 믿을 수 있고 정확하게 수행할 수 있는 능력
⑤ 유형성: 물리적인 시설, 장비, 용모 복장, 커뮤니케이션 도구

48 ③

서비스의 차별화가 아닌 동질화가 서비스 패러독스의 원인이다. 서비스의 동질화로 경직된 서비스가 제공되고, 그로 인해 개별성이 상실되었다.

49 ④

'중요도에 비해 배점은 적당한가'는 유용성에 해당되는 요소다.

50 ③

서비스 가격과 서비스 획득 비용을 더한 값이 분모가 된다.

3과목 | **고객관리 실무론**

51 ⑤

전화응대 구성 요소는 억양, 속도, 음성, 정확한 발음, 띄어읽기, 적절한 의사소통 단어 선택이 있다.

52 ①

문서에는 존칭을 사용하지 않는다.

53 ③

고객 유지 전략은 경영 전략 측면에 해당한다. 경영 전략 측면 고객 확보, 고객 유지, 고객 가치 증대 측면이 있다.

54 ④

해피콜은 아웃바운드 콜 서비스에 속한다.

55 ⑤

예, 아니오에 따라 질문 및 설명이 바뀌는 방식은 회화식 방식이 아닌 차트식 방식이다.

56 ③

응대 신속성, 고객 파악도, 문의 내용 이해도, 상담 태도는 '상담 중' 서비스에 해당한다.

57 ③

① 성과 관리는 '결과' 측면에 초점을 두었다.
② QC와 PI는 상반된 목적을 가진다.
④ 사이클은 '기획(Plan) – 실행(Do) – 관찰(See) – 재고(Revise)'이다.
⑤ 성과 관리는 측정이나 평가 자체가 목적보다는 지속적인 개선을 통한 발전이다.

58 ④

① 대화에 감정을 표현한다.
② 명확하게 설명한다.
③ 고객 대화에 예의를 갖춘다.
⑤ 고객이 이해하기 쉬운 말로 설명한다.

59 ④

반복 연호의 원리로 브랜드명 또는 회사명을 반복적으로 말해, 고객의 잠재의식에 친숙함을 가지게끔 한다.

60 ⑤

오답 피하기

① 미래 지향적이다. 현재 지향적은 컨설팅에 해당한다.
② 카운슬링에 대한 설명이다.
③ 컨설팅에 대한 설명이다.
④ 컨설팅에 대한 설명이다.

61 ⑤

오답 피하기

① 교사: 업무상의 가치, 전략 서비스, 비전 등에 관한 정보를 제공하는 사람
② 역할모델: 맡은 바를 실천하며 기업 문화에 적합한 리더십 유형을 보여줌
③ 멘토: 어떤 분야에서 존경받는 조언자. 기업의 정치적 역학 관계에 대처하는 방법 또는 영향력을 행사해 힘을 형성하는 방법을 알고 있는 사람. 필요할 때만 관여를 함
④ 후원자: 직원들이 개인적인 성장과 경력상의 목표를 달성하는 데 도움이 되는 업무가 무엇인지 결정하는 것을 도와주는 사람

62 ①

오답 피하기

② 감정 통제의 원칙: 고객 접점에서 근무하는 직원은 고객과의 만남에서 오는 부담감 극복과 감정까지 통제할 수 있어야 한다는 원칙이다.
③ 책임 공감의 원칙: 고객의 불만과 비난에 대해 책임을 같이 져야만 하는 원칙이다.
④ 언어 절제의 원칙: 고객상담 시 고객보다 말을 많이 한다고 해서 나의 마음이 고객에게 잘 전달되는 것은 아니기에 고객의 말을 많이 들어주는 원칙을 말한다.
⑤ 역지사지의 원칙: 고객의 입장에서 문제를 접근하는 방식이다. 고객이 회사의 규정이나 업무 프로세스를 다 알고 있다는 것을 전제로 상담을 해서는 안 된다.

63 ②

스크립트는 기업 중심이 아닌 고객 중심으로 작성한다.

64 ③

이미지는 가짜로 조작될 수 있다고 하였다.

65 ③

지식 수준과 출생은 인상 형성 요인이 아니다.

66 ⑤

화장실이나 엘리베이터 내에서는 인사말은 생략한다.

67 ③

여자는 최소 음수인 두 번 절을 한다.

68 ②

왼손을 받쳐서 오른손으로 건넨다.

69 ②

계단을 내려올 때는 여성이 앞서고 올라갈 때에는 남성이 여성보다 먼저 올라간다.

70 ③

답장은 24시간 이내 발송한다.

71 ⑤

주먹을 쥔 채 엄지손가락만 올리면 그리스에서는 욕을 의미한다.

72 ③

오답 피하기

① 남성 연회복의 바지에 허리띠와 멜빵을 동시 착용하지 않는다.
② 초대받았을 경우 중간 정도 가격에서 선택하며, 비싼 음식은 시키지 않는다.
④ 빵은 수프나 커피에 적시지 않는다.
⑤ 냅킨은 주빈이 펴고 난 후 펴는 것이 매너이다.

73 ④

OJT에 속하는 교육 훈련으로 멘토링, 코칭, 직무 순환, 직무 교육 훈련이 있다.

74 ⑤

소비자분쟁 조정위원회에 임명을 위한 자격 조건은 5급 이상 공무원이 아닌 4급 이상 공무원이다.

75 ③

법률에 특별한 규정이 있거나 법령상 의무를 준수하기 위하여 불가피한 경우다.

01 ③	02 ⑤	03 ③	04 ①	05 ④
06 ②	07 ①	08 ①	09 ⑤	10 ①
11 ③	12 ③	13 ①	14 ③	15 ③
16 ⑤	17 ①	18 ②	19 ③	20 ①
21 ④	22 ③	23 ②	24 ①	25 ③
26 ③	27 ①	28 ①	29 ④	30 ③
31 ①	32 ④	33 ③	34 ③	35 ④
36 ③	37 ④	38 ①	39 ②	40 ②
41 ④	42 ⑤	43 ①	44 ③	45 ③
46 ②	47 ③	48 ④	49 ②	50 ⑤
51 ③	52 ③	53 ④	54 ③	55 ③
56 ③	57 ④	58 ④	59 ③	60 ①
61 ③	62 ②	63 ③	64 ③	65 ②
66 ④	67 ②	68 ⑤	69 ⑤	70 ⑤
71 ④	72 ④	73 ③	74 ③	75 ②

1과목　CS 개론

01 ③

고객들과 장기간 계약 체결을 진행하는 것은 보복전략에 해당한다.

02 ⑤

오답 피하기

①, ②는 적응전략, ③, ④는 저지전략에 해당한다.

03 ③

창조적인 인지력과 사고적 경험을 제공하는 것을 목적으로 두는 마케팅은 지성 마케팅이며, 인지 마케팅이라고도 한다.

04 ①

추가판매는 기존 상품의 업그레이드 버전을 판매하는 것이다.

05 ④

신상품 개발은 시장경쟁력 요소이다. 그 외 지식, 정보기술, 인사조직 등이 있다.

06 ②

운영 CRM은 고객접점을 자동화하여 고객관리를 효율화하는 것으로, 영업활동 자동화시스템(SFA), CTI(Computer Telephone Integration)를 예로 들 수 있다.

07 ①

오답 피하기

② 종적관계: 사회적 위치나 지위가 다른 사람들끼리의 상호작용

③ 교류적 관계: 교환적이고 거래적인 성격을 지닌다.

④ 공유적 관계: 가족들이나 친구들 사이에서 나타나고 호혜성의 원칙은 무시된다.

08 ①

오답 피하기

② 소수대상 → 다수의 사람들

③ 간접경험 → 직접경험

④ 기업주도 → 고객에 의해 창출

⑤ 일대일 다수 커뮤니케이션 → 일대일 커뮤니케이션

09 ⑤

아무것도 하지 않을 때가 무언가를 하고 있을 때보다 더 길게 느끼는 것이다.

10 ①

보상을 위한 평가시스템은 고객만족 실천 과제를 위해 필요한 것이다.

11 ③

사용방법 다양화는 '구매 빈도' 증대 활동에 해당한다. 고객단가 증대 활동에는 교차판매, 추가판매, 재판매가 있다.

12 ③

가격이 아닌 가치(value) 중심의 경영이념이다.

13 ①

오답 피하기

②는 반목형, ③은 유희형, ④는 소외형, ⑤는 지배형에 대한 설명이다.

14 ③

Equipment(장비), Materials(자원) 등도 원인분석 요인이다.

15 ③

오답 피하기

② 생산자원 역할: 조직의 생산역량을 키워주는 인적자원의 한 부분으로 인식한다. 셀프서비스가 그러한 예시이다.

⑤ 품질 공헌자의 예시로 교육 서비스, 의료 서비스, 피트니스 서비스 등이 있다.

16 ⑤

소득 변화 추이는 '구매력 정보'에 해당하는 것이다.

17 ①

화장실 청결도 우수, 바닥이나 계단 등 시설물 안전관리는 하드웨어 요소, 직원 용모/복장 단정, 직원의 상세한 제품 설명은 휴먼웨어 요소이다.

18 ②

지나치게 전문화된 솔루션은 피해야 한다.

19 ③

리친스는 3가지 인지적 과정(대체안 평가, 만족&불만족 평가, 귀인 평가)으로 소비자 불평행동을 정리한 후, 하나의 과정으로 보는 이론을 제시했다.

20 ①

②는 1970년대, ③, ④, ⑤는 1980년대의 일이다.

21 ④

지각된 위험(Perceived risks) 유형
- 신체적 위험: 상품을 사용한 결과로 인해 소비자가 상해를 입을 가능성
- 심리적 위험: 구입한 상품이 자아 이미지에 부정적인 영향을 미칠 가능성
- 사회적 위험: 구입한 상품으로 인해 준거집단에서 부정적인 평가를 받을 가능성
- 재무적 위험: 잘못된 의사결정으로 금전적 손실을 입게 될 가능성
- 시간상실 위험: 구입한 상품을 반품하거나 수리를 받는 과정에서 시간과 노력이 소모될 가능성
- 성능 위험: 구입한 상품이 기대에 미치지 못하는 성능을 발휘할 가능성

22 ③

원가우위 전략에서는 비싼 원재료나 부품을 저렴한 제품으로 대체한다.

23 ②

e-CRM 도입 시 거래당 판매 비용은 증가하지 않고, 오히려 감소한다.

24 ①

투영 효과는 판단을 할 때 자신과 비교하여 남을 평가하려는 경향을 의미한다.

② 중심화 경향: 극단적인 평가를 피하고 중간 수준으로 판단하려는 성향
③ 초두 효과: 정보를 판단할 때 처음에 제시된 내용에 더 큰 가중치를 부여하는 경향
④ 스테레오 타입: 특정 대상이나 집단에 대해 다수의 사람들이 공유하는 고정적인 생각과 견해
⑤ 최근효과: 정보를 판단함에 있어 가장 나중에 받아들인 내용에 더 큰 비중을 두는 경향

25 ③

고객의 비우호적 태도가 방해요인이다.

2과목 **CS 전략론**

26 ③

고객 지향적 마케팅 4C: 고객(Cutomer), 비용(Cost), 편리성(Convenience), 커뮤니케이션(Communication)

27 ①

② 확장 제품: 실체 제품에 추가되는 혜택을 포함하는 제품
③ 실체 제품: 핵심 제품에 포장, 상표, 스타일 등이 가미된 형태의 제품

28 ①

단일 제품 전체 시장 도달 전략은 전체 시장 도달 전략에 해당한다. 단일 제품으로 단일 마케팅 접근 전략 방식을 사용한다.

29 ④

운영 계획의 설명이다. 전략을 실현하기 위한 구체적인 활동 계획과 자원 배분 방안이 수립되며, 실무 중심의 세부 실행 지침이 마련된다.

① 전략적 계획: 주로 이사회나 중간관리층과 협의를 거쳐 최고경영층에서 개발하는 전략수립 유형이다.
② 전술적 계획: 부서별 연간 예산을 책정, 기업의 전략을 집행하는 구체적인 수단 결정. 현재의 운영을 개선하기 위한 일련의 과정을 계획한다.
③ 예측법: 상황대응 계획법, 시나리오 계획법(장기 사업전략 수립시 사용) 등이 있다.
⑤ 중기 계획: 기업이 생산 시설을 확충하거나 축소하여 그 효과가 마케팅 실적으로 나타날 수 있도록 하는 기간, 1~2년 정도의 계획을 세운다.

30 ③

(다)는 '경과시간의 명확화'가 들어가야 한다.

31 ①

의료기관은 비영리적 동기를 가진 것이다.

32 ④

저관여 수준일수록 광고 효과가 크게 나타나는 것이다.

33 ③

정책 관련한 측면으로는 무상/유상 서비스의 합리적인 구분, 무상 서비스 보증 기간, 적절한 수리 비용을 들 수 있다.

34 ③

성취의 차이는 개인의 특성인 것이다.

35 ④

오답 피하기

① 단기 전략: 1년 이내의 계획을 의미한다.
② 운영 계획: 전략적 계획을 실행하기 위한 구체적인 활동들이 포함된 계획으로, 전략적 목표를 달성하는 데 필요한 활동과 자원 배분에 중점을 둔다.
⑤ 전술적 계획: 무엇을, 누가, 어떻게 해야 할지에 대한 구체적이고 단기적인 의사결정이 이루어지며, 예를 들어 부서별 연간 예산을 책정하거나 기업 전략을 실행하기 위한 세부 수단을 결정하는 과정이다. 이 과정에는 주로 중간관리자나 초급관리자가 참여한다.

36 ③

기업의 과잉 약속은 Gap 4의 원인이다.

37 ④

직원의 복장과 용모는 유형성에 해당하는 것이다.

38 ①

상호작용과 고객 개입을 줄이면 정확한 서비스 청사진 설계가 어려워진다.

39 ②

RFM 기법은 구매 시점(Recency), 구매 빈도(Frequency), 구매 금액(Monetary)으로 구성된다.

40 ②

오답 피하기

①, ③, ④, ⑤는 롱 테일러 법칙의 설명에 해당한다.

41 ③

서비스 실패에 대한 헤스켓, 새서, 하트의 정의이다.

42 ⑤

오답 피하기

제품의 기본적 기능을 보완하는 것은 특성이며, 긴박한 조건에서 제품에 기대하는 작동 수명의 측정치는 내구성이다.

43 ①

과도한 포장은 고객의 기대 수준을 높여 기대만큼의 성과가 나오지 않을 경우 불만족을 초래할 수 있다.

44 ③

권한위임은 사업 환경의 변화나 혁신이 요구될 때 경영진의 통제력이 약화되는 부담이 있다.

45 ③

고객 유지는 서비스가 전달된 후의 외부적 요인이다.

46 ②

재구매 관련 평가항목들은 고객 충성도를 측정하는 요소들이다.

47 ③

틈새시장은 장기적인 시장 잠재력을 확보해야 하며, 차별화, 집중화, 전문화를 통해 이를 달성한다.

48 ④

최고경영자 혁신과 서비스 업무 표준화는 Gap 2의 해결 방안이다.

49 ②

서비스 이용 대상을 사업차 출장고객과 관광여행객으로 구분하여 포지셔닝하는 것이다.

50 ⑤

처리시간이 빠른 것이 매력적 품질 요소가 되는 것이다.

3과목 **고객관리 실무론**

51 ③

식기를 들고 마시는 것은 적절하지 못한 매너다.

52 ③

Meeting(기업 회의)의 특성: 10인 이상의 참가자 교류, 사회적 네트워크 형성, 토론, 아이디어 및 정보교환 등 다양한 목적을 지니고 4시간 이상 진행

53 ④

(가)는 불만족, (나)는 불만에 해당하는 설명이다.

54 ③

행동 불평자는 행동으로 불평을 표현해야 긍정적 결과를 가져온다고 믿는다.

55 ③

맥락 효과는 특정 정보가 주변의 맥락이나 환경에 따라 다르게 해석되거나 판단되는 현상을 말한다.

④ 최신 효과: 최근에 제공된 정보를 판단할 때 더 큰 비중을 둔다.
⑤ 최소한의 효과: 그 사람의 단점에 의해 평가가 제어된다.

56 ④

콜센터는 단순 문의를 넘어서 마케팅·영업 기능까지 수행하는 이익창출 중심 조직으로 진화하고 있다.

57 ④

오답 피하기

③, ⑤는 컴플레인에 해당하는 설명이다.

58 ④

④는 아웃바운드 콜센터의 특징이다. 인바운드는 수동적 고객 응대 중심이다.

59 ③

오답 피하기

① 도시락 문화는 수평적 친밀집단 형성을 의미하며, 수직적 커뮤니케이션과는 무관하다.
② 콜센터 심리공황은 상담 기피, 집단 이탈 등의 부정적 조직 반응을 의미한다.
④ 바이러스 현상은 정보의 '급속한 비공식 전파'를 의미한다.
⑤ 고객 만족도와는 무관하며, 이직 원인은 급여, 조건, 업무 강도 등이다.

60 ①

오답 피하기

② 수익성 증대
④ 투자대비 효율성 고려: 생산성과 효율성
③ 팀워크 적응력: 적응
⑤ 고객감동 기법 발굴: 고객 서비스

61 ③

오답 피하기

① 학습 촉진자: 학습자가 직접 학습활동을 수행하도록 도움을 주고 지원하는 촉진자 역할을 담당한다.
⑤ 교수프로그램 개발자: 학습 요구를 분석하고 조직의 문제를 파악하여 적절한 학습 내용을 개발하는 프로그램 개발자의 역할을 수행한다.

62 ②

② 자기 학습은 OJL에 속한다.

더 알아보기

OFF − JT에는 토의법, 사례연구법, 강의법, 역할연기법, 시범 등이 있다.

63 ③

아웃바운드 콜센터는 성과 중심의 기업 주도형 운영체계이며, 상담원 편의보다는 목표 달성 구조에 집중한다.

64 ③

CTI는 인바운드/아웃바운드 모두에 적용되며, 콜센터 자동화를 위한 핵심 기술이다.

65 ②

입은 다물고 웃는 표정을 하는 것이 적절하다.

66 ④

계단을 오를 시 여성 앞에 남성이 앞장서서 안내한다.

67 ②

고객의 부정적 반응을 개인 공격으로 받아들이는 것은 스트레스를 증폭시킨다. 감정노동자는 이를 분리해서 생각해야 한다.

68 ⑤

더 알아보기

서비스 전략적 측면
고객 니즈의 정확한 파악과 피드백을 제공하고, 기업 전체의 영향을 중요시하며, 운영 지표를 관리하고 다양한 채널로 커뮤니케이션을 확보한다.

69 ⑤

이중 명령을 받은 경우에는 일의 우선순위를 결정하고, 판단이 어려울 경우 상사나 선배와 상의한다.

70 ⑤

복도에서 상사를 만났을 때는 멈추지 않고 한쪽으로 비키며 가볍게 인사를 한다.

71 ④

불필요한 군더더기 표현은 제외하고, 보내더라도 수신자의 동의를 받고 보내야 한다.

72 ④

QAA는 모니터링 후 코칭과 교육까지 직접 관여하여 상담 품질을 높인다.

73 ③

오답 피하기

① 자연스러운 환경 조성은 원격 모니터링의 장점이다.
② 실시간 모니터링은 오히려 즉시 평가받는다는 압박을 줄 수 있다.
④ 실시간이므로 즉각적 피드백이 가능하다.
⑤ 자기평가는 Self Monitoring 또는 Call Taping 방식에 해당한다.

74 ③

오답 피하기

① 문어체는 상담의 부자연스러움을 유발하며 전달력도 떨어진다.
② 스크립트는 고객 중심으로 구성되어야 하며, 상담원 편의보다 고객 이해도가 우선이다.
④ 스크립트는 간결하고 명확해야 하며, 복잡한 설명은 혼란을 줄 수 있다.
⑤ 상황에 따라 회화식, 차트식, 혼합식 등 다양한 형식의 활용이 권장된다.

75 ②

와이셔츠는 흰색을 기본으로 한다.

실전 모의고사 04회

01 ②	02 ⑤	03 ④	04 ①	05 ④
06 ②	07 ③	08 ①	09 ③	10 ①
11 ⑤	12 ⑤	13 ③	14 ①	15 ③
16 ④	17 ③	18 ①	19 ②	20 ④
21 ④	22 ④	23 ③	24 ①	25 ③
26 ⑤	27 ②	28 ④	29 ①	30 ③
31 ②	32 ⑤	33 ⑤	34 ⑤	35 ④
36 ②	37 ⑤	38 ④	39 ②	40 ④
41 ④	42 ④	43 ③	44 ④	45 ①
46 ②	47 ⑤	48 ①	49 ⑤	50 ③
51 ④	52 ⑤	53 ③	54 ②	55 ④
56 ①	57 ②	58 ③	59 ①	60 ⑤
61 ⑤	62 ④	63 ③	64 ②	65 ④
66 ④	67 ⑤	68 ④	69 ⑤	70 ②
71 ③	72 ③	73 ④	74 ⑤	75 ②

1과목 **CS 개론**

01 ②

친교는 에릭 번(Eric Berne)이 제시한 시간의 구조화 영역 중 서로 신뢰하며 상대방에 대해 순수하게 배려하는 진실한 형태의 교류를 의미한다.

02 ⑤

관광 서비스는 고객의 참여에 의해 서비스가 창출되는 특징이 있다.

03 ④

품질이나 가격에 큰 차이가 나지 않는다.

04 ①

데이비드 마이스터(David Maister)의 대기시간 통제요인 중 기업의 완전통제 영역에는 공정성, 설명, 확실성, 편안함, 대기 단계가 있다.

오답 피하기

• 대기불만, 대기점유: 기업의 통제요인
• 대기목적가치, 대기단위: 고객의 통제요인

05 ④

오답 피하기

• 기술적 서비스, 시스템 유연성: 거래 전 서비스
• 제품 대체성, 주문의 편리성: 거래 시 서비스

06 ②

두 사람이 서로를 관찰하며 직접적인 접촉 없이 아는 단계는 '첫인상 형성' 단계의 특징이다.

07 ③

고객 행동의 영향 요인 중 문화의 특성으로는 정태성이 아닌 동태성이다. 문화의 특성으로는 학습성, 공유성, 만족성, 규범성과 연대성, 지속성과 동태성이 있다.

08 ①

오답 피하기

③ 고객과의 유대강화, 일탈고객 감소, 우수고객 전환을 위한 단계이다.
⑤ 교차판매, 추가판매, 재구매 등을 통해 평생고객가치를 극대화시킨다.

09 ③

서비스는 수요예측이 불가능하고 서비스 제공 능력이 고정적이어서 대기상황이 발생하는 것이다.

10 ①

차별성은 개인의 행동이 여러 상황에서 일관되게 나타나는지, 아니면 특정 상황에서만 나타나는지를 의미한다. 차별성이 높으면 그 행동은 특별한 상황에서만 발생하는 것으로 볼 수 있다.

오답 피하기

유사 상황에서의 반응 일치(일치성, 합의성)와 개인의 장기적 행동 지속성(지속성, 일관성)을 의미한다.

11 ⑤

서비스는 변동적이며 품질통제가 불가능한 것은 이질성의 특징이다.

12 ⑤

서비스나 제품에 대한 만족도는 광고보다 효과가 높다.

13 ③

오답 피하기

①, ②는 구매력 정보, ④는 관계 정보, ⑤는 고객 프로필 정보에 해당한다.

14 ①

오답 피하기

③ 교차 교류: 기대와는 다른 반응이 돌아오는 것
⑤ 상보 교류: 기대한 대로 반응이 돌아오는 것

15 ③

피시본 다이어그램의 3단계는 '잠재원인 브레인스토밍'이 올바른 단계이다.

16 ④

CRM은 내부프로세스의 혁신과 함께 전사적으로 운영되어야 한다.

17 ③

장기간 계약 체결은 보복전략에 해당한다.

18 ①

CRM의 정의에 따르면 가격이 아닌 서비스 중심의 구매환경 개선이 필요하다.

19 ②

• 가 – 이발소, 극장
• 나 – 버스, 법률서비스, 패스트푸드
• 다 – 살충 서비스, 잔디 깎기
• 라 – 자동차 긴급수리, 우편배달

20 ④

MBTI는 주로 선천적인 심리적 성향을 바탕으로 하며, 교육이나 환경과 같은 후천적 요소에 의해 일부 영향을 받을 수는 있으나, 기본적으로 후천적 생성이 아니라 선천적 성향을 중심으로 설명한다.

21 ④

크리스토퍼의 서비스 3단계는 다음과 같다.
• 사전 서비스(Before Service): 회사에 대한 고객의 평가와 명시된 회사의 정책(예 상품 게시판, 주차 유도원 서비스)
• 현장 서비스(On Service): 고객이 업장에 들어오는 순간부터 시작(예 시간, 주문 편리성, 재고품질 수준, 제품 대체성 등)
• 사후 서비스(After Service): 변경, 수리, 부품서비스, 설치보증, 수리 중 일시적 제품 대체(예 고객불평 처리)

22 ④

제품 선택의 위험 감소를 위한 행동으로는 소량 구매 후 대량 구매가 올바른 순서이다.

23 ③

인센티브와 동기부여 제공은 내부고객만족을 위한 정책이다. 동기부여와 인센티브, 종업원 선발(내부승진원칙), 권한위임 등이 내부고객만족을 위한 정책이다.

24 ①

오답 피하기

② 의견선도 고객: 제품이나 서비스를 구매하는 것보다, 평판·심사·모니터링 등에 영향을 미치는 집단
③ 직접 고객: 제품 또는 서비스를 제공자로부터 구매하는 사람
④ 간접 고객: 최종 소비자 또는 2차 소비자
⑤ 의사결정 고객: 직접 제품이나 서비스를 구입하지 않았지만 직접고객(1차고객)의 선택에 큰 영향을 미치는 고객

25 ③

인간관계를 우선시하는 경향은 감정형(F)의 특징이다.

더 알아보기

• 인식형(P): 쇼핑을 호기심을 충족하는 과정으로 여기며, 충동구매 경향이 강하다.
• 내향형(I): 쇼핑 시 판매자의 관심을 부담스러워하며 혼자 상품을 고르는 것을 선호한다. 만족한 제품은 재구매로 이어질 가능성이 높고, 상표충성도가 상대적으로 높다.

2과목 CS 전략론

26 ⑤

① 제약된 시간, ② 고객의 기분 상태는 상황적 요인, ③ 유형적 단서는 기업 요인, ④ 구전 커뮤니케이션은 외적 요인에 해당한다.

27 ②

오답 피하기

① 연구 개발비의 부족, ⑤ 높은 이직률 현상은 내부 약점, ③ 경제의 호황기, ④ 신규 시장 발견은 외부 기회 요인이다.

28 ④

서비스 품질 구성 요소는 다음과 같다.

탐색 품질	제품을 구매하기 전 결정 가능한 속성(가격, 냄새, 스타일, 색상, 적합성 등)
경험 품질	구매 기간 중 또는 구매 후 판단 가능한 속성(확실성, 맛, 착용 가능성)
결과 품질	기술, 물리적 품질, 서비스 받은 후 실제로 얻은 것
과정 품질	고객이 어떻게 서비스를 받는지, MOT 진실의 순간, 과정 접점(절차)
신뢰 품질	구매 전후 모두 평가하기 힘든 속성(맹장 수술)

29 ①

목표는 구체적이고 측정 가능한 정량적 표시가 필요한 것이다.

30 ③

종업원의 만족도는 내부 서비스 품질의 결과 요인과 관련이 있다.

31 ⑤

고통과 아픔의 가치가 아닌 쾌락적 가치가 관여도 측정 차원에 해당한다.

32 ⑤

내부 품질이 종업원의 만족을 가져오는 것이다.

33 ⑤

고객만족을 위한 서비스 전달에는 적절한 권한위임, 보상, 종업원의 서비스 전달능력, 기술적 지원이 뒷받침되어야 하는 것이다.

34 ⑤

서비스 표준의 우선순위를 설정하고, 핵심 서비스 표준이 성과 측정과 보상이 이루어지도록 조치하는 것이다.

35 ④

이익 가능성이 높은 일부 세분 시장에 대해서만 판매 촉진비를 설정하는 것이다.

36 ②

VOC는 고객의 소리를 경청하고 니즈를 파악하여 고객 불만을 최소화하는 모니터링 기법이다.

37 ⑤

예의, 능력, 안정성, 신용성은 확신성에 해당하며, 직원들의 예의, 정중, 신뢰, 커뮤니케이션 능력을 의미한다.

38 ④

느린 서비스 제공 및 서비스 일관성 저하가 발생할 가능성이 있다.

39 ②

고객 만족도 직접 측정 방식은 민간부문에서 가장 많이 활용되는 방식이다.

40 ④

투사법은 심리적 투사기법을 통해 조사자의 행동 패턴을 관찰하고 기록하여 자료 수집하는 자료수집 방법이다.

41 ④

① 형태: 제품의 크기, 모양 또는 물리적인 구조
② 내구성: 제품에 기대되는 작동하는 수명의 정도
③ 특성: 제품의 기본적인 기능을 보완하는 특징
⑤ 수선 용이성: 기능을 발휘하지 못하거나 원활하게 작동되지 않는 제품을 정상적으로 작동시키기 용이한지를 측정한 수치

42 ⑤

포커스 패널(Focus Panel)은 회사가 일정 기간 동안 관계를 유지하면서 지속적으로 모니터링 자료를 제공하는 고객 집단을 말한다. 기업은 이들을 통해 고객의 태도, 의견, 지각 등을 실시간으로 파악하며, 이를 바탕으로 서비스 품질을 개선하거나 전략을 수정하는 데 활용한다.

미스터리 쇼퍼(쇼핑): 원래는 은행이나 소매점 등에서 정직하지 않은 직원을 찾아내기 위해 시작되었으나, 이후에는 서비스 품질을 평가하기 위해 고객인 척하며 서비스를 체험하고 조사하는 사람(또는 기법)을 의미한다.

43 ③

상호작용 공정성은 서비스 제공자의 친절, 배려, 사과 등 응대 태도와 관련된 것이다.

44 ④

제도적 환경의 특성이며, 사회적 환경은 국민소득 증가, 소비자 의식변화, 질병구조 변화, 인구 고령화 등이다.

45 ①

서비스의 시간과 신속성은 주란이 제시한 서비스 품질 분류 차원에 포함되지 않는 것이다.

46 ②

반응성은 고객을 돕고자 하는 의지, 신속한 서비스 제공, 고객 요구와 불만에 대한 빠른 처리를 의미하는 것이다.

47 ⑤

① 제품 중심적 접근: 품질을 제품의 고유한 속성이라고 보고 객관적으로 측정 가능한 변수로 본다.
② 선험적 접근: 고유한 탁월성과 동일한 개념이다.
③ 사용자 중심적 접근: 고객의 욕구를 가장 잘 충족시켜 주는 품질이 가장 좋은 품질이다.
④ 제조 중심적 접근: 제품의 속성을 명세서와 일치하게 제조하면 고객의 신뢰성은 높아져 만족을 줄 수 있다.

48 ①

의료기관은 조직 권한과 통제가 복잡하여 다른 산업의 경영 기법을 적용하기 어렵다.

49 ⑤

세스, 뉴먼, 그로스의 5가지 가치는 다음과 같다.

기능 가치	제품의 가격, 기능, 품질 등과 같은 실용적, 물리적 기능
사회 가치	소비를 하는 사회계층 집단과 연관
정서 가치	소비를 통한 긍정적, 부정적 감정 등과 관련
상황 가치	소비에 있어 특정 상황과 연관
인식 가치	소비를 촉진시키는 호기심과 연관

50 ③

적절한 응답자 선별 질문이 필요한지 검토하는 것은 질문 내용을 결정할 때 고려해야 할 사항이다.

51 ④

사물에는 높임말을 사용하지 않는다.

52 ⑤

친절함(Kindness)은 악수의 5대 원칙에 포함되지 않는다. 미소가 5대 원칙에 해당한다.

53 ③

이는 생활가치에 대한 설명에 해당한다.

54 ②

외형, 인테리어, 매장의 입지조건, 설비, 재질에 대한 불만은 물리적 상황에 대한 불만에 해당한다.

55 ④

"저희 불찰입니다"는 나 전달 화법이며, 신뢰 화법은 "이쪽에서 도와드리겠습니다"와 같은 적극적 표현을 사용한다.

56 ①

강의법은 강사나 교사의 기술 및 능력에 전체적으로 의존하는 강의 기법이다.

57 ②

선후배, 상사와 부하간의 협력과 이해가 강화되는 장점이 있다.

58 ③

당면한 문제의 시급한 해결은 컨설팅에 해당하는 설명이다.

59 ①

스크립트는 고객 중심으로 작성되어야 한다.

60 ⑤

토의법의 단점으로는 참여자 수준에 따른 질적 차이, 소수 학습자 중심의 토의 진행 가능성, 광범위한 학습 내용 전달의 한계, 학습 목표 달성의 불확실성 등을 꼽을 수 있다.

61 ⑤

GRROW 모델 단계는 다음과 같다.

1단계 목표 설정(Goal)	코칭의 시작점으로, 달성하고자 하는 구체적이고 명확한 목표를 설정하는 단계
2단계 현실 파악(Reality)	현재의 상황, 보유 자원, 제약사항 등을 객관적으로 분석하여 실제 모습을 정확히 인식하는 단계
3단계 핵심 니즈 인식 (Recognition)	목표 달성을 위해 필요한 핵심 요구사항과 해결해야 할 주요 과제들을 도출하는 단계
4단계 대안 탐색(Options)	목표 달성을 위한 다양한 방법과 전략적 대안들을 창의적으로 모색하는 단계
5단계 실천의지 확인(Will)	선택한 대안을 실행하기 위한 구체적 계획을 수립하고 실천 의지를 다지는 단계

62 ④

업무 관계에서는 업무용 명함을 사용해야 한다.

63 ③

기업문화에 맞는 리더십을 보여주는 것은 역할모델의 특징이다.

64 ②

미소를 지을 때에는 입은 다물고 웃는 표정을 짓는 것이 적절한 방식이다.

65 ④

방향 표시를 할 때는 손바닥 전체를 이용하여 부드럽게 안내하는 것이 적절한 안내 자세이다. 손가락으로 방향을 지정하는 것은 실례이다.

66 ④

공식적인 e-mail에서는 이모티콘과 특수기호 사용을 자제하고, 정확하고 정중한 표현을 사용하는 것이 바람직하다.

67 ⑤

이는 빈발 효과에 대한 설명이다.

68 ④

남성은 꼭 일어서서 악수해야 하고 여성은 앉아서 해도 무관하다.

69 ⑤

이는 정확성의 원칙이다. 정확성의 원칙은 수집된 정보의 목적 부합성 유지, 정보의 정확성과 완전성 확보, 최신 상태로의 지속적 업데이트와 같은 원칙을 담고 있다.

70 ②

네/아니오로 대답하게 하는 것은 선택형 질문에 해당한다.

71 ③

경청 매너는 다음과 같다.
• 고객에게 지속적인 반응(맞장구)을 보이도록 하기
• 고객의 말을 중간에 막지 않기
• 평가하거나 비판하지 않기(편견을 갖지 않기)
• 고객의 말을 복창하기
• 중요한 요점이나 내용은 기록하기
• 고객에게 주의를 집중하기

72 ③

고객의 목소리보다 조금 낮은 소리로 음량을 조절하여 응대한다.

73 ④

남성의 기본 절은 최소 한 번을 하는 것이다.

74 ⑤

법정대리인의 동의를 받은 아동의 개인정보 수집은 적법하다.

75 ②

상담 목적에 대해 설명하며, 상품 설명보다는 고객 서비스를 강조하며 접근하는 것이 효과적이다.

01	①	02	③	03	④	04	②	05	④
06	③	07	③	08	③	09	②	10	③
11	②	12	②	13	③	14	③	15	③
16	⑤	17	④	18	③	19	①	20	①
21	②	22	②	23	③	24	②	25	①
26	②	27	②	28	④	29	②	30	④
31	④	32	③	33	④	34	②	35	⑤
36	④	37	④	38	②	39	④	40	②
41	④	42	③	43	⑤	44	②	45	②
46	②	47	④	48	③	49	④	50	③
51	④	52	④	53	③	54	①	55	①
56	⑤	57	②	58	②	59	①	60	②
61	③	62	④	63	④	64	②	65	①
66	③	67	④	68	⑤	69	②	70	③
71	①	72	①	73	⑤	74	③	75	②

1과목 CS 개론

01 ①

오답 피하기

공개된 영역은 인간관계가 넓고, 맹목 영역은 거침없이 이야기하며, 숨겨진 영역은 실리적인 현대인에게 많은 유형이다. 회피된 영역은 조하리의 창 영역에 해당하지 않는다.

02 ③

오답 피하기

① 미국마케팅학회, ② 코틀러, ④ 블루아, ⑤ 아담 스미스의 정의이다.

03 ④

최초 구매 후 정보 전파는 얼리어답터의 특징에 해당한다.

04 ②

오답 피하기

③, ④는 운영 CRM, ①, ⑤는 분석 CRM의 설명에 해당한다.

05 ④

사전심사는 하향적 의사소통의 사례에 해당한다.

06 ③

서비스 팩토리는 낮은 개별화 서비스가 특징이다.

07 ③

오답 피하기

① 진리성: 교환되는 메시지는 진실해야 한다.
② 이해가능성: 전문용어를 사용함으로 일반 대중을 소외시키지 말고, 발언도 모호하지 않으며 의도를 분명히 한다.
④ 진지성: 발언에는 속임수가 없어야 한다.
⑤ 타당성: 발언에 맥락이 맞아야 한다.

08 ③

생각과 판단을 이야기하는 단계는 존 포웰의 자아개방 5단계 중 3단계에 해당하며, 생각과 판단을 이야기하는 단계이다.

09 ②

직원과의 상호작용은 고객 태도와 향후 거래에 중요한 영향을 미친다.

10 ③

고객의 서비스·제품 접촉과 품질평가 과정은 MOT(진실의 순간)에 대한 설명이다.

11 ②

고객평가방법	
RFM 점수	거래빈도, 구매금액, 최근성에 따른 측정 점수
커버리지 점수	얼마나 다양한 종류의 상품을 구매했는지 점수를 매기는 것, 교차판매 가능성 추정, 충성도의 지표
수익성 점수	기억의 수익에 기여하는 점수(순이익, 매출액, 거래기간)
위험성 점수	기업에 대한 특정고객의 부정적 영향성 점수

12 ②

생존(존재) 욕구 (Existence Needs)	생리적 욕구, 안전의 욕구, 물리적 욕구, 임금, 굶주림
관계 욕구 (Relatedness Needs)	소속&애정 욕구, 존경의 욕구 일부, 타인과 만족스러운 대인관계
성장 욕구 (Growth Needs)	존경의 욕구, 자아실현의 욕구, 잠재된 능력

13 ③

감각 대 직관이 맞는 표현이다.

14 ③

서비스 업체의 문제점의 '근본 원인 및 잠재 원인'을 발견하여 프로세스의 변화 또는 해결방안을 계획하기 위함이다.

15 ③

타인과 관계를 맺지 않는다는 것은 '폐쇄'에 대한 설명이다.

16 ⑤

회피형은 인간관계를 회피하고, 불안형은 두려움으로 인간관계를 피하는 특징이 있다.

17 ④

오감 마케팅은 감성 경영이 아닌 감각 마케팅에 해당하는 설명이다.

18 ③

프로세스 산출물로는 제품과 서비스가 있다.

19 ①

오답 피하기

② 개별화: 고객의 다양한 니즈와 기대에 맞춘 서비스를 제공하는 것으로, 맞춤 서비스에 적합한 서비스프로세스이다. 소비자가 선택할 자유를 최대화하기 위해 소비자 개개인의 취향에 맞추는 전략이다.

20 ①

- 경험적 원천: 조사, 제품사용, 제품검사, 시험조작
- 공공적 원천: 저명한 언론, 소비자보호원, 소비자단체, 대중매체(뉴스, 신문)

21 ②

제품 회수 기간을 감소시키는 것이 품질기능전개의 장점이다.

22 ②

그레고리 스톤의 분류는 경제적, 윤리적, 개인적, 편의적 고객이다.

23 ③

직장은 고객 프로필 정보에 해당한다.

24 ④

합리적 목표가 아닌 도전적 목표가 맞는 표현이다. 이외에도 솔선수범과 정확한 지식의 결합, 강력한 추진력, 기업문화의 변화 등이 있다.

25 ①

내부품질은 종업원의 만족을 가져오는 것이다.

26 ②

의료기관의 경제적 특징이며, 다른 항목들은 일반 기업과의 차이점에 대한 설명이다.

27 ②

서비스프로세스는 고객을 포함하며, 이질성과 가변성으로 인해 변화를 일으킬 수 있는 요인이 존재하여 측정이 어려운 특징이 있다.

28 ④

상품 배송 준비는 후방종업원의 행동에 해당하는 업무이다. 또 다른 예로는 카드 시스템, 주사를 준비하는 간호사 등이 있다.

29 ②

코틀러의 시장 세분화 요건은 다음과 같다.

- 접근 가능성: 세분 시장이 어떤 특성을 가진 소비자들로 구성되어 있으며, 접근할 방법이 무엇인지 파악할 수 있어야 한다. 또한, 매체를 통해 목표 소비자들에게 신상품을 알릴 수 있어야 한다.
- 측정 가능성: 각 세분 시장의 규모와 구매력을 측정할 수 있어야 한다.
- 동질성: 세분 시장 내 소비자 욕구가 동질적이어야 하며, 비슷한 성향을 가지고 있어야 한다.
- 실천성: 세분 시장이 충분히 크거나 수익성과 가치가 보장되어야 한다.
- 행동 가능성: 세분 시장을 유인하고 그 세분 시장에 적절한 상품과 서비스를 제공할 수 있도록 효과적인 마케팅 프로그램을 수립할 수 있어야 한다.
- 차별적 반응: 하나의 마케팅 믹스 전략에 대해 각각의 세분 시장이 서로 다르게 반응해야 한다.

30 ④

목표 시장 선정과 시장 세분화는 정량조사 기법을 적용해야 한다.

31 ④

오답 피하기

① 효율성: 고객이 사이트에 접속하고 나서 원하는 제품과 정보를 찾아내는 것이 최소한의 노력으로 가능한지의 여부
② 보안성: 사용정보의 안전 보장, 구매행동 자료 비공개
⑤ 신뢰성: 사이트의 기술적인 기능, 상품의 구매 가능성, 제대로 작동하고 있는지의 여부

32 ③

실시간 접속은 온라인과 전화를 통해 고객서비스 직원과 연결될 수 있는 가능성을 의미한다.

33 ④

한두 번의 사용으로 소모되고 대량 광고를 통해 구매를 유도하며 어디서나 구매 가능한 것은 비내구재의 특성이다.

34 ②

서비스 공업화는 효율성 제고와 비용 절감을 위해 노동집약적 부분을 기계로 대체하는 것이다.

35 ⑤

제품 전문화 전략은 다양한 세분시장에 단일 제품으로만 마케팅하여 강력한 명성을 얻을 수 있는 것이다.

36 ④

저관여 수준일수록 광고 효과가 크게 나타난다.

37 ④

목표는 구체적이고 측정 가능하게 설정되어야 하며 기간이 명시되어야 한다.

38 ②

고객이 처음 접촉해서 서비스가 끝날 때까지의 전체 과정을 고객 입장에서 분석하는 것이다.

39 ④

전반적인 표준은 조직의 모든 구성원이 수용해야 한다.

40 ②

절대적 개념으로 평가된다는 특성은 '자이다믈'이 제시한 정의가 아니다. 서비스 품질은 기본적으로 주관적이며 추상적이다.

41 ②

표준화된 서비스로 고객의 기대를 충족시킨다.

42 ③

서비스 실패가 확실히 드러나지 않는 미발각 지대를 의미하는 것이다.

43 ⑤

오답 피하기

① 가시선: 고객에게 볼 수 있는 활동과 그러지 않은 활동으로 구분되는 선

③ 명시선: 고객과 기업 간(또는 일선 종업원) 직접적인 상호작용이 발생하는 곳

44 ②

편의적 서비스 상품은 구매 시 위험 정도가 낮다.

45 ②

재조직화를 수반하는 조직의 빠른 성장 등도 있다.

46 ②

고객 동선과 진열상태, 레스토랑 음식 맛, 호텔 실내장식, 항공기 좌석 안락함 등은 고객이 직접 볼 수 있는 물리적 특성과 관련된 하드웨어적 품질에 해당한다.

47 ④

오답 피하기

① 기본적 제품, ② 핵심이점, ③ 확장제품, ⑤ 기대하는 제품에 해당한다.

48 ③

선험적 접근은 철학적 관점에서 품질을 '고유한 탁월성과 동일한 개념'으로 보고, 경험을 통해 알 수 있지만 분석이 어려운 성질의 개념으로 보는 것이다.

선험적 접근	• 절대적 우수성으로 품질 이해(걸작품이 지닌 이상적 품질 추구) • 경험을 해야만 알 수 있음(분석은 어려움)
제품 중심적 접근	• 품질을 절대적·객관적 측정 가능한 변수로 봄 • 양질제품은 높은 원가에서 가능하다고 봄 • 제품이 지닌 속성의 합이 클수록 양호한 품질이라고 봄
사용자 중심적 접근	• 고객들은 다양한 니즈와 선호를 가지고 있기에 이를 잘 충족 시켜주는 품질이 가장 좋음 • 사용자 중심의 수요지향성, 주관적임
제조 중심적 접근	• 공급에 초점 • 고객 신뢰성 높이기 위해서 제품 속성을 명세서와 일치하게 제조
가치 중심적 접근	• 원가와 가격으로 품질을 정의 • '양질의 제품' 의미: 생산자가 수용 가능한 원가에 제공하거나, 고객이 수용 가능한 가격으로 제공하는 제품

49 ④

사용자의 눈에 보이는 소프트웨어적 품질에 해당하는 내용이다.

50 ③

서비스 청사진에 대한 설명이다.

---

51 ④

억양과 말투 모두에 주의를 기울이고 플러스 화법을 사용한다.

52 ④

비정규직 중심의 전문 조직이다.

53 ③

오답 피하기

① 교사: 업무상의 가치, 전략 서비스,비전 등에 관한 정보를 제공하는 사람
② 평가자: 직원의 성과를 관찰하여 적절한 피드백이나 지원을 하기로 약속한 사람
④ 역할모델: 맡은 바를 실천하며 기업 문화에 적합한 리더십 유형을 보여줌
⑤ 후원자: 직원들이 개인적인 성장과 경력상의 목표를 달성하는 데 도움이 되는 업무가 무엇인지 결정하는 것을 도와주는 사람

54 ①

씽이 제시한 불평 고객 유형에 능동적 협상자는 포함되지 않는 것이다.

55 ①

상대방의 동의를 구하는 형태의 표현은 레이어드 화법이다.

56 ⑤

문제적 고객을 응대할 때의 권유사항인 것이다.

57 ②

공정거래위원회와 각 부처의 단체가 담당한다.

58 ②

② 자기 학습은 OJL에 해당한다.

59 ①

맞은편에서 볼 때 좌측이 우선순위다.

60 ②

오답 피하기

단체 손님 배웅, 정오에 높은 자와 인사는 정중례, 출근 시 상사 인사는 보통례에 해당한다.

61 ③

서비스 품질 통제가 어렵다.

62 ④

즉시 해결 가능한 불만 통보는 컴플레인에 대한 설명에 해당한다.

63 ④

고위공무원 제외한 3급 이상 공무원은 법률이 정한 지정요건에 해당하지 않는다.

64 ②

여러 명의 학생을 한 교사가 짧은 시간 동안 지도하며 가르칠 수 있다.

65 ④

오답 피하기

③, ⑤는 컴플레인에 관한 설명이다.

66 ③

선택적 지각은 환경의 자극을 개인의 준거 틀로 걸러내는 것이다.

67 ④

오답 피하기

① 절차적 상황 불만: 회원가입 절차, 물건구입 절차 등의 불만
② 물리적 상황 불만: 설비, 외형, 재질, 호텔이나 음식점, 매장의 입지조건, 인테리어에 대한 불만
③ 시간적 상황 불만: 지연 시간, 매장운영 시간, 고객상담 시간 등에 대한 불만
⑤ 금전적 상황 불만: 멤버십 유무에 따른 금전적 불만, 결제조건, 지불수단, 금전적 혜택이나 우대 등에 대한 불만

68 ⑤

기만은 전문가들 사이에서 흔히 나타나는 고객 무시 태도이다.

69 ②

권한 밖일 때는 (직속)상사나 권한을 가진 자가 처리하도록 한다.

70 ③

불만제기 고객이 재거래 확률이 더 높다.

71 ①

전문가 자문을 통한 전문적 서비스 역량을 기르는 것이 가장
적절한 방안으로 볼 수 있다.

72 ①

복도에서 상사와 마주치면 멈출 필요 없이 한쪽으로 비켜서
며 가볍게 인사하고, 상사가 외부인과 함께 있을 경우는 멈추
고 인사한다.

73 ⑤

면담 중에는 되도록 손목시계를 보지 않는 것이 매너다.

74 ③

오답 피하기

④ 최신효과 – 최근 제공 된 정보를 판단할 때 더 큰 비중을
   둔다.
⑤ 최소한의 효과 – 그 사람의 단점에 의해 평가가 제어된다.

75 ②

여러 명의 학생을 한 교사가 짧은 시간 동안 지도하며 가르칠
수 있다.

- 강기두, 서비스마케팅(삼영사)
- 김권수, 성공을 부르는 인간관계(기문사)
- 김수욱 외, 서비스운영관리(한경사)
- 강희선, 비즈니스매너의 날개를 달자(영진미디어)
- 김은희, 김명숙, 조주은, 현대사회와 국제매너(두양사)
- 김종호, 현대사회와 인간관계
- 김영호, 매너와 에티켓(강세)
- 김병철, 커뮤니케이션 이론과 실제(한국외국어대학교 출판부)
- 김연수, 개인정보보호(사이버출판사)
- 김진섭, 관광마케팅(대왕사)
- 고형석, 소비자보호법(새창출판사)
- 공병훈, 실무로 파헤치는 프레젠테이션(영진닷컴)
- 박연호, 현대인간관계론(박영사)
- 박종태, 한국형콜센터 경영(물푸레)
- 박소연, 서비스러디십과 커뮤니케이션(한올출판사)
- 박은종, 21세기 세계화 시대 지식정보화시대의 인간관계론 탐구: 이론과 실제(한국학술정보㈜)
- 박한표, 글로벌 문화와 매너(한올)
- 백윤철, 이창범외, 개인정보보호법령(한국학술정보)
- 송현수, 콜센터 매니지먼트(새로운재단)
- 송현수, 현장에서 출발하는 고객만족 경영(새로운 제안)
- 신우성, 관광서비스(백산출판사)
- 이유재, 서비스마케팅 4판(학현사)
- 이경미, 글로벌 비즈니스 매너(한올)
- 이동희, 매너와 이미지메이킹(형설출판사)
- 이호영, 소비자보호법(홍문사)
- 이훈영, 의료서비스마케팅(청람)
- 이선희, 김근종, 관광서비스(백산출판사)
- 조경덕, 장성화, 대인관계와 커뮤니케이션(동문사)
- 조우현, 의료서비스마케팅(퇴설당)

- 김수연, SERVQUAL을 기반으로 한 서비스프로세스 개선모델(MAVIC) 개발에 관한 연구(서강대학교 박사학위논문, 2007)
- 김종삼, e-CRM이 고객만족에 미치는 영향에 대한 연구(경희대학교 석사학위 논문, 2011)
- 김두영, 고객 불만 서비스가 소비자 재구매 의도에 미치는 영향에 관한 연구: 서울지역 대형 할인마트를 중심으로(서울시립대학교 경영대학원 석사학위논문)
- 박태영, CRM에 의한 부동산 중개서비스의 고객만족 결정요인 분석(전주대학교 박사학위 논문, 2018)
- 박진홍, 고객 불만 대응서비스 요인별 분석과 고객 신뢰회복에 미치는 영향분석(경희대학교 석사학위 논문, 2008)
- 이승재, 고객유형에 따른 적응판매기법이 고객만족과 충성도에 미치는 영향에 관한 연구(경기대학교 석사학위 논문, 2010)
- 이종민, 감성리더십이 조직몰입에 미치는 영향에 관한 연구(단국대학교 석사학위 논문, 2011)
- 정재훈, 의료서비스에서 서비스 수익체인의 적용에 관한 종단적 실증연구(전남대학교 대학원 박사학위 논문, 2009)
- 장창권, 서비스프로세스 요인이 고객만족에 미치는 영향연구 – 국내 항공사를 중심으로(경기대학교 석사학위 논문, 2005)
- 지희진, 서비스실패 심각성과 통제성이 회복 공정성과 신뢰, 만족에 미치는 영향: 진정성과 ACT의 조절효과를 중심으로(경기대학교 일반대학원 박사학위 논문, 2014)
- 정동연, 고객만족경영을 위한 고객접점서비스 표준매뉴얼개발(서울과학기술대학교 석사학위 논문, 2017)
- 한혜숙, 고객인지가치와 고객행동과의 관계에 있어서 서비스품질의 조절효과에 관한 연구(경기대학교 석사학위 논문, 2006) 등 다수 참고문헌 활용
- 박종선, 웰니스 관광객 유형에 따른 혼잡지각 감소를 위한 분산방법과 극복행동의 테도치이-슬로시티 신안 중도를 중심으로(동국대학교 박사학위 논문, 2013)
- 김재희, 광고심리학
- 유병희, 이동진, 서비스 기업에 대해 고객이 인지하는 공정성 모델에 관한 연구(연세경영연구 제43권 제2호)

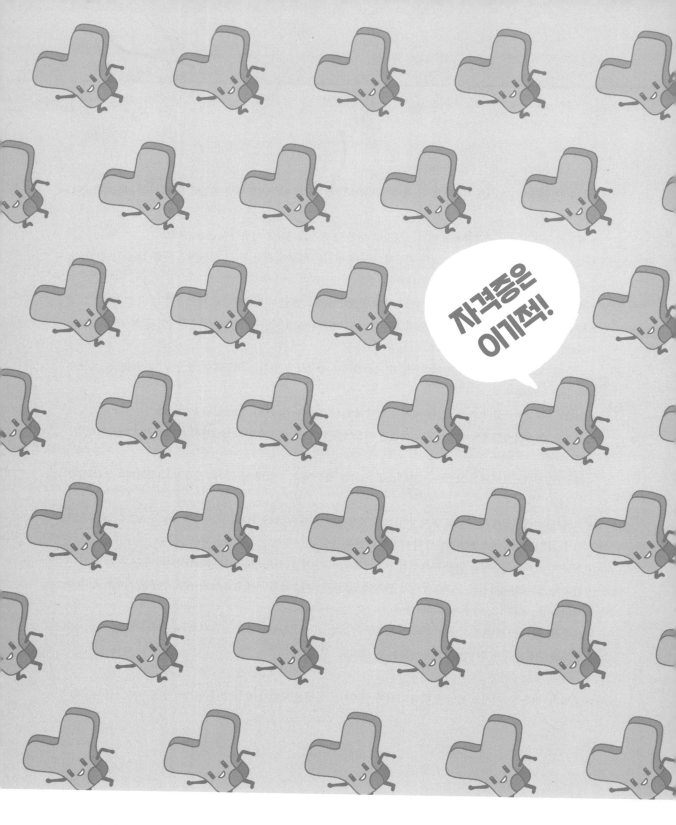